W0223084

Marnix Krop

Wim Kok

Een leven op eigen kracht

Deel 1. Voor zijn mensen, 1938-1994

2019 Prometheus Amsterdam

Deze publicatie is mede tot stand gekomen dankzij een bijdrage uit het door het Prins Bernhard Cultuurfonds beheerde R.O. van Gennep Fonds alsook een bijdrage van de FNV.

In het kader van de biografie van Wim Kok is de auteur benoemd tot fellow van de Wiardi Beckman Stichting.

De uitgever heeft getracht alle rechthebbenden te achterhalen. Aan hen die desondanks menen aanspraak te kunnen maken op enig recht, wordt verzocht contact op te nemen met Uitgeverij Prometheus, Postbus 1662, 1000 BR Amsterdam.

© 2019 Marnix Krop
Omslagontwerp Suzan Beijer
Foto omslag Jaap Rozema
Foto auteur Peter Hilz/Hollandse Hoogte
Lithografie omslag en binnenwerk BFC, Bert van der Horst, Amersfoort
Zetwerk en opmaak Willem Morelis
www.uitgeverijprometheus.nl
ISBN 978 90 446 3284 2

Inhoud

WIM KOK IN 1989: MINISTER VAN FINANCIËN EN VICEPREMIER VAN HET KABINET-LUBBERS III.

Inleiding

Wim Kok is definitief geschiedenis. Op 20 oktober 2018 is hij, gestorven aan de complicaties van een hartoperatie, uit de Nederlandse openbaarheid verdwenen. Zijn markante hoofd en zijn krachtige stem zijn in de media niet meer te zien of te horen. Al had hij zestien jaar eerder de politiek verlaten, vergeten was hij toen nog lang niet. Aan veel organisaties, in binnen- en buitenland, leverde hij nog actief bijdragen.[1] Geregeld gaf hij zijn commentaar op gebeurtenissen in het heden of lichtte hij ons bij over delen van zijn verleden. Voor nogal wat Nederlanders was Kok een niet te missen reisgenoot: hij begeleidde hun levenspad en bevorderde hun politiek-maatschappelijke bewustwording. Voor sommigen omstreden of zelfs verguisd, door anderen gewaardeerd en zelfs vereerd, hield zijn erfenis velen bezig. Hij had ook iets van een sfinx, was niet van raadselachtigheden vrij. Hoe het ook zij, Wim Kok liet weinigen onverschillig.

Hoe definitief is iemands geschiedenis? Weten we wel zeker hoe iemands leven verliep en welke betekenis het had? Blijft er noodgedwongen niet veel onbekend? Bij gebrek aan bronnen en getuigenissen? Door wisselende toneelstukken waarin mensen figureren, vaak met schuivende panelen? Wie overziet nu de geschiedenis van een ander? En wordt onze herinnering ook niet vaak bepaald door onze eigen behoeften, door de eisen van onze tijd, door de geest van ons tijdperk? Hoe vaak komt het niet voor dat het beeld van een historische persoon na verloop van tijd verschuift, herwaardering ondergaat? Zijn we ons bewust van de veranderingen die onze collectieve herinnering aan sociaaldemocratische stamvaders als Willem Drees[2] en Joop den Uyl[3] of aan grote premiers als Ruud Lubbers[4] heeft ondergaan? Zal het met Wim Kok ook zo gaan? Signaleerde de grote publieke aandacht voor zijn overlijden misschien de behoefte aan een nieuw oordeel? Het verhaal van zijn leven biedt in elk geval aanknopingspunten voor een open blik op vragen van onze tijd.

Werk, werk, werk en nog eens werk. Het was het devies van Koks eerste kabinet. Zijn persoonlijke geschiedenis getuigde er ook van. Geboren in een gezin waarin vast werk een luxegoed was, was hij levenslang overtuigd van de noodzaak van betaald werk. Het vormde de rode draad in zijn vakbondsleven en zijn latere politieke loopbaan. Niet alleen omdat betaalde arbeid de basis vormt van materieel overleven en sociale vooruitgang, maar ook omdat hij dit zag als hoeksteen van een democratische samenleving. Natuurlijk kan door nood of beperkingen niet iedereen arbeid verrichten. Voor hen moet er betrouwbare sociale zekerheid zijn. Maar als niet allen werken die kunnen werken, is het lastig hen die dat niet kunnen fatsoenlijk te ondersteunen. Wanneer, zoals nu, de werkloosheid laag is, lijkt dit een overbodige boodschap. Maar ook dan zijn er vele honderdduizenden voor wie betaalde arbeid onbereikbaar lijkt. En internationaal zijn het er vele honderden miljoenen. Bovendien is de wereld van de arbeid sterk in beweging: flexibilisering, digitalisering, robotisering, kunstmatige intelligentie. Werk, werk, werk: de opdracht blijft.

Toegang tot collectieve goederen. Deze vergroot het evenwicht in elke samenleving. Wim Kok was geen gelijkheidsapostel, maar wel zeer gehecht aan sociale rechtvaardigheid. Daarvoor hanteerde hij geen strakke formules, maar voornamelijk zijn gevoel en zijn esthetisch besef. Grote ongelijkheid was niet alleen oneerlijk, maar ook erg lelijk. Vandaar dat hij steeds – met succes – zijn best deed voor een evenwichtige ontwikkeling van inkomens en zich – met minder succes – verzette tegen exorbitante zelfverrijking.[5] Ook vermogens mochten van hem niet al te zeer uit de pas lopen. De economische orde van het kapitalisme stelde hij niet fundamenteel ter discussie, wel meende hij dat de overheid met directe en indirecte beïnvloeding het maatschappelijk proces moest bijsturen. Over de benodigde instrumenten was hij pragmatisch, maar de staatskas moest daarvoor wel op orde zijn. Zorg, onderwijs, huisvesting en cultuur moesten geheel of gedeeltelijk buiten de markt blijven om toegang voor iedereen te kunnen garanderen. Vrouwen en migranten verdienden extra stimulansen. Gelijke kansen ontstaan niet vanzelf.

Duurzaam leven. Het vormde een groene draad in Wim Koks publieke leven, van milieu tot klimaat. Het paste in de ethiek van het 'rode' gezin waarin hij groot werd: hard werken, goed je best doen, zuinig leven en de mensen die het minder hebben niet vergeten. Het ging ook zijn levensstijl kenmerken. Bewust van de prijs der dingen was soberheid zijn devies. Zijn woningen, zijn vakanties, zijn houding, uit alles sprak een afkeer van dik doen en opklopperij. Toen hij premier werd vereiste het protocol wel wat aanpassingen, maar als het even kon, schoot Wim weer in zijn sandalen en zijn wollen trui. Wat zuiniger had gekund was het vlieggedrag dat zijn werkzaamheden en activiteiten met zich meebrachten. Dat besef groeide met voortschrijdend inzicht. Maar dat we er op de wereld ook zijn om deze bewoonbaar aan onze kinderen en kindskinderen door te geven, daarvan getuigde Kok al vroeg. En in zijn beleid maakte hij deze getuigenis steeds zichtbaar. Duurzaamheid als permanent werkstuk.

Internationaal bewustzijn. Nederland is geen eiland, maar een schip op een grote zee. Dit houdt kansen en verplichtingen in. Wim Kok was hiervan al vroeg doordrongen. Als jongen wilde hij radiocorrespondent in het buitenland worden. Hij ging naar Nijenrode om grensoverschrijdend te leren denken. Bij de vakbond ontwikkelde hij zin voor praktisch Europees werk en voor wereldwijde solidariteit. Later droeg hij in verantwoordelijke posities metterdaad aan de Europese eenwording bij. Hij was verbonden met de democratisering in Chili, Polen en Zuid-Afrika. Met Mandela ontwikkelde hij zelfs een vertrouwensband. En Clinton, Blair en Schröder verkenden met hem een Derde Weg. Tot op hoge leeftijd zette Kok zich in voor internationale opdrachten, ook in Nederland zelf: werkgelegenheid, democratie, mensenrechten, integratie, crisisbeheersing. Het buitenland boeide mateloos, er viel zoveel te leren. Maar ook te lijden: het boek Srebrenica sloot nooit. Ons land kan zich niet achter de waterlinie verschuilen: de wereld als werkterrein.

Verbinden. Wim Kok was een bouwer, geen breker. Al vroeg leerde hij het belang van samenwerking. Geen vakbond kan zonder. Liefst over de verzuiling heen: de oprichting van de FNV was Koks grootste huzarenstuk als vakbondsman. Samenwerking is echter niet alleen nodig in eigen kring. Bij hoge nood moeten ook met de overzijde de handen ineen worden geslagen. Het Akkoord van Wassenaar, dat hij in 1982 met de werkgevers sloot, vond het midden tussen herstel van winsten (door loonmatiging) en bestrijding van werkloosheid (via herverdeling van arbeid). Het was Koks vernieuwende bijdrage aan een erna langbeproefd model in de Nederlandse polder. In de politiek vormden de 'paarse' coalities ook een soort ontzuild samenleven. Kok was eigenlijk iets anders van zins, maar sloot dit sociaalliberale verbond uiteindelijk wel in zijn hart. Met stuurmanskunst wist Kok het huwelijk van Willem-Alexander met Máxima zo mogelijk te maken dat het volk rond de kroon bijeenbleef. Aan het einde van paars kon hij nog de juiste toon vinden om de moord op Pim Fortuyn te gedenken en tegelijk de gespannen situatie te de-escaleren. De problemen van de multiculturele samenleving onderkende Kok, maar de verdraagzaamheid wilde hij daar niet aan opofferen. Les voor een fragmenterende samenleving: verbinden is een werkwoord.

Was Wim Kok dan een heilige? Zeker niet. Hij was in menig opzicht een groot man, maar had ook zijn kleinheden. Hij was een aarzelaar, kon erg lang op beslissingen kauwen. Hij was wantrouwig, kon er tijden over doen voordat hij iemand zijn vertrouwen schonk. Hij was in sociaal opzicht niet sterk, wist in gezelschap niet altijd het juiste woord te vinden, had moeite in de werkrelaties met vrouwen en kon buitensporig humeurig zijn. Hij was loyaal aan zijn omgeving, maar zijn loyaliteiten waren uiteindelijk wel instrumenteel: hij verbond zijn lot nooit aan dat van een ander. Met Rita en hun kinderen als grote uitzonderingen. Met hen had hij een verbond voor altijd. Wim Kok en zijn maats.

Kok nam niet steeds de juiste beslissingen. Zoiets spreekt vanzelf, maar toch. In de opvolging van Den Uyl toonde hij zich weifelmoedig. Zijn inrichting van het eurosysteem had economisch robuuster gemoeten, terwijl zijn weerstand tegen de neoliberale tijdgeest ideologisch minder onbeholpen had kunnen zijn. Zijn Den Uyl-lezing (1995) had meer politiek, minder technocratie moeten bevatten, wat ook gold voor de paarse kabinetten als geheel. Srebrenica: zijn aftreden was moreel hoogstaand, maar het afleggen van de politieke verantwoording had ook eerder gekund (na een parlementaire enquête?). Het besluit in commissariaten te stappen had doordachter kunnen zijn. De WAO-crisis werd juist veroorzaakt door het te lang ontbreken van een besluit. En toen dit uiteindelijk werd genomen, gebeurde het overhaast en werd het slecht gecommuniceerd. Een enorme vertrouwenscrisis was het gevolg. Tegelijk voerde dit weer tot een herrijzenis van Kok als politiek leidsman en droeg dit bij aan zijn uitverkiezing tot premier. Een vooraanstaand politicus kan het niet stellen zonder diepe crises. Tegenslagen maken de man.

Wim Kok was een behoedzaam mens. Beslissingen nam hij doorgaans weloverwogen, zelden handelde hij ondoordacht. Twee keer nam hij een groot risico en daarmee schreef hij meteen geschiedenis. In 1982 nam Kok, gebukt onder de rap groeiende werkloosheid en verlamd door de toenemende machteloosheid van de vakbeweging, in een fractie van een seconde het initiatief voor een grote uitruil met werkgeversvoorzitter Chris van Veen. Binnen twee dagen was het Akkoord van Wassenaar gesloten en was een dreigende loonmaatregel van het kabinet van tafel. De economie, sociale partners en de werkgelegenheid hebben er vele jaren baat bij gehad. In 1994 dreigde Kok, nadat de PvdA bij de verkiezingen ternauwernood de grootste was geworden, in de kabinetsformatie het initiatief te verliezen. Daarmee zou zijn strategische missie om van zijn Partij van de Arbeid een 'natuurlijke' regeringspartij te maken in het ongerede raken. Pardoes schoof hij zichzelf naar voren als de schrijver van een 'proeve' van een nieuw regeerakkoord. Het staatshoofd vond dit een passend idee. Het vormde de basis voor acht jaar premierschap aan het hoofd van een 'paarse' coalitie. Die gok had ook slecht kunnen uitpakken. Wim Kok, de doorzetter.

Waarom verdient iemand een biografie? Omdat zijn of haar leven er als karakteristiek boven uitstak, niet alleen voor tijdgenoten maar ook voor hen die na hen zijn gekomen. Zeker bij Wim Kok is dit het geval, waar hij in ruim dertig jaar openbaar leven grote invloed heeft gehad op politiek en maatschappij, niet alleen in Nederland, maar ook in Europa en zelfs daarbuiten. Wim Kok was tot op heden de bekendste voorzitter van de FNV, een 'historisch' leider van de Partij van de Arbeid en een van Nederlands opmerkelijkste premiers van na de oorlog. Zijn levensverhaal vertelt ons veel over waar we vandaan komen en waar we nu zijn aangekomen. Deze biografie betreft niet alleen een persoon, maar ook zijn partij, zijn vakbond, zijn land, zijn tijd en zijn nog steeds aanhoudende betekenis.

Waarom schrijft iemand een biografie? Niet omdat ik Wim Kok echt kende. Ik kende hem enigszins, maar niet goed. Dat is misschien ook maar beter. Een mengsel van betrokkenheid en afstand lijkt voor een biograaf het meest passend te zijn, ook al ben ik Wim Kok inmiddels wel beter en ook persoonlijker gaan kennen. Dit was immers bedoeld als een biografie van een nog levende persoon. Koks overlijden stond niet in de planning, terwijl interviews met hem deel van de bronnenstudie zouden uitmaken. Gesprekken met zijn vrouw Rita en zijn zoon Marcel vullen dit gat op, maar vervangen zijn stem zeker niet. Dit gemis is een van de redenen geweest voor het besluit deze biografie in tweeën te delen. U, lezer, zou het immers kunnen merken dat Wim Koks biograaf het opeens zonder diens stem moest stellen. Een splitsing zou dit minder problematisch maken.[6]

De splitsing heeft ook een ander voordeel. Deze biedt de gelegenheid de eerste zesenvijftig jaar van Wim Kok uitgebreid te belichten. Vanaf 22 augustus 1994 was hij minister-president van ons land. Hij bleef dit tot 22 juli 2002, bijna acht jaar lang dus. Zo kennen de meeste mensen hem, herinneren zij hem zich. Maar hij had niet alleen een opmerkelijk leven erna, zijn leven ervoor was nog veel opmerkelijker. Zou Kok premier zijn geworden zonder zijn markante jeugd, zonder zijn intensieve ervaringen in de vakbeweging, en zonder zijn indringende jaren in parlement en kabinet? Dit alles zou natuurlijk als 'leerschool' kunnen worden afgedaan, maar daarmee doen we die tijd ernstig tekort. Kok zou een andere premier zijn geweest, als hij geen voorzitter van de FNV, geen opvolger van Joop den Uyl als PvdA-fractievoorzitter, geen minister van Financiën en vicepremier in het kabinet-Lubbers/Kok was geweest. Hij zou zelfs geen premier zijn geweest. Deel II van de biografie verschijnt over enkele jaren. Hier gaat het om deel I van het bewogen leven van Wim Kok.

Dit eerste deel telt acht hoofdstukken over Wim Koks tijd bij de vakbeweging, bijna vijfentwintig impregnerende jaren, intern zowel als extern.

In menig opzicht is hij altijd een vakbondsman gebleven. De volgende acht hoofdstukken beschrijven Koks tijd als politicus: zijn onwennige begin als voorman van de PvdA, zijn parlementaire vuurdoop in de Tweede Kamer en zijn stormachtige ervaring als regeerder en politiek bestuurder in het derde kabinet-Lubbers. Het laatste hoofdstuk beschrijft het wonderbaarlijke jaar 1994, toen Wim Kok tegen ieders verwachting in de verkiezingen als 'verliezend winnaar' afsloot en na een ongebruikelijke kabinetsformatie met zijn paarse kabinet op het bordes van Huis ten Bosch stond. Het boek begint met een hoofdstuk over de 'de polder van herkomst', over Koks karaktervormende jeugd in de Krimpenerwaard. Verspreid over dit eerste deel bevatten zes hoofdstukken 'cursiefjes' over zijn leven met Rita, met hun ouders en met hun kinderen: Koks privédomein. Een gesloten, particulier persoon als Wim Kok liet niet meer van zichzelf zien dan hij strikt nodig achtte.[7]

In augustus 1994, op de drempel van een nieuwe fase in Koks leven, vond een begenadigd journalist woorden om de aanstaande premier van Nederland in de kern te kenschetsen:

> En tegelijk is hij authentiek, deze erfgenaam van Drees. Kok weet van zichzelf dat hij van nature niet de beste is en daarom heeft hij vanaf zijn vroegste jeugd zichzelf geleerd dat hij ervoor moet werken. Hij is niet getapt, hij is niet briljant, hij is niet geverseerd in de sociale omgang. Hij is wel een overlever zonder weerga. Hij heeft de overtuiging dat hij er op eigen kracht moet komen en dat hij nooit geheel en al op zijn omgeving moet vertrouwen.[8]

Zo ging Wim Kok zijn weg, op eigen kracht.

1
De polder van herkomst

LEERLING VAN DE OPENBARE LAGERE SCHOOL IN BERGAMBACHT.

Wim Kok zou het ver brengen. Hij werd minister-president van Nederland, leider van twee naar hem vernoemde kabinetten, de derde socialistische premier na Willem Drees en Joop den Uyl, en voorlopig ook de laatste.[1] En dan nog vicepremier en minister van Financiën, fractievoorzitter en politiek leider van de Partij van de Arbeid en, daarvoor, als voorzitter van twee grote vakcentrales, gevierd vakbondsman. Zijn 'erelijst' telt vele tientallen verdiensten en functies. In feite bleef hij tot op hoge leeftijd actief, ook Europees en internationaal, voor organisaties die op zijn inzet met succes een beroep deden. Bovendien was hij minister van staat.

Kok was kortom een door de wol geverfd bestuurder, een vooraanstaand politicus en een gezien staatsman. Bereidde zijn afkomst hem voor op dit leven op hoge plaatsen? Stond zijn toekomst in de sterren geschreven? Zeker niet. Al speelde zijn jeugd wel een rol, toch was de uitkomst verre van vanzelfsprekend. Integendeel zelfs, hij lag door zijn herkomst eerder op achterstand dan op voorsprong. Bovendien was hij van nature geen 'netwerker' en stond hem niet echt een loopbaan voor ogen. Een schrander verstand, een volhardend talent en grote plichtsgetrouwheid brachten hem stapsgewijs vooruit. Een 'rode' opvoeding, hard werken en een portie geluk deden de rest. Wim Kok moest voor zijn gevoel van ver komen.

Bergambacht en het 'rooie durp'

Op 29 september 1938 werd Wim geboren als Willem Kok.[2] Zijn wieg stond in Bergambacht, een markant dorp met middeleeuwse wortels, dicht bij de Lek in de Krimpenerwaard gelegen. Deze uitgestrekte polder, ingeklemd door rivieren en doorkruist door talloze weteringen en sloten – een 'waard vol wind en water'[3] –, bood de opgroeiende jongen een bij uitstek Hollands toneel. Al meer dan vierhonderd jaar woonde het geslacht Kok in Bergambacht en de omliggende dorpen Ammerstol en Lekkerkerk; vele generaties lang waren het vissers en boeren, vaak beide.[4] Het platteland kenmerkte er zich door veeteelt; zo was het (en is het nog steeds) het hartland van de Goudse boerenkaas. Maar vooral langs het water was ook nijverheid te vinden, in de eerste plaats op de scheepvaart gericht. Oude ambachten – Wims ene grootvader was rietsnijder, de andere touwslager – zijn nu praktisch verdwenen, maar houtbewerking vindt er nog steeds plaats. Bergambacht gold in Koks jeugd met zeven timmerfabrieken als het 'Zaandam van de bouw'. Nu staat er nog één. Rotterdam was en is er de natuurlijke metropool.

Zijn ouders, Willem Kok en Neeltje (of Nel) de Jager,[5] trouwden op 28 oktober 1937 en vestigden zich in Bergstoep, een lintvormig buurtschap wat apart gelegen van het hoofddorp en woonoord van vooral arbeiders die werk vonden aan de Lek. Opa en oma ('opoe') Kok woonden een paar honderd meter verderop, onder aan de dijk. Dijklaan 130,[6] het huis waar Wim zijn eerste veertien levensjaren doorbracht, maakte deel uit van een groep van achttien kleine woningen die werden verhuurd door de woningbouwvereniging 'Het Volksbelang'.[7] Ze lagen aan een watertje vol riet en vis, in Wims jeugd door een hoge stenen brug met de doorgaande weg aan de overzijde verbonden. Achterom worden ze omzoomd door een schuur, een kleine tuin en wederom een watertje. Niet alleen door deze ligging vormden de bewoners toen een nauw met elkaar verbonden gemeenschap; sociale omstandigheden voegden daar het nodige aan toe. In de lokale volksmond heette Bergstoep het 'rooie durp'.[8]

Vader Kok was timmerman, aanvankelijk los arbeider. Tijdens de crisis van de jaren dertig betekende dit een steeds terugkerende onzekerheid. Had hij vanaf het voorjaar steeds werk, vaak op bouwprojecten in Rotterdam, vanaf het najaar was hij doorgaans op de karige steun aangewezen. Het was een bestaan in aanhoudend gebrek, waarbij echtgenote Neeltje met allerlei vernuftige, vaak harde huishoudelijke arbeid de spaarzaamheid opvoerde. Ook al werd bij Wim thuis de armoede waardig en met opgeheven hoofd gedragen, toch werd er elk dubbeltje omgedraaid voordat het werd uitgegeven.

Tijdens de oorlog was Neeltje grotendeels alleen met zoon Wim thuis. Willem slaagde erin aan arbeidsinzet in Duitsland te ontkomen door met zijn zuster en zwager op een aak de Rijn op en neer te varen. In de Hongerwinter leden zij echt honger en gebrek: moeder naar de gaarkeuken voor vitamineloos voedsel en zoon dynamotrappen om een beetje licht in huis te maken. Lokale boeren lieten zich bij het stillen van de honger vaak niet van hun beste kant zien. Vader Kok, die aan het einde van de oorlog soms weer thuis was en voor zijn gezondheid melk nodig had, fietste dan naar boer Snoek voor een extra kannetje, voor een kwartje per liter. Kleine Wim ging met zijn vader mee, achter op de fiets.[9]

Na de bevrijding klaarde de hemel op. Willem wist in dienst te treden bij 'De Concurrent', een grote timmerfabriek op de dijk, kreeg daarmee doorlopend werk en blijvende, maar nog lang magere, verdiensten. Het was de tijd van de wederopbouw, met een toenemende behoefte aan woningen en dus timmerwerk. Vader Koks fabriek speelde daarop in met de vervaardiging van deuren, kozijnen en kasten. Niettemin hield in het gezin Kok de onzekerheid nog vele jaren aan. Wie kon beloven dat de crisis niet zou terugkeren? De sociale zekerheid was toen heel sober, stond grotendeels nog in de steigers. Bovendien werden de arbeiders in de fabriek opgejaagd door de klok en de teller: met verhoogde arbeidsproductiviteit werd Nederlands wederopbouw gediend, zo had de regering bepaald. Wekelijks werd van elk personeelslid de productie gemeten: de harde werkers ontvingen prestatieloon, maar de achterblijver kon van zijn baan niet zeker zijn. Deze 'Berenschotmethode'[10] bezorgde Wims ouders geregeld gierende zenuwen. In 1946, acht jaar na Wim, werd Bas geboren, hun tweede zoon en laatste kind.[11]

Wim Kok groeide op in een 'rood' nest. Willem en Neeltje waren van huis uit de sociaaldemocratie toegedaan. Willems vader zat bijvoorbeeld vanaf 1921 enige tijd voor de Sociaal Democratische Arbeiders Partij (SDAP) in de gemeenteraad van Bergambacht. In Bergstoep waren er veel meer wier hart links klopte. In dat deel vierde het dorp dan ook de Dag van de Arbeid: in een parkje aan de dijk, opgeluisterd met zang en muziek en soms een gevierd spreker uit Den Haag of Amsterdam. Daarvandaan vertrok ook de 1 mei-optocht, over de dijk naar Ammerstol, in die tijd een felrode burcht.[12]

In de rest van het dorp overheersten andere politieke voorkeuren, vooral voor partijen uit de protestants-christelijke hoek, zoals de Anti-Revolutionaire Partij (ARP) en de Christelijk-Historische Unie (CHU). De 'steile' Staatkundig-Gereformeerde Partij (SGP) telt er nog steeds een stevige, trouwe aanhang. In het afspiegelingscollege, dat toen in Nederland gebruikelijk was, zat overigens ook wel eens een wethouder van de Volkspartij voor Vrijheid en Democratie (VVD) of de PvdA, maar de burgemeester was in Wims jeugd een antirevolutionair.

Voor het gezin Kok sprak het vanzelf tot de 'Rode Familie' te behoren: lid van de partij, van de vakbond, van de VARA, voor de verzekeringen aangesloten bij de Centrale en 's middags *Het Vrije Volk* op de deurmat, kortweg het hele pakket.[13] Vader Willem werd in die jaren ook penningmeester van de afdeling Bergambacht van de Algemene Nederlandse Bouwbedrijfsbond (ANB), de bouwbond van het Nederlands Verbond van Vakverenigingen (NVV). Dat was een veeleisende functie, die hij onbezoldigd uitoefende en die hem ook automatisch de lokale vertegenwoordiger van het Sociaal Fonds Bouwnijverheid maakte. Honderden leden, maar ook niet-leden, kwamen achterom bij huize Kok op bezoek om hun problemen met werk, werkloosheid of sociale zekerheid te bespreken.

Eens in het jaar, met de zomer in zicht, kwamen ze ook in grote drommen langs om hun van de werkgever ontvangen vakantiebonnen in klinkende munt om te laten zetten. Daarvoor verscheen dan de avond ervoor op de nogal smalle Dijklaan een groot waardetransport met het benodigde geld. Het was voor Kok senior een hele verantwoordelijkheid, lastig ook: ervoor zorgen dat het geld 's nachts goed opgeborgen was, het de volgende dag uitbetalen, alles tellen en registreren, allemaal handwerk, dit alles op de tafel in het midden van de kleine huiskamer. Aan diezelfde tafel was jonge Wim gewoon zijn huiswerk te maken.

In april 1945, kort voor de bevrijding en de definitieve thuiskomst van zijn vader, ging Wim naar school; in die tijd waren er wel meer 'Aprilscholen'. De Openbare Lagere School stond toen in de Raadhuisstraat, midden in het dorp en pal tegenover de monumentale, vijftiende-eeuwse Grote of Sint Laurentiuskerk. Naar deze school, twintig minuten van zijn huis gelegen, liep hij dagelijks twee keer op en neer, 's ochtends en 's middags.

Om twaalf uur kwam Wims vader van de fabriek en gebruikte het gezin gezamenlijk het warme middagmaal. Die gang naar school legde Wim op klompen af: voor schoenen was geen geld, wat duurde totdat hij bijna van school afging. Hij was in het dorp overigens niet de enige jongen die op klompen liep. School vormde geen last voor Wim, integendeel: zij bood hem een venster op de wereld. Hij kreeg er wat speelkameraadjes en hij leerde graag en steeds gemakkelijker. Zelfs de godsdienstles van de orthodoxe dorpsdominee volgde hij aandachtig. Hij was met zijn schoolwerk doorgaans als eerste klaar, maar zijn klasgenoten liet hij niet afkijken: hij draaide zijn werkblad om.[14]

Lezen was zijn lust en leven. Zijn moeder was er heel trots op dat Wim dit al kon voordat hij naar school ging. Dat moet dan uit de krant of een geleend boek zijn geleerd, want boeken bezaten ze thuis niet. De kleine boekenvoorraad op school had hij na enige tijd 'stukgelezen'. De plaatselijke leesbibliotheek bood uitkomst, ook met buitenlandse lectuur, van Karl May tot Jules Verne en zelfs Charles Dickens en Emile Zola. Bij ongetrouwde familie van zijn vader, die midden in het dorp woonde en bij wie Wim tussen de middag wel eens zijn brood verorberde, kon hij doorgaan met lezen.[15] Intussen waren zijn klasgenoten rond de school aan het ravotten. Gelukkig was ook schoolhoofd Verhoeven graag bereid hem toegang tot zijn eigen boekenkast te verlenen, maar uitlenen deed hij niet: Wim moest zaterdagsmiddags bij hem thuiskomen om zijn boeken te mogen lezen. Deze brommerige bovenmeester werd later nog een belangrijke wegwijzer in het vergroten van Wims wereld.

De wijde wereld in?

Wims wereld was klein, 'dichtgeplakt met kranten'. Daar kunnen we ons in het huidige Nederland nauwelijks een voorstelling van maken. Hij leefde in een overzichtelijk dorp, toen ruim drieduizend inwoners groot, en dan nog een beetje apart in Bergstoep, waar niet meer dan tweehonderdvijftig mensen woonden. In de meer welvarende delen van het dorp, zoals Bovenberg en Benedenberg, kwam hij als jonge jongen zelden.

Wims dorp kende voor een autoloos gezin weinig verbindingen met de buitenwereld. In Schoonhoven, zes kilometer de Lek op, kwam hij heel af en toe. In Gouda, twaalf kilometer naar het noorden, misschien eens per jaar; de reiskosten alleen al. Dat gold helemaal voor Rotterdam, de grote stad. Daar ging het gezin 's zomers een dagje naartoe: met de Lekboot vol veeboeren naar de Rotterdamse haven. Dan met de tram door naar Diergaarde Blijdorp en tussen de middag naar café Spaans voor een flesje cola bij de meegebrachte boterham. Daarna nog een bezoek aan de Cineac op de Coolsingel en aan het einde van de middag met dezelfde boot weer terug naar huis. Dat was de jaarlijkse vakantie. Ook nam zijn vader hem af en toe mee naar 'De Zilveren Bal', een jaarlijks voetbaltoernooi in Rotterdam. Dat was het wel zo ongeveer. Met oma De Jager, zijn moeders moeder, bestond geregeld contact.[16] Zij woonde in Lekkerkerk, vijf kilometer verwijderd maar dan naar het westen, een busrit ver.

Bergambacht was een ondernemend dorp, maar voor een belangrijk deel nogal behoudend christelijk. Het maatschappelijk leven was meer 'verticaal' dan 'horizontaal' gericht ('boven de polder de hemel'[17]). En aan de zondagsrust probeerde men strikt de hand te houden. Kerkgaande jongeren hebben een op de Dag des Heren fietsende Wim eens bijna de sloot ingedreven. Er zat voor hem weinig anders op dan op de stille zondagen op de Lekdijk de zeldzame voorbijkomende auto's uit andere provincies te 'verzamelen'.[18]

De levensbeschouwelijke verdraagzaamheid die Wim van thuis meekreeg – zijn vader was niet kerks en niet gelovig, zijn moeder luisterde wel eens naar een preek van een vrijzinnige dominee – kwam in zijn dorp kennelijk niet steeds van twee kanten.[19] Dat maakte het dorp nog kleiner. In 1963 – Wim woonde al hoog en breed in Amsterdam – verhuisden zijn ouders naar Uithoorn, bij Aalsmeer. Willem kon er weer timmerwerk krijgen. Maar de benauwdheid van het dorp was een belangrijke reden om Bergambacht te ontvluchten, niet in de laatste plaats voor Wims jonge broer Bas.

Wat Wim wel kijk op een wijdere wereld bood was het socialisme. De beginselen van de sociaaldemocratie kreeg hij als het ware met de paplepel ingegoten. Uit de verhalen van zijn ouders, van de vele vakbondsleden die bij hen over de vloer kwamen en ook uit groeiende eigen ervaring drong zich een krachtige weerzin tegen sociale onrechtvaardigheid op. Het hebben van fatsoenlijk werk, het belang van sociaal verzekerd zijn, mocht dit wegvallen, en de toegang tot onderwijs en gezondheidszorg zijn voor hem, naast een algemene afkeer van de standenmaatschappij, toen vanzelfsprekende waarden geworden. Hij is deze in alle vezels van zijn lichaam gaan meedragen. En ook dat de verwezenlijking ervan samenwerking, organisatie en strijd – een 'beweging' voor een rechtvaardig idee dus – steeds noodzakelijk maakt.

De Rode Familie ervoer hij dan ook als iets geheel natuurlijks en hij was er trots op dat zijn vader deze in Bergambacht hielp dragen: als bestuurslid van partij en vakbond, maar ook als iemand die langs deuren ging om de contributies te innen. Als lokale voorman ontving Willem Kok af en toe 'hoge' bezoekers uit die familie in zijn huis: de latere PvdA-fractievoorzitter Gerard Nederhorst en NVV-vicevoorzitter Dirk Roemers bijvoorbeeld. Tegen die leidslieden, die dan in Bergambacht kwamen spreken, werd indertijd hoog opgekeken. Jonge Wim zoog hun gewichtige woorden als een spons in zich op. Premier Willem Drees, de vader van het 'staatspensioen', was in die jaren bij Kok thuis een groot man.[20]

Ook de radio bood hem een kijk op een wereld groter dan Bergambacht. Wims oor was vaak gekluisterd aan het kastje van de draadomroep om de programma's van de VARA in zich op te nemen, vormend maar ook verstrooiend, van Voskuils commentaren tot VARA's *Showboat*. Andere zenders werden ook wel beluisterd, maar die van de katholieke KRO en de liberale AVRO zo min mogelijk. Het Mandement van 1954, waarmee de katholieke bisschoppen de socialistische beweging in de ban hadden gedaan, werd in huize Kok als hoogst onrechtvaardig ervaren.[21] In de kleine bubbel van Bergstoep had het gezin Kok dus weer een eigen minibubbel ingebouwd, omdat de gezinsleden eigenlijk alleen luisterden naar dingen die bij hen hoorden en pasten.

Toch bood de eigen 'zuil' een blik op de wijde wereld. Zong het socialisme immers niet de 'Internationale', het lied van wereldwijde bevrijding en solidariteit? Dit besef werd via krakende verbindingen uit alle delen van de wereld ook bevorderd door de reportages van radiocorrespondenten; deze boeiden Wim mateloos en deden hem dromen van een spannend, internationaal leven. En toen was er televisie, door Wim voor het eerst ervaren bij een gastvrije winkelier in Ammerstol die hem naar de finale van het wereldkampioenschap voetbal 1954 liet kijken.[22] Het zou tot in de jaren zestig duren voordat het gezin Kok zelf televisie aanschafte, lang nadat Wim het ouderlijk huis had verlaten.

Verlangen had Wim aangeraakt. Toch verlangde hij niet alleen naar iets wat ver weg lag, hij hechtte ook aan zijn omgeving. Zijn stukje van de polder was zeker wel 'zijn land'. Een speciaal bezoek van Kok en zijn biograaf aan Bergambacht[23] bracht de herinnering aan een Hollandse jeugd weer tot leven: wegkruipertje (verstoppertje) spelen met buurtgenootjes rond de stenen brug, vissen in de vliet voor het huis, schaatsen op de wetering, met andere kinderen ijs kraken ('piepen') op dun ijs van sloten aan de overzijde, zwemmen in het buitendijkse zwembad van de Lek. Wim was, tussen het lezen door, een buitenkind.

En dan natuurlijk het voetballen bij de Bergambachtse vereniging 'De Zwaluwen' waarvan het veld toen een eindje verder ook aan de dijk lag.[24] De sensatie van een natte bal, uit de sloot gevist, die hij moest ingooien en waarvan de vieze druppels in zijn nek liepen achtervolgde Kok tot aan het einde van zijn leven. Hij was meestal verdediger. Veel talent voor deze sport bezat de lange, wat slungelige Wim niet: hij was wat 'stijfies'.[25] Maar met Feyenoord liep hij helemaal weg: plakboeken met voetbalverslagen hield hij bij, vol verhalen over de Rotterdamse helden van toen, zoals Schouten, Kerkum, Veldhoen, later ook Moulijn. Zijn hartstocht voor die grote volkssport is sedertdien nooit bekoeld.

Er waren echter ook serieuzere zaken die zijn aandacht vroegen. Zo was daar de Watersnoodramp van 1 februari 1953, die ook Bergambacht niet ongemoeid liet. Weliswaar hield de Lekdijk stand, anders dan een waterwering op de kop van de Krimpenerwaard,[26] maar dat maakte de schrik er niet minder om. Opa Kok, die onder aan de dijk woonde, riep nog de hulp van zoon Willem in, omdat het hoge rivierwater wel erg tekeerging en eroverheen dreigde te slaan. Dat gezamenlijke bezoek aan zijn geboortehuis bracht bij Wim Kok ook emotie naar boven. Het weerzien met die oude, vertrouwde omgeving ontroerde hem zichtbaar, ook al was de herinnering niet alleen positief.

In Bergambacht bezetten zijn ouders een lage sport op de sociale ladder. Het huis was klein en 's winters, buiten de huiskamer waar de kachel snorde, vaak bar koud. De in die tijd heersende sociale hiërarchie en de nog sterk aanwezige gezagsverhoudingen werden ook door Wims ouders aan den lijve gevoeld. Op de fabriek was de directeur een soort godheid. En als dokter Frese op bezoek kwam, trok moeder Kok haar zondagse jurk aan. Niettemin. De kracht van zijn ouders en zijn grootouders, van hun levenswil, van hun vasthoudende gevecht tegen gebrek en achterstand, van hun rotsvaste geloof in een betere toekomst, van hun inzet voor de opleiding van hun twee zonen: dat alles heeft Wim sterk bezield. Hun geringe opleiding – nauwelijks lagere school, een lot dat ze toen met velen deelden – heeft hun niet de kans geboden van een leven dat meer bij hun talenten paste. Want talenten bezaten ze zeker, maar de mogelijkheden tot hun ontplooiing ontbraken te zeer, ook door geldgebrek. Hun voorbeeld te volgen en hun gemiste kansen goed te maken: het werd een leidraad in Wims leven.

Het begon al met het aflopen van de lagere school. In de laatste klassen behoorde Wim tot de beste leerlingen, als hij niet gewoon de beste was. Hij leerde graag en snel. Hij was serieus en wat teruggetrokken, haalde geen kattenkwaad uit, was een beetje een brave hendrik. Omdat hij goed kon leren, vormde hij juist wel eens het mikpunt van plagerijen. Vrienden had hij niet echt, vijanden nog minder. Schoolhoofd Verhoeven, al kon hij wel eens boos op hem worden, was zeer op Wim gesteld. Hij vond dat hij verder moest leren, door naar de middelbare school. Meester Verhoeven was dan wel een echte autoriteit in het dorp, toch had hij Wims ouders niet meteen overtuigd. Zou het voor hun zoon niet een te grote stap zijn? Kleine stapjes, dat was toch veel veiliger? Kleine stapjes moesten het worden.

De keuze viel op de driejarige mulo in Schoonhoven, elke dag zes kilometer heen en weer terug.[27] Wim had inmiddels een fiets gekregen, en op klompen liep hij ook niet meer. Vanaf de zomer van 1951 fietste Wim zes dagen per week over de Lekdijk naar Schoonhoven om naar de nieuwe school te gaan. Onderweg in Ammerstol kreeg hij gezelschap van een paar lotgenoten, met wie hij de weg verder aflegde. Voor zijn gevoel kampte hij steeds met tegenwind. Maar dat gold niet voor zijn schoolprestaties. In het niet meer bestaande schoolgebouw aan de Willem de Zwijgerstraat, dicht bij de Van Heutzkazerne en de lokale ijsbaan, ging hem dit schooltype goed af. Hij was van nature meer een A-leerling, maar ook in B-vakken wist hij zijn weg te vinden: hij haalde uiteindelijk het B-diploma. Waar hij wel tegenop liep, was dat zijn Schoonhovense klasgenoten hem en zijn dorpsgenoten als 'boertjes van buiten' behandelden. Dat de wereld nogal gelaagd kon zijn, was iets waarvan hij zich, meer nog dan in zijn eigen dorp, in Schoonhoven bewust werd.

Dat werd zo mogelijk nog sterker in Gouda, waar Wim in 1954 op de hbs aan de Burgemeester Martenssingel werd toegelaten.[28] Zijn goede prestaties op de mulo, gecombineerd met de bijlessen van meneer Koedood in de zomer van 1954, maakten dat Wim vanaf september van dat jaar in de vierde klas hbs-B kon beginnen. Nu was de fietstocht dubbel zo lang: twaalf kilometer op en neer, door een indrukwekkend polderlandschap maar weer met veel tegenwind. Op deze school deed hij het ook goed, ook al worstelde hij met exacte vakken als meetkunde en natuurkunde. Hij hield meer van talen, hoewel hij geen enkele buitenlandse ervaring had, en ook van geschiedenis, zij het alleen de verhalen en niet de jaartallen.

In Gouda was hij weer de rustige, ietwat schuchtere scholier die door de fysieke afstand naar zijn dorp wat buiten de groep stond, weinig vrienden telde en ook niet aan buitenschcolse activiteiten meedeed: na schooltijd vertrok 'de fietsploeg' meteen weer de weide in. Het eindexamen in 1956 ging voor zijn gevoel wonderbaarlijk goed, want ook voor zijn zwakkere B-vakken haalde hij in het schriftelijke deel meteen ruime zevens, wat hem het gevreesde mondeling bespaarde. In vijf jaar tijd en al 'stapelend' had

Wim Kok, deze arbeiderszoon uit een polderdorp, zijn vwo-examen gehaald, een hele prestatie. Zou hij nu dan ook naar de universiteit gaan? Studeren aan de Economische Hogeschool in Rotterdam?[29] Hij zou het wat graag hebben gewild. Of was dit een te grote sprong ineens?

'Kasteelheer' op Nijenrode

Het werd inderdaad weer een kleinere stap en natuurlijk speelde geld een rol. Studenten van ouders 'met een kleine beurs' konden wel worden ondersteund, maar erg toegankelijk was die regeling nog niet. Vader Willem werkte soms 's avonds bij in café Het Centrum in het dorp, vooral in het weekeinde. Zo kon hij het gezinsinkomen wat aanvullen en ook aan een hogere opleiding voor zijn zoons bijdragen. Voor een heuse universitaire studie was dit echter bij lange na niet genoeg. Daarmee kwam Nijenrode in beeld, toen nog niet 'Business University Nyenrode' maar Nederlands Opleidings-Instituut voor het Buitenland (NOIB) geheten.

Een districtbestuurder van de Bouwbond, Jaap Roukema, die af en toe voor bondswerk zijn vader opzocht en die belang in de jonge Wim begon te stellen,[30] liet de naam Nijenrode wel eens vallen: een praktisch gerichte en niet te lange opleiding. Een voorlichtingsbijeenkomst op school bracht de zoekende Wim verder op dit pad: de welbespraakte rector van Nijenrode kwam vertellen wat die opleiding zoal inhield. Dat had Wims belangstelling: niet zozeer bedrijfskunde, maar wel het buitenland. Dat internationale aspect, en wat daar allemaal bij kwam kijken, dat trok hem wel. Bovendien was de opleiding algemeen van aard, wat Wim van zichzelf ook zijn kracht vond. Roukema kende wegen voor financiële hulp. De gemeente Bergambacht en de provincie Zuid-Holland hielpen Wims ouders daarmee, de ene met een beurs en de andere met een renteloze, vijftienjarige lening.[31] Zo vormde Nijenrode een volgende stap in Wims ontdekking van de wereld.

De nog geen achttienjarige Wim Kok belandde er in een totaal onbekende omgeving. Niets leek er op wat hij van huis uit gewend was. Het begon al met de buitenkant. Nijenrode was (en is nog steeds) gevestigd in een mooi dertiende-eeuws kasteel en op het erachter liggende landgoed, met slotgracht en ophaalbrug gelegen aan de schilderachtige Vecht bij Breukelen. Het heeft in de loop der eeuwen vele bewoners gekend, steeds van adel, maar de laatste eigenaar was de bekende kunsthandelaar Jacques Goudstikker. Diens vrouw verkocht het kasteel in 1950 aan het NOIB, dat er al enkele jaren in huisde. Deze eerste Nederlandse 'businessschool' was het initiatief van Albert Plesman, pionier van de Nederlandse luchtvaart, die tijdens de oorlog het plan opvatte een op het buitenland georiënteerde opleiding op te zetten. Deze zou niet-specialistisch zijn, zich op de economische en diplomatieke praktijk richten, van betrekkelijk korte duur zijn en naast het universitair onderwijs staan.

Geopend door prins Bernhard ging het NOIB in de herfst van 1946 van start en tien jaar later, toen Wim Kok er zich meldde, telde het ruim tweehonderd studenten.[32] Al deze studenten woonden hier intern, twee jaar lang, op slaapzalen en in eetzalen, wat voor Wim wel wennen was. Ook het onderwijs van Nijenrode was voor hem geheel nieuw: het was op Angelsaksische didactische leest geschoeid. Het richtte zich op ondernemerschap in brede zin, op macro- en micro-economie, maar ook op de sociologische en psychologische aspecten ervan ('sociale economie'). Het programma vermengde theorie met praktijk en hoorcolleges met werkgroepen. Het vergde intensieve studie van moderne talen (Spaans, Zweeds, Russisch en Arabisch incluis[33]) en integreerde ook de sportbeoefening.

Net als een Amerikaans *liberal arts college*, besteedde Nijenrode veel aandacht aan positieve karaktervorming. Het dragen van medeverantwoordelijkheid voor het campusleven werd van iedere student geëist, aan zelfpresentatie in woord en gebaar werd veel waarde gehecht en het aanknopen van sociale contacten sterk bevorderd.[34] Wim Kok werd op Nijenrode weinig rust gegund en er werd veel van hem gevergd. Hij heeft het er, in zijn eigen woorden, 'best moeilijk' gehad,[35] maar opgeven heeft hij nooit overwogen. Daar kon je toch niet mee thuiskomen?[36]

Nijenrode bood Wim Kok het tegendeel van nestgeur: de overgang was groot. Het sociale milieu was er grootburgerlijk en de sfeer studentikoos. Menig medestudent (allemaal jongens; meisjes werden pas in 1970 toegelaten[37]) kwam uit een gegoed milieu, vaak uit ondernemerskringen.[38] Het 'grote', universitaire studentenleven deed men met overgave na. De groentijd was weliswaar minder hardvochtig en langdurig dan elders, maar ook Wim moest zich allerlei pesterijen en misplaatste grappen laten welgevallen. En kaalgeschoren werd hij ook. Zoals toen landelijk gebruikelijk, liepen de studentenbestuurders op Nijenrode in driedelig grijs pak en werd het Winterfeest door de studenten in galakledij gevierd.

De studentenvereniging, waarvan alle studenten lid waren, hulde zich in 'VOC-taal' en kende een veelvoud aan bestuurtjes en commissies die zich om allerlei aspecten van het campusleven bekommerden. Geen student die niet een functie vervulde. Wim maakte deel uit van 'Het Collegie tot de Publicatiën', de uitgever en redactie van een nieuwsblad (*Journael*) en een almanak (*Loghboeck*). In het jaar 1957-1958 betoonde dit Collegie zich bijzondere ijverig door over de Provinciale Statenverkiezingen een speciale editie uit te brengen. Wim voerde als penningmeester het beheer over de financiën en kon aan het eind van het jaar een batig saldo van 750 gulden laten zien. Hij droeg ook bij aan doeltreffend beleid en een 'bijzonder prettige samenwerking'.[39]

Toch onttrok Wim zich grotendeels aan het studentenleven. In de kasteelbar 't Moede Hooft liet hij zich weinig zien en aan nachtelijke tochten naar de nabijgelegen opleiding voor secretaressen deed hij niet mee. Liever liftte hij met een medestudent naar Amsterdam om daar een bioscoop te bezoeken, wat te drinken of bij een Chinees te eten.[40] Maar vooral concentreerde hij zich op zijn studie; op dat punt had hij zijn zaken steeds goed voor elkaar. Verder wierp hij zich op het talenpracticum en oefende hij zich in het houden van toespraken, niet alleen in het Nederlands. Door de docent Nederlands werd hij anderen als voorbeeld gesteld voor een goede omgang met woorden.[41] Hij volgde op zaterdagmiddag in Amsterdam ook een niet verplichte cursus journalistiek bij Henri Knap, bekend medewerker van *Het Parool*.

Verder was hij bescheiden, drong zich niet op de voorgrond, maar werd door zijn medestudenten die hem opmerkten wel gewaardeerd. Een kortstondige flirt met het politiek liberalisme, die zijn vader een 'hartverzakking' bezorgde, ruilde hij weer snel in voor de sociaaldemocratie van thuis.[42] Deze keer werd het echter een meer doordachte keuze: hij ging erover lezen. Voor zijn jaargenoten was wel duidelijk waar hij politiek stond, hij kon zich daar soms heftig over uiten.[43] Maar dat hij ooit zou uitgroeien tot een bekend vakbondsleider of zelfs een socialistisch premier van Nederland, dat zou hen totaal verrassen.[44] Toch heeft Nijenrode daar zeker aan bijgedragen. Hij is later wel eens aangevallen op zijn opleiding aan dat 'elite-instituut', maar hij heeft er nooit een kwaad woord over willen horen.[45] Nijenrode heeft van Wim een vechter gemaakt, iemand die zich door tegenslag niet uit het veld liet slaan, die zich in vreemde werelden kon bewegen, maar die zich bewust was van waar hij zelf vandaan kwam en daar niet weinig trots op was.[46] Al doende werd Wim Kok Nijenrodes beroemdste student.[47]

Voetenherstel

Nederlands beroemdste dienstplichtig militair werd Wim Kok zeker niet. Daarvoor ontbrak het hem aan de juiste instelling. Begin december 1958 meldde rekruut Kok zich bij de Huzaren Prins Alexander, een vermaard cavalerieregiment gelegerd in Amersfoort. Het was het hoogtij van de Koude Oorlog. Op de Noord-Duitse Laagvlakte stonden Oost en West met grote troepenmachten (ook Nederlandse) tegenover elkaar. Het was vrede, maar wel van een zwaarbewapende soort. In de Prins Bernhardkazerne onderging Wim zijn basistraining. Na twee maanden keerde hij van verlof in Amersfoort terug om op de cavaleriekaderschool de officiersopleiding te volgen. Op het station kreeg hij echter te horen: 'Nee, we hebben je toch nog es bekeken; ga maar naar de militaire administratie.'

Van aanstaand tankcommandant werd Wim toen opeens beheerder van een legeronderdeel. Na een opleiding voor administratief kader in Vlissingen doorliep hij in Middelburg een vervolg voor reserveofficier militaire administratie. Ten slotte ging de reis naar Nunspeet, waar hij nog ruim een halfjaar aan het 101ste bataljon van de Koninklijke Marechaussee werd toegevoegd als vaandrig militaire administratie. Daar ging hij bijvoorbeeld over de uitbetaling van de soldij en de inkoop van het eten. Samen met een collega-officier liep hij toen ook de Vierdaagse van Nijmegen, vijftig zware kilometers per dag, bepakt en bezakt. Dat kostte hem nog een paar dagen 'voetenherstel'.

In september 1960 zwaaide Wim af als tweede luitenant en keerde hij terug in het burgerleven. Later werd hij nog bevorderd tot reserve-eerste luitenant, maar per 1 januari 1974 besloot hij te bedanken voor deze 'slaapfunctie' en zijn plunjezak aan Defensie te retourneren.[48] Kok had als opgeroepen militair zijn burgerplicht gedaan, op eigen kracht een respectabele staat van dienst opgebouwd en in het leger zijn gaven als praktisch bestuurder kunnen ontwikkelen. Maar de krijgsmacht had zijn liefde niet gewekt. Integendeel, hij vond de militaire dienst maar een zinloze tijd. Vrienden had hij er ook niet aan overgehouden.

Een loopbaan lag voor Wim Kok niet uitgestippeld. Zijn op Nijenrode opgedane ervaring en contacten hielpen daar kennelijk niet bij. Evenmin deed hij een gooi naar een correspondentschap in het buitenland, waarvan hij zo had gedroomd. Hij had moeite zijn bestemming te vinden. Vanuit de kazerne in Nunspeet solliciteerde hij links en rechts wat, vooral bij bedrijven. Hunter Douglas in Rotterdam, zo stond hem later nog bij. Zijn hart trok echter naar Amsterdam.

Daar werd het een handelsfirma, getooid met de exotische naam Sembodja Malaja, gevestigd in een monumentaal pand aan de Keizersgracht en geleid door ene Marius Jonkhart.[49] Er werkten zo'n twintig mensen. Het was een gespecialiseerd kantoor dat internationale diensten verleende aan bedrijven zonder exportafdelingen. Wim werd er commercieel medewerker. Dit hield in dat hij bij de ene partij in eigen land producten zo goedkoop mogelijk moest zien in te kopen, om deze vervolgens aan een andere partij in een ander land – vaak in Azië – zo profijtelijk mogelijk te verkopen: honderdduizend blikken bruine bonen en dergelijke. Inkoop en verkoop dus, en berekeningen uitvoeren.

Wim vond dit werk zo geestdodend, dat hij het er maar acht maanden heeft volgehouden, van 1 november 1960 tot 1 juli 1961. Hij verdiende er wel zijn eerste geld mee, waarmee hij onder andere de huur van een kamer in Nieuw-West (bij de oudste dochter van Jaap Roukema[50]) kon betalen. Ook de contributie van de Partij van de Arbeid, waarvan hij op 1 januari 1961 lid werd, kon hij zo voldoen. Maar daarmee is het meeste wel gezegd. Hij kwijnde weg.

Gelukkig kon Roukema hem weer uit de brand helpen. Uit contacten in vakbondskring wist hij dat de economisch adviseur van de Algemene Nederlandse Bouwbedrijfsbond, Heinz Umrath, wel een assistent kon gebruiken, een rechterhand, ook in verband met zijn Europese werk. Dit was voor Wim werkelijk een uitkomst, een echte meevaller. Erg prestigieus werk was het allemaal niet, en aanvankelijk ook niet erg moeilijk. Maar deze baan beloofde hem weer zingeving, in het werk en ook in het leven zelf. Ze sloot aan bij de wereld van zijn jeugd, terwijl hij er ook zijn opleiding en de op Nijenrode en als militair verworven vaardigheden in kwijt kon. Heinz Umrath keurde hem goed voor de baan. Bondsvoorzitter Cor Brandsma nam hem aan: 'Nou, dat is wel goed, jongen. Ga maar gauw beginnen. Ik ben benieuwd wat je ervan maakt.'[51] In de zomer van 1961 begon Wim Koks leven in en voor de vakbeweging. Het zou ruim vierentwintig jaar duren.

De naoorlogse jaren

In welk land, in welke wereld groeide Wim nu op? Als zijn jeugd hem sterk heeft gevormd, dan betrof dit niet alleen zijn directe leefomgeving, maar ook de bredere maatschappelijke context en hoe die in zijn ouderlijk huis werd beleefd. Was er iets van een tijdgeest? Werd hij daardoor beïnvloed?

De oorlog eindigde in Nederland op 5 mei 1945, maar was daarmee nog niet afgelopen. 'Goed' en 'fout' beheersten nog lang het gesprek van de dag, ook in Bergambacht dat nogal wat NSB'ers had geteld. Bijzondere rechtspraak behandelde de 'foute' gevallen, niet steeds evenwichtig. Wims ouders moesten tijdens de bezetting niets van de Duitsers hebben, maar ze bleven er niet in steken. Werk en bestaanszekerheid werden na de oorlog hun eerste zorg, zoals dat voor veel Nederlanders gold. De wederopbouw bracht het herstel van verwoestingen (Rotterdam lag dichtbij) en beloofde de komst van welvaart. Anne Franks dagboek kwam in 1947 uit, maar bleef tien jaar onopgemerkt. Het duurde een kleine twintig jaar voordat Nederland op grote schaal oog kreeg voor het bijzondere oorlogsleed van de joodse Nederlanders.[52] Schrijvers als Charles, Hermans, Minco, Mulisch en Vestdijk probeerden met de oorlogservaringen in het reine te komen.[53]

Dekolonisatie kreeg vat op de verhoudingen in de wereld. Aanvankelijk ging dit met veel strijd gepaard, gaandeweg sprak het meer vanzelf. De Verenigde Naties hielpen daarbij. Van 1947 tot 1949 voerde Nederland oorlog tegen de Republik Indonesia. In militair opzicht waren deze zogeheten politionele acties grotendeels succesvol, maar de politieke uitkomst ervan was dat wij 'ons Indië verloren'. Schoonhoven, dicht bij Wim Koks Bergambacht, herbergde in die jaren de dienstplichtigen die weigerden naar Indonesië te gaan om aan deze koloniale acties mee te doen, tot aan een opstand toe.[54] Elders ontstond hetzelfde beeld, zij het dat het daar langzamer en soms met nog meer bloedvergieten gepaard ging: in India-Pakistan (Groot-Brittannië), in Vietnam (Frankrijk), in Kenia (Groot-Brittannië), in Algerije (Frankrijk), in Kongo (België), in Angola (Portugal) enzovoorts. De overdracht door Nederland van de onafhankelijkheid aan Suriname in 1975 ging daarentegen zonder geweld gepaard. Dekolonisatie bracht ook volksverhuizingen op gang: 350.000 Indische Nederlanders keerden van hun 'moederland' naar hun 'vaderland' terug en zochten daar een nieuwe weg. 12.500 Molukkers – voormalige KNIL-strijders – werden met hun gezinnen in ons land in 'woonoorden' (soms voormalige concentratiekampen) ondergebracht en wachtten daar tevergeefs op Nederlandse steun voor hun gedroomde eigen staat. Soms bleef dekolonisatie nog lang in geharnast koloniaal verzet steken: de apartheid in Zuid-Afrika. In 1960 voegde advocaat Nelson Mandela zich bij de gewapende strijd tegen de apartheid van het African National Congress (ANC).

De hete oorlog ging over in een Koude Oorlog. De onmogelijkheid van geallieerde overeenstemming over een vredesverdrag met het verslagen Duitsland leidde tot een volledige deling van Europa. Het IJzeren Gordijn werd neergelaten, de NAVO en het Warschaupact werden opgericht. Amerika hielp het verarmde West-Europa met Marshallhulp op de been, ook om de communistische verleiding op afstand te houden. De Verenigde Staten en de Sovjet-Unie hielden elkaar met almaar grotere wapenarsenalen in bedwang, met atoombewapening ook steeds meer in gijzeling. De doem van Hiroshima hing over de wereld. Concurrerende 'wereldbeschouwingen' stonden met de koppen tegen elkaar: democratisch kapitalisme tegenover dictatoriaal communisme, zoals ook bleek in de Koreaoorlog (1950-1953). Het conflict begon gaandeweg de verhoudingen in de gehele wereld te beheersen en vermengde zich bijvoorbeeld met de dekolonisatie. Oproeren in het Sovjetkamp (Oost-Berlijn 1953, Polen 1956) riepen westerse sympathie op, maar inmenging leek door het oorlogsgevaar erg onverstandig. De neergeslagen Hongaarse Opstand (herfst 1956) bracht ook in Nederland veel beroering teweeg. Wim Kok, jonge student op Nijenrode, werkte gedurende een aantal weken onbezoldigd in de Sterovita-zuivelfabriek om bij te dragen aan een studiefonds voor Hongaarse vluchtelingen.[55] In 1957 bracht de Sovjet-Unie met de Spoetnik de eerste 'kunstmaan' in de ruimte: het begin van de ruimtevaart.

In politiek opzicht bracht de naoorlogse periode in Nederland niet de vernieuwing waarop menigeen in en buiten het verzet had gehoopt. De in 1946 opgerichte Partij van de Arbeid bood wel een nieuw dak aan sociaaldemocraten, vrijzinnig democraten en progressieve confessionelen, maar bij de eerste naoorlogse verkiezingen van dat jaar leverde dat niet de verwachte 'doorbraak' op. De PvdA werd, achter de Katholieke Volkspartij, de tweede partij van het land, want veel kiezers bleven trouw aan de vertrouwde, vooroorlogse keuzen. Toch brak er wel iets door: de PvdA werd een soort 'natuurlijke' regeringspartij. Tot 1958 werd het land dertien jaar lang geregeerd door 'rooms-rode' coalities, de meeste daarvan met Willem Drees aan het hoofd. In 1956 werd de PvdA ook de grootste partij. De regeringsaandacht richtte zich op wederopbouw, industrialisatie, woningbouw, sociale zekerheid, het aanleggen van wegen, spoorlijnen en havens, en (na de Watersnoodramp) het bouwen aan een nieuw Deltaplan. Het waren jaren van centraal georganiseerde 'maakbaarheid', van geleide loonpolitiek,[56] van grote soberheid, van 'handen uit de mouwen', van 'Hup, Holland, Hup' en 'Nederland spreekt een woordje mee'.[57]

De ouders van Wim Kok voelden zich in deze beweging meegenomen, ze vormden er deel van. In 1952 betrokken zij in Bergstoep een nieuwbouwhuurhuis, nog geen honderdvijftig meter van hun woning aan de Dijklaan.[58] En vader Willem raakte helemaal opgewonden van de aanleg van een nieuwe provinciale weg langs het dorp: Bergambacht zou erdoor uit zijn isolement worden verlost. De vondst van de enorme gasbel in de provincie Groningen in 1959 luidde een nieuw tijdperk in, politiek niet minder dan economisch.

Het was nog volop verzuiling wat de klok sloeg. Katholieken en protestanten leefden in gescheiden werelden, de laatsten ook nog in verscheidene onderafdelingen. De kerken zaten vol, het gezag van hun geestelijk leiders was groot. Seksualiteit werd met strenge taboes omgeven. Het maatschappelijk leven was grotendeels langs verzuilde lijnen georganiseerd. Dat gold ook voor het sociaaleconomisch leven, bijvoorbeeld met protestantse en katholieke vakbonden, naast een 'algemene' vakcentrale, het feitelijk sterk met de PvdA verbonden NVV. Iets vergelijkbaars deed zich voor in werkgeverskring. In de politiek werkten de confessionelen wel samen, maar dat bleef doorgaans tot contacten boven in de zuilen beperkt. Socialisten werden gedoogd (communisten niet), liberalen zelfs meer dan dat. Het bisschoppelijk Mandement van 1954 blokkeerde de overgang van katholieke arbeiders naar het 'socialistische kamp' en was daarin enige tijd tamelijk succesvol. Intussen weerspiegelde het medialandschap deze verzuiling, het vormde zelfs een krachtig instrument in de handhaving ervan: eigen kranten, radioverenigingen en televisieprogramma's hielden de kudden bijeen. In huize Kok hadden de VARA en *Het Vrije Volk* een duidelijke streep voor: de stem des volks.

In de luwte van het Oost-Westconflict groeide al snel iets van West-Europese samenwerking. Ook hier stond het Duitse vraagstuk centraal. In 1950 waagde Frankrijk de sprong over de eigen schaduw en bood het de Bondsrepubliek een supranationale gemeenschap van kolen en staal aan. Deze EGKS,[59] waaraan ook de Benelux-landen en Italië gingen deelnemen, moest zowel oorlog helpen voorkomen als welvaart bevorderen. De architect hiervan, de Fransman Robert Schuman, kwam in Koks tijd ook op Nijenrode spreken. Dit succesvolle project leidde in 1957 tot de oprichting van de Europese Economische Gemeenschap, die het net veel wijder uitwierp. Het ging nu om economische integratie in brede zin, met een steeds nauwer verbond als politiek doel. Mede als gevolg hiervan steeg de welvaart en lieten de landsgrenzen zich gemakkelijker overschrijden. Nederland merkte ook snel iets van de gemeenschappelijke landbouwpolitiek, die zich op grotere voedselzekerheid in de zes aangesloten landen richtte. Onder leiding van het Nederlandse lid van de Europese Commissie, PvdA'er Sicco Mansholt, werd zo de versnipperde Nederlandse agrarische grond herverkaveld.[60] Aan de hand van Heinz Umrath, zijn leermeester bij de Bouwbond, betrad ook Wim Kok het terrein van de Europese integratie.

Lijnen en patronen

In deze tijd van hard werken, wederopbouw en samenwerking, vol hoop maar ook angst, werd Wim Kok volwassen. De tijd ging zijn leven tekenen. Met wat slagen om de arm zijn hier een paar doorlopende trekken te signaleren, lijnen en patronen die in zijn jeugd zijn begonnen, die in zijn openbare leven op grotere schaal zichtbaar werden en die hem tot aan zijn dood bepaalden.

Werk en bestaanszekerheid werden voor Wim Kok normerende waarden. Tot op zijn oude dag voelde hij bijna lijfelijk de sociale onzekerheid van zijn ouders na, maar ook de vernedering die mensen kunnen ondergaan wanneer zij buiten het arbeidsproces vallen en hun hand moeten ophouden. De leidraad van zijn eerste kabinet – 'Werk, werk, werk' – dekte meer dan een beleidsprogram, het stond voor Koks van thuis meegekregen politieke ethiek. In de discussie over een arbeidsloos inkomen ('basisinkomen') heeft hij zich nooit thuis gevoeld. In dit opzicht was hij een 'calvinistische' socialist, bij wie de Krimpenerwaard doorklonk.

Gewone, eenvoudige mensen: in hun gezelschap voelde Wim Kok zich steeds thuis. Hij had een bijzondere band met hen en meende hun noden goed aan te voelen. Dit ging in eerste instantie niet om hoogverheven idealen, maar om praktische zaken als werken, wonen, onderwijs volgen, medische zorg genieten, en natuurlijk om democratische zeggenschap, om een grotere greep op het eigen lot. Op dat vlak wilde hij sociale rechtvaardigheid verwezenlijkt zien, ook internationaal. De emancipatie van de 'gewone man', daar zette hij zich voor in, en het democratisch proces moest die mogelijk maken. Zijn idealisme was vooral pragmatisch, gericht op resultaat, maar steeds met 'zijn mensen' voor ogen.

Soberheid zat in zijn genen. Wim Kok zocht geen luxe, maakte daar geen aanspraak op. Zijn woningen oogden functioneel en eenvoudig. Als vakbondsvoorman reed hij het hele land door in een voor zijn postuur krappe Opel Kadett. Als bewindsman eiste het protocol wel iets meer van hem, maar ook toen deed hij het zoveel mogelijk zonder nodeloze opsmuk en dikdoenerij. In hoeverre zijn latere (omstreden) commissariaten dit patroon doorbraken, dan wel andere uitleg verdienen, zal nader worden bekeken.[61] Maar het ziet er op het oog naar uit dat de ervaring van een sobere jeugd hem qua leefstijl niet heeft doen doorslaan naar de andere kant. Integendeel, ook in dit opzicht bleef hij Bergstoep trouw.

Samenwerken leerde hij ook. Al jong raakte hij overtuigd van de noodzaak van vakbondswerk. Hij is later een bruggenbouwer geworden, zowel in de bond als in de politiek. Dit deed hij niet tot elke prijs, alleen als er een bevredigend resultaat mee kon worden geboekt. Nijenrode opende hem de ogen voor de wereld van het ondernemen. Zelf wilde hij geen ondernemer worden, maar wel zag hij – onder voorwaarden – het nut en zelfs de onmisbaarheid van ondernemers in. Aldus heeft hij kunnen uitgroeien tot een taai onderhandelaar, die in de economische en politieke 'polder' met de andere partij zowel vocht als samenwerkte en aldus eigen doelen verwezenlijkte. Maar voordat geld kon worden uitgegeven, moest het eerst worden verdiend, zo wist Kok van huis uit.

Voetbal bleef zijn hartstocht, het ging zelfs zijn taalgebruik kleuren. Andere sporten hadden ook zijn aandacht, maar voetbal stond steeds bovenaan. Feyenoord bleef nog lang zijn club, maar gaandeweg kreeg Rotterdam concurrentie van Amsterdam. Het speelse van de Cruijff-generatie bekoorde Wim steeds meer, wat hem bij wedstrijden tussen Feyenoord en Ajax voor een dilemma plaatste. Hopen op een gelijkspel loste het probleem vaak niet op. Hij speelde jarenlang elke week mee in de voetbaltoto. Ook als premier volgde hij de uitslagen op de voet, zelfs op buitenlandse reizen, iets waarmee hij verbouwereerde ambtenaren geregeld verraste: ze moesten maar dezelfde belangstelling veinzen.[62]

Naar de wereld was hij onbegrensd nieuwsgierig. Als reactie op de benauwenis van zijn milieu en geboortedorp, maar ook uit belangstelling voor het onbekende, wilde Kok die wereld ontdekken. Je kon immers zoveel leren. Door het lezen van boeken, door te dromen van een spannend leven, door buiten het eigen dorp naar school te gaan, door het leren van vreemde talen, door het maken van uitstapjes naar buurlanden, later ook door het ervaren van exotische culturen in verre landen. Tot op hoge leeftijd heeft hij die speurtocht voortgezet. Europees en internationaal werk trok hem steeds. Die spons was nooit volgezogen. In menig opzicht bestond zijn hele leven uit het ontdekken van nieuwe werelden, telkens weer verder.

Wim Kok was erg op zichzelf. Hij kon zich in gezelschap wel handhaven, maar was beslist geen gezelligheidsdier. Tegelijk dwong hij door zijn serieuze instelling, zijn kennis van zaken en ook zijn postuur ontzag af. Vriendschappen ging hij niet gemakkelijk aan, steeds behield hij een zekere afstand, zelfs tot zijn meest nabije omgeving. Zijn vrouw Rita werd zijn 'enige echte maatje'.[63] Met zelfrelativering en een wat cynische humor sloeg hij zich door ongemakkelijke situaties heen, maar ook liet hij met humeurige stugheid nieuw ongemak ontstaan. Hij had belangstelling voor mensen om zich heen, maar hij trad niet op als kruiwagen om een ander verder te helpen. Ieder moest op eigen kracht bovenkomen, dat deed hij zelf ook. Hij beschikte zeker over ambitie,[64] maar deze lag er niet duimendik bovenop. Hij deed zijn best zich aan nieuwe omgevingen aan te passen. Maar nieuwe opdrachten zag hij liever als uitdagingen voor zijn verantwoordelijkheidsbesef: een socialistische grondhouding waar de calvinistische polder weer doorheen schemerde.

Stapje voor stapje. De voorzichtigheid die zijn ouders, gelet op hun beperkte ruimte, begrijpelijkerwijs kenmerkte, is ook Wim Kok eigen geworden. Over het geheel genomen was hij een behoedzaam mens, iemand die niet onnodig risico's nam en die zijn kansen zorgvuldig afwoog. Dit lijkt in strijd te zijn geweest met zijn nieuwsgierigheid naar de wereld, maar dat was het niet. Ook die stappen werden steeds behoedzaam gezet. Deze harde werker, noeste volhouder en pragmatische doener was steeds op zijn qui-vive en altijd beducht voor onaangename verrassingen. Zo konden zijn ouders zich handhaven, zo kon Wim Kok zich naar boven worstelen. Stap voor stap, dan brak het lijntje niet. Maar ook dan wil het lijntje wel eens breken, hij zou het nog merken. De keren in zijn leven dat Wim Kok bij uitzondering een groot risico durfde nemen, deed hij ook dat weloverwogen. Hij heeft er geschiedenis mee geschreven.

2
Leerschool Bouwbond

BESTUURDER VAN DE NVV-BOUWBOND, STAANDE SPREKEND IN EEN BONDSVERGADERING IN 1968.

Op 1 juli 1961 vervoegde Wim Kok zich bij zijn nieuwe werkgever, de Algemene Nederlandse Bouwbedrijfsbond. In de wandeling heette deze de Bouwbond NVV, hij was immers aangesloten bij het socialistisch gekleurde Nederlands Verbond van Vakverenigingen.[1] De ANB had zijn hoofdkwartier in de Amsterdamse Vondelstraat nummer 40. In twee aaneengesloten panden – schuin tegenover het hoofdkantoor van de Partij van de Arbeid[2] – zetelde het bondsbestuur van de ANB, zeven man sterk. Voorzitter was Cor Brandsma, niet alleen door zijn stemgeluid maar ook anderszins een gezaghebbend man.[3] Ondersteunende diensten waren er ook gehuisvest. Daarbij ging het bijvoorbeeld om financiënboekhouding en ledenadministratie, maar ook om voorlichting en publiciteit. Zo werd hier *De Bouwer*, het ledenblad van de ANB, geschreven en in elkaar gezet. Dit gold ook voor 'Stuwing', de nieuwsbrief voor kaderleden. Natuurlijk was er vergaderruimte, onder andere voor de bestuurdersbijeenkomsten. Daarin overlegde het bondsbestuur met de vertegenwoordigers van de landelijke districten van de bond.

Erg omvangrijk was het allemaal niet. De ANB behoorde met ruim vijftigduizend leden weliswaar tot de grotere vakbonden van Nederland, maar geprofessionaliseerd was het vakbondswerk toen nog nauwelijks. De leden van het bondsbestuur waren allemaal voormalige bouwarbeiders, die hun vak goed verstonden, vaak aan bijscholing hadden gedaan en door de leden voor bestuurstaken waren uitgekozen en vrijgesteld. Ondersteuning op onderdelen kregen zij van daarvoor specifiek aangetrokken medewerkers. Deze medewerkers hadden doorgaans 'doorgeleerd', maar academisch geschoold was bijna niemand bij de ANB. Wim Kok was de tweede ANB-medewerker die niet uit de bouw zelf voortkwam en ook nog hoger onderwijs had genoten. De eerste was Heinz Umrath. En die zou school maken.

Met Umrath Europa in

Wim werd aangenomen om Heinz Umrath bij te staan. Hij werd dan ook tewerkgesteld als assistent-wetenschappelijk medewerker, waarbij de nadruk lag op economie en internationaal werk. Heinz Umrath was een bijzondere persoon die op Wim veel indruk zou maken. Hij was een van die voor Hitler gevluchte Duitsers die door hun bijzondere ervaringen en gaven in het naoorlogse Nederland tot opvallende figuren konden uitgroeien. Enkele andere voorbeelden waren Alfred Mozer, Han Wielek, Hermann Bleich en Hermann von der Dunk.[4] Doorgaans betrof het personen met een sterk moreel besef en een uitgesproken Europese en internationale oriëntatie. In elk geval gold dit ook voor Heinz Umrath, fysiek een klein mens, maar voor de rest een groot man. Hij was de zoon van een 'rode' fabrieksdirecteur en was in nazi-Duitsland zozeer links geprofileerd dat hij in 1936 voor zijn eigen bestwil beter naar Nederland kon uitwijken. Ook in Amsterdam was hij in sociaaldemocratische kring actief, voornamelijk met andere Duitse vluchtelingen in het antifascistische 'Neu Beginnen'.

Tijdens de Duitse bezetting van Nederland als 'halfjood' voor vervolging gespaard, maar wel als secretaris van de Joodse Raad actief, vooral in kamp Westerbork, overleefde Umrath de naziverschrikking en besloot in zijn nieuwe vaderland te blijven.[5] Na de oorlog zette hij zich, met Alfred Mozer, in als bruggenbouwer voor nieuwe Nederlands-Duitse betrekkingen.[6] In 1949 op oriëntatiereis in de VS – zijn proefschrift uit 1928 behandelde het Amerikaanse recht betreffende openbare nutsbedrijven – ontmoette hij ANB-bestuurder Henk Kaper, die in het kader van het Marshallplan met een vakbondsdelegatie een kennismakingsbezoek bracht aan de Amerikaanse vakbeweging.

Tussen de twee mannen klikte het kennelijk, want drie maanden later was Heinz Umrath bij de ANB aangesteld als economisch medewerker. Hij moest het bondsbestuur adviseren en ook het scholingswerk van wetenschappelijke impulsen voorzien.[7] Hij maakte zich al snel met raad en daad onmisbaar, waarbij de volkshuisvesting en het huurbeleid zijn bijzondere belangstelling genoten. Hiermee bewoog hij zich ook op internationaal en Europees terrein, bijvoorbeeld door mee te schrijven aan een internationaal vakbondsadvies voor het woningbouwprogramma van de Europese Gemeenschap voor Kolen en Staal. Na de oprichting van de Europese Economische Gemeenschap in 1957 ontstond er al snel behoefte aan coördinatie tussen de bouwbonden uit de deelnemende zes landen: de Benelux, Duitsland, Frankrijk en Italië.

Hiervoor richtten zij in Brussel een commissie op. Die boog zich over allerlei praktische kwesties, zoals de aanpassing van de sociale zekerheid voor grensoverschrijdende pendel- en seizoenwerkers. Heinz Umrath vertegenwoordigde hier de ANB en was door zijn internationale instelling en talenkennis ook de aangewezen secretaris en drijvende kracht. Maar dat kostte hem nogal wat tijd. Omdat hij het bondsbestuur ook van economisch advies voorzag en daarnaast nog actief was in de kaderscholing, kreeg hij behoefte aan een rechterhand. Dit werd – met tussenkomst van Jaap Roukema – Wim Kok. Die werd bij de ANB aangesteld, maar zijn salaris (aanvang: 5000 gulden bruto per jaar) werd voor tweederde door die Brusselse coördinatieclub van Europese bouwbonden betaald.

Wim Kok voelde zich meteen als een vis in het water. Hij beleefde het als een soort thuiskomst, een herkenning van nestgeur. Na vijf jaren van nuttige, maar ook vervreemdende ervaringen op Nijenrode, in het leger en bij de Amsterdamse handelsonderneming, was hij bij de bouwbond terug op het vertrouwde honk. Hier wist hij weer waarvoor hij het deed. Allereerst was er natuurlijk de band met het ouderlijk milieu, met zijn vader die timmerman was en in Bergambacht de ANB had vertegenwoordigd. Zijn ouders voelden ook trots: hun Wim werkte in Amsterdam op het hoofdkantoor van de bond! In het verlengde hiervan was er ook het ideële aspect: de bond gaf mensen die zich alleen niet goed konden weren, samen een stem, en daar kon Wim nu een steentje aan bijdragen. Al sleet bij hem al snel de mystiek die om de Vondelstraat nummer 40 hing – ook de bondsbestuurders bleken geen reuzen, maar gewone mensen te zijn[8] –, toch voelde Wim zich hier opgenomen in iets groters.

De ANB vormde immers een belangrijke schakel in de bouwnijverheid, steeds – en toen zeker – een onmisbaar element in onze economie en samenleving. Hoe klein zijn inbreng aanvankelijk nog was, toch meende Kok toen al te kunnen bijdragen aan de groei van de Nederlandse welvaart en aan een rechtvaardiger verdeling daarvan. We zullen zien dat Kok aantrad op een moment dat het sociaaleconomische bouwwerk in Nederland begon te verschuiven en dat dit de rol van de vakbonden aanzienlijk zou vergroten. Het zou hem met andere bonden, met werkgevers en met de overheid in aanraking brengen, met wat later het Nederlandse 'poldermodel' zou gaan heten. Die opname in iets groters voelde Wim ten slotte ook bij zijn Europese werk. Ook al beperkten zijn activiteiten voor die Brusselse coördinatie zich geruime tijd tot uiterst praktisch handwerk, tot pure belangenbehartiging voor leden van de bond, hij besefte wel degelijk dat hij bij een historische onderneming was betrokken: Europese verzoening en samenwerking. Heinz Umrath bracht met zijn erudiete levensverhalen hem de betekenis daarvan bij.

Wims eerdere ervaring met het buitenland was beperkt. Met een Bergambachtse palingboer was hij in zijn jeugd eens op en neer naar Brussel gereden, een nachtelijke rit in een vrachtwagentje vol met vis. Indrukwekkender was de snuffelstage die hij vanuit Nijenrode mocht lopen in een metaalonderneming in West-Duitsland: een beetje rondkijken en praten met deze en gene in dat bedrijf. En drie weken logeren bij de familie Pfingsten in het Westfaalse Hagen. Fantastisch vond hij het. In de zomer van 1958 ten slotte ging hij naar Parijs, liftend. Jaap Roukema had hem het adres van de correspondent van *Het Vrije Volk* gegeven, maar die bleek er niet meer te wonen. Daar stond Wim met zijn ziel onder de arm in die grote stad. Niet uit het veld geslagen, vond hij bij een of andere instelling eenvoudig werk: borden wassen en andere corveeklussen. In ruil daarvoor kreeg hij kost en inwoning. Die maand in Parijs en in die Franse spoelkeuken heeft grote indruk op hem gemaakt. Zijn reislust was hierdoor voor altijd gewekt.

Voor de bouwbond hoefde Kok aanvankelijk nog niet veel op pad; doorgaans ging Umrath alleen op dienstreis. Zo'n driemaal per jaar mocht hij hem echter vergezellen, naar Brussel of naar een of andere bijeenkomst in Duitsland, maar in 1963 ook naar Engeland voor een congres van de Britse vakcentrale TUC.[9] Op kantoor fungeerde hij vooral als Umraths achtervang: stukken vertalen, berekeningen uitvoeren, dingen uitzoeken en dergelijke. Ook moest hij een informatiebulletin samenstellen dat onder bondsbestuurders in de deelnemende landen werd gedistribueerd. Al doende leerde hij veel over de vakbeweging, in Nederland natuurlijk, maar ook in andere Europese landen. Dat zou hem later, toen hij in de Europese vakbeweging actief werd, nog van pas komen.

Eén keer is Kok met Umrath naar Genève gereisd, naar een overleg van het Internationaal Arbeidsbureau van de VN.[10] Dat ging per auto, in etappes, met onder andere een overnachting in Straatsburg. Umrath was zo klein, dat een kussen niet voldeed om hem boven het stuur uit te laten komen: hij moest op een bakje zitten. Zijn tweede vrouw Grace, een Amerikaanse, ging ook mee; zij was nog kleiner dan Heinz. De lange Wim zat intussen opgevouwen op de achterbank. Als adviseur van het bondsbestuur deed Heinz Umrath van alles en was hij overal aanwezig. Hij was een bestuurlijke en intellectuele duizendpoot. En assistent Wim Kok was zijn manusje-van-alles. Heinz is voor Wim in zijn leven een belangrijke persoon geweest, ook nadat hij vanaf 1965 'van Drees ging trekken'.

Zes dagen per week ging Wim met de tram naar zijn werk, met een trommeltje boterhammen voor de lunch in zijn tas. Op Vondelstraat 40 bivakkeerde hij boven in het pand. Samen met Jan Pluimert, een soort vraagbaak voor de leden over sociale zekerheid, en scholingsmedewerker Jaap van der Linden, die vier maanden na Wim in dienst trad, vormde hij de 'jongens van de zolder'.[11] Hun bureaus stonden los van elkaar, niet tegen elkaar aan geschoven. Ze gingen vriendelijk, maar niet vriendschappelijk met elkaar om. Wim werkte, zoals gebruikelijk, stevig door en was voornamelijk op zichzelf gericht. Hij las veel stukken en zorgde ervoor zijn werk steeds goed op orde te hebben. Ook deed hij nog aan zelfstudie, vooral in de sociale economie.

Naast zijn Brusselse taken en gaandeweg ook enig inspringen bij kadercursussen, concentreerde Wim zich op zijn werk voor de loononderhandelingen, het zogeheten collectieve arbeidsvoorwaardenoverleg. Daarvoor moest hij uitgebreide berekeningen van de arbeidsproductiviteit in de bouw maken.

Die moest zijn toegenomen, wilde de bond voor haar leden gerechtvaardigd aanspraak op loonsverhoging kunnen maken, eerst bij de werkgevers en daarna bij de overheid. Dat was een secure, belangrijke bezigheid in de tijd van de (niet meer zo) geleide loonpolitiek. Wim Koks vierentwintig jaar bij de vakbeweging stond sterk in het teken van die geleide loonpolitiek en van de grote veranderingen daarin, veranderingen waaraan hijzelf uiteindelijk veel heeft bijgedragen. Voor een goed begrip van het verhaal van vakbondsman Kok, zowel bij de bouwbond als later bij de centrales NVV en FNV, moeten we daarom de Nederlandse arbeidsverhoudingen induiken.

Geleide loonpolitiek

Oorlog en bezetting hadden heel veel van Nederland geëist, zo bleek na de bevrijding.[12] Honderdduizenden hadden hiervoor met hun leven betaald of zaten na gevangenschap of dwangarbeid nog vast in Duitsland. De materiële schade was enorm, zowel als gevolg van krijgshandelingen als door ordinaire roof door de bezetter. De infrastructuur was zwaar beschadigd, fabrieken en machines waren nog niet voor de helft bruikbaar, de industriële productie was ver beneden vooroorlogs peil, de voedselproductie was lang niet voldoende om de bevolking te voeden, de woningvoorraad was door verwoesting ernstig uitgeput enzovoorts. Het kabinet-Schermerhorn/Drees, dat in juni 1945 zijn regeertaak op zich nam, stond voor een zeer zware opgave.

Herstel en wederopbouw zouden vele jaren vergen. Een centraal gestuurde economische ontwikkeling, ondersteund door maatschappelijke eensgezindheid, leek hiervoor de beste aanpak. Nog jaren van distributie van voedsel en goederen waren onvermijdbaar om de schaarste enigszins dragelijk te maken. Een drastische sanering was broodnodig om het geldsysteem van 'Duitse inflatie' te zuiveren en tegelijk het vele zwarte geld onder controle te brengen (het 'tientje van Lieftinck'[13]). De benodigde invoer van grondstoffen, voedsel en producten verliep uiterst moeizaam en moest met dure buitenlandse leningen worden gefinancierd. Mede om de daarvoor onmisbare uitvoer op gang te brengen was een stabiel loon- en prijspeil levensnoodzaak. De naaste toekomst zou voor arbeidersgezinnen niet veel meer brengen dan hard werken voor een mager inkomen. De Nederlandse vakbeweging stond voor de opgave de opofferingsgezindheid van haar leden en van de Nederlandse werknemers in het algemeen te mobiliseren. In het belang van het volk als geheel, maar ook in dat van de arbeiders.

Samenwerking en overleg vormden de sleutelwoorden voor de wederopbouw van Nederland. De wens om dit ook in een nieuwe politieke en vakbewegingsstructuur tot uitdrukking te brengen bleef grotendeels onvervuld, maar op sociaal gebied ging deze vlieger wel degelijk op. Toen in oktober 1945 het Buitengewoon Besluit Arbeidsverhoudingen van kracht werd, ondervond dit nauwelijks weerstand. Dit door de minister van Sociale Zaken Willem Drees geformuleerde BBA was als noodmaatregel bedoeld, maar zou tot 1970 van grote invloed blijven. Het regelde de sociale verhoudingen in naoorlogs Nederland, met een actieve overheidspolitiek als centraal kenmerk. Naast tal van andere zaken, zoals een beperkt ontslagrecht en een strak vastgelegde werkweek (48 uur voor iedereen), bepaalde het BBA het wettelijk kader voor een geleide loonpolitiek.

De overheid had daarin de beslissende stem, en het College van Rijksbemiddelaars vormde de spil waarom alles draaide. Dit door de minister benoemde bestuurslichaam keurde de bepalingen van de door werkgevers en bonden gesloten collectieve arbeidsovereenkomsten (cao's) goed of af. In het laatste geval moest het resultaat worden aangepast. Het College kon tevens deze cao's voor een gehele bedrijfstak verbindend verklaren, zodat ook ongeorganiseerde werkgevers en werknemers zich hieraan hadden te houden. Om te voorkomen dat de overheid bij dit loonbeleid de wensen van het georganiseerde bedrijfsleven geheel zou negeren, bepaalde het BBA ook dat het College verplicht was de Stichting van de Arbeid te raadplegen alvorens tot daden over te gaan. Deze in 1945 opgerichte, nog steeds bestaande Stichting van de Arbeid was voortgekomen uit illegale contacten tijdens de bezetting en werd door het BBA verheven tot het orgaan bij uitstek voor overleg tussen de vertegenwoordigers van werkgevers en werknemers.

Dit naoorlogse systeem van arbeidsverhoudingen had voor de Nederlandse vakbeweging iets schijnbaar tegenstrijdigs. Enerzijds ontnam het haar de vrijheid zelfstandig met de werkgevers te onderhandelen, eventueel tegen hen actie te voeren, en aldus binnen de bedrijfstak een optimaal resultaat voor haar leden te bereiken. Onderhandelen mocht zij wel, maar de uitkomsten van het proces lagen in de handen van de overheid, waaraan zij niet alleen wettelijk maar ook door het beroep op nationale eensgezindheid gebonden was.

Anderzijds bood het nieuwe systeem de vakbeweging een 'bevoorrechte' positie in het Nederlands bestel, met meer erkenning dan zij ooit had verworven en ook moeilijk anders had kunnen verkrijgen. Zij adviseerde de overheid op gelijke voet met de werkgevers over lonen en andere aspecten van het sociaal beleid en kreeg daarmee een belangrijke stem in de algemene economische ontwikkeling van ons land. De 'erkende' vakbeweging ging daarmee dus fungeren als een stut onder het bestuur van Nederland.[14] Dit werd naderhand nog versterkt door de oprichting van de Sociaal-Economische Raad, waarin de vakbeweging als een van drie partijen de regering adviseerde over allerlei aspecten van het sociaaleconomisch beleid.[15] Voor de leiding van de bonden had dit systeem dus iets verleidelijks: zij werd als belangrijke gesprekspartner aan de nationale tafel genood, maar was dit ook steeds in het belang van haar leden?

De ANB was enthousiast over de geleide loonpolitiek. Hij beschouwde het als het meest effectieve en ook meest rechtvaardige middel voor het alles overstijgende doel van de wederopbouw. De leiding van de bond wist hiervoor onder de leden ook brede steun te verwerven. Dat neemt niet weg dat zij bij de uitwerking ervan wel eens kritische kanttekeningen plaatste. Zo werd het College van Rijksbemiddelaars zo nu en dan van dwingelandij beticht, niet alleen bij de vaststelling van de lonen maar vooral ook bij de bevordering van de productiviteit van de arbeider. Het College zag erop toe dat werkclassificatie en 'tarifering' in elke cao werden opgenomen en in de beloning van werknemers zichtbaar werden gemaakt. Het deed dit in opdracht van de regering, die meende dat de wederopbouw zou worden geholpen door een vergrote arbeidsprestatie van de arbeiders: zij die beter presteerden moesten een prestatiebeloning ontvangen en zij die hun vakbekwaamheid door scholing en ervaring vergrootten evenzeer. Gaandeweg werd hiervan een wetenschappelijk geperfectioneerd systeem gemaakt, waarbij de Rijksbemiddelaars niets aan het oordeel van werkgevers en werknemers overlieten, maar geheel op het kompas van onafhankelijke deskundigen voeren.

Dit was het 'Berenschot-systeem' waaronder vader Kok zo leed, dat hij vreesde en onrechtvaardig vond.[16] Toch was de socialistische vakbeweging – anders dan de katholieke – niet tegen deze systematische bevordering van arbeidsproductiviteit, zolang de wederopbouw er maar baat bij had en het niet ontaardde in een 'opjaagsysteem'. Dat laatste was echter wel degelijk het geval en, gecombineerd met het feit dat overeenkomsten tussen werkgevers en werknemers soms werden afgewezen omdat het uurloon een beetje te hoog was, maakte dit het College niet populair bij de bonden. De geleide loonpolitiek kwam nog wat meer in diskrediet, omdat de regering met haar beheersing van de prijzen veel minder succes had dan met die van de lonen. Binnenlandse prijsstijgingen vielen nog wel enigszins te beteugelen, maar op de kosten van wat vanuit het buitenland werd ingevoerd had het kabinet nauwelijks greep. Het levensonderhoud van werknemers werd met die strak gereguleerde lonen een prijzige aangelegenheid, waar dure subsidies op eerste levensbehoeften als brood, melk en brandstoffen maar gedeeltelijk wat aan konden doen. Toegestane loonsverhogingen vormden dus eigenlijk een steeds vertraagde compensatie voor eerdere prijsstijgingen. Tot 1950 gaf de regering alleen aan welke loonsverhogingen eventueel toelaatbaar waren, zonder deze dwingend op te leggen.

In september 1950 kondigde de regering voor het eerst een algemeen verplichte loonronde van plus 5 procent af. Maar daar moest eerst wel een omvangrijke wilde staking aan voorafgaan. Het zou nog tot 1954 duren voordat de lonen in reële termen werden verhoogd: de eerste van de zogeheten welvaartrondes.

De welvaartsstaat

Vanaf 1952 kwam de Nederlandse economie in veiliger vaarwater. De arbeidsproductiviteit bereikte weer het vooroorlogse peil. De wederopbouw was voltooid, maar de verdere uitbouw bij lange na nog niet. Er moest in de fundamenten van de economie nog veel geïnvesteerd worden. Hetzelfde gold voor de sociale ondergrond, in het bijzonder de sociale zekerheid waarmee voor de oorlog, vooral dankzij de vakbeweging en ook gemeentebesturen, een bescheiden begin was gemaakt. Na de oorlog ontfermde de nationale overheid zich hierover, in het bijzonder de PvdA-bewindslieden Drees en Suurhoff.

Binnen enkele jaren kwam de Werkloosheidswet (ww, 1949) tot stand alsook een staatspensioen voor iedereen, de AOW.[17] De overheid verplichtte werkgevers en werknemers daarnaast ook tot deelname aan nieuw opgerichte bedrijfspensioenfondsen. Die voor de bouwnijverheid zag het licht in 1951. Ook subsidieerde de overheid nieuwe bedrijfsfondsen voor een ruimhartiger regeling voor vorstverlet, onmisbaar voor de vaak in de buitenlucht werkende bouwarbeiders. In 1952 werd in de bouw ten slotte een einde gemaakt aan de wildgroei aan uitvoeringsorganisaties: vakbonden en werkgevers richtten samen het Sociaal Fonds Bouwnijverheid op.

Ook al voegde dit alles niets rechtstreeks toe aan de sinds 1945 gelijk gebleven koopkracht van de werknemers, hun gevoel van beroepszekerheid werd er wel door versterkt. Vanaf 1954 volgden echter de ‘welvaartrondes’, die de Nederlandse werknemer echte inkomensgroei bezorgden. Met uitzondering van de jaren 1957-1958, toen de economie oververhit raakte en de regering een ‘bestedingsbeperking’ (bezuinigingsoperatie) moest instellen, beleefde Nederland een decennium van groeiende werkgelegenheid, opbloeiende sociale zekerheid en toenemende koopkracht: het begin van de welvaartsstaat, naderhand verzorgingsstaat genoemd.

Het ‘algemeen belang’ bleef het harmoniedenken van die tijd voeden. Spanningen op de arbeidsmarkt in verscheidene bedrijfstakken zetten de centrale loonpolitiek wel onder druk, maar het systeem bleef goeddeels overeind. Dit betrof ook de bevordering van de arbeidsproductiviteit, die in die jaren algemene geldigheid kreeg. Tegelijk ontstond er onder werknemers steeds meer stil (en soms open) verzet tegen het zenuwslopende tariefsysteem, waar een 'buitenstaander' als de EVC garen bij spon. De erkende bonden, zoals de ANB, wezen het belang van stijgende arbeidsproductiviteit voor de economie niet af, maar probeerden wel de scherpe kanten van het systeem af te slijpen. In deze jaren legden zij steeds meer de nadruk op de verantwoordelijkheid van de factor kapitaal, de ondernemers dus, om de productiviteitswinst niet alleen van de werknemers te verlangen. Planning van de productie, betere werkorganisatie en regulier overleg over het werkproces konden, naast de invoering van nieuwe technieken, de arbeid doelmatiger maken.[18]

De oprichting in 1956 van het Economisch Instituut voor de Bouwnijverheid (EIB), door werkgevers en bonden samen, bracht een meer wetenschappelijk gegronde analyse en argumentatie in de bouw tot stand. In datzelfde jaar verschafte het kabinet ook enige ruimte voor differentiatie in de loonvorming door, naast de algemeen verplichte verhoging met 3 procent, nog eens per bedrijfstak maximaal 3 procent voor onderhandelingen tussen sociale partners te bieden. Hiermee zou tegemoet worden gekomen aan de verschillen in omstandigheden tussen delen van de economie, inclusief het groeiende verschijnsel van 'zwart loon' (betaling boven de cao-tarieven). De uitkomst was echter dat vrijwel overal de volle 6 procent meer loon werd betaald, waaruit kon worden afgeleid dat de loonpolitiek uit de pas liep met de marktwaarde van arbeid. Gecombineerd met het nieuwe verschijnsel van teruglopende ledentallen bij de bonden (en de groei van 'sectorale' bonden), vroeg dit bij de bonden om een heroverweging van het algemeen belang.

In december 1958 viel het derde 'rooms-rode' kabinet-Drees. Na verkiezingen werd het vervangen door het confessioneel-liberale kabinet-De Quay. Dit had veel meer dan de voorgaande coalities oog voor de belangen van werkgevers, en wilde daarom breken met de geleide loonpolitiek. Een meer gedifferentieerde, vrijere loonpolitiek zou hiervoor in de plaats komen, waarbij niet de mogelijkheden van het totale bedrijfsleven, maar de productiviteit per bedrijfstak doorslaggevend was. Uniforme loonrondes zouden voortaan geschiedenis zijn, maar om sociale onrust tussen bedrijfstakken te voorkomen konden aan loonstijgingen wel grenzen worden gesteld. Het College van Rijksbemiddelaars behield in elk geval de bevoegdheid alle lonen en andere bedrijfsvoorwaarden, waarover werkgevers en werknemers het in een bedrijfstak eens waren geworden, tegen het licht te houden. De bouwbonden verzetten zich krachtig tegen deze nieuwe loonpolitiek, om uiteenlopende redenen overigens.

De ANB wees differentiatie per bedrijfstak principieel als onrechtvaardig van de hand en voorspelde ernstige spanningen. Bovendien, wat betekende productiviteit in de bouw en hoe moest die gemeten worden? Voor de katholieke bouwbond St. Joseph was deze vrijere loonpolitiek lang niet vrij genoeg, maar ook hier was de vraag of de bouwnijverheid haar nationale betekenis alleen aan productiviteit ontleende. De bouwbonden stelden eind 1959 niettemin een looneis van 5 procent, die de werkgevers wilden inwilligen mits zij deze in de bouwprijs mochten doorberekenen. Dit laatste werd door de Rijksbemiddelaars, bang voor een domino-effect op de prijzen, afgewezen. De bonden hielden aan hun eis vast en wilden absoluut niet inbinden; daarvoor hadden zij de laatste jaren al te veel krediet bij de werknemers verloren. In feite betrof het dus een conflict tussen werkgevers en regering, maar op 7 maart 1960 verliep het ultimatum van de bonden en was de staking een feit.

Het betrof een unicum in de naoorlogse geschiedenis: het was de eerste staking uitgeroepen door de erkende bouwbonden, die daarin werden gesteund door de drie vakcentrales NVV, KAB en CNV.[19] Bijna veertigduizend bouwarbeiders legden het werk neer en ontvingen steun uit de solidariteitskassen. De staking liep uit op een volledig succes. Op 21 maart kondigde de regering een prijzenbeschikking af, waarbij doorberekening van de loonstijging werd verboden. De bouwwerkgevers moesten toegeven; de cao werd getekend en een dag later beëindigden de bonden de staking.

Los van de onmiddellijke effecten, zoals hersteld zelfvertrouwen bij de bonden en 'oorlogswinst' voor hun ledenadministratie, reikte de betekenis van deze bouwstaking veel verder. Zij hield allereerst een ruwe verstoring van de sinds 1945 zo gekoesterde sociale vrede in: een niet mis te verstane aankondiging van een wisseling van klimaat in de Nederlandse sociale verhoudingen. De formulering van het algemeen belang zou voortaan niet alleen door de regering worden aangereikt of in overleg worden bereikt, maar ook door belangentegenstellingen en sociale actie worden gekleurd. De bonden hadden bewezen het actievoeren nog niet te zijn verleerd en hadden – en dat was nog een langetermijneffect – de voordelen ondervonden van het belang van centrale leiding van de staking. De na het bisschoppelijk Mandement verbroken, maar in 1958 herstelde samenwerking in de Centrale Commissie Bouwnijverheid, die de staking had gecoördineerd, wees de weg naar grotere vakbondseenheid in de toekomst. De bouwbonden zouden hierin vooroplopen.

Tegen deze brede achtergrond van de naoorlogse sociale ontwikkeling begon Wim Kok als 'jongmaatje' bij de NVV-Bouwbond. Heinz Umrath adviseerde het bondsbestuur over de te varen koers in de jaarlijkse loononderhandelingen, en Kok ondersteunde hem daarbij, onder andere met gedetailleerde berekeningen van de arbeidsproductiviteit in de bouwbranche. Want die waren in die nieuwe, gedifferentieerde loonpolitiek van het kabinet-De Quay belangrijker dan ooit. Gestegen arbeidsproductiviteit bepaalde in niet geringe mate de loonruimte, de marge die in de bedrijfstak voor een stijging van het loon bestond. Dit hele proces van positie bepalen vroeg om uitgebreide afstemming. Allereerst natuurlijk binnen de ANB zelf, ook met de districtsbestuurders. Dan extern met de confessionele bouwbonden en met onafhankelijke, wetenschappelijke instellingen als het Centraal Planbureau (CPB) en het Economisch Instituut voor de Bouwnijverheid.

Uiteindelijk werd het voorstel van de bouwbond besproken in de looncommissie van het NVV, om ervoor te zorgen dat de vakcentrale zoveel mogelijk met één mond sprak en te voorkomen dat de aangesloten bonden in de bedrijfstakken te zeer hun eigen gang gingen.[20] En als er dan eenmaal een gezamenlijk voorstel voor loonsverhoging en verbetering van andere arbeidsvoorwaarden door de gezamenlijke bouwbonden op tafel kon worden gelegd, begon de onderhandeling met de werkgevers (die natuurlijk ook een intern proces hadden doorlopen). De werkgevers hadden het in beginsel gemakkelijker: zij wachtten af en beoordeelden het cao-voorstel van de bonden. Dat ging in hun optiek natuurlijk steeds te ver, maar aan de andere kant wilden de bouwondernemers wel goed en voldoende personeel kunnen aantrekken. Er heerste in het begin van de jaren zestig in de bouw bijna volledige werkgelegenheid, wat hun mogelijkheden tot nee zeggen behoorlijk verkleinde. Kwam er dan een compromis tussen bonden en werkgevers, dan restte nog de gang naar het College van Rijksbemiddelaars, dat daar doorgaans het nodige op of aan te merken had.

Na eventuele aanpassingen lag er dan een goedgekeurde cao, waarbij overigens de kanttekening past dat bouwondernemers toen vaak bereid bleken 'zwarte' lonen uit te betalen. Ook werden toen al buitenlandse arbeidskrachten naar Nederland gehaald. Op de bouwplaats lachten arbeiders de bondsvertegenwoordigers soms gewoon vierkant uit: onder de tafel wisten zij immers veel meer loon 'binnen te halen' dan via de cao. Deze spanning ontlaadde zich in 1964 in een landelijke loonexplosie van soms wel 15 procent, weliswaar over de hele economie, maar de bouwarbeiders stonden hierbij wel helemaal vooraan. Dit vormde het begin van een heel andere ontwikkeling: van aanvankelijk aanhoudende economische groei, van niettemin toenemende werkloosheid en van een schijnbaar niet te stoppen loon-prijsspiraal: een ondermijning van de gehele loonpolitiek. Dit komt echter verderop aan de orde.

Wim Kok had in die beginjaren met dit alles alleen van betrekkelijke afstand te maken: hij zat op zijn best op de derde rij. Wel leerde hij in die jaren hoe Nederland sociaaleconomisch in elkaar stak, hoe zijn eigen bond en de confessionele collega-bonden daarin functioneerden, en hoe belangrijk zijn vakcentrale in dit alles was. Een enkele keer mocht hij Heinz Umrath vergezellen naar het kantoor van het NVV en belandde hij ook op de kamer van voorzitter Dirk Roemers.[21] Het bulderende stemgeluid van deze toch al indrukwekkende man is hem altijd bijgebleven. De Bouwbond vormde voor de jonge Kok een belangrijke leerschool.

Rita Roukema

Wim Kok trouwde op 11 februari 1965. Rita Roukema was zijn bruid. Plaats van handeling: Londen. Aanwezig: niemand anders dan zijzelf en de ambtenaar van de burgerlijke stand. De huwelijksreis enkele maanden later voerde naar het schilderachtige Bled in Joegoslavië. Die trouwdag was het begin van een hecht huwelijk, een vertrouwd nest, ook een goede leerschool. Rita werd zijn 'enige echte maatje'.[22]

Wim Kok was geen groot kenner van de liefde. Op vrijersvoeten had hij zich nooit echt begeven. Zijn verlegenheid en ernstige inslag zaten hem daarbij in de weg. Aan de galafeesten op Nijenrode had hij ook niet meegedaan. Waar moest hij daarvoor een baldame vandaan halen: toch niet uit Bergambacht, waar hij immers geen vriendinnetje had gehad? Ook hier hielp Jaap Roukema een handje, deze keer zonder het te beseffen. Toen Wim na zijn diensttijd naar Amsterdam kwam om bij die handelsonderneming te gaan werken, bezorgde hij Wim een kamer bij zijn oudste dochter Kina. Die woonde in de Hendrik de Bruynstraat in Osdorp. Enkele jaren later, hij werkte al bij de bouwbond, verhuisde Wim naar een grotere kamer bij Roukema zelf, die na zijn scheiding in de De Savornin Lohmanstraat was gaan wonen. Hij kwam bij hem in de kost. Die woning was niet ver van Kina vandaan, in Geuzenveld. Niet lang daarna trok dochter Rita bij haar vader in, met twee kinderen.

Rita Roukema is Groningse van geboorte. Haar vader Jaap was van oorsprong Fries, zijn vader kwam uit Smallingerland. Maar haar moeder, Fennie Landman, was een rasechte Ommelandse.[23] *Net als haar tien jaar oudere zus en haar acht jaar jongere broer kreeg Rita bij haar geboorte een onmiskenbaar noordelijke naam: Magrietha Lummechiena, naar haar moeders moeder.*[24] *Zij werd op 3 november 1939 in Hogezand geboren. Haar ouders waren in 1929 getrouwd. De geboorte van dochter Kina volgde nog in hetzelfde jaar. Daarna kwamen er tien jaar lang geen kinderen bij: de crisis en de werkloosheid stonden dit volgens hen niet toe. Zoon Jan kwam in 1947 na: de oorlog zat daartussen en ook spanningen in hun huwelijk. Zijn verwekking moest een verzoening symboliseren, tevergeefs zo bleek al vrij snel. Vader Jaap was timmerman en later politieman, overtuigd sociaaldemocraat en vakbondsman. Zijn vrouw deelde deze levensovertuiging met hem; zij was een nuchtere, sociaal bewogen vrouw. Rita herinnert zich van het einde van de oorlog nog verzetsactiviteiten van haar vader.*

In het huwelijk met Fennie was Jaap Roukema echter minder standvastig. Een openbaar geworden affaire met een andere vrouw, toen een schandvlek in zo'n tamelijk gesloten gemeenschap, droeg bij aan een versneld vertrek uit Hogezand naar Amsterdam, naar de Commelinstraat in Oost. In 1946 werd Jaap aangesteld als bestuursassistent bij het NVV, de sociaaldemocratische vakcentrale. Dat was nog in de tijd van voorzitter Evert Kupers. Roukema publiceerde er onder andere brochures over werkverschaffing en sociale zekerheid. Maar ook daar wist hij zijn belangstelling voor vrouwelijk schoon niet in toom te houden: hij werd verliefd op het hoofd van de typkamer, zijn latere echtgenote Loes.[25]

In 1953 liep het huwelijk van Rita's ouders stuk; zij was toen veertien jaar oud. Vader Jaap verliet het huis, nadat moeder Fennie, van verdriet over Jaaps wangedrag uit het lood geslagen, een tijd lang in een kliniek opgenomen was geweest. De jonge Rita kreeg opeens een grote verantwoordelijkheid in de schoot geworpen. Zij bleef bij haar moeder wonen en ontfermde zich over haar jongere broer. Ze maakte de ulo[26] *af, werkte ruim een jaar bij de inkoopadministratie op een kantoor – niet echt haar voorliefde – en deed een opleiding bij de Amsterdamse vestiging van de Rotterdamse Snijschool. Hier leerde ze het vak van coupeuse: patroontekenen en naaitechniek. Voor haar latere hartstocht voor weven zou hier het zaadje worden geplant. Haar moeder was ook altijd al erg goed geweest in het verstellen en versieren van de kleren van haar kinderen. Maar haar creativiteit was vooral een vrucht van armoede en gebrek.*

Rita, kind van een gebroken huwelijk, moest zelf hetzelfde ervaren. In 1958, negentien jaar oud, trouwde zij met een man over wie zij niet wil uitweiden. Zij kregen twee kinderen: Carla in 1959 en André in 1961. Het huwelijk was geen succes, haar vertrouwen liep door verscheidene gebeurtenissen een deuk op. Zij gingen uit elkaar, zeker toen een ingrijpende beslissing.[27] *Niet lang daarna, in 1963, vond zij onderdak bij vader Jaap. Moeder Fennie was intussen hertrouwd en woonde in Almelo. Het werd aldus nogal vol bij Jaap op de De Savornin Lohmanstraat. Rita kreeg een kamer met Carla en André, terwijl kostganger Wim zijn kamer nu deelde met Rita's broer Jan. Jaaps tweede vrouw Loes woonde ook bij hem.*

De vonk tussen Wim en Rita sprong niet onmiddellijk over. Maar de huiselijke situatie – Jaap Roukema was als districtsbestuurder van de NVV-Bouwbond veel op pad – bood hun alle gelegenheid 's avonds met elkaar in gesprek te geraken. Rita vroeg naar Wims werk bij de ANB en vatte gaandeweg belangstelling op voor deze rustige, wat gesloten maar ontwikkelde man. Wim ontmoette in Rita een optimistisch gestemde maar in veel opzichten gelijkgezinde vrouw, die hem vertrouwen, begrip en een tegenwicht voor zijn wat zwaarmoedige aard bood. Haar huwelijk, haar moeizame scheiding en haar moederschap strookten weliswaar niet met de romantische verwachtingen van zijn ouders,[28] *maar vormden voor hem geen struikelblok.*

Integendeel zelfs, deze levenswijze, volwassen vrouw bood hem de geborgenheid waarnaar hij op zoek was. Ze beleefden ook veel plezier, bijvoorbeeld tijdens uitjes samen in de Renault Dauphine, die Wim in die tijd had aangeschaft. Tegen 1964 vormden zij een paar en een halfjaar later kochten zij een flatwoning in de Eastonstraat, dicht bij de Sloterplas. Hun huwelijk werd in Londen gesloten, omdat de Britse wet toen soepeler dan de Nederlandse omging met het hertrouwen van een pas gescheiden vrouw.[29] *Een jaar later kregen Rita's kinderen Wims achternaam en kwam hun derde kind ter wereld: Marcel. Het gezin Kok was compleet.*

Verder bouwen

In februari 1965 ging Heinz Umrath met pensioen. Op Koninginnedag kreeg hij een lintje. Dit hield niet in dat hij op non-actief ging. Integendeel, hij bleef zich voor allerlei 'goede doelen' inzetten: de volkshuisvesting, de vakbeweging, ook de Verenigde Naties,[30] maar van de ANB nam hij afscheid. Wim Kok volgde hem op als economisch adviseur van het bestuur, als deelnemer aan de kaderscholing en als secretaris van het coördinatieclubje van Europese bouwbonden. Al jong – 26 jaar – kreeg hij steeds meer verantwoordelijkheid te dragen, maar het bondbestuur stelde vertrouwen in hem. Voorzitter Brandsma was het jaar ervoor afgetreden en opgevolgd door Bram Buijs, timmermanszoon uit Arnemuiden, die de bouwbond 21 jaar zou leiden.[31]

Met Buijs zou Kok een goede, zelfs vriendschappelijke verstandhouding krijgen, in zijn eigen woorden: 'Een fijne man om mee te werken, echt een goed maatje.'[32] Het waren de jaren van het kabinet-Cals (1965-1966), van de 'Nacht van Schmelzer' en het bruuske einde aan de hervatte rooms-rode regeringssamenwerking.[33] Desondanks ging het bouwen aan de welvaartsstaat door: in 1965 nam de overheid definitief de verantwoordelijkheid voor de armenzorg op zich (de Algemene Bijstandswet) en in 1966 regelde de nieuwe Wet op de arbeidsongeschiktheidsverzekering (WAO) de inkomenssteun voor werknemers die al dan niet tijdelijk door invaliditeit uit het arbeidsproces vielen. Eerder (in 1964) waren sociale uitkeringen al aan een welvaartsvast sociaal minimum gekoppeld. De 'verzorgingsstaat' kreeg vaste vorm.[34]

Van Heinz Umrath erfde Wim Kok ook de belangstelling voor de volkshuisvesting, voor een bouwbond natuurlijk een kernactiviteit. Aan de stiefmoederlijke behandeling van de bouwnijverheid, waardoor de woningnood ook vele jaren na de oorlog volksvijand nummer één bleef, lagen een historisch trauma en een economisch probleem ten grondslag. Tijdens de crisis van de jaren dertig was de werkloosheid in de bouw veruit het grootst van alle bedrijfstakken. Naoorlogse regeringen schrokken steeds terug van al te grote ambities voor de woningbouw om bij een volgende terugslag niet weer met grote werkloosheid onder bouwvakkers te maken te krijgen. Bovendien concentreerde de wederopbouwpolitiek zich op herstel van het Nederlands verdienvermogen, wat natuurlijk eerder in de export was te vinden dan in zo'n puur nationale bedrijfstak als de bouw. Vooral de woningbouw was tenslotte vaak het kind van de rekening van bezuinigingen op de overheidsbegroting: de overheid was voor deze bedrijfstak immers veruit de grootste opdrachtgever.

Umrath had zich in de jaren vijftig al geregeld in het debat over de volkshuisvesting gemengd, niet alleen over de noodzaak deze planmatiger aan te pakken, maar ook om een realistisch huurbeleid te voeren.[35] Wat dat eerste betreft kreeg hij in 1962 krachtige steun van het Economisch Instituut voor de Bouwnijverheid dat in zijn baanbrekende Bouwnota '62 een gedetailleerde, wetenschappelijk gefundeerde berekening van de behoefte en het tekort aan woningen presenteerde. Deze cijfers stegen ver uit boven wat de overheid plachte te hanteren. Een pleidooi voor een grootscheepse, planmatige aanpak van de woningbouw tot ver in de jaren zeventig was het resultaat, iets wat de jonge bouwbondmedewerker Kok in een artikel van harte omarmde.[36]

Het confessioneel-liberale kabinet-Marijnen (1963-1965) maakte werk van het bestrijden van de woningnood: het werd de hoogste prioriteit. De minister van Volkshuisvesting en Bouwnijverheid, Pieter Bogaers, afkomstig uit de katholieke vakbeweging, zette er grootscheeps de pas in. Met allerlei maatregelen gaf hij een krachtige impuls aan de woningbouw: de lonen van werknemers werden opgetrokken (waardoor de bouw als bedrijfstak een stuk aantrekkelijker werd) en ook langs andere wegen werden productie en productiviteit enorm verbeterd. De resultaten waren er naar. In 1964 werden voor het eerst meer dan honderdduizend nieuwe woningen opgeleverd, twintigduizend meer dan het jaar ervoor. In 1966 bleef de teller zelfs steken op ruim 120.000 geproduceerde woningen. De woningnood werd nu effectief bestreden. Al doende werd de bouw ook steeds minder een ambachtelijk bedrijf en steeds meer een industriële bedrijfstak: systeembouw en woningfabrieken hielpen het productieproces te versnellen en efficiënter te maken.

De bouw zat in beweging en voor de Bouwbond brak een oogsttijd aan. Dit verklaart misschien waarom er uiteindelijk niets gebeurde met het rapport 'Dromen van een eigen bouwbedrijf', dat door een studiecommissie van de ANB en de katholieke en protestantse bouwbonden (met steun van hun vakcentrales) was voorbereid en in 1966 uitkwam. Het was een oude droom van die bonden om met een eigen bouwbedrijf een sturende rol in de woningproductie te spelen en daarnaast een oefenplaats voor medezeggenschap en bouwmanagement te scheppen. Onder voorzitterschap van de deskundige Heinz Umrath hadden drie economische talenten uit die drie bondsfamilies er hun tanden in gezet: Frans Andriessen (directeur van het Katholiek Instituut voor de Volkshuisvesting), Wil Albeda (beleidsmedewerker van het CNV) en Umraths opvolger Wim Kok.[37] Het rapport zag vertrouwelijk het licht en raakte vervolgens in de vergetelheid. Het tij was verlopen. De bonden hoefden niet meer in zaken te gaan. Politiek en economie hadden het belang van de bouw inmiddels ontdekt.

De Bouwbond was voor Wim Kok niet alleen een leerschool, deze ontpopte zich voor hem ook tot een loopbaan. Op suggestie van voorzitter Buijs stelde hij zich in 1967 kandidaat voor een plaats in het bestuur van de ANB; de leden verkozen hem tot een van hun bestuurders, met secretaris als algemene titel. Hij werd speciaal belast met Europese zaken, volkshuisvesting en ontwikkelingssamenwerking. Hiermee kreeg hij als 28-jarige opeens een heel andere functie. Van adviseur werd hij nu medebeslisser over interne zaken en de algemene koers van de bond.

Hij zat al niet meer op zolder, maar hij verhuisde nu helemaal naar een echte kamer met een heus bureau. Onderweg in het land kon hij ook van een dienstauto van de bond gebruikmaken. Bij de vakcentrale NVV kwam hij nu vaker over de vloer, bijvoorbeeld in de belangrijke looncommissie. Daar ontmoette hij toenmalige reuzen van de vakbeweging, bondsvoorzitters als Ies Baart (metaalarbeiders) en Sake van der Ploeg (landarbeiders).[38] En natuurlijk André Kloos, de rijzende ster van de vakcentrale, die in 1965 Dirk Roemers als NVV-voorzitter was opgevolgd.[39]

Het was ook Kloos die ANB-voorzitter Buijs op de mogelijkheid van een overstap van Kok naar het bestuur van de vakcentrale wees. NVV-bestuurder Wim van Tilburg, die nogal wat Europese en internationale zaken onder zijn hoede had, was in april 1969 onverwachts overleden. Vervulling van zijn opengevallen plaats bleek geen sinecure. Of Wim Kok, die immers Brusselse ervaring had, die functie niet kon overnemen? Als hij zich kandidaat zou stellen, zou hij een goede kans maken door de Verbondsraad (waarin alle bondsvoorzitters zitting hadden) te worden verkozen. Kok aarzelde, maar Buijs stapte over de voorspelbare bezwaren heen: het zou goed zijn als de Bouwbond op die manier in het NVV-hoofdbestuur werd vertegenwoordigd.

Zo was deze wat gesloten, maar getalenteerde jongeman, die nooit op een steiger had gestaan maar intussen wel wist hoe het er in bouwend en sociaaleconomisch Nederland toeging (en ook nog over de grens had gekeken), op dertigjarige leeftijd in het hart van de Nederlandse vakbeweging terechtgekomen. Roerige tijden zouden aanbreken.

3
Maatschappijkritisch op weg

LID VAN HET HOOFDBESTUUR VAN HET NEDERLANDS VERBOND VAN VAKVERENIGINGEN IN 1970. KOK IS DE DERDE VAN RECHTS; AAN HET HOOFD ANDRÉ KLOOS, LINKS VAN HEM ADRI DE BOON EN VOOR HEM UITERST RECHTS HARRY TER HEIDE.

Het moment dat Wim Kok in het Verbondsbestuur van het NVV werd gekozen markeerde niet alleen het einde van de jaren zestig, maar viel ook samen met het hoogtepunt van de beroemde/beruchte beweging van die jaren. De kloof in het levensritme tussen het moment van de Maagdenhuisbezetting van mei 1969 en dat van Wims binnenkomst bij de bouwbond acht jaar eerder kon nauwelijks groter zijn geweest: een wereld van verschil. Het Nederland van 1961 was nog in hoge mate een 'beheerste' samenleving. Sinds de oorlog was er natuurlijk wel het nodige veranderd, maar in menig opzicht leefde ons land toen nog in een vooroorlogse wereld. Aan rangen en standen werd hardnekkig vastgehouden, op allerlei gebied bestond nog een vast moreel idee van goed en fout, tegen veel instanties en personen werd met ontzag opgezien, gezag werd nog met hoofdletters geschreven. De geleide loonpolitiek, we zagen het, voegde zich naadloos in dit patroon.[1]

In de loop van de jaren zestig kwam dit alles – en nog veel meer – in beweging, eerst langzaam, gaandeweg steeds sneller. En niet alleen in Nederland: *the sixties*, *les années soixante*, *die sechziger Jahre*, overal in de westerse wereld gistte het en kwam het tot diepgaande culturele veranderingen. Zelfs het Oostblok bleek er, bij alle verschillen aan weerskanten van de Berlijnse Muur, gevoelig voor.[2] Studenten stonden midden in deze grote democratiseringsbeweging, een nieuwe jongerencultuur werd dominant, de gevestigde orde werd uitgedaagd, oude elites voelden zich in het defensief gedrongen. Provo zette autoriteiten in hun hemd. Welvaart werd als onmisbaar ervaren, maar de spreiding ervan deed de roep om welzijn niet verstommen, integendeel zelfs. Oude banden en nieuwe afhankelijkheid werkten vervreemdend; zelfontplooiing en zeggenschap moesten dit doorbreken. Vietnam bracht de derde wereld groot en onomkeerbaar in beeld. Muziek verbeeldde de nieuwe tijdgeest, via piratenstations, pick-ups en transistorradio's massaal verbreid. En het persoonlijke werd politiek, niet het minst in de groeiende beweging voor vrouwenemancipatie.

Om de beweging van de jaren zestig een heuse revolutie te noemen gaat misschien te ver, maar ingrijpend was zij zeker: de burger werd 'gedekoloniseerd'.[3] Alles woelde om verandering, ook al veranderde uiteindelijk lang niet alles.[4] Bij Wim Kok en de Nederlandse vakbeweging liet deze ontwikkeling diepe sporen na die hen nog jaren in de greep zouden houden. Wim liet intussen zijn haar groeien.[5] Ribfluweel en spijkerstof begonnen zijn klerenkast te vullen.

Bestuurder van de vakcentrale

Nog geen 31 jaar was Wim Kok toen hij eind augustus 1969 lid werd van het bestuur van het NVV, weer als 'jongmaatje'. Aanvankelijk voelde hij er zich nogal eenzaam, in dat hoge, nieuwe hoofdkantoor van de vakcentrale op Plein '40-'45 in Amsterdam Nieuw-West. De andere bestuurders vroegen zich ook af wat ze met zo'n onervaren figuur aan moesten. In de vakbeweging was deze jeugdigheid toen heel ongebruikelijk. Maar in die tijd kwamen elders in de maatschappij jongeren wel vaker snel op hoge plaatsen. Revoluties kenmerken zich immers bijna steeds door een wisseling van de wacht tussen generaties. Toch verkeerde Wim hiermee wel in een voorhoede. In de politiek zou het bijvoorbeeld tot het kabinet-Den Uyl (mei 1973) duren, voordat 'jongeren' als Ruud Lubbers en Jan Pronk minister werden.[6] En toen was Wim zelf alweer verder: een maand eerder werd hij tot voorzitter van de vakcentrale NVV gekozen.

Als opvolger van Wim van Tilburg erfde de kersverse aanwinst Kok grotendeels diens takenpakket, met het lichte gewicht dat bij een nieuwkomer past: jeugd, volkshuisvesting en internationale zaken. De jongste bestuurder vertegenwoordigde de vakcentrale in het bestuur van het NVV-Jongerencontact, want helemaal op eigen benen staan mocht dat toen niet.[7] Het bood Kok de gelegenheid nauw in contact te komen met werkende jongeren, die in die jaren mondig werden en in actie kwamen voor verbeteringen in hun sociale positie. Vooral het lage jeugdloon vormde toen een steen des aanstoots. De volkshuisvesting – sociale woningbouw, subsidiebeleid – was een voor de hand liggende opdracht voor iemand die uit de bouwbond afkomstig was. Daarmee had Wim al de nodige ervaring opgedaan, zeker toen hij Heinz Umrath was opgevolgd.[8] In die tijd nam hij onder andere deel aan commissies van de Raad voor de Volkshuisvesting. Daarin kwam hij ook latere politieke bekenden als Frans Andriessen en Willem Aantjes tegen, al werkten die dan niet voor de werknemers.[9]

De internationale portefeuille hield, naast ontwikkelingssamenwerking, vooral Europa in: Wim werd meteen lid van het Economisch en Sociaal Comité (ESC), een belangrijk lichaam van de (toen zo geheten) Europese Gemeenschap (EG). Het adviseerde en onderhandelde over Europese richtlijnen op sociaal gebied, maar bijvoorbeeld ook over consumentenbescherming.[10] Werkgevers, werknemers, maar ook onafhankelijke deskundigen afkomstig uit alle (toen) zes lidstaten van de EG waren in dit ESC vertegenwoordigd. Wim deed aanvankelijk veel van het commissiewerk, want in de plenaire vergadering van het ESC zat voor het NVV de toenmalige vicevoorzitter Harry ter Heide. Na een jaar nam Kok dit van hem over. Het was in deze functie dat hij echt door de Europese integratie werd gegrepen. Hij had het altijd al een beetje in zich, dat idee van het opbouwen van een nieuw Europa, na al die ellende van crisis en oorlog. En bij de bouwbond had Umrath hem al het levende voorbeeld van een 'Europeaan' geboden, naast het praktische werk dat hij toen in Brussel mocht verrichten.

In het ESC kon hij nu zelf bijdragen aan het 'bouwen aan Europa', aan het beter en veiliger ordenen van het oude continent, aan een Gemeenschap die ook werknemers beschermt. Werken aan dit ideaal, ook al leverde de confrontatie met de Brusselse bureaucratie ook frustratie op, werd voor Wim Kok een blijvende bron van inspiratie.[11] Dat hij zich daarvoor moest verdiepen in de sociaal-politieke en maatschappelijke condities in andere Europese landen maakte het voor hem alleen maar spannender. Kennisnemen van het onbekende, daar leefde hij toen ook weer van op. In het ESC zat hij overigens naast Jan de Koning – de stoelen werden alfabetisch ingedeeld –, ook iemand die hij later in 'Den Haag' weer zou tegenkomen. Met deze vertegenwoordiger van de Nederlandse christelijke boeren en tuinders kon hij goed opschieten. Het Europese werk was arbeidsintensief; Kok moest ervoor soms wel een paar keer per week met de trein naar Brussel. Hij had het ervoor over.

Een andere wereld die Wim Kok toen mocht ontdekken, was die van de Sociaal-Economische Raad, de SER.[12] Een groot aantal van de negen NVV-bestuurders had daarin zitting, als onderdeel van het vijftien leden tellende smaldeel voor de vakbeweging. Ook de werkgevers bezetten vijftien stoelen in de SER, terwijl er ook nog vijftien zogeheten kroonleden waren: door de regering benoemde onafhankelijke deskundigen op economisch en sociaal gebied. Kok werd eerst plaatsvervangend en vanaf 1972 volwaardig lid. Hij zou het tot 1985 blijven. Hiermee was hij dus op jonge leeftijd toegetreden tot het walhalla van de sociaaleconomische beleidsvorming in ons land. Het was de plaats waar veel van de politieke discussie over dit beleid plaatsvond, als een soort voorafschaduwing van het debat tussen parlement en regering waar de echte beslissingen werden genomen. Tegelijk stonden vakbonden en werkgevers hier ook geregeld lijnrecht tegenover elkaar en moesten de kroonleden soms de scherpe kantjes van de tegenstellingen afvijlen.

De SER vormde toen al de hoge tempel van wat later het poldermodel ging heten. Het was het forum voor de raadpleging van sociale partners, voor het behoud en de vernieuwing van de sociale vrede en voor de voortdurende vormgeving van het compromis tussen kapitaal en arbeid (waarvoor soms eerst een heftig conflict moest worden uitgevochten). Kok heeft in die hoogwaardige kring niet alleen geleerd de argumentatie voor eigen vakbondsstandpunten aan te scherpen, maar ook inzicht te verkrijgen in de standpunten van anderen om aldus samen voor problemen een oplossing te zoeken. Als latere sociale en politieke bruggenbouwer heeft Wim Kok hier zijn eerste scholing genoten. De SER is van grote invloed geweest op Koks ontwikkeling en ervaring.[13]

André Kloos was toen al zo'n vijf jaar voorzitter van het NVV. Hij was in 1965 Dirk Roemers opgevolgd, die in meer dan één opzicht zijn voorganger was. Zo was Roemers de eerste academisch gevormde voorzitter van de vakcentrale. Vóór die tijd kwam dat niet voor: voorzitters van het NVV en ook de confessionele vakcentrales waren steeds opgeklommen geschoolde arbeiders geweest. Kloos was bij het NVV in een administratieve functie begonnen, maar studeerde er economie bij, wat plaatsing bij het invloedrijke wetenschappelijk bureau van de vakcentrale mogelijk maakte. Via de organisatie van het NVV-bestuur en na vanaf 1962 vicevoorzitter te zijn geweest, werd hij in 1965 de opvolger van Dirk Roemers. Meer nog dan zijn voorganger was Kloos iemand die met zijn brede intellectuele gaven in een tijd van grote veranderingen richting wist te geven aan de ontwikkeling van het NVV en de vakbeweging in het algemeen. Hij was een zeer professioneel bestuurder, genoot ook in de Partij van de Arbeid groeiend gezag,[14] en kon het daarbij soms niet laten het achterste van zijn tong te laten zien.[15] Hoewel er een soort gereserveerdheid van hem uitging, ook in persoonlijke contacten, was Wim Kok danig van hem onder de indruk. Hij vond hem bijzonder intelligent.

Beide trekken van Kloos – knap en kil – droegen echter waarschijnlijk bij aan zijn grote nederlaag: de mislukte verbouwing van de structuur van het NVV. Het was de tijd na de Loongolf van 1964, de jaren van het in het ongerede raken van de geleide politiek. Mede door de toen heersende economische hoogconjunctuur en de daarbij horende geringe werkloosheid voelden vakbonden steeds meer ruimte voor het stellen van eigen looneisen en waren werkgevers steeds minder in staat daaraan weerstand te bieden. Dat leek ook niet zo nodig, want ondernemers konden in die groeiende economie hun producten nog wel verkopen, zij het tegen steeds hogere prijzen. En dat deed de kosten van levensonderhoud rap stijgen, wat natuurlijk weer nieuwe looneisen uitlokte. Deze loon-prijsspiraal vertaalde zich in steeds hogere inflatiecijfers en begon de gezondheid van de economische ontwikkeling van ons land aan te tasten. Oplopende werkloosheid, vooral in de marktsector, was een van de gevolgen. Het NVV, de vakcentrale die natuurlijk niet alleen aan directe behartiging van ledenbelangen deed maar ook op het algemeen belang van werknemers in de Nederlandse economie lette, had steeds meer het nakijken bij de coördinatie van de loononderhandelingen. De lidbonden gaven zich over aan 'prijsschieten' en poogden met telkens hogere eisen de collega-bonden de loef af te steken.[16]

Een antwoord op de zo ontstane situatie zou een terugkeer naar de geleide loonpolitiek zijn geweest, maar daarvoor was het tij echt aan het verlopen: de bonden snakten naar meer beleidsautonomie en daarmee greep op de loonvorming.[17] De oplossing die wel werd beproefd was een andere structuur voor het NVV, naar een centrale organisatie met meer centraal gezag. Het NVV was immers een veredelde confederatie, waarin de lidbonden veel autonomie bezaten, alleen het hoogstnodige samen deden en dat aan de vakcentrale delegeerden. Dat zou nu anders moeten, naar een idee dat al eens eerder was gelanceerd. Een commissie werd geformeerd, onder leiding van André Kloos, die in april 1969 met haar rapport kwam.

Het voorstel luidde dat alle afzonderlijke bonden van het NVV zouden worden opgeheven en opgaan in een ongedeeld NVV, waarvan werknemers rechtstreeks lid zouden worden. Dat ene NVV zou worden onderverdeeld in zes gelijkwaardige, ongeveer even grote 'bedrijfskolommen', gekoppeld aan de hoofdsectoren van de Nederlandse economie. Daarin zou bijvoorbeeld het cao-overleg worden geconcentreerd.[18] Voor dit uitgewerkte idee bestond bij de bestuurders van de NVV-bonden veel steun, maar toch is het er niet gekomen. Van de negentien bonden lagen er vier dwars, waaronder de oude grafische bond en de grote ambtenarenbond ABVA, bang als ze waren hun zelfstandigheid en identiteit te verliezen.

Hierdoor ging deze veelbelovende vlieger niet op, wat voor Kloos een bittere pil was, zoals ook Wim Kok – eind augustus 1969 tot het NVV-bestuur toegetreden – direct kon vaststellen. Kok over Kloos toen: 'Je moet soms dingen aanvaarden zonder ze te accepteren, zonder dat je ze verwerkt.'[19] Dat Kloos deze ontwikkeling niet kon aanvaarden heeft aan zijn versneld vertrek bijgedragen. Maar eerst moest hij een tweetal andere uitdagingen over zeggenschap het hoofd bieden.

Zeggenschap

Zeggenschap was steeds een hoofddoel van de arbeidersbeweging geweest. Als het niet meteen om afschaffing van het Kapitaal en de vervanging daarvan door de heerschappij van de Arbeid ging, dan toch zeker om een vorm van eigen beheer. Tot de instrumenten hiervoor behoorde, naast revolutie en onteigening, bijvoorbeeld de coöperatieve beweging. Deze bracht arbeiders (en vaak ook boeren) als producenten of consumenten bijeen om het hun mogelijk te maken zich langs die weg aan de wetten van het kapitaal en (in mindere mate) de markt te onttrekken. Ook tegenwoordig kan men nog vormen van deze wereldwijde beweging aantreffen.[20]

Medebeheer is meer aan te treffen in schema's voor publiekrechtelijke bedrijfsorganisatie (PBO), ondernemingsraden en medezeggenschap. Bij het laatste gaat het dan om vormen van bedrijfsdemocratisering: de democratie mocht immers niet bij de fabriekspoort halt houden. Na de oorlog kon dit verlangen van de vakbeweging – in de context van de 'gemengde economische orde' – maar zeer gedeeltelijk gestalte krijgen: de PBO kwam halfhartig tot stand, terwijl de nieuwe ondernemingsraden slechts beperkte bevoegdheden tot meepraten over het bedrijfsbeleid kregen.

Het vlammetje bleef echter steeds branden, en kreeg nieuwe zuurstof van de beweging van de jaren zestig. De roep om medezeggenschap hield voor de studentenbeweging niet op bij de deur van de universiteit. Het moest gaan om een brede maatschappelijke democratisering, niet alleen naar de vorm maar ook naar de inhoud. Instellingen moesten dus op alle niveaus zeggenschap van betrokkenen toelaten, en de uitkomsten van hun beleid moesten sporen met de belangen en verlangens van de meerderheid onder hen. Dit gold helemaal voor de bedrijven, de 'onderbouw' van de moderne industriële samenleving. Karl Marx deed zijn herintrede in het linkse gedachtegoed.[21]

De meidagen in Parijs (1968) en in Amsterdam (1969) lieten al eerste (schuchtere) tekenen zien van een ontmoeting tussen studenten en arbeiders. In Nederland deden vooral vertegenwoordigers van de Studentenvakbeweging pogingen deze brug te slaan. Tegelijk oefende het succes van de studentenbeweging aantrekkingskracht uit op jonge, veranderingsgezinde vakbondsbestuurders.[22]

Ook Wim Kok behoorde hiertoe. Medezeggenschap was het sleutelwoord, ofschoon ook grote belangstelling bestond voor het arbeiderszelfbestuur in Joegoslavië. In de zomer van 1970 zag de Werkgroep voor een Maatschappijkritische Vakbeweging (WMV) het licht, waaraan vooral vanuit de confessionele bonden werd deelgenomen: Van der Doef, Bode en G. van Bakel van het NKV; Van Gorkum, De Graaf en Terpstra van het CNV. Later zou deze groep onder andere de brochures 'Baas in eigen bedrijf' en 'Baas in eigen bond' uitbrengen.[23]

Wim Kok was daar echter niet meer bij. Wel droeg hij nog bij aan de voorbereiding van een conferentie in Bentveld die aan de oprichting van de WMV voorafging, waar over vakbeweging en medezeggenschap werd vergaderd. Ook andere NVV'ers waren op een of andere wijze bij de WMV of haar voorbereiding betrokken: Herman Hugenholtz, Stan Poppe, Dick Visser, Johan Stekelenburg en Cees Schelling. Voor verdere bijdragen uit eigen kring stak voorzitter Kloos echter ferm een stokje. Zodra hij van deze activiteiten lucht kreeg, maakte hij het betrokkenen glashelder dat hij geen 'bond binnen de bond' zou toestaan. De manier waarop Nieuw Links in de gelederen van de Partij van de Arbeid had huisgehouden, stond hem als schrikbeeld voor ogen.[24] Bovendien, belichaamde het NVV zelf niet bij uitstek de maatschappijkritische vakbeweging? 'Ermee ophouden of vertrekken' was de simpele keuze waarvoor Kloos de maatschappijkritische 'samenzweerders' stelde.

Kok en de zijnen die deel uitmaakten van de vakcentrale kozen eieren voor hun geld, want ook zij wilden geen 'Nieuw Linksige toestanden'. Maar daarmee was het verhaal niet uit. In de jaren erop ontstond toch intensief contact tussen het NVV-bestuur en de gewraakte Werkgroep, terwijl ook Wim Kok zich bij gelegenheid soms bijzonder maatschappijkritisch uitliet.[25] Het in 1977 afgeronde NVV-visieprogramma 'Vakbeweging en maatschappij' laat zich bovendien zonder verwijzing naar de Maatschappijkritische Vakbeweging niet goed lezen.[26]

Zeggenschap stond ook op het spel in de loonpolitiek. Dat de geleide loonpolitiek, zeker na de Loongolf van 1964, grotendeels had opgehouden te bestaan was duidelijk. Deze paste ook steeds minder goed in een economie die meer verscheidenheid begon te vertonen, tussen bedrijfstakken maar ook tussen ondernemingen, terwijl het bedrijfsleven zich ook internationaler begon op te stellen. Konden al deze groeiende verschillen nog met één maat worden gemeten? De instellingen van deze loonpolitiek bestonden en functioneerden echter nog steeds, in het bijzonder het College van Rijksbemiddelaars. Een nieuw stelsel was bovendien nog niet ontwikkeld.

Niet alleen de werkgevers, ook de vakbonden wilden af van de geleide loonpolitiek. Zij zochten grotere vrijheid van handelen om aan de loonwensen van hun leden te kunnen voldoen. Dat liet zich het beste op het niveau van bedrijfstakken en bij grote ondernemingen verwezenlijken. Zo hadden al in 1965 de metaalbedrijfsbonden in de cao met Philips afgesproken dat de werknemers jaarlijks automatisch en structureel een vergoeding kregen voor het gestegen prijspeil: de automatische prijscompensatie. Tien jaar later zou deze 'APC' zeer omstreden worden.[27]

Natuurlijk was vooral het NVV gevoelig voor de noodzaak niet alleen ledenbelangen te behartigen, maar ook de economie als geheel te ontwikkelen en van de juiste sociale impulsen te voorzien. Daarvoor vond men een centraal geleid loonbeleid echter steeds minder geschikt. Eerder lag hier een taak van de nationale overheid, die daarbij haar beleid kon richten op 'centrale akkoorden', door werknemers met werkgevers te sluiten. Deze zienswijze zou in hoge mate het sociale klimaat in de jaren zeventig gaan bepalen. De strijd daarover binnen de vakbeweging zou ook beslissende invloed op leven en loopbaan van Wim Kok hebben. Eerst moest echter het conflict over de nieuwe Wet op de loonvorming worden beslecht.

Aanvankelijk liet het confessioneel-liberale kabinet-De Jong[28] de loonvorming grotendeels vrij. Wel moesten cao's nog aan de overheid worden voorgelegd, maar ingegrepen werd er nauwelijks. In 1968 diende oud-CNV'er Bouke Roolvink, in dit kabinet de minister van Sociale Zaken, bij het parlement een nieuwe Wet op de loonvorming in. Over de lonen zou voortaan vrijelijk onderhandeld kunnen worden. De instellingen van de centrale loonpolitiek, vooral het College van Rijksbemiddelaars, zouden worden afgeschaft. Toch zou de regering enige greep op de loonvorming behouden. Artikel 10 van het wetsontwerp bood het kabinet de mogelijkheid 'in zeer ernstige situaties' voor zes maanden een algemene loonmaatregel af te kondigen. Ook maakte artikel 8 het mogelijk een of meer artikelen van een afzonderlijke cao onverbindend te verklaren, 'indien het sociaaleconomisch belang zulks vereist[e]'.

Hoezeer in nauwelijks tien jaar het sociale klimaat was veranderd, maakte de gewijzigde houding van de vakbeweging – en vooral het NVV – glashelder. Ooit een getrouwe en zelfs overtuigde steunpilaar voor de geleide loonpolitiek, kon de loonvorming haar nu niet vrij genoeg zijn. Massaal liep de vakbeweging tegen Roolvinks wetsvoorstel te hoop tegen wat NVV-voorzitter Kloos in de herfst van 1969 zelfs als 'knevelwet' bestempelde.[29] De confessioneel-liberale meerderheid in zowel Tweede als Eerste Kamer zorgde er echter voor dat dit kabinetsbeleid begin 1970 tot wet werd.

En sneller dan bevroed moest het kabinet de wet inroepen. Aanleiding vormde een grote, aanvankelijk wilde staking in Rotterdam tegen de inzet door werkgevers van zogeheten koppelbazen. Eerst legden de scheepsbouwers het werk neer en vervolgens de havenarbeiders. De bonden wisten met de eis van '400 gulden bruto ineens' de controle over de staking te herwinnen en kregen daarmee ook de werkgevers op de knieën. Het bedrag zou in de eerstvolgende cao worden verdisconteerd. Het akkoord ging echter rollen als een sneeuwbal: in andere bedrijfstakken werd nu dezelfde eis gesteld. Na felle acties in de bouw werd de loonsverhoging van 400 gulden in het hele land binnengehaald. Hetzelfde gold voor de automatische prijscompensatie, die nu opeens overal werd toegekend.

Het kabinet-De Jong, bevreesd voor de economische doorwerking van een te grote loonstijging in het jaar erop, greep naar artikel 10 van de loonwet en kondigde in december 1970 een loonpauze af. De vakbonden toonden zich verbolgen, maar wisten na afloop van de zes maanden de schade dubbel en dwars in te halen. In de ministerraad was minister Roolvink tegen de loonmaatregel, maar het kabinetsstandpunt werd doorgedrukt door de minister van Financiën, Johan Witteveen. Dit was dezelfde Witteveen die Wim Kok een halfjaar later op televisie met zwaaiende vuist beschuldigend toesprak: 'Jij hebt die 400 gulden binnengehaald!'

Kok liet zich hier niet door uit het veld slaan en verdedigde deze loonactie met kracht van argumenten door op de gunstige economische effecten van deze stijging van de koopkracht te wijzen. Witteveen was hierover in debat met PvdA-leider Joop den Uyl, die Kok had gevraagd hem bij te staan als getuige. Dat deed deze kundig en helder formulerend; het bleef niet onopgemerkt.[30] Zo markeerde deze 'hete herfst' van 1970, en het vervolg ervan, niet alleen een nieuwe fase in de loonpolitiek en een kantelmoment in de radicalisering van de vakbeweging, maar ook het begin van het openbare leven van Wim Kok.

Huize Kok

Privé verliep Koks leven niet minder stormachtig. Gaandeweg was het Rita en Wim duidelijk geworden dat zoon André anders opgroeide dan de andere kinderen. Hij bleek zowel een ernstige verstandelijke als lichamelijke beperking te hebben.[31] *Dit zou een wissel op hun leven gaan trekken. Het kostte allereerst de nodige moeite vastgesteld te krijgen waar de beperkingen van André uit bestonden. Daar was in die tijd minder over bekend en de verkokering in de medische wereld hielp ook niet echt. Soms voelden Rita en Wim zich van het kastje naar de muur gestuurd, soms ook afgewezen. Om wanhopig van te worden.*[32]

Toch aanvaardden zij blijmoedig deze zware taak en gaven zij André's leven volop plaats in dat van henzelf en van hun gezin. Het moest een teaminspanning worden, een opgave voor het leven. Het werd een zaak van het hele gezin Kok, omdat de andere twee kinderen nauw bij de zorg voor hun broer werden betrokken.

Dankzij André veranderde Rita overigens van naam. Voor de ondertekening van haar latere weefwerk gebruikte ze altijd het krachtige Roukema. André kon nauwelijks spreken, waardoor hij slechts met de grootste moeite zijn achternaam Kok kon zeggen. Rita: 'Als André zo zijn best doet om te praten, dan moet jij ook maar zo groot zijn om te zeggen: ik heet ook Kok. Dag meisjesnaam.'[33] *In 1971 verhuisde André naar een tehuis in Lochem, onafwendbaar maar voor zijn ouders tegelijk een zware beproeving. Om het weekend kwam hij telkens drie dagen thuis.*

De benoeming van Wim Kok tot lid van het NVV*-Verbondsbestuur, in de* *zomer van 1969, had ingrijpende gevolgen voor zijn huwelijk en gezin. De werkdruk nam toe, evenals het aantal avondvergaderingen. Bovendien moest hij vaak naar Brussel, wat vroeg weggaan en laat thuiskomen inhield. De zaterdag was in vakbondskringen gewoon een werkdag, die viel dus ook niet altijd vrij te houden. Het gezinswerk kwam voor het overgrote deel op Rita neer: het huishouden, de zorg voor de kinderen, hun scholen, hun ballet en judo, hun vriendjes en vriendinnetjes, de speciale aandacht voor hun meervoudig beperkte zoon.*

Aan hun oude afspraak om de opvoeding fiftyfifty te delen, als gezamenlijke verantwoordelijkheid te zien, kon Wim zich niet houden. Toch wisten zij manieren te vinden om samen het hoofd boven water te houden. Een belangrijk rust- en kruispunt, zoveel mogelijk elke dag, was het eten met de kinderen. Ook al had Wim een avondverplichting, Rita hechtte eraan dat hij daarvoor thuiskwam. Wim ook. Zij kookte daarvoor een 'papahap': aardappelen, groente en vlees. De kinderen konden zo hun verhalen kwijt, Rita en Wim evenzeer. Met de kinderen werd nog wat gespeeld, daarna werden ze naar bed gebracht en voorgelezen. Hier nam Wim zo mogelijk zijn verantwoordelijkheid. En in elk geval deed hij de afwas. Gedurende Wims hele vakbondstijd heeft Rita aan deze routine weten vast te houden. Het heeft hen als team versterkt en zijn hang naar zwaarmoedige gespannenheid verlicht.

Ze hadden er intussen ook wat meer ruimte voor. In juni 1969 waren ze verhuisd van de flat in de Eastonstraat naar een eengezinswoning aan de Pieter Calandlaan, weer in Osdorp. Ook in hun keuze van woongebied toonden Wim en Rita zich honkvast: steeds in Amsterdam Nieuw-West, nog steeds op fiets- en loopafstand van Wims kantoor. Hier ging Carla in 1971 naar de middelbare school, de Osdorper Schoolgemeenschap voor experimenteel onderwijs. Haar broertje Marcel ging een jaar erna naar de lagere school, de montessoriafdeling van de Jac. P. Thijssenschool, ook al zo vernieuwend. Later ging hij naar het Montessori Lyceum, achter het Rijksmuseum.

De beweging van de jaren zestig bracht hernieuwde aandacht voor de emancipatie van de vrouw: de 'tweede feministische golf'.[34] *Ook Rita en Wim toonden zich daar gevoelig voor, maar hun persoonlijk leven bood daarvoor niet veel ruimte. Rita had – ook 's nachts – haar handen vol aan het gezin. Zij kon de tijd en energie gewoon niet opbrengen om daarnaast 'voor Dolle Mina te spelen'.*[35] *Intussen kwam Wim al spoedig in een klassiek patroon van een mannenloopbaan terecht; 'papadagen' moesten nog worden uitgevonden. Toch toonde hij zich enkele jaren later een overtuigd voorstander van de vrouwenzaak. Mede dankzij zijn onvermoeibare steun droeg de vakbeweging in belangrijke mate bij aan de bevordering van gelijke arbeidsrollen voor man en vrouw.*[36]

Dat betrof echter Koks openbare leven. Rita en hij hechtten er sterk aan privé en publiek strak gescheiden te houden. Een aankondiging dat dit niet steeds vanzelf zou gaan kreeg Rita toen zij Wim zag opvallen in zijn eerste televisieoptreden, medio 1971. Als getuige-deskundige voor Joop den Uyl stond hij meer dan zijn mannetje tegenover Johan Witteveen, de minister van Financiën. Ze besefte, ook door de enthousiaste reacties op het schoolplein de volgende dag, dat Wim nu ook anderen toebehoorde: ze zou hem voortaan moeten delen.[37] *Het maakte haar (en zijn) neiging hun privéleven af te schermen er alleen maar groter op. Buitenlandse vakanties in tenten, caravans en huisjes maakten daar deel van uit, evenals de regelmatig terugkerende weekeinden op de kampeerplaats in Garderen. Zoon André maakte het gezin Kok alleen maar hechter.*

Conflict en democratisering

Het harmoniedenken van de wederopbouwtijd was op de terugtocht. Weliswaar bleef Nederland een overlegsamenleving, maar aan overleg ging steeds vaker conflict vooraf. Dit gold natuurlijk de universiteiten, waar bezettingen schering en inslag waren. Dit gold de politiek, waar polarisatie haar intrede deed.[38] Dit gold ook de maatschappij, waar gedelegeerd vertrouwen in toenemende mate voor georganiseerd wantrouwen plaatsmaakte. Machtsverhoudingen stonden meer ter discussie, tegenmacht werd effectiever ingezet, naar macht werd openlijker gestreefd. Democratisering was het sleutelwoord in dit klimaat, waarin compromis algauw een verdacht begrip werd. Ook de vakbeweging werd door het conflictmodel in bezit genomen, of er in elk geval sterk door beïnvloed.

Toch lag het daar wat anders dan elders in de maatschappij. De vakbeweging belichaamde immers steeds per definitie een conflict: dat tussen arbeid en kapitaal over de organisatie en vruchten van het productieproces. In de wederopbouwtijd was de regulering van dit conflict grotendeels bij rijksoverheid en overlegkoepels gestald, maar geheel verdwenen was het daarmee niet. Diverse arbeidsconflicten en zelfs stakingen konden daarvan getuigen,[39] terwijl natuurlijk ook het cao-overleg met de werkgevers niet steeds een vreedzaam gesprek inhield. Anders dan bijvoorbeeld een studentenbeweging of een politieke partij kon de vakbeweging echter niet langdurig in oppositie gaan. Om werk en brood voor haar leden mogelijk te maken moest zij met de werkgevers wel akkoorden sluiten, die het conflict in elk geval tijdelijk bijlegden.[40] Toch nam zij aan het begin van de jaren zeventig een steeds hoekiger houding in. De Industriebond gaf hierbij de toon aan.

Op 1 januari 1972 zag de Industriebond NVV het licht, een fusie van de Metaalbedrijfsbond, de Textielbond 'de Eendracht' en de vooral in de chemie werkzame Algemene Bedrijfsgroepen Centrale (ABC). Met één klap was deze bond, ruim 180.000 leden sterk, veruit de grootste van het NVV (en van de gehele vakbeweging) geworden. Hij was ook de meest linkse, met uitgewerkte ideeën over de 'spreiding van inkomen, kennis en macht'. Loonmatiging kon eventueel worden overwogen, ook om de prijsinflatie in te tomen, maar daar moesten dan wel harde toezeggingen voor maatschappelijke hervormingen tegenover staan.

Voorzitter Maarten Zondervan overleed onverwachts in februari 1972. De brutale, scherp formulerende en mediagenieke Arie Groenevelt nam het stokje van hem over. Groenevelt was een krachtig voorstander geweest van de door André Kloos bepleite hervorming van de structuur van het NVV.[41] Hij had het mislukken daarvan zeer betreurd, maar bevond zich nu opeens aan het hoofd van een bond, de Industriebond, die alleen al door haar grootte en gewicht het NVV uit zijn evenwicht dreigde te brengen. Dit laatste werd nog versterkt doordat Groenevelt en zijn bond zich niet bij voorbaat onderwierpen aan het gezag van de vakcentrale, maar de interne consensus met radicale standpunten juist uitdaagden. Daartoe behoorde ook zijn neiging tot politisering, die inging tegen de trend om het NVV juist uit de omarming van de PvdA los te maken. Vooral voorzitter André Kloos streefde ernaar het NVV 'algemener' te maken, niet alleen om daarmee de aantrekkingskracht op niet-PvdA stemmende arbeiders te vergroten, maar zodoende ook het eenheidsstreven met de confessionele vakbeweging te vergemakkelijken.[42]

Groenevelt en zijn Industriebond toonden zich juist erg gevoelig voor de lokroep van de 'progressieve' politiek rond PvdA, D'66 en PPR, om daarmee ook het eigen streven naar maatschappijhervormingen te versterken.[43] De bond ging zich weer met het etiket 'socialistisch' tooien, schrok niet terug voor het verstrekken van politieke stemadviezen aan zijn leden en hunkerde naar een herleving van de Rode Familie. De geboorte van deze linkse, democratische Industriebond droeg veel bij aan een groot conflict binnen het NVV. En dit zou weer bepalend voor Wim Koks toekomst blijken te zijn.

Intussen boekte de Industriebond NVV veel succes met zijn radicale koers. Een eerste metaalstaking, in de winter van 1972 uitgeroepen, werd door de Amsterdamse rechter Stheeman verboden. Het bezorgde de nieuwe bond ogenblikkelijk naam en faam, wat nog werd versterkt toen twee maanden later het Gerechtshof Amsterdam het vonnis van Stheeman vernietigde: de staking was in beginsel rechtmatig. Al doende verruimden de rechters het stakingsrecht. Ook trok de Industriebond hard aan het bedrijvenwerk, de al eerder begonnen actie om de bond in bedrijven op de werkvloer een effectieve vertegenwoordiging te geven, ook om de machteloosheid van de ondernemingsraad van die tijd aan te tonen.

De nadruk die de Industriebond legde op de versterking van collectieve voorzieningen en maatschappijhervormende maatregelen drong ook door tot de Nota Arbeidsvoorwaardenbeleid, die het NVV samen met NKV en CNV in mei 1972 uitbracht. De koers kreeg de steun van de leden. De Industriebond versterkte met dit nieuwe geluid zijn aantrekkingskracht op werknemers en wist ook bestuurders bij andere bonden aan te steken.

Dit werd zo mogelijk nog sterker met het succes van de ENKA-bezetting in september van dat jaar. De winstgevende ENKA-fabriek in Breda, onderdeel van de voorloper van AKZO Nobel, werd door de concernleiding op de nominatie voor sluiting geplaatst: de markt voor synthetisch garen was ingezakt en daar leek geen verbetering in te komen. Personeel en bonden verzetten zich echter met hand en tand tegen deze sanering, vooral toen bleek dat er over de sociale aspecten van de aangekondigde ontslagen niet onderhandeld kon worden.

Geleid door de Industriebonden van NVV en NKV nam het personeel de fabriek in bezit en hield de productie draaiende. Vanuit het hele land kwam er steun voor deze eerste bedrijfsbezetting in de Nederlandse geschiedenis. Na vijf dagen gaf de directie toe en ging het 'structuurplan' van tafel. Tien jaar later ging ENKA Breda alsnog dicht, maar intussen was het overleg tussen werkgevers en bonden over bedrijfssluitingen wel aanzienlijk genormaliseerd. De ENKA-bezetting trok zo bezien een spoor van modernisering door de Nederlandse arbeidsverhoudingen. Overigens werd de bezetting geleid door Frans Drabbe, bestuurder van de Industriebond NVV, die enkele jaren later als vermaard loondeskundige zou uitgroeien tot een strategische steunpilaar voor Wim Kok.

Botsing tussen Ter Heide en Groenevelt

Op 27 oktober 1972 trad Harry ter Heide, voorzitter van het NVV, plotsklaps en geheel onverwacht af. Aanleiding was een conflict met Arie Groenevelt over de inhoud van een breed akkoord met kabinet en werkgevers. Formeel werd de situatie spoedig gerepareerd en was de vakcentrale, zowel naar binnen als naar buiten, weer snel tot handelen in staat. In werkelijkheid was het een schokkende gebeurtenis die de betrokkenen een traumatische ervaring bezorgde en waarvan de effecten nog lang doorwerkten. De eenheid van het NVV leek op het spel te staan, een scheuring diende zich aan.

Zou de Industriebond NVV zich tot een aparte (vierde) vakcentrale ontwikkelen? Voor Wim Kok ging de vakbeweging hier door een existentiële crisis. Hij zou er lering uit trekken.

Harry ter Heide was sinds 9 januari 1971 NVV-voorzitter. Hij was het met de nodige aarzeling geworden. Het plotselinge vertrek van André Kloos naar de VARA – hij werd er de nieuwe voorzitter – bood hem echter weinig keus. Hij was al enige tijd eerste vicevoorzitter van de vakcentrale, werd als econoom algemeen als intellectueel zwaargewicht beschouwd en verkreeg daarom de steun van de Verbondsraad van het NVV. Hij was niet uit de rangen van de arbeidersbeweging voortgekomen, maar had net als zijn voorgangers Roemers en Kloos als staffunctionaris de aandacht op zich gevestigd. Hij had voorheen zijn sporen verdiend als algemeen secretaris van het NVV, als hoofdredacteur van het ledenblad *De Vakbeweging* en als bezield pleitvoerder voor nauwere samenwerking met de confessionele vakcentrales. Hij was eerder een bekwaam technocraat dan een empathisch leider. Dit kwam in zijn einde als voorzitter scherp tot uiting.

Het conflict tussen Groenevelt en Ter Heide ging om het sluiten van een 'sociaal contract' of 'centraal akkoord'. Het demissionaire kabinet-Biesheuvel[44] zocht bij werkgevers en werknemers steun voor een breed akkoord over het te voeren sociaaleconomisch beleid. Belangrijkste aanleiding daarvoor was de sterk stijgende prijsinflatie, die de gezondheid van de Nederlandse economie op allerlei manieren begon aan te tasten. De noodzaak van loonmatiging stond voor het kabinet centraal. Dat zo'n akkoord, met de handtekening van de vakbonden eronder, een geweldige steun in de rug voor de regeringspartijen bij de aanstaande verkiezingen op 29 november 1972 zou zijn, mocht vanzelf spreken. Dit was echter niet het belangrijkste motief.

De vakbeweging wilde ook wel zo'n akkoord, maar vroeg compensatie in de vorm van maatschappijhervorming. Ook zij zag de inflatie als bedreiging en wilde de loonstijging laten achterlopen bij de groei van de arbeidsproductiviteit. Maar voor wat hoort wat en gelijk oversteken, zo luidde het motto. Dit was de teneur van de Nota Arbeidsvoorwaardenbeleid die de drie vakcentrales in mei 1972 eensgezind hadden uitgebracht. Tijdens de in Den Haag gevoerde onderhandelingen bleken kabinet en werkgevers op dat vlak niet erg toeschietelijk te zijn: hun eerste aandacht ging toch echt uit naar beheersing van de lonen (en niet van de prijzen). Al doende versmalde het gesprek zich en moesten de drie vakcentrales zich schrap zetten om nog iets van hun hervormingswensen overeind te houden. Daarover ontstond het conflict tussen Ter Heide en Groenevelt.[45]

De Industriebond volgde de gang van zaken bij de onderhandelingen met argusogen, ook omdat er bij het interne voorgesprek al concessies waren gedaan: de radicaliteit van de eigen ideeën was daarbij maar gedeeltelijk overeind gebleven. Het stak Groenevelt en zijn mensen vervolgens zeer toen bleek dat Ter Heide en zijn confessionele collega's zich niet bijzonder druk leken te maken over de verdere verwatering van de vernieuwingseisen. Alsof zo'n centraal akkoord hoe dan ook tot stand moest komen, hoewel het in Groenevelts opvatting geen sociaal contract meer kon heten. Hij hield krachtig vast aan de oorspronkelijke inzet voor de onderhandelingen en – daar begon het echte venijn – kondigde aan dat, mochten bestuur en bonden van het NVV dit niet onderschrijven, de Industriebond zich 'op de dan ontstane, ernstige crisissituatie (zou) beraden'.

Dit klonk als een ultimatum en stuitte op algemene weerstand. De Industriebond, die sinds zijn fusie toch al zo hoog te paard met vakcentrale en collega-bonden omsprong, was hier te ver gegaan. Dit vond het NVV-bestuur (inclusief Wim Kok), maar ook de voorzitters van de overige NVV-bonden toonden zich verontwaardigd: of hij die zin maar wilde inslikken. Groenevelt verbaasde zich hier hogelijk over: de versmalling van de onderhandelingen over het sociaal contract zorgde kennelijk voor minder opschudding dan het bezwaar dat de Industriebond daartegen aantekende.

Groenevelt vond de discussie over het sociaal contract sowieso te beperkt: 'De basis is te smal. Onze leden aanvaarden dit niet. Ons interesseert inflatiebestrijding niet zozeer, wij willen fundamentele veranderingen, herverdeling van kennis en macht.' Dit was bij Ter Heide echt tegen het zere been. Hij barstte los: 'De door inflatie veroorzaakte prijsstijgingen, werkloosheid en achterblijvende collectieve voorzieningen treffen bovenal onze mensen. Inflatiebestrijding is een goede zaak, waar men iets voor over moet hebben.' Hij besloot met de vaststelling: 'Er bestaan fundamentele verschillen tussen mij en de voorzitter van de Industriebond NVV.'

Adri de Boon, eerste vicevoorzitter van het NVV, merkte nog op dat het sociaal contract bij afwijzing door een grote bond niet gesloten kon worden. Maar dit schoof Ter Heide terzijde met het argument dat een beleid dat door een grote meerderheid van de bonden werd uitgestippeld 'voor iedere bond een reden moet zijn zich heel goed te bezinnen op de vraag of hij alleen weet wat goed is...' Ter Heide werd vervolgens door de bondsvoorzitters 'op persoonlijke titel, maar niet vrijblijvend' gemachtigd het overleg in Den Haag voort te zetten. Van Groenevelt kreeg hij die toestemming ook, maar deze sloot niet uit dat hij, na raadpleging van zijn bondsraad, alsnog nee zou moeten laten horen.

Vrijdag 27 oktober kwam de Verbondsraad weer bijeen: de beslissende dag. In die week was met kabinet en werkgevers overeenstemming over het akkoord bereikt. Tijdens de persconferentie erna had Ter Heide opgemerkt: 'Wie deze overeenkomst afwijst laadt een grote verantwoordelijkheid op zich voor het mislukken van de noodzakelijke inflatiebestrijding.' Toen Groenevelt, voor wie deze woorden waren bedoeld, in de vergadering van de Verbondsraad aan Ter Heide vroeg of hij anders zou aftreden als NVV-voorzitter, antwoordde deze aarzelend maar toch ontkennend. 'Gelukkig maar,' riep Groenevelt uit, 'want het bestuur van de Industriebond zal zijn bondsraad over het afsluiten van het sociaal contract een voorwaardelijk nee adviseren.'

Daarop schorste Ter Heide de vergadering voor intern beraad, iets wat nooit eerder was voorgekomen. Tijdens dat beraad in de lunchpauze ontdekte Wim Kok, die sinds september tweede voorzitter van het NVV was en dus overal bij zat, dat Ter Heide de verklaring over zijn aftreden al op een blocnote had staan. Die had hij kennelijk, in anticipatie op dit conflict, enkele dagen eerder in Brussel voorbereid. Ter Heides medebestuurders probeerden hem om te praten, maar hij was niet te vermurwen.

Kok hield zijn hoofd koel en verzon een list. Als de medebestuurders van Ter Heide hem volgden en ook vertrokken, zou de chaos compleet zijn. Als zij aanbleven, zou het verraad inhouden aan het beleid dat het bestuur tot dusver had gevoerd. Koks oplossing: niet *af*treden, maar *terug*treden. Hij stelde voor als overige bestuursleden terug te treden en de bondsvoorzitters te vragen daarover een oordeel uit te spreken. 'Als zij vonden dat de rest van het bestuur in de weg zat, zouden wij het veld ruimen. Als ze dat niet vonden, dan zouden wij niet weglopen van de verantwoordelijkheid om te proberen er met de bonden, inclusief de Industriebond, uit te komen.'[46]

Zo ging het dus. De vergadering werd hervat. Ter Heide kondigde zijn aftreden aan en gaf als reden dat hij niet de brugfunctie kon vervullen die van hem werd gevraagd. Zijn persoon stond de eenheid van het NVV in de weg. Het alternatief zou op korte of langere termijn een scheuring binnen het NVV zijn. 'Personen kunnen gemakkelijk vervangen worden, organisatorische scheuringen zijn niet of moeilijk heelbaar. Daarmede wordt tegelijkertijd de weg vrijgemaakt om te zoeken naar iemand die beter én qua presentatie én qua opvattingen een brugfunctie kan vervullen.' Het beroep op hem van alle bondsvoorzitters, inclusief Groenevelt, om aan te blijven was tevergeefs. Ter Heide offerde zijn voorzitterschap op voor de eenheid van het NVV, verliet de vergadering, verdween door de draaideur de duisternis in, en keerde nooit weer terug bij zijn eigen vakbeweging.

Adri de Boon nam de voorzittershamer over en schorste de vergadering op verzoek van Bram Buijs, voorzitter van de Bouw- en Houtbond. De bondsvoorzitters probeerden vervolgens Groenevelt tot een wijziging van het standpunt van de Industriebond over te halen. Tevergeefs. Hij voegde eraan toe: 'Als de leden van de Verbondsraad vinden dat de houding van de Industriebond NVV strijdig is met de statuten en reglementen van het Verbond, dan moet men de Industriebond NVV voor schorsing en royement voordragen.' Groenevelt scheerde hiermee langs de afgrond van een scheuring. Maar evenzeer als hij wist dat de andere bonden dat niet aandurfden, wist hij dat zijn Industriebond het NVV nooit zou willen verlaten. Daar zou de ledendemocratie, die in zijn bond met hoofdletters werd geschreven, zeker niet in zijn meegegaan.[47]

Was het conflict Ter Heide-Groenevelt slechts een harde botsing tussen tegengestelde persoonlijkheden of was hier meer aan de hand? Er is al gewezen op de breuk die de oprichting van de Industriebond inhield met de in het NVV eerder gevoerde structuurdiscussie. Na de afwijzing van het plan-Kloos om het NVV van 'dakorganisatie' om te vormen tot één grote vakbond, lag de weg open voor de vorming van grotere, machtiger bonden binnen het NVV. De fusie van drie bonden tot de Industriebond vormde daarvan de meest spectaculaire uitdrukking, maar andere waren al voorgegaan: de Bouw- en Houtbond NVV en de Agrarische en Voedingsbond NVV, beide in 1971 uit fusies voortgekomen. Zo telde het NVV nog maar vijftien aangesloten bonden en deze lieten zich minder dan vroeger door hun vakcentrale de wet voorschrijven.

Deze ontwikkeling werd versterkt door de verdere ontbinding van de loonpolitiek: vrijere onderhandelingen in de bedrijfstakken hielden vanzelf grotere autonomie in van de bedrijfsbonden en verminderde zeggenschap van de centrales. Deze 'externe decentralisering' vond hooguit een tijdelijke rem in de resterende bevoegdheid van de overheid een loonmaatregel af te kondigen, wat ertoe bijdroeg om op centraal niveau het overleg in SER en Stichting van de Arbeid te intensiveren en eventueel centrale 'sociale' akkoorden af te sluiten. Misschien wilde Ter Heide Groenevelt wel met behulp van dit sociaal akkoord de pas afsnijden.

Maar die laatste weg werd echter weer gemakkelijk afgesloten door een groeiende 'interne decentralisering', dat wil zeggen de wens van vakbondsleden om zeggenschap over het bondsbeleid te hebben. In sommige bonden ging dit verschijnsel verder dan in andere, vooral in de Industriebond, maar het ging in dit tijdsgewricht van inspraak om een onomkeerbare tendens. De vakcentrale vroeg in deze nieuwe maatschappelijke context een ander leiderschap, niet alleen rationeel en kundig, maar vooral ook expressief en bindend.[48]

Wim Kok aan het hoofd van het Nederlands Verbond van Vakverenigingen

De crisis rond het aftreden van Harry ter Heide – een niet gering persoonlijk drama – liet Wim Kok geenszins onberoerd. Niet dat hij sterk aan de persoon van Ter Heide was gebonden; daarvoor was deze te afstandelijk. Maar hij was wel zijn voorzitter, bovendien het hoofd van Nederlands grootste vakcentrale. Opgegroeid met het idee dat arbeiders zich voor hun eigen bestwil en dat van de samenleving moeten verenigen en dat eendracht macht maakt, deed de crisis Kok vrezen voor de eenheid van het NVV en daarmee voor de positie van de vakbeweging als geheel.

Misschien was het zijn 'jeugdige' onervarenheid, maar Kok heeft deze crisis zeer intensief beleefd. Hij ging geheel op in de berichtgeving van de media toen die luidkeels speculeerden over een scheuring en over de mogelijke oprichting door Arie Groenevelt van een vierde vakcentrale.[49] En hij vroeg zich ernstig af of er wel weer iets nieuws, iets levensvatbaars kon worden opgebouwd. Het was het diepste dieptepunt in zijn vakbondstijd, waaruit hij voor het vervolg ook dure lessen trok.[50] De crisis rond Harry ter Heide was een beslissende gebeurtenis in het leven van Wim Kok. Hij leerde er bovenal uit dat er voor de eenheid van de vakbeweging steeds een verband moest bestaan tussen belangenbehartiging en maatschappijhervorming.

Op De Boon en Kok rustte nu de taak om de brokken bijeen te rapen. Waarnemend voorzitter De Boon was een oude rot in het vak, voortgekomen uit de 'baggerij' in Sliedrecht en al zo'n tien jaar lid van het NVV-bestuur. Als loondeskundige in het NVV-bestuur verkeerde hij ook al lang in het hart van het vakbondswerk. Kok koesterde grote bewondering voor hem, had zelfs meer dan een 'vader-zoonrelatie' met hem, beschouwde hem als een vriend. De Boon was nu de eerste woordvoerder van het NVV en onderhandelde ook namens de centrale met kabinet en werkgevers.

Maar zijn eerste taak en die van Kok was het interne gesprek weer op gang te brengen. Op 31 oktober togen de twee naar Hotel Palace in Noordwijk voor een ontmoeting met het bondsbestuur van de Industriebond. De Boon voerde meestal het woord en na anderhalf uur waren ze eruit. De overeenstemming was voorwaardelijk: 'De op basis van het centraal akkoord gesloten cao's zouden ontbonden moeten worden beschouwd als de toezeggingen van de regering of de werkgevers niet zouden worden nagekomen.' De tekst is onberispelijk terug te vinden in de publicatie die professor Harry ter Heide enkele jaren later wijdde aan de Nederlandse loonpolitiek.[51] Daarmee was de vrede getekend, ook met de andere NVV-bonden.

Maar voor een duurzame vrede was meer nodig, wist Kok. Daarvoor moesten de fundamenten voor grotere eenheid worden gelegd, zowel binnen als buiten het NVV, en daarin had hij een vooraanstaande rol te spelen. Terzijde kwam toen namelijk ook aan de orde wie Ter Heide moest opvolgen. De Boon zag dit niet voor zichzelf weggelegd: hij voelde zich met zijn zestig jaar te oud en vond zichzelf ook niet geschikt.[52] Andere ervaren bestuurders van centrale of bonden dienden zich niet aan of lagen niet voor de hand.

Of Kok hiervoor voelde? Wederom voelde die zich door het lot overvallen. Tegelijk liep hij niet voor deze mogelijkheid en daarmee de verantwoordelijkheid weg; hij was immers al (waarnemend) eerste vicevoorzitter en speelde een steeds prominentere rol in het NVV-bestuur. Hij wilde het ook wel graag, want hij zag voor zichzelf de mogelijkheid om met een combinatie van agressief en realistisch leiderschap de eenheid in de vakbeweging te herstellen.[53] Over zijn mogelijke kandidatuur werd links en rechts gepolst, de bondsvoorzitters vonden het een goed idee.[54]

In april 1973 in het Arnhemse Musis Sacris koos het NVV-congres Wim Kok tot zijn voorzitter. Overleg van Wim met zijn vrouw Rita leidde er echter wel toe dat de ervaren Adri de Boon nog een halfjaar het voorzitterschap bleef waarnemen. Zo kon Kok zich beter en ontspannener op zijn nieuwe opdracht voorbereiden. Op 20 september van dat jaar, nog steeds slechts 34 jaar oud, nam hij de voorzittershamer van De Boon over. Het kabinet-Den Uyl regeerde sinds mei en in oktober lokte de vierde Arabisch-Israëlische oorlog een diepe oliecrisis uit. De gouden naoorlogse jaren begonnen op hun laatste benen te lopen.

4
Naar grotere eenheid

WIM KOK ALS NVV-VOORZITTER MET LINKS WIM SPIT (VOORZITTER VAN HET NKV) EN RECHTS JAN LANSER (VOORZITTER VAN HET CNV) TIJDENS EEN PERSCONFERENTIE, AUGUSTUS 1974.

'Het onrecht zit in het bot van de samenleving.' Het komt er verbeten uit. Wim Kok komt volop aan het woord in een gesprek met Bibeb, vermaard medewerkster van het weekblad *Vrij Nederland*. Hij laat zich in dit interview aanhoudend van zijn maatschappijkritische kant zien. Sociale ongelijkheid hekelt hij en consumeerdrift neemt hij op de hak. De machthebbers in Nederland geeft hij sneer op sneer: liberale en confessionele politici zowel als de *captains of industry*. Zelfs het verwante kabinet-Den Uyl moet het ontgelden: 'Wij hebben een links kabinet tussen aanhalingstekens.' Wim Kok, de kampioen van de kapitalismekritiek.[1]

Het was september 1975. De kogel leek toen eindelijk door de kerk: de besturen van NVV en NKV waren het eens over de oprichting van een federatie. 'Rooien' en 'roomsen' gingen samen onder één dak: een monument voor de Nederlandse vakbeweging en een kleine revolutie in de sociale geschiedenis van Nederland.[2] Een laatste horde was soepel genomen: geloof en levensbeschouwing werden aangemerkt als inspiratiebron voor vakbondsactiviteiten, niet meer maar ook niet minder. Het eerste zou voor rooien te veel zijn geweest, het tweede voor roomsen te weinig. NKV-voorman Wim Spit, bouwer van dit compromis, toonde zich hier leider en diplomaat tegelijk. Zijn bijdrage aan de vorming van de FNV, de Federatie Nederlandse Vakbeweging, mag toch al niet worden onderschat, zijn eendrachtige samenwerking met Wim Kok evenmin. Op 1 januari 1976 zou de FNV van start gaan, ruim één miljoen leden sterk.[3]

Toch had de nieuwe federatie in die herfst ervoor nog geen vrij baan. De parlementen van beide vakcentrales moesten zich er nog over uitspreken en daar deed zich een groot probleem voor: de industriebonden lagen dwars. Beide waren binnen hun eigen centrale veruit de grootste en zeer stembepalend. De Industriebond NVV, bezielend geleid door zijn voorzitter Arie Groenevelt, zag zich als de linksbuiten van de vakbeweging: radicaal, socialistisch en tot actie bereid. Met de Industriebond van het NKV had hij niet altijd fijne ervaringen gehad, vooral niet tijdens de cao-onderhandelingen in 1971-1972.[4] Met zijn NKV-collega Piet Brussel ging Groenevelt niet gemakkelijk door één deur, van diens opvolger (vanaf de zomer van 1975) Piet Spijkers had hij nog weinig hoogte. De vorming van slechts een federatie met de Industriebond NKV achtte Groenevelt een zwaktebod.[5]

Het moest verdergaan: alleen in een fusie voelde hij zich veilig, zowel met die wankelmoedige katholieken als met zijn eigen linkse koers binnen de gehele vakbeweging. Anders hoefde het van hem niet. En dat was bij zijn katholieke collega's precies tegen het zere been. Op papier waren de mannen van de Industriebond NKV niet veel minder radicaal dan Groenevelt en de zijnen; dat gold zelfs voor het NKV als geheel.[6] Maar zij waren beducht voor de macht en kracht van de socialisten, voor hun vermogen hen op sleeptouw te nemen en hun de les te lezen. Als reactie hingen ze aan hun katholieke identiteit en hun zelfstandigheid. Stevig samenwerken wilden ze wel, een vakbond zoekt immers steeds naar een steviger machtspositie. Maar in een rood bolwerk ondergedompeld te worden: dat ging hun te ver. Voor Brussel en Spijkers was een federatie met de Industriebond van Groenevelt – en daarmee met het NVV als geheel – het maximaal haalbare, en het idee van een fusie was meer dan een brug te ver.

Een federatie was voor de ene industriebond dus een beginstation, terwijl het voor de andere een eindstation vormde. Het zou Wim Kok nog de nodige hoofdbrekens en zweetdruppels kosten voordat hij deze allerlaatste barrière had genomen, een blokkade voor een grotere vakbondseenheid die in zwaar economisch weer juist zo nodig was.[7]

Olieboycot en economische crisis

Op 6 oktober 1973 staken Egyptische troepen het Suezkanaal over en verrasten de Israëlische bezetters van het Sinaï-schiereiland. Kort erna viel het Syrische leger de ook bezette Golan-hoogvlakte binnen. Zo begon de Jom-Kipoeroorlog. Nog geen drie weken later had Israël de aanvallen van zijn Arabische buren afgeslagen en waren zijn 'Defense Forces' zelfs op weg naar Caïro en Damascus. Een resolutie van de VN-Veiligheidsraad moest eraan te pas komen om, militair gesproken, de tevoren bestaande toestand te herstellen. Beide zijden verloren in deze oorlog kostbare soldatenlevens.

Op langere termijn kostte het Israël ook het bezit van de Sinaï – zij het in ruil voor vrede met Egypte –, veel steun voor zijn positie in de wereld en brede erkenning van de legitieme rechten van de Palestijnen. De Arabische inzet van het oliewapen verleende daaraan een belangrijke impuls. Op 16 oktober besloten de Arabische leden van OPEC, de organisatie van olieproducerende landen, tot een sterke verhoging van de olieprijs, na enige tijd zelfs een verviervoudiging: van 3 naar 12 dollar per vat. Daarbovenop werden de Verenigde Staten en ook Nederland door een boycot getroffen met een embargo op hun import van olie uit het Midden-Oosten. Zij werden daarmee gestraft voor hun steun aan Israël in dit conflict.[8]

In Nederland hield premier Den Uyl een plechtige televisietoespraak, waarin hij – mede geïnspireerd door het rapport 'Grenzen aan de groei' uit 1972 van de Club van Rome – aankondigde dat 'we ons blijvend moe[s]ten instellen op een levensgedrag met een zuiniger gebruik van grondstoffen'.[9] Het zou, volgens Den Uyl, nooit meer worden als het was geweest. De instelling van een autoloze zondag (de eerste was op 4 november), van een lagere maximumsnelheid op de snelwegen en, twee maanden later, van benzinedistributie aan de pomp vormde een eerste vertaling van dit besef. Overigens werden deze maatregelen in januari 1974 alweer ingetrokken: door levering van olie vanuit andere regio's dan het Midden-Oosten had Nederland hieraan beslist geen gebrek; in de Rotterdamse haven liepen de opslagtanks voor olie meer dan over.

Door enig politiek en diplomatiek gemanoeuvreer, vooral in Europees verband, werd de Arabische toorn jegens Nederland ook gesust. Daardoor kon de boycot in de zomer van dat jaar worden opgeheven. Wat echter wel bleef, waren de verschoven machts- en krachtsverhoudingen rond de olieprijs. Nog zo'n vijftien jaar lang bleef OPEC die prijs dicteren en naar believen verhogen. Het aanboren van nieuwe olie- en gasbronnen, onder andere in de Noordzee en in Siberië, het inzetten van energiearme technologie en, nog later, de overgang naar hernieuwbare energiebronnen als zon en wind zouden Nederland en de westerse wereld later minder kwetsbaar maken voor externe manipulatie van de eigen verslaving aan goedkope energie.

Wat ook aanpassing behoefde was onze economische huishouding. De energiecrisis duwde Europa in een economische recessie die enkele jaren aanhield. Belangrijkste oorzaak hiervan was de sterk toegenomen prijsinflatie. Olie vormde een belangrijke grondstof voor de fabricage van allerlei producten, niet alleen van de chemische industrie, maar bijvoorbeeld ook van de voeding-, machine- en automobielindustrie. De scherp gestegen olieprijs (ook in landen buiten het Midden-Oosten) werkte als een inktvlek op de prijsverhoudingen in de westerse en dus ook Nederlandse economie.

Hogere prijzen betekenden hogere kosten van levensonderhoud en die lokten aanspraken op hoger loon uit. Dit gebeurde dan ook overal in de geïndustrialiseerde wereld. Op zijn beurt zette dat weer opwaartse druk op de prijzen. Daarmee kwam een sterke loon-prijsspiraal op gang, die niet zo gemakkelijk als voorheen door het economisch systeem kon worden opgevangen: er waren gewoonweg minder afzetmogelijkheden. Gevolgen: de winsten van bedrijven kwamen in de knel, ondernemingen fuseerden, verhuisden naar lagelonenlanden of gingen failliet en werknemers kwamen op straat te staan. De gebruikelijke 'keynesiaanse' beleidsreactie van overheden en centrale banken – de bestedingen omhoog, de rente omlaag – werkte ook maar beperkt en voor korte tijd.

Waar het allemaal toe leidde, heette met een nieuw begrip 'stagflatie': teruglopende economische groei die gepaard ging met (en deels veroorzaakt werd door vooral in het buitenland bepaalde) oplopende prijzen. In

Nederland was dit effect misschien nog wel sterker dan elders, en niet alleen door de internationale oriëntatie van onze economie. Sinds de havenstaking van 1970 kenden wij immers, anders dan veel andere landen, een automatische prijscompensatie.[10] Deze maakte standaard deel uit van de cao's en garandeerde werknemers een automatische vereffening van de gestegen kosten van levensonderhoud.

Weliswaar ging dit gepaard met een ingewikkelde berekeningswijze en werd het prijsverlies pas achteraf – meestal elk halfjaar – gecompenseerd. Toch was er met deze automatische prijscompensatie veel automatisme in ons nationale inflatiecijfer ingebouwd. Bovendien konden vakbonden zich met de APC alleen niet tevredenstellen. Die kwam immers als vanzelf en dan hadden ze nog niets voor hun leden 'binnengesleept'; er moesten dus altijd nog een paar extra procenten aan reële (of initiële) loonsverbetering bevochten worden.

In Nederland dreigde dus nog meer stagflatie dan in andere landen. Bovendien was in mei 1973 het progressieve kabinet-Den Uyl aangetreden met de wens 'kennis, macht en inkomen te spreiden'. Dit loffelijke streven had grote prioriteit, maar leidde tot een reeks van maatregelen in de sfeer van belastingen en uitkeringen die de verzorgingsstaat flink deden uitdijen en, als gevolg, de overheidsfinanciën onder druk zetten. De aardgasbaten (die met de olieprijs omhooggingen) verhulden aanvankelijk nog veel van dit probleem, maar al vrij snel zou dit effect afnemen.

Toen werkgevers en werknemers er niet in slaagden een centraal akkoord te sluiten, handelde het kabinet in januari 1974 met gezwinde spoed en kreeg het een 'machtigingswet' door het parlement aanvaard. Hiermee verwierf het een jaar lang extra bevoegdheden om inkomens, prijzen, huren, pachten en dividenden in de greep te krijgen. De vakbeweging, onder de indruk van de bijzondere economische omstandigheden, ging zonder verzet aan te tekenen akkoord met deze 'bijzondere' loonmaatregel. Zij rekende er met recht op dat het kabinet niet op een eenzijdige ingreep in de lonen uit was, maar juist op 'een rechtvaardige verdeling van de lasten'.

De crisis begon in het jaar erop echter steeds voelbaarder te worden. De economische groei liep in 1975 terug tot onder nul, de werkloosheid begon voor toenmalige begrippen vervaarlijk op te lopen en de inflatie reikte tot de 10 procent. Gedreven door het toenemend beslag van collectieve voorzieningen liep het begrotingstekort op tot 5 procent, wat minister van Financiën Duisenberg ertoe bracht de jaarlijkse groei van dat beslag te willen begrenzen op 1 procent van het nationaal inkomen (nog steeds een reële toename dus).[11]

Binnen enkele jaren was het economisch beeld van Nederland derhalve sterk aan het veranderen, wat natuurlijk ook de vakbeweging rechtstreeks raakte. In het cao-overleg gingen de werkgevers steeds meer over tot het offensief, terwijl het kabinet voor het jaar erop serieus met de gedachte van een looningreep speelde. In een tijd waarin een einde leek te zijn gekomen aan de bijna tomeloze groei van welvaart, werkgelegenheid en 'welfare state', van ruwweg 1945 tot 1973, was er dus alle reden voor grotere eenheid van de vakbeweging. Al was het slechts om te voorkomen dat de groeiende lasten van de economische problemen en ook het milieubeheer onevenwichtig zouden worden verdeeld.

De lange aanloop

Op vrijdag 21 september 1973 betrad Wim Kok als de nieuwe voorzitter van het NVV het hoge hoofdkantoor van deze vakcentrale aan het Plein '40-'45 in Amsterdam-Geuzenveld. Hij nam zijn intrek in de voorzitterskamer waar zijn voorgangers Kloos en Ter Heide ook hadden gebivakkeerd. Het was een relatief kleine en sobere werkruimte: een bureau met op de muur erachter een weefwerk van Rita Kok, wat kasten, een vergadertafel voor vier personen en een raam dat uitzicht bood op de markt die behalve op zondag dagelijks op het plein werd gehouden. Er werkten op het NVV-kantoor zo'n tweehonderd mensen: van de bestuursassistenten tot de voorlichters, van het wetenschappelijk bureau tot de medewerkers voor scholing en vorming, van het secretariaat tot het kantinepersoneel.

Koks kamer was op de bestuursverdieping, de derde. Hier werd hij omgeven door een aantal collega's van het Verbondsbestuur, zoals vicevoorzitter Adri de Boon, algemeen secretaris Piet Damming en penningmeester Jo Kapper. Hier zat ook, in een kamer naast Kok, zijn secretaresse Ans de Boer, met wie hij een goede werkrelatie had. Verder zat de afdeling voorlichting bijna op gehoorsafstand. Hetzelfde gold voor Elske ter Veld van het Vrouwensecretariaat en Lino Calle van het secretariaat Buitenlandse Werknemers. Andere bestuurders, zoals Hennie Berends, Frans Drabbe, Herman Hugenholtz en Nel Tegelaar, allen getooid met de titel 'secretaris', huisden elders in het pand, vaak omringd door de medewerkers die bij hun beleidsopdracht hoorden.

De Bouwbond en de Industriebond hadden ook onderdak in dit pand, maar in de loop der tijd verhuisden zij naar eigen onderkomens.[12] Met zijn medebestuurders vergaderde Kok elke maandagochtend. Daarbij konden, afhankelijk van de agenda, ook stafmedewerkers worden uitgenodigd, of het nu om loonpolitiek, sociale zekerheid, het internationale werk of de eigen financiën ging. Om de week volgde dan 's middags de vergadering met de Verbondsraad, dat wil zeggen de bijeenkomst van het hoofdbestuur met de voorzitters van de aangesloten bonden. In 1973 waren dat er vijftien, zowel heel grote en middelgrote als heel kleine, van de Industriebond en de ambtenarenbond Abva via de Bouwbond en de Voedingsbond tot aan de Grafische Bond en de Bond van Horecapersoneel.

Daar zat Kok met bijvoorbeeld Arie Groenevelt, Jan Hoogerwerf en Bram Buijs aan tafel. In de jaren erna voegden andere bekende voormannen als Cees Schelling (voedingswerkers), Jakob Draijer (drukkers) en Jan Dutman (ambtenaren) zich daarbij. De Verbondsraad sprak en besliste over beleidsbepalende zaken, al ontmoette het onderwerp in de Verbondsraad aanvankelijk weinig belangstelling. De steeds intensievere samenwerking met de confessionele vakcentrales behoorde hier ook toe. Zonder te werken aan een grotere stem in het kapittel voldoet een vakverbond immers niet aan zijn doelstelling.

Dit belangrijke onderwerp trof Kok aan in de boedel van zijn voorganger Ter Heide. Mede door de bestuurscrisis in het NVV was het wat buiten beeld geraakt, maar door Koks toedoen kwam er weer schot in de zaak en konden er twee jaar later spijkers met koppen worden geslagen. De totstandkoming van de FNV, het samengaan van NVV en NKV, vormde een huzarenstukje waaraan zeker ook anderen hebben bijgedragen maar dat niettemin hoog op de erelijst van Wim Kok thuishoort. Het vormde een uitkomst waarmee hij zowel nationaal als internationaal faam verwierf.

Het onderwerp is zo oud als de vakbeweging zelf. Zo kende het in 1906 opgerichte NVV al de statutaire opdracht om naar een ongedeelde, algemene vakbeweging te streven. Het zag zichzelf daarvan ook als de natuurlijke kern: modern, sociaal en democratisch. De verzuiling gooide echter roet in het eten: de drie jaar later opgerichte confessionele vakcentrales[13] richtten zich juist expliciet tegen het samengaan met het NVV, dat mede in reactie daarop steeds uitgesprokener socialistisch werd. Na de oorlog ontstond alweer snel de oude verzuilde situatie, ook al waren er in de illegaliteit enkele aanzetten tot grotere eenheid geweest. De Eenheidsvakcentrale, ook een vrucht van het verzet, was te zeer een communistische mantelorganisatie om het NVV tot samenwerking te kunnen verleiden. Fusiebesprekingen liepen in 1946 vast op de blokkades van de beginnende Koude Oorlog.

Op praktisch niveau konden de drie 'erkende' vakcentrales NVV, KAB en CNV wel eens hutje bij mutje leggen, waarvoor ze de Raad van Vakcentralen hadden opgericht. Het bisschoppelijk Mandement van 1954, dat katholieken verbood lid van het NVV te worden, en dat – om de pijn nog te verergeren – door CNV-voorzitter Ruppert werd omarmd, maakte deze vorm van samenwerking echter onmogelijk. Enkele jaren later kwam tussen de drie vakcentrales voorzichtig weer een Overlegorgaan tot stand.

In de jaren zestig nam de samenwerking met de confessionele vakcentrales toe, in 1965 geholpen door de bisschoppelijke herroeping van het verbod op lidmaatschap van het NVV. Gaandeweg kwamen gemeenschappelijke actieprogramma's tot stand alsook het rapport 'Bezitsvorming door vermogensaanwasdeling'. Eenheid van opvatting over maatschappelijke vraagstukken, en niet belijdenis of levensbeschouwing, moest volgens het NVV altijd al de grondslag vormen van een sociaaleconomische organisatie als de vakbeweging. Ontwikkelingen in, vooral, de katholieke wereld bevorderden de aantrekkingskracht van deze zienswijze. De boodschap van het Tweede Vaticaans Concilie (1962-1965), dat de Kerk bij de tijd moest zijn en openheid ten opzichte van de wereld vertonen, droeg in Nederland bij aan een sterk op gang komende ontzuiling van het katholieke volksdeel.

In de vakbeweging kwam dit voor het eerst naar voren in 1964, toen de Katholieke Arbeidersbeweging (KAB) werd omgebouwd tot een centrale van aangesloten bedrijfsbonden met een nieuwe naam: Nederlands Katholiek Vakverbond (NKV). De doelstellingen van deze nieuwe centrale maakten het gemakkelijker de banden met de vakbeweging en de arbeidersbeweging als geheel belangrijker te vinden dan die met geloofsgenoten uit andere maatschappelijke lagen. De vorming van het NKV maakte de weg vrij voor nauwere samenwerking met het NVV. Ook het CNV sloot zich, zij het op enige afstand, hierbij aan.

In 1967 stelde het Overlegorgaan een bestuur en een permanent bureau aan om de gemeenschappelijke werkzaamheden van de vakcentrales beter te coördineren. Maar onderzoek naar de voorkeuren onder de leden van de vakbonden van de drie centrales legde een jaar later wel een steen des aanstoots bloot. Voor samenwerking met de andere centrales was bij alle drie wel een meerderheid te vinden. Voor een verdergaande samensmelting in de vorm van een fusie was bij het CNV echter geen meerderheid te vinden, misschien nog wel met het NKV maar zeker niet met het NVV. De conclusie die het CNV-bestuur hieruit trok was dat identiteit en zelfstandigheid van de protestantse vakcentrale behouden moesten blijven.

Bij het NKV daarentegen kwam de zaak echt in beweging, eerst door het rapport-Arnolds uit 1968 en daarna door een extra Verbondsvergadering van het NKV in april 1969. Beide stelden vast dat voor versterking van de positie van de vakbeweging een vergaande bundeling van krachten noodzakelijk was en dat daarvoor van katholieke zijde steeds minder principiële bezwaren golden. Het NKV trok nu meteen de logische conclusie uit zijn nieuwverworven overtuiging: eind 1969 nam zijn Verbondsraad het besluit te gaan streven naar een federatie met het NVV en het CNV, en in februari 1970 stelde het binnen het Overlegorgaan de concrete vormgeving van een federatie aan de orde.

Een daarvoor ingestelde studiecommissie, bestaande uit Harry ter Heide (NVV), Fons Arnolds (NKV) en Jaap Boersma (CNV), kwam in september van dat jaar met een unaniem rapport dat ondubbelzinnig in de richting van een 'zware federatie' wees. Alleen langs die weg kon de doelmatigheid in organisatie, beleidsvorming en inspraak worden vergroot op zo'n wijze dat de invloed en macht van de vakbeweging als geheel zouden toenemen.

Dit zware 'model III' zou de autonomie van de vakcentrales verregaand inperken, maar bood wel een garantie voor het kunnen opkomen voor de met de eigen identiteit verbonden beginselen. Ondanks de stem van de eigen medewerker Boersma kon het CNV zich niet door de ook door hem gedragen visie en argumentatie laten overhalen. Weglopen wilde het ook niet. Het hield zelfs vast aan de term federatie, maar de inhoud die het daaraan verleende was zo beperkt dat op z'n best van een confederatie sprake kon zijn. Het CNV wilde voor grotere invloed van de vakbeweging als geheel de eigen identiteit en beslismacht niet opgeven. 'Wezenlijke beleidsvragen', zo vond het, zouden de centrales in eigen beheer moeten houden. Het zou een voorbode van de latere ontwikkeling blijken te zijn.

Toen Wim Kok eind augustus 1969 op het nationale vakbondstoneel verscheen, was het beeld dus gemengd maar met een positieve trend. De vakcentrales waren intensief met elkaar in gesprek. Het NKV liep daarbij het hardst voor federatievorming, het NVV zag dat de eigen zienswijze aan werfkracht begon te winnen, wat echter het CNV juist deed aarzelen over het perspectief voor de langere termijn. Koks eigen ervaring met de confessionele bonden was voorheen alleen praktisch van aard. In de Bouwbond had hij met hen te maken gehad bij de inbreng in het cao-bod van de zijde van de bonden.

Ook had Kok, als bijzitter bij voorzitter Buijs en enkele andere collega's, cao-onderhandelingen bijgewoond en meegemaakt hoe 'hels moeilijk' het was tijdens dat proces vast te houden aan een gezamenlijk ingenomen standpunt. Vooral de confessionelen hadden de neiging binnen de kortste keren van de gemeenschappelijke vakbondspositie af te wijken, een eigen spelletje met de werkgevers te spelen en zich bij een of ander verwaterd compromis neer te leggen. Kok ergerde zich daar dan groen en geel aan en had wat dat betreft de confessionele bonden niet hoog zitten. Als NVV-bestuurder kwam hij bij het Economisch en Sociaal Comité in Brussel ook confessionele collega's tegen met wie hij twijfelachtige ervaringen had: wel vertegenwoordigers van hun vakbond, maar ook strikt vasthoudend aan de lijn van de eigen partij (KVP of ARP).[14]

Tegelijk was Kok wel in de confessionelen geïnteresseerd, in hun organisaties, in hun denkwerelden. Samen optrekken achtte hij in een tijd van vrijere loonpolitiek en toenemende machtsverschillen tussen werkgevers en werknemers van groot belang. Hij was echter niet verantwoordelijk voor het onderwerp: de samenwerking met de confessionele bonden zat niet in zijn takenpakket. Dat was toch echt 'chefzaak', toebehorend aan voorzitter André Kloos en, na diens vertrek naar de VARA, aan Harry ter Heide.

Wat Kok wel opviel was de hooghartigheid waarmee menig NVV'er tegen de confessionele bonden en de samenwerking met hen aankeek. Door het verschil in grootte natuurlijk – het NVV alleen was groter dan de andere twee centrales samen –, maar ook door het gevoel het historisch gelijk aan de eigen zijde te hebben, gedroeg menig NVV-bestuurder zich in deze besprekingen nogal onhebbelijk. De houding was er een van: jullie zijn van harte welkom, maar je moet je echt wel aan ons uitleveren. Ook André Kloos had hier een handje van. Bij de Industriebond werd het later nog erger, in de trant van: vroeg of laat moeten ze toch komen, dus desnoods roken we ze uit... Volstrekt contraproductief, zo meende Kok; het schrok zelfs de meest coöperatieve confessionelen af.

Kok was dan ook blij dat Harry ter Heide na Kloos' vertrek de andere centrales veel serieuzer nam en oprecht naar intensievere samenwerking streefde. Daarvoor bestond ook alle reden. In een tijd van groeiende schaalvergroting bij ondernemingen (internationalisatie, fusies, reorganisaties) kon de vakbeweging niet achterblijven: macht vroeg om tegenmacht. Binnen vakcentrales begonnen bonden met elkaar te fuseren, maar ook tussen vakcentrales begon de samenwerking van bonden serieuze vorm aan te nemen. De bouwbonden van NVV en NKV maakten plannen samen één hoofdkantoor in Woerden te betrekken; de vervoersbonden en de voedingsbonden waren over en weer ook actief in het aanhalen van de onderlinge samenwerking.

De eenwordingsgedachte speelde dus niet alleen aan de top van de vakbeweging. Maar om verbrokkeling te voorkomen moest van bovenaf wel leiding aan het proces worden gegeven. Kok heeft later dan ook Ter Heides draad weer opgepakt. Maar eerst moest hij de eenheid binnen het NVV zelf zien te herstellen.

Fijn is anders

Het lag niet aan de oppervlakte, maar het speelde onderhuids zeker een rol. NVV-voorzitter Harry ter Heide trad op 27 oktober 1972 niet alleen af omdat hij frontaal werd aangevallen op zijn rol in de onderhandelingen over een sociaal akkoord met het kabinet-Biesheuvel. Er lagen bredere verschillen van inzicht aan ten grondslag, die hij niet kon – misschien ook niet wilde – overbruggen en die hem deden vaststellen dat hij voor zijn leiding niet op voldoende vertrouwen kon bouwen.

Arie Groenevelt speelde in dit complex van factoren een centrale rol, niet alleen als voorzitter van de Industriebond en vertolker van ideeën die bij zijn staf en achterban leefden, maar ook door de scherpe rechtlijnigheid en retorische kracht waarmee hij anderen tegemoet trad. Tussen zijn zwart en wit bestonden eigenlijk geen tinten grijs. Weliswaar waren er ook wel andere leden van de Verbondsraad die soms met hem meedachten, vooral de Bouwbond, maar hij was toch de onmiskenbare oppositieleider, vaak in isolement. Door de intellectuele, organisatorische en ook publicitaire kracht van de Industriebond was Groenevelts isolement echter geen zwakte, integendeel.

Een van de onderwerpen waarop Arie Groenevelt al vroeg tegen de stroom inging, was de samenwerking met de confessionele centrales. Na anderhalf jaar van uitsteltactieken van het CNV nam het NKV op 19 juni 1972 het besluit om per 1 januari 1973 een federatie aan te gaan, als het kon met drie centrales, maar als het moest slechts met twee. Het NKV had haast, ook omdat het in eigen gelederen begon te rommelen. De Verbondsraad van het NVV, met Wim Kok nu als tweede vicevoorzitter, onderschreef in september de koers van het NKV. Het verklaarde zich akkoord met een zware federatie die op 1 januari 1973 van start zou gaan, zij het dat het NVV zijn voorkeur voor een verdergaande fusie niet onder stoelen of banken zou steken. Een resolutie daartoe werd unaniem aanvaard.

Groenevelt maakt hierbij echter wel een paar zwaarwegende kanttekeningen: 'Hij [ging] liever alleen verder met een duidelijk doel voor ogen, dan tezamen op weg naar wazige verten die voortdurend van vorm en inhoud verander[d]en.' Het ging de Industriebond om beleid van zo'n federatie 'dat daadwerkelijk gericht is op doorbreking van de huidige kapitalistische maatschappijstructuur en dat de bewustwording van die noodzaak bevordert'.[15]

Dit was een belangrijk moment. Waar het kroonargument voor nauwere samenwerking en eenwording tot dan steeds een neutrale, nogal technische klank had gehad – samenbundeling zou de efficiëntie van de vakbeweging vergroten en de belangenbehartiging doeltreffender maken –, gaf Groenevelt hier opeens een politieke wending aan. De argumentatie werd nu inhoudelijk. Een ongedeelde vakbeweging, waarvoor het NVV steeds had gestaan en geijverd, moest ook een antikapitalistische, ja zelfs socialistische vakbeweging zijn. In feite spiegelde Groenevelt zich aan de polarisatiestrategie die de PvdA van Nieuw Links in die jaren tegenover de confessionele partijen voerde, waarin tegenstellingen eerder op scherp werden gezet dan verdoezeld.

In elk geval weerkaatste Groenevelt hiermee het confessionele identiteitsargument, dat de discussie over vakbondseenwording zo bemoeilijkte: het NVV had toch ook een identiteit, een sociaaldemocratische?[16] Of dit de aanleiding vormde of niet, het CNV gooide onmiddellijk zand in de machine. Weer werd op vertraging gemikt. Een organisatiebureau moest nu de verdere vormgeving van de federatie onderzoeken, waarbij de zware federatie van model III nu eens wel, dan weer niet de basis van bespreking moest vormen.[17] Een paar weken later stortte het plotse aftreden van Harry ter Heide het NVV in een diepe bestuurscrisis. Voor grootse eenwordingsplannen was er even geen tijd. De datum werd verschoven. De eigen eenheid ging nu voor.

Toen Adri de Boon en Wim Kok op 31 oktober 1972 in het Noordwijkse Palace Hotel erin slaagden met het bestuur van de Industriebond NVV het meest acute probleem uit de weg te ruimen, werd er nog iets anders overeengekomen. De volgende dag werd dit door het gehele Verbondsbestuur bezegeld. Arie Groenevelt en de zijnen stemden niet alleen in met het sociaal akkoord dat Ter Heide in de voorafgaande week met werkgevers en kabinet had gesloten, zij het op hun voorwaarden. Zij kregen van de interim-leiders van het NVV ook gedaan dat de vakcentrale met verve aan een nieuwe maatschappijvisie ging werken.

Daartoe was in 1969 al een commissie ingesteld, maar door allerlei verwikkelingen had deze een nogal slapend bestaan geleid. Groenevelt moest van zijn eigen congres ook aan een visieprogram voor zijn nieuwe bond werken. Door nu ook het NVV als geheel een discussie over 'vakbeweging en maatschappij' op te dringen, beoogde hij twee dingen. Hij kon hopen daarmee zijn eigen vakcentrale wat meer in het linkse kamp te trekken, waar hij tot dan met zijn Industriebond enigszins geïsoleerd stond. Ook wilde hij bevorderen dat de nagestreefde federatie van vakcentrales en bonden niet een groot kleurloos geheel zou worden, maar een misschien wat beperktere fusie met in elk geval een duidelijk maatschappijkritisch profiel.[18]

In beide is hij aardig geslaagd. Maar hij had wel Wim Kok nodig om het zover te krijgen. Immers niet alleen bij de confessionele partners maar ook binnen het eigen NVV was niet iedereen te porren voor Groenevelts vorm van radicale profilering en politisering. Om te voorkomen wat er in de loop van 1974 in het NKV gebeurde, namelijk dat een aantal bonden die vooral middengroepen in zich verenigden hun vakcentrale verlieten, moest Kok alle zeilen bijzetten om in het NVV de interne eenheid te bewaren.

Koks bruggenbouwerskwaliteiten waren hier meer dan gevraagd. Die afsplitsing van het NKV was overigens vooral het resultaat van een staking die de Industriebonden in 1973 uitvochten over 'centen in plaats van procenten'. Dit was een uitvloeisel van het beleid van Groenevelts Industriebond om in te zetten op een eerlijker verdeling van inkomens, kennis en macht.[19] Bij de onderhandelingen over de metaal-cao voor dat jaar eisten de bonden (ook de confessionele) dat de prijscompensatie gedifferentieerd zou worden toegekend, meer in gelijke bedragen en minder in gelijke procenten. Daarmee zou de cao een nivellerend effect hebben ten gunste van de laagste loongroepen.

De bonden slaagden niet volledig in hun opzet, maar wel enigszins: de werkgevers waren bereid gedeeltelijk toe te geven aan deze eis. De uitkomst was een opmerkelijk succes voor de industriebonden, dat ook in de rest van de vakbeweging weerklank vond. Dit gold echter niet voor bonden die middelbaar en hoger betaalden ('hoofdarbeiders', niet 'handarbeiders') verenigden, zoals de Unie BHP. Vandaar haar besluit in het voorjaar van 1974 om uit het NKV te stappen en zich (later) bij de Raad voor Middelbaar en Hoger Personeel (MHP) aan te sluiten. De zorg om materieel groepsbelang speelde hier op z'n minst evenzeer een rol als het behoud van geloofsidentiteit.

Bij het NVV deed dit verschijnsel zich niet in deze vorm voor, maar ook hier heerste behoorlijk wat schrik voor Groenevelts radicale geloofsijver. Dit kwam vooral naar voren toen de Industriebond eind 1974 zijn maatschappijvisie het licht liet zien. In de brochure 'Fijn is Anders' beleed deze de overtuiging dat een rechtvaardige samenleving niet op bezit kan zijn gebaseerd maar alleen op arbeid, dat iedereen die bereid is aan de samenleving bij te dragen medebeslissingsrecht heeft en dat de uitbouw van een socialistische samenleving vanuit het kapitalistisch systeem behoort te beginnen bij een rechtvaardiger verdeling van kennis, macht en inkomen. Conclusie: 'De Industriebond NVV wil een socialistische samenleving op basis van arbeidsdemocratie.'[20]

Dit schoot de meer gematigde bonden van het NVV, aangevoerd door de ambtenarenbond, de politiebond en de grafische bond, in het verkeerde keelgat. Misschien nog meer dan de ideologische uitgangspunten struikelden ze over de mededeling in 'Fijn is Anders' dat de Industriebond bereid was met andere groeperingen samen te werken die met zijn streven instemden, en dat 'de Industriebond afstand (zou) nemen van alle beslissingen die realisering van zijn doelstelling in de weg (zouden) staan'. Dit standpunt leek de bijl aan de wortel van de eenheid van het NVV te leggen, die van de vakbeweging als geheel nog daargelaten. De Industriebond NVV wist met dit visiedocument weer alle aandacht op zich te vestigen, ook in politiek en samenleving.

Om de opwinding binnen het NVV naar rustiger vaarwater terug te leiden, belegde voorzitter Kok eind februari 1975 een bezinningsbijeenkomst. Alle bondsbestuurders werden voor een tweedaags verblijf naar het Troelstraoord in de Beekbergse bossen uitgenodigd. Kok wilde absoluut dat het overleg vertrouwelijk bleef: de media moesten op afstand worden gehouden, notulen werden niet opgesteld, een intern verslag zou de sprekers anoniem houden. Niettemin was duidelijk wat de kern van de zaak vormde: aanvaardden de bonden het gezag van de centrale, waar het onderwerp voor alle aangesloten bonden van even groot belang was? In feite keerde de discussie weer terug naar de kwestie van de structuur van het NVV, naar het plan-Kloos van 1969.[21] Maar intussen lagen de onderlinge verhoudingen wel drastisch anders, niet alleen door de gewijzigde situatie in de Nederlandse economie, maar vooral ook door het ontstaan van grote, gefuseerde bonden binnen het NVV.

Vooral de Industriebond werd te grote zelfstandigheid verweten, het nemen van te veel eigen initiatieven die de andere bonden voor voldongen feiten plaatsten en die zij wel moesten volgen, terwijl zij de dingen vaak anders zagen dan de Industriebond. Zij hechtten veel meer waarde aan behartiging van de (materiële) belangen van hun leden dan aan ideeën over de ideale inrichting van de maatschappij. Niet dat ze die onbelangrijk vonden, maar voor maatschappijverandering waren politieke partijen de eerst aangewezenen, ook al kon de vakbeweging natuurlijk proberen daar vanaf de zijlijn richting aan te geven. Er werd door de aanwezigen vastgesteld dat de discussie over de structuur van het NVV niet heropend moest worden.

Dat gaf Groenevelt de ruimte voor een 'dubbelslag': hij erkende het gezag van de centrale, maar die had niet het monopolie op het bepalen van de koers, daarover moest de Industriebond kunnen meepraten. 'Fijn is Anders' was precies dat: een bijdrage aan de discussie over de koers, wat hem betreft een nog niet afgeronde discussie (ook al presenteerde zijn bond het wel zo).

Op een afsluitende bijeenkomst in mei van dat jaar was het aan Wim Kok om een grondslag te formuleren voor een (voorlopig) herstel van de vrede. Hij schetste een wat hem betrof tweezijdig ongewenste situatie: de centrale mocht niet de loopjongen van de aangesloten bonden worden, terwijl de bonden niet gereduceerd mochten worden tot de boodschappenjongens van de centrale. Anders gezegd: bij de bestaande structuur van het NVV moest iedereen een zekere marge voor eigen beleid vergund zijn. Het verslag vatte zijn woorden zo samen: 'Vastgesteld wordt dat er de mogelijkheid bestaat dat een vereniging om principiële redenen een afwijkend standpunt wil blijven innemen. Dat zou mogelijk moeten zijn. Dat botst dan weliswaar met de opvatting, dat met een meerderheidsbesluit van de Verbondsraad of Verbondsvergadering een voor allen geldend standpunt van het Verbond is ontstaan.'[22]

Met deze 'toverformule', die de mogelijkheid van enige verdeeldheid openliet, hoopte Kok de eenheid binnen het NVV, en spoedig ook de FNV, te herstellen en te behouden. Het zou hem niet altijd lukken. Maar de eenwording bracht hij er wel mee tot stand.

De 'twee Wimmen'

Al vroeg in zijn NVV-voorzitterschap, in de herfst van 1973, werd Wim Kok door de noodzaak van eenwording van de Nederlandse vakbeweging gegrepen. Het besef dat de Nederlandse economie, ook door de effecten van de oliecrisis, structureel aan het veranderen was, hielp daarbij. Natuurlijk was het proces van eenwording al langer gaande en was het niet alleen een zaak voor een top-downbenadering; er was immers bij de aangesloten bonden al behoorlijk wat beweging in die richting zichtbaar. Gegeven de uiteenlopende constructies tussen bonden, waardoor mensen kans zagen eigen stokpaardjes te berijden of zelfs argumenten vonden om af te haken, was de eenwording zonder sturing en begeleiding van bovenaf echter niet te realiseren.

Daarvan was Kok toen overtuigd, zij het dat hij niet de enige was die dit proces leidde. In het eigen NVV-bestuur speelde algemeen secretaris Piet Damming een stuwende rol, zelf iemand met een kerkelijke (remonstrantse) achtergrond en daarom met gevoel en begrip voor overwegingen die bij de confessionele vakcentrales speelden. Ook Frans Drabbe, die in 1973 het hoofdbestuur kwam versterken, een nuchtere, beginselvaste Zeeuw, maar tegelijk een flexibel bestuurder, bood hem veel steun in de rug. Aan NKV-zijde speelden Frans van Bakel[23] en Toon Riemen[24] een belangrijke rol, maar – zo herinnerde Kok zich – geleidelijk aan werd iedere bestuurder op het centrale niveau onderdeel van het proces. Geheel onmisbaar was echter NKV-voorzitter Wim Spit.

Wim Spit was een confessionele vakbondsman in hart en nieren. Hij stamde uit een katholiek Haags nest, maar groeide op in Amsterdam. Zijn vader was bestuurder van het Rooms-Katholiek Werklieden Verbond, de katholieke vakcentrale van voor de oorlog. Zelf werd hij, na een grondige, driejarige opleiding bij het A.C. de Bruijninstituut,[25] al op 25-jarige leeftijd assistent-bestuurder bij St. Raphaël, de katholieke bond voor spoor- en tramwegpersoneel. Daar klom hij door de rangen op tot voorzitter. Na een fusie werd hij voorzitter van de NKV-Vervoersbond. In 1967 werd hij lid van het Verbondsbestuur van het NKV en toen NKV-voorzitter Jan Mertens in 1973 staatsecretaris van Sociale Zaken in het kabinet-Den Uyl werd, viel aan hem de leiding van het NKV toe.

Begin oktober van dat jaar nam Wim Spit de voorzittershamer over, zo'n twee weken nadat Wim Kok was begonnen als voorzitter van het NVV. Dit toeval was voor de eenwording van de vakbeweging een gelukkige omstandigheid. Waar Jan Mertens voor verdergaande samenwerking tussen de vakcentrales niet bijzonder warmliep, was Wim Spit daar een groot voorstander van. Aanvankelijk golden daar praktische overwegingen voor: het NKV leed ernstig ledenverlies, vooral door de moeilijkheden in de sectoren en regio's waar katholieke bonden sterk waren, zoals de textiel, de mijnen en de landbouw. Gaandeweg kwamen daar overtuiging en zelfs hartstocht bij. Dit had ook te maken met zijn verhouding met Wim Kok, en omgekeerd gold hetzelfde. Een mengsel van wederzijds respect en vertrouwen kenmerkte hun relatie. De 'twee Wimmen' werden de verpersoonlijking van de vakbondseenwording, zeker na de oprichting van de FNV maar ook al ervoor.

Voor het samengaan van twee organisaties is meer nodig dan de chemie tussen twee personen. Een onmisbare voorwaarde is natuurlijk dat deze organisaties de noodzaak van een gemeenschappelijke lotsbestemming inzien en elkaar daarom opzoeken. Maar personen kunnen wel het verschil maken, vooral als zij aan het stuur zitten. Voor Wim Kok is de veertien jaar oudere Wim Spit van grote betekenis geweest. Spit hielp hem de weerstanden tegen het samengaan van NVV met NKV te effenen, zowel tussen deze twee centrales als binnen zijn eigen vakverbond. En intern wilde het bij het NVV wel eens aan begrip voor de confessionelen ontbreken.

Kok vervulde voor Spit een vergelijkbare rol. Spit was een helder denkend man, een katholiek van boven de rivieren die in alle discussies het doel scherp voor ogen hield. Hij was daarin soms rechtlijniger dan Kok, die omwille van de interne eenheid en uit tactische overwegingen nog wel eens omtrekkende bewegingen wilde maken. Tegelijk heeft Kok van Spit veel geleerd over 'de ander', over de confessionele vakbondsman en zijn wereld. Want daarvan raakte hij al doende steeds meer overtuigd: respect voor de ander is in zo'n proces van eenwording tussen twee vakcentrales met hun zeer diverse geschiedenis en tradities absoluut onmisbaar, zo niet doorslaggevend. Kok beschikte misschien al langer over de gave van het slaan van een brug, maar in dit eenwordingsproces is deze zeker versterkt en verdiept.

Zo'n 'liefde' moet natuurlijk wel van twee kanten komen, maar dit was bij Wim Spit zeker het geval. Toen Spit begin augustus 2013 werd begraven, getuigde een ontroerde Kok van zijn schatplichtigheid aan hem. Deze betrouwbare, loyale man, steeds hardwerkend en rechtdoorzee, had er veel aan bijgedragen dat de weerstanden tegen de vorming van de FNV werden overwonnen.[26] Zij samen hebben aan dat ingewikkelde proces naar federatie en later naar fusie leiding kunnen geven; vertrouwen en wederzijds respect maakten het mogelijk. Wim Spit heeft het verschil gemaakt, aldus Wim Kok.[27] Dat het uiteindelijk slechts een federatie van twee, niet van drie, is geworden, heeft er ook mee te maken dat met het CNV zo'n empathisch evenwicht niet kon worden gevonden. Wellicht had dat ook met personen en karakters te maken.[28] Kok heeft in elk geval voor die andere confessionelen geen overbruggende 'toverformule' kunnen vinden, tot zijn verdriet.

De eenheid gesmeed

Op 11 oktober 1973 – Kok en Spit zaten koud aan het roer van NVV respectievelijk NKV – presenteerde het organisatiebureau het gevraagde rapport aan de drie vakcentrales. Het ging allemaal over de uitwerking van de zware federatie van model III.[29] In een op 9 januari 1974 gehouden vergadering van het Overlegorgaan van de vakcentrales werd duidelijk dat CNV-voorzitter Jan Lanser geen federatie wilde die praktisch alle beslissingen zou nemen. Hij wilde dat de vakcentrales 'baas in eigen bond' bleven, iets wat voor NVV en NKV niet met de gewenste zware federatie te rijmen viel. Voorzitter Kok, die wel een zwak voor Lanser had, moest vaststellen dat er een onoverbrugbare kloof tussen de opvattingen lag en dat daarmee de basis aan de totstandkoming van de federatie was vervallen. Het CNV haakte af. NVV en NKV zouden samen verdergaan. Spit drong er nog in die bijeenkomst op aan meteen deze conclusie te trekken; hij vreesde voor verwatering van de besluitvorming bij zijn eigen achterban als er niet meteen werd doorgepakt. Hier toonde Spit zijn stalen zenuwen. Kok sloot zich daar prompt bij aan.[30]

Dat het nog zo'n twee jaar zou duren voordat de federatie metterdaad van start kon gaan, had met verwikkelingen binnen en tussen de vakcentrales alsook tussen bonden aan weerszijden te maken. Deze vergden nog het uiterste van de leidinggevende en communicerende vaardigheden van de twee Wimmen: er moest heel wat worden gepraat, overlegd en gemasseerd. De startdatum voor de federatie zou zelfs nog een paar keer worden verzet. Aan NKV-zijde had het afhaken van het CNV het effect dat men daar wat behoudender en identiteitsgevoeliger werd. Aan NVV-zijde ontstond een groeiend positieve houding tegenover de vorming van een federatie, maar werd men wat zenuwachtig van de terugtrekkende bewegingen aan de overzijde. Los van allerlei praktische, maar soms gevoelige, arrangementen van de federatievorming, zoals functies, posities en geldzaken, ging het in de kern om de kwesties van geloof en fusie. De oplossing voor het belang van geloof en levensbeschouwing als inspiratiebron voor vakbondswerk werd aan het begin van dit hoofdstuk belicht. Een plaats in de statuten, een gezamenlijke intentieverklaring en het voornemen om een FNV-secretariaat voor Levensbeschouwing en Vakbeweging op te richten bezegelden dit moeizaam bereikte compromis.

Nog moeizamer ging het met de vraag of de federatie het eindstation was, of dat een volledige fusie ook mogelijk zou zijn. Hierover was nog het nodige bikkelen vereist. Toen de Verbondsbesturen het er na scherpe discussie over eens werden dat het streven naar eenheid de totstandbrenging van de meest vergaande samenwerking, in casu fusie, niet uitsloot, niet voor de aangesloten bonden noch voor de aangesloten vakcentrales, leek dit voor alle aangesloten bonden bevredigend, maar niet voor de twee hierover kibbelende Industriebonden. Tot op een beangstigend laat moment in december bleef er 'een zwaard van Damocles' boven het hoofd van Wim Kok hangen: zouden de industriebonden wel meedoen en zo niet, kon je zonder de grootste bonden wel zo'n federaal avontuur aangaan? Bij Arie Groenevelt en Piet Spijkers ging uiteindelijk de stem van het verstand boven die van het hart. In een karakteristieke beeldspraak van Kok: de voorzitters van de twee industriebonden trokken pas op het laatst hun uiers in.

Op 18 december 1975 besloten de Hoofdbesturenvergadering van het NKV en de Verbondsvergadering van het NVV eenstemmig dat hun vakcentrales zouden toetreden tot de FNV. Na deze afzonderlijke zittingen kwamen beide organen in een gezamenlijke, constituerende vergadering bijeen. Wim Kok concludeerde 'op basis van rapportages van H. van Eekert, algemeen secretaris van het NKV, en P. Damming, algemeen secretaris van het NVV, dat deze gezamenlijke vergadering [kon] bekrachtigen wat in de afzonderlijke vergaderingen werd besloten, namelijk het op basis van door de beide Verbondsbesturen ingediende stukken besluiten tot het vormen van de Federatie Nederlandse Vakbeweging per 1 januari 1976, en toetreding van beide vakcentrales tot die Federatie'. Een langdurig applaus volgde. Een historische prestatie was geleverd: de verzuiling in de Nederlandse vakbeweging was opgeheven. Voor een groot deel althans, want het CNV was buiten de federatie gebleven. De FNV zou in twee richtingen ontzuild raken, los van de katholieke zuil en los van de sociaaldemocratische zuil. Wim Kok, tot voorzitter van de FNV gekozen, besloot het congres aldus: 'Achttien december 1975, de FNV is er. Laat zij uitgroeien, met uw en onze steun, tot een instrument in de handen van onze leden waar zij trots op zijn.'

Keren we terug naar het interview in *Vrij Nederland* waarmee dit hoofdstuk begon. De interviewster begon met de ruzie tussen de Industriebond NVV en die van het NKV. Zou die nog roet in het eten kunnen gooien? Zou Groenevelt ook Kok tot aftreden kunnen brengen, zoals eerder Harry ter Heide? Kok, heel beslist: 'Ik ben niet van plan Harry achterna te gaan. Ik denk er niet aan op die manier een einde te maken aan mijn vakbondswerk.' De les van eind oktober 1972 stond hem nog scherp voor de ogen: niet weglopen. Bovendien, zo zei hij, was het ook helemaal niet aan de orde. Maar gerust op de uitkomst was hij nog lang niet. Wim Kok geloofde in zijn maatschappijkritiek, maar hij liep er niet altijd mee te koop. Een tactisch gebruik ervan om de leiding van de twee Industriebonden over de streep te trekken, vond hij echter deze keer zeker geoorloofd. Het gesprek met Bibeb was daarvoor zijn instrument. Hij toonde zich hierin radicaal, in overeenstemming met Groenevelts bond maar ook met de opvattingen van het NKV. Tegelijk toonde hij zich niet aan één partij – ook niet een politieke – gebonden, niet openlijk althans. Dit pakte aan alle kanten goed uit.

5
Van federatie tot fusie

BIJ EEN FNV-MANIFESTATIE OP DE DAM IN AMSTERDAM, 20 MAART 1980.

Verantwoordelijk, maar jong. Nog steeds jeugdig, in elk geval vergeleken met de andere FNV-bestuurders, maar zeker ook met zijn buitenlandse collega's, nam Wim Kok op 37-jarige leeftijd de leiding van de Federatie Nederlandse Vakbeweging op zich. Dat hij daarvan de voorzitter werd, lag voor de hand en toch ook niet. Bij de vorming van de federatie was van NKV-zijde ook de mogelijkheid van een roulerend voorzitterschap geopperd: Wim Spit zou Wim Kok na drie jaar moeten aflossen. De 'roomse' behoefte aan gelijke behandeling met de 'rooien' was psychologisch te begrijpen en zou in de opbouw van de FNV zeker een plaats krijgen. Maar een wisselend voorzitterschap zou er niet van komen. Wim Spit voelde er niet zo voor en bij het NVV vond men deze aanspraak te veel van het goede.

Ook Kok had zijn bedenkingen. Per slot van rekening was op het moment van samengaan het NVV ruim tweemaal zo groot als het NKV. De zaak had misschien anders gelegen als Spit zijn centrale veel langer had geleid dan Kok de zijne, maar dat verschil in ervaring deed zich niet voor. Ze waren beiden praktisch gelijktijdig aangetreden en het verschil in leeftijd – Spit was veertien jaar ouder – had in de aanloop naar de oprichting van de FNV geen rol van betekenis gespeeld.

Bovendien had Kok sinds 1973 zijn lauweren wel verdiend. Zijn stijl van leidinggeven, zijn kennis van zaken, zijn omgang met eigenzinnige bondsvoorzitters, zijn optreden in de media, dit alles had hem als NVV-voorzitter boven anderen doen uitsteken. Gelet op de zwaarte van zijn opdracht werd hij wel een 'duivelskunstenaar' genoemd.[1] Het doelbewuste herstel van de eenheid in eigen kring en het doelgerichte maar even respectvolle werken aan grotere eenheid met de confessionelen hadden hem veel gezag bezorgd, niet alleen bij zijn eigen NVV maar ook bij het NKV. Dit krediet zou hem als FNV-voorzitter nog van pas komen.

Daar kreeg hij te maken met het toewerken naar een heuse fusie van beide centrales. Ook moest hij de confrontatie aangaan met sterk gewijzigde economische omstandigheden, waarin de vakbeweging het hoofd boven water moest zien te houden. Het eerste zou hem tamelijk gemakkelijk afgaan, het tweede echter stukken moeizamer. Dit waren voor Wim Kok geen eenvoudige jaren. Gelukkig had hij Wim Spit als vicevoorzitter naast zich.

Zes jaar na de vorming van de federatie zouden NVV en NKV een fusie aangaan, geheel in elkaar opgaan. Dat gold voor de twee centrales en ook voor praktisch alle bij hen aangesloten bonden.[2] Op 29 september 1981 (op Koks 43ste verjaardag!) spraken de beide verbondsvergaderingen en vervolgens het fusiecongres het jawoord hierover uit. Wim Kok: 'Dat neemt niemand ons meer af.' Op 1 januari 1982 trad de gefuseerde FNV in werking: in naam nog steeds een federatie, in werkelijkheid één organisatie dus. Het huzarenstuk van 1975 vond hierin zijn echte bekroning.

Toch kreeg het eerste meer aandacht dan het tweede. Van de oprichting van de FNV op 18 december 1975 deden de media luidkeels verslag; het was ook veel meer dan de fusie zes jaar later iets waarover mensen in het land spraken. De vakbeweging stond in het midden van de jaren zeventig op het hoogste punt van haar maatschappelijke roem; in een tijd van toch al gespannen verwachtingen over maatschappelijke verandering vormde ze een baken van hoop. Het samengaan van twee grote vakcentrales versterkte het uitzicht op een andere wereld, zo meende menigeen.

De totstandkoming van de FNV vormde bovendien een belangrijke stap in de ontzuiling van Nederland, iets wat toen breed als een bevrijding werd beschouwd. Wim Kok was, bij wijze van spreken, de ontzuiler van de Nederlandse vakbeweging. En anders dan de vorming van het CDA en andere confessionele hergroeperingen van die tijd, had de oprichting van de FNV niets defensiefs maar juist iets offensiefs. 'Confessionelen' en 'algemenen' stapten beiden uit hun zuil om in Nederland een nieuw gegeven, een nieuw sociaal feit te scheppen.

Ten slotte was het ook een spannende gebeurtenis: de totstandkoming van de FNV was op een haar na mislukt, dicht bij de afgrond tot stand gekomen, iets wat natuurlijk steeds veel aandacht trekt. Vergeleken daarmee zou de overgang van federatie naar fusie een tamme bedoening blijken te zijn. Het was de finale afronding van een niet meer omstreden samengaan van socialisten en katholieken, in een tijd bovendien dat de vakbeweging veel meer in het defensief verkeerde dan zes jaar ervoor. De vakbeweging zou na de fusie weer langs de afgrond scheren en daar niet zonder kleerscheuren vandaan komen. Toch zou die fusie de FNV wel de mobiliserende kracht bezorgen voor het vervullen van een krachtige rol in een veranderend sociaal klimaat: van polariseren naar polderen. Kok zelf zou er veel aan bijdragen.

Identiteit

Wat was die FNV nu? Een samenraapsel van twee vakbewegingen met sterk verschillende tradities? Een eenvoudigweg groter geworden NVV? Of iets anders, iets nieuws? Zeker in het begin was het van alles wat. Gaandeweg verkreeg de federatie toch een eigen identiteit: door het al doende samen met vakbondswerk bezig te zijn, maar ook door de hulp die de omgang met de sociaaleconomische uitdagingen van die tijd bood. Maar ze had, evenals andere grote organisaties die samengaan, tijd nodig om te 'zetten'.

In het begin schoven de twee vakcentrales gewoon in elkaar: ze gingen met hun hele hebben en houwen samenwonen. Het NKV verliet zijn kleinere gebouw aan de Oudenoord in Utrecht en trok in bij het NVV op Plein '40-'45 in Amsterdam Nieuw-West. Dat was wel wat inschikken, maar niet zo veel. Dit gebouw was indertijd 'op de groei' gebouwd: niet alleen de centrale, maar ook aangesloten bonden zouden er onderdak vinden. Dat laatste was slechts gedeeltelijk gebeurd, zodat het NVV er in een ruime jas zat. De staf van het NKV werd samengevoegd met die van het NVV, bij elkaar zo'n vierhonderd personeelsleden, van wie ruim tweehonderdvijftig op het hoofdkantoor in Amsterdam.

De werkelijke reorganisatie moest wachten tot na de fusie, tot 1982 dus. Als voorzitter was Wim Kok niet echt een liefhebber van organisatievraagstukken; in die zin was hij geen geboren manager. De samensmelting van de twee organisaties zou meer het werk van zijn opvolgers worden.[3] Het nieuwe federatiebestuur telde achttien leden, negen van het NVV en negen van het NKV. In feite ging het hier om een samenvoeging van de twee Verbondsbesturen. Beide centrales zouden immers tot aan de fusie nog naast elkaar bestaan. Maar hun werkzaamheden bleven zeer beperkt. De FNV was een 'zware' federatie, die over praktisch alles besliste.

Het werk in het 'nieuwe' hoofdkwartier werd dan ook bijna uitsluitend op federaal niveau gedaan. Vicevoorzitter Spit betrok een kamer tegenover die van Kok. Op hun verdieping zat ook, onder hun directe verantwoordelijkheid, de afdeling pers en voorlichting. De andere bestuurders zaten, omringd door hun 'beleidsgroepen' van stafmedewerkers, over het pand verspreid. Algemeen secretaris werd de NKV'er Henk van Eekert, penningmeester de NVV'er Jo Kapper. Andere bekende FNV-bestuurders waren toen de NKV'ers Frans van Bakel, Herman Bode, Cees Commandeur en Michel Negenman alsook de NVV'ers Piet Damming, Frans Drabbe, Herman Hugenholtz en (als enige vrouw) Nel Tegelaar.[4] Het federatiebestuur kwam elke week op maandagochtend bijeen, een omvangrijk gezelschap voor het geven van leiding aan de FNV. Afgesproken was overigens wel dat het bestuur langs de weg van natuurlijk verloop moest inkrimpen tot vijftien personen, waarbij rekening zou worden gehouden met het verschil in ledental tussen beide centrales. De gefuseerde FNV zou vanaf 1982 gaandeweg een nog kleiner bestuur krijgen.[5]

Hetzelfde gold zeker voor de Federatieraad, het bestuursorgaan waarin de voorzitters van alle aangesloten bonden zitting hadden en dat om de week in Amsterdam bijeenkwam. Aanvankelijk dijde ook deze groep fors uit; de FNV telde immers vijftien NVV-bonden en bijna evenveel NKV-bonden. Naarmate deze bonden onderling federeerden en zelfs fuseerden kromp het aantal leden van de Federatieraad: er kwamen daardoor immers minder bondsvoorzitters.[6] Overigens groeide de raad aan de andere kant ook weer: er kwamen nieuwe bonden bij. De eerste was de Nederlandse Vereniging van Journalisten, de NVJ. Deze was voorheen wel losjes verbonden met het Contactorgaan van de Vakcentrales, maar sloot zich in 1976 bij de nieuwe FNV aan. Een andere nieuwe loot aan de stam werd in 1981 de FNV Vrouwenbond.

De nieuw federatie was dus omvangrijk. Het toegenomen gewicht van de nieuwe federatie uitte zich ook in een zwaardere presentie in het landelijke bouwwerk van organisaties voor pensioenen, sociale zekerheid en dergelijke. Het meest zichtbaar werd dit in de Sociaal-Economische Raad en de Stichting van de Arbeid, waarin de FNV nu onbetwist de leiding kreeg over het vakbondssmaldeel. Wim Kok werd steeds meer de natuurlijke evenknie en tegenvoeter van werkgeversvoorzitter Chris van Veen.[7]

Zonder organisatie geen identiteit, maar identiteit vergt meer dan organisatie. In de eerste plaats gaat het daarbij om representatie. De FNV was niet alleen veel groter dan NVV of NKV apart, zij was ook veel meer in het gehele land aanwezig. Het NKV zag zich aanmerkelijk versterkt in die streken waar het voorheen minder goed vertegenwoordigd was, zoals in het westen en het noorden. Door de federatie ontdekte het NVV dat het aan kracht had gewonnen in vanouds katholieke regio's, zoals het zuiden en het oosten. De FNV werd door het samengaan van NVV en NKV veel meer een nationale, bijna overal in het land sterk gewortelde vakbeweging. Ook al waren nogal wat protestanten (vooral hervormden) lid van het NVV, de FNV was in de orthodox-protestantse gebieden van ons land[8] toch minder sterk vertegenwoordigd. Daar 'overheerste' doorgaans het CNV.

In elk geval zag Wim Kok zich vanaf 1976 in zijn vakcentrale door veel meer 'zachte g's' omringd dan voorheen: de FNV was qua leden, kader en ook bestuurders onmiskenbaar zuidelijker en katholieker dan het NVV was geweest.[9] Was zij dat nu ook in werkelijkheid? Was de vrees voor identiteitsverlies die in het eenwordingsproces bij menigeen in het NKV een rol had gespeeld in de FNV bewaarheid? Was de FNV niet veel anders dan een vergrote NVV? Of was de FNV wel degelijk een samensmelting van twee vakbondstradities: een sociaaldemocratische en een katholiek-sociale? En ontstond daaruit iets nieuws?

Voor een goed antwoord op deze vragen moet worden beseft dat de oprichting van de FNV allereerst verdere ontzuiling en secularisering betekende. De oude tradities leefden in de nieuwe federatie niet meer zo sterk, zeker niet onder bestuurders. Veel NKV-kaderleden waren blij onder de hoede van de Kerk te zijn uitgekropen en waren, sociaal-politiek gesproken, soms radicaler dan de collega's van het NVV. Bij het NVV hadden ze in 1971 formeel de band met het socialisme doorgeknipt – om een samengaan met confessionelen te vergemakkelijken – en de radicale tegenbeweging in en rond de Industriebond begon na de federatievorming juist wat aan kracht te verliezen; in elk geval liep de liefde van Groenevelt en zijn mensen voor het progressieve kabinet-Den Uyl in rap tempo terug.[10] De dagelijkse druk om in de FNV samen te overleggen, standpunten in te nemen en actie te voeren, leidde al snel tot het inzicht dat de oude onderlinge verschillen jarenlang waren uitvergroot. Pragmatisme hielp, kortom, bij deze vakbondsontzuiling.

Toch ontstond er in de FNV een nieuw levensbeschouwelijk bewustzijn, gekoppeld aan een maatschappijhervormend activisme. Wim Kok, zelf niet gelovig maar wel in ethiek en moraal geïnteresseerd,[11] steunde dit streven en droeg er zelf ook actief aan bij. Aanvankelijk ging het, vanuit het NKV nog, vooral om het behoud van een katholieke 'nestgeur'. In tweede instantie ging het steeds meer om een levensbeschouwelijke verrijking van vakbondsdoelstellingen (en omgekeerd).[12] Dat beperkte zich dus niet tot katholieken, maar sloot protestanten, andere gelovigen en ook humanisten in, naast natuurlijk niet-gelovigen. De statuten van de FNV hadden hiervoor al een opening geboden, maar de ontmoeting in september 1977 tussen de FNV-top en de katholieke bisschoppenconferentie zette die deur wijder open.

De bijeenkomst, waarvoor Wim Kok zich vooraf onwennig en gespannen had afgevraagd of hij nu ook de ring van kardinaal Willebrands moest kussen, leverde niet alleen een feitelijke zegen van de kerkelijke leiding voor verloving en het toekomstige huwelijk van NKV met NVV op.[13] Men sprak ook af dat een structurele relatie tussen vakbeweging en levensbeschouwing niet alleen de katholieke kerk, maar ook andere kerkgenootschappen alsook humanisten moest omvatten. Dit sloot aan bij het 'doorbraak'-denken hierover in de boezem van de FNV. Voor de FNV zou geloven niet enkel een particuliere aangelegenheid (hoe inspirerend misschien ook) blijven, maar kon het in toetsende, kritische zin aan het normatief handelen van de vakbeweging bijdragen.

Dit kreeg in 1978 concrete uitdrukking, toen het federatiecongres besloot tot de instelling van een 'topberaad' van de FNV (en het CNV) met de Raad van Kerken en het Humanistisch Verbond.[14] Daarnaast richtte het congres een Contactcommissie Levensbeschouwing en Vakbeweging op. Deze werd ondersteund door een professioneel secretariaat dat bezinningsactiviteiten voor leden en kaders van de FNV moest organiseren en ook het bestuur van beleidsadviezen kon voorzien.[15] Vanaf 1981 organiseerde het bovendien tweejaarlijks de studieconferentie van genoemd 'topberaad' over maatschappelijke kwesties die zowel vakbeweging als levensbeschouwing raakten. Dan ging het over zaken als arbeidsethos, zeggenschap, verzorgingsstaat, armoede en uitsluiting, maar ook burgerlijke ongehoorzaamheid.

Kok nam, samen met Spit, persoonlijk deel aan deze gesprekken.[16] Zijn betrokkenheid bleek later ook uit de kritische, maar wel degelijk constructieve brief die hij namens de FNV op 8 mei 1985 aan paus Johannes Paulus II stuurde, toen in Nederland op bezoek. Hij zocht daarmee de dialoog met de kerkvorst op, zij het zonder direct resultaat.[17]

Wim Kok stelde overigens wel grenzen aan zijn persoonlijke bereidheid de FNV levensbeschouwelijk in te kleuren. De uitnodiging van Wim Spit om een keer mee te gaan op het traditionele jaarlijkse NKV-uitje naar Lourdes – met bussen vol zieken vanuit Utrecht om in de Pyreneeën dat wonder te aanschouwen en ondergaan – heeft hij afgeslagen. Dat stuitte hem toch te zeer tegen de borst. Hij heeft hiermee zijn goed katholieke vakbondsvriend teleurgesteld en, zo vreest hij, ook op zijn ziel getrapt. Maar dit had het NKV, zo meende hij, toch niet van hem mogen verlangen.

Wat de identiteit van de FNV ten slotte zeker versterkte was het naar elkaar toe groeien van de maatschappijvisies van NVV en NKV. Beide centrales waren daar in 1969 mee begonnen, zij het dat het NKV er meer haast mee maakte dan het NVV.[18] We zagen eerder dat de radicale activiteiten van de nieuwe Industriebond NVV aan dit denkwerk ook de nodige impulsen gaven. De brochure 'Fijn is Anders' van eind 1974 had Groenevelts bond een scherp en radicaal profiel gegeven.[19] Een halfjaar later was een soort interim-nota van het NKV verschenen, 'Een visie ter visie' geheten.[20]

Zowel naar inhoud als toon brak dit stuk op opvallende wijze met wat in de jaren zestig nog aan programmatische teksten door de katholieke vakbeweging was uitgebracht. Het zette sterk in op grote maatschappelijke tegenstellingen, die niet met een verzoening tussen kapitaal en arbeid maar veeleer met diepgaande maatschappelijke hervormingen vielen te verhelpen. Volwaardig werk, bestaanszekerheid, een 'bredere inkomenspolitiek' en zeggenschap, kortom echte veranderingen 'zijn zelden tot stand gekomen door overleg, maar moesten meestal door strijd worden afgedwongen'.

Zowel qua maatschappijbeschouwing als qua strategische noties kwam 'Een visie ter visie' dicht in de buurt van wat Groenevelt en zijn bond te berde hadden gebracht. Het NVV-denken over de maatschappij en de eigen rol daarin bewoog zich in een vergelijkbare richting, wellicht gestimuleerd door het vooruitzicht van het samengaan tot FNV, maar in elk geval zelf ook stimulerend voor de vorming van de vakbondsfederatie.

In 1977 werd deze doelstellingendiscussie voortgezet met nieuwe geschriften. Zowel NVV als NKV (daarin opereerden beide vakcentrales nog apart, buiten de federatie om) bracht in dat jaar een maatschappijvisie uit. Die van het NVV was *Vakbeweging & Maatschappij* gedoopt, die van het NKV heette eenvoudigweg *Visie* NKV.[21] Wederom waren, bij alle verschillen in formuleringen en af en toe ook 'nestgeur', de overeenkomsten treffend. In feite benaderden deze lijvige documenten elkaar nog meer dan die van twee jaar ervoor.

Waar Groenevelts nota echter onbekommerd streefde naar de verwezenlijking van een socialistische maatschappij, werd in *Vakbeweging & Maatschappij* het woord socialisme zorgvuldig vermeden.[22] Maar het maatschappijkritische gehalte in de NVV-nota en de daarin vervatte opvatting over vakbondspolitiek en vakbondsactie deden er nauwelijks voor onder, en hetzelfde gold voor de NKV-visie. Rond de jaarwisseling van 1977 naar 1978 werden deze documenten na uitvoerige discussie 'aan de basis' van beide centrales door hun parlementen vastgesteld. Daarmee hadden de 'oude' vakcentrales hun bijdrage aan de 'programmatische grondslag' van de FNV geleverd.

Deze zou op 29 september 1981 door het fusiecongres worden vastgesteld en door Wim Kok met een afgewogen, maar krachtige en welluidende 'grondslagrede' worden ingeluid.[23]

Het werk van Wim

Voorzitter van de FNV, veruit de grootste vakcentrale in Nederland: het klinkt als een prachtige baan voor een machtig man. Ook in het buitenland werd er tegen hem opgekeken: die jonge man die socialisten en katholieken in één vakverbond bijeen wist te brengen, het was toen nog nergens anders vertoond.[24] Hoe deed hij dat? Wat was Wim Koks geheim? Waarom overleefde hij in dit wespennest, waar zijn voorgangers Kloos en Ter Heide half of zelfs helemaal mislukten? Het antwoord is niet eenvoudig te geven, maar enkele aspecten zijn wel te noemen. Vooraf geldt een waarschuwing: succes kent vele vaders, is zelden het product van één persoon, hoe capabel ook. De onmisbaarheid van Wim Spit voor de eenwording is al belicht, maar hij was niet de enige die aan het succes van de FNV bijdroeg. Bovendien was het tijdstip van belang: de FNV kwam op het juiste moment; eerder of later waren de omstandigheden minder gunstig geweest. Maar goed, dat vormt dan weer een compliment voor de man die de federatievorming er met engelengeduld en veel strategisch vernuft op het juiste moment door heeft gedrukt.

Een machtig man in een prachtige baan? Hoezeer gold dit voor iemand die in werkelijkheid niet over veel macht beschikte en voortdurend moest oppassen dat niet iemand een stok tussen de spaken stak? De FNV was, net als het NVV en het NKV, een federatie, die slechts zo veel macht had als de aangesloten bonden haar toestonden. De FNV moest eenheid smeden waar die eenheid nooit van tevoren vaststond, geen vaststaand gegeven was. Daarvoor bestonden er tussen de aangesloten bonden te veel belangentegenstellingen. De voorzitter was een onmisbare, maar kwetsbare persoon in dit proces. Hoe deed Wim Kok dit? Welke eigenschappen en kwaliteiten bracht hij voor deze 'hondenbaan' mee? Wat maakte hem tot 'duivelskunstenaar'?[25]

Eerst de bouwstenen.[26] Als FNV-voorzitter blonk Kok uit door een van huis uit sterk ontwikkeld sociaal besef en een bovengemiddeld goed verstand. Hij kende zijn zaken tot in de puntjes, was altijd grondig voorbereid, een professionele, ordentelijke werker, met een verzorgd handschrift. Hij dacht strategisch en tactisch tegelijk, kon beslissingen forceren maar wist de tijd ook de tijd te gunnen: hij kon afwachten. Hoewel niet altijd goed gehumeurd, zeker 's morgens niet, stelde hij belang in de mensen om zich heen en was hij loyaal aan hen. Tegelijk was hij zakelijk, hield hij afstand en was hij in sociaal opzicht geen gemakkelijke prater.[27] Hij toonde zich rechtschapen en betrouwbaar, in woord en daad. Bijzondere gunsten verleende hij niet: iedereen moest op eigen kracht vooruitkomen. Hij hield niet van poespas, franje en onnodige opsmuk. Hij liet zich niet voorstaan op zijn positie, hechtte aan gelijke behandeling. De bijzondere beloning voor de voorzitter schafte hij af. En de uit bezuinigingsnood geboren keuze voor een eenvoudige dienstauto gold ook hemzelf: in een voor zijn lengte eigenlijk te kleine Opel Kadett reisde hij stad en land af.[28]

Een geboren manager was hij niet, we zagen het al. In organisatorische aangelegenheden stelde hij niet gemakkelijk orde op zaken; hij liet daar wel eens dingen op hun beloop, hakte niet snel knopen door. Maar kwam hij op dit terrein tot een besluit, dan ging hij weloverwogen te werk. Ook hij heeft moeten snijden in de organisatie, het dalend ledental dwong hem ertoe. Maar liever niet de kaasschaaf gehanteerd: zo kon hij bijvoorbeeld de belangrijke FNV-rechtskundige dienst intact houden. Hij was niet bang voor denkende mensen met ideeën, wel was hij allergisch voor machthebbers zonder ideeën. Intern, vooral bij zijn economisch medewerkers, zocht hij de contramine op, voerde hij discussies die tot het randje gingen, of zelfs eroverheen, en die zijn denken daardoor scherpten.[29] Ook door zijn lengte en postuur beschikte hij over natuurlijk gezag. Hij was een rationeel sprekend en handelend voorzitter; menselijk leed greep hem aan, maar zijn emoties schermde hij af.

Dan het bouwwerk.[30] Hoe bracht hij de FNV tot eenheid? 'Om de club bijeen te houden, de grote bonden niet te bruuskeren en zodanig te manoeuvreren dat de 'kleintjes' binnen de FNV niet volstrekt onder de voet gelopen worden, heb je een duivelskunstenaar nodig. Wim Kok was dat, al die tijd.' Deze lovende woorden werden bij zijn afscheid van de vakbeweging gesproken, in september 1985.[31] De FNV was een wankel evenwicht, dat in zwaar weer verder op de proef zou worden gesteld. Koks opdracht was het 'de boel' bij elkaar te brengen en te houden. Dat deed hij niet door bij besluitvorming al aan het begin van het proces zijn visie uiteen te zetten en de weg voorwaarts te wijzen. Hij was geen klassiek leider, ook al werd hij door zijn medewerkers soms wel zo beschouwd. Niet dat hij vaak al niet wist waar hij wilde uitkomen, of waar het moest uitkomen. Hij dacht de dingen immers steeds door, ging daarbij sterk uit van strategische haalbaarheid, maar ook van innerlijke drijfveren. Hij moest echter vaak bruggen bouwen en dat doe je in zo'n geprofileerd gezelschap met uiteenlopende achtergronden beter niet aan het begin.

Zijn werkwijze was er dus steeds op gericht vooraf alle beschikbare informatie over zaken en personen te vergaren – iets waartoe hij zijn medebestuurders stimuleerde – en de discussie zich vervolgens in de Federatieraad te laten ontvouwen. Zijn inleidende woorden gaven al een indicatie van het belang van het te behandelen probleem, eventueel kreeg een medebestuurder nog het woord voor een nadere toelichting, maar vervolgens verleende hij het podium aan de bondsvoorzitters. Groenevelt was meestal de eerste die de gelegenheid kreeg van wal te steken (dit tot ergernis van Schelling[32]), maar alle bonden, groot en klein, konden hun zegje doen. Kok stuurde intussen met zachte hand de discussianten in een wenselijk geachte richting, en aan het eind formuleerde hij de conclusie. Daarvoor putte hij uit de diverse bijdragen, gaf die een plaats in zijn redenering, haalde de lont uit dreigende conflicten en bouwde op die manier aan een compromis waarin iedereen iets van zichzelf kon herkennen en aldus het grotere belang van de FNV was gediend. De discussie was daarmee afgerond.

Wim Kok was een bouwheer, een timmerman met woorden, een zoon van zijn vader. Hij bouwde aan eenheid in het belang van de werknemers. Hij moest daarbij buiten de deur, in de openbaarheid, soms heel andere, veel scherpere woorden gebruiken dan hij in de beslotenheid van de FNV of thuis gewoon was te doen. De situatie bracht hem daar dan toe.

Boersma's loonmaatregel

De FNV, de verloving tussen NVV en NKV, werden geen wittebroodsweken gegund. Aan het loonfront pakten zich donkere wolken samen. In december 1975, kort voordat de federatie plechtig werd beklonken, kondigde Jaap Boersma, minister van Sociale Zaken in het kabinet-Den Uyl, een loonpauze af. Tot 1 juli 1976 konden er geen nieuwe loonafspraken worden gemaakt. Voor daarna dreigden nog straffere maatregelen. Wat was er aan de hand?

In economisch opzicht was 1975 een rampjaar. In de nasleep van de energiecrisis sloeg een recessie genadeloos toe, in Nederland en in de gehele geïndustrialiseerde wereld. Zo daalde in dat jaar de wereldhandel met ruim 3 procent. In Nederland stokte de economische groei volledig, ging zelfs in de min, en steeg het aantal werklozen scherp, tot tweehonderdduizend. Het beroep op de sociale zekerheid (WW, WAO, Ziektewet, Bijstand) nam sterk toe, wat bijdroeg aan een overheidstekort dat opliep tot 5 procent. De lonen bleven krachtig stijgen, wat zich vertaalde in een arbeidsinkomensquote (het deel van het nationaal inkomen verdiend met lonen en salarissen) van 86 procent, tegenover minder dan 80 procent twee jaar ervoor. De gecombineerde druk van lonen, prijzen en collectieve lasten maakte het ondernemingen steeds lastiger winstgevend te opereren, ook omdat de export niet meer het soelaas van vroeger bood. Het kabinet-Den Uyl miskende misschien het structurele karakter van de economische problemen, het ging in elk geval voort met zijn progressieve politieke agenda: het voerde in 1975 de netto-nettokoppeling in, die sociale uitkeringen aan het verhoogde minimumloon in de marktsector verbond. Voor het lopende jaar gold ook een loonmaatregel, maar daarin had Den Uyl met veel 'knip- en plakwerk' de koopkrachtpositie van werknemers zoveel mogelijk veiliggesteld.[33] Gevolgen: de bedrijfsrendementen kwamen onder druk te staan en de staatsschuld liep op.

Het kabinet was al begonnen de groei van de collectieve sector af te remmen, getuige de 1 procent-nota van Wim Duisenberg, minister van Financiën.[34] Om voor 1976 het wankelende economische bouwwerk verder te stutten zocht Joop den Uyl naar middelen om de loonstijging in toom te krijgen. Door diverse koppelingsmechanismen groeiden de collectieve en sociale uitgaven immers met de lonen mee. Kon bijvoorbeeld niet de prijscompensatie worden 'afgetopt', zeg 1 procent minder en wel per 31 december 1975? Hierop sprak hij Wim Kok aan tijdens een van de reguliere contacten die zij toen met elkaar onderhielden.[35]

De twee mannen respecteerden elkaar in hoge mate, maar kwamen wel uit twee verschillende werelden. Den Uyl achtte deze jonge, nuchtere samenbinder van de vakbeweging hoog, maar hij vond wel dat voor zijn politieke prioriteiten 'verworvenheden' van de vakbeweging in noodgevallen moesten kunnen wijken. Kok koesterde veel sympathie voor het kabinet van Den Uyl en diens inzet voor een wereld waarin de sterkste schouders de zwaarste lasten zouden dragen. Maar dit mocht niet ten koste gaan van zoiets fundamenteels als het recht van de vakbeweging op vrije loononderhandelingen, zeker niet als de gevraagde loonmatiging een inbreuk op nog lopende cao's inhield. Hij kon niet anders dan Den Uyl teleurstellen.

Voor de werkgevers was het allemaal lang niet genoeg. Al drie jaar hadden zij te kampen met forse stijgingen van de arbeidskosten – lonen, belastingen en sociale premies voor werkgevers en werknemers bij elkaar opgeteld. Het afwentelen van deze kosten in de prijzen ging in eigen land nog wel; daar hield de automatische prijscompensatie de koopkracht van de werkende bevolking op peil. Maar internationaal zakte de vraag naar Nederlandse producten en diensten sterk in: de koopkracht stond daar onder druk, terwijl de hoge inflatie ons land steeds duurder maakte. Gevolgen: veel faillissementen en een snel toenemende werkloosheid. De werkgevers overtroefden dan ook de inzet van het kabinet: zij eisten volledige afschaffing van de prijscompensatie, niet op 1 januari, want dat zou contractbreuk betekenen, maar per 1 juli 1976.

Dit vormde om meer dan één reden een trendbreuk. Werkgevers waren eigenlijk steeds een slecht georganiseerde groep, met veel verschillende organisaties en een gebrekkige interne discipline. Tot dan lieten zij het initiatief ook steeds aan de vakbeweging; die was beter georganiseerd en had bovendien duidelijke doelstellingen en een heldere strategie. Werkgevers waren gewoon tegen vakbondseisen eerst nee te zeggen, totdat bleek dat een ja hun eigenlijk goed uitkwam of zij voor arbeidersactie moesten wijken. Zo was de automatische prijscompensatie hun in 1970 met acties opgedrongen, maar beviel de daarmee gegarandeerde koopkracht hun eigenlijk heel goed. Ook hielden individuele ondernemers zich geregeld niet aan in cao's afgesproken lonen als het hun ondernemingsdoelen beter paste daar met zwarte betalingen boven uit te gaan. In een klimaat van toenemende polarisatie tegen de ondernemingsgewijze productie – politiek, sociaal, maatschappelijk – voelden de werkgevers echter de noodzaak van een veel strakkere organisatie.[36]

In september 1973 – in dezelfde maand dat Wim Kok als voorzitter van het NVV aantrad – werd mr. Chris van Veen voorzitter van het grootste werkgeversverbond.[37] Hij was, anders dan zijn voorgangers, geen ondernemer die deze functie er in de kantlijn bij deed, maar kreeg een volwaardige, voltijdse opdracht. Voorheen gemeentebestuurder en landelijk bewindspersoon, nam Van Veen het op zich de vertegenwoordiging van werkgevers op professionele basis vorm te geven.[38] In enkele jaren was hij daarmee al een eind gekomen. Het VNO was versterkt met academisch geschoolde medewerkers:

economen, juristen en dergelijke. Met een Werkgevers Garantieregeling was een fonds geschapen waaruit werkgevers een uitkering konden krijgen als zij door een staking werden getroffen. Dit versterkte hun loyaliteit aan de lijn van de centrale werkgeversorganisatie; het hielp de gelederen gesloten te houden. En het werkgeversoverleg was toegespitst op het formuleren van een doordachte onderhandelingsstrategie, die niet alleen defensief was in reactie op vakbondsaanspraken, maar ook offensief met de inzet van eigen eisen.

Daartoe behoorde in de herfst van 1975 het volledig afschaffen van de automatische prijscompensatie. Daarmee kon de loonstijging voor het jaar erop nog verder beperkt worden dan het kabinet voor ogen stond, zo redeneerde Van Veen. Dat ging Den Uyl en de zijnen veel te ver. Zij achtten het sociaal onaanvaardbaar en bovendien boden de werkgevers in ruil daarvoor niets aan, niet aan de vakbeweging en niet aan dit progressieve kabinet. Deze situatie deed Van Veen later verzuchten: 'Wat economisch moest, deden we politiek niet, omdat het sociaal niet kon.'[39] Kon Kok geen ruimte bieden voor wat sociaal misschien wel kon?

Staking

Eind november 1975 velde het kabinet zijn salomonsoordeel. De werkgevers gaven geen millimeter toe. De vakbeweging beloofde te proberen de loonstijging over 1976 te begrenzen op maximaal 10 procent (inclusief prijscompensatie). Dat was wel iets, maar niet voldoende. Het kabinet wilde een begrenzing tot 8,5 à 9 procent. Den Uyl besloot tot een loonpauze voor de eerste helft van het jaar (hij liet de bestaande cao's dus ongemoeid). In die periode moest verder gesproken worden over een serieuze beperking van de arbeidskosten. Als dit tot niets zou leiden, kon de prijscompensatie voor de rest van het jaar niet buiten schot blijven. Bij de FNV stuitte dit besluit op bitter weinig begrip. Onder bestuurders vielen beladen woorden als 'oorlogsverklaring' en 'van je vrienden moet je het maar hebben'. Radicale bondsvoorzitters als Groenevelt en Schelling verloren ter plekke zelfs hun geloof in het progressieve kabinet-Den Uyl.[40]

Alleen Kok drukte zich milder uit: als economisch voldoende geschoolde onderkende hij de problemen waar het kabinet mee worstelde. En zou een ander kabinet de vakbeweging gunstiger gezind zijn? Maar looningrepen bleef ook hij verfoeien. Om die te voorkomen moest de vakbeweging een onderhandelingspositie opbouwen. Dat vergde creatief nadenken. De deskundige voor arbeidsvoorwaarden in het FNV-bestuur, Frans Drabbe, zag de bui voor de loonontwikkeling al hangen. Met steun van Kok zette hij zich in januari 1976 aan het schrijven van een notitie die het dilemma helder schetste: of de lonen matigen dan wel de groei van de sociale zekerheid afremmen. Drabbes oplossing richtte zich op het inleveren van loon voor collectieve voorzieningen. Hij wilde het systeem van volledige prijscompensatie handhaven, maar de uitbetaling daarvan per 1 juli met een halfjaar uitstellen. Dat zou op jaarbasis 2 procent aan loonbeperking opleveren, waarmee aan de doelstelling van het kabinet kon worden tegemoetgekomen.

Ingenieus bedacht, maar te ingenieus voor de aangesloten bonden. In de Federatieraad rolden de bondsvoorzitters over Drabbe en zijn nota heen: onaanvaardbaar, niet alleen voor hun leden, maar ook voor henzelf. Voorzitter Kok wist echter overeind te houden dat de FNV de nota als discussiestuk aan alle leden zou aanbieden. De bonden zouden daarin bemiddelen, ook al hoefden ze niet van hun instemming met de inhoud te getuigen. Zo geschiedde, al bleek al snel dat de Industriebond NVV de nota niet alleen niet wilde verdedigen, maar zijn leden zelfs zou voorstellen dat de prijscompensatie onaantastbaar zou blijven.[41]

Na felle discussie tussen de FNV-leiding en de bonden overwon de status quo.[42] Op 17 mei besloot de Federatieraad dat in het tweede deel van het jaar de prijscompensatie volledig moest worden uitbetaald. Het kabinet antwoordde op de voorgenomen wijze. Minister Boersma kondigde na enig geharrewar zijn loonmaatregel af: iedereen kreeg er 44 gulden netto bij. Door met sociale premies te schuiven wist hij de maatregel nog een inkomens-nivellerende werking mee te geven. Eén ding stond echter als een paal boven water: de automatische en volledige prijscompensatie was voor het eerst om zeep gebracht.

Van Veen en zijn werkgevers roken hun kans. Met één schaap over de dam zou de hele kudde kunnen volgen. Nu was het moment om voorgoed van de prijscompensatie af te komen. Zijn ondernemingen snakten naar lucht: de prijscompensatie zat in de weg. Hij overspeelde echter zijn hand. Het kabinet liet hem wat dit betreft zijn eigen boontjes doppen, en de vakbeweging had zich intussen schrap gezet: handen af van de prijscompensatie. Als Van Veen voor zichzelf nu nog onderhandelingsruimte had geschapen, maar hij identificeerde zich volledig met de werkgeverskruistocht. Híj was de man die geen prijscompensatie wilde betalen en zo zag Kok hem toen ook. Dat was de steen des aanstoots. Het leidde tot een historisch unieke staking; uniek in de zin dat deze voor het eerst niet door een specifieke bond, maar door de centrales (niet alleen de FNV: ook CNV en MHP deden mee) werd uitgeroepen.

Het was een algemene staking. Het werd een hard gevecht en het ging in de kern maar om één ding: de prijscompensatie. Tegenover een gesloten werknemersfront organiseerde Van Veen een gesloten werkgeversfront. Kok en Van Veen moesten aan het begin van de staking samen op de televisie verschijnen om geïnterviewd te worden. Samen met zijn tegenstrever achter één tafeltje? Dat leek Kok op het hoogtepunt van een sociaal conflict geen goed idee. Zouden de leden, die zich voor een staking opmaakten, dat begrijpen? De twee zaten dus achter verschillende tafeltjes en lieten zich apart interviewen.[43]

Kok had er ook geen probleem mee aan deze staking leiding te geven. Hij vond dat de werkgevers niets merkbaars hadden ondernomen om het conflict te voorkomen of zelfs maar te verzachten. De totale oppositie van de werkgevers tegenover progressieve initiatieven van het kabinet-Den Uyl had in de loop van die jaren ook tot steeds meer gepolariseerde sociale verhoudingen geleid. Kok wierp zich dus, samen met Herman Bode en Frans Drabbe, met volle overtuiging in deze 'klassenstrijd'. Zijn toespraken voor stakers en optredens in de media blonken uit door zin voor confrontatie en meer dan functionele woede.

Het was ook een strijd die al snel tot resultaten leidde. De acties begonnen op 7 februari 1977 en op 10 februari vond – op uitnodiging van Van Veen – bij de Stichting van de Arbeid al een open overleg plaats. Na stevig getouwtrek kon Kok twee dagen later de buit binnenhalen: het systeem van de automatische en volledige prijscompensatie bleef in stand, in elk geval voor 1977. Wel stemde hij in met het laten verrichten van een studie naar alternatieven voor het bestaande systeem. Daar stond tegenover dat de werkgevers akkoord gingen met het laten verrichten van een studie naar het omzetten van meer winst in meer werk, inclusief werkgelegenheidsgaranties. Ook konden in cao's afspraken worden gemaakt over een procedure voor overleg met de ondernemingsraad bij investeringen.

Kortom, een pakket waar Kok en de zijnen zeer tevreden mee konden zijn. Het front van de werkgevers bleek toch brozer dan velen hadden gedacht. Dezen waren zelf ook verrast door de grote actiebereidheid onder werknemers en het vermogen van de vakbeweging over het gehele land stakingen en andere speerpuntacties te organiseren. Van 7 tot 12 februari waren dagelijks gemiddeld 17.300 werknemers in 123 bedrijven bij de stakingen betrokken. In totaal gingen in die week 58.000 mandagen verloren. Bovendien gingen de acties na het bereiken van het 'Haags Protocol' nog ruim twee weken door. In de bedrijfstakken moesten de bonden immers nog de reële loonsverhoging van 1 à 2 procent uitonderhandelen. Op 28 februari werd de laatste actie (in de havens) beëindigd. In totaal waren in februari 1977 232.500 mandagen verloren gegaan.

Ook al zei Wim Kok dat de vakbonden staken niet als een hobby zagen, deze actie was voor de FNV ontegenzeggelijk een hoogtepunt. Ze had zelfvertrouwen getankt door te bewijzen dat zij zich niet 'opzij [liet] zetten'.[44] Bovendien had zij zich als nieuwe vakcentrale volop bewezen: binnenin hadden NVV en NKV vlekkeloos samengewerkt, aan de buitenkant had heel het land kunnen vaststellen dat er in sociaal Nederland een nieuw feit was geschapen. De staking heeft onmiskenbaar bijgedragen aan de identiteit van de FNV. Met die winst kon Wim Kok zwaarder weer tegemoet treden. Want de uitkomst van de staking zou op den duur zeker op de werkgelegenheid gaan drukken. En op het politieke vlak zou er met de aflossing van Den Uyl door Van Agt een voor de vakbeweging guurder klimaat ontstaan. De polarisatie zou nu steeds meer van een andere kant komen.

Den Uyl, Van Agt, Den Uyl

De FNV opereerde niet in een maatschappelijk luchtledig. De jaren zeventig stonden in Nederland in het teken van verandering. Het gonsde van hervorming van de samenleving, in een 'open en ontspannen' richting. Het ging over spreiding van de welvaart, verkleining van de sociale ongelijkheid, democratisering van het politieke en maatschappelijke leven, emancipatie van vrouwen en seksuele minderheden en bescherming van het leefmilieu. Dit alles niet alleen in eigen land, maar op wereldwijde schaal: ontwikkeling, mensenrechten, vrede en ontwapening verdienden de hoogste prioriteit.

De Partij van de Arbeid stond in het midden van dit ongedurige streven. In een voortrollend debat tussen Nieuw Links en oudere partijgenoten had zij zich vernieuwd, niet alleen programmatisch maar ook als democratische organisatie. Bovendien had zij zich in het hart weten te plaatsen van een 'progressieve concentratie', samen met de nieuwe partijen D'66 en de PPR, maar ook met niet-gouvernementele organisaties en actiegroepen. Joop den Uyl, partijleider sinds 1967, wierp zich op als leider van deze beweging, mits de grenzen van de parlementaire democratie en de rechtsstaat niet werden overschreden.[45]

Hij werd, na een lange en spectaculaire formatie, in mei 1973 premier van een bijzonder kabinet: gesteund door PvdA, PPR en D'66, en gedoogd door KVP en ARP, een wankele meerderheid. Het kabinet telde tien progressieve ministers en zes confessionele. De PvdA leek geslaagd in haar strategie van polarisatie tegen 'rechts' (VVD, ondernemers, behoudende elites), waarmee zij de Nederlandse politiek in een progressief en een conservatief blok wilde splitsen en de confessionele middenpartijen intern uit elkaar spelen.[46]

Het kabinet-Den Uyl bekende zich tot een 'eerlijker verdeling van kennis, macht en inkomen' en zette zich met het oog daarop in voor verscheidene maatschappijhervormende voorstellen. De belangrijkste hiervan waren het instellen van een netto-nettokoppeling tussen minimumuitkeringen en minimumlonen, het zuiveren van de verkoop van landbouwgronden van speculatie en winstbejag (de 'grondpolitiek'), het bevorderen van gemeenschapsinspraak in investeringen (de WIR), het fors uitbreiden van de rechten van ondernemingsraden (WOR) en het instellen van een fonds waarmee werknemers zeggenschap zouden krijgen in het bedrijfsvermogen (VAD). Het zou niet met al deze progressieve projecten goed aflopen.[47]

Vooral de laatste twee voorstellen waren van bijzondere betekenis voor de vakbeweging; al langer maakte zij zich sterk voor zeggenschap binnen de onderneming en voor een aandeel van werknemers in groeiend bedrijfsvermogen. Maar over de gehele linie kon zij zich goed vinden in het program van Den Uyl en de zijnen. Dit was onder andere terug te vinden in de discussie over maatschappijvisie die in NVV en NKV toen werd gevoerd.[48] Het bijzondere was echter wel dat het NVV zich al een aantal jaren van de PvdA en de Rode Familie had verwijderd, niet alleen om zich daarmee voor anders stemmende arbeiders aantrekkelijker te maken, maar ook om nauwere samenwerking met de confessionele vakcentrales te vergemakkelijken. De PvdA zelf had zich intussen ook breder georiënteerd en haar kaders minder dan voorheen uit de vakbeweging gerekruteerd. Toch bleven de banden tamelijk nauw, ook met Groenevelts Industriebond en Schellings Voedingsbond.

Wim Kok en Joop den Uyl spraken elkaar vanaf 1973 regelmatig, vaak telefonisch maar soms ook 's zondagsavonds bij Den Uyl thuis in Buitenveldert, waarheen Kok zich dan op de fiets had gespoed. Daar wisselden zij informatie uit en proefden elkaars nieren over zaken van wederzijds belang. Er waren met enige regelmaat ook ontmoetingen tussen het NVV-bestuur (vanaf 1976 het FNV-bestuur) en een delegatie van de PvdA-fractie, geleid door Wim Kok respectievelijk Ed van Thijn. Kok stelde zich in deze overleggen overigens tamelijk formeel op.[49] Niet alleen wilde hij partijpolitiek een zekere neutraliteit bewaren, maar ook vond hij de opstelling van de PvdA-fractie nogal hooghartig, niet van veel respect voor de vakbeweging getuigen.[50] Het overleg werd verder ook bemoeilijkt door de toenemende economische moeilijkheden en de opeenvolgende ingrepen die het kabinet in de loonvorming deed.

Niettemin bestond er bij NVV en, toenemend ook, NKV een positieve grondhouding tegenover Den Uyl, zijn kabinet en zijn partij. Toen in mei 1977 verkiezingen werden gehouden, stemde een groot deel van de georganiseerde werknemers dan ook op 'ome Joop', niet alleen uit sympathie met zijn program, maar ook uit verontwaardiging over de breuk met het kabinet die CDA-leider Van Agt in maart had uitgelokt. De PvdA won die verkiezingen dan ook glansrijk: van 43 naar 53 zetels. Maar zes maanden later verloor het de formatie jammerlijk. Ook hints van Wim Kok dat Den Uyl en Van Thijn de polarisatie jegens het CDA niet op de spits moesten drijven, bleven vruchteloos. In december trad het kabinet van CDA en VVD met een krappe meerderheid aan, onder leiding van premier Dries van Agt.

Onder het kabinet-Van Agt (1977-1981) zakte de economische situatie verder weg. Was het kabinet-Den Uyl er met zowel wijsheid als geluk in geslaagd de economische groei gemiddeld op peil te houden en ook het overheidstekort niet al te veel te laten groeien, in de eropvolgende jaren liep zowel economie als begroting geheel uit de rails. Het kabinet poogde met Bestek '81 de trend te keren, maar politieke oppositie en maatschappelijk verzet (ook van de vakbeweging) voedden de tweespalt binnen de CDA-fractie, wat de effectiviteit van dit bezuinigingsprogramma sterk ondermijnde. Vooral vanaf 1979, toen een machtsconflict in Iran een tweede energiecrisis uitlokte, ontspoorde de Nederlandse huishouding aan alle kanten: bedrijfsfaillissementen, vooral in de industrie, snel stijgende werkloosheid en een uit de hand lopende staatsschuld.

Niet alleen het kabinet vocht tegen de bierkaai, ook de FNV begon het water tot aan de lippen te stijgen. Vooral Wim Kok en zijn bestuur maakten zich grote zorgen, over de gevolgen voor de positie van werknemers maar ook van de vakbeweging zelf. Wat dit laatste betreft: de marktbonden begonnen hand over hand leden te verliezen[51] en de centrale zag zich geconfronteerd met toenemend scherpe eisen van de werkgevers en de mogelijkheid van een nieuwe looningreep door het kabinet.

In die situatie sloot Kok met Van Veen een centraal akkoord dat de loonstijging zou matigen en de werkgelegenheid zou schragen.[52] Hij kreeg in de Federatieraad echter met hardnekkig verzet te maken, reden waarom hij met het akkoord niet wilde doorgaan. Dit 'bijna-akkoord' leidde inderdaad tot een looningreep van het kabinet en tot veel machteloze woede bij de vakbeweging. In hoofdstuk 7 komen we hier uitvoeriger op terug. Hier zij slechts vermeld dat de ervaring met het kabinet-Van Agt Wim Kok ertoe bracht – toen de PvdA na de verkiezingen in mei 1981 na fors verlies slechts als tweede uit de bus was gekomen – Joop den Uyl op het hart te drukken zijn bezwaren tegen de persoon Van Agt in te slikken en met de partij toch aan een door het CDA geleid kabinet deel te nemen. Voor Kok was de tijd van polariseren voorbij, daarvoor was de nood te hoog.[53] Dit droeg in september bij aan de vorming van het kabinet-Van Agt II, met Den Uyl als minister van Sociale Zaken en Werkgelegenheid. Al met al leverde dit echter een hoogst ongelukkige ervaring, zelfs een conflict tussen Wim Kok en Joop den Uyl, op.

Fusie

Het FNV-congres van 29 september tot en met 1 oktober 1981 bevestigde de beweging die zich al enige tijd 'aan de basis' voordeed. De federatie van NVV en NKV liep in de dagelijkse vakbondspraktijk op rolletjes, de koudwatervrees tussen beide vakbondsfamilies was zienderogen verdwenen, wat steeds meer bonden ertoe bracht niet alleen een federatie met elkaar aan te gaan maar gewoon te fuseren. Zelfs de twee Industriebonden, die eerder zo veel smetvrees voor elkaar voelden, gingen in 1980 een fusie aan, nadat ze eerst in 1979 een federatie hadden gevormd. Alleen de ambtenarenbonden Abva en Kabo liepen op deze ontwikkeling wat achter, maar daar zorgden dramatische ontwikkelingen in 1983 voor een snelle inhaalactie in mentale eenwording.[54]

Een fusie tussen NVV en NKV was dus niet meer omstreden, wat de praktisch volledige steun ervoor van de verbondsvergaderingen van de twee 'oude' centrales verklaarde. Ze hieven zichzelf op en gingen in één FNV samen. Nieuwe loot aan de stam was de FNV-Vrouwenbond, die zich voortaan sterk ging maken voor de werkende vrouw. Voorzitter Kok kon dus met recht concluderen: 'NVV plus NKV is één vakbeweging voor alle mensen,' om daar als zelfverklaarde opdracht aan toe te voegen: 'Die mensen kunnen op ons rekenen!'[55] Gold dit ook over de nationale grenzen heen?

6
De vleugels uitgeslagen

FNV-UITGAVE VOOR DE PROTESTDEMONSTRATIE 14 DECEMBER 1981

FNV: vrijheid voor Solidarność

Overval op vrije Poolse vakbond

De Poolse autoriteiten zijn met grof geweld opgetreden tegen het onafhankelijk vakverbond Solidariteit, de organisatie die de hoop van het hele Poolse volk op een menswaardiger bestaan belichaamde.

In de nacht van zaterdag op zondag is bijna de complete leiding van Solidariteit gearresteerd. Er zijn invallen gepleegd in het kantoor van Solidariteit in Warschau. Archieven zijn in beslag genomen.

Vergaderingen en andere openbare bijeenkomsten (missen uitgezonderd) zijn verboden. Er is een avondklok ingesteld. Telefoon- en telexverbindingen zijn verbroken. De vrije zaterdag is afgeschaft en werknemers kunnen verplicht worden zeven dagen per week en 12 uur per dag te werken. Tal van bedrijven zijn onder militair gezag geplaatst. Het leger patrouilleert op straat. Dat is het gewelddadige antwoord van de autoriteiten op de ontwikkeling naar een menselijker en democratischer Polen. Een ontwikkeling die na de akkoorden van Gdansk (tussen het centrale stakingscomité onder leiding van Walesa en de regering) was ingezet.

Staking

Directe aanleiding tot de ingreep was het besluit van het Nationaal Comité van Solidariteit om op donderdag 17 december een algemene proteststaking te houden. Met die staking wilde Solidariteit benadrukken dat de regering eindelijk een begin moest maken met de toegezegde economische en politieke hervormingen. De vergadering van het Nationale Comité besliste verder dat er onder de Poolse bevolking een referendum gehouden moet worden over het gewenste politieke systeem in het land. De regering heeft dat kennelijk uitgelegd als een aanval op de grondvesten van de socialistische staat.
De spanningen tussen Solidariteit en de overheid waren de laatste weken al tot grote hoogte gestegen. Dat was vooral te wijten aan de regering, die steeds opnieuw liet merken haast te hebben met de uitvoering van de bij het akkoord van Gdansk gedane toezeggingen. In plaats van te onderhandelen met Solidariteit heeft de regering alles gedaan om deze organisatie zwart te maken en de schuld in de schoenen te schuiven voor de economische moeilijkheden in Polen.

Verklaring van FNV en CNV

De vakcentrales FNV en CNV zijn diep geschokt over de arrestatie van vrijwel de gehele leiding van het Poolse vakverbond Solidariteit

De Nederlandse vakbeweging protesteert scherp tegen het terugdringen van de democratie in de Poolse samenleving, en met name tegen het weer aan banden leggen van de onafhankelijke vakbeweging.
Daarom roepen FNV en CNV hun leden en anderen op om maandagavond uiting te geven aan hun solidariteit met de Poolse vakbeweging en aan hun diepe verontrusting over de ontwikkelingen in Polen, op een daartoe belegde protestbijeenkomst die om 19.30 uur begint in de Koopmansbeurs aan het Beursplein te Amsterdam.
Als sprekers zullen optreden: Harm v. d. Meulen, voorzitter van het CNV, W. Polak, burgemeester van Amsterdam en W. Kok, voorzitter van de FNV.
De Nederlandse vakbeweging heeft steeds in woord en daad Solidariteit ondersteund en de constructieve opstelling van dit Poolse vakverbond bewonderd.
FNV en CNV roepen de Poolse regering op om zo snel mogelijk een eind te maken aan de noodtoestand en de leiding van Solidariteit in vrijheid te stellen, zodat in normale verhouding met Solidariteit, een uitweg kan worden gezocht uit de ernstige sociaal-economische en maatschappelijke problemen.

Gdansk, vrijdagmiddag 11 december om 11 uur. Op dat tijdstip werd deze ontmoeting tussen FNV-voorzitter Wim Kok en Lech Walesa van Solidariteit gefotografeerd. Anderhalve dag voor het leger in Polen zou ingrijpen en een einde zou maken aan de activiteiten van Solidariteit.
Wim Kok bracht van 10 tot en met 12 december een bezoek aan Polen. Hij werd vergezeld door beleidsmedewerker Johan van Rens en publiciteitsmedewerker Gerard Arninkhof van de FNV.
Het bezoek vond plaats op uitnodiging van Solidariteit en was ondermeer bedoeld om regelingen te treffen voor een hulpcampagne voor Polen. Tijdens het bezoek aan Gdansk woonden de FNV-ers ook een deel bij van de vergadering van het Nationale Comité van Solidariteit en werd er overlegd met de top van Solidariteit over vakbondspolitieke zaken.
Terug in Nederland vernamen de FNV-ers dat de mensen met wie ze gesproken hebben allemaal gearresteerd zijn. Met uitzondering van Lech Walesa, die volgens sommige berichten is gedwongen te onderhandelen met de regering.
Het is een van de laatste foto's die van Walesa gemaakt zijn terwijl hij nog in vrijheid op kon treden als leider van een ongekrenkt Solidariteit.

WIM KOK SPRAK MET LECH WAŁĘSA, VOORZITTER VAN SOLIDARNOŚĆ, KORT VOOR DIENS ARRESTATIE. DE FNV PROTESTEERT.

In de loop van de jaren zeventig namen naam en faam van Wim Kok snel toe: hij werd een bekende Nederlander. Zeker toen hij voorzitter van de nieuwe vakbondsfederatie FNV was geworden en vervolgens begin 1977 aan het hoofd van de grote staking stond, kreeg hij voor een groot publiek een herkenbaar gezicht en een vertrouwde stem. Doorslaggevend voor de doorbraak naar het niveau van BN'er is wel dat landgenoten je in het buitenland herkennen. Aan het einde van het decennium gebeurde dit bij Kok steeds vaker. Hij liep op straat in Londen en een groepje Nederlandse jongemannen stootte elkaar aan, zeggend: 'Dat is toch Wim Kok?'

Op een vliegveld in Duitsland, in een museum in Rome, in een voetbalstadion in Madrid: vergelijkbare taferelen. Zelfs voor de man die hem in een vliegtuig onderzoekend aankeek en toen aarzelend vroeg: 'U bent toch... meneer Lubbers?' was Wim Kok een bekend persoon. Voor de van nature eerder teruggetrokken Kok was dit een gemengd genoegen. Maar het was wel een bijkomend verschijnsel van een onomstotelijk feit: hij was steeds meer op reis. De vakbeweging bracht Wim Kok over de grens in telkens nieuwe werelden, dichtbij en ver weg. De FNV internationaliseerde zichtbaar, en haar voorzitter met haar. Hij gaf er zelfs leiding aan. Ook in dit opzicht sloeg Kok de vleugels uit.[1]

Vakbondsactie in een veranderende wereld

Sinds de jaren vijftig was er in de wereld veel gebeurd, maar tegelijk was niet alles veranderd. Het Oost-Westconflict duurde onverminderd voort, tussen het communistische blok en, wat heette, de vrije wereld. Vooral in Europa leverde dit een ongemakkelijke toestand op: onvrijheid en onveiligheid. Onvrijheid heerste vooral in de landen aan de oostkant van de Berlijnse Muur en het IJzeren Gordijn. Onveiligheid school in de gespannen toestand langs dat gordijn: militaire afschrikking met 'gewone' en nucleaire wapens. Vooral de twee Duitslanden lagen er vol mee. Sinds de jaren zestig was er in dit ideologische en machtspolitieke conflict een zekere ontspanning ingetreden, op wereldniveau met de stabilisering van de kernwapenarsenalen, in Europa met de nieuwe Duitse *Ostpolitik* en met de Slotakte van Helsinki van 1975.

Toch ging het nog steeds niet echt om vreedzaam samenleven.[2] Dit kwam onder meer door de uitbreiding van het Oost-Westconflict in de rest van de wereld. De dekolonisatie had snel om zich heen gegrepen. Medio jaren zeventig waren praktisch alle voormalige koloniën onafhankelijk geworden; die van Portugal in Afrika en Azië behoorden tot de laatste.[3] Hun nationale bevrijding werd sterk geholpen door de succesvolle Anjerrevolutie in Portugal zelf, een in 1974 militair geleide opstand tegen de politieke nazaten van de conservatieve autocraat António Salazar.

Onafhankelijkheid betekende nog niet dat de nieuwe staten stevig op eigen benen kwamen te staan. De economieën van deze staten waren vaak nog nauw verweven met die van het koloniale moederland, met alle voortdurende afhankelijkheid van dien. Bovendien werden zij geregeld betrokken bij het uitdijende Oost-Westconflict, werden er soms speelbal van. Oost en West zochten politieke steun bij deze nieuwe landen, vaak in ruil voor economische steun, intussen elkaar imperialisme verwijtend. Linkse regeringen, vooral socialistisch of zelfs communistisch georiënteerd, zochten veelal hun heil bij de Sovjet-Unie. Rechtse regeringen, eerder nationalistisch, soms zelfs fascistoïde, vonden steun bij de Verenigde Staten. Linkse en rechtse regimes en hun economische modellen: democratisch waren ze zelden, vaker autoritair of dictatoriaal, soms zelfs genocidaal.[4]

In de derde wereld braken op grote schaal conflicten uit, eerder binnen staten dan ertussen. Bloedige oorlogen werden gevoerd, vaak tegen de achtergrond van het Oost-Westconflict. Intussen was binnen het communistische blok de Chinese Volksrepubliek zijn eigen weg gegaan en verwoordde binnen het Westen het gaullistische Frankrijk een eigenzinnig, afwijkend geluid. Op 30 april 1975 won de Vietcong de oorlog in Vietnam en bezorgde zo de Verenigde Staten een gevoelige nederlaag. Gaandeweg kwam daarna de ontspanning onder druk. De Sovjet-Unie overspeelde haar hand met het opvoeren van de (nucleaire) bewapening in Europa en het uitbuiten van haar positie in, wat toen heette, de derde wereld. De Verenigde Staten zonnen op een antwoord: met de aankondiging van nieuwe wapens in de directe confrontatie met de Sovjet-Unie en met het trekken van rode lijnen in de wijde wereld om daar de Sovjetinvloed in te dammen. Tot dat laatste behoorde ook de groeiende hernieuwde aandacht voor democratie en mensenrechten.[5] Dit alles vormde het decor van het internationale toneel dat Wim Kok vanaf 1973 betrad.

Vanouds hebben vakbonden, of ze nu socialistisch dan wel christelijk georiënteerd zijn, internationale verbindingen. De kapitalistische economie waarin zij functioneren (en die zij beogen te veranderen) houdt niet op bij de nationale grenzen. Kapitaal is doorgaans mobieler dan arbeid, waardoor arbeiders hun belangen soms alleen kunnen verdedigen door op de solidariteit van hun lotgenoten in een ander land een beroep te doen.[6] Ook de Nederlandse vakbonden kenden al lang internationale affiliaties, metaalarbeiders met metaalarbeiders, havenarbeiders met havenarbeiders enzovoorts. Dit gold ook voor de vakcentrales. Na de oorlog behoorde het NVV bij het Internationaal Verbond van Vrije Vakverenigingen, terwijl NKV en CNV lid waren van het Wereldverbond van Arbeid. Het IVVV was beduidend groter en talrijker dan het WVA. Het vormde tijdens de Koude Oorlog de min of meer vanzelfsprekende tegenhanger van het communistische Wereldvakverbond. Dit WVV maakte volop deel uit van het door de Sovjet-Unie beheerste 'wereldsysteem'. Het IVVV was op zijn beurt niet geheel vrij van beïnvloeding door de Amerikaanse buitenlandse politiek, maar het was toch autonoom in zijn koersbepaling.

Dit gold globaal ook voor zijn belangrijke lid, de Amerikaanse vakcentrale AFL-CIO, die zich van 1969 tot 1982 echter buiten het IVVV ophield. Het NVV behoorde in elk geval binnen het IVVV tot de kritisch-constructieve vleugel, zeker in de aanloop naar de oprichting van de FNV. In de aanloop daarheen speelde namelijk ook het vraagstuk van de internationale affiliatie van de vakcentrales. Dat ging om meer dan een woordenspel. Het religieus geïnspireerde WVA, sterk vertegenwoordigd in Latijns-Amerika, was bijvoorbeeld erg kritisch aangaande de Amerikaanse politiek in die regio, iets waar het IVVV toen minder uitgesproken over was. De verstandhouding tussen de twee wereldverbonden en, in mindere mate, hun Europese vertakkingen was niet best, wat negatief doorwerkte in de verhoudingen tussen NKV en NVV in ons land.[7]

Dat kon Wim Kok er in de toch al moeizame federatievorming in eigen land niet bij hebben. Zijn oplossing was even pragmatisch als vernuftig, ook al vergde het veel overleg om concurrentie in coöperatie om te buigen. Allereerst greep hij de verzelfstandiging van de Europese poot van het IVVV hiervoor aan: in de winter van 1973 werd het Europees Verbond van Vakverenigingen opgericht. Dit EVV opende, op aandringen van Kok, in 1974 zijn poorten voor de confessionele centrales die (formeel) nog lid van het WVA-internationaal waren: niet alleen NKV en CNV in Nederland, maar ook de Belgische ACV en de Franse CFDT.[8]

In een tweede fase reikte de openstelling van het EVV verder: konden 'eurocommunistische' centrales als de Italiaanse CGIL en wellicht de Spaanse Comisiones Obreras (CCOO) niet ook worden toegelaten? Wim Kok, zeker geen communistenvriend,[9] vond het van belang een brug te slaan naar vakcentrales die zich in democratische en pro-Europese zin ontwikkelden. In 1975 lukte dit met de Italiaanse CGIL, de grootste centrale van dat land geleid door Luciano Lama, met wie Kok een goede verstandhouding had.[10] Voor toetreding van de Spaanse Comisiones en de toen nog steeds stalinistische Portugese Intersindical kon in 1982 echter geen meerderheid worden gevonden. De FNV was ervoor, zeker voor toetreding van de Comisiones.

Kok besteedde er zelfs een intensieve vliegtuigdiplomatie aan. De sociaaldemocratisch georiënteerde bonden uit de betreffende landen, maar vooral ook de machtige Duitse vakcentrale DGB, lagen hier echter dwars; de laatste dreigde zelfs met uittreding.[11] Maar toen was Wim Kok intussen voorzitter van het EVV en meende hij met die uitbreiding niet alleen de positie van de vakbeweging in Europa te versterken, maar ook aan de ontspanningspolitiek bij te dragen. De EVV viel erover bijna uiteen, en Kok trad er bijna voor af.[12] Uiteindelijk moest de val van de Berlijnse Muur in 1989 hier uitkomst bieden: Comisiones en Intersindical traden in de jaren erna tot de EVV toe, de Franse CGT nog later.[13]

Europa in

Europese integratie vormt de kern van het internationale werk van de FNV. Dat gold zeker in Koks tijd, toen de FNV overtuigd aanhanger van de Europese integratie was. Niet alleen wilde zij aan de vorming van een Europese federatie meedoen; daar was immers na twee bloedige wereldoorlogen op ons continent alle reden voor. Maar voor haar was de Europese Gemeenschap ook onmisbaar voor het behartigen van de belangen van werknemers. Het vormde zelfs de directe aanleiding voor de oprichting van het EVV in 1973. In de zich met aandachtsgebieden en lidstaten uitbreidende Europese Gemeenschap – in dat jaar kwamen Denemarken, Groot-Brittannië en Ierland de 'oude zes' versterken – was het zaak bij de Europese instellingen en tegenover de ondernemerslobby de stem van de werknemers luider te laten klinken.

Ook op sociaal terrein werd Europa immers belangrijker, waarvoor de Europese vakbeweging moest worden versterkt. Dit alles was Wim Kok uit het hart gegrepen.[14] Bij de Bouwbond al met praktisch grensoverschrijdend werk belast en later door het NVV-bestuur naar het Economisch en Sociaal Comité van de EG afgevaardigd, kon hij zich als voorzitter van de vakcentrale volop wijden aan het steen voor steen meebouwen van dat Europese huis. Niet dat hij er aanvankelijk veel tijd of ruimte voor had.[15] Het herstellen van de eenheid in eigen NVV-huis en het versterken van de Nederlandse vakbeweging samen met het NKV legden veel beslag op hem. Speciaal met internationale zaken belaste bestuurders en medewerkers konden hier veel meer tijd aan besteden.[16] Maar Europa en de Europese vakbeweging namen in zijn beleid een belangrijke plaats in. De groeiende crisis vroeg daar ook om.

De aandacht voor Europa werd des te sterker toen Kok in 1979 voorzitter van het EVV werd. De tweede energiecrisis maakte duidelijk dat Europa's plaats in de mondiale krachtsverhoudingen bezig was te verzwakken. Structurele problemen begonnen hele bedrijfstakken uit te hollen. De werkloosheid nam met sprongen toe. Kok besefte dat hiervoor niet alleen nationale, maar ook Europese, zelfs wereldwijde oplossingen nodig waren. Sinds het congres van 1976 in Londen speelde Kok al een vooraanstaande rol in het EVV. Als de man die de Nederlandse vakbeweging had verenigd had hij ook in dit forum aan gezag gewonnen. Hij voerde met zijn FNV regelmatig bilateraal overleg met het bestuur van de Duitse DGB, de Britse TUC,[17] het Belgische ABVV, de Scandinavische vakcentrales en ook de Franse CFDT en de Italiaanse vakbondsfederatie.

In 1978 leidde hij in Londen een economische conferentie van de Europese vakbeweging samen met de Socialistische Internationale, in aanwezigheid van regeringsleiders als Jim Callaghan en Helmut Schmidt alsook eurocommissaris Henk Vredeling en de Nederlandse minister Jan Pronk. Door zijn kennis van zaken, beheersing van talen – onmisbaar in deze kringen, waar men vaak alleen de eigen nationale taal sprak – en verbindend voorzitterschap maakte hij daar veel indruk: de 'coming man'.[18] Aan gesprekken van het bestuur van het EVV met de Europese Commissie en de EG-Raad van Ministers nam Kok ook al geregeld deel.

Toen de Duitser Heinz-Oskar Vetter na twee termijnen als voorzitter wilde terugtreden, waren de ogen voor zijn opvolging aanvankelijk gericht op Lennart Bodström, leider van de Zweedse witteboordenbond. Zweden was weliswaar een sterk vakbondsland, maar het was geen lid van de Europese Gemeenschap. Was het juist toen niet nodig de nieuwe voorzitter weer uit een EG-land te rekruteren? Dat vond in elk geval de Deense vakbondsleider Thomas Nielsen, maar die kreeg voor zichzelf geen steun bij de andere Scandinaviërs en evenmin bij de Duitsers. Ook de Belg Georges Debunne lag niet bij iedereen goed.

Zo begonnen de hoofden in de richting van Wim Kok te draaien, daarin achter en zelfs voor de schermen door scheidend voorzitter Vetter aangemoedigd. Toen een Britse collega hem eerder plompverloren had gevraagd: 'Ga jij het worden?', was Kok zich nog van geen kwaad bewust. Erg vond hij het echter niet, want hij wilde het eigenlijk graag worden. Hij meende dat hij in het EVV belangrijk werk zou kunnen verrichten, goed voor de werknemers in Europa, maar ook voor zijn eigen FNV. Zijn achterban steunde hem hierin.[19]

Dus sprak Kok als nieuwgekozen voorzitter op 18 mei 1979 de slotwoorden tot het derde EVV-congres, dat in München werd gehouden. In zijn toespraak hamerde hij op het belang van arbeid: voor werklozen, voor jongeren, voor vrouwen. Een offensief beleid was daarvoor meer dan wenselijk: met gerichte investeringen, met technologische vernieuwing, met zeggenschap voor werknemers, met een internationale Noord-Zuiddialoog met de ontwikkelingslanden, maar vooral ook met herverdeling van arbeid. Op dit Europese platform onderstreepte Kok toen al de noodzaak van arbeidstijdverkorting en een Europese rol ter verwezenlijking daarvan. Drie jaar later, op 19 april 1982 in Den Haag, toen hij op het vierde EVV-congres afscheid nam als voorzitter, was de inhoud van zijn betoog niet veel anders.

Ook nu stond in Koks eisenpakket de arbeidstijdverkorting centraal. De economische situatie was er intussen alleen maar ernstiger op geworden. In die drie jaar had hij dan ook op talloze Brusselse deuren geklopt en met veel internationale toespraken en mediaoptredens voortdurend de Europese aandacht op zijn zorgenkind – de werkloosheid – gevestigd. Grotendeels was dit nog zonder direct resultaat gebleven. Hij had bijvoorbeeld de bonden in andere landen wel kunnen overtuigen van de noodzaak van arbeidstijdverkorting, maar daar niet altijd gehoor gevonden voor zijn argument dat de vakbeweging hierin vanuit de loonruimte ook moest investeren: 'klasseverraad' vonden Belgische en Duitse vakbondscollega's dit meebetalen.

Ook heeft hij, om de roep van de Europese vakbeweging te versterken, de nodige energie in de uitbreiding van het ledental van het EVV gestoken. Op basis van nieuw geformuleerde criteria boog Koks bestuur zich over aanvragen uit uiteenlopende landen als Ierland, Turkije, Cyprus, Malta, Frankrijk, Spanje en Portugal. Een aantal vakcentrales kon worden toegelaten, voor andere bleek de tijd nog niet gekomen.[20] Kok sloot zijn voorzitterschap van het EVV af met 34 aangesloten centrales uit negentien landen met een totaal van ruim 43 miljoen leden.

Als bijzonder wapenfeit van Koks optreden als EVV-leidsman gold zijn krachtig en succesvol lobbyen voor wat twee Europese sociale verworvenheden zouden worden: de 'Vredeling-richtlijn', die voor multinationale ondernemingen een Europese ondernemingsraad verplicht stelde, alsook de Europese Sociale Dialoog, die door Commissievoorzitter Jacques Delors werd ingesteld. Met beide is de Europese positie van werknemers en ook de Europese overlegeconomie versterkt, beide hebben bijgedragen aan de emancipatie van de Europese vakbeweging. En daar was het Kok om te doen.

Internationale solidariteit

Het Internationaal Verbond van Vrije Vakverenigingen bood bij uitstek het platform voor internationale actie buiten Europa (maar soms ook erbinnen). Dit IVVV was in 1949 opgericht, nadat samenwerking met communistische vakcentrales het begin van de Koude Oorlog niet had overleefd. Het

NVV was in dit in Brussel gevestigd verbond vanouds zeer actief, ook al ontstonden gaandeweg wel enige wrijvingen over de internationale politiek. Dit kwam onder andere in de kwestie-Chili tot uiting. Op 11 september 1973 pleegde het leger van Chili een staatsgreep tegen de regering van president Salvador Allende. Deze socialist stond aan het hoofd van een linkse regeringscoalitie die het land langs democratische weg een rechtvaardiger aangezicht wilde bezorgen. Dit riep allerlei tegenkrachten op, niet alleen van ondernemers, landeigenaren en andere zittende machten, maar ook van Amerikaanse multinationals die in Chili veel koper delfden.

De coup, waarin naar later bleek de Amerikaanse geheime dienst CIA op de achtergrond de hand had, was buitengemeen bloedig: het aantal doden liep in de duizenden. Allende zelf benam zich het leven, en menigeen van zijn aanhangers in partij, vakbeweging en culturele organisaties werd vervolgd, opgepakt, gemarteld en soms vermoord. Veel kopstukken van de linkse beweging gingen in ballingschap, ook naar Nederland.[21] De meesten van hen wisten te ontkomen aan het vernederende lot dat Chili's nieuwe machthebber generaal Pinochet voor zijn tegenstanders in petto had: barre opsluiting in het voetbalstadion van Santiago. Dit was in de dagen dat Wim Kok als voorzitter van het NVV aantrad. Solidariteit met de Chileense vakbondskameraden hield hem nog jarenlang bezig.[22]

Na de oprichting van de FNV bleef het NVV formeel lid van het IVVV, terwijl het NKV de band met de eigen vakbondsinternationale WVA aanhield. Toen pogingen om tussen IVVV en WVA een fusie tot stand te brengen op niets uitliepen, sloot het NKV zich bij het IVVV aan. De volledig gefuseerde FNV nam in 1982 de plaats van NVV en NKV in de internationale en Europese verbonden over. Dit formele aspect belette Kok echter niet zich vanaf 1976 als FNV-voorzitter sterk te maken voor internationale zaken die dat verdienden. Ook eerder weerde hij zich al in dit internationale vakbondsgezelschap. Zo maakte hij in maart 1975 deel uit van een IVVV-missie naar Mexico, Costa Rica, Venezuela, Colombia en Argentinië. Ook zijn inzet voor de democratisering van Portugal en Spanje (1974-1975) liep gedeeltelijk via het IVVV: hij werd er tijdens een missie in december 1975 zelfs enige tijd door de Spaanse politie voor vastgehouden.

Doorgaans pasten Koks acties in het kader van bestaand beleid van het IVVV (of het EVV), soms moest hij aanvankelijk echter als 'aanjager' fungeren. Een voorbeeld van dat laatste is de aandacht die de FNV op de penibele positie van de vakbeweging in Indonesië vestigde en waarvoor zij eerst na grote moeite het IVVV meekreeg. Een voorbeeld van het eerste is de deelname van Kok aan een IVVV-missie naar Tunesië in 1978 om de gevangengezette leiding van de vakcentrale UGTT een hart onder de riem te steken en bij de regering van president Habib Bourguiba vrije vakbondsrechten te bepleiten. Het heeft een aantal jaren geduurd en de nodige juridische procedures gekost, maar secretaris-generaal Habib Achour en zijn mensen werden uiteindelijk na drie jaar vrijgelaten en hebben hun (relatieve) vakbondsvrijheid kunnen herwinnen.[23] Wim Kok was overigens van 1979 tot 1983 vicevoorzitter van het IVVV.

Een speerpunt in de internationale vakbondsactie betrof het apartheidsregime in Zuid-Afrika. Het ging hierbij om een vorm van laatkoloniale uitbuiting en onderdrukking, vermengd en versterkt met een culturele scheiding van bevolkingsgroepen op raciale gronden: 'slegs vir blankes'. Bij het verzet hiertegen voelde Wim Kok zich ook persoonlijk betrokken; deze racistische uitsluiting ging hem echt aan het hart.[24] De FNV toonde zich al vroeg solidair met de onafhankelijke arbeidersbeweging in dat land, protesteerde met kracht tegen arrestaties van en '*banning orders*' tegen leiders van de zwarte vakbond COSATU, en droeg veel bij aan de totstandkoming van het IVVV-actieprogramma ter ondersteuning van de verboden vakbeweging in Zuid-Afrika.[25] Kok zelf speelde in Nederland een rol in de succesvolle Boycot Outspan Aktie. Ook bepleitte hij met kracht het uitvaardigen van economische sancties tegen het apartheidsregime, zoals een olie-embargo en een verbod op investeringen.

Op Europees niveau, in het EVV, kreeg Kok na een heftige discussie, vooral met de Duitse DGB, een meerderheid achter zich voor een economische boycot van Zuid-Afrika. Ook pleitte hij met succes voor het onder schot nemen van multinationale ondernemingen die van de apartheid profiteerden, in het bijzonder met behulp van een 'EG-code'. FNV-bonden voerden later felle discussies binnen Nederlandse bedrijven die in Zuid-Afrika actief waren, nu en dan met een opvallende bewustzijnsverandering als uitkomst. Weliswaar stuitte dit succes, ook binnen de FNV, soms op aarzeling bij bonden van wie leden hier in hun broodwinning rechtstreeks door werden geraakt, maar het droeg wel bij aan de groeiende steun voor westerse maatregelen tegen Zuid-Afrika.

In de jaren tachtig ging een aanzienlijk deel van de internationale financiële hulp van de FNV ook naar onafhankelijke zwarte vakbonden in Zuid-Afrika. In 1982 leidde Kok een FNV-missie naar Zambia en Zimbabwe, twee 'frontlijnstaten' in de strijd tegen het apartheidsregime.[26] Op Buitenlandse Zaken in Den Haag voerde Kok een aantal keren overleg met de minister over het beleid tegen het apartheidsregime. De vakbeweging was in Koks tijd voor de Nederlandse regering een belangrijke gesprekspartner.[27]

Voetbal als oorlog?

'Voetbal is oorlog,' zo kenschetste Rinus Michels ooit de aard van het gevecht om het spreekwoordelijke leren monster. Michels was de coach van het Nederlands elftal dat schitterde op het wereldkampioenschap voetbal dat in 1974 in West-Duitsland gehouden. Schitteren deed het Nederlandse voetbal al enkele jaren: na Feijenoord in 1970, veroverde Ajax in 1971, 1972 en 1973 drie keer achtereen de Europacup. De 'Hollandse school' heerste op de Europese velden, vooral de zogenoemde godenzonen van Ajax. Zo bereikte de Nederlandse ploeg met oogstrelend voetbal de WK-finale in München. Duitsland was daar de tegenstander en deze keer 'zouden wij de oorlog winnen'. Het liep jammer genoeg anders. Nederland had te vroeg gepiekt en Duitsland wist een vroege achterstand in een late voorsprong om te buigen: 1-2. Bijna het hele land was in rouw. Het zou tot 1988 duren voordat we alsnog deze 'oorlog' van Duitsland wisten te winnen.[28]

Wim Kok was niet zomaar een voetballiefhebber: hij was een 'aficionado', zijn leven lang. Met hart en ziel ging hij vanouds in dit spel op. Hij volgde steeds gespannen de verrichtingen van het Nederlands elftal, en Feyenoord was helemaal zijn club. Hij fietste er soms voor naar Rotterdam: met het veer de Lek over, dan 30 kilometer door de Alblasserwaard en ten slotte over de pont bij IJsselmonde naar de Kuip. Daar zag hij in 1956 Henk Schouten, de steeds onberispelijk uitziende aanvaller, negen (!) keer scoren tegen De Volewijckers (uitslag 11-4), een club uit Amsterdam-Noord. Daar beleefde hij ook in 1958 het spektakelstuk van Feyenoord tegen Sportclub Enschede, de latere vicekampioen.[29] Maar toen woonde hij al niet meer thuis; hij kwam soms in het weekeinde vanuit Breukelen over. Van kasteel Nijenrode fietste hij echter ook geregeld naar Utrecht-Noord om daar Elinkwijk te zien spelen.[30] Toen hij vanaf 1960 in Amsterdam woonde, vatte hij geleidelijk aan ook een fascinatie op voor het Ajax van Johan Cruijff.

Kok keek niet alleen graag naar voetbal, hij wist er ook alles van. Beroemde wedstrijden, beruchte trainers, bijzondere doelpunten, spectaculaire keepers, gedenkwaardige hattricks: hij kende ze allemaal (en tot op hoge leeftijd). Hij spaarde ooit zelfs voetbalkarikaturen. De vaderlandse competitie volgde hij natuurlijk op de voet (zelfs op zijn buitenlandse reizen[31]), maar ook competities in het buitenland. Zodra enigszins mogelijk, ging hij ook daar naar het stadion. Zo herinnerde hij zich nog levendig zijn gang naar Bernabeu, de voetbaltempel van Real Madrid, waar hij die ploeg zag winnen van Hércules Alicante. Dit moet rond 1980 zijn geweest. Laurie Cunningham was het befaamde Britse talent dat toen de Madrileense gelederen had versterkt. Hij kon er naderhand nog steeds met ogen vol schittering over vertellen.

Wim Kok koesterde deze hartstocht voor het voetbal, waarbij het hem overigens niet alleen om de elegante dribbel, de splijtende pass of het verwoestende schot ging, maar ook om het teamverband dat de trainer in een elftal wist te smeden. Zijn verslaving ging zelfs zo ver dat hij wel eens vergaderingen in de Amsterdam Arena belegde, om daar aansluitend een wedstrijd te kunnen bijwonen.[32] Toch kende zijn passie grenzen. Toen hij op 29 mei 1985 in een Brussels hotel op televisie van het bloedige voetbaldrama in het Heizelstadion getuige was, kon hij – zeer ontdaan – het vervolg van de wedstrijd niet meer aanzien.[33] Eerder stelde ook Argentinië zijn voetballiefde ernstig op de proef.

Op 24 maart 1976 grepen de militairen in Argentinië de macht. Het 'generaalsregime' wilde een einde maken aan de chaos en het geweld die tijdens het bewind van Isabel Perón het land steeds meer in de greep hadden gekregen. 'Orde en rust' moesten worden hersteld, de 'subversie' beteugeld, de economie geliberaliseerd en de bevolking in nationale en christelijke waarden heropgevoed. De nieuwe leider, generaal Jorge Videla, stelde de grondwet buiten werking, ontbond het parlement, verving regionale bestuurders door militairen, zond het Hooggerechtshof naar huis en hief het stakingsrecht op. Het zaaien van terreur en angst was, naast propaganda, het belangrijkste instrument om de subversie uit te roeien en de bevolking volgzaam te houden. Van subversie werden grote groepen personen verdacht: naast leden van linkse guerrillagroepen, betrof het politici, vakbondsleiders, wetenschappers, studenten, journalisten en andere verdachte 'marxisten'.[34]

Vele Argentijnen ontvluchtten het land. Het regime maakte op grote schaal gebruik van 'verdwijningen': echte of vermeende tegenstanders werden opgepakt en verdwenen spoorloos in een geheime gevangenis. Daar volgden verhoren, martelingen en vaak ook moord. Een wel heel sinistere methode was het boven zee uit vliegtuigen gooien van gedrogeerde maar levende politieke gevangenen. Het aantal verdwenen en waarschijnlijk vermoorde personen bedroeg circa vijftienduizend; dit kwam boven op het officiële dodental van vijfduizend, door het regime geweten aan 'militaire botsingen'. Het duurde overigens enige tijd voordat de wereld zich van de gang van zaken in Argentinië bewust werd, niettegenstaande alarmsignalen van Amnesty International en de eerste protesten van de 'Dwaze Moeders van Plaza de Mayo'. Het regime wist de buitenwacht aanvankelijk enig zand in de ogen te strooien. Zelfs het kabinet-Den Uyl ging in zijn laatste jaar nog door met het aangaan van economische overeenkomsten met Buenos Aires.[35] Maar in 1978 viel de werkelijkheid niet meer te loochenen.

Zo stelde toen het Amerika van president Carter restricties in op het verkeer met de Argentijnse junta.[36]

In de zomer van 1978 zou in dat Argentinië het wereldkampioenschap voetbal worden gehouden. Pogingen om hier een stokje voor te steken liepen schipbreuk op het formalisme van de FIFA: geen bemoeienis met interne aangelegenheden. In sommige landen kwamen er protestbewegingen op gang, ook in Nederland, een van de deelnemende landen aan dit toernooi. Neerlands Hoop in Bange Dagen, het cabaretduo van Freek de Jonge en Bram Vermeulen, zette een effectieve tegencampagne ('Bloed aan de paal') op poten die de gemoederen in ons land danig beroerde. Maar de meeste Nederlanders wilden toch gewoon naar het voetbal kijken. Bram en Freek vroegen ook de FNV om steun. Daar is binnen de betreffende 'beleidsadviesgroep' uitgebreid en hartstochtelijk over gesproken. Het belang van de symboliek pleitte ervoor. En ook dat in internationaal vakbondsverband (het IVVV vooral) al enige tijd actie werd gevoerd tegen de ernstige Argentijnse schending van vakbondsrechten. Ertegen pleitte dat er in die vakbondsinternationale nog helemaal niet was gesproken over een boycot van het WK, dat de Vereniging van Contractspelers (lid van de FNV) ertegen was en dat de oproep ook bij het Nederlands elftal zelf praktisch geen gehoor vond. Te weinig en te laat dus.

Wim Kok onderschreef deze conclusie: hij ging bij voorkeur geen gevecht aan dat niet viel te winnen, zeker niet als er onvoldoende steun voor bestond. Wel besprak hij de zaak met voorzitter Vetter van de Duitse DGB: de twee vakcentrales zouden niet tot een boycot oproepen, maar wel zouden ze pleiten voor een houding van spelers en officials die niet als steun voor het Videla-regime kon worden uitgelegd. Kok heeft het kabinet en de KNVB hier ook voor benaderd.[37] Kok volgde later wel de verrichtingen van het Nederlands elftal, maar met een steen in de maag: 'voetbal in een vuile oorlog'.[38] Dat werd alleen maar erger toen Nederland weer de finale haalde en de spelers hun prijs van Videla in ontvangst zouden krijgen. Dat Oranje in een finale weer tegen het thuisland verloor (1-3, na verlenging[39]) maakte de nasmaak er nog bitterder op. In het jaar erna steeg staatssecretaris Jorge Zorreguieta op tot het ministerschap van Landbouw in de generaalsregering.[40]

Vrede of vrijheid

De FNV was een brede, verantwoordelijke vakbeweging, maar hoorde de zorg voor vrede en veiligheid daar ook bij? Daarover waren de meningen binnen de organisatie verdeeld. Ook Kok aarzelde hierover. De vraag werd nijpend toen aan het eind van de jaren zeventig de ontspanning tussen Oost en West in het gedrang kwam en de spanning, vooral in Europa, begon op te lopen. Aanleiding vormde in eerste instantie de plaatsing door de Sovjet-Unie van SS-20-raketten voor de middellange afstand, speciaal op West-Europa gericht. De Duitse bondskanselier Helmut Schmidt sprak zich hier in de herfst van 1977 bezorgd over uit, niet alleen door hun dreiging op zichzelf, maar ook omdat ze de veiligheidskoppeling tussen de Verenigde Staten en Europa onder druk zetten.

De reactie kwam twee jaar later, toen de NAVO-top een zogeheten 'dubbelbesluit' nam. Enerzijds verklaarde het bondgenootschap zich gereed voor een middellang antwoord in de vorm van kruisraketten en Pershing II-raketten (het stationeren van beide 'nucleaire moderniseringen' in West-Europa zou nog een aantal jaren in beslag nemen). Anderzijds bood het de Sovjet-Unie aan over deze categorie kernwapens te onderhandelen met als doel ze aan beide zijden geheel af te schaffen of anders op een laag niveau een nieuw evenwicht tot stand te brengen. Nederland onderschreef dit besluit, maar kondigde tegelijk aan de beslissing over eventuele plaatsing van de voor Nederland voorziene 48 kruisraketten eerst in december 1981 te zullen nemen, daarbij lettend op het verloop van het wapenbeheersingsoverleg en ook het algehele beeld van Nederlands nucleaire taken.

Deze NAVO-beslissing, inclusief de Nederlandse 'voetnoot' daarbij, werd in Nederland heftig aangevochten, niet alleen door de linkse oppositie in de Kamer, maar ook door sterk maatschappelijk protest. De activiteiten van de in die dagen krachtig gegroeide vredesbeweging (het Interkerkelijk Vredeberaad, IKV: 'alle kernwapens de wereld uit, te beginnen in Nederland') hadden in de Nederlandse samenleving een wervend effect, ook onder leden van de FNV-bonden.[41] Toch gaf de FNV zelf nog geen richting aan deze discussie. Aan de nota over het FNV-beleid in deze kwestie, 'Vrede, veiligheid en defensie', werd al sinds 1976 gewerkt, vooral door FNV-bestuurder Cees Commandeur.[42] Uiteindelijk verscheen op 18 mei 1981 de definitieve versie, nadat eerdere versies op weerstand in FNV-bestuur en/of Federatieraad waren gestuit.[43]

Ook Wim Kok had zich in die discussie gemengd, waarbij zijn opmerkingen vooral de vrees weerspiegelden dat de FNV zich te eenzijdig in de Oost-Westverhouding zou manifesteren: 'De FNV schrijft kritische nota's (terecht!), maar de critici in het Oostblok verdwijnen in een psychiatrische inrichting... We moeten ervoor oppassen vanuit een ideëel, menselijk en ethisch volstrekt te rechtvaardigen standpunt in een onnodig kwetsbare internationale positie te geraken.'[44] Die beduchtheid voor eenzijdigheid op dit terrein zou Kok nooit kwijtraken: de kans op afremming en zelfs terugdringing van de wapenwedloop achtte hij oneindig veel groter als er over tweezijdige maatregelen werd onderhandeld dan dat Nederland eenzijdig ontwapeningsstappen zou zetten.[45] Hij voelde zich hier (evenals in andere kwesties) verwant met Max van der Stoel, de PvdA-minister van Buitenlandse Zaken.[46]

Intussen was wel algemeen aanvaard dat ook vraagstukken van vrede en ontwapening op de FNV-agenda thuishoorden, dat de wapenwedloop bestreden moest worden en dat de rol van de kernwapens in elk geval moest worden teruggedrongen. Aan de discussie over de nota namen tienduizenden leden van de FNV-bonden deel. Velen steunden de prioriteit voor het vredesbeleid: onder de dreiging van oorlog en vernietiging zouden de eigen vakbondsdoelstellingen immers niet kunnen worden gerealiseerd. Bij de onderwijsbond ABOP waren de leden het radicaalst: zij pleitten in meerderheid voor een autonoom Nederlands ontwapeningsbeleid, dus los van de NAVO. Die van ambtenarenbond AbvaKabo aarzelden het meest: 'De FNV is [...] geen specifieke vredesbeweging en kan het hele vraagstuk niet in al zijn facetten doorgronden.' Conclusie: de nota werd na een jaar interne discussie grotendeels ongewijzigd vastgesteld, inclusief de door Kok zo gewenste nadruk op wederzijdse ontwapening tussen Oost en West en ook op een aanjaagfunctie voor de internationale vakbeweging.[47]

De FNV kon zich nu volop in de vredesstrijd werpen. Een halfjaar eerder, op 21 november 1981, had Wim Kok, nog niet als FNV-voorzitter maar op persoonlijke titel, de grote vredesmanifestatie in Amsterdam toegesproken. Hij verbond zijn standpunt met een pleidooi voor werkloosheidsbestrijding. Ruim driehonderdduizend demonstranten hoorden hem een klemmend beroep doen op de VS en de Sovjet-Unie om de geest van de atoombewapening terug in de fles te stoppen. 'Ga nu eindelijk eens echt onderhandelen over wederzijdse en gecontroleerde wapenvermindering.' Maar ook: 'Geen bommen, maar banen!'

De aanvaarding van de eigen vredesnota maakte voor de FNV de weg vrij om zich, met PvdA en IKV, bij het breed samengestelde Komitee Kruisraketten Nee (KKN) aan te sluiten, ook al neigde dit bonte gezelschap sterk naar eenzijdige westerse ontwapening. Bij de tweede grote demonstratie, in Den Haag op 29 oktober 1983, met zo'n vijfhonderdduizend betogers, bleef Kok de noodzaak van tweezijdige stappen onderstrepen en verbond hij het protest tegen de atoomwapens bovendien met de strijd tegen armoede in de derde wereld: 'Geen bommen, maar brood.'

Maar ook sloot hij af met: 'Wat een volk niet wil, kan haar niet worden opgedrongen.' Met die laatste uitspraak liep Kok vooruit op een brede maatschappelijke discussie die ook in de vakbeweging werd gevoerd over de mogelijkheid, zelfs wenselijkheid, van burgerlijke ongehoorzaamheid. Ondanks een uitgebreid intern debat aan de hand van een 'lesbrief' hierover van het FNV-secretariaat Levensbeschouwing en Vakbeweging,[48] nam de FNV hierover uiteindelijk geen standpunt in.

En toen het kabinet-Lubbers op 1 november 1985 – na Koks vertrek bij de FNV – ten langen leste instemde met plaatsing van kruisraketten in Nederland, zweeg de vakbeweging. Alleen de Bouw- en Houtbond liet weten bouwvakkers te zullen bijstaan die op vliegbasis Woensdrecht het werken aan bunkers voor die wapens zouden weigeren. Daarbij is het gebleven. Op 8 december 1987 ondertekenden de presidenten Reagan en Gorbatsjov het zogeheten INF-akkoord, waarmee van beide kanten alle kernwapens voor de middellange afstand uit Europa werden gebannen.

Koks vasthouden aan tweezijdigheid betaalde zich in dat volmaakte onderhandelingsresultaat op hoog internationaal niveau uit: een 'dubbele nul'! Maar de deelname van de FNV aan de massale volksbeweging tegen deze nucleaire modernisering bleek ook zinnig te zijn geweest. Tactisch Nederlands gedraal voorkwam dat er in ons land überhaupt kruisraketten werden geplaatst,[49] ook omdat het kabinet-Lubbers gevoelig bleek voor het omvangrijke protest.[50]

Steun aan Solidarność

Intussen was Kok eerder geconfronteerd met een vergelijkbaar dilemma. In de zomer van 1980 brak op steeds meer plaatsen in het communistische Polen arbeidersonrust uit, gericht op meer brood en hoger loon. Gaandeweg werden de acties steeds politieker van aard en raakten zij aan het machtsmonopolie van de heersende Poolse communistische partij. Vooral de wekenlange staking op de Leninwerf in Gdańsk sprak tot de verbeelding, niet alleen in Polen, maar in de hele wereld.

De vrije vakbond die zij toen oprichtten noemden de stakers Solidarność, Pools voor solidariteit. Op 31 augustus bereikten de stakers een akkoord met de regering, dat opende met de erkenning van hun onafhankelijke vakbond en hun recht van staking. Hiermee werd de bijl aan de wortel van de Volksrepubliek Polen gelegd. Binnen een mum van tijd hadden tien miljoen Polen zich bij Solidarność aangesloten en had het EVV zijn steun uitgesproken; dit gold ook voor aangesloten vakcentrales zoals de FNV.[51]

Waar het EVV zijn verdere steun- en hulpacties nauw afstemde met het IVVV en het WVA, bleef de FNV echter een zekere afstand bewaren. Uit vrees voor de mogelijkheid Solidarność te schaden en uit ergernis over het misbruik door westerse politici van de propagandistische waarde van Solidarność, stelde de FNV zich afwachtend en wat formalistisch op. De nadruk legde zij op hulpverlening, waarvoor Solidarność eerst moest aangeven wat zij nodig had en hoe deze hulp haar het beste kon bereiken. De contacten met de 'staatsvakcentrales' in de andere Oostbloklanden werden tegelijk op de oude voet voortgezet, mede met het oog op het belang van vrede en ontspanning.[52]

Pas begin 1981 kwamen de contacten van FNV met Solidarność op gang: hulpverlening alsook bezoeken over en weer. De opstellingen van EVV en van FNV sloten nu weer naadloos op elkaar aan. Uiteindelijk resulteerde dit in de uitnodiging aan Kok (als voorzitter van de FNV, maar ook van het EVV) om van 10 tot 12 december in Gdańsk de vergadering van het nationaal comité van Solidarność bij te wonen. Kok hield er een korte toespraak om de vrije vakbond een hart onder de riem te steken. Ook discussieerde hij met bestuurders en adviseurs van Solidarność als Zbigniew Bujak en Bronislaw Geremek over de Poolse situatie en de Oost-Westrelatie. Ten slotte kwam het nog tot een onderhoud met Lech Wałęsa, de fameuze leider van de staking op de Leninwerf en de voorzitter van Solidarność.[53]

Op de weg terug naar Warschau nam hij met verbazing allerlei militair materieel waar dat hem tegemoet rolde. Dit was onderweg naar de posities die het moest innemen voor de 'noodtoestand' op grond waarvan de Poolse legerleider Jaruzelski de volgende ochtend vroeg Solidarność buiten de wet zou verklaren en haar kaderleden zonder pardon gevangen zou zetten.[54] Na een kort avondbezoek in Boedapest aan zijn Hongaarse collega Sandór Gáspár (die hem niet informeerde) kwam Kok de volgende dag terug op Schiphol, waar hij door op hem wachtende journalisten van deze Poolse 'militaire staatsgreep' op de hoogte moest worden gesteld.[55]

Onmiddellijk organiseerde Kok, samen met het CNV, voor de avond van 14 december een drukbezochte openbare bijeenkomst in de Koopmansbeurs in Amsterdam. Hij sprak hier over een 'bruuske daad van de Poolse regering' en eiste 'herstel van onderhandelingen in vrijheid', maar bepleitte ook steun vanuit Oost en West 'zonder ideologische bijbedoelingen'. Hij gaf hiermee leiding aan een protest dat toen veel organisaties, zowel politieke als maatschappelijke, onderschreven. Het EVV-bestuur, onder voorzitterschap van Kok, besloot op 17 december tot een reeks van acties door geheel Europa, zoals symbolische stakingen, demonstraties en een beroep op verschillende Europese instellingen om te protesteren. Ook wilde het een delegatie van hoog niveau naar Polen sturen om de situatie aldaar 'te bestuderen'. Pools getreuzel met eerst een visum en toen het reisprogramma maakte Koks deelname hieraan echter onmogelijk.

Balancerend tussen Poolse vrijheid en internationale veiligheid, tussen principiële steun voor vakbondsrechten en de inzet voor de ontspanning wist Kok in deze Poolse kwestie uiteindelijk koers te bepalen en zijn rug recht te houden. Het was zijn eerste oefening in de grote buitenlandse politiek. Naast Chili en Zuid-Afrika was het Polen dat Wim Kok in zijn vakbondstijd op internationaal vlak het meest bewoog.

Vader Kok overlijdt

Op 10 januari 1981 stierf Willem Kok, Wims vader. Hij was negenenzestig jaar geworden en stierf aan een darmaandoening gecombineerd met slechte longen. Hij woonde in Uithoorn, maar overleed in het VU-ziekenhuis in Amsterdam.

Wim Kok had een aardje naar zijn vaartje, maar natuurlijk school er ook wat van zijn moeder in hem. Van haar had hij bijvoorbeeld de hang naar het emotionele geërfd: hij kon door zijn gevoelens soms danig heen en weer geslingerd worden. Doorgaans was hij deze echter, beter dan zijn moeder, goed de baas. Hij was evenwichtiger en bedachtzamer dan zij en leek daarin eerder op zijn vader. Van hem had hij ook het sterke uithoudingsvermogen. Een Kok gaf niet snel op. Een timmerman huisde echter niet in hem.

In de oorlogsjaren had Wim het voor een groot deel zonder zijn vader moeten stellen. Hij had hem gemist, vooral tijdens de Hongerwinter van 1944-1945. Des te blijer was hij toen Willem na de bevrijding heelhuids uit zijn varende 'onderduik' terugkeerde en hij al snel werk in de timmerfabriek op de Lekdijk vond. Zeker toen zijn broertje Bas was geboren aan wie zijn moeder haar handen vol had, groeide voor Wim het belang van zijn vader en diens nabijheid. Hij hielp hem met echt 'mannenwerk', zoals het in een punter door sloten varen om groente op te halen van hun landje dat ze als 'volkstuin' verbouwden. Hij bewonderde zijn vader ook voor het vele werk dat hij vrijwillig voor de bond en de partij verrichtte.

Willems ouders waren de grootouders met wie Wim het meest contact had. Ze woonden dichtbij, onder aan de dijk, en waren in zijn jeugd zeer aanwezig. Zij leefden ook sterk mee met de wederwaardigheden en prestaties van jonge Wim. Zijn opa liep in een zomer met zijn schoolrapport door het dorp te zwaaien, trots op de mooie cijfers die zijn oudste kleinzoon had behaald (die daardoor behoorlijk in verlegenheid werd gebracht). Grootvader Kok stierf in 1955.

Zijn vrouw Cornelia verhuisde toen naar de straat waar haar zoon Willem met zijn gezin woonde. Zij betrok een zogeheten duplexwoning, schuin tegenover hen. Zij zou de stem van de redelijkheid blijven vertolken, onder andere over het huwelijk van kleinzoon Wim met een gescheiden moeder. 'Opoe' stierf in Gouda in 1975. Wims andere grootmoeder, Bastiaantje, overleed in 1959 in

Maartensdijk. Vanuit Lekkerkerk had zij nog zeer geregeld contact gehad met haar dochter Neeltje en haar gezin in Bergambacht. Toen ze ouder werd en begon te dementeren, werd zij elk weekeinde door Wims ouders opgehaald om bij haar familie in Bergambacht te kunnen zijn.

Willem en Neeltje, Wims ouders, verhuisden in 1963 naar Uithoorn. Daarmee verlieten zij de polder waar hun beider families generaties lang hadden geleefd en gewerkt. Willem kon in de nieuwe woonplaats in een fabriek weer timmerwerk krijgen. Bovendien had het gezin behoefte aan een frisse wind; vooral zoon Bas greep de benauwdheid in Bergambacht danig naar de keel. Hier werkte Willem nog zeven jaar als fabrieksarbeider, totdat hij in 1970 werd afgekeurd en arbeidsongeschikt verklaard. Het niet-aflatende stof van zijn timmerwerk had zijn longen aangetast; de stevige shagroker kon dat er niet bij hebben. De WAO-uitkering hield het huishouden van Willem en Neeltje op de been.

Toch werd deze uitkering ook een beetje als schande ervaren: het betrof weliswaar een recht, maar de indruk kon worden gewekt dat de normale arbeid eigenlijk werd ontdoken. Willem wilde in elk geval niet aan het werk gezien worden: niet stofzuigen, ramen lappen of klusjes rond het huis verrichten. Daarvan kon alleen maar kwaad worden gesproken. Dus stortte Willem zich weer in het vrijwilligerswerk, vooral voor de PvdA. Hij bracht het onder andere tot voorzitter van de partijafdeling Uithoorn. Daar leerde hij als medebestuurslid Tine kennen, de vrouw van Wim Duisenberg, de hoogleraar economie in Amsterdam en de minister van Financiën in het kabinet-Den Uyl. Ze werden met elkaar bevriend en Willem en Neeltje pasten ook geregeld op hun drie kinderen, wanneer Wim en Tine activiteiten buitenshuis hadden. Deze 'burenhulp' vond zonder betaling plaats.

Met Wim en Rita waren de verhoudingen intussen weer genormaliseerd. Rita hadden zij in hun hart gesloten, de drie kinderen evenzeer en op zoon Wim waren zij meer dan trots. Dit waren de jaren zeventig, toen Wim aan het hoofd kwam te staan van de vakcentrale. Het waren ook de jaren van polarisatie in de arbeidsverhoudingen, met de algemene staking van de winter van 1977 als absoluut hoogtepunt. Wim Kok gaf aan deze succesvolle actie krachtig leiding, wat hem voor een deel van Nederland een held maakte, voor een ander deel eerder een 'schurk'. Vader Willem heeft jarenlang aangekeken tegen een geschilderd wandportret van zijn zoon Wim op een elektriciteitshuisje buiten Uithoorn, waarbij hem een strop om zijn nek was geknoopt. Telkens wanneer hij daar langsfietste, zat hem dit helemaal niet lekker. Ook moeder Nel kon het slecht hebben als haar bekende zoon door het slijk werd gehaald.

In de week na zijn dood werd Willem Kok gecremeerd op begraafplaats Westgaarde in Amsterdam. Zijn beide zonen spraken bij die gelegenheid. De klanken van 'Morgenrood' door De Stem des Volks begeleidden zijn uitvaart.

Jongeling Wim, 1958

Neeltje de Jager en Willem Kok verloofd, 1935

Dijklaan 130, Wims geboortehuis, derde deur van rechts (recente foto)

Links: zwemmen in de Lek, zomer 1944

Rechts: Wim, trots op zijn eerste fiets, 1951

Met broertje Bas, 1950

Achterin klas 4 van de hbs in Gouda, 1954

Met jaargang '56 op de trap van kasteel Nijenrode

Wim in 1958 in het 'Collegie tot de Publicatiën', de vierde links van de hamer

Londen, 11 februari 1965: getrouwd met Rita Roukema

Wim linksachter, met collega-rekruten; Regiment Huzaren Prins Alexander (1959)

André, Carla en Marcel, de kinderen Kok (1966)

Schoonvader Jaap Roukema bij zijn zelfgebouwde camper (1974)

Wims vader en moeder, Uithoorn 1979

Met Rita in de schouwburg: een cultureel abonnement doet wonderen (1989)

Gespannen turend naar het 'centre court', eind jaren '80

Met André in juni 1993

Ontwikkeling en werkgelegenheid

In de verhouding tussen de geïndustrialiseerde landen en het economisch minder ontwikkelde deel van de wereld raakten aandacht voor de wereld en het vakbondswerk in eigen land weer met elkaar vervlochten. Hier was Wim Kok nauw bij betrokken. Daarbij ging het om een mengeling van rationele en minder rationele overwegingen. Die laatste, eerder gevoelsmatige, waren sterk: hij geloofde in de noodzaak van eerlijk delen, en dat hield niet op bij de nationale grenzen. Integendeel, hij meende dat daar niet genoeg aan gedaan kon worden. Armoede was voor hem een fysiek voelbare omstandigheid. En internationale solidariteit was voor hem niet iets waarvoor hij op vrijdagmiddag nog even de tijd nam, na de hele week zich om nationaal vakbondswerk te hebben bekommerd. Het was eerder omgekeerd: hij droeg die opdracht met zich mee en verbond die met de wijze waarop werk en zekerheid in eigen land konden worden bevorderd.

Zelfs toen de crisis in Europa hard toesloeg, vergat hij nooit een open oog te houden voor de noden van de derde wereld. Het lijkt erop dat het toen zelfs sterker werd. In elk geval hamerde hij in zijn nationale en internationale optredens in die jaren met grote regelmaat op de noodzaak van een Nieuwe Internationale Economische Orde en van omvangrijke steun aan ontwikkelingslanden. Deze bezetten ook een prominente plaats in de FNV-grondslag zoals het fusiecongres die eind september 1981 vaststelde. Dit achtte Kok echter niet alleen een gebod van morele orde, maar ook van verlicht eigenbelang.

Steun aan de officiële ontwikkelingssamenwerking kostte de Nederlandse werkenden natuurlijk een eigen bijdrage in de vorm van belastinggeld. Die zal jaarlijks zo'n 1 à 2 procent van ieders belastingafdracht hebben bedragen. Er was dus sprake van tastbare solidariteit. Ook de FNV als organisatie droeg eraan bij, los van een eigen solidariteitsfonds vooral in de vorm van het zogeheten medefinancieringsprogramma van de Nederlandse ontwikkelingshulp. In 1975 intensiveerde Jan Pronk, minister voor Ontwikkelingssamenwerking in het kabinet-Den Uyl, dit programma om het draagvlak in de Nederlandse samenwerking te verbreden. Particuliere organisaties zoals Novib[56] hadden hiermee al eerder ruimte gekregen voor betrokkenheid in de bilaterale ontwikkelingshulp, konden daarin ook eigen accenten aanbrengen, maar werden wel geacht een deel van de kosten zelf te dragen (vandaar het begrip medefinanciering).[57]

In 1975 sloot Pronk hier ook de Nederlandse vakbeweging bij in. Toen nog NVV, NKV en CNV, maar wel gezamenlijk, deelden zij in dit programma mee en financierden hiermee vooral steun aan vakbondsorganisaties in de derde wereld ('basisdemocratie').[58] Het ging voor de FNV hierbij om zo'n 7,5 miljoen gulden per jaar, die zij voor eenderde in het IVVV inbracht, voor een ander derde in het WVA en voor het laatste derde aan eigen programma's en projecten besteedde. Als eigen inbreng zette de FNV hiervoor jaarlijks circa 1 miljoen gulden opzij. Met dit steunprogramma verwierf de FNV in een aantal ontwikkelingslanden een voet aan de grond en kon zij daarmee plaatselijke verhoudingen ten gunste beïnvloeden. Samen met de Scandinavische vakbonden, die over nog ruimere fondsen voor dit soort hulp beschikten, kon de FNV op dit vlak niet alleen een belangrijke donor maar ook een factor van groter gewicht binnen het IVVV worden.

Het maakte de FNV eveneens kind aan huis in Den Haag, het hoofdkwartier van de Nederlandse ontwikkelingssamenwerking, en een bevoorrecht gesprekspartner voor de minister. Pronk stelde, net als zijn BZ-collega Van der Stoel, een regulier overleg met de vakbeweging in. Zijn opvolgers zetten dit voort. Kok leidde de vakbondsafvaardiging steeds en mengde zich vaak in het gesprek. Dat ging dan niet alleen over vraagstukken van bilaterale en multilaterale hulpverlening, maar ook over handel, economische orde en mensenrechten.[59] En indirect over Nederlandse werkgelegenheid.

Eendrachtig met Jan Pronk zette Wim Kok zich in voor werkgelegenheid, ook wereldwijd. Op 29 oktober 1980 brachten zij, samen met Jan Tinbergen en Joop den Uyl, een 'Wereldwerkgelegenheidsplan' uit.[60] Natuurlijk viel het op dat Kok, die er als FNV-voorzitter altijd voor terugschrok zich partijpolitiek te profileren, in dit uitgesproken PvdA-gezelschap naar voren trad.[61] Maar de aanleiding was ernstig genoeg. De recessie in het Westen had niet alleen de werkloosheid in het eigen deel van de wereld opgestuwd, maar was inmiddels ook uitgegroeid tot een internationale economische crisis. Overal stonden de bestedingen onder druk, bleef de werkgelegenheid achter bij de groei van de beroepsbevolking, was de Noord-Zuiddialoog nog grotendeels zonder resultaat en nam de neiging van landen hun eigen boontjes te doppen sterk toe.

Het pleidooi van dit vierspan was er daarom op gericht op al deze vier terreinen internationaal actie te voeren. De kern van hun betoog was dat de structurele internationale economische problemen zich vooral langs de band van werkschepping het beste lieten oplossen. Met bevordering van werkgelegenheid kon stagflatie wereldwijd worden aangepakt, armoede in arme landen bestreden, sociaal isolement in zowel arme als rijke landen voorkomen, alsook economische groei – selectief om het milieu niet onnodig te belasten – mogelijk worden gemaakt. Het doel moest dus zijn een optimale arbeidsverdeling op wereldschaal na te streven, waarbij regeringen relatieve concurrentievoordelen per regio en sector moesten bevorderen. Dit moest worden bereikt door een positieve structurele aanpassing van industrieën in rijke landen en een grootschalige inkomensoverdracht naar ontwikkelingslanden.

Met dit laatste voegden de vier auteurs zich bij het eerder dat jaar verschenen Brandt-rapport.[62] Met het eerste sloten zij zich aan bij het door de OESO in 1979 vastgestelde verschijnsel van de interdependentie, de groeiende onderlinge afhankelijkheid in de wereld.[63] Het nieuwe van het plan school vooral in de nadruk op werk en werkgelegenheid als sleutel tot wereldwijd economisch herstel.

Overigens bleef het plan, dat in de eerste plaats aan de secretaris-generaal Pérez de Cuéllar van de Verenigde Naties werd aangeboden, zonder direct resultaat. Daarvoor was het te veel een plan voor een plan ('a proposal for an operational study to formulate a new world employment plan'). Bovendien strookte het voorstel dat gegoten was in de Tinbergen-stijl van planeconomisch denken, ditmaal op internationaal niveau, te weinig met de toen steeds meer naar voren komende neoliberale ideeën over het primaat van de markt. Niettemin heeft het Wereldwerkgelegenheidsplan er op wat langere termijn wel toe bijgedragen dat arbeid niet slechts als een kostenpost, maar ook weer als een bron van welvaart, welzijn en ontwikkeling werd beschouwd. En dat hiervoor niet alleen nationaal of regionaal, maar ook wereldwijd beleid nodig was.

Latere interventies in deze discussie door Kok als FNV-voorzitter toonden dat hij zijn pleidooi voor werkgelegenheidsbeleid steeds ook als een internationale uitdaging bleef zien.[64] In de eigen kring van Federatieraad en vakbondsafdelingen heeft hij geregeld zijn nek uitgestoken voor de noodzaak van economische herstructurering in Nederland: niet elke industriële productie moest hier tegen elke prijs gehandhaafd blijven, ook al ontkwam hij er soms niet aan hier wat mee te schipperen.[65] Toen hij in mei 1985 op Instituut Clingendael sprak over 'Vakbeweging en internationaal beleid', koos hij ervoor uit te weiden over twee onderwerpen: de Europese integratie en de Noord-Zuiddialoog. Die lagen Wim Kok als vakbondsinternationalist, die belangenbehartiging en solidariteit zoveel mogelijk met elkaar wilde verbinden, het meest na aan het hart en het verstand.

Een internationaal verbod op loonmaatregelen

Internationaal vakbondswerk ging uiteindelijk ook vaak om behartiging van eigen belangen. Een treffend voorbeeld is de actie die eerst NVV, toen FNV, bij het Internationaal Arbeidsbureau (ILO) in Genève heeft gevoerd tegen de 'onwettigheid' van overheidsingrijpen in de loonvorming, in Nederland zowel als elders. In het bijzonder ging het om de strijdigheid van loonmaatregelen met de ILO-verdragen betreffende de vrijheid van vakvereniging respectievelijk de vrijheid tot collectief onderhandelen. Na jaren van pleitvoeren op de Internationale Arbeidsconferentie kreeg de FNV, uiteindelijk gesteund door het CNV en zelfs de werkgevers, in 1983 het gelijk aan haar zijde. Een SER-advies dat de ILO-uitspraak volgde, bracht het kabinet-Lubbers er vervolgens toe het betreffende artikel dat overheidsingrijpen in de resultaten van cao-onderhandelingen mogelijk maakte uit de Loonwet te schrappen. Deze uitspraak kwam echter te laat om effect te hebben op het Akkoord van Wassenaar. Dit kwam immers onder dreiging van een loonmaatregel tot stand.

7
De lange weg naar Wassenaar

HET AKKOORD VAN WASSENAAR BEZEGELD IN DE STICHTING VAN DE ARBEID OP 24 NOVEMBER 1982.

Een noodsprong, geboren uit de moed der wanhoop. De voortwoekerende economische crisis duwde de vakbeweging met de rug tegen de muur, moedeloosheid dreigde haar te verlammen, een nieuwe loonmaatregel hing boven de markt: welke middelen stonden haar nog ten dienste om het tij te keren? Wim Kok waagde de sprong in het diepe. Op 19 november 1982 sloot hij met werkgeversvoorman Chris van Veen een bijzonder akkoord: loonmatiging voor winstherstel en het scheppen van werk. Kok stak hiermee zijn nek ver uit en toonde zich medeverantwoordelijk voor het bestrijden van de crisis. Tegelijk wierp hij een dam op tegen de werkloosheid en bezorgde hij de vakbeweging een nieuw doel.

Het Akkoord van Wassenaar was geboren, eerst nog bescheiden 'Stichtingsakkoord' genoemd.[1] De economische effecten zouden enige tijd op zich laten wachten, maar uitwerking had het zeker. Jaren later zou het ook faam verwerven als geboortemoment van het internationaal geprezen Nederlandse poldermodel. Nog lang kwamen er Japanse en andere buitenlandse bezoekers naar dit duindorp, naarstig op zoek naar de geboorteplaats van dit akkoord, niet begrijpend dat het hierbij om een rustiek woonhuis met kleine ramen en nauwelijks meer dan één velletje papier ging. Maar wat belangrijk is, kan ook gewoon en beknopt zijn. Waaruit bestond de wanhoop die tot deze noodsprong dreef? Waarom was het een noodsprong? Hoe kwam het akkoord tot stand en hoe belangrijk was Wim Kok hierin? Wat was er zo bijzonder aan 'Wassenaar' dat het uiteindelijk zo'n grote naam kreeg?

Opnieuw de crisis

Rond 1975 begon de westerse economie haar dynamiek danig te verliezen. Er kwam een einde aan de periode van zo'n dertig jaar sinds de oorlog die werd gekenmerkt door een aanhoudend hoogtij van groei. Het ging hierbij om groei van de productie van goederen en diensten, groei van de koopkrachtige vraag, groei van de welvaart, groei van de sociale gelijkheid, of in elk geval afname van de ongelijkheid. In Duitsland noemde men dit het '*Wirtschaftswunder*', het economisch wonder, in Frankrijk '*les trente glorieuses*', de dertig glorieuze jaren.

Veel had tot deze glorie bijgedragen: de wederopbouw na de verwoestende oorlog, de investeringen in nieuwe producten en productiemethoden, de opening van nieuwe markten wereldwijd, de toegang tot goedkope grondstoffen, het keynesiaanse financieel-economische beleid van regeringen, de opbouw van sociale zekerheid en andere 'verzorgingsarrangementen', de uitbouw van collectieve voorzieningen zoals onderwijs en gezondheidszorg, dit alles voor bevolkingen die door geboortegolven snel in omvang toenamen. Niet onbelangrijk was ook dat het Westen, in de context van Koude Oorlog en Atlantische alliantie, een situatie kende van geopolitieke veiligheid, handelspolitieke zekerheid en monetaire stabiliteit. Amerika stond hier borg voor. Europese integratie voegde daar op het 'oude' continent krachtige economische impulsen aan toe.

Rond 1973 begon veel van dit alles te kantelen. De oliecrisis van dat jaar sprong het meest in het oog: de verviervoudiging van de olieprijs door olieproducerende landen, samen met een selectieve olieboycot tegen Amerika en Nederland.[2] De prijsschok versterkte de inflatie die de westerse samenlevingen al sinds de jaren zestig parten speelde op voelbare wijze. De relatieve rust aan het economisch front verdween terstond, nog eens versterkt door de 'dollarcrisis' die een einde maakte aan het naoorlogse geldstelsel: door vraag en aanbod begonnen munten ten opzichte van elkaar te 'zweven'.

De economische doorwerking was niet onmiddellijk zichtbaar, maar sneller dan bedoeld kreeg de titel van het rapport van de Club van Rome uit 1972 – 'Grenzen aan de groei' – voorspellende waarde.[3] De olieschaarste leidde in vrijwel de gehele westerse wereld tot een economische recessie, in Nederland vooral in 1975-1976 voelbaar. Na een licht herstel in de jaren erna volgde in 1979-1980 een tweede oliecrisis, allereerst veroorzaakt door de machtsgreep van de ayatollahs in het olierijke Iran en vervolgens door de Iraaks-Iraanse Oorlog (1980-1988). Gevolgen: meer schaarste en een verdrievoudiging van de olieprijs tot ongeveer 36 dollar per vat (vóór de eerste oliecrisis in 1973 kostte een vat olie 3 dollar).

Hiermee begon in de westerse wereld een diepere recessie, waarbij de vraaguitval nog werd bevorderd door de snel stijgende werkloosheid. Deze had weer te maken met technologische vernieuwing, automatisering van productielijnen, verplaatsing naar het buitenland van hele fabrieken en internationalisering van het economisch verkeer in het algemeen. In 1980 en de eropvolgende jaren steeg de werkloosheid in Nederland met zo'n tien- à vijftienduizend personen per maand, ruim 150.000 per jaar. Onder jongeren nam de werkloosheid nu ook hand over hand toe: een 'verloren generatie' diende zich aan.[4]

Los van wat elders ook gebeurde, speelde in ons land nog de bijzonderheid dat drie automatismen in elkaar grepen en de winsten van ondernemingen onder groeiende druk zetten. Dit waren de automatische prijscompensatie, de netto-nettokoppeling en het trendbeleid. Alle drie golden als sociale verworvenheden[5] en ondernemers beschouwden deze in tijden van economische groei ook als aangename stutten onder de koopkrachtige vraag bij de bevolking. Maar in een economische teruggang maakten zij het voor ondernemingen zwaar in hun bestaan, vooral in hun overlevingsslag met buitenlandse concurrenten. Nederland werd te duur. Voor een deel was de crisis in Nederland dan ook 'in eigen land gemaakt'.[6]

Vanwaar de moedeloosheid van de vakbeweging? Aanvankelijk viel die reuze mee. De nieuwe vakbondsfederatie FNV wist begin 1977 een aanval van de werkgevers op de automatische prijscompensatie overtuigend af te slaan: de vakbeweging won de daarover uitgeroepen algemene staking glorieus. Toch rezen bij Wim Kok twijfels over de houdbaarheid van de opvatting dat 'dit niet onze crisis was'. Die houding was in de vakbeweging namelijk wijdverbreid: de werknemers hadden de crisis niet veroorzaakt, ze hoefden er dus ook niet voor te betalen. Het eerste was in grote trekken wel waar, maar het tweede niet noodzakelijkerwijs ook. De kosten van arbeid – loon, sociale premies, belasting – spelen namelijk hoe dan ook een rol in de gezondheid van ondernemingen en van de economie als geheel. In een economische opgang kunnen deze kosten tamelijk eenvoudig op afnemers worden afgewenteld, terwijl zij ook aan de koopkracht bijdragen.

Maar in een neergang, zeker als die structureel is, worden de arbeidskosten ook deel van het probleem. Dat is goed aan de arbeidsinkomensquote af te lezen, dat deel van het nationaal inkomen dat de beloning van de productiefactor arbeid uitdrukt. Deze AIQ liep in de jaren zeventig in Nederland snel omhoog: van circa 80 procent in 1970 naar bijna 90 procent aan het eind van dit decennium. Het eerste getal was normaal en gezond, het tweede veel minder, zeker omdat het in 1982 nog verder steeg tot 92 procent. Niet alleen slaagde de vakbeweging er steeds in haar looneisen boven de toegenomen arbeidsproductiviteit te verzilveren, ook brachten de kosten van arbeid het winstinkomen van ondernemingen steeds meer in de knel. De prijs daarvan heette: stijgende werkloosheid. Vooral in de Nederlandse industrie vielen aan het eind van de jaren zeventig grote klappen: veel ondernemingen gingen failliet en zelfs hele bedrijfstakken, zoals de textiel en de scheepsbouw, verdwenen toen praktisch uit ons land. Kon de vakbeweging eraan bijdragen dit proces een halt toe te roepen?

Dit was ook daarom van belang, omdat opeenvolgende regeringen zich genoopt zagen in te grijpen in de loonvorming. Weliswaar was de geleide loonpolitiek in 1970 met de Wet op de loonvorming[7] formeel aan haar einde gekomen, de combinatie van economische stagnatie en de automatismen tussen collectieve sector en markteconomie maakte echter dat er steeds meer loonmaatregelen kwamen. Van 1970 tot 1982 bleef er niet zoveel over van de door de vakbeweging zo gekoesterde vrijheid van onderhandelen:

liefst negenmaal werd er door de overheid in de loonvorming ingegrepen. Het enige verschil tussen regeringen met en zonder de PvdA was dat maatregelen van de eerste wat meer ten gunste van de laagste inkomens uitpakten. Wim Kok noemde dit het 'knip-en-plakwerk van Den Uyl', waarvan hij wist dat dit niet onbeperkt kon worden voortgezet.[8] En ook de PvdA gaf aan eigen sociaal-politieke ambities dikwijls de voorrang boven de onderhandelingsvrijheid van de vakbeweging.

Diezelfde vakbeweging maakte het zichzelf overigens ook tamelijk lastig. Zij had er namelijk voor gekozen een 'brede' en 'verantwoordelijke' vakbeweging te zijn. Wim Kok was daar ook steeds een groot voorstander van. De vakbeweging kwam niet alleen op voor de belangen van haar werkende leden; zij wilde dus niet naar Amerikaans model alleen 'brood en boter'-bonden zijn. Nee, zij voelde zich in haar loonpolitiek medeverantwoordelijk voor de inkomens van het overheidspersoneel en voor de bestaanszekerheid van werklozen en uitkeringsgerechtigden. Bij haar looneisen moest zij dus ook de collectieve sector en de sociale zekerheid aan boord nemen. Zolang de economie stevig groeide was dit niet zo'n probleem. Bedrijven konden de kosten van ambtenarensalarissen en uitkeringen wel dragen, zolang zij hun goederen en diensten in binnen- of buitenland maar konden afzetten. Bovendien konden de aardgasbaten een fors steentje bijdragen aan de financiering van de collectieve voorzieningen.

Zodra het economisch penibeler werd, was het echter veel moeilijker loonstijgingen te dragen waarin ook die collectieve lasten waren opgenomen, terwijl de toegenomen concurrentie juist grote voorzichtigheid met prijsstijgingen dicteerde. Anders gezegd: juist in een recessie werd de 'verantwoordelijke vakbeweging' erop aangesproken zich ook verantwoordelijk te tonen voor de inkomens van ambtenaren en uitkeringstrekkers. Ze moest zich daar in haar looneisen rekenschap van geven en zo niet, dan greep de overheid – allereerst vooral bezorgd om het eigen begrotingstekort – in de loonvorming in. Het duurde enkele roerige jaren voordat de vakbeweging het hierover eens werd. Het Akkoord van Wassenaar, bijna tien jaar na de eerste oliecrisis, signaleerde het bereiken van zowel interne als externe consensus.

Het 'bijna-akkoord'

Het begon met de nota-Drabbe. Dit stuk van de FNV-leiding, geïnitieerd door Kok, maakte een opening in de onwrikbare opstelling aangaande de prijscompensatie. Zou de vakbeweging daar niet iets van willen inzetten om de financiering van de collectieve voorzieningen mogelijk te maken?

De Federatieraad en ook de bondsleden wezen dit in mei 1976 krachtig van de hand. Een klein jaar later won de vakbeweging glansrijk de staking tegen de werkgevers, die de hele prijscompensatie wilden afschaffen.[9] De discussie keerde terug toen de crisis zich in 1979 met verdubbelde kracht weer aandiende. Eind november van dat jaar bereikte Kok met werkgeversvoorzitter Van Veen een overkoepelend 'sociaal akkoord'. Dit richtte zich expliciet op het bestrijden van de werkloosheid en het vergroten van de werkgelegenheid.

De grote uitruil in dit akkoord school in het herverdelen van bestaande arbeid enerzijds en verbetering van het functioneren van de arbeidsmarkt anderzijds. Diverse vormen van arbeidsduurverkorting passeerden daarbij de revue, zij het dat het meeste werd doorgeschoven naar een gezamenlijk te ontwikkelen meerjarenplan voor arbeidsmarkt, arbeidsduur en arbeidskosten. Het akkoord zelf beperkte zich tot een aantal kleinere reducties van de arbeidstijd en daarnaast tot een aanbeveling voor de loonontwikkeling in 1980: van 1 tot maximaal 2 procent verhoging, dit naast een volledige uitbetaling van de prijscompensatie. Dit akkoord symboliseerde een veelzeggende tussenstand in de discussie: met de werkgevers zou nu openlijk over arbeidsmarkt en herverdeling van arbeid worden gesproken, en in de vakbeweging zelf lag hiermee het onderwerp loonmatiging – hoe beperkt ook – onomkeerbaar op tafel. Onomkeerbaar betekende echter niet onomstreden.

Kok had weinig speelruimte. Het bewustzijn over de ernst van de crisis werd in de FNV niet algemeen gedeeld. Naast de velen die meenden dat de crisis niet van hen was (waarvoor de 'rijken' dus moesten opdraaien), waren er ook die dachten dat dit een korte, conjuncturele crisis zou zijn. Het antwoord daarop moest niet loonmatiging zijn, maar juist behoud van koopkracht en ook toename van overheidsinvesteringen: een klassiek keynesiaanse receptuur, kortom.[10] De groep die besefte dat er meer nodig was, was in de minderheid. Naast Wim Kok en zijn FNV-bestuur, behoorde Arie Groenevelt hier nu echter ook toe. Zijn machtige Industriebond stond immers midden in de industriële ontmanteling en afbraak van werkgelegenheid. De leden liepen inmiddels in drommen bij Groenevelts bond weg. Dat er voorlopig wat minder gelegenheid voor revolutionaire plannen was en er meer behoefte aan redding van werkgelegenheid bestond, was hem sinds een aantal jaren duidelijk geworden. Zijn chef-econoom Piet Vos had het hem in 1976 al voorgerekend in diens nota 'Vijf jaar voor kwaliteit'. De Industriebond zette zich sindsdien ook op het onderhandelen over APO's (arbeidsplaatsenovereenkomsten), een defensief instrument voor het behoud van werkgelegenheid, zonder veel succes overigens.

De tijd van radicale eisen was echter nog lang niet voorbij. In sommige bedrijven en bedrijfstakken werden in dat jaar nog felle acties gevoerd voor forse loonsverhogingen, waarbij de FNV geregeld werd afgetroefd door het optreden van 'revolutionaire' actiecomités. Het bekendst was de wilde staking in de Rotterdamse haven in de late zomer van 1979. De Vervoersbond FNV had de grootste moeite gehad zich hierin staande te houden; Wim Kok moest de betrokken districtsbestuurders zelfs tegen boze actievoerders in bescherming nemen.[11]

Geen wonder dat de FNV zich medio november daarom in haar Nota Arbeidsvoorwaardenbeleid voor 1980 had verenigd op een uitgangspercentage van 2 procent voor verbetering van het loon. De prijscompensatie zou immers niet voldoende zijn voor behoud van de koopkracht van de werknemers: het kabinet had ook voor werknemers de collectieve lasten verzwaard. In die lastige situatie ging Wim Kok het gesprek met Chris van Veen aan, waarbij hij vaststelde dat er met hem over herverdeling van arbeid viel te praten, mits de vakbeweging zich gevoelig toonde voor het probleem van de arbeidskosten. Vandaar in dit sociaal akkoord de uitruil tussen arbeidstijdverkorting en loonmatiging, zij het nog tamelijk voorzichtig. Maar de in het akkoord besloten meerjarenbenadering bood uitkomst voor Koks groeiende bezorgdheid over de structurele werkloosheid.

In zijn Federatieraad kreeg Kok het akkoord er echter niet door. Zijn bestuurder loonpolitiek Frans Drabbe praatte zich de blaren op de tong en ook Kok zelf probeerde uit alle macht een keuze voor dit akkoord overeind te houden. Hij verkreeg daarvoor ook een meerderheid onder de aanwezige bondsvoorzitters, Arie Groenevelt voorop, maar een stevige minderheid verzette zich. Allereerst was dat Jan Dutman van de grote ambtenarenbond. Die vreesde niet alleen dat loonmatiging ten koste zou gaan van de arbeidsvoorwaarden van het overheidspersoneel, maar vermoedde ook dat veel van zijn leden niet zouden profiteren van de gemaakte afspraak van 1 procent extra voor zwaar en onaangenaam werk.

Helemaal dwars ging Dutman ook weer niet liggen. Dat liet hij over aan de voorzitters van de Grafische bond, de Vervoersbond en de Voedingsbond. Vooral Cees Schelling, die veel laagbetaalde werknemers in slachterijen vertegenwoordigde, hield krachtig vast aan de mogelijkheid om boven de 2 procent loonsverhoging uit te gaan. Daarvoor zag hij in 'zijn' bedrijfstakken nog wel ruimte. Bovendien vertrouwde hij er helemaal niet op dat de werkgevers het ernstig meenden met de arbeidsduurverkorting: voor een loze belofte wilde hij geen loonaanspraken matigen.[12]

Na een lange en heftige discussie moest Kok onverrichter zake naar de onderhandelingstafel terugkeren. Daar probeerde hij Van Veen nog zover te krijgen dat in bijzondere gevallen, zoals de voedingsindustrie, de toegezegde loonsverhoging boven de 2 procent mocht uitstijgen. Maar Van Veen zat ook aan de grens van zijn mandaat uit eigen kring; in feite was hij er al overheen gegaan. Hij hield vast aan een bandbreedte van 1 tot 2 procent maximaal. Sinds die eerste december 1979 spreken we van het 'bijna-akkoord' van Kok en Van Veen, die waarschijnlijk voor beiden, maar zeker voor de eerste, een smartelijke ervaring was. Een meerderheid onder de bondsvoorzitters steunde weliswaar zijn voorstel, maar deze was niet groot genoeg om overtuigend te zijn: drie middelgrote bonden waren tegen, terwijl de ambtenarenbond vanaf de zijlijn mee mokte.

Was Kok te voorzichtig geweest? De democratie in de Federatieraad was steeds een wankel evenwicht, dat besefte hij al lang. Het risico van onvoldoende overeenstemming was bovendien dat de bonden zich bij onderhandelingen in hun afzonderlijke bedrijfstakken niets van centrale aanbevelingen zouden aantrekken. Dat risico wilde Wim Kok niet nemen. Even heeft hij overwogen af te treden: zijn geloofwaardigheid had immers, zowel intern als extern, een stevige deuk opgelopen. Hij herstelde zich echter snel. De ruime meerderheid die hem steunde wilde hij niet ontheemd achterlaten: voortmodderen was vooralsnog geboden. En sinds het aftreden van Harry ter Heide in 1972 was Kok allergisch voor een voorzitterscrisis: niet door hem dus.[13]

Wim en Chris

Personen en hun onderlinge chemie zijn essentieel; zonder hen gaat het niet. Zij kunnen in moeilijke omstandigheden, te midden van schier onoverbrugbare tegenstellingen, het verschil maken. Chris van Veen was zo'n persoon. En ook al stonden ze tegenover en niet naast elkaar, samen met Wim Kok vormde hij een bijzonder span. Dat was niet steeds het geval. Kok is in elk geval lang onwennig met hem omgegaan. Van Veen paste namelijk niet precies in zijn beeld. Hij was geen ondernemer die, zoals zijn voorgangers Bartels en Bakkenist, het voorzitterschap van de werkgeversorganisatie 'ernaast' deed. Van Veen was de eerste voltijdse voorzitter van het VNO, een organisatie waarin de professionalisering van de ondernemerslobby gestalte kreeg.[14]

Van Veen was bovendien geen ondernemer, hij kwam uit de wereld van de overheid. Als selfmade man – na de mulo ging hij als gemeenteambtenaar aan de slag – werkte hij zich met zelfstudie verder op. Via de hbs en een rechtenstudie klom hij op tot gemeentesecretaris, met Groningen als laatste standplaats. Vervolgens riep het politieke ambt hem in de functie van staatssecretaris van Binnenlandse Zaken in het kabinet-De Jong (1967-1971) en minister van Onderwijs in het kabinet-Biesheuvel (1971-1973). Tussendoor was hij nog kort lid van de Tweede Kamer voor zijn partij: de Christelijk-Historische Unie, die in 1980 het CDA mee oprichtte. Een man met grote bestuurlijk-politieke ervaring en een belijdend, maar gematigd protestant: zo zou Kok hem leren kennen.

Zoals Wim Kok en Wim Spit bijna gelijktijdig begonnen aan het voorzitterschap van hun beider vakcentrales, zo begonnen ook Chris van Veen en Wim Kok bijna op hetzelfde moment aan hun bestuurlijk 'tegenvoeterschap'. Beiden traden in september 1973 in hun functies aan en kwamen, doordat zij de grootste organisaties in het eigen kamp leidden, van nature tegenover elkaar te staan maar ook naast elkaar te zitten. Ze traden automatisch aan als vicevoorzitters van de SER en medevoorzitters van de Stichting van de Arbeid en botsten bijna meteen met elkaar bij de onderhandelingen voor een centraal akkoord over de arbeidsvoorwaarden voor 1974. Dit akkoord kwam, getorpedeerd door de ondernemers, niet tot stand, reden waarom het kabinet-Den Uyl daarna met een 'Machtigingswet' een gematigde inkomensontwikkeling bewerkstelligde.

Dit beeld van stokkend overleg herhaalde zich sindsdien in de herfst van elk eropvolgend jaar. De eerder beschreven economische problemen droegen ertoe bij dat zo'n akkoord nooit tot stand kwam, ook al kwam het 'bijna-akkoord' in de herfst van 1979 er erg dichtbij. In feite zou het Akkoord van Wassenaar de eerste gelegenheid zijn dat Wim en Chris het namens hun achterbannen over iets eens werden, afgezien van het Haags Protocol, dat zij in februari 1977 samen overeenkwamen. Maar dat ging erom een algemene staking te beëindigen, waarbij Van Veen zijn verlies betreffende de automatische prijscompensatie moest nemen.[15]

In de loop van al die jaren van moeizame relaties tussen bonden en werkgevers is Wim Kok Chris van Veen steeds meer gaan waarderen. Kok ontdekte in Van Veen een geducht tegenstander, die zijn zaken immer goed kende en zijn 'troepen' (de ondernemers) in toenemende mate in de hand had. Van Veen slaagde er ook steeds beter in het VNO als een geoliede machine te laten functioneren, een terrein waarop de vakbeweging vanouds voorlag, maar waar Kok wat meer evenwicht wel gezond vond.[16] Kok herkende in Van Veen ook de strateeg die zijn bedrijven (en de Nederlandse economie) wilde bevrijden van een aantal hinderpalen, de prijscompensatie voorop, maar ook de dominantie van de overheid in het arbeidsvoorwaardenoverleg.

Het was echter niet Van Veens doel om de vakbeweging naar de achtergrond te laten verdwijnen, zoals bij werkgevers soms wel het geval was.

Integendeel, hij vond juist dat werkgevers en werknemers in bedrijfstakken en ondernemingen gezamenlijk hun verantwoordelijkheid tot uitdrukking moesten laten komen, niet alleen voor lonen, maar ook voor werkgelegenheid, scholing, jongeren, arbeidsomstandigheden en dergelijke. Van Veen zag ondernemingen dus niet alleen als het bezit van aandeelhouders, maar ook als een gemeenschap van kapitaal en arbeid waarin andere belangen tot gelding konden komen.

Het centraal overleg tussen werkgevers en werknemers was er volgens hem niet om het bedrijfsleven vanuit de hoogte de wet voor te schrijven, maar om verstandige 'macroaanbevelingen' te doen voor het arbeidsvoorwaardenoverleg in de bedrijfstakken. De waardering kwam overigens niet slechts van één kant. Van Veen onderkende in Kok een even geducht tegenstander, maar ook iemand die de delicate balans tussen zijn bonden wist te handhaven en tegelijk de tekens aan de wand herkende en die in nieuw beleid wist te vertalen. Wim en Chris kregen hoge achting voor elkaar.[17]

In de Nederlandse overlegeconomie blijven partijen met elkaar spreken. Dit onderscheidt ons van veel andere landen, doorgaans in gunstige zin.[18] Zelfs in de gepolariseerde verhoudingen van de jaren zeventig bleven werkgevers en werknemers elkaar in SER en Stichting van de Arbeid tegenkomen. Dit gold des te sterker voor Wim Kok en Chris van Veen. Ze kenden elkaar steeds beter, ook al hielden ze wel enige afstand. Zo tutoyeerden ze elkaar al vanaf het begin, maar bleven ze tegelijk 'Kok' en 'Van Veen' zeggen. Het was geen vertrouwelijke verhouding met ontmoetingen in de privésfeer en bij elkaar thuis; dit gold als een ongeschreven regel. Wel was het een verhouding die steeds meer op vertrouwen was gebaseerd: ze konden afgaan op elkaars woord, ze leverden elkaar geen streken. Van Veen droeg het Kok dan ook niet na toen hij op 1 december 1979 moest mededelen dat zijn Federatieraad hem aangaande het 'bijna-akkoord' onvoldoende steunde.

Hun relatie was hoogst professioneel.[19] Bij die professionaliteit behoorde ook dat zij functioneel boos op elkaar konden worden. Vooral Kok moest daar geregeld gebruik van maken. Had Van Veen eerst goed en zakelijk met hem gesproken, dan kon hij Kok een paar uur later op televisie krachtige taal horen bezigen waarin hijzelf 'voor al wat mooi en lelijk was werd uitgemaakt'. Dat 'communiceren op verschillende golflengtes' hoorde schijnbaar bij de harde onderhandelaar en uitstekende overlegpartner, die Van Veen in Kok waardeerde.[20] Gaandeweg ging hun vertrouwelijkheid zover dat zij elkaar ook (met mate) inzage durfden geven in de achtergronden van de eigen standpunten en de krachtsverhoudingen in het eigen kamp. Daarmee konden zij bij de ander het begrip voor de eigen positie vergroten en tegelijk de positie van de ander beter begrijpen. In Wassenaar betaalde dit zich uit. Wim en Chris konden daardoor beiden een gewaagde gok doen.

De doodlopende politieke weg

Niet alleen Kok en Van Veen waren teleurgesteld over het mislukken van het 'bijna-akkoord', ook de minister van Sociale Zaken van het CDA-VVD-kabinet-Van Agt I was bedroefd. Wil Albeda, hoogleraar sociaaleconomisch beleid en oud-bestuurder van de protestantse vakcentrale CNV,[21] was een overtuigd aanhanger van de overlegeconomie. Hij meende dat werkgevers en werknemers ruimte voor overleg moest worden geboden. Het inzicht brak bij hen toch door dat het zo niet verder kon? Daarbij kon de regering dan nog enige hulp bieden, door bijvoorbeeld iets te schuiven met belastingen of sociale premies.

Albeda was in de voorfase indirect bij het overleg over het 'bijna-akkoord' betrokken, maar binnen het kabinet stond hij praktisch alleen met zijn standpunt.[22] Premier Dries van Agt en vooral minister van Financiën Frans Andriessen hadden weinig fiducie in het heil van dit sociale overleg.[23] Bovendien kwam voor de economie en de overheidsfinanciën de nood steeds meer aan de man: om de gewenste versobering af te dwingen moesten de lonen echt worden gematigd.

Aldus gebeurde, zij het in twee stappen. In januari 1980 kondigde Albeda een loonpauze af: Kok en Van Veen kregen twee maanden de tijd om alsnog een akkoord te bereiken. Dat was rijkelijk optimistisch gedacht. In maart kwam dan ook de loonmaatregel, voor de rest van het jaar. Dit kostte de modale werknemer 42 gulden netto per maand, de minimumloner een tientje. Toen de bonden de maatregel probeerden te omzeilen door het afsluiten van meerjarige cao's, die voorzagen in een herstel van de prijscompensatie voor 1981, kondigde Albeda eind 1980 er opnieuw een af, deze keer voor het hele jaar erop. Deze ingreep was slechts gedeeltelijk: alleen de prijscompensatie en de vakantietoeslag werden erdoor beperkt. Het kabinet-Van Agt II (minister Den Uyl) deed vervolgens voor 1982 hetzelfde. Zo werd de zaak in het slot gegooid. Voor de vakbeweging om moedeloos van te worden.

Wim Kok sprong bijna uit zijn vel. Albeda had hem niets van zijn eventuele voornemen verteld. Had hij geweten dat deze een loonmaatregel achter de hand hield, dan zou hij de Federatieraad misschien hebben kunnen overtuigen. Nu waren de werknemers immers veel slechter af dan met het 'bijna-akkoord', dat ze bovendien op eigen kracht zouden hebben bereikt. 'Een luizenstreek' vond hij het.[24] Maar Kok moest zichzelf hier ook een verwijt maken: zijn 'informatiepositie' in Den Haag bleek niet optimaal te zijn, wellicht ook te wijten aan het feit dat de PvdA niet meeregeerde.[25] Hoe het ook zij, een nieuwe ronde van overleg met de werkgevers, daar was voor Kok, na de ramp van het 'bijna-akkoord', geen denken aan. Van Veen zou met de loonpauze in de rug eerder star dan flexibel zijn. En zou Schelling opeens gaan buigen?

In plaats daarvan bracht de FNV een actiekrant uit met *Telegraaf*-achtige koppen: 'Nu of nooit' en 'We laten ons niet pakken'. In een interview met hem op de voorpagina riep Kok de achterban toe: ''t Wordt knokken.' Knokken tegen wie? Niet tegen de werkgevers, want Van Veen wilde immers een redelijk akkoord sluiten. Tegen de regering dan? Maar die kondigde alleen nog maar een adempauze af. Het werd een actie zonder duidelijk doel en zonder helder omlijnde tegenstander. Niettemin was het een geslaagde actie met een rij van demonstraties en 'estafettestakingen'.

Begin maart sprak Herman Bode, een begeesterend redenaar, een volle Amsterdamse RAI toe: 'Willen we naar de Dam? Dan gaan we naar de Dam!' In een lange stoet trokken zo'n vijftienduizend demonstranten op naar de Dam. Twee weken later, op een 'Nationale Actiedag', demonstreerden honderdduizend boze vakbondsleden nogmaals op de Dam. Intussen kondigde Albeda zijn maatregel af en kort erna keurde het parlement deze in meerderheid goed. Resultaat van al dit krachtsvertoon: hoegenaamd niets, een bittere vaststelling voor Kok.[26] De kater was groot, een neerwaartse spiraal zette in. Zou een decorwisseling in politiek Den Haag hier iets aan kunnen verhelpen?

Intussen werd ook de noodklok geluid over het voortbestaan van de Nederlandse industrie. Gebrek aan vernieuwing, maar ook de hoogte van de loonkosten, hadden ervoor gezorgd dat Nederland de concurrentie met moderne industrielanden steeds minder goed kon volhouden en dat de werkgelegenheid in de industrie snel afbrokkelde. Zoals vaak was Piet Vos, macro-econoom van de Industriebond FNV, er als eerste bij en zijn analyse leidde tot het pleidooi werk boven inkomen te stellen.

Vos' nota 'Doormodderen of durven' (1980) viel aanvankelijk op rotsachtige bodem, maar de boodschap begon gaandeweg binnen zijn bond te landen.[27] Hij kreeg steun uit hooggeleerde hoek door een publicatie van de Wetenschappelijke Raad voor het Regeringsbeleid, geschreven door professor Arie van der Zwan: 'Plaats en toekomst van de Nederlandse industrie'. Dit rapport bevestigde Vos' analyse volledig en voegde er sectorgewijs de nodige verdieping aan toe. Zonder overheidssteun zou de Nederlandse industrie ten dode zijn opgeschreven, zo luidde Van der Zwan de alarmbel.[28]

Premier van Agt stelde onmiddellijk een 'zware' commissie in, voor te zitten door Shell-topman Wagner. Of Piet Vos hier ook deel van uit wilde maken? Arie Groenevelt glom van trots, maar het leek hem, ter bescherming van zijn chef-econoom, beter hem op persoonlijke titel te laten deelnemen. Hetzelfde gold voor Leo Ester van de Industriebond CNV. Op voorstel van Wim Kok trad Henk Vredeling, tot begin van het jaar erop Europees commissaris, met enige vertraging toe tot het Wagner-overleg.[29] Want hoezeer de pleidooien tot versterking van de industrie Kok ook aan het hart gingen, toch was hij niet geheel gerust op de uitkomst van dit gedelibereer op hoog niveau.

Hij vreesde dat daardoor binnen de Nederlandse economie een scheefgroei zou ontstaan ten gunste van de industriearbeiders en ten nadele van bijvoorbeeld het overheidspersoneel en de uitkeringsgerechtigden. Een soort alleingang van de Industriebond dus. Maar dat de analyses vroegen om versterking van de ondernemingswinsten, ook om te kunnen innoveren en daarmee op langere termijn werkgelegenheid te kunnen behouden, daarmee kon hij zeker instemmen. En dat niet eindeloos kon worden gegokt op nieuwe werkgelegenheid in de collectieve sector, dat wist hij ook. Het geld daarvoor moest immers in de marktsector worden verdiend, daar waren Wim Kok en Piet Vos het over eens.[30]

De PvdA had die hoop op de collectieve sector intussen nog niet opgegeven. Zij verwachtte van uitbreiding van onderwijs en ziekenzorg nog steeds een belangrijk deel van de oplossing voor de werkloosheid. Ook al kende Kok op dit punt aarzelingen, toch verlangde hij naar een wisseling van de wacht in Den Haag. De gebeurtenissen in de herfst van 1977, toen de PvdA de komst van een tweede kabinet-Den Uyl tussen de vingers door had laten glippen, hadden hem en velen in de vakbeweging zwaar gefrustreerd. De ervaring met het kabinet-Van Agt, met zijn bezuinigingsprogram Bestek '81 (Kok: 'een dolksteek in de rug van de minima en de ambtenaren') en zijn zwakke bestuurskracht, had die frustratie er niet minder op gemaakt. Ook al moest de FNV met dit christelijk-liberale kabinet gewoon haar zaken doen, toch voelde Kok met de ploeg van Van Agt weinig affiniteit, laat staan gelijkgezindheid. 'Pover', 'ver beneden de maat' en 'weinig daadkracht' waren zoal de kwalificaties die Kok voor het beleid van dit kabinet overhad. Dat hij hoopte dat het snel zou vallen, verhulde hij niet. De haast carnavaleske, populistische opstelling van Van Agt speelde in zijn afkeer ook een rol.

Overigens voelde Van Agt ook bitter weinig voor Kok en de vakbeweging. Het was gewoon een non-relatie.[31] Niettemin zat Van Agts kabinet zijn volle termijn uit en bood de verkiezingsuitslag van mei 1981 geen uitzicht op zijn spoedig afscheid. Weliswaar verloor de regeercoalitie van CDA en VVD drie zetels en daarmee haar meerderheid in de Kamer, maar de PvdA verloor nog veel meer: negen zetels (van 53 naar 44). Zij kreeg daarmee het tegendeel van een electorale beloning voor haar vier lange jaren durende, verbeten maar ook verongelijkte oppositie. Grote winnaar was het D'66 van Jan Terlouw, dat van acht naar zeventien zetels sprong en dat onmisbaar werd voor de regeringsvorming. Omdat Terlouw CDA en VVD geen meerderheid wilde bezorgen, werd een combinatie CDA-PvdA-D'66 politiek-praktisch onvermijdelijk.[32]

Ook de vakbeweging had haar voorkeur hierover uitgesproken. Aanvankelijk neigde de PvdA ertoe zich afzijdig te houden van de kabinetsformatie – de kiezer had immers duidelijk gesproken –, maar mede dankzij een dringende interventie van FNV-voorzitter Kok kwam zij hierop terug.[33] Dit was ook overeenkomstig de wens van partijleider Den Uyl, die nog steeds kansen zag – voor hemzelf en zijn partij – om succesvol te regeren. De crisis vroeg er zijns inziens ook om. Een groot probleem was echter de positie van Dries van Agt, leider van de grootste partij, het CDA. Hij had een kabinet met de VVD geleid en daarmee een beleid gevoerd dat voor de PvdA moeilijk te verteren was geweest. Het nieuwe kabinet zou volgens haar heel andere accenten moeten leggen – meer werkgelegenheid, minder bezuinigen bijvoorbeeld –, maar zou Van Agt daar geloofwaardig leiding aan kunnen geven? Bovendien werd hij in PvdA-kring gezien als de man die het eerste kabinet-Den Uyl in 1977 met allerlei tournures had laten vallen en het beoogde tweede kabinet-Den Uyl onmogelijk had gemaakt. Er lag dus niet alleen politiek, maar ook persoonlijk veel oud zeer, overigens niet alleen bij de sociaaldemocraten maar ook bij de christendemocraten.[34]

Kok speelde in deze uiterst moeizame kabinetsformatie enkele keren een belangrijke, zelfs doorslaggevende rol. Toen Terlouw, om de persoonlijke impasse te doorbreken, voorstelde dat zowel Van Agt en Den Uyl zich als kandidaat-minister zou terugtrekken, was dit voor de laatste onaanvaardbaar, waarin hij door Kok werd gesteund.[35] Toen een week later, op 6 juli, D'66 Van Agt ten langen leste aanvaardde, ging ook de PvdA-fractie kreunend en steunend in meerderheid overstag. Doorslaggevend daarin was dat Den Uyl met tegenzin, maar na een gesprek met Kok, zijn verzet staakte.[36] Kok vond dat Den Uyl er bij de toenmalige oplopende werkloosheid het beste van moest maken, en dus de persoonlijke polarisatie behoorde op te geven.[37]

Een paar maanden later, medio oktober, toen het kabinet-Van Agt II het al vóór de regeringsverklaring begaf en informateurs De Galan en Halberstadt een poging tot reparatie ondernamen, werd de financiering van Den Uyls werkgelegenheidsplan geschraagd met een belastingheffing die 1 miljard gulden zou opleveren. Dit idee, een 'solidariteitstoeslag' genoemd, kwam uit de koker van FNV-voorzitter Kok en maakte herstel van de coalitie mogelijk.[38] Kok kreeg dus zijn kabinet met PvdA-invloed, hij was ook blij dat hij zich daarvoor had ingezet, maar hij heeft er uiteindelijk weinig plezier aan beleefd. Het bracht hem zelfs in rechtstreeks conflict met Joop den Uyl.

Het kabinet-Van Agt II moest met het oog op de overheidsfinanciën bezuinigen, maar wilde voor de economie in werk investeren. In zijn befaamde 'Paradisorede' van 3 mei 1981 had Den Uyl zich niet alleen tegen neoliberale oplossingen van 'Nieuw Rechts' à la Reagan en Thatcher gekeerd, maar ook in grote trekken een werkgelegenheidsplan geschetst.[39] Herverdeling van werk door middel van arbeidstijdverkorting en deeltijdwerk stond hierin centraal. Met grote moeite kreeg hij dit idee ook aanvaard in het regeringsprogram van het kabinet-Van Agt II. Den Uyl, vicepremier van dit kabinet, werd 'superminister' van wat vanaf toen Sociale Zaken en Werkgelegenheid zou gaan heten. De vorming van deze portefeuille lukte slechts met grote moeite, omdat CDA en ook D'66 er niet erg in geloofden en er in elk geval niet veel geld in wilden steken, geld dat toch al schaars was bij een sterk oplopend tekort op de overheidsbegroting. Maar Den Uyl zag in dit plan het instrument bij uitstek voor het herwinnen van het economisch initiatief, voor het herscheppen van hoop. Er zouden er in een jaar tijd zestigduizend banen mee worden gecreëerd, zo geloofde en beloofde hij.[40]

Wim Kok hielp het hem hopen, hij steunde hem zelfs met de solidariteitstoeslag. Hij wist echter ook dat, bij een jaarlijkse toename van de werkloosheid met tegen de tweehonderdduizend personen, zo'n werkgelegenheidsplan weinig meer zou inhouden dan dweilen met de kraan open. En was het ook niet zo dat het geld voor Den Uyls plan elders werd weggehaald, wat daar dus weer banenverlies zou opleveren? Bovendien zou de gewenste werkgelegenheid voornamelijk in de collectieve sector worden geschapen. Niets mis met de collectieve sector natuurlijk, daar werd belangrijk en hoogst nuttig werk verricht, maar lag het probleem van de werkloosheid niet vooral in de marktsector? Moesten niet juist instrumenten worden ontwikkeld om investeringen in die sector te stimuleren? Toch sympathiseerde Kok met Den Uyl, ook omdat hem uiteindelijk maar een halfjaar vergund werd om zijn plan-droom te verwezenlijken. Dat was te kort.

Dat dit ongelukkige kabinet niet meer dan zes maanden tijd van leven kreeg, had veel oorzaken – het zat vol politieke en persoonlijke weeffouten –, maar het had ook te maken met een groot conflict tussen kabinet en vakbeweging, tussen Kok en Den Uyl.[41] Er moest volgens het coalitieakkoord ook op de sociale zekerheid worden bezuinigd. Staatssecretaris Ien Dales deed haar minister het idee aan de hand van een korting op de bovenwettelijke uitkering van het ziektegeld. Dat leek eenvoudig, het had een zekere rechtvaardigheid, en het leverde het benodigde bezuinigingsbedrag van 1,5 miljard gulden op. Iedere werknemer was immers verzekerd voor doorbetaling tijdens ziekte: 80 procent van het loon. In bijna alle cao's waren bonden er echter allang in geslaagd de resterende 20 procent bij de werkgevers te parkeren: zieke werknemers kregen gewoon het volledige loon doorbetaald. Een korting daarop zou het ziektegeld qua percentage ongeveer gelijktrekken met andere sociale uitkeringen. Bovendien zou langs deze weg iets kunnen worden gedaan aan het te hoge ziekteverzuim in Nederland. Den Uyl wilde het idee voor zijn rekening nemen.[42]

Toch nog even met Wim Kok gebeld: wat die ervan vond? 'Dat wordt oorlog,' was diens spontane reactie. Oorlog, omdat de maatregel zou ingrijpen in lopende cao's en dus opnieuw een inbreuk zou inhouden op de vrijheid van onderhandelen van de vakbeweging. Een doodzonde. Oorlog ook omdat de maatregel de sociale ongelijkheid zou vergroten: ziekte trof immers niet iedere Nederlander in dezelfde mate, maar had ook te maken met persoonlijke omstandigheden van werken, wonen en leven. De ziekterisico's waren dus maatschappelijk ongelijk verdeeld. Kok ontraadde Den Uyl zijn plan dus ernstig,[43] maar het was te laat: de machinerie was reeds in werking gesteld. In het parlement kreeg Den Uyl aanvankelijk veel steun, maar op straat juist niet.

Op allerlei manieren kwam de vakbeweging in beweging, waarbij het voor de gemiddelde actievoerder minder om de vorm dan om de inhoud van de maatregel ging: een fikse hap uit wat hij zag als zijn wettige loon. Dat hem dit door Joop den Uyl en de PvdA werd aangedaan, maakte het er alleen maar erger op. 'Minister van Asociale Zaken', zo doopte de Industriebond 'ome Joop', de man met wie Groenevelt en de zijnen ooit zo gedweept hadden. Kok probeerde de woede en opwinding binnenskamers zoveel mogelijk te dempen. De regering stond immers voor grote problemen, en een kabinet zonder PvdA zou voor de vakbeweging en de werknemers wel eens veel slechter kunnen uitpakken.

Voor de buitenwacht moest Kok echter leidinggeven aan het vakbondsprotest en bezigde hij dus ook grote woorden. Gevraagd naar zijn gevoelens over de vrienden van de PvdA in het kabinet onder aanvoering van Den Uyl, zei Kok: 'Iemand met een verkeerd beleid is niet onze vriend.'[44] Dit had natuurlijk veel functionele boosheid in zich: in werkelijkheid deden beiden er alles aan hun persoonlijke verhouding hiermee niet te schaden. Achter de schermen was Kok zelfs bereid mee te denken over een verzachting van de kortingsmaatregel, iets waartoe ook de Sociaal-Economische Raad opriep.[45] Maar toen had het CDA er geen zin meer in en werd het Ziektewetplan een van de kadavers van een kabinet dat op zijn laatste benen liep en de tijdgeest niet mee had.

'Tegen de stroom in' had Den Uyl zijn Paradisorede al genoemd. Tegen die stroom bleek de PvdA niet te kunnen opzwemmen, ook omdat deze voor een deel vanuit de vakbeweging werd veroorzaakt. In mei sneuvelde het kabinet-Van Agt II doordat partijvoorzitter Max van den Berg de stekker eruit trok.[46] Bij de verkiezingen in september 1982 herstelde de PvdA zich op wonderbaarlijke wijze, vurig aangevoerd door een Den Uyl die zijn politieke energie had hervonden: 47 zetels, een winst van drie. Maar CDA (verlies drie zetels) en VVD (winst tien zetels) wonnen opnieuw een parlementaire meerderheid en stoomden snel door naar de vorming van een kabinet onder leiding van Ruud Lubbers.[47] Matiging van de lonen stond hoog op diens prioriteitenlijst.

Een bijzonder akkoord, uit nood geboren

Wim Kok voelde zich radeloos. De werkloosheid was bezig tot een menselijk drama uit te groeien. In bijna elk arbeidersgezin was er wel een slachtoffer. Vooral de jeugdwerkloosheid baarde hem zorgen: jongeren die zonder perspectief op werk hun opleiding afmaakten of gewoon thuiszaten. Dat begon een groot maatschappelijk probleem te worden.[48] Op elkaar volgende looningrepen hadden de vakbeweging van haar instrumenten beroofd en dreigden haar bestaansreden onherstelbaar aan te tasten. De politieke weg leek ook afgesloten: PvdA-informateur Jos van Kemenade botste met zijn herstelplan op dichte deuren.[49] De tijd leek rijp voor onorthodoxe oplossingen.

Toch stevende Nederland af op een nieuwe loonmaatregel, zoals Wim Kok van CDA-informateur Willem Scholten te horen kreeg: er moest 2 procent gematigd worden. Eventueel zou deze ingreep worden voorafgegaan door een 'adempauze', om werkgevers en werknemers de gelegenheid te bieden hun gezond verstand te gebruiken. Maar met een loonmaatregel in het vooruitzicht zou er van een adempauze ook niets terechtkomen, wist Kok. Dat had 1980 wel bewezen. De ingreep zou hernieuwde stakingsgolven uitlokken, protestacties die opnieuw zonder resultaat zouden blijven. Werkgevers zouden achteroverleunen, terwijl vakbonden verder zouden afkalven en deels radicaliseren. Een deprimerend maar realistisch scenario.

Kok zag geen uitweg, voelde zich opgesloten in een vossenhol met alle uitgangen dichtgemetseld. Gelukkig was hij niet alleen.

Chris van Veen was niet radeloos, maar wel ongelukkig. Op het eerste gezicht rolde het politieke balletje precies in zijn richting: een kabinet van CDA en VVD met een stabiele parlementaire meerderheid van 81 zetels zou vast een werkgeversvriendelijk beleid gaan voeren: lastenverlichting, deregulering en dergelijke. Waar Van Agt in zijn 'grote schoonmaak' faalde, zou Lubbers kunnen slagen, ook omdat de VVD zo veel sterker was geworden. Van Veen was echter allerminst blij met het vooruitzicht van een nieuwe loonmaatregel.

Deze zou de overheidsinvloed op het arbeidsvoorwaardenoverleg slechts continueren, zou de compromisbereidheid verminderen, zou de sociale vrede alleen maar verstoren en zou de bonden tot allerlei inhaalmanoeuvres en zelfs destructieve bewegingen kunnen verleiden. De vakbeweging verloor wel aan kracht, maar ze was nog lang niet krachteloos: ze zou nog ernstig dwars kunnen liggen. Gezamenlijk verantwoordelijkheid tonen in bedrijfstakken en ondernemingen – Van Veens ideaal bij een gedifferentieerder wordende economie en een internationaler optredend bedrijfsleven – zou weer vele jaren ver weg zijn. Binnen het VNO dreigde hierover ook tweespalt te ontstaan, vooral met Wim ter Hart, de voorzitter van de metaalwerkgevers. Van Veen nam Kok in vertrouwen.

Kok en Van Veen kwamen elkaar natuurlijk geregeld tegen, vooral in de Sociaal-Economische Raad. In de late zomer van 1982 nam het aantal contacten toe, ook buiten hun 'Haagse instellingen'. Ze vergeleken hun analyses van politiek en economie met elkaar en lichtten elkaar bij over ontwikkelingen in eigen kring. Vanzelfsprekend met respect voor elkaars positie en inachtneming van daarbij behorende grenzen, deelden ze ook hun zorgen. Daardoor kreeg Van Veen de indruk dat de vakbeweging gevoeliger werd voor het probleem van de arbeidskosten voor de werkgevers. En daardoor groeide bij Kok het vertrouwen dat de FNV niet per se tegenover een gesloten front van kabinet én werkgevers zou komen te staan.

Beiden maakten zich zorgen over de explosief groeiende werkloosheid. Alleen een combinatie van economisch herstel en herverdeling van arbeid zou hier het hoofd aan kunnen bieden. Maar zou economisch herstel niet ten laste van de werknemers gaan? En zou herverdeling van arbeid niet ten koste van de werkgevers gaan? Over oplossingen spraken ze nog niet. Het bleef bij aftasten, maar het onderlinge vertrouwen groeide. De weerzin tegen de te verwachten looningreep schiep een band.

Lubbers, die halverwege de formatiebesprekingen de teruggetreden Van

Agt als CDA-leider had opgevolgd, was geen liefhebber van loonmaatregelen. Maar als ze werkgevers en werknemers in beweging konden krijgen, wees hij ze als tactisch middel niet af. En als ze niet wilden bewegen, tja...[50] In dit geval werkte het middel. Eind oktober bereikten de coalitiepartijen overeenstemming over het regeerakkoord, 34 miljard aan bezuinigingen en een loonpauze incluis. Op 7 november stond het kabinet-Lubbers op het bordes van paleis Huis ten Bosch. De regeringsverklaring aan de Kamer zou op maandag 22 november volgen.

Kok en Van Veen hadden nu alle reden hun besturen te raadplegen. De FNV-Federatieraad begreep in overgrote meerderheid dat het zinvol was het centrale gesprek met de werkgevers aan te gaan. Kok informeerde de bondsvoorzitters over Van Veens bereidheid te praten. Die had echter wel een belangrijke voorwaarde voor een opening: de vakbeweging moest minder star met de prijscompensatie omspringen. Kok maakte duidelijk dat zonder akkoord de vakbeweging sowieso 2 procent korting op de lonen zou moeten slikken, daar zou de loonmaatregel van het kabinet wel voor zorgen. Die korting kon nu dus bij de werkgevers worden ingezet, maar dan om daar herverdeling van werk voor terug te krijgen. Dit paste toch geheel in de recente FNV-nota 'Maak werk'?[51] En of je dat nu 'initieel' of prijscompensatie noemde, in het loonzakje van de werknemers zou het toch niets uitmaken? Kok kreeg van de vergadering de vrijheid om te gaan praten. 'Zie maar wat je kunt versieren,' zeiden de bondsvoorzitters.[52]

Van Veen daarentegen ontmoette bij zijn achterban veel meer weerstand. Waarom zouden de werkgevers moeten gaan praten? Zonder iets te hoeven doen konden zij 2 procent loonkorting incasseren. En wie weet zat er bij het nieuwe kabinet nog meer in het vat. Van Veen zag juist kansen voor het overleg: nu de nood hoog was, bestond er een unieke gelegenheid om van de prijscompensatie af te komen. Een looningreep klonk misschien aardig, maar die leidde toch alleen maar tot frustratie bij en inhaalmanoeuvres van de vakbonden. Maar Van Veen begreep de boodschap: hij kon gaan praten, maar mocht niet het initiatief nemen. Zijn achterban was de rituele dansen rond het centraal overleg beu.

Vandaar dat niet Van Veen maar Kok contact zocht met de nieuwe premier Lubbers. Hij wilde een informeel gesprek van sociale partners met het kabinet nog vóór het afleggen van de regeringsverklaring. Zo kwam het dat het kabinet op 17 november 's morgens met de Stichting van de Arbeid bijeenkwam. Van Veen noemde de eventuele looningreep daar een principiële fout. Werkgevers en werknemers moesten toch de gelegenheid krijgen hun uiterste best te doen om zo'n ingreep te voorkomen? Kok, die dit in zijn interventie niet had voorbereid, maar wel was bevangen door het historisch gewicht van de situatie, antwoordde dat Van Veens woorden hem uit het hart waren gegrepen. Maar Van Veen moest het niet bij woorden laten; hij wilde daarom de volgende ochtend om 10.00 uur met hem het gesprek aangaan.

Omdat Kok en Van Veen hun inbreng vooraf niet op elkaar hadden afgestemd, bleef die uitnodiging tijdens deze bijeenkomst in de lucht hangen. Mede daarom eindigde het gesprek met het kabinet zonder enig resultaat; de sociale partners draaiden hun bekende verhalen weer af, het nieuwe kabinet gaf geen krimp. Ontgoocheld spraken Van Veen en Kok op de persconferentie erna. Van Veen gaf weer aan waarom hij een looningreep faliekant fout vond. En Kok, deze keer met nog meer nadruk, kaatste terug dat hij de volgende ochtend het gesprek met de werkgevers wilde beginnen. Daarbij wekte hij de indruk dat de werkgevers liever de prijscompensatie betaalden dan dat zij over arbeidstijdverkorting spraken. Van Veen zei daarop, geheel op eigen gezag want toestemming van zijn achterban had hij niet, dat hij – mits er ook over rendementsherstel en mogelijkheden voor economische groei kon worden gesproken – het gesprek wilde aangaan. De race tegen de klok was begonnen.

De volgende ochtend om 10.00 uur zaten de sociale partners bij elkaar in het gebouw van de Stichting van de Arbeid. Van vakbondszijde waren dat Wim Kok en zijn collega's Harm van der Meulen (CNV) en Henk van der Schalie (MHP). Voor de werkgevers zaten er, naast Chris van Veen, Steef van Eijkelenburg (NCW, de christelijke werkgevers), Wouter Perquin en Sijko Veninga van de verbanden van het midden- en kleinbedrijf alsook Joris Schouten namens de drie landbouworganisaties. Allen waren door medebestuurders en stafleden vergezeld, bij elkaar een kleine veertig personen, niet echt bevorderlijk voor een indringend gesprek.[53] Het duurde dan ook tot halverwege de middag. Er kwamen teksten, eerst van de werkgevers, toen van de werknemers. De thema's lagen ruwweg voor de hand: decentralisatie van het arbeidsvoorwaardenoverleg, loonmatiging voor rendementsherstel en arbeidstijdverkorting voor het behoud en scheppen van werk alsook speciale aandacht voor jeugdwerkloosheid. De teksten waren weinig precies, lieten veel ruimte voor interpretatieverschillen. De uitkomst tekende zich nog niet af. Alleen een looningreep werd algemeen afgewezen. Aan het slot nam Van Veen, daartoe uitgedaagd door Kok, het initiatief voor een vervolgoverleg de volgende ochtend, weer bij de Stichting.

Na afloop spraken Kok en Van Veen alleen verder, deze keer bij Van Veen thuis in Wassenaar.[54] Ze stelden daar de hoofdpunten vast. Van Veen belde met zijn directeur Sociale Zaken Ad Dortland, schetste hem de contouren van een akkoord zoals hij en Kok dit voor zich zagen, en vroeg hem dit voor de volgende ochtend uit te werken. Dortland, die een goede band had met zijn FNV-collega Frans Drabbe, begreep het belang van deze opdracht. Hij vroeg zijn rechterhand Jan Willem van den Braak een eerste concept voor te bereiden. Deze werkte die avond en een deel van die nacht door aan het opstellen van de tekst. Veel ervan kon hij ontlenen aan een eerder concept-Stichtingsrapport over werkgelegenheid en arbeidsduur. Dat hadden Frans Drabbe en zijn toenmalige VNO-collega Jos Crijns in de herfst van 1981 geschreven, overigens zonder dat sociale partners het daarover eens konden worden. Die avond hield Kok, net als de avond ervoor, een telefonische conferentie met zijn bestuur en de bondsvoorzitters. Hij stelde hen op de hoogte van het verloop, besprak met hen de werknemerstekst en stelde vast dat hij nog steeds steun van zijn achterban had. Bram Buijs van de Bouwbond moedigde hem aan met: 'Ga voor een deal.'[55]

Op vrijdag 19 november werd aan de hand van Van den Braaks tekst verder gesproken. Ook Kok aanvaardde dit als basis voor het gesprek; hij herkende er veel van zijn eigen gedachten in. De stemming was constructief en aan het eind lag er een globaal conceptakkoord. Op een soort vanzelfsprekende manier namen Kok en Van Veen de regie; iedereen voelde dat ze het onderling al eens waren, maar niemand durfde hier zelfs maar naar te hinten, laat staan dit subtiele proces te verstoren.[56] 's Middags werd de tekst in de studeerkamer van Van Veen in Wassenaar verder afgerond door Kok en Van Veen met Drabbe en Dortland. In kleine kring konden zij het achterste van hun tong laten zien.[57] De doorbraak was een feit: de vakbeweging onderschreef de noodzaak van rendementsherstel voor de ondernemingen en liet daarvoor het automatisme van de prijscompensatie schieten. Daar stond tegenover dat de werkgevers zich verbonden aan de noodzaak van herverdeling van arbeid in de vorm van arbeidsduurverkorting, deeltijdwerk en bestrijding van de jeugdwerkloosheid. Dit alles kreeg de vorm van aanbevelingen voor cao-partners in de bedrijfstakken en ondernemingen. Daar moest het werk worden verricht.

Van Veen had het nog zwaar dit akkoord er bij zijn achterban door te krijgen. In zijn bestuur was er een sterke minderheid die hem weer terug naar de onderhandelingstafel wilde sturen. Met de nodige moeite wist hij dit te vermijden.

Voor Kok was het eenvoudiger. Zijn Federatieraad toonde zich tevreden met het bereikte resultaat. 'Goed gevoetbald,' was de eerste loftuiting, van Arie Groenevelt nog wel.[58] De andere bonden volgden. Alleen de Voedingsbond lag even dwars: die wilde de prijscompensatie niet inleveren voor werk.[59] Kok had daarop gerekend. Hij had bedongen dat de per 31 december 1982 contractueel vastgelegde prijscompensatie niet kon worden ingezet voor winstherstel of arbeidstijdverkorting als een van de cao-partijen het daarmee oneens was. Met minister De Koning van Sociale Zaken werd op de avond van 19 november nog afgesproken dat deze daarvoor met spoed een speciaal 'parapluwetje' aan de Kamer zou aanbieden, dat de prijscompensatie in lopende cao's buiten werking stelde, maar ook dit vetorecht vastlegde. Schellings slechtbetaalde leden zouden dus niet hoeven inleveren.[60]

Nadat alle andere sociale partners telefonisch met het resultaat hadden ingestemd, verklaarden Lubbers en De Koning op zaterdagmorgen dat het kabinet zou afzien van de loonmaatregel.[61] De volgende dag werd nog snel een inlegvel hierover gevoegd bij de reeds gedrukte tekst van de regeringsverklaring. Op maandag 22 november 1982 las premier Lubbers in de Tweede Kamer het Akkoord van Wassenaar voor als onderdeel van de regeringsverklaring.

De ommekeer

Op dinsdag werd in een Stichtingsoverleg vastgesteld dat alle partijen van de eigen achterban voldoende mandaat hadden gekregen en vervolgens werden nog wat losse draadjes in de tekst aan elkaar geknoopt.[62] Op woensdag 24 november ondertekenden Kok, Van Veen en de andere voorzitters van werkgevers en werknemers het akkoord. Officieel heette het 'Centrale aanbevelingen inzake aspecten van een werkgelegenheidsbeleid'. De tekst was summier en voor meer dan één uitleg vatbaar. Het vertrouwen tussen Kok en Van Veen lag er echter aan ten grondslag: zij wisten wat ze hadden afgesproken. Bij de vakbondsleden lokte het akkoord niet onmiddellijk applaus uit: was er niet te veel weggegeven?[63] In de volgende jaren werden er echter talloze cao's afgesloten waarin arbeidstijdverkorting werd gerealiseerd, met circa 2 procent per jaar.[64] Bestaande banen konden daarmee vaak worden behouden, terwijl gaandeweg nieuwe kans op werkgelegenheid ontstond voor Nederlandse bedrijven die met beheerste loonkosten de slag met buitenlandse concurrenten beter aankonden. De werkloosheid piekte twee jaar na het akkoord nog op bijna zevenhonderdduizend personen en begon daarna te dalen. Daaraan droegen overigens ook andere ontwikkelingen bij, zoals het herstel van de wereldhandel.

Belangrijk was de verandering van klimaat. De crisis was zo diep en de urgentie zo groot, dat zich een nieuwe consensus aftekende. Werkgevers en vakbonden waren het erover eens dat economisch herstel betere rendementen vergde en dat daarvoor een gematigde loonontwikkeling onmisbaar was. De lonen stegen nog wel, maar minder: de arbeidsinkomensquote begon na 1982 te dalen. Nu er overeenstemming over was dat bestrijding van de werkloosheid een gemeenschappelijke topprioriteit diende te zijn, konden ook individuele werkgevers erop worden aangesproken. Want daarover was men het eens: arbeidsvoorwaarden behoorden nu het domein van de bedrijfstakken te zijn, niet van de centrales van werkgevers en werknemers, laat staan van bemoeizuchtige kabinetten.[65] De bonden zetten zich in hun onderhandelingen ervoor in greep op de werkgelegenheid in de ondernemingen te krijgen, op de kwantiteit maar ook kwaliteit daarvan. De in 1979 versterkte ondernemingsraden versoepelden dit proces. In de woorden van Kok: 'Het Akkoord van Wassenaar was het sluitstuk van een proces en tegelijkertijd het begin van een nieuwe periode.'[66]

Het Akkoord van Wassenaar droeg ook bij aan een nieuw elan in de Stichting van de Arbeid.[67] Er kon weer gezamenlijk worden nagedacht over het beleid dat op verscheidene terreinen moest worden gevoerd. Er kwam een indrukwekkend aantal akkoorden over de werkgelegenheid, de werking van de arbeidsmarkt en de positie van deelgroepen tot stand, bijvoorbeeld in 1984 over jeugdwerkloosheid, in 1986 over langdurig werklozen en over vrouwen en in 1990 over etnische minderheden. Het vertrouwen tussen werkgevers en vakbonden was zo groot geworden, dat in een enorm tempo van alles kon worden geregeld. Intussen grepen regeringen niet meer naar het instrument van loonmaatregelen. Die tijd was voorbij,[68] ook al zou de vakbeweging in 1983 nog een groot conflict met het kabinet-Lubbers uitvechten. Kok kwam er middenin te staan.

8
'Samen lappen'

KOK BOOS OP LUBBERS: BONDEN MOCHTEN NIET SOLIDAIR ZIJN MET DE UITKERINGSTREKKERS (18 NOVEMBER 1983).

Woedend was Kok. Niet zomaar functioneel boos, maar gewoon ziedend. Hij reageerde zó emotioneel, dat zijn medewerkers vreesden dat hij voor televisiekijkend Nederland in tranen zou uitbarsten of op z'n minst zou gaan vloeken, wat hij ook bijna echt deed. Grote woorden gebruikte hij. Lubbers maakte zich schuldig aan 'een ongeëvenaarde en ongehoorde opstelling' en aan 'pure arrogantie van de macht'. De premier was een 'dictator', die het de vakbeweging 'hooghartig verbood onderlinge solidariteit te tonen'. Solidariteit tussen werkenden en niet-werkenden, de uitkeringstrekkers, werd door de premier eenvoudigweg onmogelijk gemaakt. Het vormde voor Kok het dieptepunt van wat voor hem toch al niet een gemakkelijke periode was.

Het was 1983, het jaar van de aanslag op het 'trendbeleid', op de inkomens van het overheidspersoneel. Het was dan ook het jaar van een 'hete herfst', de grootste en langste ambtenarenstaking in de Nederlandse geschiedenis. Daar had Kok op de achtergrond krachtig aan bijgedragen. Maar wat hem het meest aan het hart ging, waren de sociale minima. Die waren in een en dezelfde moeite ontkoppeld en op forse achterstand gezet. En voor hen werd niet gestaakt. Daarvoor moest iemand een schild vormen, een 'schild voor de sloebers'.[1]

Ruud Shock

Niet Dries van Agt werd in de herfst van 1982 minister-president, maar Ruud Lubbers. Van Agt was 'uitgeregeerd', zag in Jan de Koning zijn opvolger, maar deze verwees hem door naar Lubbers. Midden in de kabinetsformatie vond deze ongebruikelijke wisseling van de wacht plaats. Lubbers had op zijn jonge leeftijd (43 toen) al een bijzondere loopbaan achter de rug. Econoom met levensbeschouwelijke belangstelling, directeur van zijn Rotterdamse familieonderneming, KVP'er met radicale aanvechtingen, minister van Economische Zaken in het kabinet-Den Uyl, voorzitter van de CDA-fractie na het aftreden van Willem Aantjes, een man die al koorddansend het embryonale CDA – en daarmee ook de kabinetten van Van Agt – op de been hield: hij was, kortom, een 'man van alle seizoenen'.

Met Wim Kok voelde Lubbers zich redelijk vertrouwd. Ze waren praktisch leeftijdgenoten. Tijdens het kabinet-Den Uyl dronken ze samen wel eens een kop koffie, met Wim wilde Ruud ook wel 'meedenken'. Tijdens het eerste kabinet-Van Agt toonde hij zich gevoelig voor de kritiek – ook van Kok en zijn FNV – op het bezuinigingsprogram Bestek '81 en sleep daar, samen met de 'loyalisten' in zijn fractie, een paar scherpe kantjes vanaf. Ook bij de kernwapens dreef hij het niet op de spits; integendeel, in de grote demonstratie in Amsterdam in de herfst van 1981 liep hij mee. In de zomer, tijdens de formatie van wat het kabinet-Van Agt II zou worden, speelde hij met de gedachte Den Uyl in te wisselen voor Kok en Van Agt voor zichzelf: deze 'dameruil' zou de noodlottige polarisatie tussen PvdA en CDA kunnen stoppen.[2] In november 1982 maakte minister-president Lubbers met zijn aangekondigde loonpauze de grond rijp voor het Akkoord van Wassenaar. Het akkoord was nog niet gesloten, of hij trok de loonmaatregel al in. En deze behendige 'jeune premier' was een jaar later voor Kok een dictator. Wat was er gebeurd? Wat was er veranderd?

Wat Van Agt niet was gelukt, daar wilde Lubbers juist slagen. Gedragen door een comfortabele confessioneel-liberale meerderheid van 81 zetels en verenigd op een program van economisch herstel en financiële soberheid, richtte het kabinet-Lubbers zich op een koerswending. Die achtte het hoognodig, gelet op de steeds verder oplopende werkloosheid, het steeds grotere beslag op de sociale zekerheid, en de steeds meer uit de rails lopende overheidsfinanciën.[3]

Er moest iets gebeuren en daarvoor leek ook groeiende steun te bestaan. Een deel van de problemen kwam van buiten. Aan de wereldwijde recessie kon niet zoveel worden gedaan, daarvoor moest gewoon op betere tijden worden gewacht. Een ander deel was echter van eigen makelij, als het ware in eigen huis gefabriceerd. Het ging daarbij vooral om de drie eerdergenoemde 'automatismen': de automatische prijscompensatie, de netto-nettokoppeling en het trendbeleid, en hun onderling versterkende druk op het loonpeil en de collectieve uitgaven bij geringe of zelfs afwezige economische groei.

In Nederland greep de economische ellende daarom dieper in dan in de omringende landen en had de overheid ook minder ruimte voor het geven van tegengas. Los van het financieringstekort en de staatsschuld had dit laatste ook te maken met de inzet van de aardgasbaten: die werden veel minder gebruikt voor productieve investeringen dan voor het stutten van de koopkracht via de collectieve sector.[4] Gesteld tegenover deze grote problemen voelde Lubbers zich, misschien wel tegen zijn natuur in, gedwongen systematisch te hervormen, zelfs 'puin te ruimen'. Hij wilde de ontwikkeling van het land echt keren, gezien ook zijn latere dreigement dat hij zou aftreden als de werkloosheid het miljoen zou overschrijden. In elk geval wilde hij met zijn kabinet langs drie sporen optrekken: sanering van de overheidsfinanciën, versterking van het economisch fundament en verdeling van de bestaande arbeid. Het Akkoord van Wassenaar hielp hem al behoorlijk op streek, reden waarom Lubbers dit akkoord integraal in zijn regeringsverklaring opnam.

Kok en Van Veen hadden voor de marktsector afgesproken dat de lonen zouden worden gematigd voor rendementsherstel en arbeidstijdverkorting. Daarmee was in feite het automatische karakter van de prijscompensatie buiten werking gesteld. De loonkosten werden teruggedrongen en de groei van de werkloosheid kon ermee worden afgeremd. Het kabinet kon de voorziene loonmaatregel terzijde schuiven. De werknemers in de collectieve sector vielen echter buiten het Akkoord van Wassenaar.[5] De overheid als werkgever was in de Stichting van de Arbeid immers niet vertegenwoordigd. Het nieuwe kabinet deelde als onderdeel van zijn bezuinigingspolitiek mee dat de lonen van overheidspersoneel en de sociale uitkeringen meteen op de nominale nullijn zouden worden gezet: voor zo'n 2 miljoen personen dus geen inflatiecorrectie. Ook werden voor de verdere toekomst reële kortingen op de ambtenarensalarissen en de uitkeringen aangekondigd. Daarmee zou zowel het trendbeleid als de netto-nettokoppeling formeel worden doorbroken.

Alle drie de gewraakte automatismen werden als het ware binnen een week uitgeschakeld. Geen wonder dat op de dag dat Lubbers de regeringsverklaring uitsprak het spoorwegpersoneel staakte.[6] Het vormde een vooraankondiging van de 'hete herfst' die een jaar later zou volgen. Oppositieleider Den Uyl zette zich daarom, ondanks zijn begrip voor de noodzaak van bezuinigingen op de overheidsbegroting en van beheersing van de arbeidskosten, met alle kracht af tegen de doorbreking van de solidariteit tussen inkomensgroepen en tussen werkenden en uitkeringstrekkers die Lubbers zei te gaan inzetten.[7]

Maar Lubbers meende dat een 'no-nonsensebeleid' – een term door hem gemunt – onvermijdelijk was: een zakelijk beleid zonder onnodige poespas, waarbij hij onaangename beslissingen niet uit de weg zou gaan. Het was de tijd van Ronald Reagan en Margaret Thatcher, die propageerden dat voor de werkloosheid de overheid niet de oplossing maar het probleem vormde: 'neoliberale aanbodeconomie'. In januari 1984 werd Lubbers, nadat hij de woede van de ambtenaren had weerstaan, door het Amerikaanse weekblad *Time* bewonderend tot 'Ruud Shock' gekroond.[8] In die rol zou Wim Kok hem nog tegenkomen.

Het omstreden trendbeleid

Het trendbeleid was het oudste van de drie automatismen. Ingevoerd in 1963 door de VVD-minister van Binnenlandse Zaken Edzo Toxopeus, was het bedoeld de kwaliteit van de Rijksdienst op te krikken. Ambtenaren hadden weliswaar een vast dienstverband en konden alleen met de grootste moeite worden ontslagen, maar hun inkomens liepen duidelijk achter bij die in de marktsector. Bovendien werden deze eenzijdig vastgesteld door de overheid, hun werkgever. Hun bonden konden hierover geen overleg voeren; zij mochten ook geen stakingen uitroepen, want ambtenaren hadden geen recht van staking. De maatregel die Toxopeus nam hield in dat de ambtenarensalarissen voortaan werden gekoppeld aan de gemiddelde loonstijging in de belangrijkste cao's, anders gezegd: aan de trend. Ook hun pensioenen werden structureel verbeterd en met de stijgende welvaart verbonden.

Dit zogenoemde trendbeleid gold voor de ambtenaren in dienst van het rijk, provincies en gemeenten alsook andere overheidslichamen. Bovendien betrof het werknemers in de semioverheidssector, zoals het onderwijs en de gezondheidszorg. Deze laatsten heetten in de wandeling 'trendvolgers'. Alles bij elkaar ging het om vele honderdduizenden werknemers, vanaf de jaren zeventig al snel meer dan een miljoen. Zolang de economie stevig groeide, was dit een populair beleid. Het verzekerde de overheid van een professioneel en loyaal ambtenarenkorps, terwijl het land in het algemeen baat had van de bodem die ermee in de koopkracht werd gelegd.

In een tijd dat de Nederlandse economie nog niet werd gekenmerkt door sterk uiteenlopende productiviteitscijfers, vormde het trendbeleid een nuttig instrument voor evenwichtige arbeidsvoorwaarden voor de samenleving als geheel. De werkgevers verzetten zich er niet tegen, terwijl de marktbonden van werknemers in de marktsector er veel begrip voor toonden. Zij hadden profijt van een goed functionerende overheid en steunden de rechtspositie van het daarin werkzame personeel. Bonden van ambtenaren en semioverheidspersoneel maakten ook deel uit van de vakcentrales.

Zo telde het NVV de Algemene Bond van Ambtenaren (Abva) tot zijn leden, terwijl de Katholieke Bond van Overheidspersoneel (Kabo) tot het NKV behoorde. Andere NVV-bonden van overheidspersoneel waren die van bijvoorbeeld onderwijzers (ABOP) en politiepersoneel (NPB). Helemaal vanzelf sprak hun lidmaatschap van de vakcentrales overigens niet. Zeker in de jaren zestig voelde menig ambtenaar zich een typische 'witteboordenwerker', die niet automatisch thuishoorde bij de 'blauwe boorden' van stukadoors, vrachtwagenchauffeurs en havenarbeiders die de vakcentrales in meerderheid bevolkten. Tegelijk werden zij door het gedeelde belang van solidair werknemerschap echter met elkaar verbonden.

Zolang als het duurde. Toen in het midden van de jaren zeventig de groei uit de economie raakte en de stagnatie in verscheidene bedrijfstakken oplopende werkloosheid met zich meebracht, kwamen de eerste symptomen van onderlinge fricties aan de oppervlakte. Het begon over en weer aan empathie te ontbreken. Voorzitters van marktbonden, Groenevelt voorop, wezen erop dat steun voor het trendbeleid niet zonder wederkerigheid ging. Als zijn leden onder werkloosheid en loonmatiging moesten lijden, dan kon het toch niet zo zijn dat het overheidspersoneel zich nergens iets van hoefde aan te trekken? Temeer omdat die loonmatiging onder andere nodig was om de collectieve uitgaven, waaronder de ambtenarensalarissen, te beschermen?

Voor de ambtenaren en hun vertegenwoordigers was dit schoppen tegen het zere been. Zij beschouwden het trendbeleid als heilig en verkondigden dat hun rechtspositie onaantastbaar was omdat het hierbij om 'verworven rechten' ging. De interne bondsdiscussies hierover konden hoekig zijn, hielden zich niet steeds aan regels van betamelijkheid en fatsoen. Toen in 1976 uit berekeningen van het ministerie van Financiën bleek dat weeffouten in het systeem van het trendbeleid ertoe bijdroegen dat ambtenaren er verhoudingsgewijs beter voor stonden dan werknemers in het bedrijfsleven en dat een correctie van een half procent per jaar nodig was om dit verschil weg te werken, was het vakbondshuis bijna te klein.

De nieuwe voorzitter van de Abva, Jan Dutman, besloot de snieren over en zelfs aanvallen op het trendbeleid minder over zijn kant te laten gaan, wat aanleiding gaf tot frequente aanvaringen in de Federatieraad (en soms erbuiten). Hij schreef in 1977 een open brief aan de voorziene nieuwe premier Joop den Uyl om hem op het hart te drukken dat de vele PvdA-stemmende ambtenaren een ingreep in hun salarissen niet voor lief zouden nemen. Den Uyl week voor dit verholen dreigement, maar Dries van Agt – de echte premier van het nieuwe kabinet – pakte door. Diens bezuinigingsprogramma Bestek '81 voorzag precies in die geopperde jaarlijkse korting met een half procent, en dat in elk geval voor de duur van het kabinet. Van Agt deed dit niet om het beloningsverschil tussen ambtenaren en andere werknemers terug te brengen, maar om de overheidsfinanciën op orde te brengen. Mede door de gebrekkige uitvoering van Bestek '81 is die korting er niet helemaal van gekomen, maar de stemming in de FNV-Federatieraad werd er toch niet beter door.

Voorzitter Kok moest geregeld ingrijpen en als een soort bovenmeester de kiftende en dreigende bondsvoorzitters uit elkaar halen en tot de orde roepen. Diep in zijn hart deelde hij de kritiek vanuit de marktbonden wel; in elk geval vond hij dat de ambtenarenbonden zich tegenover die problemen wel wat meer invoelend en solidair konden opstellen. Tegelijk besefte hij dat de laatsten het niet eenvoudig hadden, gegeven de hete adem die zij in hun nek voelden van 'categoriale' overheidsbonden.[9] Deze konden immers onbekommerd voor het specifieke belang van hun leden opkomen, zonder op andere belangen acht te hoeven slaan.

Kok moest dus niet alleen bovenmeester spelen, maar ook psycholoog en relatiebemiddelaar: luisteren, aandacht schenken, een klankbord bieden. Daarnaast kritische opmerkingen maken en begrip kweken voor de andere bonden en ook voor de regering, die met een zorgelijke financieel-economische problematiek kampte. Bovendien moest hij voor de buitenwacht zo goed mogelijk de eenheid in de FNV bewaren, wat hij onder andere deed door de bonden erop te wijzen dat zij hun vuile was niet buiten moesten hangen maar hun geschillen binnenskamers moesten oplossen. Ook moest hij hun steeds weer de toegevoegde waarde van hun lidmaatschap van een vakcentrale voorhouden. Een 'brede' vakbeweging bood ook de overheidsbonden immers veel voordelen en tevens bescherming. Maar dat moest Kok, toen puntje bij paaltje kwam, wel waarmaken.

Wim Kok en de uitkeringen

Anders dan het trendbeleid was de netto-nettokoppeling helemaal niet omstreden in de vakbeweging. Voor het scheppen van inkomensgaranties waren vakbonden in de negentiende eeuw ooit opgericht. Arbeiders die ziek werden of hun werk kwijtraakten, mochten niet aan de bedelstaf raken. Zij richtten per beroepsgroep of bedrijfstak steunkassen op om onderling voor elkaar te kunnen zorgen: zo'n lot kon immers iedereen treffen. Geleidelijk speelden ook overheden een rol bij het voorkomen van zo'n armoedeval – de oorsprong van de verzorgingsstaat –, maar in de vakbeweging bleef het besef waar het hierbij om ging nog lang springlevend. Sociale rechtvaardigheid stond hierbij op het spel. Toen het kabinet-Den Uyl op aandrang van het parlement in 1975 de zogeheten netto-nettokoppeling invoerde, werd dit door de vakbeweging algemeen begroet. Het werd als een belangrijke verworvenheid gezien, een sociaal winstpunt.

Het ging hierbij praktisch om gelijkschakeling van de laagste uitkering in de WW, WAO, AOW, Bijstand en dergelijke met het (verhoogde) wettelijk minimumloon, beide berekend in nettobedragen – dus na aftrek van belastingen en sociale premies. Dat deze koppeling ook zou doorwerken in de last van de collectieve uitgaven, en daarmee in de kosten van arbeid, werd aanvankelijk niet goed onderkend of in de nog sterk levende hoop op betere tijden voor lief genomen. Ook vakbondsleiders als Groenevelt en Schelling, die toen al bezig waren hun geloof in de progressieve zegeningen van het kabinet-Den Uyl te verliezen, waren met deze sociale inkomenspolitiek danig in hun sas. Hetzelfde gold voor Wim Kok.

Bij Kok – en bij zijn collega's waarschijnlijk niet minder – speelde ook de herinnering aan het ouderlijk huis. Aan zijn ouders, die voor en in de oorlog zware tijden hadden beleefd en die vanaf 1945 nog lang in de vrees van ontslag en een terugval in inkomen hadden geleefd. Hun angst en beven had hij bijna lichamelijk verinnerlijkt en zich in elk geval sterk aangetrokken. Een rechtvaardige samenleving, zo vond hij (toen en later), moet een vangnet spannen voor diegenen die zonder werk komen te zitten of door een of andere belemmering onvoldoende inkomen kunnen verwerven. De aanwezigheid in zijn gezin van een meervoudig gehandicapte zoon speelde hierbij zeker een rol. Dat Wims vader aan het eind van zijn werkzame leven door stoflongen arbeidsongeschikt werd, ook.

Trampoline versus vangnet. Dat het voor een uitkeringsgerechtigde ook voldoende lonend moet zijn om, zo mogelijk, weer aan het werk te gaan, dat de sociale zekerheid anders gezegd niet alleen een vangnet moet bieden maar ook als een 'trampoline' moet fungeren, dat speelde in die tijd, ook bij Kok zelf, minder een rol. Sociale bescherming woog toen het zwaarst. De discussies van Frans Drabbe met zijn medewerkers over de sociale zekerheid gingen in die tijd over alternatieve financieringsmodellen, niet over mogelijkheden voor activering van uitkeringstrekkers.[10] Dat had er ook mee te maken dat er toen niet zo veel kans op werk bestond: de werkloosheid begon snel op te lopen. In plaats van het terugduwen van uitkeringstrekkers naar de arbeidsmarkt leek het herverdelen van bestaand werk eerder geboden. Dat was Koks bedoeling met het Akkoord van Wassenaar.[11]

Jan, Jaap en de anderen

Wim Kok had in de top van de FNV veel soorten vlees in de kuip. Voor een deel had dat met verschillen in persoonlijk karakter te maken, voor een belangrijker deel echter met verschillen in vakbondsachtergrond. Van de radicale (maar ook realistische) hemelbestormer Arie Groenevelt van de Industriebond[12] tot de broodnuchtere Jakob Draijer van de Grafische Bond,[13] van de flamboyante volkstribuun Cees Schelling van de Voedingsbond[14] tot de constructieve verbinder Bram Buijs van de Bouwbond[15] en de strijdvaardige Karin Adelmund van de Vrouwenbond:[16] ze waren alle bijzondere persoonlijkheden die met kracht voor de belangen van hun leden opkwamen en tegelijk het beleid van de FNV als geheel in hun richting probeerden te sturen. Het resultaat was een vakcentrale die bruiste en soms zelfs kookte, maar die zich steeds dicht bij het kloppend hart van werkend Nederland ophield.

Voor Kok was het een voorrecht deze organisatie te mogen leiden, maar in omstandigheden van aanzwellende sociaaleconomische tegenwind ook een steeds uitdagender opgave. Hij prees zich dan ook gelukkig omringd te zijn door een aantal betrouwbare en markante medebestuurders die hem het leiden verlichtten. Over Wim Spit, de koersvaste maar ook goedlachse voorzitter van het NKV, spraken we al.[17] In 1981 werd hij door Herman Bode opgevolgd als vicevoorzitter van de FNV, een immens populaire, toegankelijke Twentenaar, die voor de sociale zekerheid onwankelbaar op de bres stond.[18] Het katholieke esprit van deze twee oud-NKV'ers werd in evenwicht gehouden door de veeleer protestantse ethiek van oud-NVV'ers Piet Damming[19] en Frans Drabbe,[20] de een een Drent, de ander een Zeeuws-Vlaming. De eerste was een groot organisator van de nieuwe vakcentrale, de tweede een gerenommeerd loondeskundige, als zodanig nauw betrokken bij de totstandkoming van het Akkoord van Wassenaar. Spit, Bode, Damming en Drabbe waren voor Wim Kok onmisbaar in de vorming van de gefuseerde FNV; ieder was op zijn eigen wijze een vertrouwde sparringpartner voor zijn voorzitter.

Het is al gezegd: ambtenarenbonden weken in hun samenstelling en werkwijze wat af van hun collega-marktbonden in de FNV. Dat gold ook voor hun bestuurders. Vooral in de jaren zestig, aan het eind waarvan Wim Kok lid van het NVV-bestuur werd, waren de Abva-voorzitters wat 'deftig', in elk geval afstandelijk. Dit bleef zo tot 1976, toen Jan Dutman de leiding overnam. Deze was helemaal niet deftig en ook niet erg voorkomend. Zijn taalgebruik was helder en eenvoudig, rechttoe rechtaan. Op zijn hoofd droeg hij altijd een petje, soms met een pluimpje erop. En zijn acties waren eendimensionaal. Op bijdragen van zijn kant over de algemene complicaties van de verslechterende economische omstandigheden en het moeilijker kunnen handhaven van de verworvenheden uit het verleden, kon voorzitter Kok hem in de Federatieraad zelden betrappen. Hij toonde weinig belangstelling voor de marktsector, leek ervan uit te gaan dat daar alles vanzelf ging. Zijn focus was geheel gericht op een dreigende aantasting van de rechten van het overheidspersoneel.

Overheidsmaatregelen, ook als het slechts om studies ging, werden door Dutman snel gerangschikt in de categorie van al dan niet 'dubbel pakken van ambtenaren'. Hij werd er onder ambtenaren populair mee en verwierf in de publieke opinie een zekere faam. Toen rond 1980 binnen de FNV de fricties toenamen en geopperd werd dat niet alles bij het oude kon blijven, sloeg bij Dutman al snel de vlam in de pan. Dit ging gepaard met dreigende woorden over het eventueel verlaten van de vakcentrale. Het is bij dreigementen gebleven, maar het heeft van Kok heeft veel tijd, energie en stuurmanskunst gevraagd om erger te voorkomen.

Jaap van de Scheur[21] volgde Dutman als voorzitter op, nadat Abva en Kabo in 1982 eindelijk waren gefuseerd. Hij was een authentieke vakbondsman, geboren in de Limburgse mijnstreek en opgegroeid in de Haagse Schilderswijk. Met hem en zijn karakteristieke stemgeluid kreeg de ambtenarenbond van de FNV een echt 'volks' gezicht. Hij trad aan in een tijd waarin het overheidspersoneel nog veel meer onder vuur kwam te liggen en was de activistische vakbondsleider die het toen nodig had. Daarmee verwierf hij landelijke bekendheid. Hij mobiliseerde en motiveerde de ambtenaren tegen de aangekondigde salariskortingen. Hij leerde zijn mensen staken. Hij was niet van het overleg, meer van het tegengeluid, tegen de gevestigde orde ('Als het kabinet voor is, zijn wij tegen'). Van de Scheur genoot van het succes en de publieke aandacht die hij kreeg. Hij had echter weinig aandacht voor de opinies van zijn collega's in Federatieraad en FNV-bestuur, die koortsachtig zochten naar manieren om de sociale gevolgen van overheidsmaatregelen te beperken en daarover met kabinet en werkgevers de dialoog aan te gaan.

Kok had het niet altijd makkelijk met Van de Scheur. Deze liet zich binnen de FNV niet kennen als een gesprekspartner met respect voor de inbreng van anderen, wat de sfeer niet altijd ten goede kwam. Van de Scheur verkreeg door de ambtenarenstaking nog grotere nationale bekendheid dan zijn voorganger Dutman. Daaraan droeg ook bij dat Wim de Bie hem gebruikte als model voor 'Aad van der Naad', die in die tijd op zondagavond in *Keek op de Week* de sociaal-politieke actualiteit van commentaar voorzag.[22]

Een hete herfst

De overheid was bij het Akkoord van Wassenaar geen partij. Het was dan ook niet zonder betekenis dat bij het debat over de regeringsverklaring op 23 november – een dag voordat Kok en Van Veen met de andere sociale partners het Akkoord van Wassenaar formeel ondertekenden – partijen in de Tweede Kamer er bij het kabinet als werkgever op aandrongen nu ook het overleg met de overheidsbonden te openen. Ook met hen moest iets vergelijkbaars worden afgesproken, al was het maar om ontkoppeling tussen publieke en particuliere sector te voorkomen en gelijke behandeling weer mogelijk te maken. Dit pleidooi kwam van zowel PvdA als CDA.[23]

Maar de overheid als werkgever voerde geen gelijkwaardig overleg met haar werknemers en hun vertegenwoordigers. Vandaar de eenzijdige bevriezing van de inflatiecorrectie voor overheidspersoneel en uitkeringen per 1 januari 1983. Vandaar ook de aankondiging van het kabinet op 16 juli 1983 van een nader ingevuld bezuinigingsplan ter hoogte van 12 miljard gulden, waarvan 3 miljard door ambtenaren en trendvolgers op te brengen en de rest door uitkeringsgerechtigden. Boven op een verdere bevriezing van de prijscompensatie zouden deze groepen nog eens 3,5 procent op hun inkomen worden gekort. In ruil hiervoor bood het kabinet de ambtenaren wel een arbeidstijdverkorting van 5 procent aan: de werkweek zou van veertig naar 38 uur gaan. Maar overleg hierover, ho maar.

De Abvakabo, de andere bonden van overheidspersoneel alsook de twee vakcentrales FNV en CNV uitten felle kritiek op dit dictaat. Wim Kok kondigde scherpe acties aan, maar tot Prinsjesdag bleef het rustig. In zijn reactie op de begroting noemde Kok de aangekondigde bezuinigingen 'dom, uitzichtloos, kortzichtig en contraproductief'.[24] Het voor de zomer uitgebrachte Urgentieprogram van de FNV, dat voor het eerst door het Centraal Planbureau op zijn uitwerking was doorgerekend, beloofde een sneller herstel van de economie en een eerdere afname van de werkloosheid teweeg te brengen.[25]

De FNV verklaarde zich bereid tot het verlenen van steun aan acties. De vier ambtenarenbonden kwamen nu in het geweer. Ze bereidden een gezamenlijk actieplan voor en gingen op 5 oktober 1983 eendrachtig het overleg in met de minister van Binnenlandse Zaken Koos Rietkerk. Deze bleek niet over enige onderhandelingsruimte te beschikken en kon ook niet beloven dat de ambtenarenbonden in de toekomst gelijkwaardig met de overheid konden onderhandelen. De bonden hadden meteen hun actieleus: 'Boos op Koos'.

De acties gingen echter eerder van start dan het draaiboek van de bonden voorschreef: het enthousiasme onder leden en niet-leden bleek overweldigend groot. Wilde stakingen braken uit, vaak snel overgenomen door de FNV- en CNV-bonden. De ambtenarenbonden noteerden een sterke aanwas van hun ledental. De Abvakabo was nu de grootste bond van de FNV.[26] Intussen veegde Lubbers de alternatieve plannen van oppositie en vakbeweging zonder pardon van tafel: koste wat het kost moest het veel te hoge begrotingstekort omlaag, daar lag zijn prioriteit. Stiptheidsacties breidden zich intussen uit, vooral in het openbaar vervoer en bij de post.

Op 18 oktober was er in de Stichting van de Arbeid overleg tussen kabinet en sociale partners. Premier Lubbers werd bij de ingang bijna gemolesteerd door protesterende ambtenaren. Het overleg leidde intussen tot niets: Lubbers en zijn ministers legden alles nog eens uit, maar bewogen niet. Kok verliet voor afloop de vergadering, hij moest een grote protestvergadering in het Haagse Amicitia toespreken. Lubbers, die met de beantwoording van Koks opmerkingen tot het laatst had gewacht, nam hem dit voortijdige vertrek kwalijk: hij zou niet willen praten, maar alleen tot actie oproepen.

Kok verweerde zich krachtig: Lubbers zou wel willen praten, maar niet luisteren. Het liep uit op een in de media uitgevochten krachtmeting.

Toch moest Kok voorzichtig opereren. Aan de ene kant moest hij de gehele FNV achter de acties van de ambtenaren zien te krijgen, wat gezien eerdere spanningen niet vanzelf sprak. Hijzelf en zijn FNV-bestuur zetten zich in elk geval zichtbaar voor de ambtenaren in. Aan de andere kant moest hij de ambtenarenbond adviseren over hoe effectief actie kon worden gevoerd, zonder dat de steun van het publiek verloren ging. Vooral voorzitter Jaap van de Scheur kon geheel opgaan in het aanvoeren van zijn leden in actie. Zijn tweede man, Hans Pont, dacht strategischer en toonde zich gevoeliger voor het belang van de publieke opinie. Hij speelde daarom ook een effectieve rol in de media. De acties breidden zich immers in rap tempo uit, vooral na 1 november, en ze werden steeds omvangrijker.

Er werd gestaakt, er werd geblokkeerd, de sfeer werd grimmiger. In het hele land werd opeens duidelijk dat ambtenaren niet alleen op kantoor werkten of achter een loket zaten: treinmachinisten, brandweerlieden, vuilophalers, postbodes, douaniers, politieagenten, buschauffeurs, allen kwamen in actie. Vooral de brandweerlieden ondernamen iets wat bij veel tijdgenoten nog op het netvlies staat: zij spoten het hele Binnenhof vol schuim, wat een merkwaardig politiek ballet opleverde.[27] Intussen moest Kok nog bemiddelen om te voorkomen dat de grote vredesdemonstratie in Den Haag op 29 oktober door de acties bij het spoor in het honderd dreigde te lopen. Hij overlegde met de president-directeur van de NS, Leo Ploeger, en verzocht vervolgens de leden van de Vervoersbond FNV om voor die zaterdag hun acties op te schorten. Ruim vijfhonderdduizend mensen, van wie velen probleemloos met de trein konden reizen, protesteerden die dag in een schier onafzienbare optocht tegen de plaatsing van kruisraketten. De herfst werd steeds heter.

Op 1 november bleek dat de groeiende actiebereidheid enig effect begon te sorteren. Een gespannen premier Lubbers verscheen in het NOS-journaal en kondigde aan dat de korting op de salarissen niet 3,5 maar slechts 3 procent zou bedragen. Achteraf bleek het om een individuele actie van Lubbers zelf te zijn gegaan, niet afgesproken met onder meer de betrokken ministers. Vooral minister Rietkerk, die er geen onderhandelingsruimte voor had, werd hierdoor in verlegenheid gebracht. In de dagen erna bleek dat de 'Lubbers-korting' ook voor de uitkeringen zou gelden. Het actiefront werd door dit 'gebaar van Lubbers' niet echt gebroken, maar wees het af. De korting moest van tafel en de overheid moest de ambtenarenbonden gelijkwaardig behandelen. Sommige 'hogere' ambtenarenbonden begonnen echter wat terug te krabbelen (de acties werden ook wel erg hard), maar de overheidsbonden van FNV en CNV hielden stand en hun centrales ook. Sterker nog, vanaf het weekeinde van 5 en 6 november verbreidden de acties zich als een olievlek.

Het werd de grootste ambtenarenstaking van na de oorlog. Stiptheidsacties werden stakingen en bepaalde duur werd onbepaalde duur. De stakers probeerden hun acties wel publieksvriendelijker te maken, bijvoorbeeld door geen bekeuringen uit te schrijven en koffie te schenken aan automobilisten in de file. Medio november was het verzet op zijn hoogtepunt: tienduizenden ambtenaren waren overal in het land in touw, waarbij creativiteit om de voorrang streed met verbetenheid. Tegelijk begon de meegaandheid van het publiek iets af te nemen: overheidsdiensten bleken voor een moderne samenleving toch wel erg onmisbaar.

Ook begonnen rechters zich nu over de acties uit te spreken. Op 8 november verbood de president van de Utrechtse rechtbank het politiepersoneel verder te gaan met actievoeren. Hij bevestigde weliswaar het stakingsrecht van ambtenaren, maar oordeelde dat dit voor de politie, gezien de overheidstaak van handhaving van de openbare orde, aan beperkingen gebonden was. Intussen stuurde minister Rietkerk een vertrouwelijke telex aan de commissarissen van de Koningin waarin hij op de mogelijkheid van de Politiewet wees om leger en marechaussee voor handhaving van de openbare orde in te zetten. Het bleek niet nodig te zijn: de politie ging weer aan het werk.

Op 9 november dienden de minister en staatssecretaris van Sociale Zaken en Werkgelegenheid, De Koning en De Graaf, het wetsontwerp in waarin de verlaging met 3 procent van het minimumloon en de sociale uitkeringen per 1 januari 1984 werd geregeld. Wim Kok reageerde fel: dit hield 'een klap in het gezicht van de vakbeweging' in.[28] De dag erop blokkeerden leden van de Abvakabo het gebouw van *De Telegraaf* om te protesteren tegen wat zij zagen als eenzijdige berichtgeving van 's lands grootste krant. Kok en ook de ambtenarenbond wezen deze actie af, terwijl de FNV-journalistenbond de blokkerende ambtenaren opriep de opvattingen van andersdenkenden te respecteren. Op maandag 14 november ging een FNV-karavaan van start met een ambitieus programma om de strijd van de ambtenaren vanuit de provincie kracht bij te zetten. Vanuit het gehele land vertrokken bussen met FNV'ers naar Den Haag om daar actie te voeren: Amicitia werd het centrum van verzet en vicevoorzitter Herman Bode groeide uit tot de ster van de karavaan.

Intussen diende op de vrijdag ervoor het kort geding dat de tijdschriftuitgevers tegen het postbedrijf PTT en de Abvakabo hadden aangespannen.

Hun abonnees werden niet meer bereikt en hun advertentie-inkomsten liepen daarom terug. Zij eisten dat de 12 miljoen tijdschriften die op bezorging lagen te wachten binnen vier dagen zouden worden afgeleverd. Mr Wijnholt, de president van de Haagse rechtbank, wees de eis af, maar sommeerde de vakbonden wel binnen vier dagen de onderhandelingen te hervatten. Ook maande hij de overheid om voor 1985 een nieuw overlegstelsel met de ambtenaren op te zetten.

Dit vonnis luidde een nieuwe fase in. Op dinsdag 15 november kwamen minister Rietkerk en de bonden bij elkaar. Ze besloten een werkgroep te belasten met de voorbereiding van een meerjarenakkoord tussen overheid en ambtenaren. Zowel Kok als Lubbers liet zich bij spreekbeurten in het land hoopvol uit over het hervatte gesprek. Op de eerste dag ervan gingen er verscheidene plannen over tafel. Het kabinet stelde voor per 1 januari 1987 over te gaan op een 36-urige werkweek in ruil voor een korting van 10 procent op het loon. De vrijkomende werktijd – honderdtwintigduizend banen – zou voor een kwart met veertigduizend nieuwe werknemers worden opgevuld. Hans Pont sprak zich over het vervolg van het overleg met enig optimisme uit, ook al toonde hij zich bezorgd over de buiten beschouwing blijvende positie van de uitkeringsgerechtigden.

De volgende dag volgde de domper. Rietkerk deelde mee dat hij geen meerjarenakkoord kon sluiten dat in slechts twee dagen tot stand zou zijn gekomen. Hij hield vast aan de plannen voor 1984 en wilde voor erna hooguit een intentieverklaring ondertekenen. Minister van Financiën Onno Ruding had zich vierkant tegen het uithollen van het regeerakkoord verklaard; hij zou dan aftreden, zo had hij al aangekondigd. Ook in het kabinet verhardden de posities zich.

Met het hoofd tegen een muur van onverzettelijkheid

Op vrijdag 18 november 1983 zouden sociale partners met een delegatie van bewindslieden spreken. Voor dit overleg in de Stichting van de Arbeid in Den Haag hadden zij een week eerder een brief van het kabinet ontvangen. Het zou een gesprek worden over het voorgenomen beleid voor 1984. Daarbij bleek het kabinet een verrassing in petto te hebben. Het schrappen van de prijscompensatie en de korting van 3 procent op ambtenarensalarissen en uitkeringen zouden tezamen nog een bonus opleveren: de sociale premies voor alle werknemers konden daardoor met 1,3 procent dalen. Anders gezegd, alle werknemers (ook ambtenaren) zouden profiteren van het kabinetsbeleid dat de ambtenaren en de uitkeringstrekkers op de korrel nam. Dit bracht Wim Kok op een idee. Want bij alle actiegedruis van de ambtenaren en trendvolgers nam niemand het voor de sociale minima op. Die hadden geen eigen bond. Veel FNV-leden leefden van een uitkering, wel een kwart. De FNV moest dus ook voor hen pal staan en redden wat er te redden viel.

Net als met het Akkoord van Wassenaar maakte Wim Kok een noodsprong, deze keer echter met een minder positieve uitkomst. De gedachte was logisch: wat als de vakbeweging de onderlinge solidariteit van werknemers mobiliseerde en deze 1,3 procent premiedaling inzette voor de uitkeringsgerechtigden? Daarmee zou toch de korting op de uitkeringen verkleind kunnen worden, misschien zelfs geheel uit de weg geruimd? Wellicht gingen ze nog steeds achteruit, maar het zou toch een symbolisch belangrijke verbetering zijn? De werkenden van Nederland zouden er blijk van geven zich om de niet-actieven in de sociale zekerheid te bekommeren. Bovendien, als Kok hiervoor de instemming van Lubbers kon verkrijgen, zou hij misschien ook nog wat beweging in het algemene kortingsbeleid van het kabinet kunnen brengen. Zijn bod zou niet alleen een betekenisvol gebaar voor de uitkeringen zijn, maar tevens een tactische manoeuvre inhouden om de positie van het kabinet te ondermijnen.

Zijn heimelijke hoop hield Kok echter voor zich, daar sprak hij met niemand over. Wel stemde hij het idee van de ruil af met de twee andere vakcentrales, CNV en MHP. Die waren geheel akkoord. Ze konden in het overleg dus gedrieën optrekken. In de speciale Federatieraad van 17 november moest Kok nog een stevig robbertje overtuigingswerk verrichten. Het werd een emotionele avond, echter met als resultaat dat er een gemeenschappelijk plan lag: alle werkenden zouden afzien van een groot deel van hun premieverlaging – 0,9 procent van de voorziene 1,3 procent – om in ruil daarvoor de 3 procent korting op de uitkeringen geheel van tafel te krijgen. Voor het kabinet moest het toch niets uitmaken, zo meende Kok, want het zou de schatkist toch onverschillig zijn wie de gulden zou uitgeven: werkenden of uitkeringstrekkers? De bezuinigingsdoelstelling kon aldus overeind blijven. 'Samen lappen', noemde hij het initiatief beeldend.

De vergadering bij de Stichting van de Arbeid op de volgende dag verliep chaotisch. Er waren natuurlijk weer veel te veel mensen bij. Alsof de gang van zaken met het Akkoord van Wassenaar niet had geleerd dat je voor een echte doorbraak een sfeer van vertrouwelijk overleg moet scheppen. Eigenlijk had het een gesprek tussen vakbeweging en kabinet moeten zijn, want Van Veen en zijn werkgevers stonden feitelijk buiten dit conflict.

Het alternatief van 'Samen lappen' was bovendien een resultaat van laatsteminuutwerk. Kok had zichzelf niet de tijd gegund om Lubbers en De Koning 'bovenlangs' te informeren, hen voorafgaand aan de vergadering al wat te bewerken. De inhoud van het voorstel en het overleg daarover binnen de vakbeweging waren daardoor belangrijker geweest dan het werken aan een succesvol resultaat. Ter vergadering bleek ook nog dat het CNV een eigen voorstel had, wat de indruk van gezamenlijk optrekken er niet sterker op maakte. Toch kon Kok, na enig geharrewar, het plan namens de drie centrales lanceren.

Het kabinet reageerde verrast en het duurde enige tijd voordat de bewindslieden begrepen wat de bedoeling was en wat ze ermee aan moesten. Voor intern beraad werd er wat geschorst. Het kabinet zat ook niet meteen op één lijn. Premier Lubbers, een handige rekenaar en van nature meer een 'slangenmens', vertoonde tekenen te willen bewegen. Maar minister van Sociale Zaken De Koning en minister van Financiën Ruding wilden, ieder om hun eigen redenen, voor de volle 100 procent aan het kabinetsbeleid vasthouden. Dus moest Lubbers, die niet weer de eenheid van zijn kabinet kon doorbreken, een onverbiddelijk 'nee' verkopen.[29]

'Samen lappen' leed aldus schipbreuk en de uitkeringen voor de sociale minima werden definitief op achterstand gezet. Tijdens de persconferentie achteraf liet Kok zijn emoties de vrije loop. Dit had hij echt niet verwacht. De vakbeweging had zich toch redelijk opgesteld? Het CDA maakte zich voor de gelijke behandeling van de minima toch ook sterk? Met 'arrogantie van de macht van een dictator' en meer van zulke karakteriseringen blies Kok stoom af. Het duurde nog lang voor zijn woede zou zakken, zo bleek zijn medewerkers later in een café bij het centraal station.[30] Kok legde het af tegen 'Shock'. Het 'schild voor de sloebers' had niet echt gefunctioneerd.

De staking verloopt: verlies en winst

Het zou nog zo'n twee weken duren voordat alle acties waren beëindigd, maar het verloop tekende zich al af in het weekend van 19-20 november. Op 21 november volgde het zesde en laatste overleg van de ambtenarenbonden met Koos Rietkerk. De minister hield vast aan zijn plannen voor 1984: 3 procent eraf. Wel bood hij aan dat het overheidspersoneel op zestigjarige leeftijd vervroegd met pensioen kon gaan (VUT). Bovendien wilde hij 1 procent van de aangeboden 5 procent arbeidstijdverkorting volledig aanvullen met nieuw aan te trekken personeel, een herbezetting van 20 procent dus. Hiermee kwam hij de bonden wel enigermate tegemoet. Het resultaat was dan ook dat het werknemersfront in tweeën brak. Voor de FNV-bonden was het niet genoeg: zij liepen weg uit het overleg. De confessionele bonden aanvaardden de 3 procent korting nu als politiek feit en wilden met de minister nader overleggen. Uiteindelijk liep dat echter op niets uit, waardoor de ambtenarenbonden in hun nationale actiecentrum de rijen weer konden sluiten. In het parlement schaarde de regeringsmeerderheid zich vervolgens achter het kabinetsbeleid. Bemiddelingsvoorstellen van de oppositie werden verworpen.[31]

Premier Lubbers verweet de overheidsbonden politieke stakingen te organiseren; hij achtte dit tegen de rechtsorde en daarmee onaanvaardbaar. Daarmee ging hij echter voorbij aan de teneur van de vonnissen die rechters in verscheidene aangespannen zaken velden. Ook ambtenaren kwam immers het stakingsrecht toe, al kon dit niet altijd geoorloofd worden ingezet: het moest soms wijken voor grotere publieke of particuliere belangen. Zo bleek dat rechters na een bepaalde tijd vonden dat de afvalverwerking en de postbezorging weer op gang moesten komen. Vooral het vonnis van de Haagse mr. Wijnholt tegen de stakende werknemers bij de post en telefoon op 25 november vormde een keerpunt in het stakingspatroon. De bonden hadden immers met elkaar afgesproken voor rechterlijke uitspraken te buigen en niet in burgerlijke ongehoorzaamheid te vervallen.

Overigens werden er vanuit de Abvakabo nog verscheidene voelsprieten naar het kabinet uitgestoken, door zowel Van de Scheur als Pont. Daarbij leek vooral de laatste inkomen boven werk te plaatsen: overheid, dring de kennelijk te grote omvang van de collectieve sector maar terug, maar ga niet je personeel onderbetalen! Ze vingen er bot mee.

Wat ook gaandeweg zichtbaar werd, was dat de vakcentrales de ambtenarenbonden wat aan hun lot overlieten. Kok had het uiteindelijk vaker over uitkeringsrechten dan over ambtenarensalarissen. Wel hamerde hij nog op de noodzaak van gelijkwaardige arbeidsvoorwaarden voor het overheidspersoneel: onderhandelingsvrijheid, net als voor de andere werknemers. Kok trok zijn FNV eind november uit protest ook terug uit de Sociaal-Economische Raad, maar keerde daarin na enkele weken weer terug.

Op 5 december besloot de bondsraad van Abvakabo de strijd tegen de 3 procent korting te staken. De bond likte zijn wonden, maar toonde zich toch ook trots: hij had zijn tanden laten zien en niet toegegeven. De acties hadden het openbare leven ontwricht, maar het publiek had veel begrip getoond. Verloren hadden de ambtenaren echter wel. Midden december behandelde de Kamer het wetsvoorstel voor de ingreep in de ambtenarensalarissen en nam dit in meerderheid aan. Kok probeerde de vakbeweging nog een hart onder de riem te steken: de bonden hadden veel nieuwe leden kunnen bijschrijven en de FNV had eendrachtig haar kracht getoond.

Was daarmee de rekening helemaal opgemaakt? Natuurlijk niet. In de algehele malaise van crisis en massawerkloosheid had de uiterst magere uitkomst van dit conflict het gevoel van katterigheid alleen maar vergroot. Het arbeidsbestel kraakte aan alle kanten, de vakbeweging stond onder druk en daarbovenop waren de uitkeringen ontkoppeld en op afstand gezet. Ook Kok voelde zich bedroefd; hij had voor zijn achterban een verlieswedstrijd gespeeld. Pas na enige tijd kwamen toch ook wel winstpunten naar voren.

Voor de bonden van overheidspersoneel waren dat er ten minste drie. Allereerst hadden ze onmiskenbaar aan zelfvertrouwen gewonnen. Ze hadden de werknemers in hun sectoren voor acties weten te mobiliseren, wat hoogst ongebruikelijk was: een enorm wapenfeit. Binnen de FNV was het gewicht van de overheidsbonden zichtbaar toegenomen; de versterkte positie van Jaap van de Scheur weerspiegelde dit. Ten tweede was het stakingsrecht van ambtenaren ondubbelzinnig erkend. Weliswaar was dit formeel al eerder gebeurd, maar het besef daarvan was niet wijdverbreid. De rechtbanken hadden dit nu verhelderd en tegelijk wat grenzen aangegeven. Ten derde was het bewustzijn dat de overheid de verhouding met haar werknemers drastisch moest moderniseren, vergelijkbaar met die in de marktsector, sterk gegroeid. Het zou nog een aantal jaren duren, maar het zou er uiteindelijk van komen.[32] Daarmee zou ook de objectieve grondslag voor het trendbeleid geheel verdwijnen, wat een einde maakte aan de steeds meer wringende afhankelijkheidsrelatie van het overheidspersoneel met de werknemers in de marktsector.

Ten slotte, en dat gold in bredere zin, markeerde de ambtenarenstaking een wisseling van de wacht in de vakbeweging. Men zou kunnen zeggen dat, naast het no-nonsensebeleid van het kabinet-Lubbers, er ook een nieuwe lichting kwam van mensen in de vakbondsleiding. Van de Scheur en Pont waren er zelf goede voorbeelden van. Hetzelfde betrof ook de Industriebond, waar Arie Groenevelt had plaatsgemaakt voor Dick Visser en Wout Tuinenburg, en voor de Bouw- en Houtbond, waar Bram Buijs zou worden opgevolgd door Jan Schuller. Het Federatiebestuur zelf zou in 1984 ook met nieuwe gezichten worden aangevuld: Adelmund, Pont en Stekelenburg. Met hen allen deed een nieuw soort 'zakelijkheid' in de FNV haar intrede, onder andere tot uiting komend in aandacht voor de belangen van de 'nieuwe werknemer' en een discussie over de plaats en taak van de vakcentrale.

Deze ontwikkeling bepaalde de laatste jaren van Wim Kok als voorzitter van de FNV en ook zijn opvolging. In dit opzicht sloot de ambtenarenstaking van 1983 een periode van protest en weerspannigheid van de vakbeweging af. Meer dan hem wel eens lief was, vormde Kok van deze polarisatie het boegbeeld. Maar soms kwam de opstandigheid geheel vanuit hemzelf. Dan handelde hij op eigen kracht. 'Samen lappen' voor de uitkeringen was zo'n moment waarop Koks karakter en diepere drijfveren aan de oppervlakte kwamen.

9
Redelijk bewogen

GROTE DEMONSTRATIE VOOR WERKGELEGENHEID IN UTRECHT (JUNI 1983).

Op 11 september 1985 nam Wim Kok afscheid van de FNV. Eerst was er in hotel Amersfoort[1] de overdracht van zijn voorzitterschap aan Hans Pont, een officiële bijeenkomst compleet met toespraken, ook van Kok zelf.[2] 's Avonds was het feest. Onder aanvoering van ex-priester Leo Mesman, secretaris van het secretariaat voor Levensbeschouwing en Vakbeweging, en op de piano begeleid door medewerker John Miltenburg, voerde het FNV-personeel een 'Ware Wim Kok Show' op. In een eigen 'FNV-PRIVÉ' werd de man die zich niet graag privé liet zien, voor het voetlicht gehaald en met milde humor van commentaar voorzien. Liederen werden er natuurlijk ook gezongen, zoals het 'FNV-Slavenkoor', 'Al kreeg-ie nooit een lintje' en 'De Willem Kok-machien'. Uit de 'Wim Kok-ballade' hier twee coupletten die de gemengde gevoelens van ontzag en genegenheid enigszins kreupel, maar toch treffend, weergaven:

> Je hield je bonden niet steeds op één lijn
> en bent niet altijd vrij van chaggerijn.
> Toch kan de FNV wel huilen,
> Want jouw vertrek dat doet ons pijn.
>
> Je geeft je – als Adèle – niet gauw bloot.
> Verlegenheid met vrouwen is soms groot.
> Toch zal ik jou ontzettend missen
> Als jij straks naar 't premierschap doorstoot.[3]

Een lintje kreeg Wim Kok in zijn vakbondstijd inderdaad nooit, niet bij gebrek aan stappen in die richting, maar omdat hij er niet voor voelde. Hij was zeker niet vrij van de zucht naar erkenning, maar een onderscheiding spoorde niet met zijn plichtsbesef en het bewustzijn dat zijn prestaties steeds door velen waren gedragen. Zoals hij het enkele weken ervoor, toen hij bij de Sociaal-Economische Raad met veel lof werd uitgezwaaid, met enige zelfrelativering had gezegd: 'Voorzitters gaan, maar organisaties blijven bestaan.'[4]

Verbinder tot het eind

Tussen de ambtenarenstaking en Koks vertrek bij de FNV lag nog bijna twee jaar. Voor hem school daar nog veel onderhoudswerk in en wachtten er ook nieuwe taken. Het Akkoord van Wassenaar bleef zijn aandacht vragen. De uitruil die het akkoord inhield – loonmatiging voor rendementsherstel en verdeling van arbeid – vroeg om aanhoudende uitleg en verdediging, zowel naar binnen als naar buiten. Sceptische vakbondsleden moesten van hun eigen belang worden overtuigd,[5] onwillige werkgevers aan de opdracht van arbeidstijdverkorting worden herinnerd, kaderleden worden aangemoedigd de cao-onderhandelingen voor het behoud en scheppen van banen in te zetten, de publieke en politieke opinie van de blijvende noodzaak van werkloosheidsbestrijding worden doordrongen.[6]

Het was een proces van lange adem; het duurde enkele jaren voordat de bedoelde effecten van 'Wassenaar' echt zichtbaar werden. Het was een hoofdtaak voor de leiding van de FNV en Kok stak hier veel energie in. Hetzelfde gold voor de nawerking van het conflict over de ambtenarensalarissen en de sociale uitkeringen. De modernisering van het arbeidsvoorwaardenoverleg in de collectieve sector was een dringende opgave, waarvan de realisering echter nog jaren op zich zou laten wachten. De verhouding tussen de marktbonden en de overheidsbonden binnen de FNV bleef ook na het doorbreken van het trendbeleid een zaak van zorg, waarop bruggenbouwer Kok niet waakzaam genoeg kon zijn. En met de uitkeringen bleef het slecht gaan. In de zomer van 1984 kortte het kabinet deze opnieuw – de bovenminimale uitkeringen deze keer –, waartegen grote protestdemonstraties werden opgezet die Kok met felle warmte toesprak.[7] Tevergeefs overigens.

De nieuwe taken hadden alles te maken met de problemen waarin de vakbeweging verzeild was geraakt. In 1975, toen de FNV werd opgericht, stond de vakbeweging op een hoogtepunt. En in het hart daarvan stond de FNV, met bijna 1,1 miljoen leden een offensief verbond. Die vakbeweging streed vooral voor meer zeggenschap en een betere verdeling van de welvaart. Tien jaar later was de vakbeweging ernstig in het defensief. De organisatiegraad liep terug en het FNV-ledental nog meer: op iets minder dan negenhonderdduizend stond de teller; wel meer vrouwen, maar veel minder jongeren. De aandacht ging nu volledig uit naar economisch herstel en bestrijding van de werkloosheid, naar het beter verdelen van bestaand werk en naar het bevechten van ruimte voor nieuwe banen. FNV-leiding en aangesloten bonden moesten zich met man en macht teweerstellen tegen de afbrokkeling van verworven rechten: door het organiseren van stakingen en andere vormen van protest en door het sluiten van overeenkomsten over herverdeling van arbeid.

Was Kok een vakverbondsvoorman van de 'terugtocht'? De veldheer die zijn troepen na een verloren slag huiswaarts voerde? Die het uitgedijde territorium tot meer behapbare omvang terugbracht? Dat is te sterk en niet precies genoeg uitgedrukt. Hij was eerder de strateeg die zijn manschappen voor een nieuw gevecht hergroepeerde. Hij had immers op beslissende momenten de weg voorwaarts gewezen. De FNV was ook in 1985 nog steeds een krachtige en levensvatbare organisatie, maar ze vertoonde wel de sporen – in organisatiekracht en interne samenhang – van de sociale en economische crisis die toen nog geenszins achter de rug was.

Er bestond dus alle reden deze situatie te lijf te gaan, ook omdat de in Wassenaar afgesproken decentralisatie van het cao-overleg om een heroriëntatie van de taken van de vakcentrale ten opzichte van de lidbonden vroeg. Temeer ook omdat in de eerste jaren van de vorming van de FNV niet al te strak met de organisatie was omgegaan. Er waren (begrijpelijke) doublures van personeel en er was nog onvoldoende financiële discipline. Een teruglopend ledental vroeg om een groter doelmatigheidsbesef in de organisatie.

En de FNV moest zich gaan richten op het werven van nieuwe leden, op de 'nieuwe werknemer', die niet slechts in collectieve maar ook individuele belangenbehartiging geïnteresseerd was. De FNV moest zich niet alleen sterk maken voor maatschappijvernieuwing, maar ook een soort 'sociale ANWB' worden, met ondersteunende diensten die aansloten bij de behoefte van haar leden aan advies, hulp en bescherming. Aangemoedigd door een initiatief van de nieuwe voorzitter van de Industriebond, Dick Visser, wiens bond het meest met ledenverlies te kampen had, vormde Kok een groep die de eerste besluitvorming hierover voor het driejaarlijks congres in oktober 1984 zou voorbereiden. Ledenbinding en zelfs klantgerichtheid werden de nieuwe slagwoorden. Koks opvolger Pont zou hiermee energiek aan de slag gaan.[8]

Zoeken naar een opvolger

Eigenlijk had Wim Kok op het congres van eind september 1981 afscheid van de FNV willen nemen. Hij had er toen al twee termijnen van drie jaar op zitten, plus nog één als voorzitter van het NVV. Er waren immers grenzen aan de lichamelijke en geestelijke belasting die hij kon dragen, zo meende hij. Bovendien zou op dat congres de fusie van NVV en NKV definitief worden afgerond, waarmee Kok zijn opdracht als vervuld zag. Zijn vicevoorzitter Spit zou hem, naar zijn mening, goed kunnen opvolgen. Hij had echter buiten die waard gerekend, want Spit zelf wilde weg. Die was veertien jaar ouder dan Kok, had er ook tropenjaren op zitten en had bovendien – anders dan Kok – al een omlijnd plan: hij zou adviseur en projectleider bij de ontwikkelingsorganisatie Novib worden.[9] Dat sloeg de deur dicht voor Koks voornemen. Hij vond het onverantwoord de pas gefuseerde FNV in moeilijke omstandigheden beide 'Wimmen' tegelijk te ontnemen. Voor de continuïteit in de leiding van de FNV heeft hij toen besloten nog drie jaar aan te blijven.

Het gesprek over Koks opvolging kwam hierna rond de zomer van 1983 goed op gang, overigens bijna steeds in 'vertrouwelijk beraad'.[10] Daarbij ging het tegelijk ook over de samenstelling van het Federatiebestuur als geheel. Moest dat niet in omvang worden teruggebracht, van twaalf naar tien of zelfs negen leden?[11] Moesten er geen vrouwen in? Wie gingen eruit, wie konden hen opvolgen? Dit alles ter voorbereiding van het Federatiecongres van oktober 1984, dat hier op voordracht van de Federatieraad over moest beslissen. Maar de Federatieraad wachtte wel op een voorstel van het bestuur. In de bestuursvergadering van 12 september 1983 had een eerste gedachtewisseling plaats over omvang en samenstelling van het FNV-bestuur en ook over een nieuwe voorzitter. Kok deelde daar mee dat hij voor zichzelf het 'besluitvoornemen' had genomen over een jaar, op het congres, te stoppen. Zonder dat hij overigens wist wat hij daarna zou gaan doen; een politieke loopbaan was niet uitgesloten, maar dat was niet de reden van zijn vertrek. Er moest doorstroming zijn aan de FNV-top, en een mens wilde wel eens iets anders. Ook voor Wim Kok gold een 'houdbaarheidsdatum'.[12]

Een eerste informeel bestuursrondje werd gehouden over namen en voorkeuren: Freek Thomasson (Dienstenbond), Jakob Draijer (Druk en Papier), Greetje Lubbi (Voedingsbond), Johan Stekelenburg (Industriebond) en Karin Adelmund (Vrouwenbond) werden genoemd. Allemaal voorlopig als bestuurslid, maar wellicht ook met het oog op de opvolging van Kok. Een eerste, informele inventarisatie onder bondsvoorzitters in de maanden erna leverde ook de naam van Hans Pont op; het was immers de tijd van de ambtenarenstaking, waar deze als modern, krachtig en mediageniek strateeg was opgevallen.

Een volgende – formele – ronde van gesprekken van Kok en Bode met de bondsbesturen, begin 1984, leverde nog niet een helder beeld op. De namen van Thomasson, Draijer, Pont en Stekelenburg waren komen bovendrijven. De eerste twee vielen echter om uiteenlopende redenen af: Pont en Stekelenburg bleven over. In het bestuur had Kok al een peiling gehouden: zeven voor Stekelenburg, twee voor Pont. Kok zelf, die voor beiden wel voelde maar Stekelenburg wel meer allround en aansprekender vond, had in een eerder gesprek met hem vastgesteld dat zijn eigen bond hem niet onvoorwaardelijk steunde. Dat had met gevoeligheden rond de verkiezing van Dick Visser tot voorzitter van de Industriebond te maken, maar ook met Ponts profiel als een genuanceerd denker over de verhouding tussen collectieve sector en marktsector. De krant *Het Vrije Volk* berichtte hier al over, dankzij voorkennis uit vakbondskring goed geïnformeerd.[13]

In de eerstvolgende vergadering van de Federatieraad op 19 maart 1984 kreeg Kok nauwelijks de kans zijn genuanceerde betoog over het voetlicht te krijgen. De Abvakabo stelde pardoes Hans Pont kandidaat voor het voorzitterschap, daarin meteen gesteund door de Industriebond en gevolgd door de Bouw- en Houtbond. Door een 'deal' tussen Visser en Van de Scheur was het spel daarmee geheel op de wagen, waar Buijs zich bij had aangesloten: deze drie bonden beschikten samen over een meerderheid van de stemmen in de Federatieraad. De andere bonden volgden hun voorkeur, temeer omdat er ook grote steun was voor Stekelenburg als lid van het Federatiebestuur, op termijn zelfs geoormerkt als vicevoorzitter. Andere besluiten die vielen: de omvang van het Federatiebestuur werd teruggebracht tot negen leden. In dat jaar zou Hugenholtz vertrekken, naderhand ook Commandeur, in het jaar erna Drabbe en Bode.[14] En Kok zelf.

Zijn eerdere 'besluitvoornemen' om op het congres in oktober 1984 af te treden wisselde hij ter vergadering in voor een voorstel tot 1 januari 1985 aan te blijven. Zo kon hij de nieuwe voorzitter Pont, die immers geen lid van het bestuur was, helpen zich op zijn taken voor te bereiden. Verscheidene bonden drongen er vervolgens bij hem op aan nog wat langer te blijven, wat leidde tot Koks mededeling aan het einde van de bijeenkomst dat hij hiermee instemde. Conclusie: Kok zou op het congres van oktober 1984 nog eens herkiesbaar zijn als voorzitter. Pont zou, met Adelmund en Stekelenburg, in het Federatiebestuur worden gekozen en per 1 mei 1985, het moment van pensionering van Herman Bode, eerste vicevoorzitter worden. Koks opvolging door Pont zou in de maanden erna geschieden. Het werd dus een afscheid in fasen.

Kok uitgeteld

Wim Kok was zelden ziek. Af een toe een griepje of verkoudheid, daar bleef het wel bij. Spanningen konden hem wel eens hoofdpijn bezorgen, maar daar kon hij doorgaans mee overweg. In mei 1973, toen hij tot NVV*-voorzitter was voorbestemd, maar nog profiteerde van Adri de Boons ervaring als waarnemend voorzitter, was hij eens languit onderuitgegaan in het* SER*-gebouw in Den Haag. Bloedverlies als gevolg van een bloeduitstorting in de arm was hieraan schuldig. Ondanks de opschudding was hij na enkele dagen weer op de been. Een gezond mens dus.*

Vandaar de schrik toen hij in de zomervakantie van 1984 ernstig ziek werd. Het echtpaar Kok verbleef op een camping in Zuid-Frankrijk, waar Wim last kreeg van een aanhoudende pijn in de nek. Pijnstillers hielpen niet, integendeel, de pijn werd alleen maar erger. Het had wat van migraine, maar dat was het niet. Na twee dagen met Wim te hebben meegeleden, besloot Rita dat ze snel naar huis moesten terugkeren. Wim, koppig en stoer als hij kon zijn, reed zelf de hele rit terug: roekeloos. Thuis in Osdorp werd de pijn echter alleen maar erger. De huisarts moest worden geraadpleegd, maar die was met vakantie. Een vervanger herkende terstond symptomen van de aandoening waarvoor zijn zoon eerder was behandeld: hersenvliesontsteking. Wim werd onmiddellijk opgenomen in het Lucasziekenhuis,[15] afdeling neurologie, waar een virusinfectie in de hersenen werd vastgesteld.

Na twee weken werd Wim Kok uit het ziekenhuis ontslagen, maar met de strenge opdracht van neuroloog Ansink zes maanden lang absolute rust in acht te nemen. Hij mocht zich totaal niet met zijn werk bezighouden of met iets anders wat spanningen kon veroorzaken: voor een workaholic als Kok een enorme opgave. Het FNV-congres in oktober waar hij tot voorzitter werd herkozen ging bijvoorbeeld praktisch geheel aan Wim voorbij. Hij had het er zeker in het begin enorm moeilijk mee, ook al kreeg hij uit het hele land honderden beterschapswensen en andere sympathieke blijken van medeleven. Hij doodde zijn tijd met veel slapen en verder: rond de Sloterplas wandelen, in de tuin werken, klusjes in en om het huis verrichten, z'n administratie op orde brengen, niet al te zware lectuur[16] tot zich nemen en zich in gezin, familie en bij de buren van zijn sociale kant laten zien. Ook het strijken van de was bezorgde Wim de gewenste gemoedsrust. Werk bleef op grote afstand; Herman Bode nam het voorzitterschap kundig waar.[17] Joop den Uyl en ook Ruud Lubbers wilden langskomen, maar hun werd vriendelijk doch beslist telefonisch de deur gewezen.

Aan het einde van de herstelperiode liet hij op kantoor zijn gezicht wel eens zien,[18] maar in beginsel bleef hij al die tijd incommunicado voor zijn collega's. De genezing ging sneller dan voorzien: na vier maanden mocht hij voorzichtig weer aan de slag. De neuroloog zei hem na zijn genezing dat hij 50 procent kans had gehad op overlijden en 25 procent kans op blijvend letsel. Hij was gelukkig in de restcategorie van 25 procent van volledig herstel terechtgekomen. Hij had geen genadeschot gekregen, zoals de arts het noemde, maar slechts een schot voor de boeg. Begin januari 1985 kon Wim weer naar kantoor. Zeker aanvankelijk voelde hij het als een bijzonder voorrecht deze aandoening te hebben overleefd, was hij blij dat deze 'blessuretijd' hem was geschonken.[19] Geleidelijk ebde dat gevoel weg. De normaliteit herkreeg de overhand, zeker omdat dokter Ansink hem had verzekerd dat hij alles weer zou aankunnen.[20] De reus richtte zich weer op.

Toch werd niet alles hetzelfde. Wim was een tijd lang op zichzelf teruggeworpen geweest, was relativerender en beschouwender geworden, milder ook. Hij was nu 47 jaar oud. Een midlifecrisis had hij misschien niet doorstaan, maar wel een moment van ruw wakker worden. Hij had nu zo'n twaalf jaar aan de top van de vakbeweging verkeerd, had zich daar met hart en ziel voor ingezet. Hij had daarin veel bereikt, maar ook veel van zichzelf geëist. En niet *alleen van zichzelf. Zijn kinderen waren deels buiten zijn zicht groot geworden, inmiddels het huis al uit.*

Carla, toen 26 jaar, had na de havo een lerarenopleiding gedaan en zich vervolgens aan de Rietveldacademie in textielvormgeving bekwaamd. Een talent van haar moeder zette zich in haar voort. Ze ging hierin lesgeven. Marcel, negentien jaar, had het lyceum afgerond en studeerde nu bedrijfskunde in Groningen. Geen Nijenrode, maar hij vertoonde wel de zakelijk-organisatorische belangstelling van zijn vader en eigenlijk ook zijn opa Roukema.

André, 24 jaar, verbleef intussen al zo'n vijftien jaar in Barthimeüshage, een instituut voor visueel meervoudig gehandicapten, eerst in Lochem, naderhand in Doorn. Daar had hij het naar zijn zin, was er goed op zijn plaats. Om de veertien dagen kwam hij een lang weekend thuis, drie dagen en twee tot drie nachten. Plus halen en brengen. Vermoeiend was dat (en is het nog steeds), een opgave van praktisch 24 uur per dag, maar door Andrés opgeruimde karakter tegelijk ook een feest.

Door de omstandigheden kwam deze 'last' onevenredig veel op Rita's schouders terecht. Gelukkig is zij positief ingesteld en uiterst vindingrijk. Ze vindt overal oplossingen voor, wat – met André in de buurt – een bijzondere gave is. Dat Wims leven en loopbaan voor Rita beperkingen met zich hebben meegebracht, staat echter buiten kijf. Dat zag hij heel goed in. Haar talenten waren in haar jeugd en tijdens haar schooltijd onderbelicht gebleven. Haar vroege huwelijk had verdere ontwikkeling voor haar ook niet gemakkelijk gemaakt. Het volgen van een verdere opleiding hier of daar had in beginsel zeker gekund, maar praktisch kwam het nooit goed uit.

Totdat het weven op haar pad kwam. Dat was al aan het eind van de jaren zestig. Ze was eigenlijk op zoek naar een spinnewiel, maar de vrouw die haar daaraan kon helpen – Constance Nieuwenhof – bezat ook een weefgetouw. Toen ze dat zag, ging haar hart open en had haar wil zich gevormd: zij wilde weven. Gelukkig gingen ze juist verhuizen. Hun nieuwe eengezinswoning in Amsterdam Nieuw-West bood wel enige ruimte om een groot weefgetouw een plaats te bieden. Al doende maakte Rita zich deze kunst eigen. En Wim? Die mocht zijn vrouw helpen bij het 'opbomen', een arbeidsintensief en secuur klusje, dat echter voor hen samen zeker wel wat qualitytime opleverde.

Gaandeweg kon Rita zich aldus bekwamen in dit oeroude ambacht, niet alleen door anderen erin les te geven, maar ook door eigen werk te produceren: kleren maken en vloer- en wandkleden ontwerpen. Ze zou er goed in worden; ambacht werd gaandeweg creatieve expressie en uiteindelijk kunst. Haar bescheidenheid en gevoel van kwetsbaarheid maakten echter dat ze zich nog lang in de schaduw van Wims publieke leven ophield. Geen exposities voor Rita dus, tot veel later in haar leven. Het betekende ook dat Wim, nu hij van die in-

grijpende ziekte was hersteld, diepgravend met Rita overlegde over hun leven na de vakbondstijd. Zij moest hem daarin raad geven, besliste er ook over mee. Zij was immers zijn 'enige echte maatje'.[21]

De erfenis van een vakverbondsvoorman

Elke tijd is overgangstijd, maar Wim Koks vakbondstijd was wel een heel bijzondere, stormachtige overgangstijd. Hij had een bijzondere fase in de ontwikkeling van de vakbeweging meegemaakt, deze ook zelf vormgegeven. Niet alleen een ingrijpende ziekte, maar ook zijn naderend afscheid van de vakbeweging en zijn uitgestelde overgang naar de politiek boden hem de gelegenheid zich op zijn erfenis te bezinnen. Wat had hij meegemaakt, wat bereikt, wat teweeggebracht? Wat waren zijn successen, wat gaf hem minder reden voor tevredenheid? Wat droeg hij aan zijn opvolger over? Wat nam hij zelf mee naar een volgend leven?

Toen Kok in 1961 bij de Bouwbond ging werken, maakte de vakbeweging deel uit van een strak gereglementeerde samenleving: verzuild en van boven naar beneden gericht. De geleide loonpolitiek had de wederopbouw van het naoorlogse Nederland mogelijk gemaakt, had ook beginnende welvaart gebracht, maar had van de werknemers verhoudingsgewijs wel een stevige prijs gevraagd. Tot 1974 liberaliseerde het loonregime, nam de welvaart met sprongen toe en werd de samenleving democratischer, ongedwongener en kritischer. Economie en maatschappij werden ook steeds internationaler. De vakbeweging speelde een vooraanstaande rol, ook als baken van hoop op een samenleving met grotere zeggenschap voor haar leden en 'gewone mensen' in het algemeen.[22]

Daarna kantelde dit beeld, werd alles moeizamer. De economie raakte steeds meer in crisis; zowel externe schokken als interne problemen speelden daarin mee. De welvaart stokte, de werkloosheid nam gaandeweg steeds meer toe. Arbeid raakte als maatschappelijke factor minder in tel. Verworven rechten kwamen onder groeiende druk te staan, ook in de verzorgingsstaat in bredere zin. Het beleidsklimaat ging van open naar hard en van ontspannen naar no-nonsense. De vakbeweging raakte van het offensief in het defensief. Haar machtsmiddelen werden stomp, haar invloed stond ter discussie. Het mobiliseren voor protest lukte haar nog wel, maar haar successen namen snel af. Herverdeling van arbeid stond haar als een laatste uitweg open, inclusief eigen investeringen daarin. Ze heeft die kans gegrepen, bij wijze van laatste strohalm. Aan het einde van zijn vakbondstijd, vierentwintig jaar na zijn begin bij de Bouwbond, verkeerde Kok in een sterk veranderde wereld. Wat droeg hij daar zelf aan bij?

Wim Koks grootste prestatie als vakverbondsvoorman was zonder twijfel de vorming van een ontzuilde 'eenheidsvakbeweging'. Weliswaar moest hij het afhaken van het protestantse CNV betreuren, maar de oprichting van de federatie van het socialistische NVV en het katholieke NKV, beklonken in december 1975, en de voltooiing van een geheel gefuseerde FNV zes jaar later, vormden een sociaal 'feit' van grote betekenis. De vakbeweging werd er enorm door versterkt en gaandeweg werden de arbeidsverhoudingen erdoor gestabiliseerd. Kok was niet de enige die dit 'huzarenstukje' op zijn conto kon schrijven – Wim Spit was hierin ook onmisbaar –, maar hij heeft wel het meest leidinggegeven aan dit proces. Hij heeft op alle betrokkenen steeds weer de noodzaak van eenheid en het belang van een gemeenschappelijke missie weten over te brengen. Dat was in het begin heel lastig, aan het eind zo mogelijk nog meer.

Kok heeft de internationale aansluiting van de Nederlandse vakbeweging krachtig bevorderd. Internationaal georiënteerd was zij altijd al, maar de jaren zeventig zorgden voor twee krachtige impulsen: Europa en globalisering. Hij heeft als voorzitter een stuwende rol in het Europees Vakverbond gespeeld, heeft het geholpen zich open te stellen voor confessionele en eurocommunistische vakcentrales en heeft met zijn inzet voor de Europese Ondernemingsraad bijgedragen aan het sociale profiel van de Europese integratie. Kok droeg ook belangrijk bij aan internationale vakbondssolidariteit, vaak in het verband van het IVVV: Chili, Zuid-Afrika, Polen, steun aan onderdrukte vakbonden, een stem voor armoedebestrijding en vrijheidsrechten, protest tegen de kernwapenwedloop en een waarschuwing tegen onverantwoorde machtsuitoefening door multinationale ondernemingen.

De FNV was en bleef een 'brede' vakbeweging, niet een vakcentrale van 'brood en boter'-bonden. Zij hanteerde een ruim begrip van het eigen belang, waaronder ook de belangen van niet-werkenden werden begrepen. Zeker in economisch moeilijke tijden, toen de bonden niet steeds parallel lopende belangen kenden, heeft Kok steeds weer gehamerd op de noodzaak met elkaar rekening te houden en tot een onderling vergelijk te komen. Dit was tussen markt- en overheidsbonden niet eenvoudig, toch bleef de FNV bij elkaar en kon zij voor uitkeringsgerechtigden zelfs een 'solidariteitsoffer' opbrengen (dat door het kabinet-Lubbers niet werd aanvaard). Kok stond hier middenin.

Solidariteit zat Wim Kok aan het hart gebakken. Hij was in dat opzicht een vakbondsman van de oude snit. Werknemers moesten hun onderlinge solidariteit organiseren, in instituties onderbrengen. En de overheid moest daar met wetten en fondsen aan bijdragen. De verzorgingsstaat was niet de creatie van de vakbeweging alleen,[23] maar voor Kok was deze een sociale verworvenheid die hij ook zelf zo beleefde. Zijn gehamer op herstel van werkgelegenheid sloeg niet alleen op wat hij zag als de intrinsieke waarde van betaalde arbeid voor modern, democratisch burgerschap, maar hij achtte dit onmisbaar voor de financiële solidariteit tussen werkenden en niet-werkenden. Onder andere om die reden zag hij niets in een arbeidsloos 'basisinkomen', waarvoor in de jaren tachtig wel werd gepleit.[24] Tegelijk maakte zijn persoonlijke en ideologische gehechtheid aan de welvaartsstaat (zoals de verzorgingsstaat ook wel werd genoemd) hem enigermate blind voor de systeemgebreken die zich steeds meer in dat bouwwerk openbaarden en die om serieuze reparatie vroegen. Maar in die verblinding stond hij toen lang niet alleen; hij heeft er echter later wel een hoge politieke prijs voor moeten betalen: de WAO-crisis.[25]

Van een roerige, deels gepolitiseerde vakbeweging in de eerste helft van de jaren zeventig heeft de FNV zich ontwikkeld tot een sterker op overleg en consensus gerichte vakbeweging in de jaren tachtig. Daarmee is zowel machteloze moedeloosheid als vruchteloze radicalisering de pas afgesneden. De verslechtering van de concurrentiepositie van het Nederlands bedrijfsleven en van de overheidsfinanciën vergrootte het besef van de noodzaak tot scherpe prioriteitsstelling en dito keuzen. Op de breuklijn tussen centrale loonpolitiek en decentraal arbeidsvoorwaardenoverleg sloot Wim Kok in november 1982 met werkgeversvoorman Chris van Veen het Akkoord van Wassenaar. Hiermee zette hij loonmatiging in voor rendementsherstel en arbeidstijdverkorting. Met deze uit nood geboren stap bezorgde hij de FNV en de vakbeweging als geheel een nieuwe opdracht en hielp hij de Nederlandse economie op weg naar structureel herstel.

Kok was geen saaie, voorspelbare man, iemand die altijd hetzelfde vond. Hij heeft als vakverbondsvoorman nogal verschillende posities ingenomen. Van de radicaal hervormer die hij in de eerste helft van de jaren zeventig was, groeide hij – door de crisis gedwongen – steeds meer uit tot een pragmaticus. Idealen koesterde hij al die tijd. Over werk, zekerheid en rechtvaardigheid. Over democratie en mensenrechten. Over Europa en solidariteit. Hij kon daar nogal emotioneel van worden. Maar tegelijk kreeg hij een steeds scherper oog voor het haalbare, het realiseerbare. Hij ontwikkelde een groot gevoel voor machts- en krachtsverhoudingen. Hij werd een pragmatisch idealist, niet alleen bewogen maar ook redelijk: redelijk bewogen.[26]

Natuurlijk kende Kok feilen,[27] maar hij behoort tot de grote voorzitters van Nederlandse vakcentrales. Hij is een van de grootsten in de naoorlogse geschiedenis van het NVV en zeker de allergrootste in de 45-jarige geschiedenis van de FNV sedertdien. Hij toonde zich daarin zeer actief, maar was tegelijk geen activist. Hij aarzelde nogal eens met aanpakken, zowel extern als in de eigen organisatie. Hij nam geen onverantwoorde risico's. Hij voelde zich ook ongemakkelijk oog in oog met grote massa's, om hen te overtuigen, om hen op te zwepen. Toch was hij, wanneer het erom spande, een doeltreffend demagoog en bij de leden zeer geliefd.[28] Geplaatst voor de keuze tussen bouwen en breken, voelde hij zich bij het eerste steeds beter thuis. Hij had vaak een idee van waar het heen moest. Hij bekommerde zich steeds om democratisch draagvlak, maar zodra hij zich daarvan had vergewist, zette hij op beslissende momenten door. Daarin onderscheidt zich de leider van de volger. De geschiedenis vermeldt alleen hen die iets doen, iets tot stand brengen. Niet hen die dat niet doen.

Intermezzo

Wim Kok zou uiteindelijk de politiek ingaan, maar dat was niet van het begin af aan duidelijk. Hij had op meer dan één bord tegelijk geschaakt.[29] Toch zou het ervan komen. De FNV bood hem na zijn vertrek een fatsoenlijke regeling aan. Tot het moment dat hij lid van de Tweede Kamer zou zijn, bleef Kok formeel in dienst van de vakcentrale. Hij kon er ook het 25-jarig dienstverband mee volmaken. Daar stond tegenover dat zijn eventuele verdiensten uit externe werkzaamheden niet hem persoonlijk maar de FNV zouden toekomen. Daarbij ging het om de betaling voor drie 'klussen': zijn beloning als tijdelijk president-commissaris van De Centrale,[30] zijn vergoeding als gastdocent bij het Institute of Social Studies in Den Haag,[31] en zijn honorarium als adviseur van Jacques Delors, voorzitter van de Europese Commissie.

Vooral die laatste activiteit – het opstellen van een rapport over sociale aspecten van de invoering van nieuwe technologieën – bracht Kok weer in aanraking met een aantal vertrouwde en toch weer uitdagende terreinen. Het vormde een hernieuwde kennismaking met de Europese Commissie, die onder Delors' bezielende leiding veel zou bijdragen aan een nieuw Europees elan. Het bracht hem in contact met de wereld van technologische vernieuwing, niet alleen in een aantal Europese landen, maar ook in de Verenigde Staten. Het bood hem de gelegenheid zich te verdiepen in de kansen voor sociale inbedding van technologische vernieuwing en daarover ook met vakbonden en andere belanghebbenden (regeringen, werkgevers) van gedachten te wisselen. En het bracht hem weer in contact met de Europese Sociale Dialoog, waarvoor hij zich in zijn EVV-tijd zo had ingezet, en die voor zijn onderwerp erg dienstbaar leek. Het was zeker geen hemelbestormend rapport dat hij schreef, maar Kok droeg bij aan een sociaaleconomisch Europees debat dat met een open geest zeker verder geholpen was. Het hielp hem in elk geval zijn eigen denken te scherpen en zich voor te bereiden op dingen die komen gingen.[32]

Wat komen ging, was bij zijn vertrek als FNV-voorzitter nog niet helemaal duidelijk. De politiek, het parlement in, dat was wel zeker, maar wat precies en hoe verder? Voor de buitenwereld verkeerde Kok daarover zelf nog in het onzekere.[33] Wie dat echter niet deed, was een journalist van het Amerikaanse weekblad *Time*. Die schreef in 1978, zeven jaar eerder dus, een lovend portret over de krachtige, veelzijdige Nederlandse *labor leader* Wim Kok, die ook de Nederlandse samenleving wilde veranderen. Of hij eigenlijk wel een goede remedie bood voor de kwakkelende Nederlandse economie, vroeg de schrijver zich af. Maar dat de problemen van grote werkloosheid om samenwerking van regeringen en vakbonden vroegen, en dat het daarom onvermijdelijk scheen dat Kok zijn overtuigingen en talenten in de Nederlandse politieke arena aan de man zou brengen, wist hij wel. 'He speaks three foreign languages fluently and in the opinion of political observers in The Hague has the makings of a future Prime Minister. That of course would depend on the political swing of the nation.'[34] Wim Kok zelf wist het allemaal nog niet zo.

Illustratie

Cyprian Koscielniak

HUIZENMARKT

Trek kopers voor

De oplossingen die Nicolas

zelfs 43 procent. Hoge percentages, maar het gaat in Amsterdam om slechts 60 nieuwe agenten. Op een

I

met het
Het h
zeer, ma
besteed
disciplin
verkeer
woorde
„aan taf
tijd in b
net terz
getafeld
Dit ve
wil gaa
het kab
tra (Fin
sentatie
vierde
zei hij,
Zoiet
namiek
moeste
maar e
het hui
ven. D
op. In
Trefwo

10
In en uit de voetstappen van Den Uyl

OVERDRACHT VAN HET VOORZITTERSCHAP VAN DE PVDA-FRACTIE IN DE TWEEDE KAMER (21 JULI 1986).

Op 21 mei 1986 zouden er Tweede Kamerverkiezingen worden gehouden. Drie maanden eerder, medio februari, hield de Partij van de Arbeid haar congres ter voorbereiding van de campagne. Alle honderden partijafdelingen hadden hun vertegenwoordigers naar het RAI-congrescentrum in Amsterdam afgevaardigd. Het congres vond in een gespannen optimisme plaats: al tijden lag de PvdA in de peilingen op geruime voorsprong. Zij zou het CDA wellicht ver achter zich laten en een uitstekende kans maken de kabinetsformatie naar haar hand te zetten. Zou de 'schande' van 1977 kunnen worden uitgewist? Zou ons land toch nog het toen gemiste tweede kabinet-Den Uyl kunnen worden bezorgd? De partij maakte zich op voor een feestelijke revanche, op het CDA maar wellicht ook op zichzelf.

Een kleine week daarvoor, op 9 februari, had de PvdA haar veertigjarig bestaan gevierd. Bij die gelegenheid was zij versterkt door de overkomst van een aantal prominente christenradicalen, zoals Jan-Nico Scholten vanuit het CDA en Harry van Doorn en Erik Jurgens vanuit de PPR.[1] De 'doorbraak' leefde kennelijk nog steeds. Ruim een maand na het congres, op 19 maart, maakten de gemeenteraadsverkiezingen duidelijk dat de partij inderdaad op winst stond, vooral in de grote steden van het zuiden van het land, maar tegelijk ook dat de partijen van het kabinet-Lubbers – CDA en VVD – nog lang niet verslagen waren. Het congres koos in die context voor bestendiging van eerder vastgestelde lijnen, dus voor arbeidstijdverkorting, voor gematigde inkomensverschillen, voor koopkracht van de minima, voor bezuinigingen op defensie, maar ook tegen plaatsing van kruisraketten en tegen het openhouden van kerncentrales.

Programmatisch zette de PvdA de polarisatie tegen centrumrechts dus onverdroten voort. Tegelijk hield het congres in elk geval in symbolische zin de deur naar het politieke midden open: het wees het aangaan van een lijstverbinding met kleine linkse partijen af en nam over de invoering van referenda geen standpunt in. Op de laatste dag wees het congres bij acclamatie Joop den Uyl opnieuw als de lijsstrekker aan.[2] Die nam deze taak weer op zich, zij het 'na een reële afweging'. Ook in de wetenschap dat 'Wim Kok voor het Kamerlidmaatschap beschikbaar [was]', zo zei hij, 'viel die keuze te maken'. Het congresverslag vermeldt verder: 'Te gepaster tijd en op geordende wijze zal partijgenoot Den Uyl zijn taak en verantwoordelijkheden met een gerust hart overdragen aan partijgenoot Kok.'[3]

Na Den Uyls toespraak werd Kok naast hem op het podium gehesen en getweeën werden zij langdurig toegejuicht. De aanwijzing van deze populaire vakbondsleider tot haar voorlopige 'nummer twee' voedde het optimisme van de partij. De kans op een verkiezingsoverwinning zou er toch door worden vergroot? Ging de PvdA met Kok niet een nieuwe, beloftevolle toekomst tegemoet? 'Kok komt': de zaal zinderde van verwachting. Wim voelde een rilling van emotie door zich heen gaan. Het was een moment van voldoening en erkenning. Had zijn vader dit maar kunnen meemaken. Maar ook een moment van onbestemdheid. Al dat applaus, al die hoop, al dat vertrouwen: zou hij het kunnen waarmaken? Hij voelde zich geenszins in jubelstemming, eerder met een zware last opgezadeld. Zou hij Joop den Uyl wel kunnen opvolgen? Had hij dit wel echt gewild?

De opvolging van een partijleider?

Een partijleider wordt niet echt benoemd, noch als zodanig opgevolgd. In formele zin althans. Geen van de Nederlandse politieke partijen kent officieel de functie van partijleider. Er is niets anders dan de voorzitter van de partij en daarnaast de voorzitter van de fractie van die partij in de Tweede Kamer. De eerste leidt de partij als politieke vereniging; hij of zij wordt door de leden gekozen. De tweede geeft leiding aan het politieke werk van de partij in het parlement en wordt door de fractie gekozen.[4] Geen van tweeën is automatisch de leider van de partij. Wel zou men kunnen zeggen dat de tweede de politiek leider van de partij is, maar zelfs dit spreekt niet geheel vanzelf.[5] Dit is zeker niet het geval als de verkiezing van de partijvoorzitter de uitkomst van een interne politieke strijd is, waar de ene vleugel van de andere wint. Zo kon bijvoorbeeld de verkiezing in 1979 van Max van den Berg ten nadele van Wim Meijer worden gezien. De winnaar kon hier toch wel op enig politiek leiderschap aanspraak maken; hij heeft dat, inhoudelijk zeker, ook gedaan.[6]

PvdA en SDAP kennen vanouds meer dan andere Nederlandse partijen het verschijnsel van partijleider. Dit heeft onder andere te maken met het karakter van de sociaaldemocratie als emancipatiebeweging en het grote belang dat zij aan staat en politiek hecht voor het verwezenlijken van haar programma.[7] Toch was niet iedere politiek leider van de partij steeds ook de partijleider. Tot 1986, tot het congres dat we hier bespreken, waren er maar drie 'historische leiders' geweest: Pieter Jelles Troelstra, Willem Drees en Joop den Uyl (en de laatste was nog niet van het podium verdwenen). Naast enige duur van hun politiek leiderschap, en bij de laatste twee ook hun aansprekende regeerprestaties, was hierbij ook hun vermogen intellectueel en emotioneel een verbindende rol te spelen van groot belang: zij werden als visionaire en charismatische leiders ervaren.[8]

Een partijleider wordt niet gekozen, in de loop der tijd verwerft hij of zij deze rol, en moet zich daarin blijvend bewijzen. Dit laatste gold zeker voor de PvdA sinds de late jaren zestig, die zich toen een 'basisdemocratische' rolopvatting eigen had gemaakt. Vooral de opkomst van Nieuw Links met zijn praktijk van 'meetlatsocialisme' van beslissende programmapunten had de interne partijverhoudingen omgedraaid en aanhoudend onder druk gezet.[9] Daarin was een partijleider wel goed voor het uitdragen van de koers van de partij, maar werd deze niet echt geacht daaraan ook zelfstandig leiding te geven: hij moest vooral kort worden gehouden. Het hoogte- of dieptepunt van deze interne partijontwikkeling vormde de gang van zaken tijdens de kabinetsformatie in 1977, toen Joop den Uyl, de grote verkiezingsoverwinnaar, door het partijkader (verenigd in de partijraad) zozeer aan banden werd gelegd dat hij uiteindelijk de PvdA niet naar de regering wist te leiden, maar slechts naar de oppositiebanken.[10]

Ook al is een geregelde machtsopvolging een van de wezenskenmerken van een democratie, toch is de opvolging van partijleiders zelden een verheffend schouwspel.[11] Die opvolging verloopt namelijk bijna nooit 'op gepaste tijd en geordende wijze', zoals Den Uyl in zijn congresrede aankondigde. Goed geordend was zijn opvolging door Wim Kok in elk geval niet en daaraan was Den Uyl zelf zeker schuldig. Opvallend was echter ook dat deze opvolging geenszins de uitkomst van democratische besluitvorming was: de onlangs gedemocratiseerde PvdA liet het hier geheel afweten.[12] En of de tijd gepast was, hing misschien van de waarnemer af, maar dat er over Den Uyls partijleiderschap al jaren groeiende twijfels heersten was een publiek geheim. Daarmee was Wim Kok echter nog niet klaargestoomd als de opvolger van Joop den Uyl, in welke functie dan ook. Want ook dat was geenszins een geordend proces. Het zou tot het einde ongeordend blijven.

Volgens insiders als Jan Pronk en Ed van Thijn had Den Uyl Wim Kok als een ideale opvolger al vroeg op het oog. Dit dateren zij medio jaren zeventig.[13] Niet dat Den Uyl midden in de regeerperiode van zijn kabinet eraan dacht het stokje aan iemand anders door te geven. Integendeel, hem stond nog een eigen leidersrol van vele jaren voor de geest. Maar hij hield zijn ogen natuurlijk wel open, al was het maar omdat Nieuw Links[14] nog steeds van mening was dat Den Uyl, als vertegenwoordiger van de 'oude' PvdA, plaats behoorde te maken voor een van hen. In het bijzonder ging het daarbij om André van der Louw, oud-partijvoorzitter en toen burgemeester van Rotterdam. Anne Vondeling, Max van der Stoel, Joop den Uyl: zij allen vormden mikpunten voor (het oude) Nieuw Links.[15]

Wim Kok was voor diens opvolging zeker niet de enige kandidaat die wel eens door het hoofd van Den Uyl speelde. Naast Van der Louw, over wie Den Uyl zijn twijfels koesterde, was Wim Duisenberg, populair minister van Financiën in zijn kabinet, een andere mogelijkheid.[16] Ook in Ed van Thijn, toen fractievoorzitter in de Tweede Kamer, stelde Den Uyl veel vertrouwen. Maar die was geen econoom, wat Den Uyl voor een leider van de PvdA van groot belang achtte.[17] En Duisenberg was misschien wel een aantrekkelijke stemmentrekker, maar lag hij wel dicht genoeg bij het eigen electoraat en goed genoeg in de partij?

Nee, dan was Kok een meer voor de hand liggende mogelijkheid. Deze jonge, mediagenieke voorzitter van de gelijkgezinde vakcentrale, die erin slaagde een brug te slaan naar zowel de radicale Industriebond als het katholieke NKV, die maatschappijhervorming met economische behoedzaamheid wist te verbinden, en met wie veel PvdA-stemmers een natuurlijke band voelden, had veel in huis voor een leidende positie in de partij. Bovendien zou Kok van buiten komen, wat bij gespannen partijverhoudingen een voordeel kon zijn. Kok was dan wel al lang partijlid en maakte ook wel eens, al dan niet als officiële waarnemer, congressen en andere partijdiscussies mee.[18] Maar in wezen stond hij buiten de PvdA, maakte hij van haar interne ontwikkeling part noch deel uit. Wim Kok kwam wel uit een 'rood' nest, maar was geen partijganger.

Een kroonprins van buiten

Voor een helder beeld van de wanordelijke opvolging van Den Uyl is het goed te weten dat de PvdA sinds eind jaren zestig het toneel vormde van een heftige partijstrijd. Daarbij ging het niet alleen om de afwisseling tussen generaties, maar ook om een toegespitst debat over wat links en rechts werd genoemd, terwijl uiteenlopende opvattingen over democratische cultuur tevens een rol speelden. Deze confrontatie heeft het gezicht van de partij zeker zo'n twintig jaar in verscheidene gedaanten bepaald. Dit werd nog eens versterkt door de polarisatiestrategie die de PvdA vanaf eind jaren zestig omarmde en die erop was gericht de Nederlandse politiek in twee kampen op te splitsen: een progressief en een conservatief kamp, iets waarvoor het confessionele midden uit elkaar moest worden gespeeld.[19]

Zeker aanvankelijk had deze strategie enig succes – de PvdA hervond de weg omhoog –, maar gaandeweg steeds minder: de confessionelen hergroepeerden zich in het nieuwe CDA en menig kiezer begon zich te storen aan de onverdraagzame PvdA. De mislukte kabinetsformatie van 1977 bracht dit alles bij elkaar: het electorale succes van de PvdA, het herstel van de christendemocraten en de door de socialisten te ver doorgevoerde polarisatie in de vorm van een strak gereglementeerde 'meerderheidsstrategie'. De partij toonde zich ook blind voor enkele feiten: zo bleek het CDA ook nog 'over rechts' door te kunnen gaan, wat uiteindelijk het onverwachte kabinet-Van Agt/Wiegel opleverde.[20]

Joop den Uyl stond midden in deze ontwikkeling. Met grote politieke vasthoudendheid en intellectuele flexibiliteit slaagde hij erin zowel binnen als buiten de partij oude en jonge generaties met elkaar te verbinden, het sociaaldemocratisch program met nieuwe politieke eisen te verjongen, en een cultuur van buitenparlementair activisme met de parlementaire democratie te verzoenen.[21] Het was vaak een wankel evenwicht, maar zeker vanaf het moment dat hij zijn kabinet leidde, groeide Den Uyl in zijn rol van vernieuwend bestuurder. De verkiezingsoverwinning in 1977 – de PvdA steeg van 43 naar 53 zetels – vormde hiervan een uitdrukking. Tegelijk had hij binnen de partij met veel weerstand te kampen: bijna voortdurend stelde het partijkader nadere eisen aan zijn regeerprogram en aan zijn politieke opstelling.

Dit 'majoreren' wist Den Uyl doorgaans op ingenieuze wijze op te vangen, maar niet altijd. Het wekte bij de buitenwacht toch de indruk dat hij voor zijn partij niet de geliefde partijleider vormde, maar het belangrijkste struikelblok, of in elk geval naast een boegbeeld ook een boksbal symboliseerde. In feite sloeg de polarisatiestrategie met haar cultuur van georganiseerd wantrouwen naar binnen, wat Den Uyl op beslissende momenten hinderde bij het bepalen van de meest gewenste koers.[22] 'Amsterdam' (de 'principiëlen' = links) en 'Den Haag' (de 'gouvernementelen' = rechts)[23] kwamen in de PvdA steeds meer tegenover elkaar te staan. De mislukking van de kabinetsformatie in 1977 was daarvan het meest navrante voorbeeld: Den Uyl stelde wat hij zag als de partijdemocratie boven het landsbelang en dat van zijn kiezers. Zijn partij betaalde daarvoor een hoge prijs.

Den Uyl kende Kok van zijn contacten met het NVV-bestuur, waarvan deze in 1969 lid werd. Zijn aandacht voor deze stugge maar kundige en intelligente man werd snel getrokken. Reden waarom hij hem twee jaar later vroeg hem als getuige-deskundige bij te staan in een televisiedebat met de toenmalige minister van Financiën Witteveen. Hierin stond Kok meer dan zijn mannetje door de excellente bewindsman met een slimme rekensom over een fikse algemene loonsverhoging de mond te snoeren.[24] Koks voorzitterschap van het NVV begon ongeveer gelijktijdig met de totstandkoming van het kabinet-Den Uyl, in 1973. Den Uyl heeft Kok toen wel eens gevraagd naar zijn indrukken van Ruud Lubbers en Henk Vredeling, mogelijke ministers in zijn kabinet. De aanstaande premier stelde prijs op het politieke oordeel van de bijna twintig jaar jongere vakverbondsvoorman.

Dit vormde het begin van een intensieve relatie die in de eerste plaats functioneel was, nooit echt vriendschappelijk werd, maar die aan twee kanten wel op waardering en zelfs bewondering stoelde. Zeker in een tijd dat economische moeilijkheden om evenwichtige loonvorming vroegen, was voor Den Uyl het contact met Kok van groot gewicht. Een kabinet dat zich inzette voor rechtvaardiger inkomens- en vermogensverhoudingen had bovendien veel aan steun vanuit de vakbeweging.

Den Uyl en Kok ontmoetten elkaar toen geregeld in 'Haagse' kringen, spraken elkaar natuurlijk over de telefoon, maar hadden ook hun 'Amsterdamse' contacten: zo eens per drie, vier weken fietste Kok op de zondagavond naar Den Uyls huis in Buitenveldert voor een dieper gesprek over wat beiden bezighield. Voor de eerste was het steeds nuttig te ervaren hoe binnen de vakbeweging over sociaaleconomische kwesties werd gedacht; voor de tweede was het van groot belang te weten voor welke keuzen het kabinet stond en welke afwegingen bij verschillende bewindslieden leefden. Beiden konden met deze informatie goed uit de voeten.[25]

De beide mannen gingen gaandeweg steeds vertrouwelijker met elkaar om. Den Uyl hoorde van Kok over de obstakels die hij had te overwinnen bij het vormen van een federatie tussen NVV en NKV. En toen begin 1977 de FNV tegen de werkgevers een algemene staking uitriep voor het behoud van de prijscompensatie, deelde Kok over de telefoon zijn beeld van de stand van zaken met de premier en gaf hij precies aan hoe het kabinet hier het beste op kon reageren. Den Uyl nam daar goed nota van.[26]

Omgekeerd nam Den Uyl Kok in vertrouwen toen hij tijdens de kabinetsformatie in de zomer van dat jaar wilde inzetten op twee jaar lang een 'nullijn' voor de lonen; welke handreikingen in de wetgevende sfeer – vermogensaanwasdeling, ondernemingsraden, investeringsrekening – zouden dit voor de vakbeweging aanvaardbaar maken? Kok toonde zich tot enig meedenken bereid, maar van een eventueel aanbod van Den Uyl om met hem over een post in zijn tweede kabinet te spreken[27] herinnerde hij zich later niets. Mocht dat echter toch het geval zijn geweest, dan meende Kok dat hij Den Uyl wel zal hebben gewezen op zijn eerste verantwoordelijkheid jegens de nog maar net opgerichte vakbondsfederatie.[28]

Tijdens de periode waarin de PvdA in de oppositie verkeerde (1977-1981) namen de contacten van Kok met Den Uyl in aantal af. Den Uyl bleef echter dromen van zijn tweede kabinet en zag in de zwakte van het kabinet-Van Agt daarvoor ook alle aanleiding. Nadenkend over de toekomst achtte Joop het noodzakelijk dat Wim in 1981 bij de landspolitiek werd betrokken, wilde hij vier jaar later zijn opvolger kunnen worden. Kok was immers nog steeds nummer één op Den Uyls lijstje voor zijn toekomstige opvolging.[29]

Bij de Tweede Kamerverkiezingen van 26 mei 1981 verloor de PvdA fors en werd het CDA de grootste partij.[30] Toch geraakte de partij bij de kabinetsformatie betrokken, omdat 'over rechts' geen meerderheid te vinden was.[31] Kok bemoeide zich met het oog op het werknemersbelang rechtstreeks met de rol van de PvdA in deze onderhandelingen,[32] maar zelf sloeg hij het aanbod van Den Uyl voor een ministerspost toch af.[33] Hij had zich kort daarvoor verbonden aan een nieuwe termijn als FNV-voorzitter.[34] Een kroonprins van buiten, en zeker hijzelf, kon zijn externe verantwoordelijkheden niet ongestraft voor interne partijbetrokkenheid inruilen. Daarvan was Kok doordrongen. Den Uyl zou het nog merken.

Kok als opvolger in beeld

Het ongelukkige verloop van het kabinet-Van Agt-Den Uyl[35] bracht de opvolgingsvraag in een stroomversnelling. Niet alleen Wim Kok en de vakbeweging hielden aan die regeerervaring een bittere nasmaak over. In de PvdA zelf zag men met lede ogen aan hoe de kabinetsdeelname de partij voor onmogelijke dilemma's plaatste: de verkiezingen voor de Provinciale Staten in maart 1982 hadden haar dan ook een pijnlijke afstraffing bezorgd.[36] Den Uyl deed wat hij kon om het sociale gezicht van de PvdA geloofwaardig te houden, maar zijn Werkgelegenheidsplan ontbeerde overtuigingskracht en draagvlak, terwijl de bezuinigingsdwang de partij (en haar kiezers) niet alleen bij de Ziektewet pijn begon te doen.

De partijleider kon geen wonderen meer verrichten. Het tegendeel was feitelijk het geval. Den Uyls optreden in dat kabinet deed de partij meer kwaad dan goed; dat vond in elk geval de 'Haagse' kant van de partij. Waar het partijbestuur (en vooral voorzitter Max van den Berg[37]) verkoos de PvdA uit het kabinet terug te trekken om zo 'de boel' voor de middellange termijn te kunnen redden, daar wilden de eigen ministers het kabinet liever herschikken, reconstrueren zogezegd, maar dan zonder de kemphanen Van Agt en Den Uyl. Maar hoe vertellen we 't aan vader?

Op 19 mei 1982 kwamen alle PvdA-ministers midden in de nacht, samen met fractievoorzitter Wim Meijer, bijeen. Plaats van handeling: de al enigszins ontruimde kamer van Marcel van Dam op het ministerie van VoRo, dat toen op de Haagse Van Alkemadelaan huisde.[38] Volgens het verslag van Ed van Thijn liep het uit op een poging tot vadermoord.[39] Nadat een voorstel van Wim Meijer om de mogelijkheid na te gaan van een interim-kabinet met de VVD om verkiezingen voor te kunnen bereiden door Den Uyl als 'kiezersbedrog' van tafel was geveegd, barstte Van Thijn echt los. 'Wat voor perspectief heb je de partij te bieden? Als jij lijstaanvoerder blijft, betekent dat automatisch oppositie, want Den Uyl en Van Agt gaat niet meer.' Den Uyl: 'Als ik lijsstrekker ben word ik óf premier [kleine kans], of ben ik geen kandidaat voor het kabinet.' Dat wat laat gegroeide inzicht mocht de partijleider in dit gezelschap echter niet baten.

Van Thijn: 'Onvoorstelbaar dat je hebt toegelaten dat we naar nieuwe verkiezingen toe gaan. Je wordt bejubeld, maar je hebt geen gezag, bij links niet en bij rechts niet, je bent machteloos.' Van Thijn schrok van zichzelf,[40] maar Den Uyl liet zich niet uit het veld slaan: 'Jullie willen dus horen over de opvolging, welnu: 1. voorkeur Kok, 2. als ik het niet doe: rotzooi.' Wat dat eerste betreft: wist Den Uyl wel of Kok zelf wel wilde, en of hij beschikbaar was? Waarschijnlijk niet, maar met dat tweede doelde Den Uyl op een kandidatuur van Van der Louw. Deze was door zijn Nieuw Links-vrienden Meijer en Peper overgehaald Rotterdam te verlaten voor een ministerschap van CRM,[41] om verdere politieke ervaring op te doen, maar had in de partij inmiddels een 'rechts' imago verkregen.

En Kok? Die stond geheel aan de zijlijn, zoals in de komende jaren van partijdiscussie over Den Uyls opvolging wel vaker zou blijken: het ging over hem, wellicht ook ten behoeve van hem, maar doorgaans buiten hem om. Tegelijk openbaarde zich hier ook een patroon dat later alleen maar sterker werd: Den Uyl gebruikte zijn voorkeur voor Kok ook om daarmee, als het enigszins ging, andere kandidaten op afstand te houden of in elk geval de eigen opties open te houden.

Intussen was de discussie op VoRo nog niet voorbij. Van Dam en Van Thijn drongen er bij Den Uyl op aan zijn opvolger aan te wijzen, die in het te reconstrueren kabinet zijn plaats als vicepremier zou innemen. Naast een vadermoord werd het nu ook een staatsgreep, of op z'n minst een paleisrevolutie. 'Wij maken dat uit, wij besluiten dat hier, jij moet je opvolging vaststellen, dan is er geen keus voor de partij,' zo meenden de 'putschisten'.

Op verzoek van Den Uyl werd er een rondje gemaakt, dat het volgende beeld opleverde: Van Dam voor Van der Louw, Van Thijn per saldo ook voor Van der Louw, Van der Stoel voor Kok, maar die kon niet, dus dan maar voor Van der Louw, en Van Kemenade volmondig voor Kok.[42] Wim Meijer, die natuurlijk niet namens de fractie kon spreken, was ook overtuigd van de noodzaak de wacht te wisselen: voor Van der Louw. En André zelf? Die schikte zich bij voorbaat in Den Uyls keuze. Maar Van der Louw drong er tegelijk bij Den Uyl op aan zich op dat moment voor hem uit te spreken.[43] Den Uyl liet zich daar ook nu niet toe verleiden. Hij zegde toe zich te zullen beraden en zei verder met Kok te gaan praten. In de vroege ochtend van Hemelvaartsdag werd de bijeenkomst opgebroken.

Den Uyl wist dus aan de voor hem opgezette val te ontkomen. Toch was hij geschrokken door deze motie van wantrouwen tegen hem, ook door de duidelijke steun voor Van der Louw. De volgende dag, 21 mei, bleek de opstand echter als een nachtkaars uit te gaan. Den Uyl verkreeg snel de steun van partijvoorzitter Van den Berg. Die wilde niet van een vertrek van Den Uyl horen. Los van de hoogmoed van de oud-ministers die voor de partij even wilden beslissen over de opvolging van Den Uyl, vond hij het ook politiek kortzichtig. De breuk met het kabinet betrof immers koopkrachtbehoud voor de minima, een kernpunt voor de PvdA. Dan ga je Joop den Uyl toch niet afdanken? Van den Berg: 'Jij bent de enige die de partij nu kan vertegenwoordigen. Jij moet lijsttrekker worden. Met jou gaan we de verkiezingen winnen.'[44]

Aldus geschiedde. In de fractievergadering van die middag werd Den Uyl unaniem tot (feitelijk) fractievoorzitter gekozen.[45] Tevens besloot de fractie hem voor het lijsttrekkerschap voor te dragen. Wim Meijer en de rebellerende bewindslieden gaven hem ook hun steun. Zij bleken uiteindelijk allemaal nog steeds politieke kinderen van Den Uyl te zijn.[46] Joop zou ook dit voorstel in beraad nemen.

Hoe verder met Kok? Was nu toch niet de tijd aangebroken met hem open kaart te spelen? Er werd veel over hem gesproken, maar zelden met hem, in elk geval niet over deze kwestie. Wat vond hijzelf van dit politieke perspectief? Wilde hij dit wel? En hoe dan? Ook als (uiteindelijke) opvolger van Den Uyl? Den Uyl ging in de late avond van 20 mei nog bij Kok op bezoek, praatte hem bij over de achtergronden van de val van het kabinet en vertelde over de op hem uitgeoefende druk om ermee op te houden en bij de verkiezingen geen lijsttrekker meer te zijn. Daar liet Den Uyl het bij. Hij kwam niet terug op zijn idee over Kok als zijn opvolger, dat hij tijdens de kabinetsformatie van een jaar eerder met hem had besproken. Niet dat hij daar nu heel anders over dacht, maar het was niet het goede moment, zo midden in een politieke crisis rond zijn eigen persoon.

Voorzitter Van den Berg, die het idee van een opvolging door Kok al langer had omarmd, sprak op zaterdag 22 mei met hem en ging verder dan zijn partijleider. Zou Kok, in het geval van een terugtreden van Den Uyl, bereid zijn te overwegen daarin te stappen, hem op te volgen? Deze voelde zich gevleid, maar hield de boot af. Hij had zich tot de herfst van 1984 tot het FNV-voorzitterschap verplicht, daar kon en wilde hij niet zomaar van weglopen. De vakbeweging had het in die tijd immers zwaar genoeg. Toch wilde Kok het wel overwegen, op voorwaarde dat Den Uyl zelf het hem vroeg en het partijbestuur dat steunde. In dat geval zou hij het wel met het FNV-bestuur willen bespreken.

Daarna begon een wirwar van verwikkelingen en gebeurtenissen.[47] In de PvdA mengden allerlei personen en instanties zich in deze discussie, ook omdat Den Uyl gedurende enkele dagen ernstig leek te twijfelen of hij de partijkar nog wel verder moest trekken. Moesten de kansen voor André van der Louw dus niet levend worden gehouden?[48] Om dat te voorkomen kwamen prominente partijbestuurders als Poppe, Rottenberg en Van Velzen in het geweer, terwijl ook bezorgde gewestelijk voorzitters uit Gelderland, Friesland, Amsterdam, Den Haag en Rotterdam zich gingen roeren. Zij allen werden verbonden door hun politieke afkeer van Van der Louw en hun voorkeur voor de meer 'linkse' Kok, ook in de hoop dat hij de verstoorde relatie tussen partij en vakbeweging zou kunnen herstellen. Sommigen van hen wisten ook tot Kok door te dringen, maar die kon hen niet met goede tijdingen verblijden.

'Ik blijf'

Kok zelf werd intussen niet vrolijk van deze gang van zaken. Alsof niemand aan dit onordelijke politieke gedoe leiding kon geven. Dan was de wereld van de vakbeweging toch een stuk overzichtelijker. Dat bleek hem ook weer toen hij in de FNV-Federatieraad de kwestie vertrouwelijk aan de orde stelde. Hij had toch sterk de behoefte aan enig meedenken van zijn vakbondscollega's, zij het heel voorzichtig en met allerlei slagen om de arm. Wat indien… en wat zouden zij daar nu wel van vinden? De meningen waren verdeeld. Sommigen konden zich wel voorstellen dat hij dit serieus overwoog, zagen er ook wel de voordelen voor de FNV van in. Anderen meenden dat zo'n overstap duidelijk te vroeg zou komen, dat de continuïteit van de FNV-leiding er niet mee gebaat zou zijn. Deze discussie sterkte Kok in zijn afwijzende houding tegen een overstap naar de politiek op dat moment. Hij werd 'zo geholpen [zijn] moment van aarzeling te overwinnen'.[49]

Maar wilde Kok dan niet de politiek in? Wilde hij niet Den Uyls opvolger worden? Natuurlijk werd hij door deze ontwikkeling niet geheel verrast. Dat er in de partij, niet alleen in de top maar bijvoorbeeld ook bij 'gewestelijke baronnen',[50] al langer over een partijleider Wim Kok werd gespeculeerd, was hem niet onbekend.[51] Tegelijk liet hem dat tamelijk onberoerd. Er waren toen zovelen die daarvoor in aanmerking kwamen: naast Van der Louw en Van Thijn, ook Wim Meijer en Marcel van Dam bijvoorbeeld.[52] Bovendien had hij bij de FNV genoeg te doen en verkeerde hij niet in de binnenste kringen van de PvdA.

Toch dwaalden Koks gedachten wel eens af naar het uitoefenen van een politieke functie; overheid en politiek hadden immers veel invloed op de levens van werknemers, uitkeringstrekkers en hun gezinnen. Er was dus een logische overstap denkbaar, zo vond hijzelf ook. Hij zou dat eventueel ooit ook wel willen, maar hield deze ambitie voor zich. Toen hij in de eerste helft van 1981 even overwoog niet nog eens voor het FNV-voorzitterschap op te gaan,[53] maakte hij zich van geen enkele beroepstoekomst concrete voorstellingen, ook van de politiek niet. Hij had niets voorbereid, zijn wereld lag nog open.

Wanneer hij aan zichzelf in de politiek dacht, zag hij zichzelf dan als opvolger van Den Uyl? Eigenlijk niet. Niet bij voorbaat in elk geval. Hij beschouwde Den Uyl echt als van een ander niveau, van een buitencategorie waarmee hij zichzelf niet wilde vergelijken. Bovendien was die man nog lang niet aan het einde van zijn politieke Latijn, zo leek het. Dat tweede kabinet-Den Uyl kon er nog heel goed komen. Koks voorkeur – mocht het zover komen – ging eerder uit naar een ministerschap, van Sociale of Economische Zaken bijvoorbeeld, want hij zag zichzelf toch eerder als politiek bestuurder dan als volksvertegenwoordiger. Ook in dat opzicht zou hij niet een vanzelfsprekende opvolger voor de 'rasparlementariër' Den Uyl kunnen zijn.

Toen Den Uyls opvolging, mede door eigen optreden als 'onmogelijke' kemphaan in het vechtkabinet-Van Agt II, ineens op de agenda leek te komen, beschouwde Kok zichzelf sowieso niet als een voor de hand liggende kandidaat. Het conflict over de Ziektewet van zijn FNV met Den Uyl – de minister van 'Asociale Zaken' – had bij de PvdA, vooral in Den Haag, nogal wat kwaad bloed gezet. Dat was Kok niet ontgaan.[54] 'Verrajers zijn het allemaal,' zo noemde Marcel van Dam de vakbeweging in de beruchte VoRo-nacht. Als Kok de opvolger van Den Uyl mocht worden, wist hij niet of hij bij de partij zou willen blijven.[55] Moest Judas dus als het ware de opvolger van Jezus worden? Kok had er een hard hoofd in.

Toch stond de partij al snel weer bij hem op de stoep, op maandag 7 juni 1982 's avonds laat. In een week was er veel gebeurd. Een hartverwarmende ontvangst door drieduizend partijgenoten in Tiel op tweede pinksterdag en een enigszins meevallende uitslag van de gemeenteraadsverkiezingen de woensdag erna hadden Den Uyl over de drempel geduwd: hij wilde de partij niet in de steek laten en tegelijk zichzelf nog een kans gunnen. Maar moest de kandidatenlijst niet worden versterkt met 'kopgroepen' van oud-ministers, ook met Kok erbij? Of zou het een goed idee zijn Jos van Kemenade op plaats twee te zetten, ook voor het geval Den Uyl tussentijds afstand zou doen van het fractievoorzitterschap?[56] En zou Kok dan niet goed als stemmentrekkende 'lijstduwer', dus onder aan de lijst, kunnen fungeren? Van Kemenade voelde er echter niets voor om Den Uyl eventueel als fractievoorzitter op te volgen, vooral als dat was bedoeld om te voorkomen dat Van der Louw toch nog naar die plaats zou opstomen.[57]

Den Uyl, deze keer in gezelschap van Max van den Berg en ook Wim Meijer, drong nu bij Kok aan: of hij de PvdA niet wilde komen versterken en een plaats op de lijst aanvaarden? Als nummer twee, of als lijstduwer? Over opvolging ging het nu niet meer. Het polsen en informeren was echter wel overgegaan in het uitoefenen van morele druk: Wim, ik heb je nodig, wij hebben je nodig, de partij heeft je nodig. Kok vroeg een nacht bedenktijd. Dit was hem te veel ineens. Zijn loyaliteit aan de vakbeweging, aan zijn FNV, was groot, die stond niet ter discussie. Deze was veel groter dan die aan de PvdA, dat was toch een andere soort verbondenheid. Maar aan Den Uyl voelde hij zich meer dan gewoon verplicht, dat vroeg om enig gewetensonderzoek. Toch bleef Kok bij zijn afwijzing. De overstap wilde hij niet maken, daarvoor was het te vroeg: dus voor hem geen plaats twee op de lijst. En een plaats als onverkiesbare lijstduwer zou betekenen dat hij twee heren moest gaan dienen, zowel de FNV als de PvdA, wat slechts belangenconflicten kon opleveren. Van die suggestie kon dus helemaal geen sprake zijn.[58] Kok moest Den Uyl en Van den Berg teleurstellen.

Wel gaf hij Den Uyl aan open te staan voor een eventuele rol in de politiek na ommekomst van zijn FNV-voorzitterschap, maar daarover zou hij pas later beslissen. Koks voorzichtig uitgestoken vinger werd door Den Uyl op diens karakteristieke wijze echter in een volledige hand omgetoverd. Tijdens de op de volgende dag (8 juni) aan het lijsttrekkerschap gewijde persconferentie zei hij het zo: 'Kok heeft nu de overstap naar de politiek niet willen maken. Maar na 1984 is hij voor een actieve rol in de politiek beschikbaar, iets waarover ik mij verheug.' Koks voorbehouden bij zijn beschikbaarheid werden daarmee pardoes terzijde geschoven, ook omdat die Den Uyl in zijn machtsstrijd in de partij niet goed uitkwamen. Er zouden later nog misverstanden uit voortvloeien. Maar intussen was de uitkomst van deze wonderlijke episode zoals het FNV-ledenblad die kernachtig boven een openingsartikel verwoordde: 'Kok: ik blijf'.[59]

Eb en vloed

Kok had geprobeerd in deze ingewikkelde kwestie integer te opereren. Een overstap naar de politiek trok hem wel degelijk, maar dan wel in de juiste context en op de juiste voorwaarden. Voorop stond dat hij bij de FNV zijn termijn tot 1984 zou afmaken: het daar in hem gestelde vertrouwen wilde hij niet beschamen. In die nog resterende twee jaar moest hij ook naar vermogen zijn opvolging als FNV-voorzitter goed regelen.[60] Bij dat alles moest hij zijn PvdA-betrokkenheid goed van zijn FNV-verantwoordelijkheid gescheiden houden, daar mocht de FNV niet onder lijden. En als hij te zijner tijd de overstap naar de partij zou maken (waarover hij nog apart wilde beslissen), moest dat wel op zuivere gronden geschieden. Dan moest de partij hem om zijn eigen verdiensten willen hebben en niet omdat met zijn komst iemand anders de voet dwars kon worden gezet.[61] Anders gezegd: de PvdA kon Wim Kok krijgen wanneer hij er klaar voor was en toch vooral op zijn condities.

Tot zijn eigen chagrijn bleef Kok echter in de eropvolgende jaren toch boven de 'opvolgingsmarkt' hangen, grotendeels buiten zijn wil om, maar gaandeweg en toenemend ook door eigen toedoen. In de herfst van 1982 was de PvdA, ondanks een winst van drie zetels waardoor zij weer de grootste partij werd, buiten de coalitie gebleven.[62] Het kabinet-Lubbers werd gevormd, dat de sociaaleconomische crisis in Nederland met drastische maatregelen wilde keren. Tegen die achtergrond sloot Wim Kok met werkgeversvoorzitter Van Veen het Akkoord van Wassenaar, dat met loonmatiging in ruil voor arbeidsduurverkorting de exploderende werkloosheid een halt moest toeroepen.[63]

Bij de PvdA en bij Den Uyl zelf, die zich juist aangordden om het nieuwe kabinet frontaal partij te bieden, veroorzaakte dit nieuws een grote schok.[64] Na het FNV-verzet tegen Den Uyls Ziektewetplan kwam Wim Kok nu zelfs met een sociaaleconomisch compromis dat het verfoeide kabinet-Lubbers wind in de zeilen bood. Dat er in de top van de PvdA zo weinig begrip bestond voor de heikele positie van de vakbeweging en voor de noodzaak uit alle macht een nieuwe looningreep te voorkomen, was iets wat Kok en zijn medebestuurders Drabbe en Bode toen verbaasde en zelfs verontwaardigde.[65]

Daarmee leek voor Kok de opvolging wel even buiten beeld te zijn, maar dat was feitelijk toch al het geval. Den Uyl was met onverminderde inzet begonnen aan een nieuwe termijn als fractievoorzitter, terwijl de kroonprinsen de een na de ander uit het zicht verdwenen: André van der Louw werd al heel snel voorzitter van de Rijnmondraad terwijl Ed van Thijn in mei 1983 tot burgemeester van Amsterdam werd benoemd (waarbij hij Jos van Kemenade nipt de pas afsneed).[66] Om het proces van zijn opvolging te blijven beheersen (en te voorkomen dat Marcel van Dam zich als kandidaat opwierp) vroeg Den Uyl begin juni 1983 aan Van Kemenade of deze hem na zijn tussentijds terugtreden als fractievoorzitter wilde opvolgen.

Van Kemenade voelde daar bar weinig voor, wilde eigenlijk de politiek verruilen voor een universitaire werkkring, maar wilde het eventueel wel overwegen als de nood aan de man kwam, dat wil zeggen als de partij geen andere verbindende kandidaat zou kunnen vinden. Hij verbond daaraan echter wel de voorwaarde dat deze opvolging door het partijbestuur (lees: Max van den Berg) zou worden gesteund in de zin dat het hem ook als beoogd lijsttrekker voor de volgende verkiezingen aan het congres zou voordragen. Voor zijn eigen geloofwaardigheid als fractievoorzitter achtte hij zo'n koppelverkoop onmisbaar; hij wilde geen 'tussenpaus', laat staan 'pauzenummer' worden. En hij kende Van den Bergs voorkeur voor Kok, een voorkeur die hij zelf overigens van harte deelde.[67] Of het dan niet een goed idee zou zijn met Kok te gaan praten, zo opperde Den Uyl.[68]

Dat gesprek volgde op 1 juli, in het hoofdkantoor van de FNV in Amsterdam-West. Nadat beide heren elkaar als de ideale opvolger van Den Uyl hadden aangeprezen, stelde Kok vast dat hij na 1984 waarschijnlijk nog één driejaarstermijn als voorzitter van de FNV zou aanblijven om de jonge vervangers van Bode en Drabbe voor zijn eigen opvolging te kunnen opleiden. Hij zou in 1986 dus niet de politiek ingaan, zou Van Kemenades kandidatuur voor het lijsttrekkerschap van harte steunen en wilde ook publiekelijk verklaren daar zelf niet voor beschikbaar te zijn.

Er moest, zo vond Kok, wel snel worden gehandeld, door Den Uyl, door Van Kemenade en door het PvdA-bestuur, want hijzelf kon als veelbesproken 'beoogd toekomstig opvolger' van Den Uyl niet goed functioneren als FNV-voorzitter. Het zat hem in de weg.[69] Nadat Van Kemenade een week later van Van den Berg enigszins voorwaardelijke steun had gekregen en hij er in de zomer goed over had nagedacht, hakte hij de knoop door. Hij ging het doen en zou dit op 3 september bij Den Uyl thuis nader met hem bespreken.

Daar bleek echter, tot Van Kemenades verrassing, niet alleen Van den Berg maar ook Kok aanwezig te zijn. En daar bleef het niet bij: Den Uyl deelde mee dat hij toch tot 1986 fractievoorzitter wilde blijven en dan moest het partijcongres maar beslissen. Daarbovenop kwam Kok met de informatie dat hij, alles afwegende, toch geen kandidaat-voorzitter van de FNV voor na 1984 wilde zijn, dat hij vanaf oktober 1984 een andere functie zou aanvaarden en dat hij bij de keuze daarvan rekening zou houden met de mogelijkheid in 1986 eventueel als lijsttrekker beschikbaar te zijn, mocht er dan nog steeds geen breed gesteunde oplossing voor Den Uyls opvolging zijn gevonden.

Daarmee kantelde het beeld plotsklaps. Ineens was 'de nood aan de man' dus geheel verdwenen, niet alleen door Den Uyls beslissing om niet op korte termijn terug te treden, maar vooral ook door Koks aankondiging toch voor de opvolging beschikbaar te zijn. Van Kemenade haalde opgelucht adem: hij kon weer vrij man worden. Van een eventuele verkiezingsticket Van Kemenade-Kok (of omgekeerd) in 1986, waar Den Uyl nog mee speelde en waarvan Kok zei ervoor open te staan, wilde hij dan ook niets weten. Voor Van Kemenade was het boek hiermee gesloten.

Wat had Kok bewogen op zijn schreden terug te keren? Was het de situatie in eigen kring? Die zomer had Kok een aantal bonden informeel gepeild naar hun ideeën en wensen aangaande zijn opvolging als FNV-voorzitter. Daar was hem gebleken dat er wel wat goede suggesties leefden, ook voor de vervulling van andere toekomstige vacatures in het FNV-bestuur. Hij stelde vast dat het in die situatie voor hem niet nodig was het voorzitterschap nog met een termijn te verlengen. Hij zou in september 1984 de leiding van de FNV in goede handen kunnen achterlaten en de overstap naar de politiek kunnen wagen. Hoe dat precies moest gaan en of hij dan echt Den Uyls opvolger of gewoon Kamerlid en eventueel beoogd bewindsman moest zijn, stond hem nog geenszins helder voor ogen. Ook andere mogelijkheden dan de politiek, het openbaar bestuur bijvoorbeeld, wilde hij nog niet uitsluiten. Het verklaart ook de slagen die hij in het gesprek op 3 september toch om de arm hield.

Wat zeker invloed op Kok had, was de niet-aflatende reeks gesprekken die vanuit de PvdA-top met hem werden gevoerd. Hij had dan wel aangegeven na 1984 eventueel voor de politiek beschikbaar te zijn, maar daar kon je bij die voorzichtige Kok nooit zeker van zijn. Dus moest het vuurtje wel brandende worden gehouden. Daarom hielden Den Uyl en zeker ook Van den Berg geregeld contact met Kok, belden hem op, nodigden hem uit te komen eten of gingen bij hem langs.

Soms stond, wanneer Kok thuiskwam, Van den Berg in de keuken al met vrouw Rita of zoon André te praten om vervolgens tegenover hem nog eens over het partijleiderschap te beginnen. Kok mocht vooral niet de indruk krijgen dat dit nu een gedane zaak was. Hij werd er soms horendol van, vooral van Den Uyl die erin slaagde een hele middag of avond om de hete brij heen te draaien. Rita moest haar niet goed begrijpende man wegwijs maken in die partijgeheimtaal: 'Ik weet het heel goed, ze willen jou.' Ook in die zomer van 1983 had Den Uyl weer twee keer uitvoerig met Kok gesproken en langs die weg begrepen dat Kok na 1984 – over iets meer dan een jaar dus – toch 'vrij man' zou zijn.

Dat ontnam Den Uyl weer de noodzaak snel terug te treden als fractievoorzitter. Met de optie-Kok duidelijk op tafel kon hij gerust tot 1986 wachten met zijn beslissingen. Want weggaan wilde hij eigenlijk helemaal niet, verslingerd als hij was aan het politieke bedrijf en zijn leidersrol, hoopvol als hij was toch nog een tweede kabinet-Den Uyl te kunnen leiden, erop gebrand als hij was de partij in vertrouwde handen achter te laten en als de dood als hij was voor het 'zwarte gat' van een leven na de politiek.[70] Zo kwam het dat 'reservekroonprins' Van Kemenade door de wankelmoedigheden van Den Uyl op het schaakbord van de opvolging werd verschoven en uiteindelijk geofferd.

Goed beschouwd zou Kok met zijn 'eb- en vloedbewegingen' hier ook toe bijdragen, zij het minder bewust dan Den Uyl. Rond 23 november 1983 – in het heetst van de ambtenarenstaking en de strijd over de uitkeringen – liet Kok aan Den Uyl weten toch niet beschikbaar te zijn voor een politieke spitspositie. Hij voerde hiervoor allereerst persoonlijke redenen aan, maar ook omdat hij vond dat hij niet vanuit de vakbeweging meteen lijsstrekker kon worden. Zijn recente heftige botsing met premier Lubbers[71] zou niet goed voor de PvdA zijn, die vroeg om een 'afkoelingsperiode'. Hij zou na zijn aftreden als FNV-voorzitter een baan buiten de politiek gaan zoeken.[72] In december sprak hij zich daar tegenover Den Uyl echter weer minder duidelijk over uit: 'Hij was praktisch niet beschikbaar, maar sloot het ook niet definitief uit.' Eind januari 1984 liet Kok Den Uyl weten niet beschikbaar te zijn als Van Kemenade beschikbaar was. Een oplossing voor Den Uyls opvolging binnen de partij zelf genoot nog steeds zijn grote voorkeur en daarop wilde hij zodoende ook druk zetten. Maar als de nood aan de man kwam, zou hij een toekomstige politieke rol niet uitsluiten. Weifelmoedig dus.[73]

Van Kemenade en Kok wilden beiden alleen een opvolging van Den Uyl overwegen 'als de nood aan de man kwam', en hielden daarmee ook elkaar in gijzeling. Kok was echter de buitenstaander, Van Kemenade de insider. Als Kamerlid kon deze (anders dan Kok) een terugtredende Den Uyl als fractievoorzitter (wat deze intussen wel weer wilde) opvolgen, maar hij was er tegelijk niet zeker van dat hij dan ook bij de verkiezingen in 1986 lijsstrekker zou worden.

Verscheidene schijngevechten tussen hem en (vooral) Max van den Berg verder, volgde op 5 mei 1984 een eerste ontknoping. In een overleg van Van Kemenade met fractietop en dagelijks bestuur van de partij[74] bleek dat hij wel over voldoende steun beschikte voor het fractievoorzitterschap en dat het DB hem zelfs wilde beschouwen als kandidaat-lijsttrekker in 1986. Maar het DB verbond daaraan wel een politieke voorwaarde: Van Kemenade zou Kok moeten willen 'behouden voor de politiek' door hem te verzoeken een prominente rol in de PvdA te gaan spelen. Hij zou dit bij het aantreden als fractievoorzitter openlijk moeten verklaren. Dit alles had als bedoeling een politieke koerswisseling na Den Uyls terugtreden te voorkomen, waardoor de 'rechtse' Van Kemenade in de nabije toekomst in evenwicht zou worden gehouden door de 'linkse' Kok. Van Kemenade achtte deze publieke koppeling een ondermijning van zijn aanstaand fractievoorzitterschap en trok zich als kandidaat-opvolger terug. Hij wilde geen tussenpaus zijn en durfde de onzekere toekomst niet aan. De echte 'Wille zur Macht' ontbrak hem gewoon.[75]

Wachten op Kok

Hiermee was de opvolgingsoperette weer tot stilstand gekomen. Den Uyl hoefde even niet af te treden als fractievoorzitter en Kok hoefde zich voorlopig niet voor zijn opvolging beschikbaar te verklaren. De laatst overgebleven kroonprins in de fractie, Marcel van Dam, oud-Nieuw Linkser en een scherp debater, bleek toch over te weinig politieke steun te beschikken om de gooi te kunnen of willen wagen; in 1985 werd hij benoemd tot voorzitter van de VARA.[76] Kok had inmiddels in het voorjaar van 1984 zijn eigen opvolging bij de FNV rondgekregen: Hans Pont ging hem opvolgen, maar pas anderhalf jaar later; Kok zou zijn voorzitterschap daarom nog met een jaar verlengen.[77] Dat kwam goed uit, want dan kon hij rustig zijn toekomst verkennen.

De politiek trok nog steeds, maar Kok hoefde niet ineens heel hoog te grijpen. Met de hem eigen voorzichtigheid zei hij op 19 mei 1984, dus twee weken na de ontknoping rond Van Kemenade, voor de VARA-radio 'niet uit te sluiten beschikbaar te zijn voor de kandidatenlijst van de PvdA in 1986'.[78] Niet als lijsttrekker, hoewel menigeen dat toch in zijn woorden hoorde, maar als gewoon Kamerlid. Maar daar bleef het niet bij. Want moest hij nu wel zo nodig de politiek in? Zou een bestuurlijke functie hem niet beter uitkomen, niet alleen omdat dit meer bij zijn karakter paste, maar ook omdat elf jaar voorzitterschap van NVV en FNV een erg grote wissel op zijn privéleven had getrokken? Gesprekken met zijn vrouw en gezin leidden hem ook in deze richting. En toen kwam Groningen voorbij.

Harm Buiter, een oud-vakbondsman, ook op Europees en internationaal niveau,[79] sinds 1971 burgemeester van Groningen, zou in 1985 met pensioen gaan. Voor zijn opvolging dacht hij onder anderen aan de hem geestverwante Wim Kok. Hij nam in het late voorjaar van 1984 contact met hem op: deze zou daar toch heel geschikt voor zijn, of hij daar wat voor voelde? Nou, Wim wist weliswaar niet precies wat een burgemeesterschap met zich meebracht, maar het was zeker een interessante suggestie. Een grote gemeente als Groningen, een bloeiende universiteitsstad met een boeiende politieke geschiedenis en een uitdagende sociaaleconomische situatie: het zou een kolfje naar Koks hand zijn zonder opnieuw het uiterste van hem te vergen.

Redenen genoeg om met Rita in het hoge Noorden poolshoogte te gaan nemen, om met commissaris van de Koningin Henk Vonhoff, met de PvdA-raadsfractie[80] en natuurlijk met het burgemeestersechtpaar te spreken. Buiter maakte eind juni al een toespeling op de mogelijke komst van Kok naar de Martinistad; een plaatselijke krant berichtte erover.[81] Wim en

Rita bespraken hun toekomst die zomer op de camping in Zuid-Frankrijk. Groningen trok hem in niet geringe mate. Totdat het onheil toesloeg: Kok werd ernstig ziek – een hersenontsteking – en kreeg het consigne maandenlang volstrekte rust te houden.[82] Noodgedwongen moest hij zijn opties openhouden.

Dit gold ook voor de stad Groningen. Nadat eerder al Jos van Kemenade als mogelijke opvolger van Harm Buiter in beeld was geweest,[83] werd in de herfst Wim Meijer benaderd.[84] Bijna alle kroonprinsen van Den Uyl kwamen er aldus voorbij. Van Kemenade haakte al in het voorjaar af, Meijer pas in december van dat jaar. Tegen kerst 1984 was Wim Kok eruit: hij toog naar Groningen en bevestigde aan commissaris Vonhoff dat hij burgemeester van die stad wilde worden.[85]

Maar hij had buiten de waard van de PvdA gerekend. Opgejut door Max van den Berg, die van Groningse zaken uitstekend op de hoogte was,[86] deed Joop den Uyl op de derde dag van het nieuwe jaar nog een laatste beroep op Wim Kok: ik heb je nodig, wij hebben je nodig, de partij heeft je nodig, de beweging heeft je nodig.[87] Het was voor het eerst dat Den Uyl zonder afleidende uitweidingen duidelijkheid schiep. Hij zei Kok als zijn opvolger te willen hebben, niet in een verre toekomst maar op afzienbare termijn. Hij zag hem voor die historische rol voorbestemd. Voor dit morele beroep op hem bezweek Kok deze keer wel. Hij toonde zich aangedaan, alsof hij door zijn lotsbestemming werd aangeraakt.[88] Den Uyl noemde het een wonder.[89]

Kok kon deze wending ook maken doordat hij rond die dag van zijn behandelend arts Ansink te horen kreeg dat hij volledig genezen was: er waren geen medische beletselen voor het aangaan van een fysiek uitdagende opdracht. 'En de PvdA zou wel gek zijn als ze je niet namen,' voegde deze PSP-stemmende medicus eraan toe. Beslissend was echter dat echtgenote Rita hem aanmoedigde voor Den Uyls opvolging te gaan: 'Jij moet je vleugels kunnen uitslaan, anders word je ongelukkig. Daarvoor is Groningen te klein. En als jij ongelukkig wordt, word ik dat ook.'[90] Kok moest nog wel de trein naar Groningen nemen om zijn toegezegde kandidatuur voor het burgemeesterschap in te trekken. Een hogere bestemming riep hem.[91]

Kok stemde ermee in beschikbaar te zijn voor de Kamerfractie van de PvdA. Hoe en wanneer dit tot een opvolging van Den Uyl zou leiden, daarover hield hij zich, evenals Den Uyl, in het openbaar op de vlakte.[92] Ook bij de officiële bekendmaking van zijn overstap naar de politiek op 10 juni 1985[93] zette Kok zijn licht onder de korenmaat: hij stelde zich kandidaat voor de PvdA-fractie in de Tweede Kamer, niet meer en niet minder. Den Uyl moest de lijst gaan trekken, zo vond hij, en zelfs het ministerschap bande hij uit zijn gezichtsveld met de opmerking dat 'de veilige weg van het direct bewindsman worden, mij niet staat'. Wim Kok, een al te bescheiden mens? Of gold voor hem ook dat zij die geloven, zich niet behoeven te haasten?[94] Geloof of wetenschap, het maakte deel uit van de zorgvuldige overgangsstrategie die het driemanschap Den Uyl, Kok en Van den Berg op die derde januari hadden vastgesteld.[95]

De man met de hamer

Hiermee was een einde gekomen aan een politieke achtbaanrit met voor Kok allerlei bevreemdende ervaringen. Dat Nederlands grootste partij zo met zichzelf bezig kon zijn en zo weinig orde in haar procedures kon aanbrengen, maakte op de vakbondsvoorman een bizarre indruk. De permanente confrontatie waarin de vakbeweging met werkgevers is verwikkeld, biedt haar tijd noch ruimte voor zo veel introspectie. Maar zij kent dan ook niet echt het bijzondere verschijnsel van een 'partijleider', zeker niet van een die eigenlijk niet opgevolgd wilde worden.[96]

Tegelijk was Kok niet geheel onschuldig aan de zonderlinge gang van zaken. Daarvoor had hij met zijn eigen twijfels bij anderen te veel twijfel weten te zaaien. Met een niet mis te verstane mededeling van zijn kant aan het begin van de discussie, bijvoorbeeld in begin juni 1982, zou hij veel klare wijn hebben geschonken. Dat had een onmiskenbaar 'nee' kunnen zijn. Maar daartoe was Kok niet in staat, aangetrokken door een overstap naar de politiek als hij zich toch voelde. Tegelijk zou hij in die zware laatste jaren als FNV-voorzitter ernstig gehandicapt zijn geweest, als hij zich toen al voor een overgang naar de PvdA had uitgesproken. Dan nog had hij veel misverstand kunnen voorkomen als hij duidelijk had gezegd alleen in een Kamerlidmaatschap te zijn geïnteresseerd. Het was zijn ambivalente ambitie aangaande de opvolging en het lijsttrekkerschap, juist als voorzitter van de onafhankelijke FNV, die hem wat 'raadselachtig' maakte. Tegelijk wilde hij ook effectief, geloofwaardig en op eigen condities in het partijleiderschap kunnen 'landen'. Zelfs Den Uyl, die veel waardering voor Kok had, kon hem geregeld slecht 'lezen'.[97] Alleen Max van den Berg heeft Wim Kok steeds goed gepeild, waardoor hij zich niet liet afleiden en de gewenste buit uiteindelijk kon binnenhalen.[98]

Dit bracht Wim Kok aan het slot van het verkiezingscongres van de PvdA samen met Joop den Uyl op het podium. Den Uyl zou de lijst voor de zevende keer gaan trekken en Kok zou de nummer twee worden.[99] Ze zouden ook samen de verkiezingsaffiche gaan sieren: 'Kies de PvdA in een nieuwe regering'.[100] Erg gemakkelijk voelde hij zich niet in deze politieke rol, noch in de campagne als zodanig. Het ging hem te vaak over het beeld, te weinig over de inhoud. Een jaar eerder had hij al gezegd: 'Ik heb ervaring met de politiek, maar geen politieke ervaring.' Ook wilde hij lijsttrekker Den Uyl niet voor de voeten lopen; behoedzaamheid was dus zijn devies.[101] Niettemin reageerden de kiezers – partijgangers en buitenstaanders – doorgaans erg enthousiast op zijn optredens. Uiteindelijk bleek Kok goed voor 570.000 voorkeurstemmen, meer dan negen zetels voor de PvdA.

Toch was dit niet goed genoeg voor een terugkeer van de PvdA in de regering. Met 52 zetels behaalde de PvdA haar één na beste verkiezingsresultaat ooit, maar dit bleef sterk achter bij de 60 zetels die eerder in de peilingen waren voorspeld. Het CDA met 'Laat Lubbers z'n karwei afmaken' won 9 zetels en scoorde er 54, juist voldoende om de 9 zetels verlies van de VVD goed te maken. De coalitie van het kabinet-Lubbers kon daarom worden voortgezet, terwijl de PvdA in de oppositie haar wonden van deze 'overwinningsnederlaag'[102] kon gaan likken.

Al kort na de uitslag kon de partij- en fractieleiding niet anders dan de conclusie trekken dat Den Uyl ook geen premier meer zou worden: het tweede kabinet-Den Uyl was nu definitief geschiedenis. Joop deed nog wel een poging zijn fractievoorzitterschap met een jaar te verlengen ('goed voor Wim om in de luwte in het politieke vak te groeien'),[103] maar daar voelde Kok bitter weinig voor en Max van den Berg stak er een stokje voor.

Zo gebeurde het dat Joop den Uyl op 21 juli 1986, bijna twintig jaar nadat hij het voor het eerst had aanvaard, het fractievoorzitterschap aan Wim Kok overdroeg. Nadat de PvdA-fractie Kok bij acclamatie tot haar nieuwe voorzitter had gekozen, moest Den Uyl de voorzittershamer aan Kok overhandigen. Dit ging ongemakkelijk, omdat Kok de hamer aan de tegenstribbelende Den Uyl feitelijk moest ontfutselen, zozeer bleek deze eraan te zijn gehecht.

Den Uyl was daarmee ook partijleider af, maar Kok wilde niet direct aanspraak maken op het partijleiderschap; dat moest verdiend worden, zo zei hij, en ook: 'Den Uyl is wel opvolgbaar, maar ook onnavolgbaar.' Kok hield bovendien niet van het woord partijleider ('te Duits, uit een verkeerde tijd'); aan het meer ambachtelijke PvdA-voorman gaf hij de voorkeur. Overigens was Kok door de vorige voorman niet ingewerkt, op een uurtje bijpraten na.

Wel bracht Kok onmiddellijk een ander accent aan dan Den Uyl door bij zijn verkiezing te beklemtonen dat de PvdA niet langer een naar binnen gerichte houding kon aannemen. De partij moest bereid zijn de luiken open te gooien, ook naar mensen en organisaties met andere ideeën dan zijzelf. Daarmee konden de eigen inzichten worden verruimd en konden alternatieven voor het regeringsbeleid worden ontwikkeld. Op die manier kon de PvdA zich als een 'natuurlijke regeringspartij' presenteren. Wim Kok was misschien nog geen partijleider, maar hij wierp zich hiermee wel op als partijvernieuwer. Kon deze voorzichtige man wel vernieuwen? Of konden omstandigheden hem er soms toe verleiden? Dit vraagstuk zou een rode draad in Koks nieuwe politieke bestaan worden.

11
Terug naar het 'centre court'

PREMIER LUBBERS FELICITEERT WIM KOK MET ZIJN 'MAIDEN SPEECH', 31 JULI 1986.

Daar stond hij dan: Wim Kok op de trappen van paleis Huis ten Bosch. Als minister van Financiën en vicepremier van het derde kabinet-Lubbers. Het was 7 november 1989. Ook al had zij minder Kamerzetels, toch had de Partij van de Arbeid in dit kabinet evenveel ministers als het CDA.[1] Sociale vernieuwing vormde de leidraad van het regeerprogram. Zou dit dan geen vechtkabinet met het CDA worden? Kok was er in korte tijd in geslaagd de PvdA terug te brengen in het politiek en bestuurlijk hart van Nederland. Terug op het 'centre court', zoals sportliefhebber Kok het zelf noemde.

Na de vele jaren van ronddolen in een woestijn van politieke frustratie en machteloze polarisatie was dit voor de PvdA een verrassende, zelfs vreugdevolle ontwikkeling. Dat de prijs niet gering zou blijken te zijn, werd toen nog nauwelijks beseft. Kok had zijn belofte waargemaakt, de hooggespannen verwachtingen waren ingelost. Had zijn overstap naar de politiek inderdaad gebracht wat hijzelf en zijn partij ervan hadden gehoopt? Op het eerste gezicht was dat inderdaad het geval: het succes was onloochenbaar: 'Ik zal alles uit de kast halen om de partij terug te brengen waar ze hoort: in de regering.'[2] Maar was de PvdA ook een 'natuurlijke regeringspartij' geworden of moest zij dat nog worden?[3] Voor een nader oordeel moeten we in Koks staat van dienst als fractievoorzitter en partijleider duiken. Maar eerst iets over zijn achtergrond als socialist.

Wim Kok en de PvdA

Toen Kok in juli 1986 van Den Uyl het stokje overnam, was hun partij veertig jaar oud. In februari 1946 was de Partij van de Arbeid opgericht om een gemeenschappelijk politiek onderdak te bieden aan zowel sociaaldemocraten als progressieven uit vrijzinnige en confessionele kringen.[4] De partij beoogde een 'doorbraak' in de Nederlandse politiek teweeg te brengen, weg van de vooroorlogse verzuiling die het de Sociaal-Democratische Arbeiders Partij had belet echt tot de regeermacht door te dringen. De SDAP dateerde al van 1894 maar de socialistische beweging was, zeker in Europa, zelfs nog ouder.[5]

Weliswaar had de 'sociaaldemocratie' – het op hervormingen gerichte democratisch socialisme – vooral op gemeentelijk niveau verbeteringen in het leven van arbeiders en hun gezinnen tot stand weten te brengen, maar een rechtvaardige samenleving had dit nog allesbehalve opgeleverd. De Grote Depressie van de jaren dertig toonde bovendien aan hoe gemakkelijk een kapitalistische crisis miljoenen mensen aan de bedelstaf kon brengen, de democratie ernstig kon beknellen en de wereld in oorlogsgeweld en rassenwaan kon helpen onderdompelen. De nieuwe PvdA moest een bijdrage leveren aan het voorkomen van een terugkeer van dit alles. Zij moest de samenleving verbeteren door de politiek te vernieuwen en daarin zelf een centrale plaats in te nemen.

Van huis uit maakte Wim Kok volledig deel uit van het democratisch-socialisme. Zijn ouders en ook zijn grootouders behoorden tot de SDAP en – wat de mannen betreft – tot de daarmee verbonden vakbeweging NVV. In de crisis- en oorlogsjaren hadden zij hun tol betaald en naar een nieuw Nederland, een nieuwe wereld verlangd. In 1946 werden zij lid van de Partij van de Arbeid, wat zij tot het einde van hun leven bleven. In Bergambacht en later in Uitgeest droegen Wims ouders een belangrijk steentje bij aan het plaatselijke werk van de Rode Familie.[6] Met hun inzet hielden zij de organisatie van partij en vakbond bloeiende, terwijl zij ook landelijke voorlieden ervan bij hen thuis ontvingen.[7] Voor hen bestond er nauwelijks leven buiten de 'beweging'.

Al kende Kok op Nijenrode een moment van intellectuele twijfel, toch keerde hij alras terug in de schoot van de sociaaldemocratie.[8] Aanvankelijk leek de baan bij de Bouwbond misschien een aardige carrièremogelijkheid, maar algauw verbond deze hem weer met de wereld van zijn ouderlijk huis.[9] Voor Wim Kok was er geen ander geestelijk honk dan de sociaaldemocratie en vormde de Partij van de Arbeid de politieke belichaming daarvan. Zijn huwelijk met Rita Roukema bevestigde hem nog eens in deze keuze.[10] Het toen ontstane intensieve gezinsleven liet hem echter weinig tijd voor een actief partijlidmaatschap.

Wim Kok volgde de sociaal-democratie echter niet blindelings. In grote lijnen onderschreef hij de beginselen van partij en vakbond, van werk en bestaanszekerheid, van economische groei en verdelende rechtvaardigheid, van democratie en mensenrechten, maar dat maakte hem nog niet kritiekloos. Zo behoorde hij in 1970 tot diegenen bij het NVV die vonden dat er meer moest zijn dan het materialisme van loonsverbeteringen, meer dan een 'biefstuksocialisme' alleen.[11] Als een van de initiatiefnemers van de Maatschappijkritische Vakbeweging beijverde Kok zich voor grotere democratische zeggenschap voor werknemers en, naast hun toenemende welvaart, voor hun welzijn.

Hiermee liep hij in een vergelijkbaar spoor als de initiatiefnemers van Nieuw Links in de Partij van de Arbeid,[12] wat hem echter nog niet met hart en ziel tot een Nieuw Linkser maakte. Vooral hun confronterende groepsaanpak van de oudere partijgenoten stuitte hem tegen de borst. Hij zag zichzelf nog niet zo tegen zijn vader en diens generatie optreden. Bovendien maakte zijn inzet voor grotere vakbondseenheid, samen met de confessionele centrales, hem gaandeweg stukken behoedzamer in zijn optreden als een partijpolitiek actieve vakverbondsvoorzitter.

Wel bracht dit Wim Kok dicht bij Joop den Uyl. Zoals Den Uyl het programma van 'spreiding van kennis, macht en inkomen' van de jonge Industriebond-NVV omarmde, zo voelde Kok zich geheel thuis bij de inkomens- en cultuurpolitiek van het kabinet-Den Uyl (1973-1977). De sterkste schouders moesten de zwaarste lasten dragen en de collectieve rijkdommen van de maatschappij moesten voor iedereen toegankelijk worden, nationaal zowel als internationaal. Dat de politieke verhoudingen hiervoor soms op scherp moesten worden gezet, achtte Kok een logisch antwoord op het verzet van oude bezitters en nieuwe machthebbers. Zijn vakbondservaring leerde hem niet anders.

Kok had echter minder op met de socialistische neiging voor de oplossing van bijna elk probleem naar overheid en wetgeving te grijpen, een hang naar 'etatisme' die een hoogtepunt vond in het nieuwe beginselprogramma van de PvdA uit 1977.[13] Ook Den Uyl had hier gezien zijn heimelijke voorkeur voor een geleide loonpolitiek wel een handje van, al probeerde deze zijn loonmaatregelen met inkomensnivellerende kunstgrepen aanvaardbaar te houden. Wel bewonderde Kok Den Uyl weer als 'evenwichtskunstenaar' in het bijeenhouden van de steeds diverser samengestelde PvdA.[14]

De analyse van de economische crisis was het punt waar Kok en de PvdA gaandeweg op verschillende paden terechtkwamen. Deze drong sinds de oliecrisis van 1973 steeds verder door in de westerse samenlevingen. Wat aanvankelijk een probleem van vraaguitval leek te zijn, dat met keynesiaanse overheidsstimulering van bestedingen kon worden verholpen, bleek steeds dieper in de structuur van de economie te zitten. Om te voorkomen dat de effecten hiervan eenzijdig op de schouders van werknemers en uitkeringsgerechtigden terechtkwamen, veranderde Kok van strategie.

Hij toonde zich bereid looneisen te matigen in ruil voor arbeidstijdverkorting en herverdeling van arbeid. In zijn ogen verdiende bestrijding van de groeiende werkloosheid absolute prioriteit; het recht op arbeid vormde immers de hoeksteen van een democratische samenleving.[15] Deze overtuiging deelde hij met Den Uyl, maar anders dan deze was hij bereid de krachten met werkgevers te bundelen en het onnodig aanscherpen van tegenstellingen uit de weg te gaan.

Door de nijpende problemen van zijn achterban werd Kok steeds meer een 'vakbondssocialist' voor wie samenwerking met de 'klassetegenstander' onmisbaar kon zijn en voor wie de noden van vandaag en morgen zwaarder wogen dan de vergezichten op de tijd erna.[16] Net als Den Uyl rekende hij zichzelf tot het 'zondige ras der reformisten'; al in zijn FNV-tijd was hij bekeerd tot de school van de kleine stappen, maar wel met een wenkend perspectief.[17] De belangen van de sociaaldemocratische kiezers, vooral die van de 'gewone man', lagen hem daarbij het meest na aan het hart. De in 1986 nog steeds niet verdwenen economische crisis, die ook vaak werd gezien als een crisis van de sociaaldemocratie,[18] overtuigde Kok van de noodzaak de PvdA weer 'regierungsfähig' te maken. In deze context maakte een gelouterde Wim Kok de overstap naar de politiek.

Groen in de politiek

Die overgang was immens en de voorbereiding gebrekkig. Als buitenstaander voelde Wim Kok zich vanaf 21 juli 1986 onmiddellijk in het diepe van de nationale politiek gegooid. Natuurlijk had hij in zijn FNV-tijd met de politiek ervaring opgedaan, maar daarmee had hij nog geen politieke ervaring opgedaan. De PvdA kende hij niet van binnenuit en het parlement bevatte voor hem veel geheimen. En aan de PvdA-fractie moest hij leidinggeven!

Achteraf meende hij dat hij dit nooit zo had moeten doen: Den Uyls idee van een overgangsjaar in zijn luwte was op dit punt misschien toch niet zo gek geweest.[19] Nu worstelde Kok met de dubbele opgave van het zich razendsnel inwerken in een vreemde omgeving en het zich tegelijk groothouden in een situatie waarin hij door vriend en vijand nauwlettend in de gaten werd gehouden. Hij heeft zich lang als een kat in een vreemd pakhuis gevoeld.

Van de 'geordende' overdracht die Den Uyl het partijcongres had voorgespiegeld,[20] was helemaal niets terechtgekomen. Den Uyl was daar de man niet naar, en Kok voelde zich te goed of te bedremmeld ernaar te vragen. Ook de fractie liet na hierop aan te dringen: die had het te druk met zich voor te bereiden op een nieuwe termijn. Natuurlijk werd Kok niet geheel aan zijn lot overgelaten. Hij kreeg al vanaf maart, dus nog voordat hij Kamerlid werd, ambtelijke ondersteuning in de persoon van Arend Hilhorst, die hem jarenlang trouw terzijde zou staan.[21] Al snel kreeg die gezelschap van Dick Benschop, die eerst Den Uyl nog assisteerde met het ordenen van diens archief. Fractiesecretaris Klaas de Vries maakte in mei voor Kok zijn (grotere) kamer vrij, dicht bij die van (toen nog) voorzitter Den Uyl. Na Den Uyls vertrek zette diens voormalige secretaresse, Carla Caro, haar werkzaamheden voort voor Kok.

Belangrijk was ook de rol van Wim Meijer, de vicevoorzitter van de fractie. Deze voormalige strijdmakker van André van der Louw, die bovendien voor Jos van Kemenade als Den Uyls opvolger had gepleit, ontpopte zich als een loyale steunpilaar voor zijn nieuwe voorzitter. Op Koks verzoek bleef Meijer nog een tijd lang aan als vicevoorzitter, zonder zich overigens op een volle termijn vast te leggen. Het zou te ver gaan weer te spreken van een nieuw span van 'Twee Wimmen', zoals bij de FNV,[22] maar tot eind 1988 – toen Meijer de fractie verliet om commissaris van de Koningin in Drenthe te worden – vormden zij wel een herkenbaar team.

De ene Wim wees de andere Wim op de regels en gebruiken van de Kamer, hielp hem zijn weg te vinden in de PvdA-fractie en de bijzonderheden van haar vaak uitgesproken leden, maakte hem ook in de partij zelf enigszins wegwijs, maar stelde Kok ook zijn contacten bij andere partijen en in externe netwerken beschikbaar, van economisch deskundigen bijvoorbeeld. Dit hield overigens niet in dat Meijer het in alles met Kok eens was. Integendeel, zij kregen het wel eens met elkaar aan de stok, vooral over inhoudelijke kwesties, maar soms ook over de beoordeling van situaties, problemen en personen. Het kon daarbij ook om botsende karakters gaan. Meijer vond Kok te zeer een aarzelaar en meende dat hij vaker leiderschap moest tonen. Hij heeft hem zelfs eens toegevoegd: 'Het is niet verboden om leiding te geven.'[23]

Dit was echter gemakkelijker gezegd dan gedaan. Kok, toch al niet een snelle schakelaar, voelde zich danig onthand in een hem onbekende omgeving en structuur. Bovendien keek hij hoog op tegen de imposante hoeveelheid talent en ervaring – vaak op terreinen die hem niet vertrouwd waren – die hij in de fractie aantrof. Sommige van de fractieleden liepen al zo'n vijftien jaar mee en hadden zelfs regeerervaring opgedaan. Die wilden hun nieuwe voorzitter over hun onderwerpen best bijpraten, maar zijn gezag en leiding voetstoots aanvaarden? Dat toch niet. Liever leunden ze wat achterover en bekeken ze van enige afstand wat hij ervan maakte. Bovendien merkte Kok dat fractievergaderingen wel eens zonder duidelijke conclusie eindigden: geen punt, maar een puntkomma.[24] Een volgende keer kon de discussie onbekommerd opnieuw beginnen. Dit werd nog versterkt door een erfenis uit de boedel van voorganger Den Uyl.

Kok zat de fractievergaderingen niet voor. Vanaf de zomer van 1982, na de terugkeer van Den Uyl als fractievoorzitter, was Wim Meijer die vergaderingen blijven leiden. De fractieleden waren gewend geraakt aan de rustige manier waarop Meijer dit deed en hoe hij iedereen recht van spreken bood. Ook nadat Kok de plaats van Den Uyl als fractievoorzitter had overgenomen bleef die situatie gehandhaafd. Hij was aldus niet meer dan één, zij het belangrijke, deelnemer aan de discussie.[25] Anders dan bij de FNV, waar hij gewend was vanaf het hoofd van de tafel vergaderingen aan het begin te sturen en aan het eind helder te concluderen, moest hij nu enigszins 'vanaf de zijlijn' tussenbeide komen om een discussie tot een goede afronding te brengen. Maar daarvoor had hij inhoudelijk inzicht en politieke ervaring nodig, zaken waaraan het hem nu juist ontbrak, zo voelde hij dat zelf in elk geval. En toch werd hij vrijwel meteen een gelauwerd politicus.

Politicus van het Jaar

In een wat andere situatie zou Kok het misschien niet lang hebben volgehouden. Het komt wel vaker voor dat de opvolger van een charismatisch leider, wanneer deze lang aan het bewind is geweest, slechts een kortstondig lot is beschoren. De schaduw van de voorganger is te lang, de lat ligt te hoog, de tijd is te kort. In het geval van Kok kwam daar nog bij dat hij als politicus over weinig praktische ervaring beschikte. Bovendien was hij door zijn crisisbewustzijn meer dan menig partijgenoot doordrongen van de noodzaak er in ons land samen de schouders onder te zetten. Anders dan de 'linkse' Kok die het partijbestuur als Den Uyls opvolger voor ogen had gestaan, was deze Kok eerder een man van de meer gematigde PvdA-kiezers geworden.

Toch hield Kok vol en bleek hij uiteindelijk geen tussenpaus te zijn. Waaraan hadden hij en de partij dat te danken? Los van zijn volhardende aard en zijn natuurlijke neiging een eigen koers te varen en zich niet te veel van andere groepen of personen afhankelijk te maken, betrof het hier twee met elkaar samenhangende factoren: tijdgeest en strategie.

Allereerst de tijdgeest. Niets is zo vluchtig en ongrijpbaar als de tijdgeest en toch bestaat hij. In het midden van de jaren tachtig tekende zich een zekere vermoeidheid af ten aanzien van gepolariseerde verhoudingen. Ook al voelden veel Nederlanders nog steeds de behoefte aan scherpe keuzen, toch brak gaandeweg het gevoel door dat er in ons land samengewerkt moest worden. De populariteit van Ruud Lubbers die 'zijn karwei (mocht) afmaken' en ook van Wim Kok die zijn vakbondseisen matigde om de werkgevers voor de wagen van de werkloosheidsbestrijding te spannen, toonde aan dat in elk geval de toon gedempter werd en de sfeer milder. De tijdgeest was in die jaren vooral zakelijker en meer compromisbereid.[26] Kok hielp die tijdgeest vormen.

Ten tweede Koks politieke strategie. Niet dat die hem vanaf het begin al uitgekristalliseerd voor ogen stond. Daarvoor was hij nog te zeer in de ban van Den Uyl en diens erfenis. Het ging hem echter allereerst om een gevoelsmatige notie: hij vond het domweg onbegrijpelijk dat zo'n grote partij als de PvdA aan de zijlijn van de politieke macht stond. In zijn vakbondskijk op de dingen was dat onbestaanbaar: hoe gepolariseerd de verhoudingen tussen werkgevers en werknemers soms ook waren, uiteindelijk zaten ze toch weer met elkaar om één tafel en kwamen ze tot een vergelijk.

Dat de PvdA met 52 zetels in de politiek buitenspel kon staan, begreep hij verstandelijk wel maar het wilde er tegelijk niet bij hem in. Regeren was voor de PvdA immers een natuurlijke opdracht, al haar programmatische vezels vroegen daarom.[27] Dat dit niet het geval bleek te zijn, lag misschien ook aan anderen maar dit mocht de partij zeker niet over haar kant laten gaan. De PvdA moest, zo vond Kok, terugkeren naar het hart van de Nederlandse politiek: de bestrijding van de crisis mocht zij niet aan CDA en VVD overlaten. Zij moest terug naar het 'centre court'.

Op dat punt raakte Kok bij veel van zijn fractiegenoten, en ook in de partij in het algemeen, een gevoelige snaar. Hoe overtuigd zij misschien ooit van de zegeningen van de polarisatiestrategie waren geweest, dat de PvdA in twintig jaar niet meer dan vijf jaar had geregeerd kon toch bijna niemand tevredenstellen? Daarom groeide de zucht naar een andere benadering, weg van het bijna spreekwoordelijke gedram van Joop den Uyl en de oude Partij van de Arbeid, dat toch – en dat werd steeds breder gevoeld – voor de PvdA het Catshuis en het Torentje eerder verder weg dan dichterbij had gebracht.

De hoop ontstond op een nieuwe benadering die de partij groter politiek gewicht zou bezorgen. En Wim Kok werd voor menigeen de belichaming en vertolking van deze hoop. Vandaar die stormachtige toejuichingen op het partijcongres in februari, vandaar ook die 574.000 voorkeurstemmen bij de verkiezingen in mei. Wim Kok was het nieuwe baken van hoop voor de Nederlandse sociaaldemocratie en dit leiderschap beschermde hem tegen veel kleine frustraties over zijn leidinggevende kwaliteiten. Naarmate Kok die hoop kon verwezenlijken bleef hem het lot van een 'tussenpaus' bespaard. Goed beschouwd heeft het bijna tien jaar geduurd voor dit gevaar was geweken: totdat hij premier Kok was geworden.[28]

Dat Wim Kok wel degelijk een politieke weg kon wijzen, maakte hij met zijn eerste parlementair optreden meteen duidelijk. Op 30 juli, negen dagen nadat hij voorzitter van de fractie was geworden, moest hij de arena van de Kamer in om commentaar op de die dag uitgesproken regeringsverklaring van het kabinet-Lubbers II te leveren en met de premier en de coalitiepartijen de degens te kruisen.[29] Als voorzitter van de grootste oppositiefractie en ook leider van de oppositie beet Kok in dit debat het spits af en was hij anderhalf uur aan het woord.

Dit was een opzienbarende gebeurtenis, inhoudelijk natuurlijk maar zeker ook als stijlverschijnsel. Kok had dit uiteraard niet helemaal zelf uitgedacht: behulpzame handen vanuit de fractie en haar staf hadden het werk hieraan verlicht, niet in de laatste plaats bij beleidsthema's waar hij zelf niet goed in zat.[30] Ook was hij geholpen met de parlementaire debatkneepjes die hij hier en daar toepaste. Toch was in zijn parlementaire maidenspeech Koks politieke leiderschap goed te herkennen. Hij stond hier 'op eigen kracht'.

Alsof hij nooit anders had gedaan bood hij Lubbers & co stevig partij, vooral (maar niet alleen) op sociaaleconomisch terrein, zijn eigen handelsmerk. Het bijzondere was echter dat Kok niet bij voorbaat een oppositionele stem opzette en de beuk erin gooide, maar eerst de benadering van het kabinet serieus nam. Bij elk onderwerp onderkende hij de ernst van de situatie waaraan het kabinet het hoofd moest bieden, gaf daaraan vervolgens een eigen waardering, woog de regeringsaanpak op diens verdiensten, prees deze waar mogelijk en kritiseerde deze – hard – waar nodig.

Dat laatste deed hij niet in de eerste plaats op de technische haalbaarheid ervan, maar vooral op de sociaal-politieke effecten. Zeker waar hij meende dat het kabinetsbeleid sociale verschillen verergerde en zelfs maatschappelijke tweedeling veroorzaakte in plaats van terugdrong, kwam de sociaaldemocraat Kok onmiskenbaar naar voren. Bijzonder was echter ook dat hij Lubbers hier en daar de helpende hand toestak en praktische samenwerking aanbood. Niet dat daar uiteindelijk veel van terechtkwam, maar het gebaar was nieuw en baarde opzien.

Kok oogstte met zijn parlementair debuut veel lof, niet alleen door de soevereiniteit van zijn optreden maar ook door de herkenbaarheid van zijn strategie. Hij maakte hiermee in één klap duidelijk dat hij de PvdA wilde presenteren als een 'natuurlijke' en verantwoordelijke regeringspartij[31] die oog had voor de economische en maatschappelijke realiteit en de noodzaak van samenwerking, maar ook scherp haar sociale en politieke beginselen markeerde.

Dit signaal was natuurlijk voor de buitenwacht – in en buiten de Kamer – bedoeld, maar niet minder voor de eigen fractie- en partijgenoten, die nog wel eens het belang van realiteitsbesef alsook het stellen van prioriteiten uit het oog hadden verloren. In het bijzonder had Kok het echter op Lubbers zelf gemunt, zeker waar hij de niet te missen instabiliteit van diens coalitie met de VVD krachtig onderstreepte. Daarin had het CDA sinds de verkiezingen immers sterk de overhand boven de VVD, wat in die laatste partij (en daarmee ook in de coalitie) tot allerlei politieke onrust en instabiliteit zou leiden. Nog geen drie jaar later zou blijken dat deze boodschap goed aan Lubbers was besteed.[32]

Maar voorlopig behaalde Kok met zijn eerste stappen op het politieke pad vooral waardering in een hoek waar hij die het minst had verwacht: de parlementaire pers. Had Kok sowieso wat moeite zich voor zijn collega's in het parlement toegankelijk te tonen, nog grotere afstand bewaarde hij ten opzichte van journalisten. Anders dan toen in politiek Den Haag gebruikelijk was, zocht hij zelden of nooit de gezelligheid van het borreluur in het perscentrum Nieuwspoort op of frequenteerde hij de koffiekamer op Binnenhof 5, waar leden van de PvdA-fractie zich met het linkse 'journaille' ontspanden.[33]

Kok benaderde journalisten kritisch en met een forse dosis achterdocht, wat hem in zijn FNV-tijd ook al kenmerkte.[34] Groot was dan ook zijn verbazing toen hem aan het eind van het jaar het bericht bereikte dat de parlementair journalisten hem, met een duidelijke voorsprong op premier Lubbers, tot Politicus van het Jaar hadden verkozen. 'Een linkse Lubbers in opmars' was het predicaat dat de winnaar meekreeg, wat Kok even zeer vergulde, maar waarvan hij al snel de vluchtigheid inzag. Voor blijvend succes was veel meer nodig, zo wist hij. Daarvoor moest hij onder andere leidinggeven aan de vernieuwing van de PvdA.[35]

De luiken open

De partijvernieuwing richtte zich ogenschijnlijk tegen Joop den Uyl. Zelf voelde deze dit scherp aan. Niet voor niets sprak hij in zijn afscheidsbrief aan zijn partijgenoten licht badinerend over de 'rapportwoede'.[36] Toch was dit niet geheel gerechtvaardigd. Bij Den Uyl hoefden de luiken niet te worden opengezet: die was immers voortdurend in de weer met het toetsen van de politiek van alledag aan de grote vragen des tijds.[37] De door Kok gevoelde noodzaak van het openen van ramen had eerder te maken met de naar binnen gekeerde cultuur van de PvdA, mede een gevolg van de polarisatiestrategie. Daaraan had Den Uyl misschien onvoldoende weerstand geboden.[38]

Den Uyls overlijden op 24 december 1987 raakte zeker ook Wim Kok.[39] Hoe ongemakkelijk ze soms ook met elkaar omgingen, Wim beschouwde Joop toch als zijn politieke peetvader en Joop zag Wim als zijn dito petekind. In de Kamer cirkelden zij een beetje om elkaar heen[40] – Kok die beleefd voor diens kamerdeur wachtte totdat hij bij Den Uyl belet kreeg, en Den Uyl die schuchter aan zijn buurman in het Kamergebouw vroeg 'hoe Kok het nu deed' –,[41] maar soms was de oude vertrouwelijkheid er weer. Bijvoorbeeld als de situatie in Suriname om diepgaand overleg vroeg. Maar vooral toen Den Uyl in oktober 1987 ernstig ziek uit Afrika was teruggekeerd, zijn levenseinde zich aankondigde en Kok hem enkele keren bij hem thuis opzocht, kwam hun onderlinge verbondenheid volop tot uiting.

In zijn toespraak op de herdenkingsbijeenkomst voor Den Uyl op 30 december 1987 in de Amsterdamse Nieuwe Kerk citeerde Kok een gedicht van Bertus Aafjes dat Den Uyl dierbaar was en dat hem tegelijk kernachtig kenschetste:

> En daar zijn vele wegen,
> Maar de juiste weg is de weg ertegen.
> Niet de weg eronder, dat is onderkruiperij,
> niet de weg erboven, dat is pluimstrijkerij,
> maar de weg ertegen, tegen alle wegen in;
> en dat is van de wijsheid nog maar het begin.

Kok voegde er zelf aan toe:

> Wie iets tot stand wil brengen, zal zijn verstand moeten gebruiken. Zal de werkelijkheid onder ogen moeten zien. Moet de maatschappij en de krachtsverhoudingen daarbij betrekken. Den Uyl heeft zich vierkant in die sociaaldemocratische traditie geplaatst.[42]

Al dan niet bewust maakte Kok hiermee Den Uyl tot schutspatroon van de partijvernieuwing die hem voor ogen stond. De partijraad was hem overigens in dat initiatief voorgegaan. Eind september 1986 had die immers bij motie het partijbestuur opgeroepen een aantal studies te verrichten 'naar gewenste vernieuwingen in de PvdA'.[43] Voor Kok kwam dit echter niet als een verrassing: het bood hem de kans in het partijbestuur de discussie hierover naar zijn hand te zetten.[44]

In de loop van die herfst werden drie commissies opgetuigd die zich aan afzonderlijke opdrachten moesten wijden. De eerste leidde een jaar later tot het rapport 'Schuivende Panelen', dat beoogde nieuwe maatschappelijke ontwikkelingen – de internationalisering, de aantasting van het milieu, de technologische ontwikkeling en de individualisering – te duiden en in een politiek-principieel sociaaldemocratisch kader hanteerbaar te maken. De tweede bracht in 1988 het rapport 'Bewogen beweging' uit, dat de politieke strategie van de PvdA toetste aan nieuwe maatschappelijke ontwikkelingen alsook aan bewegingen in de Nederlandse (en Europese) politiek en de samenstelling van het PvdA-electoraat. Het derde rapport, 'Politiek à la carte' geheten en dat in 1987 als eerste werd gepresenteerd, behandelde de organisatie van en de cultuur in de PvdA, ook in het licht van het omgaan met de in de andere twee rapporten belichte ontwikkelingen. Alles bij elkaar was dit een heel vernieuwingsbord vol.[45]

Misschien was het ook wel te veel ineens. 'Politiek à la carte' werd in elk geval snel in een onderste lade geschoven;[46] pas enkele jaren later droeg het bij tot een veelomvattender aanpak van de democratische cultuur en organisatie in de PvdA, toen een bevlogen partijvoorzitter daaraan ging trekken.[47] Belangrijker was vooralsnog het rapport 'Schuivende Panelen', dat er inderdaad in slaagde in en buiten de partij veel discussie los te maken. Dit was niet omdat het op veel opzienbarende, scherpe conclusies uitliep, maar omdat het met een ongebruikelijke onbevangenheid enkele heilige partijhuisjes omverwierp.[48] In het bijzonder maakte het duidelijk dat onder invloed van genoemde maatschappelijke verschijnselen het leven en werken van veel Nederlanders (en misschien bij uitstek PvdA-kiezers) zou moeten worden aangepast. Dit zou niet alleen voor het functioneren van de arbeidsmarkt maar ook voor de traditionele samenlevingsvorm van het gezin ingrijpende gevolgen hebben. Het 'alleenverdienersmodel' stond op de tocht, zoveel werd wel duidelijk.

Minder heftige discussie lokte 'Bewogen beweging' uit, onder andere omdat het zich over een belangrijk thema – een houdbare verzorgingsstaat – grotendeels op de vlakte hield. Een prikkelende aanzet daartoe van de hand van Wim Meijer werd door Wim Kok en partijvoorzitter Marjanne Sint voor publicatie ongeschikt geacht, want zou de partij daar wel klaar voor zijn en zou het kabinet-Lubbers II daar niet een bezuinigingsslaatje uit kunnen slaan?[49] Meijers advies het rapport niet te publiceren en door een veel krachtiger nota te vervangen, sloeg Kok in de wind.[50] De naderende crisis in de sociale zekerheid bleef in dit rapport dus onder de radar, wat Kok en de PvdA enkele jaren later in de WAO-crisis duur zou komen te staan.[51]

Meer aandacht trok de nadrukkelijke afwijzing in dit tweede rapport van 'ononderhandelbare' eisen en van het streven naar een linkse meerderheidsregering. De PvdA zou zich eerder zakelijk moeten opstellen tegenover de meest waarschijnlijke coalitiepartners, niet alleen CDA maar ook VVD, om langs die weg haar programma zo goed mogelijk te verwezenlijken en haar machtspositie zo goed mogelijk te herstellen. De polarisatiestrategie, die Van Thijn al in juli 1981 had zien sneuvelen,[52] werd deze keer definitief ten grave gedragen.[53]

Wat was nu Koks rol in deze 'rapportenlawine'? Hoe gaf hij er leiding aan? Gaf hij er überhaupt wel leiding aan? Was er wederom sprake van een verschil tussen het geven van leiding en het zijn van leider?[54] Het antwoord op deze vragen kan niet anders dan gelaagd zijn. Wat in elk geval ontbrak was

Koks intellectuele leiding. Hem zweefde niet een duidelijk beeld voor ogen van de vragen die aan de orde moesten komen, de ontwikkelingen die moesten worden besproken, de dilemma's die moesten worden geschetst en de keuzen die moesten en konden worden bepaald.

Natuurlijk voelde hij zich met sommige kwesties bijzonder vertrouwd, zoals de uitdagingen van technologische ontwikkeling en – in verband daarmee – de noodzaak van sociale vernieuwing.[55] Hetzelfde gold voor zijn verbondenheid met Europa als project van bovennationale samenwerking alsook het aanhalen van de band met maatschappelijke organisaties, in het bijzonder de vakbeweging. Hij kon echter niet de rol van een Den Uyl vervullen, die er met een brede greep op economie en sociologie in zou zijn geslaagd veel met elkaar in verband te brengen en daarin ook nog sturend en wijzend de politieke toekomst van de PvdA zou hebben verkend.[56] Den Uyls leerling Jan Pronk zou in deze schriftelijke partijvernieuwing meer een intellectuele voortrekker blijken te zijn dan partijleider Kok.[57]

Het verschil met Den Uyl was echter wel dat dit proces van collectieve politieke '*soul searching*', met de deelname van zovelen, onder Kok überhaupt tot stand kwam en in praktische zin tot een goed einde werd gebracht. Kok liet zich door politieke doctrines of andere dwingende voorschriften niet bij voorbaat voorschrijven wat wel en wat niet kon worden besproken. Wat dit betreft hanteerde hij zijn beproefde recept van delegatie van verantwoordelijkheden: zeker in 'Schuivende Panelen' kwam daardoor veel aan bod wat hijzelf misschien niet zo had bedacht, maar wel voor zijn politieke rekening kon nemen.

In het bijzonder gold dit voor het gevoelige onderwerp van de individualisering van levensvormen en de effecten daarvan op arbeid, inkomens en zeggenschap. Zo kwam het dat de man die eerder nog had bezworen dat 'wij in het ik-tijdperk de wij-gedachte levend moeten houden', zich nu als krachtig verdediger ontpopte van verzelfstandigde persoonlijke ontplooiing, zij het nog steeds in een solidaire samenleving.[58] De vrouwenbeweging was hem er dankbaar voor.

Tegelijk kwam in dit proces ook een tweetal belemmeringen aan de oppervlakte die ervoor zorgden dat er van Kok weinig specifieke leiding uitging. Ook al hielp het werken aan deze rapporten dat Kok werd 'bijgepraat' over veel politiek-maatschappelijke thema's waarover hij zich eerder onvoldoende ingevoerd had gevoeld, toch bleef ook toen nog een deel van zijn onzekerheid doorknagen. Dit droeg ertoe bij dat de rapporten soms wat in vage onbestemdheid bleven hangen; in het bijzonder gold dit voor 'Bewogen beweging', waaraan hij zelf leiding had gegeven.

Kok wist het soms gewoon niet, of – tweede belemmering – vroeg zich af welke interne en externe risico's de partij zou nemen door iets aan de orde te stellen, laat staan zich erover uit te spreken. Deze combinatie van inhoudelijke onwennigheid en politieke behoedzaamheid bracht hem ertoe nogal wat prikkelends uit conceptteksten te schrappen.[59] Dit droeg er echter wel toe bij dat de 'rapportwoede' uiteindelijk sterk meeviel, in elk geval qua inhoud minder uitwerking had dan als proces.

Dat proces slaagde immers veel beter en daarin wees Kok zeker richting. De twee rapporten werden in veel partijfora, maar ook buiten de PvdA, besproken en van allerlei commentaar voorzien. Deze discussies droegen veel bij aan het beeld van een partij die zich niet meer in het eigen gelijk opsloot, maar juist met open vizier (zij het op basis van eigen principes) de confrontatie met de politieke en maatschappelijke werkelijkheid aanging. De vensters waren aldus inderdaad opengezet, ook doordat buitenstaanders wel eens bij de discussies werden uitgenodigd.[60]

En dat zorgde ervoor dat de PvdA met nieuwe ogen werd gezien als mogelijke regeringspartij, niet alleen door de eventuele coalitiepartners,[61] maar ook in de partij zelf. Door strubbelingen in het kabinet-Lubbers II verliep deze ontwikkeling vervolgens veel sneller dan destijds, ook door Kok zelf, voor mogelijk werd gehouden. Dat droeg er echter weer toe bij dat het proces van de rapporten inhoudelijk onvoldoende vrucht kon dragen, nauwelijks in het verkiezingsprogram 'Kiezen voor kwaliteit' neersloeg en zelfs als een onvoltooide 'herijking' kon worden gekenschetst.[62] Daarvan zou Kok nog danig last krijgen, nadat hij en zijn partij in 1989 de regeringsverantwoordelijkheid min of meer in de schoot geworpen zouden krijgen.[63]

De stijl van de leider

Hoe opereerde Kok als de onwennige kat in het vreemde pakhuis van politiek en parlement? Valt daarover iets algemeens vast te stellen, zeker waar daar uiteenlopende getuigenissen over bestaan? Zelf had hij de neiging zijn licht onder de korenmaat te zetten: hij vond dat hij er lange tijd niet erg veel van bakte, ook omdat hij nogal onder de indruk was van de zwaargewichten in de eigen fractie en bij andere partijen, het kabinet incluis.

Tegelijk stond hij als voormalig FNV-voorzitter en succesvol vakbondsman wel degelijk zijn mannetje, deed hij als overtuigend spreker voor weinigen onder. Daarvan was Kok zich zeker ook wel bewust. Het was alleen dat er zoveel van hem werd verwacht: hoe kon hij daaraan voldoen? Gaandeweg begon hij zich in partij en politiek meer op zijn plaats te voelen, ook al werd het in deze periode nooit helemaal een thuiswedstrijd. Toch boekte hij begin 1987 al een fraai verkiezingsresultaat: voor de Provinciale

Staten maakte de PvdA het forse verlies van 1982 meer dan goed, wat ook een sterke bezetting in de Eerste Kamer opleverde.[64]

De fractieleden die hem over het algemeen het meest kritisch bekeken waren degenen die het langst in het vak meeliepen. Vaak hadden deze 'oude rotten' Den Uyl in diens gloriejaren meegemaakt en koesterden zij een selectieve herinnering aan de tijd waarin het met hem minder was gegaan. Een extreem voorbeeld van deze benadering vormde Bram Stemerdink, al vanaf 1971 Kamerlid en bewindsman van Defensie in zowel het kabinet-Den Uyl als het kabinet-Van Agt/Den Uyl.

Ofschoon Stemerdink Koks kwaliteiten niet miskende, vond hij hem vrijwel constant falen als richtingbepalend voorman van de Nederlandse sociaaldemocratie. Had Kok wel een eigen idee, een eigen visie, een eigen mening? Stemerdink vond hem maar angstig, zelfs 'kruiperig', wel een goede boodschapper (vooral in de media), maar geen inspirerend leider, want hij had geen eigen boodschap.[65] Ook oudgedienden als Dick Dolman, Arie van der Hek, Hans Kombrink, Wim Meijer en Klaas de Vries plaatsten vraagtekens bij hun nieuwe leidsman, zij het minder uitgesproken dan Stemerdink en in elk geval minder openlijk en direct geuit. Alle vijf verlieten binnen vier jaren de fractie.[66]

Anderen, vaak jonger en met niet zo veel politieke ervaring, bezagen Wim Kok door een minder kritische bril. In de fractie ging het dan vaak om leden die sinds het einde van de jaren zeventig of zelfs nog later in de Kamer zaten, zoals Flip Buurmeijer, Eveline Herfkens, Jeltje van Nieuwenhoven, Jacques Wallage en Thijs Wöltgens. Ook zij stonden vaak nog onder de invloed van Den Uyls 'betovering', maar waren tegelijk onder de indruk van Koks vakbondsprestaties. Dat laatste gold helemaal voor fractieleden met een FNV-achtergrond, zoals Stan Poppe, Frans Leijnse, Elske ter Veld en Henk Vos. In het partijbestuur kon Kok over het algemeen op krediet rekenen bij oudgedienden als Tineke Netelenbos, Wim van Velzen en Willem van de Zandschulp, terwijl hij in de partijraad doorgaans ook op een goede pers kon rekenen.[67]

De fractieleden die in 1986 samen met Kok waren aangetreden vormden een gemengd gezelschap. Een aantal was politiek tamelijk 'fris'; zij zagen over het algemeen op tegen Kok en verwachtten van hem een herstel van regeringsverantwoordelijkheid voor de PvdA.[68] Anderen, zoals Hein Roethof, Jan Schaefer en Maarten van Traa, konden prat gaan op een bredere politieke ervaring; zij waren (in oplopende mate) geneigd Kok het voordeel van de twijfel te gunnen, maar behielden zich vaak een eigen oordeel voor.[69]

Een bijzonder 'geval' vormde Jan Pronk, die al in 1971 Kamerlid was geworden, in het kabinet-Den Uyl een opvallend minister voor Ontwikkelingssamenwerking was geweest, maar in 1980 de Kamer had verlaten om adjunct-secretaris-generaal van de Conferentie voor Handel en Ontwikkeling van de Verenigde Naties (UNCTAD in Genève) te worden. Deze voormalige Nieuw Linkser en bezielde 'uyliaan' zou, na zijn terugkeer in 1986, een bijzondere relatie – vol pieken en dalen – met Kok ontwikkelen die uiteindelijk in 2002 tot een pijnlijke botsing leidde.[70] Intussen probeerde hij in zijn rol in Kamerfractie en partijbestuur[71] de nieuwe partijvoorman zo behulpzaam mogelijk te zijn. Daarmee was hij immers ook loyaal aan Den Uyl in diens uitverkiezing van Kok.[72]

Teleurstellend was voor menigeen de wijze waarop Kok de gang van zaken in de fractie regelde. Zo liet hij de discussie in het fractiebestuur nogal eens ontaarden in allerlei administratief 'geneuzel', waardoor er praktisch geen tijd overbleef voor reflectie op belangrijker, strategischer kwesties. Mede daardoor werd hij soms verrast door spanningen binnen de fractie, waaraan hij maar met moeite – en soms helemaal niet – een goede draai kon geven. Tekenend was de kwestie van de door het kabinet voorgenomen leverantie van onderzeeboten aan Saoedi-Arabië eind 1987.[73]

De Kamer moest hiermee instemmen en de PvdA-fractie raakte hierover ernstig verdeeld. De leden met een economische en vakbondsachtergrond steunden het idee: het zou werkgelegenheid en technologische ontwikkeling in de Rotterdamse haven opleveren. De 'buitenlandhoek' koesterde ernstige bezwaren, niet alleen omdat het strijdig leek met het Nederlandse wapenexportbeleid, maar ook omdat '*evenhandedness*' tegenover Israël zou ontbreken. Mede omdat hij leunde op de (vermoede) kwaliteiten van zijn fractiegenoten liet Kok het conflict op zijn beloop en beheerste daardoor de uitkomst niet. Interne verwarring en externe ineffectiviteit waren het resultaat.[74]

Morele dilemma's

Ook in de 'affaire-Harry van den Bergh' had Kok moeite met het bepalen van zijn positie. Deze flamboyante, ervaren politicus – al sinds 1977 fractielid, gespecialiseerd in buitenlandse en defensiezaken en eerder internationaal secretaris van de partij – zou tegenover een journalist van *Haagse Post* hebben opgeschept dat hij goed had verdiend aan handel in aandelen Fokker. Los van de vraag of PvdA-Kamerleden er verstandig aan doen zich actief op de beurs te begeven, was het zeker geen goed idee van Van den Bergh in aandelen Fokker te handelen. Hij hield zich als een fractiewoordvoerder inzake Defensie immers met dit luchtvaartbedrijf bezig wanneer defensiebelangen aan de orde waren. Fokker werd nogal eens met overheidsgeld op de been gehouden. Een riskante vermenging van belangen derhalve.

Over dit alles berichtte *Haagse Post* begin juli 1987.[75] Erger nog was dat de journalist voor de radio zei van Van den Bergh te hebben gehoord dat hij vanuit de ondernemingsraad van het bedrijf informatie had verkregen van een ophanden zijnde grote vliegtuigenverkoop. Met die voorkennis zou Van den Bergh een pakket Fokker-aandelen hebben gekocht om ze vervolgens op een goed moment weer te verkopen, waardoor hij een aantrekkelijke winst kon toucheren. Ook al ontkende Van den Bergh dit verhaal, goed viel het natuurlijk niet.

Kok riep (samen met Wim Meijer) Van den Bergh op het matje en probeerde achter de waarheid te komen. Dit was niet gemakkelijk, omdat Van den Bergh (bijna) alles ontkende. Nee, hij had niet met voorkennis (noch met geleend geld) in Fokker-aandelen gehandeld. En nee, hij had niets van dien aard aan *Haagse Post* verteld. Maar ook: ja, hij had wel Fokker-aandelen in zijn bezit, die wilde hij wel van de hand doen. Want dat hij in zijn positie zo de 'schijn des kwaads'[76] op zich had geladen, daarvan toonde hij zich nu snel bewust.

Kok had de zaak hier kunnen laten rusten – je zou een fractiegenoot op zijn woord kunnen geloven –, maar nee, hij had behoefte aan meer zekerheid. Hij verzocht een bevriend accountant die hij nog uit zijn vakbondstijd kende, Dubois, nader onderzoek te doen. Van den Bergh stemde daarmee in en werkte eraan mee. Het rapport-Dubois, dat midden juli werd uitgebracht (en dat door Kok en Meijer vertrouwelijk werd gehouden), maakte duidelijk dat Van den Bergh jarenlang ruimschoots in Fokker-aandelen had gehandeld en daarvoor ook wel geld had geleend. Gebruikmaking van voorkennis had de accountant echter niet kunnen aantonen.[77]

Kok gaf een persverklaring uit, waarin hij zich verheugd toonde dat er geen grond was voor de beschuldiging dat Van den Bergh met voorkennis in Fokker-aandelen had gehandeld. Ook constateerde hij dat Van den Bergh een eind wilde maken aan een beleggingsgedrag dat ook in eigen ogen achteraf onjuist en onverstandig was. 'Hiermee worden gemaakte fouten niet ongedaan gemaakt, maar wordt wel de bereidheid getoond met een schone lei te beginnen.'[78] Hierbij moest, volgens Kok, ook de vraag aan de orde komen of er niet gedragsregels nodig waren voor financiële belangen van Kamerleden, in het verlengde van de al voorgeschreven registratie van nevenfuncties.

De vraag of Van den Bergh nu zou aanblijven, beantwoordde Kok echter niet ondubbelzinnig: 'Hij hoeft niet op te stappen.' Dit bleef ruim een maand hangen tot aan de fractiedagen, die op 28 en 29 augustus in Ouwehands Dierenpark werden gehouden. Daar werd begonnen met de affaire-Van den Bergh, waarbij Harry zelf niet aanwezig was. De fractievoorzitter deed verslag van de gevolgde procedure en de vastgestelde bevindingen (voor zover Kok vond dat hij daarover openlijk kon spreken), hintte wel naar mogelijke gevolgen voor Van den Berghs geloofwaardigheid, maar gaf aan dat er geen aanleiding bestond voor het opzeggen van het politiek vertrouwen in hem.

Daarna gaf hij de fractie het woord: 24 fractieleden meldden zich. De zeeën gingen hoog en er kwamen de nodige emoties aan de oppervlakte, maar een ruime meerderheid vond toch wel dat Harry als Kamerlid kon aanblijven (zij het niet zonder enige restricties). Conclusie: er werd ingestemd met het beleid van de fractievoorzitter.[79] Daarmee leek de zaak gesloten.

Door nieuwe publicaties in de eropvolgende week besloot Van den Bergh zich echter toch terug te trekken. Niet omdat de inhoud ervan aanleiding gaf de conclusie van het fractieberaad terzijde te schuiven, maar omdat de aanhoudende discussie en onrust voor fractie en partij door hem onverantwoord werden geacht.[80] Hij bedankte voor het lidmaatschap van de Kamer. Zaak nu helemaal gesloten.

Waarom liep Wim in deze zaak zo op eieren? In formele zin kon hij met het verstandig uitgelokte rapport in de hand Harry enerzijds vrijpleiten en hem anderzijds in een strakkere regeling snoeren. Hij liet de zaak echter min of meer open en daarmee schijnbaar op z'n beloop. De door de accountant vastgestelde aandelentransacties waren zo omvangrijk, dat Kok vond dat deze eigenlijk niet door de beugel konden, voorkennis of niet. De negatieve publiciteit erover bleef doorzeuren, terwijl Van den Bergh voor zijn politieke hachje bleef vechten. Kok bevond zich in een moreel lastig dilemma waarvan hij hoopte dat, zo niet Van den Bergh zelf, dan toch de fractie hem ervan zou verlossen.

Dat deed zij echter niet, waardoor de vervelende onrust voor partij, fractie en haar leider aanhield. Totdat Van den Bergh dus zelf de handdoek in de ring gooide. Over Koks opstelling ontstond daarom een dubbel beeld: enerzijds had hij in deze zaak zorgvuldig opgetreden, anderzijds had hij zich weifelmoedig getoond, niet goed in staat een heldere koers te varen.[81] Interessant is bovendien dat in Koks latere herinnering de fractie in het dierenpark hem had gevolgd in zijn opvatting dat Van den Bergh moest aftreden. Het eerste had hij echter niet ondubbelzinnig gecommuniceerd, het tweede was dus ook niet gebeurd.[82] Voer voor psychologen.

Een andere kwestie waarin Kok maar moeizaam zijn draai kon vinden betrof de 'Twee van Breda'. Daarin was hij echter niet de enige. Het ging hierbij om de laatste twee van de in Nederland nog vastzittende Duitse oorlogsmisdadigers. Zij waren na 1945 in een bijzonder proces tot de doodstraf veroordeeld, een straf die in 1952 door koningin Juliana bij gratieverlening in levenslang was omgezet. Eerder, in de jaren zestig en zeventig, waren hierover al heftige debatten in parlement en samenleving gevoerd. Deze keer opnieuw. Paste volledige ten uitvoerlegging van levenslang wel in ons humaan bedoelde strafrecht, zeker nu ook de gezondheidssituatie van de in Breda gedetineerden ernstig verslechterd was? Of ging het hierbij om bijzondere veroordeelden, aan wie al gratie was verleend, terwijl de pijn en emotie van hun nog levende slachtoffers en nabestaanden in ons humane strafstelsel toch ook zwaar moesten tellen?

Kok voelde zich verscheurd door dit dilemma, net als velen in de PvdA-fractie en overigens ook de rest van de Kamer. De PvdA-fractie kende twee woordvoerders: Ineke Haas-Berger (tegen vrijlating) en Aad Kosto (voor). Het werd een 'vrije' kwestie: de Kamerleden konden hun geweten laten spreken. Met onverwacht grote meerderheid (85 tegen 55) stemde op 27 januari 1989 de Kamer in met het kabinetsvoorstel tot vrijlating. De twee vrijgelatenen stierven kort na hun aankomst in Duitsland.[83] Wim Kok had voor gestemd.

Gaandeweg won fractievoorzitter Kok overigens wel aan koersvastheid.[84] Het kostte hem minder moeite leiding te geven aan de fractie en zich ook in het parlement te weren. Zo leerde hij parlementaire debatten tot een succesvol einde te brengen en begreep hij steeds beter hoe hij uit actualiteiten politieke munt kon slaan. Ervaring hielp, maar ook de steun van collega's op wie hij, naar zijn gevoel, verder kon bouwen.[85] Eind 1988 volgde Thijs Wöltgens, een gemoedelijke, geestige Limburger, maar als econoom een geharnast keynesiaan, Wim Meijer op als vicevoorzitter van de fractie. Jurist Aad Kosto werd toen tweede vicevoorzitter en vakbondsfeministe Elske ter Veld tweede fractiesecretaris.

Jonggediende politicoloog Ad Melkert volgde Wöltgens op als een iets degelijker financieel woordvoerder,[86] terwijl Hans Alders de eerste fractiesecretaris bleef die hij al in 1987 was geworden. Deze vormde (samen met ambtelijk secretaris Henk Bakker) Koks steunpilaar in de praktische organisatie van de fractie. Alders was Koks 'oliemannetje', waardoor hijzelf zich kon richten op de grotere zaken en, vooral, zijn strategische doel: de PvdA terug te krijgen op het centre court.[87] Kok zou daarbij door Lubbers op zijn wenken worden bediend.

Lubbers II valt, Lubbers/Kok wordt gevormd

Wim Koks strategie was erop gericht het kabinet-Lubbers niet alleen krachtig partij te bieden, maar daarbij ook de PvdA als geloofwaardig alternatief te presenteren. Dus niet een 'totale' oppositie te voeren, maar met goed doordachte voorstellen zand in de regeermachine te gooien en tegelijk de publieke opinie te beïnvloeden. Zo besteedde Kok er elk jaar in september veel aandacht aan dat de tegenbegroting die de PvdA op Prinsjesdag presenteerde dicht bij de financieel-economische werkelijkheid bleef en er in haar tegenvoorstellen ook niet van weg zong. In grote operaties die het kabinet-Lubbers toen ondernam – herziening van het stelsel van sociale zekerheid, vernieuwing van de studiefinanciering, vereenvoudiging van de loon- en inkomstenbelasting en stelselherziening in de zorg – deed Kok zijn best het kabinet op onsociale en anderszins onverstandige effecten weerwerk te leveren, zonder echter alles meteen van de hand te wijzen.[88]

Dit resulteerde in een PvdA-opstelling die zowel recht deed aan de noodzaak het kabinet tegenspel te bieden en ook bij maatschappelijke tegenbewegingen aansluiting te vinden, maar tegelijk ook constructief op de aan de orde zijnde problematiek in te gaan. Deze aanpak droeg ertoe bij dat de PvdA, in de ogen van de regeringspartijen, haar polariserende starheid begon te verliezen en aan aantrekkelijkheid als partner begon te winnen.[89] Het eind 1987 gesloten Sovjet-Amerikaans akkoord over eliminatie van al hun kernwapens in Europa voor de middellange afstand (waardoor ook de plaatsing van kruisraketten in Nederland overbodig werd) droeg indirect zeker bij tot het verbeteren van het klimaat voor andere coalities. Toch vormde dit alles niet de aanleiding van de crisis in het kabinet.

Op 3 mei 1989 viel het kabinet-Lubbers II, beter wellicht: het zakte in elkaar. Zoals Kok al vanaf het begin bevroedde, bleek deze regeerploeg van Lubbers veel minder stevig in elkaar te steken dan zijn eerste kabinet. De VVD voelde zich veelal als een soort 'bijwagen' behandeld, zo niet door de premier zelfs 'gepiepeld'. De manier waarop hij vicepremier Rudolf de Korte, die een voorgenomen staatsbezoek aan Japan als 'niet verstandig, niet wijs en niet gewenst' had bestempeld, in de Kamer afdroogde – 'dit behoort tot de categorie van "eens, maar niet weer"' – was symptomatisch voor de toenemende ergernissen en aanvaringen binnen wat eerder een goed politiek huwelijk was. Binnen de VVD zelf nam daardoor ook de instabiliteit rond haar leiderschap toe.

Nodeloos te zeggen dat Wim Kok vanuit de oppositie dit vuurtje gretig opstookte, iets waarin hij vaak zij aan zij optrok met D66-fractieleider Hans van Mierlo. Het einde van deze coalitie kwam niettemin enigszins onverwacht. De aanleiding vormde de opstelling van het Nationaal Milieubeleidsplan. De VVD-ministers Nijpels (Milieu) en Smit-Kroes (Verkeer en Waterstaat) schaarden zich achter het idee van een belastingverhoging om daarmee vervuiling door energiecentrales, bedrijven en auto's terug te dringen. Hierover brak binnen het VVD-smaldeel in het kabinet en vervolgens bij haar Kamerfracties grote onenigheid uit. Vooral de aangekondigde afschaffing van het reiskostenforfait moest het daarbij ontgelden.

Uiteindelijk vroeg de VVD-fractie een Kamerdebat aan en diende haar voorzitter Voorhoeve onmiddellijk een motie in waarin het kabinet werd gevraagd het reiskostenforfait buiten schot te laten en de dieselaccijns minder te verhogen. Het ging hem hierbij om de 'kern van de vertrouwensrelatie tussen de VVD-fractie en het kabinet'. Enkele dagen eerder had Voorhoeve in een interview met *De Telegraaf* al aangegeven niet te zullen buigen: 'De VVD-fractie gaat al te vaak door het stof.' In het debat hield de VVD inderdaad voet bij stuk, wat premier Lubbers ertoe bracht (namens het kabinet) aan te kondigen dat hij 'een bezoek aan de Koningin [zou] brengen om het ontslag van alle ministers aan te bieden'.[90]

De val van het kabinet speelde zich geheel binnen de boezem van de coalitie af. Los van de door hen uitgesproken conclusie dat de samenwerking tussen CDA en VVD kapot was en dat de kiezers moesten spreken, konden Kok en Van Mierlo grotendeels op hun lauweren rusten. Zeker Kok liet het voor zijn ogen gebeuren, hij intervenieerde nauwelijks.[91] Waarom zou hij ook? De coalitiepartijen deden al het werk voor hem. Hij hoefde toch geen olie op het vuur te gooien? Dat zou wel eens tegen de PvdA kunnen werken.

Kok werd in het gelijk gesteld door de CDA-fractie die geen belang meer stelde in een lijmpoging, waar de VVD in meerderheid nog op aandrong. Bert de Vries, voorzitter van de CDA-fractie, adviseerde – net als Kok – de koningin het demissionaire kabinet opdracht te geven tot Kamerontbinding en het op zo kort mogelijke termijn uitschrijven van vervroegde verkiezingen. Die werden door het demissionaire kabinet op 6 september 1989 bepaald.

Opeens kwam alles in een stroomversnelling, de hele campagneorganisatie werd driekwart jaar naar voren gehaald: verkiezingsprogram schrijven, kandidatenlijst opstellen, verkiezingscongres houden, campagne voeren. Tussendoor, op 15 juni, waren er nog verkiezingen voor het Europees Parlement. Die werden deze keer nog meer dan gebruikelijk in een 'Haagse sfeer' gehouden: het CDA won stevig, de VVD verloor nog steviger, terwijl de PvdA meer dan licht achteruitging (van 33,7 naar 30,7 procent; van negen zetels naar acht).

Van de bedoeling van de PvdA-leiding om de neerslag van de vernieuwingsdiscussie in het nationaal verkiezingsprogram op te nemen kwam weinig terecht. Wat dit betreft kwamen de verkiezingen te vroeg.[92] Een duidelijk vernieuwend element in de overigens nogal tamme campagne[93] was de politieke boodschap van 'Bewogen beweging': de PvdA formuleerde voor de coalitievorming geen 'ononderhandelbare' eisen meer en stelde zich in beginsel open voor regeren met zowel CDA als VVD.[94] In werkelijkheid ging het toen slechts om de christendemocraten.

Kok werd de onbetwiste lijsttrekker van de PvdA en koerste aan op regeringsdeelname; zijn partij legde hem daarbij nauwelijks een strobreed in de weg. Leider en partij verkeerden in dezelfde stemming. Lubbers had het daarbij wat minder eenvoudig. Zelf was hij ervan overtuigd dat, zo enigszins mogelijk, met de PvdA geregeerd moest worden. Die partij had haar, wat hij zag als, bokkige dominantiedrift achter zich gelaten en met Kok was het heel anders kersen eten dan met Den Uyl. Ze kenden elkaar al uit Koks vakbondstijd, waren zeker geen vrienden, maar respecteerden elkaar wel.[95]

In het afgelopen jaar hadden zij elkaar, met bemiddeling van Amsterdams burgemeester Ed van Thijn, een enkele keer vertrouwelijk ontmoet en elkaars nieren verder geproefd.[96] Eerder had Rotterdams burgemeester Bram Peper iets soortgelijks ondernomen: in zijn stadhuis had hij vooraanstaande CDA'ers uitgenodigd voor een soort 'snuffelontmoetingen' met soortgelijke PvdA'ers. Met medeweten van Kok en Lubbers spraken zo Jan de Koning, Elco Brinkman, Bert de Vries en Ernst Hirsch Ballin een paar keer met Wim Meijer, Hans Alders, Kees Schuyt en Peper zelf. De opzet was iets van het ijs te breken in deze lang bevroren verhouding.[97]

Op dit hoge niveau lukte dat ook aardig. Na de breuk in het kabinet met de VVD bestond onder leidende christendemocraten een groeiende bereidheid het weer met de PvdA te proberen. Een parlementaire reis naar Japan begin 1989 had ook zuiverend gewerkt in Wim Koks relatie met CDA-fractievoorzitter Bert de Vries.[98] Maar daarmee was nog niet de hele fractie overtuigd, laat staan het kader en het electoraat van het CDA. Daar heerste nog veel 'socialistenvrees'; voor hen gold dat een combinatie van CDA met PvdA alleen bij uiterste noodzaak kon worden aangegaan. Lubbers zag dat anders.

Hij vond het na zeven jaar regeren met de VVD tijd om een coalitie met de PvdA te beproeven.[99] Hij wilde een revanche op de geschiedenis, ook op de mislukte formatie van het 'tweede kabinet-Den Uyl'.[100] De uitslag op de verkiezingsdag en enig gemanoeuvreer aan het begin van de formatie hielpen Lubbers de aarzelende schapen over de dam te krijgen. Nadat het in augustus nog een nek-aan-nekrace beloofde te worden, stond op 6 september de teller voor het CDA weer op 54 zetels, terwijl de PvdA – tot Koks chagrijn – licht was teruggevallen naar 49 zetels.[101] Een coalitie met de VVD bleef rekenkundig nog steeds mogelijk (samen 76 zetels),[102] maar voor Lubbers en natuurlijk voor Kok had een centrumlinks kabinet duidelijk de voorkeur. De formatie zou de mogelijkheid ervan bewijzen.

Het zou kort en snel worden.[103] In een vertrouwelijk gesprek op 28 augustus hadden Kok en Lubbers al bij elkaar vastgesteld dat, ijs en weder dienende, 'rooms-rood' weer beproefd kon worden. Na de verkiezingsdag rees wel de vraag of zij D66 hierbij zouden betrekken. Getalsmatig was het niet nodig: CDA en PvdA beschikten samen over 103 zetels. Maar met twaalf zetels was D66 wel een factor van groter gewicht geworden, ook omdat zij weigerde CDA en VVD een comfortabele meerderheid te bezorgen.

Bovendien zag de PvdA de Democraten als traditionele bondgenoten; in 'Bewogen beweging' was dit weer eens vastgesteld. Daar stond tegenover dat D66 er op sociaaleconomisch terrein vaak andere voorkeuren op na hield dan de PvdA: ze was hier eerder een liberale partij. Bovendien zat de breuk tussen D66 en PvdA tijdens het kabinet-Van Agt II menig PvdA'er nog hoog. Kok drong er echter bij zijn fractiegenoten op aan een 'anti-D66-sfeer' geen lucht te geven, dat zou contraproductief kunnen uitpakken. De partijraad nam prompt een resolutie aan die aanstuurde op een centrumlinks kabinet, met D66 erbij.

Wat was het CDA van plan? Van Lubbers was bekend dat hij het goed met Van Mierlo kon vinden,[104] maar op dit punt vond hij zijn fractie op zijn pad. Daar bestond veel weerzin tegen de 'libertaire' opvattingen van D66 over vragen van leven en dood, vooral aangaande euthanasie. Bovendien, zo beklemtoonde vicevoorzitter Bert de Vries, zou deelname van D66 het CDA in het kabinet in een minderheidspositie kunnen brengen.[105]

Lubbers waagde een sprong vooruit om de PvdA in problemen te brengen: hij bood – zonder zijn fractie te raadplegen – de sociaaldemocraten in een kabinet CDA-PvdA een gelijk aantal ministerszetels aan; het zou om 7-7 gaan. Tegelijk overspeelde Van Mierlo zijn hand door bij voorbaat twee ministerszetels op te eisen. Kok vond dit een 'nogal forse afronding naar boven' van Van Mierlo, maar Lubbers speelde volgens hem een 'ragfijn spel'.

Lubbers, op 13 september tot informateur benoemd, ging daar op andere wijze mee door. Om 'werkende weg' te kunnen vaststellen of deelname van D66 het kabinet de totstandkoming van een CDA-PvdA-kabinet 'te zeer zou belemmeren, resp. zou belasten' deed hij de drie fractievoorzitters een procedurevoorstel: eerst zou men het eens moeten worden over de euthanasiekwestie en de zetelverdeling. Voor het eerste onderwerp stelde hij voor de wetgeving te laten rusten en alleen het vervolgingsbeleid nader te regelen. Voor de zetelverdeling stelde hij 7-6-1 (CDA-PvdA-D66) voor. Het was inderdaad een ragfijn spel.

Het CDA hield vast aan het standpunt dat, als de PvdA D66 erbij wilde hebben, zij er dan ook voor moest 'betalen'. De PvdA wilde eventueel wel een zetel voor D66 inleveren (dus akkoord met 7-6-1), maar zeker niet meer en er moest wel iets tegenover staan (Kok: 'We zijn niet van elastiek.'). En D66 hield vast aan een wetswijziging voor euthanasie en in beginsel ook aan twee ministerszetels. Lubbers' antwoord hierop: 'Ik neem D66 heel serieus, maar zij is voor een centrumlinks kabinet niet echt nodig.' Na een dag fractieberaad blies Van Mierlo het af. Zijn fractie voorzag geen kabinet dat was gebaseerd op wederzijds respect en vertrouwen.

'Doodjammer' vond Kok het dat D66 afhaakte.[106] Hiermee kwam er dus een eind aan een politieke alliantie van zo'n twintig jaar. Van Mierlo vond dat Kok te weinig had gedaan om D66 in het kabinet te krijgen. Kok meende dat Van Mierlo had overvraagd, dat D66 ook te ongeduldig was en dat de PvdA daarom geen andere keuze restte.[107] D66 ging vervolgens tijdens Lubbers III 'oppositie voeren vóór het kabinet', wat haar geen windeieren zou leggen. In 1994 kwam Wim Hans, de tweede nu politiek sterk gegroeid, weer tegen: het begin van de paarse jaren.

De besprekingen over het regeerprogram verliepen vervolgens tamelijk gesmeerd. Informateur Lubbers zette zijn politieke inventiviteit in, terwijl de partijvertegenwoordigers – De Vries en Brinkman voor het CDA en Kok en Wöltgens voor de PvdA – stevig maar ook constructief onderhandelden. Af en toe verschenen deskundigen aan de formatietafel, directeur Zalm van het Centraal Planbureau voorop. De twee fracties vormden ook gemeenschappelijke koppels op onderscheiden beleidsthema's – een suggestie van Hans Alders – zodat hun expertise in het ontwerpakkoord een plaats kon krijgen.

Onderwerpen waar stevig over werd gebakkeleid betroffen de arbeidsongeschiktheid, de Wet gelijke behandeling alsmede het buitenland- en defensiebeleid, waaronder ook Zuid-Afrika. Af en toe voerden Kok en Lubbers ook apart overleg met elkaar. Nadat de fracties als geheel zich over het ontwerpprogramma hadden mogen uitspreken en enkele wijzigingen voorstellen, kwam er op 26 oktober – na vijf weken van onderhandelen – een definitief akkoord tot stand.[108]

Het was natuurlijk een geven en nemen geweest. Het akkoord stond enerzijds in het teken van duurzame ecologische ontwikkeling en kwalitatieve vernieuwing van de sociale, culturele en fysieke infrastructuur. Ook het basisonderwijs werd versterkt. Voor dit alles kwam ook extra geld beschikbaar: 25 miljard 'beleidsintensivering'. Hier had de PvdA duidelijk haar gewicht laten gelden. Anderzijds bleven de uitgaven voor Defensie op peil en werd de versterking van het financieel-economisch draagvlak voortgezet. Daaruit sprak de continuïteit met de eerste twee kabinetten-Lubbers.[109]

Dit laatste kwam onder andere naar voren in het beding dat de collectievelastendruk niet mocht stijgen en het tekort op de overheidsbegroting moest worden teruggebracht van 5,25 naar 3,25 procent in jaarlijkse stappen van een half procentpunt. Kok was hier overigens een krachtig voorstander van, al was het maar omdat de rente op de staatsschuld – toen de grootste uitgavenpost op de rijksbegroting – daarmee kon worden teruggedrongen ten gunste van andere uitgaven. Tegelijk werd de koppeling tussen cao-lonen en uitkeringen en ook de ambtenarensalarissen hersteld, zij het dat daarop een voorbehoud werd geplaatst: de economie mocht geen roet in het eten gooien.[110]

Het coalitieprogram werd in PvdA-kring dan ook positief ontvangen. In het partijbestuur, waar Wim Kok het akkoord als een 'remise' had gekenschetst (maar – gelet op de krachtsverhoudingen – was remise volgens hem wel winst[111]), werden slechts enkele kanttekeningen geplaatst. Op het bijzondere partijcongres op 6 november noemde Kok het nieuwe kabinet nog enigszins relativerend 'niet moeders mooiste', wat de afgevaardigden er echter niet van weerhield bijna als één man met de kabinetsdeelname in te stemmen. De wens om weer te regeren was groot en de angst om in oude fouten te vervallen misschien nog wel groter. De gunstige economische situatie van toen maakte het de partij ook makkelijk. De tegenspoed in de jaren erna zou het de partij nog heel lastig maken zich als 'natuurlijke regeringspartij' te bewijzen.

Opmerkelijk was in elk geval wel dat de PvdA dit regeeravontuur niet met grote hervormingsplannen begon. Dit vormde een breuk met een traditie van inmiddels zo'n twintig jaar. Verbonden als deze waren met de polarisatiestrategie, had de partij er echter wel enigszins haar bekomst van gekregen. De vernieuwingsdiscussie rond 'Schuivende panelen' en 'Bewogen beweging' had er in elk geval geen rijpe ideeën voor opgeleverd. Ook de Wiardi Beckman Stichting, het wetenschappelijk bureau van de PvdA, stond op dit punt toen droog.[112] En Wim Kok had in zijn Nijmeegse rede van enkele maanden voor de verkiezingen vastgesteld dat hemelbestormende plannen kansloos waren indien ze niet op een bredere politiek-maatschappelijke consensus konden bogen. Daar moest de PvdA steeds aan werken.[113] In de komende jaren zou de PvdA dit nog ondervinden met haar vastgelopen voorstel voor een basisverzekering tegen ziektekosten en, in omgekeerde zin, eigenlijk ook met de opgedrongen ingreep in de WAO.

De strategische keuze voor Financiën

Koks parlementaire avontuur was hem geen onverdeeld genoegen. Hij kwam soms ogen en oren tekort om alles bij te benen, en zelden had hij het gevoel dat hij het echt goed deed. Toch heeft hij er in zijn verdere politieke leven veel baat bij gehad. Vanaf de herfst van 1989 zat hij aan de andere kant van de scheidslijn. In de Kamer had hij geleerd welke regels en gebruiken daar golden en hoe 'de hazen daar liepen', voor een bewindsman allemaal zeer nuttig om te weten. Het meest is hij het Binnenhof echter gaan waarderen als leerschool voor het politieke handwerk en als brandpunt van de politieke verhoudingen in ons land. Als regeerder had Kok dit voor geen goud willen missen.

Zonder de 'poppetjes' was de formatie natuurlijk niet volledig. De verdeling van de ministersposten kwam zonder veel moeite tot stand: voor de PvdA waren dit Binnenlandse Zaken, Defensie, Financiën, Onderwijs & Wetenschappen, Ontwikkelingssamenwerking, Volkshuisvesting, Ruimtelijke Ordening & Milieubeheer alsmede Welzijn, Volksgezondheid & Cultuur. Via de staatssecretariaten werd dit nog aangevuld met Europese Zaken, Justitie/Vreemdelingenbeleid, Onderwijs, Sociale Zaken alsook Volksgezondheid. Het waren vrijwel alle voor de partij en haar kiezers belangrijke of kansrijke portefeuilles.

De personele invulling geschiedde aanmerkelijk rommeliger.[114] Jos van Kemenade bedankte voor Binnenlandse Zaken en Klaas de Vries voor Defensie.[115] Ook had Kok grote moeite Ien Dales te bereiken, die op reis in Japan de telefoon niet beantwoordde. Dit noopte Kok aanvankelijk tot enig geschuif tussen Binnenlandse Zaken, VROM en Ontwikkelingssamenwerking.[116] Uiteindelijk kwam hij tot de selectie van drie Kamerleden (Alders, Ter Beek, Pronk) en drie van daarbuiten (d'Ancona, Dales, Ritzen). Van de vijf staatssecretarissen kwamen drie uit de Kamer (Kosto, Ter Veld, Wallage) en twee van buiten (Dankert, Simons).[117] Daarmee kwam Kok precies aan het kwart van de kabinetsposten voor vrouwen dat hij de Rooie Vrouwen had toegezegd. Was dit ook een kabinet met voor de PvdA de best mogelijke samenstelling? Het vormde een ploeg van politieke professionals, meer dan van specialisten, juist wat hij had gezocht.[118] Het waren ook personen bij wie hij zich vertrouwd voelde, precies wat hij zich had gewenst.[119]

Wim Kok werd vicepremier en koos voor Financiën. Dit zorgde wel voor enige ophef. In de fractie vonden sommigen dat Sociale Zaken beter bij het PvdA-profiel zou passen. Anderen meenden zelfs dat de politiek leider van de PvdA de Kamerfractie moest blijven leiden.[120] Bij het CDA leidde deze keuze misschien nog wel tot grotere verbazing: nam hij niet te veel hooi op zijn vork en wilde hij op Financiën echt de andere PvdA-ministers afstoppen? Lubbers zelf meende echter dat Kok dit strategisch had gezien.[121]

Koks keuze voor Financiën was inderdaad strategisch. Hij wilde daarmee duidelijk maken dat de PvdA echt verantwoordelijkheid voor het landsbestuur nam en dus ook niet wegliep voor financiële degelijkheid en betrouwbaarheid. Bovendien stond hij tegenover een CDA-leider en premier wiens kennis, behendigheid en creativiteit hij duchtte en bij wie hij zich geregeld op achterstand voelde staan. Hij wilde ten koste van alles voorkomen dat Lubbers de partijleider van de PvdA het nakijken zou geven: Lubbers moest niet om hem heen kunnen.[122] Financiën als centraal beleidsanker van elk kabinet gaf Kok die zekerheid. Daarmee zou de Partij van de Arbeid inderdaad geheel terug zijn op het centre court van de Nederlandse politiek. Hoe zou het Wim Kok daar vergaan, niet alleen nationaal maar ook internationaal?

12
In de schaduw van de Muur

NELSON MANDELA GAAT DE PVDA-PARTIJRAAD TOESPREKEN, AMSTERDAM-OSDORP, 16 JUNI 1990.

Op 7 november 1989 stond Wim Kok op het bordes van Huis ten Bosch. Twee dagen later viel de Berlijnse Muur. Oost-Berlijners verdrongen zich massaal door de voorheen gebarricadeerde grensovergangen. West-Berlijners ontvingen hun stadgenoten enthousiast en met grote warmte. Menigeen klom op de Muur, sommigen om feestelijk met Duitse of Europese vlaggen te zwaaien. Niemand kon zijn ogen geloven. Weinigen voorzagen wat de gevolgen zouden zijn. Een klein jaar later was Duitsland verenigd en als geheel in de familie van democratische naties opgenomen. In het voormalige Oostblok hadden de 'satellieten' het Sovjetjuk afgeworpen en zich op weg naar het andere Europa begeven. Weer een ruim jaar later was de Sovjet-Unie zelf opgeheven en in verschillende delen uiteengevallen. Het grote Rusland was gekrompen.[1]

De Koude Oorlog was voorbij, een nieuwe wereldorde kondigde zich aan. Maar was de vrede echt uitgebroken? Of gingen hete conflicten nu het luchtledige vullen? De politieke toekomst van Wim Kok stond als gevolg van de gevallen Muur gaandeweg in een ander teken: bouwen aan een verenigd Europa, werken aan een democratischer, veiliger en rechtvaardiger wereld, maar ook kampen met een ideologische tegenwind die de sociaaldemocratie parten ging spelen. 9 november 1989 zou voor Wim Kok een sterk bepalende datum worden, als politicus, regeerder en staatsman. Op die dag zelf was er echter ook iets anders wat hem bezighield: André Kloos, zijn voorvoorganger als NVV-voorzitter,[2] overleed. Die avond bezocht hij met echtgenote Rita in Kortenhoef de weduwe van zijn oudere vriend.[3]

De aanloop naar de val van de Muur was overigens allerminst duidelijk. Wim Kok was er ook niet vanaf 1986 voortdurend mee bezig. Integendeel zelfs. Als nieuwe voorzitter van de PvdA-fractie had hij, zeker in het begin, zoveel aan het hoofd, dat hij dit nauwelijks boven water kon houden. Voor hem was het parlement nieuw, de fractie nieuw, de partij nieuw. Het duurde maanden voordat hij zich echt met het buitenland ging bemoeien. Dat was ook daarom minder nodig, omdat de 'buitenlandhoek' van de fractie met zwaargewichten als Ter Beek, Stemerdink, Pronk en Van Traa wel de eigen boontjes leek te kunnen doppen, niet meteen van Koks bemoeienis afhankelijk was. Bovendien nam voorganger Den Uyl tijdelijk nog een deel van de internationale taken van Kok als partijleider voor zijn rekening, wat beiden niet slecht uitkwam.[4]

Natuurlijk hield de 'internationalist' Kok de ontwikkelingen in de wereld wel degelijk bij. Van huis uit had hij die nieuwsgierigheid ontwikkeld, als vakbondsman had hij er ruimschoots aandacht aan geschonken, als nieuwbakken politicus wist hij dat veel van wat in eigen land van belang was een internationale 'kleur' had, niet alleen op economisch gebied. En het waren toen ook al tijden waarin grote veranderingen op til waren.

In Moskou was een nieuwe leider opgestaan, Michail Gorbatsjov, die zijn Sovjetrijk uit de politieke en economische verstarring wilde voeren. 'Perestrojka' en 'glasnost' waren de sleutelwoorden in een ambitieuze poging tot hervormingen en nieuwe openheid. In Washington toonde een onorthodoxe Amerikaanse president, Ronald Reagan, zich hierin meer dan geïnteresseerd. Intussen maakte de Europese Gemeenschap zich op voor een grote stap voorwaarts in haar integratie door de eenmaking van markt en munt, terwijl communistisch China zich begon te openen voor de internationale markteconomie. Er broeide iets in de wereld.

De verhouding tussen Oost en West, waarin de spanning eerder in de jaren tachtig nog fors was opgelopen, raakte vanaf 1986 in rustiger vaarwater. Waar voorheen de kernwapens, maar ook de onafhenkelijke Poolse vakbond Solidarność, aan weerskanten de zenuwen hadden aangespannen, wisten Gorbatsjov en Reagan nu een groot vergelijk te treffen. In het bijzonder het akkoord dat zij eind 1987 over de afschaffing van de kernwapens voor de middellange afstand in Europa sloten, opende de weg voor een geheel nieuwe fase in de wapenbeheersing. Nederland had hier ook direct baat bij, gezien de handigheid waarmee premier Lubbers de plaatsing van kruisraketten in ons land zo ver mogelijk naar achteren had geschoven. Ze hoefden hier niet meer te worden geplaatst.

Kok had in die conflictueuze periode zoveel mogelijk aan de politiek van ontspanning vastgehouden. Niet dat hij veel met het communisme ophad; dit was van huis uit al zo.[5] Dat dit systeem op weinig steun onder de bevolking kon bogen wist hij uit zijn Poolse ervaringen, en ook vond hij dat Gorbatsjov met zijn hervormingen wel erg veel grendels ineens van de deur af haalde. Maar dat deze regimes zo snel en plotseling door een opstandige bevolking ten val werden gebracht, vormde voor hem toch wel een grote, zij het aangename, verrassing. Ontspanningspolitiek hield voor hem vooral in de bewapeningsrace onder controle te houden en met de 'overkant' informatie uit te wisselen en nuttige akkoorden te sluiten. Wel wist hij steeds dat hij tot die regimes niet te veel toenadering moest zoeken, want aan al wat ook maar leek op onderdrukking van vrijheden had hij een broertje dood.[6]

Daarom ook bleef Kok het bondgenootschap met Amerika trouw. Niet dat hij zich niet vaak ergerde aan zelfgenoegzame 'koudeoorlogstaal' en ook aan het 'tunneldenken' waartoe de nucleaire strategie nogal eens uitnodigde, maar dat bracht hem niet zover de NAVO terzijde te willen schuiven. Ook niet na de val van de Muur, toen het Warschaupact al ter ziele was gegaan en er op de Europese Gemeenschap een groter beroep moest worden gedaan. De Atlantische alliantie stond voor hem toch als een onmisbaar defensief verbond van democratieën, waarin de sociaaldemocratie op de linkervleugel opereerde. Dat laatste hield voor hem onder andere in krachtig te pleiten voor sociale rechten naast politieke vrijheden,[7] aan te dringen op aspecten van 'gedeelde veiligheid' met het Oostblok[8] en te ijveren voor een gematigde defensiebegroting.[9] Het INF-akkoord was prachtig, maar kwam het ook vooral niet aan op de uitvoering en verificatie van deze grote deelontwapening? En kon het Westen niet meer doen om de democratisering en hervormingsplannen in het Oosten de goede kant op te helpen? Want van westerse eigendunk moest Kok ook weinig hebben.[10]

De Socialistische Internationale

De Partij van de Arbeid was lid van de Socialistische Internationale (SI), een verbond van socialistische partijen en organisaties dat op Karl Marx en Friedrich Engels teruggaat, maar dat in het bijzonder na de breuk met het communisme na 1917 definitief haar sociaaldemocratische kleur had aangenomen. Na de oorlog heropgericht in Frankfurt in 1951, had zij aanvankelijk haar kracht gevonden in West-Europa en de westerse wereld. Maar vooral in de jaren zeventig en tachtig had zij ook in andere delen van de wereld haar vleugels uitgeslagen. Sociaaldemocratie was toen erg 'in', ook als een soort vluchtheuvel in de polarisatie van de Koude Oorlog.[11]

De toetreding van partijen uit Latijns-Amerika en Afrika heeft toen weliswaar de internationale presentie en relevantie van de SI versterkt maar ook haar innerlijke samenhang verzwakt. Vaak ging het bij deze nieuwe lid-partijen niet om democratisch-socialistische partijen maar eerder om nationalistisch-populistische, soms zelfs uit een democratisch oogpunt ronduit dubieuze, formaties.[12] In dit in toenemende mate 'samenraapsel' (zijn woord) maakte Wim Kok in 1987 zijn internationaal-politieke entree.[13] Zes jaar later zou zijn poging om van de SI een meer themagericht actieverbond en minder een 'partijdiplomatiek circus' te maken jammerlijk schipbreuk lijden.[14]

De internationale en Europese verbindingen van de PvdA waren een zaak van het partijbestuur, dat hier ook met grote regelmaat over sprak: de partij nam haar internationalistische roeping serieus. Kok opereerde in de SI als partijleider en werd daarin ondersteund door een bijzonder bestuurslid met de specifieke opdracht deze verbindingen in stand te houden en ook politieke inhoud te geven, de internationaal secretaris. Nadat de jurist Maarten van Traa deze functie vanaf 1979 met flair had vervuld,[15] werd hij in april 1987 opgevolgd door een gewiekste 'operator', de historicus Jan Marinus Wiersma. Deze zou dit tot 1999 blijven en voor Wim Kok tot een buitenlands-politieke steunpilaar uitgroeien.[16] Een van de eerste terreinen waarop het duo Kok-Wiersma zich in de SI bewoog was Zuid-Afrika. Kok werd namelijk al snel voorzitter van de Zuidelijk-Afrika-commissie van de SI.

Hier zag Kok zeker het nut van de Internationale, namelijk in het bij elkaar brengen van westerse en (in dit geval) Afrikaanse partijen met als doel het Zuid-Afrikaanse apartheidsregime onder druk te zetten. Zuid-Afrika was een onderwerp waarvoor Wim Kok zich in zijn vakbondstijd al sterk had gemaakt,[17] iets wat hij als PvdA-leider met nog grotere intensiteit kon voortzetten. Daarbij ging het vooral om het verhogen van de druk op de Zuid-Afrikaanse regering om de rassenscheiding en repressie van het apartheidsregime op te geven en in te ruilen voor een niet-raciale democratie. Het leggen van sancties op onmisbare grondstoffen, zoals olie en kolen, vormde een belangrijk middel, liefst internationaal of Europees toe te passen. Regeringen, Europarlementariërs, maar bijvoorbeeld ook havensteden, onder aanvoering van de PvdA in Rotterdam, waren instrumenteel in het opvoeren van deze druk.[18]

Een ander middel was het bijeenroepen van solidariteitsconferenties, vooral die in Harare in februari 1989. Hier leidde Kok, eendrachtig met de Zimbabwaanse president Robert Mugabe, een grote SI-conferentie over Zuidelijk-Afrika, samen met de bevrijdingsbewegingen ANC (Zuid-Afrika) en SWAPO (Namibië) en de leiders van de 'frontlijnstaten' Angola, Mozambique, Tanzania en Zambia.[19] Harare was ook de stad waar het ANC in datzelfde jaar de grote 'Harare Declaration' opstelde, een program voor een Zuid-Afrikaanse grondwet gebaseerd op non-discriminatie en gelijkheid voor de wet van alle burgers. Bij de formatie van het kabinet-Lubbers III had Kok nog stevig moeten knokken voor iets van een principiële Nederlandse houding inzake Zuid-Afrika.

Met het aantreden van Frederik de Klerk als president van Zuid-Afrika nam in dat land, ook gevoed door de revolutionaire veranderingen in Oost-Europa, de gevoeligheid voor de 'winds of change' toe. Begin 1990 hief hij het verbod van het ANC op, waarmee de weg werd geopend voor onderhandelingen over het einde van de apartheid. Op 11 februari 1990, na tientallen jaren van politieke gevangenschap, kwam ANC-leider Nelson Mandela vrij. Wim Kok volgde dit nieuws op de televisie en kon van blijdschap en ontroering zijn tranen nauwelijks bedwingen. Maar de strijd tegen de apartheid was nog lang niet gestreden. Koks politieke boodschap was: 'Mandela is vrij, maar de sancties moeten nog blijven.'[20]

Koks rol in de beweging tegen de apartheid was niet onopgemerkt gebleven. Hij werd door Willy Brandt, oud-bondskanselier, voorzitter van de Duitse zusterpartij SPD en ook van de Socialistische Internationale, uitgenodigd voor een feestelijke ontvangst van Mandela in Bonn op 11 juni van dat jaar. Mandela had aan het begin van die maand zijn land verlaten voor een internationale tour van zes weken die hem naar Europa en Amerika zou voeren. Zijn centrale boodschap: vasthouden aan de druk op de regering-De Klerk totdat de apartheid volledig zou zijn ontmanteld en een overgangsregering de blanke machthebbers zou hebben afgelost. Toen Kok aan Mandela werd voorgesteld, bleek deze goed te weten wie hij voor zich had. Een kort gesprek ontspon zich, waarin Kok verwonderd vroeg waarom Mandela als deel van zijn rondreis niet Nederland ging bezoeken. Of dat niet alsnog mogelijk was? De Nederlandse bijdrage aan de strijd tegen de apartheid was toch belangrijk geweest?

Kok wierp dit balletje spontaan en geheel onvoorbereid op. Mandela reageerde beleefd geïnteresseerd, maar zegde niets toe. Tijdens het diner, waaraan hij bij Mandela's naaste medewerker Thabo Mbeki zat, merkte Kok echter dat zijn suggestie geenszins op onvruchtbare bodem was gevallen. Sterker: hij kreeg de indruk dat het wel eens kon lukken. Dat was reden voor hem om die avond nog vanaf het vliegveld in Keulen Ruud Lubbers te bellen en hem op dit eventuele verrassingsbezoek voor te bereiden. De premier reageerde enthousiast. Mocht Mandela's reactie positief zijn, dan zou hij het met Hans van den Broek, de minister van Buitenlandse Zaken, afkaarten. En met de koningin zou hij ook iets regelen.

Deze welwillende houding zou Lubbers in de eropvolgende jaren blijven karakteriseren. Hij wist dat voor Kok de relatie met Zuid-Afrika en Mandela iets bijzonders inhield; hij is daar altijd 'chic' (Koks woord) mee omgegaan, echter niet steeds tot genoegen van Van den Broek.[21] Dit chique van Lubbers voorkwam overigens niet dat Kok en hij over Zuid-Afrika het wel eens met elkaar aan de stok kregen. Zo botsten zij twee jaar later over een slecht voorbereid en gecoördineerd bezoek van Lubbers en Van den Broek aan Zuid-Afrika. Dat ging dan ook niet door.[22]

Dinsdagochtend 12 juni – Wim Kok zat alweer achter zijn bureau op het ministerie van Financiën – belde Mbeki: ja, 'Madiba'[23] kwam graag naar Nederland en of kameraad Kok op korte termijn een program kon voorstellen. Kok was verheugd en voelde zich vereerd; met een paar telefoontjes werd alles in gang gezet. Binnen enkele dagen moesten nu allerlei instanties hun organisatorische vaardigheden tentoonspreiden: Buitenlandse Zaken, de stad Amsterdam, de PvdA, de Rijksvoorlichtingsdienst enzovoorts. Dit alles om vier dagen later deze icoon van de eeuw passend te kunnen ontvangen. Vrijdagavond arriveerde in een Italiaans militair vliegtuig vanuit Rome Nelson Mandela samen met echtgenote Winnie op vliegkamp Valkenburg, om door Hans van den Broek te worden begroet.

Voor Mandela werd dit bliksembezoek aan Nederland een ware triomftocht.[24] Op zaterdag 16 juni had hij eerst een werkontbijt op het Catshuis, samen met Lubbers, Kok en Van den Broek. Daarna volgde een hartelijke audiëntie bij koningin Beatrix. Na een korte persconferentie haastte Mandela zich met Kok naar Amsterdam-Osdorp om in De Meervaart een uitgelaten PvdA-partijraad toe te spreken (dit deed hij in het Afrikaans!). Als hoogtepunt volgde daarna vanaf het balkon van de schouwburg op het Leidseplein een hartstochtelijke rede van Mandela. In dit al eerder voor de gelegenheid 'Mandelaplein' gedoopte uitgaanscentrum van de hoofdstad werd hij door een enorme menigte toegejuicht, groter dan die destijds de Europacups van Ajax bejubelden. Een lunch aangeboden door burgemeester Van Thijn en een ontmoeting met vertegenwoordigers van antiapartheidsorganisaties en kerken, gevolgd door een rondvaart door de Amsterdamse grachten, sloten het bezoek van dit charismatische boegbeeld van het nieuwe Zuid-Afrika af.

Ook voor Kok werd Mandela's bezoek een groot succes. Zijn spontane gok had zich goed uitbetaald: het fundament van een bijzondere relatie met Zuid-Afrika's toekomstige, verzoeningsgezinde leider was hiermee gelegd.[25] Bovendien kon hij de Nederlandse regering hiermee resoluut vastpinnen op een beleid dat vasthield aan een einde van de apartheid. Die Nederlandse opstelling had tevens een goed effect op de opstelling van de Europese Gemeenschap als geheel. Het bezoek vormde in zekere zin de bekroning van een ontwikkeling die in korte tijd het herstel van de democratie in Chili en Polen alsook het uitzicht op het einde van de apartheid in Zuid-Afrika had gebracht – alle drie landen waarmee Kok zich al vele jaren diep verbonden had gevoeld en voor de 'bevrijding' waarvan hij zich met hart en hoofd had ingezet.[26] Hij ontving voor zijn rol in Mandela's bezoek in elk geval brede erkenning in eigen land. 'Kok kwam, zag en overwon.'[27]

Intussen ontwikkelde de Socialistische Internationale zich, naar Koks smaak, te weinig in wat aangaande Zuid-Afrika mogelijk was gebleken. Het vormde wel een platform voor de ontmoeting tussen allerlei min of meer gelijkgezinde leiders van partijen en soms landen, maar het bleef te vaak bij een tandeloos 'praathuis' vol ellenlange, zelfingenomen speeches. Kok ontmoette op de partijleidersconferenties van de SI wel interessante figuren en knoopte met hen ook vruchtbare contacten aan, vooral met de Brit

Neil Kinnock, de Duitser Hans-Jochen Vogel, de Belgen Karel Van Miert en Louis Tobback, de Fransman Michel Rocard, de Deen Svend Auken, de Zweed Ivar Carlsson, de Spanjaard Felipe González, de Oostenrijker Franz Vranitzky, de Noorse Gro Harlem Brundtland en de Israëli Shimon Peres.[28] Maar er liepen ook veel personen in rond met wie hij weinig politieke affiniteit voelde, terwijl de organisatie als zodanig te vaak kansen liet lopen om met gerichte acties haar gewicht op problemen in de wereld te laten gelden. Daar moest iets aan gebeuren.

In 1992-1993 nam Kok, samen met de leidster van de Canadese New Democratic Party, Audrey McLaughlin, het initiatief tot vernieuwing en hervorming van de Socialistische Internationale. Het zou moeten gaan om meer inhoudelijke discussie en meer thematisch gerichte activiteiten.[29] Steun hiervoor hadden zij ook gevonden bij enkele andere partijen, vooral Angelsaksische en Scandinavische, maar hun poging liep uiteindelijk op niets uit. Te veel partijen voelden weinig voor een dergelijke verzakelijking in organisatie, besluitvorming en optreden. Ook de nieuwe voorzitter van de SI, de Fransman Pierre Mauroy[30] durfde zo'n ingreep, hoe noodzakelijk hij deze ook vond,[31] niet aan. Daarna verloor Kok veel van zijn belangstelling voor de Internationale als organisatie, ook al flakkerde in de eropvolgende jaren die vernieuwingsdiscussie af en toe weer op.[32] Op Europees vlak slaagde Kok er intussen beter in de samenwerking tussen de socialistische en sociaaldemocratische partijen een nieuwe impuls te geven. De Europese ontwikkeling gaf daar ook alle aanleiding toe.

Jaap, Fennie en een nieuw huis

Rita's vader en moeder overleden in de eerst helft van de jaren negentig: Jaap in maart 1991 en Fennie in september 1995. Dit waren ook voor Wim ingrijpende gebeurtenissen. Beiden waren, hoewel op zeer verschillende wijze, voor hem heel belangrijk: Jaap voor zijn loopbaan, Fennie voor zijn ontwikkeling als 'familyman'.

Op verscheidene kruispunten in Wims jonge leven verscheen Jaap Roukema en wees hem de weg. Al in Bergambacht beïnvloedde hij zijn keuzen. Zonder hem had Wims gang naar Nijenrode er vermoedelijk niet in gezeten: hij stimuleerde hem hiertoe en baande voor hem de financiële weg erheen.[33] Als districtbestuurder van de Bouwbond legde hij het contact voor Wims overstap naar de vakbeweging: hij maakte Heinz Umrath op hem opmerkzaam. Het zou een 'gamechanger' in Wims leven blijken te zijn.[34] Hij hielp Wim ook met behuizing in Amsterdam, eerst bij zijn oudste dochter Kina in Osdorp, daarna bij hemzelf in Geuzenveld. Op beide adressen ontmoette Wim Rita; op het tweede, nadat Rita daar ook was ingetrokken, vond hij in haar de liefde van zijn leven. Maar dat onttrok zich aanvankelijk aan Jaaps zicht.[35]

Toen Wim en Rita in 1964 waren verhuisd naar een flat in de Eastonstraat in Osdorp, volgden Jaap en zijn tweede vrouw Loes hen binnen een jaar: in hetzelfde gebouw kochten ook zij een woning. Maar anders dan Wim en Rita bleven zij daar voor de rest van hun leven wonen. Ondanks al deze momenten van existentiële nabijheid kwamen Wim en Jaap nooit echt nader tot elkaar. Vrienden werden zij niet, hun relatie bleef vrij zakelijk. Jaap had wel meer toenadering gewenst, maar Wim hield hem een beetje op afstand. Hun persoonlijkheden pasten niet goed bij elkaar. Voor de bedachtzame Wim was Jaap te zeer een snelle regelaar, een 'fixer': behulpzaam, dat wel, maar niet iemand die in karaktervastheid uitblonk. Daarvoor pleitte ook zijn levenswandel niet, allemaal te veel op de eigen persoon gericht. En daar werd Fennie de dupe van.

Tot Rita's moeder voelde Wim zich veel meer aangetrokken, zij werd voor hem een echt 'maatje'. Fennie Landman was, ondanks al haar ongeluk, een nuchtere, warme vrouw met duidelijke morele en sociaal-politieke opvattingen. Haar huwelijk met Jaap was een doorlopend gevecht geworden, gaandeweg ook letterlijk. Geen wonder dat zij daar ook geestelijk onder leed. In 1953 verliet hij haar voor Loes, met wie hij later trouwde. Fennie bleef achter met de twee jongsten: Rita, toen veertien jaar oud, en haar broertje Jan, toen zeven. Zo goed en zo kwaad als het ging, en met veel hulp van Rita, hield Fennie dit gebroken gezin draaiende, ook met zelfgemaakt textielwerk in de vorm van kleurige kleding. Nadat Rita het huis had verlaten, vertrok Fennie met zoon Jan naar Almelo, waar familie van haar woonde. Daar ontmoette zij een neef, Jan Sans, met wie zij de liefde hervond en trouwde. Zij trok in Deventer bij hem in.[36]

Ook dit geluk van Fennie was eindig. Na een aantal goede jaren met elkaar stierf Jan Sans aan een hartstilstand. Dat was in het begin van de jaren tachtig. Vrij snel erna trok Fennie naar Hoogezand, waar haar broers en zussen haar een warm bad van sterke familiebanden konden bieden. Rita, Wim en de kinderen zochten haar daar geregeld op, Wims moeder Neeltje ging ook wel eens mee. Als Wim in 1985 burgemeester in Groningen was geworden, zou de band met Fennie nog directer zijn geweest. Maar dat balletje rolde anders. Op Fennies late leeftijd, toen zij aan Parkinson begon te lijden, hielpen Wim en Rita haar bij het vinden van een plaats in het Henriëtte Roland Holsthuis in Amsterdam-Bijlmer. Zo konden zij beter voor hun (schoon)moeder zorgen en kon die meer van haar gezin genieten. In 1991, toen Jaap Roukema op zijn sterfbed lag en aangaf Fennie nog te willen zien, bracht zij de moed en kracht op hieraan te voldoen. Het werd geen verzoening, maar wel een dierbaar afscheid. Dat laatste gold evenzeer voor de laatste brief die Jaap aan zijn klein-

zoon André had geschreven en die op zijn begrafenis werd voorgelezen.[37] *Vierenhalf jaar later overleed Fennie Landman.*

Intussen hadden Wim en Rita in 1989 een nieuw huis betrokken. Hun oude huis in Amsterdam-Osdorp,[38] *waar zij twintig jaar hadden gewoond en hun kinderen groot hadden zien worden, beviel door zijn lawaaiige ligging op een hoek niet meer: steeds meer auto's raasden eromheen. Een andere woning was dus nodig, maar wel een die het Rita mogelijk zou maken haar werk in een creativiteitscentrum en de sociale werkplaats in Zaandam voort te zetten. Dat kwam dan goed uit, want voor Wim was Den Haag wel zijn 'werkstad' maar hij vond Amsterdam toch echt zijn 'leefstad'.*[39] *Moest het niet een huis in een wijk met karakteristieke architectuur worden, zoals Rita voor ogen stond, of juist iets wat in allerlei opzichten praktisch was, waar Wims voorkeur naar uitging? Min of meer door toeval werd het het laatste, weer in Amsterdam Nieuw-West.*

Niet ver van het Slotervaartziekenhuis stonden twee scholen die door vergrijzing van de buurt 'kinderloos' waren geworden en afgebroken zouden worden. Hier ontwierp de bekende architect Izak Salomons een wijkje met verschillende soorten eengezinswoningen. Wat Wim en Rita zeer aantrok waren twee gelijksoortige huizen, elk met twee woonlagen onder één dak, met elkaar verbonden door de garages. Ze slaagden erin een ervan te kopen. Het huis beloofde weer licht, lucht en ruimte, niet in de laatste plaats door de prettige tuin die aan de Slotervaart grensde. Bovendien lag het op korte afstand van de snelweg naar zowel Zaandam als Den Haag.

In het najaar van 1989 was het huis afgebouwd en trokken Wim en Rita erin om er niet meer weg te gaan. Later, toen de kabinetten waarin Wim zitting had, met bedreigingen te maken kregen, werd het huis door de politie bewaakt, eerst aan de voorkant, erna ook aan de tuinkant. En toen Wim niet meer Den Haag als 'werkstad' had, bouwden ze voor hem een kantoor in de tuin. Want journalisten en andere zakelijke bezoekers voor haar man wilde Rita liever niet verder dan de deurmat hebben. Zoals steeds bewaakte zij de veilige sfeer voor haar huwelijk en haar gezin.[40]

Van 'werkgroep-Kok' naar PES

Intussen vroeg ook de situatie in Europa om versterkte samenwerking tussen de socialistische partijen. Na jaren van 'eurosclerose', van stagnatie en zelfs verstarring in de Europese integratie, was de Europese Gemeenschap[41] weer in beweging gekomen. Nieuwe leden waren toegetreden: Griekenland, Portugal en Spanje, een uitkomst van de verhoopte democratisering van die landen.[42] Onder de bezielende leiding van Jacques Delors, voorzitter van de Europese Commissie, en aangevuurd door de Franse president François Mitterrand en de Duitse bondskanselier Helmut Kohl, had de Gemeenschap zich gezet aan een drastische intensivering van het integratieproces. Vooral om de economische crisis van die tijd te bestrijden hadden de lidstaten in 1986 besloten om aan het eind van 1992 een geïntegreerde interne markt ('a single European market') te verwezenlijken.[43] Tevens legden zij toen met een 'Europese Politieke Samenwerking' de basis voor een gezamenlijk te voeren Europees buitenlands beleid. Twee jaar later richtten zij zich op het ontwerpen van een Economische en Monetaire Unie, een gemeenschappelijke Europese munt incluis. Intussen was ook het Europees Parlement bezig tot een serieuze volksvertegenwoordiging uit te groeien.

De West-Europese sociaaldemocratie was traditioneel nogal Europees gezind. Genoemde grote stappen naar meer integratie had zij dan ook alle gesteund, zo al niet zelf geïnitieerd.[44] Jacques Delors zelf was afkomstig uit de Franse katholieke vakbeweging en had als minister van Economie en Financiën onder president Mitterrand gediend. Wim Kok kende hem nog goed uit zijn FNV- en EVV-tijd.[45] Hijzelf besefte ook dat deze Europese sprong naar voren veel meer samenwerking tussen de Europese socialistische partijen zou vergen: zij zouden echt gezamenlijk politiek moeten bedrijven, bijvoorbeeld om een 'sociaal Europa' praktische inhoud te geven. Als instrument daarvoor was, zo meende hij, de Federatie van Socialistische Partijen in de Europese Gemeenschap onmisbaar. Dit verbond, dat ooit door PvdA'ers als Alfred Mozer, Sicco Mansholt en Henk Vredeling van de grond was getild, en waarvan Joop den Uyl zeven jaar lang voorzitter was geweest, verenigde al deze partijen, maar deed dit op een nogal vrijblijvende manier. Moest daar niet verandering in komen?[46]

De werkgroep-Kok was het resultaat. In februari 1989 werd die op voorstel van de PvdA door het Federatiecongres in Brussel in het leven geroepen en een jaar later werden in Berlijn de aanbevelingen ervan aanvaard. Maar intussen was er erg veel water onder de brug gestroomd. Wat begin 1989 in het communistische Polen was begonnen met een rondetafelconferentie, in juni met door Solidarność glansrijk gewonnen halfvrije verkiezingen was vervolgd en in augustus met de vorming van een grotendeels vrije regering-Mazowiecki was afgesloten,[47] kwam op 9 november van dat jaar met de val van de Berlijnse Muur in een stroomversnelling, snel daarop gevolgd door min of meer geweldloze politieke omwentelingen in alle andere landen van het Oostblok. Het IJzeren Gordijn was opgehaald en het uur van Europa had geslagen. De Europese Gemeenschap moest zich opeens op een continentbrede opdracht gaan instellen. En dit gold voor de Europese sociaaldemocratie niet minder, misschien zelfs nog meer.[48]

Kok moest met zijn hervormingsarbeid de Federatie van Socialistische Partijen dus niet alleen voorbereiden op de in gang gezette *verdieping* van de Europese integratie en de daarbij behorende *intensivering* van het politieke proces in de Europese Gemeenschap. Ook ging het er nu om de eerste bakens uit te zetten voor een eventueel grote *uitbreiding* van de EG.[49] Dit alles vormde niet alleen een intern spannende opgave – niet alle partijen dachten hierover hetzelfde –, maar was ook een discussie die voor de buitenwacht van grote betekenis was. De sociaaldemocratie vormde in de Gemeenschap immers de belangrijkste politieke familie – sinds de verkiezingen van 1984 was de Socialistische fractie de grootste in het Europees Parlement –, waardoor haar Europees denken en doen van buitenaf nauwlettend in de gaten werd gehouden. Geen wonder daarom dat op het Federatiecongres van Berlijn in februari 1990 de Europese Commissie, zowel op 'politiek' als 'ambtelijk' niveau, hoog was vertegenwoordigd.[50]

Voor Wim Kok, een overtuigd Europeaan maar ook iemand die sterk hechtte aan wat hij met Europa in politiek opzicht kon bereiken, was het voorzitterschap van de werkgroep-Kok een uitgelezen kans. Toch kon hij dit werk niet geheel persoonlijk naar zijn hand zetten. In mei 1989 viel het kabinet-Lubbers II. In de maanden erna werd Kok opgeslorpt door achtereenvolgens: het voeren van een Europese verkiezingscampagne, het voorbereiden en bevechten van de Kamerverkiezingen in september, het onderhandelen over regeringsdeelname, het formeren van het kabinet-Lubbers/Kok alsook zijn eerste stappen als minister van Financiën.

Aan het zelf leidinggeven aan de werkgroep-Kok kwam hij dus nauwelijks toe. Het praktische voorzitterschap moest hij aan internationaal secretaris Wiersma overlaten, die dit bekwaam deed en tegelijk goed schakelde met Kok, zodat het rapport van de groep ook geheel overeenkomstig diens ideeën vorm kreeg. Waar nodig bewerkte hij nog wat partijleiders die op onderdelen dwarslagen, maar in Berlijn konden alle partijen zich achter Kok scharen. De plaats van bijeenkomst was natuurlijk heel symbolisch. Berlijn, waar de resten van de Muur nog overeind stonden, de DDR nog 'leefde' en zelfs nog onder communistische leiding stond,[51] vormde het hart van de revolutionaire ontwikkeling die Europa, vooral in het oosten, toen in haar greep had.[52] Voor Wim Kok was dit het eerste bezoek aan Berlijn na de *Wende*. Het drukte hem nog meer dan voorheen met zijn neus op het belang, maar ook de moeilijkheden, van bredere Europese hereniging. Het sterkte hem sowieso in het besef dat zijn Europese werk met dat van de werkgroep-Kok nog lang niet af was.

Het Congres riep in elk geval op tot 'een actieve *Ostpolitik* van de Europese Gemeenschap, die politieke en economische hulp aan de opkomende democratieën moest omvatten'.[53] Aan de hand van Koks rapport ('Strengthening the Confederation') besloot het Congres onder andere de partijen uit landen van het Europees Vrijhandels Akkoord (Finland, Noorwegen en Zweden) als geassocieerde leden in de Federatie op te nemen, terwijl de SPÖ uit Oostenrijk meteen volledig lid werd. Tegelijk werd aan verwante partijen in Midden- en Oost-Europa de waarnemersstatus aangeboden, inclusief hulp voor de ontwikkeling van hun interne partijorganisatie.[54] Ook werd besloten tot intensivering van de beleidsafstemming ('*policy coordination*') binnen de Federatie. Wat Kok nog niet lukte, was algemene steun te verkrijgen voor de mogelijkheid van stemming bij gekwalificeerde meerderheid als het niet mogelijk zou blijken met consensus te besluiten. Dat onderwerp bleef liggen tot het volgende congres van deze partijen: in Den Haag in november 1992.

Intussen had de Europese ontwikkeling zich nog weer sneller voltrokken. Zo zat er veel schot in de onderhandelingen over Duitse eenwording. Het vooruitzicht van een groot en sterk Duitsland in het hart van Europa bracht vooral de Franse president Mitterrand ertoe vaart te zetten achter het idee van een Economische en Monetaire Unie (EMU). Zo kon het verenigde Duitsland in een verdiept integratieproces, waarbij het ook zijn geliefde D-mark voor een gemeenschappelijke Europese munt zou opgeven, veilig aan het zich verenigende Europa worden gebonden, zo meende hij. Bondskanselier Kohl was het hiermee hartgrondig eens, zij het dat hij wel voorwaarden stelde. Naast een EMU moest er ook een Europese Politieke Unie (EPU) komen, en de op te richten Europese Centrale Bank moest worden gemodelleerd naar de Bundesbank, de Duitse centrale bank. Hierover spraken de Europese regeringsleiders al in Straatsburg in december 1989, precies één maand na de val van de Muur.[55] Het werk eraan zou twee jaar in beslag gaan nemen.

Eerst moest de Europese Commissie voorbereidend werk verrichten, voordat eind 1990 de zogeheten Intergouvernementele Conferenties (IGC's) van start konden gaan, één voor EMU en één voor EPU. Hierin overlegden en onderhandelden de lidstaten van de Gemeenschap vooral met elkaar.[56] De bedoeling was dat tijdens het Europees voorzitterschap van Nederland dit alles in een nieuw Europees verdrag zou uitmonden: het bekende Verdrag van Maastricht dat in december 1991 werd gesloten. Wim Kok zelf zou in dat proces een belangrijke rol vervullen. Daarover komen we nog te spreken.[57] Belangrijk is het echter hier vast te stellen dat de versterking van de Federatie van Socialistische partijen – de weg van Berlijn naar Den

Haag – zich afspeelde tegen de achtergrond van ingrijpende veranderingen in de Europese Gemeenschap. Bovendien versterkten dramatische ontwikkelingen als de Golfoorlog, die in januari 1991 uitbrak, en meer nog de Joegoslavische oorlog, die in juli van dat jaar losbarstte, de urgente noodzaak van versterking van het politieke karakter van de Europese samenwerking.

Op weg naar het congres van Den Haag, dat in november 1992 zou plaatshebben, mengden de leiders van de socialistische en sociaaldemocratische partijen zich steeds vaker gezamenlijk in de discussie over de IGC's, anders gezegd over wat er volgens hen in het nieuwe Europees verdrag moest worden opgenomen. Zij deden dit in de vorm van besluiten of verklaringen van de Federatie, waarmee zij invloed op de onderhandelingen konden uitoefenen en dit ook feitelijk deden.[58] De Federatie begon dus steeds meer als een politiek lichaam te functioneren.[59] Tegelijk maakte het nieuwe Verdrag van Maastricht ruimte voor de oprichting van politieke partijen op Europees niveau als 'een belangrijke factor voor integratie binnen de Unie', iets waar de Federatie ook op had aangedrongen.[60]

Het Haagse congres van de Federatie wijzigde dus de eigen statuten niet alleen op enkele punten om de organisatie verder te versterken, waaronder de in Berlijn nog niet gelukte mogelijkheid tot besluitvorming met gekwalificeerde meerderheid. Zichtbaarder nog was dat hiermee het startsein werd gegeven voor de Party of European Socialists (PES), een soort Europese sociaaldemocratische partij dus, met een nauwe band met de socialistische fractie in het EP enerzijds en de nationale partijen anderzijds. Een hartenwens van Kok was hiermee vervuld.[61] Het bood hem een extra platform voor zijn Europese politieke actie, niet alleen voor het formuleren van een gemeenschappelijk programma (dit gebeurde al voor de Europese verkiezingen van 1994), maar ook bij specifieke problemen.[62]

Een partijleider over de grenzen heen

Zo herhaalde Wim Kok als leider van de PvdA wat hij eerder ook als voorzitter van de FNV had gedaan. Binnen enkele jaren lukte het hem aan de door hem op politieke gronden nodig gevonden internationale samenwerking een belangrijke impuls te geven. In korte tijd was hij ook in kringen van de Socialistische Internationale en (vooral) de Federatie van Socialistische Partijen in de Europese Gemeenschap een gezichtsbepalende en gezaghebbende figuur geworden. Hij zag dit internationale werk als essentieel voor zowel de buitenlandse alsook de binnenlandse taken van de sociaaldemocratie. Ons land leefde immers niet in een isolement, waarbij Europa wel heel erg belangrijk was voor ons werk en welzijn.

Daar kwam echter bij – en daar is weer de analogie met zijn vakbondstijd – dat Kok aan dit internationale werk gewoon veel plezier beleefde. Waar hij wel eens gebukt kon gaan onder zijn binnenlandse plichten, daar veerde hij op als het om Europa of de wereld ging. Zijn nieuwsgierigheid naar andere landen, culturen en gebruiken was in zekere zin onverzadigbaar: 'Ik kan er zoveel leren,' was de uitleg die hij zijn vrouw Rita verschafte. Daarbij kon hij zich met zijn beheersing van de moderne talen bijna overal goed staande houden, sterker nog: dit versterkte zijn natuurlijk gezag en leiderschap over de grenzen heen. Zijn medewerkers uit die tijd herinneren zich hem als een goedgeluimde, bijna vrolijke 'chef', zodra het vliegtuig van Schiphol was opgestegen en totdat de landingsbaan in de Haarlemmermeer weer in zicht kwam. Dat de kroonprins soms de piloot van het gecharterde vliegtuigje bleek te zijn, vergrootte slechts Wim Koks internationale genoegen.[63]

13
Regeren tegen de wind in

WIM KOK UIT HET VELD GESLAGEN DOOR DE UITSLAG VAN DE PROVINCIALE STATENVERKIEZINGEN, 6 MAART 1991.

'In de politiek liggen de nooduitgang en de ereloge dicht bij elkaar.' Het moest Wim Kok die verkiezingsavond van 3 mei 1994 toch echt van het hart. Daar stond hij, met Rita, in een kolkend Paradiso. Hij werd toegejuicht door honderden uitzinnige partijgenoten. Gaf de uitslag daartoe aanleiding? Nauwelijks. Zijn partij had bij de verkiezingen van die dag een historische opdoffer moeten incasseren: twaalf Kamerzetels verlies, 8 procentpunt gezakt in stemmentotaal, door zo'n zevenhonderdduizend kiezers verlaten.[1] Haar verblijf op het 'centrecourt' van de Nederlandse politiek was de PvdA slecht bekomen. De deelname aan het derde kabinet-Lubbers was het tegendeel van een triomftocht geworden.

Vooral de WAO-affaire had haar in een diepe crisis gestort, zowel de partij zelf als de relatie met haar onmisbare bondgenoot, de vakbeweging. Het procedé kwam bekend voor: de werkelijkheid lang ontkennen en, toen dat niet langer ging, een bruuske ingreep: een overval. Duizenden hebben toen voor hun lidmaatschap bedankt, honderdduizenden zouden bij tussentijdse verkiezingen de partij de rug toekeren.[2] De peilingen voor de Kamerverkiezingen in mei 1994 voorspelden al jaren weinig goeds en de uitkomst dreigde maandenlang niet veel beter te worden. En toen kwam die derde mei, de dag dat Wim Kok door de nooduitgang het centre court zou verlaten en vermoedelijk ook zijn afscheid als leider van de PvdA tegemoet zou gaan. Totdat.

Totdat aan het eind van die verkiezingsdag, nauwelijks twee uur voordat de stembussen zouden sluiten, het stemmental voor het CDA onder dat voor de PvdA dook. De partij verloor nog steeds enorm, maar het was allemaal toch minder erg dan het er vooraf had uitgezien. Bovendien gingen de sociaaldemocratische kiezers kennelijk later stemmen dan de christendemocratische. Het CDA implodeerde nog veel ernstiger: twintig Kamerzetels verlies, 13 procentpunt gezakt in stemmentotaal, ruim 1,1 miljoen kiezers overgelopen of thuisgebleven. Het zo glorieus begonnen kabinet-Lubbers/Kok was diep weggezakt, verwierf zelfs geen parlementaire meerderheid meer. Een ongenadige afstraffing.

Maar Wim Kok overleefde op wonderbaarlijke wijze. Hij boekte een daverende 'nederlaagoverwinning' of 'verlieszege'. Het verlies stemde bitter, maar de overwinning smaakte zoet. De Partij van de Arbeid kreeg het verlies dat zij verdiende, maar ze was opeens wel de grootste partij.[3] Het was een positie die de kiezers de PvdA kennelijk toch gunden, ook omdat het CDA dit niet meer vergund was. In elk geval oogstte haar leider vertrouwen: hij was voor goud gegaan en had het tegen alle verwachtingen in geoogst.[4] Het was niets voor Wim Kok nu in triomf de ereloge op te zoeken. Daarvoor overheersten het chagrijn over het verleden en de zorgen voor de

Coolsingel, Rotterdam, februari 1977: stakingsleider Wim Kok

De nieuwe medewerker van de Bouwbond NVV

Heinz Umrath, zijn invloedrijke leermeester

Met 'maatje' Bram Buijs, voorzitter van de Bouw- en Houtbond FNV (1980)

Adri de Boon feliciteert Wim Kok, voorzitter van het NVV (20 september 1973)

Wim Kok, herfst 1973

Arie Groenevelt, voorzitter van de Industriebond NVV (later FNV)

De 'twee Wimmen' op bezoek bij de bisschoppen in Utrecht, september 1977

Koks steunpilaren Frans Drabbe en Herman Bode voor het FNV-gebouw (1977)

Wim Kok, vicevoorzitter van de Sociaal Economische Raad (Den Haag, 1978)

Wim Kok spreekt bij een Chili-demonstratie (Amsterdam, 1978)

Kok ontvangt de Braziliaanse vakbondsleider Lula (1981)

Demonstreren tegen de wapenwedloop (Amsterdam, november 1981)

Met de mond vol geen gehoor bij premier Van Agt, bij de SER in 1979

Solidair met buitenlandse werknemers, met CNV-collega Van der Meulen (1982)

Met Den Uyl, Tinbergen en Pronk voor wereldwerkgelegenheid (herfst 1980)

De 'twee Wimmen' voor het laatst samen, op het FNV-fusiecongres, oktober 1981

Dialoog van doven over de Ziektewet met minister Den Uyl, maart 1982

Op een auto protesteren tegen de korting op het ziekengeld, februari 1982

Wim Kok en Chris van Veen aan het hoofd van de Stichting van de Arbeid (1975)

Wim en Chris: een moeizaam broodje bij de SER (1980)

De persconferentie over het bereikte Akkoord van Wassenaar, met Chris van Veen van het VNO en Harm van der Meulen van het CNV (24 november 1982)

toekomst. Maar bijna vier maanden later was hij wel minister-president, leider van het eerste kabinet-Kok. Het was wel de minst verwachte uitkomst van vierenhalf jaar overleven in Lubbers III. Had Wim Kok dit verdiend? Had hij groot geluk gehad? Of allebei misschien?

Om deze vragen te kunnen beantwoorden bewandel ik verscheidene paden. In dit hoofdstuk beschrijf ik Koks positie als vicepremier en politiek leider van de PvdA in Lubbers-Kok. Wat hij deed om dit kabinet overeind te houden en wat om zijn PvdA en zichzelf hierdoorheen te loodsen. Drie aparte hoofdstukken erna behandelen belangrijke aspecten van deze geschiedenis: achtereenvolgens Kok als minister van Financiën (inclusief zijn bijdrage aan de totstandkoming van de euro), Koks centrale rol in het WAO-drama en ten slotte Koks bijdrage aan een aantal belangrijke internationale kwesties, eindigend met het besluit Nederlandse militairen uit te zenden naar Srebrenica. In het slothoofdstuk van deel I van deze biografie volgt de apotheose: de verkiezingscampagne van 1994 en de formatie van het kabinet-Kok I. In dat laatste hoofdstuk beantwoord ik boven gestelde vragen, die ook nog anders kunnen worden geformuleerd: slaagde Wim Kok erin zijn PvdA om te bouwen tot een 'natuurlijke regeringspartij' en hoeveel hulp van anderen had hij daarbij nodig? Of deed hij dit alles op eigen kracht?

Het kabinet verliest zijn missie

Het kabinet-Lubbers/Kok werd geboren onder een gelukkig gesternte. Voortgedreven door de wereldeconomie beleefde Nederland een periode van bovengemiddelde voorspoed. Zeker in 1989 groeide de vaderlandse economie met ruim 4 procent uitbundig. Ook het jaar ervoor had al mooie cijfers laten zien en dat zou zo blijven tot in de tweede helft van het jaar erna. Optimisme voerde de boventoon. Dit kenmerkte ook de regeringsverklaring die Ruud Lubbers op 28 november in de Tweede Kamer uitsprak. Natuurlijk bood hij geen garanties voor blijvend succes, maar de voortekenen leken goed. Het beleid van zijn derde kabinet zou sociaal vernieuwend zijn en tegelijk ingebed blijven in een solide financieel-economisch kader. Dit kabinet had een missie.

Nog geen twee jaar later had dit kabinet zijn missie volledig verloren, in elk geval zijn gemeenschappelijke missie.[5] Daaraan lagen zeer verschillende oorzaken ten grondslag. Het begon al met een fikse financiële tegenvaller: nog voor de regeringsverklaring moest minister Kok met een zogenoemde Startbrief de gaten dichten die zich opeens in de begroting hadden geopenbaard, vooral door tegenvallende inkomsten.[6] Met één klap was er van het geld voor nieuw beleid (de voorgenomen beleidsintensivering van 25 miljard gulden) nauwelijks tweederde over.

Als vicepremier en schatkistbewaarder oogstte Kok met zijn snelle ingreep alle lof, maar als partijleider moest hij al de eerste butsen oplopen. In eigen kring was de ontgoocheling tamelijk groot. Moest Kok wel meteen zo scherp in de uitgaven snijden? 'De sociale vernieuwing is nu gehalveerd,' zo klonk het in eigen kring. Kon hij het nieuwe kabinet niet een financiële 'inlooptijd' gunnen? Voor de PvdA-fractie en het partijkader was het natuurlijk sowieso wennen dat een kloppend kasboek van de staat een waarde in zichzelf vertegenwoordigde. De lange periode van oppositie voeren was niet meteen opgeborgen. En Kok nam zijn partij in dit opzicht ook niet echt bij de hand. Dat liet hij liever aan fractievoorzitter Wöltgens over, maar die had er zelf ook moeite mee.

Een tweede reden school in de conjunctuur. In de loop van 1990 vertraagde de groei van de wereldeconomie en daarmee ook de Nederlandse. Belangrijkste oorzaken: de kosten van de Duitse eenwording en die van de Golfoorlog. De eerste betrof vooral de enorme inkomensoverdracht van West- naar Oost-Duitsland zonder dat daar voldoende verdienvermogen in de voormalige DDR tegenover stond. De ironie wilde dat de Duitse bondskanselier Kohl zijn schets van die eenwording (het 'tienpuntenplan') op de dag van de regeringsverklaring van Lubbers III in de Bondsdag bekendmaakte. Deze 'vereniging' zou Duitsland naar een recessie voeren en die zou Nederland het leven economisch flink lastig maken.

De Golfoorlog brak in augustus 1990 uit, toen Iraks heerser Saddam Hoessein zijn buurland Koeweit onder de voet liep. Los van een grootscheepse internationale militaire (vredeherstellende) operatie die vijf maanden later zou worden uitgevoerd, bracht deze daad van agressie veel internationale onrust teweeg, niet in de laatste plaats door de zorg om de olieprijs. Uiteindelijk zouden die effecten meevallen. Tegelijk zou echter ook blijken dat zeven jaar 'no-nonsensebeleid' de financieel-economische basis van ons land nog niet zoveel verstevigd had, dat dergelijke internationale rimpelingen gemakkelijk konden worden opgevangen. Daarvoor kende de Nederlandse economie nog te veel externe afhankelijkheden en kwetsbaarheden en te weinig interne stootkussens en schokbrekers. Toen het economisch tij keerde, moest Wim Kok in 's lands financiën de tering naar de nering zetten. Dit ging veel pijn doen, ook politiek.[7]

Ten slotte was er de tijdgeest. Kok had er in zijn Nijmeegse rede van voor de verkiezingen al op gewezen: in de westerse wereld had zich een politiek-intellectuele beweging breed gemaakt die veel van de naoorlogse verworvenheden op de korrel nam. De namen van Friedman, maar ook van

Reagan en Thatcher, vielen in dit verband. Dit neoconservatisme, zoals Kok het noemde, zwoer bij de economische en politieke verdiensten van de markt en moest weinig tot niets hebben van de verzorgingsstaat en van een – keynesiaans en plannend – sturende overheid. Die beweging stond dus in sterk contrast met de waarden en instrumenten van de sociaaldemocratie, ook al had deze, zo meende Kok, wel iets van die kritiek op haar programma ter harte genomen.[8]

Waar Kok meende dat dit neoconservatisme, waarvan hij ook aspecten in het beleid van de eerste twee kabinetten-Lubbers herkende,[9] al enigszins op de terugtocht was, daar was toch een sterke wens de vader van zijn gedachte. Het neoliberalisme, zoals het steeds meer genoemd ging worden, zou nog lang verder opgang maken, niet in de laatste plaats geholpen door de val van de Muur en de ondergang van het communisme in grote delen van de wereld. Die ondergang zou zelfs een sterk neoliberaal offensief uitlokken, waarmee westerse instellingen en regeringen de landen in Oost-Europa een snelle weg naar een succesvol democratisch kapitalisme voorhielden.[10] Het marktdenken drong gaandeweg verder op, ook bij de Nederlandse overheid.[11] Daar zou Wim Kok in zijn eigen kabinetten nog meer mee te maken krijgen.

Het beïnvloedde echter ook al danig de ontwikkeling van het kabinet-Lubbers/Kok. Dit was niet omdat het de officiële ideologie van deze regeerploeg was, ook al waren sommige van haar leden er gevoeliger voor dan andere,[12] maar omdat dit denken stevig wortel had geschoten in de Kamerfracties van het CDA. Niet alleen liet de door Lubbers al snel als zijn opvolger aangewezen fractievoorzitter Elco Brinkman zich in zijn politieke interventies steeds meer als een marktideoloog kennen, hetzelfde gold verrassenderwijs ook voor zijn veel conservatiever en formalistischer ingestelde collega in de Eerste Kamer, Ad Kaland.[13] Hun beider aandacht trekkende optredens zorgden voor een ideologische invulling van het regeerakkoord die niet strookte met die van Ruud Lubbers, en nog minder met die van Wim Kok en van de PvdA-fractie. Het werd stekelig in de coalitie.

Hield dan alleen een gebrek aan beter dit kabinet bijeen? Was er dan geen ideëel bindweefsel? Kwamen de sociale vernieuwing, de basisvorming in het voortgezet onderwijs alsook de 'volksverzekering' in de gezondheidszorg daarvoor niet in aanmerking? Lubbers/Kok was immers toch ook een kabinet dat wilde hervormen en investeren?

Sociale vernieuwing verbrokkeld

Op het oog ging het bij de sociale vernieuwing om een thema dat CDA en PvdA met elkaar kon verbinden. Na zeven jaar van centrumrechts economisch herstelbeleid bood zich hier een gebied voor een gemeenschappelijke nieuwe oriëntatie aan. De no-nonsenseaanpak van de eerste twee kabinetten-Lubbers had wel bijgedragen tot herstel van groei en dynamiek in de economie, maar met de bestrijding van de werkloosheid was het nog matig gesteld. Wat zich op dit vlak aan verbetering had voorgedaan – vanaf 1985 was de werkgelegenheid gegroeid en de werkloosheid inderdaad teruggelopen –, had meer met het succes van het Akkoord van Wassenaar (arbeidstijdverkorting in ruil voor loonmatiging) dan met gericht overheidsbeleid van doen.[14] Bovendien had zich – mede door veelal 'baanloze groei' – een nijpend probleem aangediend: dat van de langdurig werklozen, die het contact met de betaalde arbeid hadden verloren en de druk op de sociale zekerheid dus vergrootten. Sociale vernieuwing was hier dus geboden; dat vond het CDA ook.

Wim Kok had zich voorafgaand aan de vorming van het nieuwe kabinet al voor sociale vernieuwing uitgesproken. De context was echter een andere, namelijk die van economische modernisering en technologische vernieuwing. Dit waren onderwerpen die in de jaren tachtig grote aandacht kregen en waaraan hij zichzelf ook had gewijd. Hij had hierover voor de Europese Commissie een stevig rapport geschreven.[15] En toen hij al voorzitter van de PvdA-fractie was geworden, had hij met zijn inzichten bijgedragen aan een PvdA-publicatie over dit onderwerp.[16] Het verschil was opmerkelijk. Bij die eerdere gedachtevorming ging het over de sociale inbedding van nieuwe technieken, van zowel industriële producten als processen, dus over het bevorderen van sociaal draagvlak voor economische vernieuwing. Bij de uitwerking in het regeerakkoord van Lubbers/Kok betrof het veel meer het terugdringen van de rafelranden van de betaalde arbeid en zelfs het voorkomen van sociale verloedering.[17]

Een derde vorm van sociale vernieuwing betrof namelijk de aanpak van de problematiek van 'achterstandswijken' in grote en middelgrote steden. Hier kwamen verschillende problemen bij elkaar: werkloosheid, armoede, verkrotting van woningen en fysieke infrastructuur, criminaliteit, achterstanden van vooral migrantengroepen en onvoldoende publieke voorzieningen. Dit alles in een algemene context van achterblijvende economische ontwikkeling en bestuurlijke verkokering. Vooral in Rotterdam was de gevoeligheid hiervoor sterk gegroeid, mede door initiatieven van onderop om deze wijken weer sociale samenhang te bezorgen: het zogenoemde 'opzoomeren'. De betrokkenheid van christendemocratische politici en wetenschappers bij het aanhangig maken van deze grotestedenproblematiek maakte de geesten in het CDA rijp voor het omarmen van sociale vernieuwing in dit derde kabinet van Ruud Lubbers.[18] Dat Lubbers zelf Rotterdammer was hielp ook.[19]

Dat sociale vernieuwing voor het nieuwe kabinet een pronkstuk vormde, bleek uit de plaats van het onderwerp in het regeerakkoord: hoofdstuk 2, pal na het financieel-economisch kader. In de regeringsverklaring bestempelde premier Lubbers het zelfs als een van de grondslagen van het kabinet. Toch was enig ongeloof wel op zijn plaats. Het regeerakkoord knipte het onderwerp namelijk in tweeën. Eén deel concentreerde zich op de problematiek van de langdurig werklozen alsook de mensen met enige vorm van belemmering voor betaald werk. Dit werd ondergebracht bij het beleid voor arbeidsmarkt ('activerende banenpools') en sociale zekerheid, onder verantwoordelijkheid van de minister van Sociale Zaken en Werkgelegenheid. Een ander deel betrof het idee van een geïntegreerde aanpak van de achterstandsproblematiek, inclusief de stadsvernieuwing en het minderhedenbeleid. Daarbij werd voor een territoriale decentralisatie ('dicht bij de buurten') gekozen: de gemeenten moesten hier het werk doen. Logisch gevolg was de verantwoordelijkheid hiervoor bij de minister van Binnenlandse Zaken te leggen. Los van de toch al wat weidse inhoud van het begrip sociale vernieuwing, maakte deze splitsing in verantwoordelijkheden de aanpak er niet gemakkelijker op.

Niettemin ging de PvdA enthousiast aan de slag met de sociale vernieuwing. Op 8 maart 1990 organiseerde zij in Amsterdam een groots opgezette werkconferentie waarin dit onderwerp van vijf verschillende kanten tegen het licht werd gehouden: naast culturele en bestuurlijke invalshoeken ging het hierbij over arbeidsmarktbeleid, onderwijsbeleid en stedelijke vernieuwing. Honderden partijgenoten, ook uit maatschappelijke organisaties en gemeentebesturen, verdrongen zich hier om vol vuur een nieuwe sociale opdracht op zich te nemen. Een congresbundel met bijdragen van eenentwintig deskundigen van diverse pluimage maakte duidelijk hoezeer dit onderwerp aansloot bij de ambities van een partij die te lang in de oppositie had verkeerd. Het ging om groot denken en in het klein doen.[20]

Ien Dales, PvdA-minister van Binnenlandse Zaken, werd voor het kabinet de coördinerend bewindspersoon sociale vernieuwing. Op zichzelf had zij daarvoor de juiste achtergrond. Als voormalig directeur Sociale Zaken in Rotterdam en gewezen burgemeester van Nijmegen beschikte zij over voldoende affiniteit met het onderwerp en kende zij de gemeentelijke verhoudingen. Probleem was echter dat voor haar ministerie dit alles bijna geheel nieuwe kost was[21] en dat zij bovendien niet veel te zeggen had over het deel van de sociale vernieuwing dat de arbeidsmarkt betrof. Dit viel onder Bert de Vries, de CDA-minister van Sociale Zaken en Werkgelegenheid. In maart 1990, snel dus, produceerde Dales haar nota 'Sociale Vernieuwing'.[22] Die bracht echter weinig enthousiasme teweeg. De belangrijkste reden daarvan was de bureaucratische inslag ervan: de concrete uitwerking van het beleidsthema ontbrak grotendeels, omdat het 'maatwerk' bij de gemeenten werd gelegd (die daarvoor overigens wel geld kregen[23]). Wel benoemde zij de onconventionele Amsterdamse 'mannetjesputter' Jan Schaefer tot leider van de projectgroep die de gemeenten met adviezen en convenanten over de drempel van deze aanpak moest duwen. Niet zonder succes, maar duurde zijn inzet niet te kort?[24]

Bovendien ontstond er onenigheid met de Kamer (vooral de CDA-fractie in de senaat) over de wijze waarop taken aan de gemeenten werden overgedragen. Dat moest uiteindelijk bij wet, waardoor het beleid pas in 1992 enigszins vorm kreeg.[25] Te laat om het enorme verlies van de PvdA bij verkiezingen voor gemeenten en provincies af te remmen. In maart 1990 verloor de partij zo'n vijfhonderd zetels in gemeenteraden, vooral in de grote steden. Ten opzichte van de landelijke verkiezingen van een jaar ervoor verloor zij ruim 4 procent, wat misschien nog meeviel. Een regerende PvdA verliest immers vaak de 'proteststem'.

De Provinciale Statenverkiezingen van maart 1991 verliepen voor de partij veel dramatischer: meer dan een miljoen kiezers keerden haar de rug toe. Als het Tweede Kamerverkiezingen waren geweest, zou zij zeventien van de negenenveertig zetels hebben moeten opgeven. De overgang van oppositie naar regering was de partijkiezers kennelijk slecht bekomen. De partij had de hooggespannen verwachtingen onvoldoende kunnen inlossen.[26] Sociale vernieuwing had daar nog weinig aan kunnen verhelpen.[27] Op dit vlak bleef Wim Kok ook tamelijk onzichtbaar. Het had wel zijn hart – hij sprak er ook geregeld over in grotere en kleinere kring –,[28] maar het zat niet in zijn portefeuille. Ien ging erover. Wel hield Kok bij bezuinigingsrondes het budget voor de sociale vernieuwing uit de wind.

Basisvorming met de hakken over de sloot

'De regering streeft met kracht naar spoedige invoering van de basisvorming,' aldus premier Lubbers bij het uitspreken van de regeringsverklaring op 28 november 1989. Wederom een terrein waarop CDA en PvdA elkaar leken te ontmoeten. Al decennia werd kritiek uitgeoefend op de wijze waarop in ons land een scheiding tussen opleidingen voor 'hoofdarbeid' en 'handarbeid' werd aangebracht en gehanteerd. Er waren scholen voor voorbereidend hoger onderwijs, zoals het gymnasium en de hbs, en er waren scholen die opleidden voor technische beroepen, zoals de ambachtsschool of het lager en middelbaar beroepsonderwijs. Ertussenin bivakkeerden opleidingen als de mulo en (later) de mavo-havo. Pogingen om hiertussen meer verband aan te brengen en de doorstroming van leerlingen te vergemakkelijken waren vaak gestrand op sentimenten verbonden met de standenmaatschappij: we gingen in Nederland niet samen naar de middelbare school. Dit leek om een reeks van – economische, maatschappelijke en ook politieke – redenen geen gezonde situatie.

Enige vooruitgang was echter wel geboekt: in 1965 was onder de bezielende aanvoering van de KVP-onderwijsminster Jo Cals de Mammoetwet tot stand gekomen. Deze vergemakkelijkte de totstandkoming van scholengemeenschappen, waarin verschillende onderwijstypes onderdak vonden. Ook voerde hij de 'brugklas' in, waardoor leerlingen hun keuze voor een definitief schooltype een jaar konden uitstellen. Deze wet heeft ertoe bijgedragen dat er in ons land tamelijk veel wordt 'gestapeld': leerlingen die 'onderin' beginnen, weten soms (met hard werken) tot de hoogste onderwijsniveaus door te dringen. Ook zijwaartse doorstroming of stapjes naar 'beneden' zijn erdoor vergemakkelijkt. Een volgende beweging in dit proces van soepeler selectie van passend onderwijs – de 'middenschool' – zou het echter veel minder goed vergaan.

Vooral de PvdA zette zich traditioneel in voor het naar achteren schuiven van de school- en daarmee ook beroepskeuze. Kinderen uit arbeidersgezinnen en andere minder 'geletterde' milieus moesten de kans krijgen langer algemeen vormend onderwijs te genieten, voordat zij het onderwijstype van hun voorkeur zouden kiezen. Anderen moesten de kans krijgen met technische vakken kennis te maken. Jos van Kemenade, minister van Onderwijs in het kabinet-Den Uyl, stelde in dat licht voor alle jongeren na de basisschool tot hun vijftiende jaar bijeen te houden. Deze middenschool, die ook in andere landen zoals de Verenigde Staten en Groot-Brittannië bestond en die erop gericht zou zijn kennis en vaardigheid van praktische en theoretische aard voor alle leerlingen meer in evenwicht te brengen, lokte echter een verbitterde politiek-ideologische strijd uit.[29] Verder dan de aanvaarding van de middenschool als een beperkt innovatieproject kwam Van Kemenade daardoor niet.[30]

Wim Deetman, de CDA-minister van Onderwijs in de eerste twee kabinetten-Lubbers die uitstel van de schoolkeuze tot het vijftiende jaar onderschreef, achtte het wijzer een ander pad te bewandelen: niet weer de strijd aangaan over de structuur, maar consensus zien te bereiken over de inhoud. Wat zou een lesprogramma tussen twaalf en vijftien jaar moeten inhouden om een latere definitieve keuze van het afrondend schooltype mogelijk te maken?[31] Het CDA bleek bereid in die richting verder te gaan en ook de PvdA had zich in haar verkiezingsprogram tot een 'brede basisvorming' bekend. Bij de onderhandelingen over het regeerakkoord kwamen partijen deze basisvorming overeen, waarbij de bestaande schooltypes – van lbo tot aan het gymnasium – bleven gehandhaafd, maar waarbij deze wel werd gekoppeld aan de notie van een minimale schoolomvang: meer scholengemeenschappen dus. Dit kabinet had er een missie bij.

Dat was echter gemakkelijker gezegd dan gedaan. Jacques Wallage, onderwijsspecialist in de vorige fractie en nu tot staatssecretaris van Onderwijs verheven, had er een stevige kluif aan.[32] De inkt van het regeerakkoord was nog nauwelijks droog of het verzet tegen de basisvorming zwol aan. In de media, in het onderwijsveld en bij bezorgde ouders van (vooral) gymnasiumkinderen, maar vooral ook in de CDA-fractie, bleek er aan oude vormen en gedachten nog veel gehechtheid te bestaan. Het heeft van Wallage hard werken en veel tactisch opereren gevergd om in 1993 de Wet op de basisvorming in het *Staatsblad* te krijgen. Eindeloos overleg met onderwijskoepels en vakorganisaties, talloos veel spreekbeurten en interviews, stevig verder onderhandelen met de coalitiepartijen en zo'n honderd uren van bikkelen in de Kamer brachten eindelijk het gewenste resultaat. Een poging vanuit de CDA-fractie om hem via een kabinetslid in de Eerste Kamer nog een stok tussen de spaken te steken mislukte.

De PvdA-fractie vormde in dit alles minder een probleem. Daar speelde de heimwee naar de middenschool menigeen parten en was de waardering voor de basisvorming gering. Alleen woordvoerster Netelenbos stond in deze hervormingsoperatie als een rots in de branding. Bij het PvdA-smaldeel in het kabinet leefde het onderwerp nauwelijks. Ook Wim Kok liep er niet echt warm voor, niet uit desinteresse maar wederom uit een eigen opvatting over uitbestede taken.[33] Toen Elske ter Veld in juni 1993 als staatssecretaris Sociale Zaken na een conflict aftrad en Kok Wallage als vervanger op haar plaats wilde hebben, was hij niet te vermurwen met het argument dat diens werk op Onderwijs nog lang niet af was. Kok: 'Jij hebt bewezen dat je zulke ingewikkelde vraagstukken aankunt, die vaardigheid is nu op Sociale Zaken het hardst nodig.'[34] Zo luidde zijn indirecte eerbetoon aan dit hervormingsproject van Lubbers/Kok.

Een volksverzekering op de lange baan

Het zorgstelsel in Nederland was al jaren een zorgenkind. Wat er ogenschijnlijk – ook in internationale vergelijking – tamelijk goed voor leek te staan, knarste en piepte aan veel kanten. Dit had met de structuur van de organisatie te maken, met een ondoorzichtige besluitvorming en een overheersende rol voor de nationale overheid. Maar ook met de kosten, die door vergrijzing van de bevolking en vernieuwing van medische technologie sterk begonnen op te lopen. Steeds mondiger patiënten wilden bovendien zelf meebeslissen, niet alleen in de spreekkamer maar ook als derde partij, naast aanbieders en financiers van de zorg. Wachtlijsten in de zorg confronteerden de burger steeds meer met obstakels. Daarmee kwam de solidariteit ook in het geding: wie betaalt welke rekening? Het verschil in behandeling van ziekenfondspatiënten en particulier verzekerden diende zich ten slotte als maatschappelijk probleem aan.

Het kabinet-Lubbers/Kok trad aan met het voornemen zich op een 'stelselwijziging ziektekostenverzekering' te richten, waarbij selectie op gezondheidsrisico's zoveel mogelijk moest worden vermeden en kostenbeheersing zoveel mogelijk bevorderd. Voor de financiering werd daarbij in het regeerakkoord uitgegaan van een verdeling tussen inkomensafhankelijke (85 procent) en nominale premies (15 procent). De tekst voegde er nog de volgende bezwerende formule aan toe: 'Politiek gesproken is een dergelijk akkoord van grote betekenis.' Het werk hoefde echter niet van voren af aan te beginnen.

Een door Lubbers II ingestelde commissie onder voorzitterschap van Philips-topman Wisse Dekker had in 1987 al aangedrongen op 'bereidheid tot veranderen' van de structuur en financiering van de gezondheidszorg. Het ging daarbij enerzijds om vermindering van overheidsbemoeienis en vergroting van de verantwoordelijkheid van aanbieders en verzekeraars van de zorg. Anderzijds pleitte de commissie voor de invoering van een algemene basisverzekering gezondheidszorg, aan te vullen met een particuliere verzekering voor bijzondere persoonlijke wensen. Een eerste fase van de stelselherziening ging met een in 1989 door VVD-staatssecretaris Dick Dees ingediend wetsontwerp van start. Maar het echte werk aan dit akkoord van grote betekenis moest nog worden verricht.[35]

Als de man die dit varkentje zou gaan wassen werd Hans Simons uit Rotterdam gehaald. Wim Kok had bewust voor PvdA-verantwoordelijkheid voor deze post gekozen: er stond voor 'de gewone man' immers veel op het spel en het verkiezingsprogramma had al ingezet op een ziektekostenverzekering 'voor alle inwoners, met een breed en diep basispakket'. Als kundig wethouder Onderwijs gold Simons als een grote belofte onder het imposante PvdA-arsenaal aan lokale bestuurders. Zijn komst naar Den Haag geschiedde op voorspraak van zijn burgemeester, Bram Peper. Wim Kok nam die suggestie graag over.

Toch was Kok op dit terrein in zekere zin een 'ongeschreven boek'. Natuurlijk stelde hij prijs op goede gezondheidszorg. Hij had er zelf in 1984 direct mee te maken gehad en door omstandigheden in zijn gezin werd hij constant met zijn neus op het belang ervan gedrukt. Toch ging zijn beleidsmatige belangstelling in dit kabinet niet veel verder dan sociale rechtvaardigheid in de toegankelijkheid van de zorg en in de beheersing van de kosten ervan. Het regeerakkoord had in dat eerste verband inmiddels al een signaal afgegeven: de 'medicijnknaak' en het 'specialistengeeltje' waren afgeschaft. Over vernieuwing van de zorg, ook in bestuurlijke zin, maakte hij zich niet druk. Kok liet Simons feitelijk alleen begaan in zijn opdracht – positiever: hij schonk hem de ruimte –, zoals hij dit overigens bij alle PvdA-bewindslieden deed. Simons kreeg ook een groot speelveld van zijn minister, partijgenote Hedy d'Ancona, die zich op welzijn en cultuur zou storten.

Na een uitgebreide verkenning van het 'gezondheidsveld', waarbij hij vaststelde dat er eensgezind werd gedacht over de noodzaak van herziening van de gezondheidszorg – doelmatigheid en vernieuwing waren de motto's –, zette Simons in mei 1990 in de nota 'Werken aan zorgvernieuwing' zijn visie op een stelselherziening uiteen. Daarbij ging het hem allereerst om het 'opschonen' van de bestuurlijke verhoudingen in de gezondheidszorg, tussen overheid en het betrokken maatschappelijk veld. De verantwoordelijkheden moesten opnieuw worden geordend: een combinatie van linkse en rechtse elementen. Het plan bevatte bescheiden marktwerking, eigen risico's, verantwoordelijkheid van zorgaanbieders, verzekeraars en patiënten, geen dominante overheid die alles regelt en normeert. Dit alles binnen een helder kader van solidariteit en eerlijke verdeling, met als doel dat de gezondheidszorg voor iedereen toegankelijk en betaalbaar zou zijn.[36] Ook al toonde Simons zich geen bondig sprekend, doelgericht opererend pleitvoerder van zijn zaak, toch kreeg hij het kabinet achter zijn benadering.[37]

Die brede aanpak hield echter niet lang stand. Alle aandacht richtte zich al heel snel op de basisverzekering, waarvoor Simons zijn voorstel in het parlement goeddeels moest inslikken. Die kon niet ineens worden ingevoerd, dat mocht slechts stap voor stap gaan, uitgestreken over vele jaren, om ongewenste gevolgen te voorkomen en tussentijdse correcties mogelijk te maken. Vooral een voorstel van Simons om de omvang van de voorzieningen van de zorgverzekeringen voor ziekenfondspatiënten, particulieren en ambtenaren te verkleinen en over te hevelen naar de AWBZ[38] – de AWBZ zou het voertuig voor de nieuwe basisverzekering moeten gaan vormen – vormde een steen des aanstoots. In de Tweede Kamer haalde dit voorstel het slechts met de hakken over de sloot, maar in de Eerste Kamer leed het feitelijk schipbreuk. Allerlei bezwaren kwamen daar bijeen: van vrees voor koopkrachtverlies bij de werkgevers[39] tot en met het schrikbeeld van 'collectivisatie' in de CDA-fractie.[40] Het onderwerp werd steeds meer vermalen in partijpolitieke tegenstellingen, ook binnen de coalitie.

In het CDA groeide de verdeeldheid, waarbij de Tweede Kamerfractie zich nog wel min of meer aan het regeerakkoord gebonden voelde, maar de fractie in de Eerste Kamer niet of nauwelijks. Koudwatervrees of zelfs pure oppositie dreef de christendemocratische senatoren steeds meer tot politieke obstructie. De PvdA was Simons ook niet echt behulpzaam. Enerzijds bestonden er binnen fractie en partij grote aarzelingen over de 'liberale' aspecten van het plan-Simons: concurrentie tussen verzekeraars en zorgaanbieders onderling en enige eigen verantwoordelijkheid voor de verzekerden. De PvdA was qua mentaliteit eigenlijk voor een volksverzekering, door de overheid georganiseerd en voor de verzekerden zonder eigen risico en eigen bijdragen.

Anderzijds werd het plan-Simons gaandeweg steeds meer door de partij omarmd. In de politiek nijpende situatie van Tussenbalans en WAO-crisis[41] zocht de PvdA naarstig naar nieuwe paradepaardjes om tegenover een teleurgestelde achterban haar deelname aan Lubbers/Kok te rechtvaardigen. 'Simons' werd nu als een succesvol progressief project gepresenteerd: een echte volksverzekering. Dat maakte de politieke haalbaarheid ervan echter niet groter: het onderwerp werd daarmee verder gepolitiseerd. De stelselherziening gezondheidszorg verschoof vervolgens als gezamenlijke onderneming van dit kabinet naar de achtergrond: het gevoel van urgentie verdween. Het zou nog bijna vijftien jaar duren voordat het plan-Simons de basis ging vormen van de reorganisatie van de gezondheidszorg in Nederland, inclusief een brede basisverzekering.[42]

En Kok zelf? In wezen was Kok veel meer thuis in inkomenspolitiek en sociale zekerheid dan in de zo ingewikkelde volksgezondheid. Ook deelde hij niet echt de 'sense of urgency' om aan vastlopende bestuurlijke verhoudingen te gaan wrikken. Een basisverzekering voor alle Nederlanders leek hem een mooi idee, maar in de uitwerking ervan hielden vooral de gevolgen voor de kosten en de inkomensverhoudingen hem bezig. Aanvankelijk bood hij zijn staatssecretaris Simons zeker de ruimte, maar toen het politiek lastig werd, begonnen zijn aarzelingen.

Wim Kok aarzelde niet in de eerste plaats over de verdiensten van het plan noch over Simons zelf,[43] maar wel over de mogelijke politieke 'fall-out' ervan. Voorkomen moest worden dat de hervormingsdrift van Simons afbreuk zou doen aan de Koks strategische missie: herstel van de '*regierungsfähigkeit*' van de PvdA. Daarvoor moest het kabinet allereerst heelhuids de rit uitzitten. Om enigszins vergelijkbare redenen liet ook premier Lubbers Simons vallen: diens plan veroorzaakte te veel onrust in het CDA. Zo werd een gemeenschappelijk hervormingsidee 'van grote betekenis' op de lange baan geschoven en werd Hans Simons in Lubbers/Kok steeds eenzamer.[44]

Ruud en Wim

Lubbers/Kok was, meer dan van twee partijen, vooral een kabinet van twee mannen: Ruud Lubbers en Wim Kok. Beiden hadden het om uiteenlopende redenen gewild en beiden hebben het nodige gedaan om het overeind te houden. Hun samenwerking zorgde ervoor dat het kabinet de rit van vierenhalf jaar voltooide. Dit sprak geenszins vanzelf. Na aanvankelijk gunstige omstandigheden kwam het kabinet in zwaar weer terecht. Eind 1990 staken economische stormen op die ruim drie jaar aanhielden. Beider wens om de overheidsfinanciën in rustiger vaarwater te brengen en de lastendruk stabiel te houden ging niet zonder stevige bezuinigingen en pijnlijke ingrepen.

Vooral de maatregelen om de instroom in de WAO (Wet op de arbeidsongeschiktheidsverzekering) af te remmen kostten Wim Kok bijna zijn kop en daarmee Lubbers/Kok het leven.[45] Het bleef meer uit het zicht, maar ook Lubbers kreeg het in eigen kring af en toe benauwd, wat het kabinet soms in moeilijkheden bracht. Dit kabinet was dan misschien de meest voor de hand liggende keuze geweest, dat hield echter niet in dat het een politiek 'gewenst kind' was. Vooral in het CDA openbaarden zich gaandeweg steeds meer afdrijvingsneigingen.

In één belangrijk opzicht vormde Lubbers/Kok het omgekeerde beeld van Van Agt/Den Uyl. Het kabinet-Van Agt II hield het nauwelijks meer dan een halfjaar uit, vooral door een reeks van politieke weeffouten. Daar kwam bovendien bij dat zijn bewindslieden het erg slecht met elkaar konden vinden. Dat de verstandhouding tussen Van Agt en Den Uyl was getroebleerd was algemeen bekend, maar ook andere ministers lagen elkaar niet goed, niet het minst in eigen kamp. Dat het kabinet het toch nog even volhield, was voor een groot deel te danken aan de omstandigheid dat de fracties van CDA, PvdA en D66 elkaar stevig vasthielden. Vooral de fractievoorzitters Ruud Lubbers en Wim Meijer deden hun uiterste best er nog wat van te maken.[46]

In Lubbers III was de situatie precies omgekeerd. Ruud en Wim spanden zich zichtbaar in voor een goede samenwerking, wat ook op de andere bewindslieden afstraalde: tot aan het eind bleef de sfeer binnen dit kabinet constructief.[47] Het tegendeel was echter het geval in de Kamer. Daar gingen het tussen de twee regeringsfracties steeds minder goed, wat er door de ongemakkelijke verhouding tussen de fractievoorzitters Brinkman en Wöltgens zeker niet beter op werd. Structureel zat het nog dieper: de CDA-fractie toonde zich in toenemende mate wantrouwend tegenover deze coalitie en zelfs haar leider.

Lubbers had zijn fractie wel in een coalitie met de PvdA gevoerd, maar dat maakte zijn partijgenoten nog geen 'gelovigen' in het heil van deze politieke samenwerking. De averij in de VVD, die het vorige kabinet deed struikelen, had nog kunnen verhullen dat de verhoudingen in het CDA-kamp ook niet optimaal waren. Ruwweg stonden daar twee groepen met verhitte hoofden tegenover elkaar. Zij die, met minister Ruding, verder wilden gaan met een structurele aanpak van de overheidsfinanciën en vooral de buiten zijn oevers getreden verzorgingsstaat: bezuinigingen dus. En zij die, met fractievoorzitter Bert de Vries, het sociale gezicht van het CDA wilden oppoetsen en daarvoor sterker wilden inzetten op bevordering van de werkgelegenheid, ook om de kosten van de sociale zekerheid in te perken.[48] Lubbers hield in zijn tweede kabinet doorgaans het midden tussen deze twee groepen. Maar de overgang van Bert de Vries als minister van Sociale Zaken en Werkgelegenheid naar het kabinet met de PvdA versterkte Lubbers' sociale voorkeuren, en opende tegelijk in de CDA-fractie het veld voor de achtergebleven 'rechtsere' stemmen.

En toen kwam Elco Brinkman. Lubbers had deze 'wonderboy' van het CDA – zijn voormalige, jonge minister van Welzijn, Volksgezondheid en Cultuur – eerst al tot fractievoorzitter gebombardeerd. Maar kort voor kerst 1989, het nieuwe kabinet zat er nog nauwelijks, ging hij verder. Pardoes kondigde hij toen aan dat hij Brinkman als zijn opvolger zag na afloop van zijn derde kabinet, wanneer hij er zelf mee zou ophouden.[49] Deze onverhoedse actie verraste iedereen, Elco Brinkman niet minder dan Wim Kok, en had onverwachte effecten in de CDA-fractie. Opeens was Lubbers niet meer de onaantastbare leider van het CDA. Waar Brinkman de belofte voor een stralende toekomst werd, verbleekte Lubbers gaandeweg tot iets van het verleden. Gevolg: de fractie voelde zich minder gebonden aan het kabinet-Lubbers/Kok en aan de daarvoor afgesproken beleidskaders.[50]

Dit werd geleidelijk aan versterkt door de profileringsdrang van Brinkman, die zich al doende uitgedaagd voelde het kabinet tot minder 'stroperigheid' en grotere 'daadkracht' op te roepen. Grosso modo bleef hij nog wel binnen de lijnen van het regeerakkoord – hij opereerde vaak in nauw overleg met Lubbers zelf[51] –, maar in hoofdzaak voelde hij zich vertrouwder met de denkwereld van Onno Ruding dan die van Bert de Vries: vóór aanpakken en tégen pappen en nathouden. De CDA-fractie volgde goeddeels haar nieuwe leider, ook toen Brinkman begin 1992 op Texel het kabinet aanspoorde eindelijk actie te nemen: het speelkwartier was volgens hem nu echt voorbij.

Was de PvdA wel opgewassen tegen zo'n situatie? Tegen een verzwakking van de band binnen de coalitie? Niet echt. Aanvankelijk viel de schade nog mee. Natuurlijk was zij gewaarschuwd voor de mogelijke komst van moeilijke tijden. Kok had dit gedaan op het bijzondere congres op 6 november 1989. Wöltgens deed hetzelfde in de eerste vergadering van de nieuwe fractie: door de hooggespannen verwachtingen zou het regeren met het CDA zwaar kunnen tegenvallen. De boodschap kwam echter niet goed aan. Omdat de economische wind in het eerste jaar nog uit een gunstige hoek blies, kon de PvdA zich volop storten op de eigen ambitieuze doelen. De partij voelde zich, na zo veel jaren van oppositie, nog bevrijd.[52]

Dit duurde tot en met de begroting voor 1991 (die in september 1990 werd gepresenteerd), waarin nog ruimte was geschapen voor investeringen in de sociale vernieuwing en handhaving van de netto-nettokoppeling (van minimumuitkering aan minimumloon). De sfeer tussen de coalitiefracties hield nog goeddeels stand, maar dit veranderde met de eerste economische tegenwind, toen de aannames in het regeerakkoord te optimistisch bleken. De PvdA moest er opeens aan wennen dat nieuwe beleidsinitiatieven gecombineerd moesten worden met sanering van de staatsfinanciën. Daar waren haar plannen niet op berekend.[53] Het leidde tot de moeizame onderhandelingen over de Tussenbalans en het dramatisch verloop van de WAO-kwestie.[54]

Hier kwam het koppel van Lubbers en Kok in het geweer. Zij moesten de coalitie tussen de aarzelende PvdA en het opspelende CDA overeind houden. Deze gespannen situatie heeft in elk geval van het eind van 1990 tot de herfst van 1991 geduurd, en ook daarna bleef de band broos. In dit verband betaalde Koks keuze voor Financiën zich wel uit. Ook al vonden de andere PvdA-bewindslieden het knap lastig hun partijleider als strenge schatkistbewaarder tegenover zich te hebben en kreunde de PvdA-fractie vervaarlijk onder de aangebrachte bezuinigingen en lastenverzwaringen, in het kabinet bleef de samenwerking functioneren.

Kok onderhield nauw contact en korte lijnen met Lubbers, niet alleen omdat hij diens hang naar solisme wilde inperken, maar ook om te bewerkstelligen dat zij zoveel mogelijk met één mond zouden spreken. De coalitie behoorde in het kabinet bijeen te blijven. De besprekingen en onderhandelingen duurden vaak lang en Wim en Ruud moesten elkaar wat ruimte bieden, maar uiteindelijk kwamen zij eruit. Koopkrachtplaatjes waren daarbij voor Wim heilig: 'zijn' mensen mochten er niet op achteruitgaan.[55]

Niettemin bestond er ook wantrouwen tussen Lubbers en Kok. Wim bleef zich afvragen wat Ruud nu weer in zijn schild voerde, alleen of met Brinkman (Kok: 'Wat gebeurt er buiten mijn beeld?'). Ruud wantrouwde Wims ogenschijnlijke besluiteloosheid en wat hij daarmee wilde bereiken (Lubbers: 'De tijd is onze grootste vijand'). Speciale gesprekken tussen beiden, met Brinkman en Wöltgens erbij, moesten het vertrouwen in elkaar en de besluitvaardigheid vergroten. Drie keer is dit gebeurd, eind mei 1991 en het jaar erop in mei en oktober, waarbij Ed van Thijn en Jan de Koning het gesprek als een soort 'moderatoren' op gang kregen en gaande probeerden te houden.[56] Overigens slaagde Kok er tijdens deze gesprekken goed in zijn gemeenschappelijk front met Lubbers overeind te houden. Liever vuurde hij zijn pijlen op Brinkman af: wilde hij deze coalitie nog wel?

Daarmee schiepen Ruud en Wim een patroon voor de resterende duur van het kabinet.[57] Vrienden waren en werden zij niet, maar ze hielden elkaar wel vast. Lubbers was een gedreven en geslepen voorzitter[58] die er een handje van had in de ministerraad mensen voor schut te zetten, inclusief zijn eigen partijgenoten. Kok, die daarvan ook wel eens het mikpunt was, weerstond altijd de verleiding daarop te reageren. Het belang van de zaak ging voor. Lubbers koesterde overigens groot respect voor Kok. Hij vond hem 'formidabel', wat overigens niet wil zeggen dat hij hem steeds ontzag.[59] Ze dreven door de omstandigheden wel eens uiteen, maar nooit liep dit zo hoog op als op 24 april 1992.

Op een persconferentie in Den Haag zette Lubbers uiteen dat de toen voorziene toegenomen inkomensverschillen niet zomaar een effect van genomen kabinetsbesluiten vormden, maar daarvan een gewenste uitkomst waren. De PvdA zou voor gewilde denivellering zijn! Kok wist van niets en, gealarmeerd door Frans Leijnse, vicevoorzitter van de fractie, gaf hij thuis in de tuin vol ingehouden woede een interview aan het journaal: daar was niets van waar! Wim en Ruud spraken niet meer met elkaar, krachttermen daargelaten: een crisis dreigde. Minister Bert de Vries vervulde de rol van postillon d'amour: samen met Kok schreef hij namens premier en vicepremier een brief aan de Kamer. De breuk werd gelijmd.[60] Het leverde De Vries de 'eretitel' van achtste PvdA-minister in het kabinet op. Dat was hij natuurlijk niet, maar hij was wel een fervent voorvechter van deze CDA-PvdA-coalitie.[61]

In de ministerraadsvergaderingen in de Trêveszaal zaten Ruud en Wim tegenover elkaar: zo konden ze elkaar goed in de gaten houden, maar symboliseerden ze tegelijk de eenheid van het kabinet, de as van de coalitie.[62] Voor partijpolitieke spelletjes rondom de tafel bood geen van beiden ruimte. Specifieke problemen werden zo mogelijk buiten de ministerraad opgelost; daar was zowel Lubbers als Kok goed in. Wim genoot in de ministerraad veel gezag, ook bij de CDA-bewindslieden.[63]

Op zijn kerntaken als regerend politicus en bestuurder bereidde Kok zich altijd uitermate goed voor. Daarin was hij offensief. Ging het om zijn rol als partijvoorman of als politiek-ideologische wegbereider, dan was zijn ambitie een defensieve: hij probeerde zijn verdediging gesloten te houden.[64] Bij de eigen leden van de regeerploeg was hij niettemin de onbetwiste leider, hij stak met kop en schouders boven hen uit. Ondanks voorkomende kritiek en ergernis waren zij graag bereid zijn gezag te aanvaarden. Loyaliteit jegens hem is er, ook in de diepste dalen, steeds geweest.[65]

Dit gold ook voor Thijs Wöltgens, de fractievoorzitter in de Tweede Kamer, ook al was hij in intellectueel opzicht misschien wel de meest onafhankelijke. In zijn leiding van de fractie steunde hij Koks uitgesproken wens dit kabinet overeind te houden, of in elk geval dat de PvdA niet zou 'breken'. Daarmee verdedigde hij ook Koks positie in eigen kring, wat wel nodig was gezien Koks geringe affiniteit met deze fractie.[66] Soms ging Wöltgens echter politiek zijn eigen gang, zoals bij de WAO.[67] En ophouden met denken deed hij in zijn leidende rol ook niet. Zo maakte hij zich in de wereld na de val van de Muur zorgen over de rol van de politiek en schreef hij daar een prikkelend essay over.[68] En zijn inbreng in het parlementaire debat bevatte vaak juweeltjes van politieke doordachtheid. Het verwijt van 'luiheid', dat partijvoorzitter Felix Rottenberg voor hem in petto had, was in dit opzicht dan ook misplaatst.[69]

Felix en Ruud

Wim Kok was niet zo'n partijman. Hij hield van de Partij van de Arbeid, maar vooral van de mensen voor wie zij in het krijt trad. Tot de partijstructuren, vol 'vertegenwoordigers' van de gewone man, hield hij doorgaans wat afstand. Wat dat aanging had hij zich in de vakbeweging beter thuis gevoeld. Als fractievoorzitter bezocht hij plichtsgetrouw de vergaderingen van het algemeen bestuur en het dagelijks bestuur van de partij, maar op zijn gemak heeft hij zich er zelden gevoeld. Toen hij minister werd, liet hij deze eer doorgaans aan Thijs Wöltgens, die hem daar, zo vond hij, prima kon vervangen.[70] Met de partijvoorzitters hield hij vanzelfsprekend contact, maar ook met hen ging dat niet vanzelf. De wereld van de scherpzinnige Max van den Berg vond hij moeilijk te peilen en van de politieke leiding van Marjanne Sint, hoewel gewaardeerd als econoom, toonde hij zich achteraf niet echt onder de indruk.[71] Dat zou anders worden met het koppel Rottenberg-Vreeman.

Het geforceerde aftreden van voorzitter Sint eind augustus 1991 gooide het veld geheel open.[72] De jonge partijveteraan Felix Rottenberg,[73] die zich als directeur van De Balie in Amsterdam al enkele jaren sterk maakte voor een beter discussieklimaat in ons land, liet zich verleiden zich op te werpen als Sints opvolger. Het openbreken van de 'vastgeroeste' en 'dichtgeslibde' PvdA stond hem daarbij voor ogen: er moest meer dynamiek in de partij komen, ze moest weer het hart van het politieke debat gaan vormen. Hij verzekerde zich van de steun van tientallen vooraanstaande en betrokken partijgenoten, waartoe Wim Kok echter niet behoorde. Een toevallige ontmoeting in september bij kapper Nico de Jong in de Amsterdamse Vijzelstraat en een genoeglijk kop koffie erna, leidden bij Kok wel tot interesse, maar nog niet tot volmondige steun, geboren wikker en weger als hij was. Er konden zich bijvoorbeeld nog andere kandidaten melden.

En dat gebeurde dan ook. Ruud Vreeman, gepromoveerd arbeidspsycholoog die op een lange loopbaan in de vakbeweging kon bogen,[74] had zich met steun vanuit de werknemersvleugel van de partij kandidaat gesteld. Hij was sinds enkele jaren een prominent voorzitter van de Vervoersbond FNV. Nadat Rottenberg en Vreeman enkele weken als prototypische vertegenwoordigers van verschillende grondkleuren van de PvdA – de vrijzinnige, onconventionele progressieven versus de geharnaste, traditionele vakbondssocialisten – tegenover elkaar hadden gestaan, besloten zij hutje bij mutje te leggen door als duo voor het partijvoorzitterschap te gaan. Op die manier konden ze beiden winnen en voorkwamen ze tegelijk een felle verkiezingscampagne die de PvdA alleen maar kon verdelen in plaats van verenigen. En verenigen was iets waar de partij na het WAO-drama dringend behoefte aan had. Een duo dus, maar met Felix als eerste man, dat wel.

Op sinterklaasavond onthulden de twee 'samenzweerders' hun plan aan Wim Kok. Plaats van handeling: het ministerie van Financiën in Den Haag.[75] Kok voelde sympathie voor beide kandidaten, zag bij elk van hen ook wel risico's, maar kon zich toch voorstellen met een van de twee kandidaat-voorzitters goed uit de voeten te kunnen. Maar een duo, en niet in deeltijd maar beiden als volwaardig voorzitter? Daar had hij even niet van terug. Mocht dat wel van de partijreglementen? Kon de partijkas dat wel dragen? En hoe moest dat in de praktijk functioneren, bijvoorbeeld in de publiciteit? Gingen die twee elkaar niet tegenspreken? Leverde dat niet een onrustig thuisfront voor hem op? Kok, toch al niet dol op verrassingen, bleef sceptisch. Het tweespan liet zich hierdoor echter niet afschrikken. Een gerichte campagne in en rond de partij leidde ertoe dat zij in maart 1992 een ruime meerderheid van het congres achter zich kregen.[76] Wim Kok kreeg nu te maken met de 'Rottenbergrevolutie'.[77]

Vooral Felix Rottenberg ging in de komende jaren als een wervelwind in de partij tekeer. Ruud Vreeman was de meer bezadigde, kalme van de twee, die het belangrijke contact met de vakbeweging herstelde en zo nodig zijn duopartner naar rustiger vaarwater leidde.[78] Hij was loyaal en zorgde voor stabiliteit. Intussen voerde Felix een uitvoerig programma uit, hoewel bij zo'n impulsieve persoonlijkheid zoiets geordends moeilijk is voor te stellen. Als partijvoorzitter was hij flamboyant en tevens charismatisch, provocerend en toch verbindend, onrust stokend en toch rust brengend, een unieke persoonlijkheid kortom.

Politiek gesproken hoorde hij niet echt in een kamp. Hij kon zonder zichtbare moeite sterk contrasterende standpunten met elkaar verbinden, soms zelfs op een en dezelfde dag verdedigen. Zijn program betrof niet de politiek van de PvdA, maar de manier waarop in de PvdA de politiek werd bedreven. Voor Felix ging het bij de PvdA niet om een politieke organisatie, maar om een politiek-cultureel platform, open naar binnen en open naar buiten. Zijn politiek draaide niet om politiek, maar om politieke cultuur. Allebei kwamen Wim Kok niet slecht uit: het eerste verzorgde hij zelf wel, voor het tweede had hij niet echt de voelsprieten.

Stilstand is achteruitgang, dat leek Rottenbergs revolutionaire motto te zijn. Niet dat hij niet in de geschiedenis van de PvdA was geïnteresseerd, integendeel zelfs: hij zat boordevol relevante anekdotes over de partij en haar voorlieden van weleer. Maar nu moest de partij weer voorwaarts worden gedreven, tot leven worden gewekt, net als in de jaren zeventig was gebeurd. Een paar jaar lang, zeker tot de zomer van 1994, buitelde de ene verandering of vernieuwing over de andere. Het begon met de ledendemocratie. Daarover had het congres, op basis van het rapport-Van Kemenade, al een paar verreikende besluiten genomen. Zo werd de driemaandelijkse partijraad afgeschaft en vervangen door een jaarlijks congres. Ook werd de greep van de gewesten op de kandidaatstelling voor de Tweede Kamer gehalveerd. Het voorzittersduo ging hiermee voortvarend aan de slag, want driekwart jaar later was de kandidaatstelling zelfs geheel in het hoofdkwartier gecentraliseerd. De macht van de 'gewestelijke baronnen' was in een vloek en een zucht gebroken.

Tegelijk werden de luiken opengezet, de PvdA richting samenleving gedreven. Het jaarlijkse congres bleef weliswaar het hoogste besluitvormend orgaan, maar de naar binnen gekeerde 'letterknechten' en 'kommaneukers' (Rottenbergs termen) werd ruimte ontnomen. Het congres moest een spannend 'gebeuren' worden, vol levendige debatten en interessante sprekers. Van de Labour Party – Rottenberg toonde zich ontvankelijk voor Britse nieuwigheden – nam hij het idee van parallelle fora ('side shows') over: debatten die aan de randen van het congres werden gehouden en die over actuele kwesties gingen. Buitenstaanders werden hierbij uitgenodigd. Dat gold ook voor de 'kennisfestivals' waar wetenschappers, journalisten en anderen hun licht over partij en maatschappij lieten schijnen. Om Den Haag open te breken werden 'briefings' georganiseerd, waar politici van de partij hun visie gaven op brandende vraagstukken en zich voor een breder publiek verantwoordden. In de partij zelf kwamen 'actiecentra' en 'kenniscentra' voor het (opnieuw) mobiliseren van deskundigheid op allerlei terreinen, van gezondheidszorg tot migratie.

Ook de communicatie van de partij werd onderhanden genomen. De greep van de partijleiding op de eigen media werd versoepeld en tegelijk verstevigd. Het ledenblad *Rood* werd omgekat tot PRO en op enige afstand gezet, zodat het zich onafhankelijker kon opstellen. Ook zetten Rottenberg en Vreeman het aan leden en critici van de partij gerichte *Vlugschrift* op. Elke zaterdag werd dit, gevuld met allerlei nieuws over en onthullingen van binnen en buiten de partij, per fax rondgestuurd. Het werd al snel een spraak- en nieuwsmakend medium, ook omdat de PvdA en Wim Kok zelf daarin niet werden gespaard. Met hulp van de jonge enthousiastelingen Lennart Booij en Erik van Bruggen werd ook een actief jongerennetwerk opgezet, later omgedoopt tot de beweging Niet Nix.[79] Ook dit bewoog zich enigszins los van gevestigde partijstructuren, in dit geval van de Jonge Socialisten. Mede door de nieuwe vormgeving zag de PvdA er binnen korte tijd bijna onherkenbaar uit.

Was nu iedereen hier blij en tevreden mee? Niet echt. Weliswaar slaagde Rottenberg in zijn opzet de PvdA weer midden in het politieke debat te plaatsen. Vooral de media konden een tijd lang geen genoeg krijgen van deze onconventionele aanpak. Ook de creatieve intelligentsia, vaak wel tot de PvdA aangetrokken maar door haar formeel-bureaucratische cultuur weer afgestoten, voelde zich door hem in een warm bad van politieke vernieuwing ondergedompeld. Onder leden en kiezers van de partij bestond daarnaast veel belangstelling voor deze verfrissende aanpak: de PvdA kwam er weer goed mee in het nieuws, wat na de WAO-crisis geen overbodige luxe was. Tegelijk was er ook veel kritiek. Zo waren er regionale en lokale bestuurders in de partij die zich afvroegen wat er in deze gecentraliseerde show van de ledendemocratie overbleef. En ook of er in dit mediaspektakel nog wel ruimte bestond voor het ontwikkelen van een als sociaaldemocratisch te herkennen

PvdA-politiek. Daar ging het bij de partij toch in de eerste plaats om?[80]

Wie ook hun sterke twijfels hadden waren de leden van de Tweede Kamerfractie, die door Rottenberg geregeld voor 'grijze, ingedutte ambtenaren' werden uitgemaakt. Dat hij mogelijkheden schiep voor het uiten van kritiek op het kabinetsbeleid beviel hun soms wel, maar dat hij daarbij van hun eigen politieke rol een karikatuur schetste natuurlijk veel minder. Degene die het vaakst een mikpunt van Rottenbergs kritiek vormde was fractievoorzitter Thijs Wöltgens (het 'genoegen' was overigens wederzijds). Diens stijl van bedrijven van politiek – eloquent, geestig, intellectualistisch, relativerend – zou Rottenberg eigenlijk zeer moeten waarderen: Wöltgens was immers allesbehalve een klassieke 'partijtijger'. Ook zou Rottenberg begrip moeten hebben gehad voor diens zware opgave: Wim Kok uit de wind houden, de fractie tevredenstellen en ook nog Elco Brinkman niet van zich vervreemden. Toch was dit alles niet genoeg. In feite ergerde Rottenberg zich aan Wöltgens om dezelfde reden als Brinkman, diens tegenvoeter van het CDA: hij vond hem traag, afwachtend en ambitieloos. Kortom: Thijs was een 'luie Limburger', die van zijn herbenoeming als fractievoorzitter niet zeker kon zijn, zo ventileerde Felix in *De Telegraaf*.[81]

Natuurlijk moest Wim Kok hier ingrijpen. Erg effectief ging dit aanvankelijk niet. Zich verontschuldigen wilde Rottenberg niet en aftreden al helemaal niet. Hij vond juist dat Wöltgens maar moest aftreden. Koks reactie: 'Als dit allemaal gebeurt, kap ik ermee.' Op een gegeven moment waren, als het ware, de leiders van de PvdA alle drie afgetreden.[82] Uiteindelijk woog het advies van Kok het zwaarst: praten, rechtzetten, het gezond verstand laten werken, niet verder laten escaleren, niet met zo'n conflict het jaar voor de verkiezingen ingaan. Dat hij nog diezelfde dag 'het brandje had uitgetrapt', zoals Kok naderhand meende,[83] was rijkelijk optimistisch. Feit is echter wel dat de partij zich, zonder dat dit conflict uit de hand liep, voor de verkiezingen in 1994 kon opmaken.

Wim Kok kon niet zonder Thijs Wöltgens, maar zeker ook niet zonder Felix Rottenberg. Hoe ver hun karakters en hun wijzen van politiek bedrijven ook uit elkaar lagen, en hoe weinig de partijvoorzitter de partijleider soms ook ontzag,[84] Kok wilde Rottenberg voor geen goud missen. Het was alsof deze politieke vader door zijn rebelse politieke zoon werd vertederd: 'Felix is Felix.'[85] In elk geval leverde Rottenberg waar Kok grote behoefte aan had: deze partijvoorzitter slaagde erin de partij, platgeslagen door de WAO-crisis, weer in beweging te krijgen. De organisatie werd ververst en tot nieuw leven gebracht, andere groepen mensen werden erbij betrokken, het partijleven was stukken dynamischer geworden, de gebrekkige interne communicatie werd aangepakt:[86] allemaal dingen die de PvdA in deze moeilijke fase hard nodig had. Ook wist Rottenberg enig evenwicht aan te brengen tussen de oude partijdemocratie en een nieuw soort 'toeschouwersdemocratie'; van het eerste had Kok nu minder last en van het tweede veel baat.[87] Bovendien, maar dat moest nog blijken, hield Rottenbergs aanpak de belofte in van een nieuw soort verkiezingscampagne in 1994, van een campagne die Kok de kans zou bieden 'voor goud te gaan' en zijn eerste marathon winnend af te sluiten.

Een kabinet van niemand

Lubbers/Kok was geen slecht kabinet, in menig opzicht zelfs een geslaagd kabinet. Ondanks de economische tegenwind werden de meeste beleidsdoelstellingen gehaald: het financieringstekort liep terug, de lastendruk bleef stabiel, het aantal arbeidsongeschikten nam af en de werkgelegenheid steeg (hoewel de werkloosheid vervaarlijk opliep). Op allerlei terreinen kwamen individuele bewindslieden tot vernieuwende wetgeving, soms ook in partij-overstijgende koppels. Zo richtte Wim Kok met zijn collega van Economische Zaken Koos Andriessen een investeringsfonds op, te voeden met aardgasbaten: het begin van een uit die bron gefinancierde versterking van de economische structuur van ons land. De ministers Dales, Hirsch Ballin en d'Ancona wisten het recht op gelijkberechtiging wettelijk vast te leggen. Ook gaf minister Alders met zijn 'Vinex-wijken' een forse impuls aan de woningbouw, terwijl hij op milieuterrein flinke vooruitgang boekte. Het Nationaal Milieuplan kreeg er een schep bovenop ('plus'), met het bedrijfsleven werden over zoiets taais als terugdringing van het afval werkzame afspraken ('convenanten'[88]) gemaakt en aan de internationale samenwerking voor milieu en ontwikkeling (de UNCED-conferentie in Rio de Janeiro in 1992) gaf Nederland een krachtige impuls.[89] Sowieso hielp dit kabinet ons land een rol te laten spelen in de revolutionair veranderde internationale situatie van na 1989.[90] En toch was dit kabinet 'van niemand'.

Van niemand: deze karakteristiek van Hans van Mierlo was raak en goed getroffen. De media werden niet warm of koud van dit kabinet.[91] De partijen die Lubbers/Kok steunden – vooral het CDA, maar ook de PvdA – konden er slechts met moeite enthousiasme voor opbrengen. Dat ging D66, dat oppositie vóór het kabinet zei te voeren, soms beter af. En in de publieke opinie overheerste aan de ene kant de kater veroorzaakt door de WAO-crisis en aan de andere de ergernis over de 'stroperigheid' die het kabinet leek te kenmerken bij de aanpak van dringende problemen. De electorale steun voor het CDA bleef lang grotendeels in stand, maar die voor de PvdA was eind 1992 gehalveerd en bleef tot begin 1994 onder de vijfentwintig Kamerzetels hangen. Voor Wim Kok zelf was er wel iets meer waardering, maar dat maakte zijn humeur er in deze periode niet beter op. Lubbers en Kok hielden het kabinet overeind, ook al had de eerste in de binnenkamers van zijn eigen partij geregeld te maken met de aandrang om het bijltje er maar bij neer te gooien. Uiteindelijk legde hij zich daar nooit bij neer. Maar het droeg wel bij aan de geleidelijke ontrafeling van zijn positie en van die van het CDA.[92]

Wat het kabinet ook opbrak waren de niet onbelangrijke details. Los van soms gebrekkige presentatie van het beleid, werd het ook geplaagd door een voortdurende 'oorlog' rond cijfers. Aanvankelijk ging het vooral om correcties op ietwat rozige voorspellingen van het kabinet zelf, die mede door reacties van het CPB of andere instellingen bijgesteld moesten worden. Naderhand, toen de economische wind begon te keren, ging het steeds meer om de waardering van 'tegenvallers' in de belastingopbrengsten die met bezuinigingen of lastenverhogingen moesten worden opgevangen. Het gevolg was een niet-aflatende onrust rond de geloofwaardigheid van Lubbers/Kok, iets wat vooral de minister van Financiën raakte.[93] En die werd toch al niet versterkt door zijn 'personeelsmanagement' in eigen kring, in het bijzonder in de kwesties rond Elske ter Veld, Roel in 't Veld en Ed van Thijn. Daar komen we op terug.[94]

En toch. Ondanks al deze tegenslagen en mankementen, ondanks de blunders ook – van het kabinet, van de PvdA en van haar leider –, toch bleef Kok uiteindelijk overeind. Beter dan Ruud wist de stug doorfietsende Wim de tegenwind te trotseren. Ook al was het hem af en toe zwaar te moede, hij raakte – de WAO-crisis uitgezonderd – niet in paniek en gaf niet op. De combinatie van vicepremier, minister van Financiën en partijleider had, ondanks de daardoor veroorzaakte problemen, de PvdA uiteindelijk geen kwaad gedaan: een verrijking van politiek inzicht, noemde Kok het zelf.[95] Waar Lubbers de greep op zichzelf en zijn partij kwijtraakte, met chaos in de campagne als gevolg,[96] hield Kok het hoofd koel en behield of herkreeg hij de controle. Voorwaarts, en de rest vergeten? Uiteindelijk stond niet Lubbers, maar Kok voor het beleid en de resultaten van Lubbers/Kok. Dat moet deze gekwelde bewindsman en politiek leider hebben gered.[97] Het kabinet was dan toch van iemand.

14
Schatkistbewaarder aan het Korte Voorhout

DE MAN MET HET KOFFERTJE.

Opnieuw een grote overstap voor Wim Kok: naar Financiën. Niet zo groot als die van de vakbeweging naar de politiek, maar toch weer een geheel nieuwe wereld. Wim, de ontdekkingsreiziger. Het ministerie aan het Korte Voorhout had toen iets van een bastion: opgetrokken uit strak beton,[1] vol precieze rekenmeesters die gestreng de overige, 'graag belastinggeld uitgevende' Haagse departementen aan de teugels hielden. Of, op zijn minst, geacht werden te houden als de economische ontwikkeling bleef zoals voorspeld, het kabinet zich aan zijn politieke voornemens hield en de eigen bewindsman stevig in zijn schoenen bleef staan. Dit zou tijdens het kabinet-Lubbers/Kok op allerlei manieren beproefd worden. Maar Wim Kok wilde in elk geval een solide en betrouwbaar 'schatkistbewaarder' zijn. Dit vormde een centraal onderdeel van zijn strategische missie. Is hij daarin geslaagd? Welke prijs heeft hij daarvoor betaald? En welke winst heeft hij ermee behaald?

Financiën was voor Kok een bewuste keuze. Ofschoon hij deze voorkeur pas aan het eind van de kabinetsformatie liet blijken, speelde hij al eerder met die gedachte.[2] Financiën bood hem een natuurlijke springplank voor een aantal belangrijke doeleinden. Anders dan Den Uyl, die er in Van Agt II (1981-1982) op hoopte als minister van Sociale Zaken en Werkgelegenheid het PvdA-vaandel hoog te kunnen houden, maar al snel de greep op de politiek van dat kabinet kwijtraakte, wilde Kok nu zoveel mogelijk het stuurwiel in handen hebben.

De verkiezingsuitslag op 6 september maakte een premierschap onbereikbaar, maar met Financiën kwam Kok daar het dichtstbij. Als heer en meester van het begrotingsproces zou hij inzicht in en invloed op het gehele kabinetsbeleid hebben, inclusief het zo cruciale financieel-economische raamwerk. Langs die weg zou hij ook het best greep op premier Lubbers kunnen houden, hem steunen waar mogelijk, maar hem ook tegenspel bieden waar nodig. Dat zou ook daarom uitvoerbaar zijn, omdat hij op Financiën niet slechts een van de zeven PvdA-ministers zou zijn, maar de onbetwiste leider van het sociaaldemocratisch smaldeel. De wijze waarop Den Uyl in 1982 door zijn eigen partijgenoten-minister werd ondermijnd, stond Kok als een schrikbeeld voor ogen.[3]

Voor Kok dus een sleutelrol in het kabinet, onmisbaar voor greep op het politieke proces. Het belangrijkste was echter wel dat hij met deze keuze wilde laten zien dat de PvdA in dit kabinet investeerde en zich ook voor een solide financieel beleid verantwoordelijk toonde. Dit werd zijn belangrijkste missie in Lubbers/Kok. Terecht of ten onrechte was in de laatste decennia het beeld ontstaan dat de PvdA gemakkelijker belastinggeld uitgaf dan het zuinig en zorgvuldig beheerde en pijnlijke keuzen vervolgens uit de weg ging. Dat gold zeker niet voor Koks vroege voorgangers, eerdere ministers van Financiën van socialistische herkomst. Wim Kok was Nederlands zesde 'rode' minister van Financiën.[4]

De socialistische traditie op Financiën

De eerste was Piet Lieftinck. Diens ingrijpende maar verstandige geldzuivering van september 1945 verloste ons land van een enorme 'Duitse inflatie', waarmee hij de financiële basis voor de wederopbouw heeft gelegd. Hij bleef minister tot 1952.[5] Johan van de Kieft (1952-1956) was minder strak in de leer dan Lieftinck, maar zijn 'lossere' hand paste wel bij de sterke economische groei van die jaren: aanzienlijke overschrijdingen op defensie werden toen gemakkelijk opgevangen met de veel hogere dan begrote belastinginkomsten.

Henk Hofstra (1956-1958), belastingspecialist en keynesiaan van financieel-economische opvatting, kwam aan het bewind toen oververhitting van de economie om een 'bestedingsbeperking' vroeg. Hofstra greep stevig in, met bezuinigingen en belastingverhogingen. Het beleid was succesvol, maar de hardheid ervan kostte dit vierde kabinet-Drees in 1958 eerst de steun van de verwante vakcentrale NVV en vervolgens die van de coalitiepartij KVP. Aan het einde van het 'rooms-rode' tijdperk lag onder meer de zuinigheid van deze socialistische minister van Financiën ten grondslag.[6]

Dat was bij Anne Vondeling (1965-1966) op een andere wijze ook het geval. Niet dat hij een verstokt aanhanger van Keynes en een grote overheid was.[7] Maar het kabinet-Cals, waarvan hij vicepremier was,[8] wilde maatschappelijke problemen met meer overheidsuitgaven het hoofd bieden, zij het binnen de grenzen van verantwoord begrotingsbeheer (de 'Zijlstranorm'[9]). In een klimaat van economische oververhitting en sterk oplopende inflatie moest het kabinet financieel ingrijpen door afremming van de overheidsuitgaven en versnelling van de belastingheffing. Dit leidde tot een motie van coalitiepartij KVP met het verzoek aan het kabinet om een betere dekking van de begroting voor 1967, een motie die door premier Cals als een gebrek aan vertrouwen werd gekenmerkt. Toch werd zij aangenomen: het kabinet trad af. Een behoedzaam laverende minister Vondeling ging in de 'Nacht van Schmelzer' ten onder.[10]

Veel beter verliep het Wim Duisenberg, minister van Financiën in het kabinet-Den Uyl (1973-1977). Hij eindigde met een tamelijk onbesmet blazoen. Het was eerder zijn premier wie het imago van 'Sinterklaas' zou aankleven, gespitst als deze was op een sterke groei van uitkeringsniveaus en overheidsuitgaven.[11] Toch had Duisenberg het niet gemakkelijk. Hij werd onmiddellijk op de proef gesteld door de eerste oliecrisis (oktober 1973). De economie kreeg daarvan al snel de negatieve effecten te verwerken, terwijl de overheidsinkomsten door de hard groeiende aardgasbaten (gekoppeld aan de prijs van olie) juist flink stegen. Met meer uitgaven hoopte het kabinet de dreigende 'onderbesteding' het hoofd te bieden en met loonmatiging de inflatie te bestrijden. Toen in de tweede helft van deze kabinetsperiode de economische problemen meer structureel van aard bleken, wilde Duisenberg met de 'eenprocentsnota' de groei van de overheidsuitgaven beteugelen.[12]

Het kabinet ging daarmee akkoord, maar in de praktijk van het progressief regeren werd die norm nogal eens overstegen. Ook Den Uyl drong geregeld aan op aanvullende overheidsbestedingen, iets waaraan Duisenberg niet steeds weerstand wist te bieden.[13] Dankzij extra aardgasbaten en een onverwacht herstel van de internationale economie bleven in 1977 tekort en schuld uiteindelijk nog enigszins binnen de perken. Maar de op gang gebrachte uitgavendynamiek van vertraagd uitwerkende stimuleringsprogramma's droeg er wel toe bij dat de overheidsfinanciën onder het erop volgende kabinet-Van Agt I uit de rails liepen.[14] Mede door zijn 'weerbare' imago werd Wim Duisenberg in 1982 president van De Nederlandsche Bank. Hij zou dit tot 1997 blijven; daarna werd hij de eerste president van de Europese Centrale Bank. Wim Kok kreeg als minister van Financiën en later ook als premier veel met hem te maken: voor de derde keer 'de Twee Wimmen'.[15]

In de 'regeerloze' periode van 1977 tot 1986 (inclusief het kortdurende kabinet-Van Agt II) deed de PvdA weinig om haar reputatie van 'gelduitgever' kwijt te raken. Onder anderen Den Uyl zelf, die in zijn economisch denken achtervolgd werd door de traumatische herinnering aan de onderbesteding van de jaren dertig, greep in zijn oppositionele voorstellen snel naar het middel van overheidsuitgaven om dit schrikbeeld te bestrijden. Met veronderstelde 'inverdieneffecten' kon de economie na enige tijd worden opgekrikt, zo luidde doorgaans de redenering. Dat de situatie in de jaren tachtig – structurele problemen in de economie gekoppeld aan structurele problemen in de overheidsfinanciën – om meer en anders vroeg dan keynesiaanse bestedingsimpulsen, drong maar moeizaam tot Den Uyl en zijn PvdA door.

Het partijrapport 'Om een werkbare toekomst' uit 1984, van het trio Van Kemenade, Ritzen en Wöltgens, dat in de context van herverdeling van arbeid de problemen van de verzorgingsstaat analyseerde, raakte wel aan een deel van de structurele problematiek.[16] Het stuitte bij de partijleiding echter op een doof oor en een blind oog. Pas met het aantreden van Wim Kok als opvolger van Den Uyl trad een verschuiving op: Kok nam afstand van de sterke nadruk op overheidsuitgaven als economisch instrument. Zijn focus lag op industriële vernieuwing en terugdringing van de overheidsschuld. Hij wilde terugkeren naar, wat hij noemde, realistisch begroten.[17]

Wim Kok was geen hemelbestormend econoom. Een hemelbestormer was hij sowieso niet en formeel was hij zelfs geen econoom. Nijenrode had hem wel in de economie onderwezen, maar dat vormde maar een deel van het tweejarig pakket en dit was eerder praktisch dan theoretisch gericht. Latere zelfstudie in 'sociale economie' had zijn kennis van het vak zeker vergroot, evenzeer als de noodzaak als vakverbondsvoorman in de Stichting van de Arbeid en de SER met de werkgevers en economisch deskundigen de degens te kunnen kruisen. Maar getraind in de economische theorie was hij niet echt.[18]

Zo laveerde Kok op pragmatische wijze tussen de 'Amsterdamse' en de Rotterdamse' scholen, tussen het keynesianisme met zijn nadruk op vraagstimulering en een grote collectieve sector enerzijds en het monetarisme dat marktwerking en een kleine overheid predikte anderzijds.[19] Als minister van Financiën deed hij weer veel nieuwe kennis op, maar een aantal grondnoties, sommige zelfs teruggaand tot zijn jeugd, bleven hem sterk bij. Een heel belangrijke: wat je wilt uitgeven, moet je eerst verdienen. In huize Kok moest vroeger immers elk dubbeltje worden omgedraaid.[20]

Natuurlijk doorzag Kok de economisch nuttige functie van lenen. Maar het moest je verdienvermogen niet te boven gaan, anders zou dit grote schade kunnen berokkenen. Zo maakte hij zich voor Nederland ernstige zorgen over de combinatie van oplopende staatsschuld en de hoge rente daarop.[21] Toen hij minister werd, was de post rente groter dan welke andere bestedingscategorie op de overheidsbegroting ook, inclusief onderwijs. Aan rente gaf de staat dus meer geld uit dan aan veel andere nuttige en noodzakelijke bestedingen.

Om die reden onderschreef Kok uit volle overtuiging het regeerakkoord, dat met het oog hierop het begrotingstekort wilde terugbrengen van 5,25 naar 3,25 procent (van het bruto binnenlands product) en wel in jaarlijkse stappen van een half procent. En om het economisch leven meer lucht te bezorgen moesten de collectieve lasten (belastingen en sociale premies vooral) als percentage van ons nationaal inkomen op zijn minst gelijk blijven, niet verder toenemen. Wim Kok zag dit als een 'heilig moeten', voor zichzelf en voor zijn partij.

Vandaar dat Kok bij de eerste tegenvaller onmiddellijk optrad. Nauwelijks op het ministerie aangetreden, werd hij onmiddellijk geconfronteerd met het nieuws dat de begroting voor 1990 (nog door zijn voorganger Ruding opgesteld) een aantal gaten vertoonde. De belastingdienst had 2 miljard minder ontvangen, de uitgaven voor de WIR[22] vielen hoger uit, de rente was gestegen en het financieringstekort bleek groter dan begroot. Dit slechte nieuws van minus 7 miljard gulden had zich in oktober aangediend, nadat in september de begroting aan de Kamer was gepresenteerd.

Maar dit had Koks voorganger Ruding hem niet direct medegedeeld. Op zijn minst niet netjes, vond Kok.[23] Gevolg: Kok moest als de wiedeweerga (nog voor het uitspreken van de regeringsverklaring op 28 november) de begroting aanpassen door demping van 'beleidsintensiveringen' en bezuinigingen op onder andere defensie, subsidies en de prijscompensatie voor rijkspersoneel. Het was pijnlijk zo aan het begin van de rit in de begroting te moeten snijden om de beleidsplannen van het nieuwe kabinet enigermate overeind te houden. Kok goed uit zijn humeur: meteen met 3-0 achter, zoals hij het noemde. Een fraaie binnenkomer voor de nieuwe bewindsman.

Werken aan het Korte Voorhout

Wim Kok werd op Financiën wel vriendelijk maar niet met open armen ontvangen. Daar had hij ook helemaal niet op gerekend. Hij ervoer de ontvangst als professioneel, loyaal en ambtelijk correct. Van ambtelijke tegenwerking heeft hij nooit iets gemerkt, maar hij was zich er terdege van bewust dat onderhuids van zoiets sprake kon zijn. Wat voor vlees krijgen we nu in de kuip, moet toch menig ambtenaar zich aanvankelijk hebben afgevraagd.[24] Niet alleen moest Kok zich op veel terreinen en in veel dossiers volledig inwerken, maar meer nog: zijn dubbelrol van minister en PvdA-leider kon gemakkelijk enige argwaan hebben gewekt. Omgekeerd duurde het geruime tijd voordat Kok jegens zijn ambtenaren zijn natuurlijke wantrouwen had laten varen. De hogere ambtenaren hadden daar overigens meer last van dan de lagere,[25] terwijl Kok op zijn beurt zich sneller openstelde voor inhoudelijk georiënteerde medewerkers dan voor degenen die zich vooral om het beleidsproces bekommerden.[26]

Bovendien nam hij – op suggestie van fractiesecretaris Alders – een politiek assistent mee, een figuur die tot dan op het departement geheel onbekend was. Dit werd Arend Hilhorst, in de Tweede Kamer ook al zijn ambtelijke rechterhand.[27] Deze werd als enig staflid op het 'kabinet van de vicepremier' (een vondst van Kok zelf[28]) geplaatst, maar had zeker in het begin – ondanks Koks toelichting op diens rol en zijn eigen inspanningen om *salonfähig* te worden – de nodige moeite zijn plaats te verwerven. Wel nam Hilhorst meteen deel aan Koks wekelijks beraad met de ambtelijke top (de ministerstaf).

De week begon steeds met een vergadering van de politieke leiding met de ambtelijke top.[29] Daarin werd formeel teruggekoppeld uit de ministerraad van de vrijdag ervoor en werd de weekagenda voor Financiën doorgenomen. Kok werd hier vergezeld door staatssecretaris Marius van Amelsvoort (CDA), die de belastingdienst onder zijn hoede had.[30] Overigens deed Kok in een meer ontspannen sfeer al op vrijdagavond aan zijn topambtenaren verslag van wat in de ministerraad was besproken. Daar vonden, anders dan in de ministerstaf, ook meer diepgaande discussies over beleid en politiek plaats. Overig beleidsoverleg voerde Kok direct met de desbetreffende directeur-generaal (DG). Hij heeft daarnaast wel geprobeerd de verkokering tussen zijn DG's terug te dringen en in de top van het ministerie meer samenhang aan te brengen. Vanzelf versterkte dit de positie van de secretaris-generaal (SG).

Secretaris-generaal was toen Wite Michiels van Kessenich, een aimabele telg uit een Limburgs adellijk geslacht van bestuurders, met wie Kok het goed kon vinden.[31] Na diens overlijden werd in de zomer van 1991 de beter ingevoerde directeur-generaal Rijksbegroting Jan Postma tot SG benoemd. Een andere belangrijke topfunctionaris was Cees Maas, de thesaurier-generaal (TG), die het algemeen financieel-economisch beleid bestierde en Kok ook bijstond in diens internationale en Europese opgaven. Hem komen we nog tegen bij de bespreking van Koks rol in de introductie van de euro in het Verdrag van de Europese Unie.[32] Ook al praatte hij op het departement met de een wat makkelijker dan met de ander, Kok zocht bewust geen vertrouwenspersonen onder zijn ambtenaren. Dat vond hij niet nodig.[33]

Bij zijn aantreden zag Kok geen aanleiding de ambtelijke top te herschikken: die zat naar zijn mening stevig in elkaar. Wel bemoeide hij zich na het vertrek van sommigen van hen met de opvolging van deze functionarissen. Zo benoemde hij in 1991 Geert van Maanen als opvolger van Jan Postma tot DG Rijksbegroting. In hetzelfde jaar werd Dirk Witteveen de nieuwe DG Fiscale Zaken. En in de zomer van 1992, na het vertrek van Maas naar de ING, trok Kok als nieuwe thesaurier-generaal Philips-directeur Henk Brouwer aan. Deze zou voor hem tot een steun en toeverlaat uitgroeien.[34]

Dat Postma, Witteveen en Brouwer allen lid van de PvdA waren, heeft misschien aan hun benoeming bijgedragen,[35] maar doorslaggevend was het niet. Van Maanen was immers christendemocraat. Wat Kok bij hen in de eerste plaats zocht was professionele competentie. Ook al hadden zijn topambtenaren op allerlei manieren met politieke besluitvorming te maken, voor kennis van en inzicht in de politieke verhoudingen was Kok zelf uitdrukkelijk verantwoordelijk. Wat hij wel in hen hoopte aan te treffen was niet alleen een 'uitgerijpte persoonlijkheid',[36] maar ook een brede, politiek-maatschappelijke visie op hun werkterrein. Kon hij daarop vertrouwen, dan gunde hij zijn topambtenaren veel vrijheid.[37] In 1991 trok Kok van buiten het departement een plaatsvervangend thesaurier-generaal aan: Dick Sluimers, een scherp analyticus van liberale snit.[38]

Koks ambtenaren waardeerden hem als een bekwaam en integer bewindsman, gaandeweg vooral in begrotingszaken een kei (ook in de Kamer), bovendien een sterk onderhandelaar.[39] Hij was een harde werker, die bijna niets ongelezen liet en zich doorgaans niet met halve antwoorden tevredenstelde: hij groef door totdat hij tot de kern van de zaak was doorgedrongen. Goedgelovig was hij zeker niet, eerder argwanend, niet in de laatste plaats in zijn relatie met premier Lubbers. Dit maakte hem ook tot een niet zo gemakkelijke beslisser. Zijn besluiten waren doorgaans wel heel grondig doordacht.

Voordat Kok zijn aarzelingen had overwonnen en zich een oplossing volledig eigen had gemaakt, kon hij lang op dilemma's kauwen: hij maakte nogal eens een besluiteloze indruk. Hij stuurde zelfs af en toe een notitie met een voorgestelde beslissing zonder zijn paraaf naar de afzender terug, daarmee de betrokken ambtenaar in vertwijfeling achterlatend: 'wikker en weger' Kok was dan gewoon nog niet aan beslissen toe.[40] Soms nam hij ook geen besluiten, maar stond hij uiteindelijk met de rug tegen de muur dan vielen ze gewoon.

Voelde Kok zich in de Kamer al nauwelijks op zijn gemak,[41] op Financiën had hij al helemaal geen thuisgevoel. Het was zijn wereld niet. Het werd zijn wereld ook niet. Geregeld overviel hij zijn ambtenaren met de vraag: 'En hoe kijkt Financiën hiertegen aan?' Alsof hij van dat ministerie niet zelf de politieke baas was. Een echte teamspeler was hij toch al niet. Maar hier deed hij zelfs geen poging een team te bouwen, laat staan te leiden. Makkelijk in de omgang was Wim Kok ook niet. Waar hij naar buiten toe innemend en zelfs charmant kon zijn, was hij naar binnen toe nogal nurks: stekelige opmerkingen makend en met zijn vingers ongedurig op de tafel trommelend. Veeleisend, beledigend soms.[42] Hij was een moeilijk mens, 'voor zichzelf en voor zijn omgeving'.[43]

Waarin Kok echt uitblonk was zijn politieke focus: inzake het werkterrein van Financiën toonde hij zich buitengewoon scherp in het ontdekken van politieke knelpunten en het vaststellen van politieke kwetsbaarheden.[44] Raadselachtig was het waarom deze antenne hem bij de WAO-kwestie in de steek liet.[45] Zijn ambtenaren vermoedden hierin een gevolg van Koks combinatie van minister van Financiën en politiek leider van de PvdA. Dat hij zijn ministerschap ook met het vicepremierschap combineerde, beviel hun wel: het vergrootte de relevantie van hun werk en het politieke gewicht van hun departement. De minister van Financiën geniet in Den Haag en in het land veel gezag en met Kok was dit niet anders.

Onmisbaar voor Wim Koks functioneren was zijn 'achtervang'. Zijn secretariaat werd bezet door Milly Mensingh en Margot Tijssen.[46] Piet van den Akker was zijn chauffeur[47] en Jan Kathmann zijn kamerbewaarder. Dit team zorgde ervoor dat Kok zijn verbindingen met het 'apparaat' van Financiën kon onderhouden, zijn afspraken met contacten buiten het departement kon nakomen, zijn buitenlandse dienstreizen kon maken, zijn verplichtingen in het parlement kon honoreren en zijn toespraken in de partij en het land kon houden. En ook dat hij de rust kon vinden om zijn stukken te bestuderen en met zijn medewerkers te overleggen. En ten slotte, niet onbelangrijk, dat hij op tijd werd voorzien van zijn natje en droogje. Met echtgenote Rita onderhielden zij ook contact. Soms regelden zij voor hen bij een reisbureau zelfs een vakantie.

Voor zijn secretariaat was Kok juist gemakkelijk in de omgang.[48] Na Ruding, meer een man van de oude stempel, ervoeren Milly en Margot deze nieuwe minister als een sobere, gewone man, zonder veel poeha. Iemand die op zijn eerste werkdag op zoek ging naar de kantine om zijn lunch te kopen, die achter zijn bureau zijn strakke schoenen voor soepele slippers verwisselde, die gaandeweg beter in zijn pakken zat, maar die op het koude departement soms graag een trui aandeed. Die de dienstauto nooit voor privéritten gebruikte, die persoonlijke belangstelling toonde, die nu en dan een grapje maakte, die zich tegenover hen nooit uit zijn humeur toonde en die af en toe naar een voetbalstadion ging. Streng was hij soms wel, maar alleen als ze hun zaakjes niet goed op orde hadden. Met chauffeur Piet schoot hij goed op; in de auto kwam het soms tot levendige gesprekken. Emotie toonde Wim ook: vooral na de plotse dood van SG Michiels van Kessenich in oktober 1990 en na de Bijlmerramp twee jaar later. Beide keren bewees hij eer aan de overledenen en toonde hij zich ontdaan.

Op Financiën besprak Kok ook met collega-bewindslieden hun bijzondere wensen met betrekking tot hun portefeuille en de aan hen ter beschikking gestelde gelden. Of het nu ging om een hoogst wenselijke verhoging van de lerarensalarissen (minister Ritzen), het naar achteren schuiven van de opstartlasten van de Vinex-wijken (minister Alders), het bijplussen voor een bijzonder cultureel project (minister d'Ancona), het opvangen van tegenvallers in de infrastructuur (minister Maij-Weggen) of het verlichten van de administratieve last van groeiende vluchtelingenstromen (staatssecretaris Kosto): steeds moest Kok zich gestreng aan de in het kabinet gemaakte afspraken houden, maar soms kon hij ook wel met zijn hand over zijn hart strijken en in de 'plooien' van de begroting een oplossing zoeken. Gaandeweg werd die ruimte echter veel minder.[49]

Met het toenemen van de economische zorgen en de opeenstapeling van financiële tegenvallers nam het aantal 'biechtstoelprocedures' toe. Om bewindslieden te bewegen nieuwe bezuinigingen voor hun rekening te nemen, werden zij door Lubbers en Kok tezamen apart genomen voor een 'goed' gesprek over de ruimte die zij daarvoor op hun begroting nog zagen en de keuzen die hun daarbij voor ogen stonden. En natuurlijk hadden de 'biechtvaders' ook wel een paar ideeën achter de hand.[50] Zelfs een voorheen onaantastbare begroting als die voor ontwikkelingssamenwerking kwam daarmee steeds meer in de vuurlinie te liggen.[51] Dit betrof niet zozeer directe kortingen op de totale som, maar 'aanslagen' voor verwant geachte kosten zoals de hulp aan Oost-Europa en de financiering van vluchtelingenopvang.[52]

Uiteindelijk deden alle bewindslieden hier loyaal en 'medeverantwoordelijk' aan mee – ze hadden immers het regeerakkoord met zijn financiële doelstellingen alsook de procedure voor de begrotingsdiscipline onderschreven[53] – maar van harte ging het niet. Dit kwam ook door het proces: Lubbers/Kok werd steeds meer een door financiële zorgen beheerst kabinet.[54] Deze gesprekken hield Kok bij voorkeur in het Torentje van het ministerie van Algemene Zaken. Hij wilde hiermee de eenheid van het kabinet in begrotingszaken onderstrepen, het gezag van de premier daaraan verbinden, maar Lubbers ook aan de besluiten houden. Daarbij kwam het Kok goed uit dat hij dan niet zelf de regie hoefde te nemen. Daar hield hij niet zo van: hij reageerde liever secundair.[55]

De terugtredende overheid?

De problemen met 's rijks schatkist konden natuurlijk ook op een andere manier worden verholpen: door overheidstaken 'uit te plaatsen'.[56] Door de crises van de jaren zeventig was de overheid overbelast geraakt. De uitdijende verzorgingsstaat had een groeiende financiële last met zich meegebracht en het verschijnsel van de 'calculerende' burger opgeroepen.[57] Tegelijk had de bestrijding van conjuncturele inzinkingen een steeds groter beslag op de rijksbegroting gelegd. Gevolg: een snel oplopende staatsschuld, zelfs in een land dat boven op een enorme gasbel woonde. Hoe met dit complex van problemen, waaronder ook de toenemende bureaucratisering tussen overheid en burger, om te gaan?

Sinds de oorlog was de heersende benadering die van het keynesianisme, dat in een economische neergang financiële impulsen van de overheid predikte alsook een vergroting van de collectieve sector en steunverlening aan de werkgelegenheid. Dit vormde de gereedschapskist van de 'Amsterdamse' economische school. Maar werkte dit recept nog wel in tijden van industriële afbraak en nieuwe internationale concurrentieverhoudingen?[58] Was het afkalvend economisch fundament nog wel opgewassen tegen de eisen van de verzorgingsstaat? Was de verleiding om ook in economisch betere tijden meer geld dan nodig uit te geven voor menig keynesiaan niet te groot? Dit laatste verwijt trof vaak de PvdA, die veel aanhangers van deze denkrichting telde.

Een andere aanpak bood de 'Rotterdamse' economenschool.[59] Deze benadering spiegelde zich aan het 'monetarisme' van het in Amerika en Groot-Brittannië snel populair geworden 'neoliberalisme'.[60] Overheden moesten zich volgens deze leer niet te buiten gaan aan te veel geld uitgeven; dat zou maar inflatie aanwakkeren en in de economie een noodlottige loon-prijsspiraal op gang brengen. Overheden moesten hun begroting op orde houden en de economie aan de werking van de vrije markt overlaten. Veel overheidsfuncties zouden bijvoorbeeld aan particuliere ondernemers kunnen worden overgelaten. Zelfs het probleem van werkloosheid zou zichzelf langs de weg van vraag en aanbod op de arbeidsmarkt kunnen reguleren.

Zonder dat deze tweede denkrichting in Nederland meteen dominant was geworden, hadden de eerste twee kabinetten-Lubbers wel een begin gemaakt met het afstoten van staatsbedrijven en overheidsdiensten.[61] Met vooral Lubbers, Ruding en Smit-Kroes als beeldbepalende bewindslieden waren dit 'Rotterdamse' kabinetten, vol van 'grote operaties' om de overheid te doen afslanken.

In een regeringsnota over het beleid inzake staatsdeelnemingen van 1985 heette de keuze zelfs: 'afstoten, tenzij'. In 1989 werd de PTT verzelfstandigd om vijf jaar later als KPN geheel geprivatiseerd te worden.[62] De aandelen ervan werden aan de Amsterdamse aandelenbeurs geplaatst. Met dit 'volkskapitalisme' werd door de staat geld verdiend en kon de rijksbegroting worden verlicht. Aldus werden markten vrijgemaakt ('geliberaliseerd') of zelfs geheel nieuwe geschapen.

Hoe stond Wim Kok nu in deze discussie? Hoe ging hij er als minister van Financiën mee om? In zijn fundamentele Nijmeegse rede van 6 juni 1989 ging hij in op de (wat hij toen noemde) neoconservatieve en monetaristische kritiek op de verzorgingsstaat en het daarmee verbonden economisch denken van de sociaaldemocratie: 'Een overmaat aan bureaucratie, een overbelasting van de overheid, een te hoog niveau van collectieve lasten en een te egalitaire politiek, [...] zelfs een crisis van de democratie en de onregeerbaarheid van de westerse landen.'[63]

In antwoord op deze scherpe kritiek meende Kok dat de sociaaldemocratie zich die wel degelijk had aangetrokken: 'De speurtocht naar vernieuwing in een gewijzigde maatschappelijke context bewijst dat de sociaaldemocratie de kritiek niet gemakzuchtig naast zich neer heeft gelegd in afwachting van betere tijden. Ze heeft een scherp oog voor overreglementering door de overheid, voor de noodzaak van een stringente bewaking van het financieringstekort en sanering van de staatsschuld, voor de wederkerigheid van plichten en rechten in de sociale zekerheid.'

Verderop in deze rede vervolgde Kok met: 'Economische kracht is [...] een doelstelling op zichzelf. [...] Het is een illusie te denken dat wij zonder een concurrerend en innoverend bedrijfsleven uit de voeten kunnen.' Maar: 'We zetten ons af tegen de neoconservatieve stelling dat elke vorm van collectieve verantwoordelijkheid de werking van de markt ontregelt en negatieve economische consequenties heeft.' Koks conclusie: 'Zeker, economische welvaart wordt mede tot stand gebracht door de werking van de markt, dat is een uitgangspunt. Daarom is een terughoudende overheid van belang, die zichzelf budgettaire discipline oplegt, het financieringstekort beperkt houdt en de staatsschuld vermindert.'

De aanstaande minister van Financiën (toen nog toekomstmuziek natuurlijk) werd aan het slot van de rede toch nog door de politiek leider van de PvdA ingehaald: 'Sociaaldemocratie betekent voor mij het hardnekkige streven naar rechtvaardige verdeling van ontplooiingskansen. Dat heeft enkel kans van slagen in een levendige democratische omgeving. Wie streeft naar een verdere spreiding van macht, aanvaardt daarmee dat velen meespreken, meebeslissen en dat politieke partijen gehouden zijn aan een terughoudende uitoefening van macht. Dat is iets anders dan zich verschuilen achter dogma's als de terugtredende overheid. Uiteindelijk verwachten burgers een daadkrachtige overheid op gebieden als milieubeleid, criminaliteitsbestrijding en verbetering van het onderwijs.'

Het is duidelijk dat Kok gevoelig was voor de kritiek op een buiten haar oevers tredende overheid. Dat sloot aan bij de zuinige opvattingen die hij van huis uit had meegekregen alsook bij latere ervaringen die hij aan het einde van zijn vakbondstijd had opgedaan.[64] Wat dat betreft behoorde hij niet tot de Amsterdamse economische school. Maar een monetarist uit Rotterdam was hij zeker ook niet. Hij bleef wat hij gaandeweg was geworden: een ideologisch pragmaticus.

Wat hem werkelijk dreef waren niet de instituties van het politiek-economisch proces, maar de uitkomsten ervan: werk voor allen die kunnen werken, sociale zekerheid voor allen die die niet op eigen kracht kunnen verwerven, gematigde inkomensverschillen zonder armoede, onderwijs, wonen en zorg voor iedereen toegankelijk, en natuurlijk democratische verhoudingen. De overheid moest aan dit alles dienstbaar zijn, wat echter niet inhield dat zij deze 'goederen' ook zelf moest leveren. Het moest in de eerste plaats doeltreffend gebeuren.[65] Een deel ervan zou zeker ook uit de markt kunnen komen, als deze dit doelmatiger deed dan de overheid. Zolang de voorwaarden maar deugden en de burger er beter van werd. Daar ging het Wim Kok om.

Een rede uit april 1992 maakte dit glashelder. Kok was uitgenodigd door de Vereniging van Bestuurskunde te komen spreken op een congres over 'Verzelfstandiging van overheidsdiensten'. Zijn speech bouwde voort op de notitie over verzelfstandiging en privatisering die hij op 3 juli 1990 naar de Kamer had gestuurd.[66] Wat onmiddellijk opvalt is dat Kok verzelfstandiging van overheidstaken niet alleen, of zelfs maar in de eerste plaats, in het licht van de overheidsbegroting zag. Hij bezag het hele vraagstuk vooral in het kader van een optimale organisatie van de overheidsdienstverlening. Sommige nationale taken konden wellicht beter op Europees niveau worden uitgevoerd, andere misschien beter door gemeenten of nog kleinere lichamen, zoals de stadsdeelraden. Nationale taken zouden bovendien kunnen worden gebundeld (schaalvergroting), andere juist opgesplitst (schaalverkleining).

Verzelfstandiging van overheidsdiensten moest, volgens Kok, in deze samenhang een plaats krijgen. 'Daarom is het ook van belang dat wij heel pragmatisch aankijken tegen de verschillende vormen van verzelfstandiging. Het is daarbij niet aan de orde om verzelfstandigingsalternatieven a priori uit ideologische motieven af te wijzen of te bevoordelen. Zo kan externe verzelfstandiging van overheidstaken, waaronder privatisering, in sommige gevallen een nuttige functie vervullen en een belangrijke bijdrage leveren aan de doelmatigheid van de taakuitoefening.'[67]

Bij doelmatigheid draaide het om optimale bedrijfsvoering. Maar zolang de betreffende voorzieningen collectief bekostigd werden, speelden, volgens Kok, de ministeriële verantwoordelijkheid en de democratische controle ook een grote rol. Daarnaast telden rechtszekerheid en toegankelijkheid mee en – in toenemende mate Europees overeengekomen – gelijke concurrentieverhoudingen. De overheid was echter niet in de eerste plaats een bedrijf. Vandaar ook dat Kok het 'agentschap' in het leven riep.[68]

Of overheidstaken buiten de overheidsorganisatie moesten worden geplaatst of juist daarbinnen moesten blijven, al dan niet met een verzelfstandigde status, zag Kok dus vooral als een kwestie van pragmatische, maar zorgvuldige afweging. Daartoe behoorde in 1994 dus kennelijk ook het besluit tot privatisering van KPN, wat zich onder andere met het innovatieve karakter van de telecommunicatie liet rechtvaardigen.[69] Dit besluit vormde overigens het sluitstuk van een proces dat al vóór Lubbers/Kok in gang was gezet.

Het latere verwijt aan Kok dat hij de publieke sector met een 'make-over' zou hebben verkwanseld en grotendeels in de uitverkoop zou hebben gedaan,[70] gold in elk geval nog niet voor het kabinet-Lubbers/Kok. De term privatisering kwam in het regeerakkoord van 1989 zelfs niet voor. Ik kom in het tweede deel van deze biografie terug op dit prangende vraagstuk. Voorlopig staat echter de typerende uitspraak van Kok: 'Bij mij brandt niet het heilige vuur voor privatisering dat bij het vorige kabinet aanwezig was.'[71]

Van de Tussenbalans naar het kwartje van Kok

Kok zag privatisering dus niet als melkkoe voor de rijksbegroting, in elk geval niet ongericht. Maar ergens moest het geld wel vandaan komen. De overheidsfinanciën waren immers nog lang niet in veilige haven. Het tweede kabinet-Lubbers had het op dit vlak niet bijzonder goed gedaan. Ondanks een gunstige economische wind – met stevige groei, vooral in 1988 en 1989 – was de huishouding van de staat nog niet op orde. De collectieve uitgaven en collectieve lasten waren slecht onder controle en het financieringstekort was in 1989 nog steeds hoger dan toen dit kabinet in 1986 van start ging: zo'n 5,7 procent.

De werkgelegenheid nam toen weliswaar toe, maar de economie bleef gekenmerkt door grote inkomensafhankelijkheid, inactiviteit en verborgen werkloosheid. Het kabinet ontnam zichzelf ook de nodige financiële ruimte door een omvangrijke belastingverlaging in gang te zetten (plan-Oort).[72] Waar het op economische daadkracht aankwam was Lubbers II geen schim van Lubbers I. PvdA-fractiewoordvoerder Melkert gaf blijk van een vooruitziende blik toen hij in september 1989, tijdens de formatie van Lubbers/Kok, vaststelde: 'Een omvangrijke financieringsproblematiek is naar het volgende kabinet doorgeschoven.'[73]

Het werd allemaal nog erger – en voor Wim Kok bitterder – toen bij het aantreden van het kabinet bleek dat de cijfers van scheidend minister Ruding nog een groot gat vertoonden: minder belastinguitkomsten, een omvangrijker dan voorziene nasleep van de al afgeschafte Wet op de Investeringsrekening (WIR) en nog wat kleiner ongerief. Gevolg: het financieringstekort lag nog iets hoger dan was voorgespiegeld. Het nieuwe kabinet wist van niets[74] en moest meteen het juk van de begrotingsdiscipline ondergaan. Kok werd van partijleider binnen de kortste keren minister van Financiën.[75]

Met behulp van een 'Startbrief'[76] en vervolgens een 'Najaarsnota'[77] bracht Kok zijn kabinetscollega's en met hen het parlement en het gehele land van het slechte nieuws op de hoogte. Enkele stevige ingrepen waren daarbij inbegrepen. Zo schoof hij het vooral door de PvdA zo omarmde nieuwe beleid deels naar achteren met het argument dat dit toch nog niet op 1 januari 1990 van start had kunnen gaan. Niet onbelangrijk echter: Kok wist hiermee de raming van het financieringstekort voor 1990 terug op 5,25 procent te krijgen, precies waar het regeerakkoord de terugdringing ervan wilde laten beginnen.[78]

Met deze 'halvering van de sociale vernieuwing', vooral voor de PvdA een bittere pil, zette Kok de toon. Als het moest, gingen de cijfers voor. Hoe belangrijk ook, het ging echter om meer dan de cijfers. Daarachter ging zijn echte politieke missie schuil: de PvdA moest weer een 'natuurlijke', geloofwaardige want verantwoordelijke regeringspartij worden. Dat daarmee niet het gehele verhaal over Kok als minister van Financiën is verteld, moge echter blijken uit de geschiedenis van de Tussenbalans.

De '*midterm review*', die in het regeerakkoord was afgesproken om na twee jaar de gemaakte afspraken nog eens tegen het licht van de dan geldende financieel-economische situatie te houden, werd naar voren gehaald. Dat werd februari 1991, omdat een scherpe klimaatverandering daarom vroeg. Was 1990 nog grotendeels een jaar van stevige groei (4,2 procent) geweest en was ook de begroting voor 1991 (in september 1990 bij de Kamer ingediend) nog van een tamelijk zonnige toekomst uitgegaan,[79] in de herfst van dat jaar draaide het beeld plotseling. In zijn 'Kurhausrede' van 31 oktober waarschuwde Wim Kok voor sterk tegenvallende cijfers: 1991 zou een moeilijk jaar worden.[80]

Wat was de verklaring voor deze scherpe wending? Allereerst waren aan de internationale horizon wolken verschenen. De economische conjunctuur in Amerika en Engeland was over haar hoogtepunt heen, terwijl de kosten van de Duitse hereniging hoger dan verwacht beloofden uit te vallen. Bovendien had de verovering van Koeweit door Irak in de zomer van dat jaar de prijs van olie opgejaagd en de internationale verscherping van dit conflict kon dat probleem nog verergeren. In combinatie met een hogere prijs voor kapitaal (de rente) zou dit complex van factoren afbreuk doen aan het weerstandsvermogen van bedrijven. Dit dreigde ook sociale gevolgen te hebben: ontslagen en oplopende werkloosheid. Maar het grootste probleem diende zich aan in de staatsfinanciën.

Het hoger dan verwachte rentepeil (circa 9 procent) zorgde bij een grote staatsschuld en een toch al te hoog financieringstekort voor een stevige tegenslag. Het regeerakkoord was immers van zo'n 6 procent uitgegaan.[81] Daarbovenop kwamen tegenvallende belastinginkomsten (de bedrijven maakten minder winst) en een verwachte contractloonontwikkeling die extra druk zou zetten op de overheidsbegroting: hogere salarissen voor ambtenaren (via het herstelde trendbeleid) en hogere sociale uitkeringen (via de herstelde koppeling met de lonen in de marktsector). En daar kwam dan nog eens de toeloop naar de sociale zekerheid bovenop. De werkgelegenheid was weliswaar toegenomen, maar niet voldoende om het nog sterker groeiende beroep op (vooral) ziekte- en arbeidsongeschiktheidsvoorzieningen af te remmen. Alles bij elkaar zou het, in Koks woorden, 'de komende tijd guurder weer worden'.

Dit vormde de aanzet voor een politiek proces dat bij elkaar ruim drie maanden in beslag zou nemen. Het ging tenslotte niet om een paar verschijnselen waaraan de minister van Financiën met het 'draaien aan enkele knoppen' het hoofd kon bieden.[82] Door de verwevenheid met allerlei terreinen van het kabinetsbeleid en de gevolgen voor de coalitieafspraken daarover, zou het al snel blijken neer te komen op een overleg over een 'hernieuwd' regeerakkoord. Het vergde dus intensief overleg, zowel in het kabinet als met en tussen de twee regeringspartijen. Premier Lubbers speelde een belangrijke rol in dit proces.

In januari 1991, tijdens het reces van de Kamer, vergaderde het kabinet bijna een week aan één stuk door. Naast de Golfoorlog[83] ging het daarbij praktisch steeds over invulling van de Tussenbalans. Wim Kok had daarover aan zijn collega's een oriënterende brief geschreven, de andere ministers hadden schriftelijk hun eigen bezuinigingsmogelijkheden verkend, terwijl topambtenaren van verschillende departementen in de Centrale Economische Commissie (CEC) hun strenge licht op de problematiek hadden laten schijnen.[84] Het was een complexe zaak.

Kok ging er ook mee de boer op. Zo sprak hij op 2 februari het congres van de PvdA toe, en hield hij op 18 februari op Nijenrode – op de drempel van het definitieve kabinetsbesluit – de Prins Bernhardlezing.[85] Er viel immers veel aan te kondigen en uit te leggen. En het betrof meer dan bezuinigen. Er moest ook een klemmend beroep worden gedaan op gezamenlijke verantwoordelijkheid: 'Samen de schouders eronder zetten.'

Het ging Kok om het vergroten van de werkgelegenheid via matiging van de lonen en het ontwikkelen van specifiek arbeidsmarktbeleid. Vermindering van de uitgaven voor de sociale zekerheid liep immers vooral via het bieden van werk: 'Dat was de koninklijke weg.' Het ging hem ook om een doelmatiger en doeltreffender overheid: meer investeren in de economische, ecologische maar ook sociale infrastructuur van Nederland. Gesneden moest daarentegen worden in overbodige bureaucratie en ondoelmatige subsidies. Zo kondigde Kok een terugdringing van de overheidsbijdrage aan de volkshuisvesting aan, voor eigenaren zowel als huurders. En zo wilde hij dat het toenemende wegverkeer meer richting openbaar vervoer werd geleid. De Tussenbalans als opdracht tot evenwicht.

Daarbij hoorden natuurlijk ook gelijkwaardige inkomensverhoudingen: een evenwichtige spreiding en verdeling van lusten en lasten. Juist daarom was dit van belang, omdat er van koopkrachtbehoud niet of nauwelijks sprake kon zijn. De mensen met lage inkomens moesten worden ontzien. 'Daaraan wil ik graag dat dit kabinet wordt herkend.' Over de steeds nijpender wordende problemen in de sociale zekerheid sprak politiek leider Wim Kok toen echter niet.[86] Dat zou hem in de WAO-crisis nog berouwen.[87]

Na veel gedelibereer in de coalitie en groeiend ongeduld bij de oppositie in de Kamer kwamen Lubbers en Kok op 19 februari met hun Tussenbalans.[88] Het was inderdaad een verhaal met verschillende problemen, oorzaken en oplossingen. De hoofddoelstellingen van het kabinetsbeleid bleven overeind: voortgaande verlaging van het financieringstekort en stabilisatie van de collectievelastendruk. De nadruk bleef liggen op vergroting van de werkgelegenheid en behoud van een gelijkwaardige inkomensontwikkeling. Voor dat eerste werd een beroep op sociale partners gedaan om de lonen te matigen en meer aan scholing en opleiding te doen. Voor dat laatste werd in de loon- en inkomstenbelasting de belastingvrije voet verhoogd. Maar voor een dreigende problematiek die vooral de staatsfinanciën betrof, werd er een stevig beroep op burgers en bedrijven gedaan.

Het betrof een financieel 'gat' van, oplopend tot 1994, ruim 17 miljard gulden, voor die tijd een formidabel bedrag. Bijna 13 miljard daarvan werd gezocht in bezuinigingen op de overheidsuitgaven, ruim 4 miljard juist in verhoging van de overheidsinkomsten. Dat laatste werd gevonden in zwaardere lasten voor wonen (huren en huurwaardeforfait) en mobiliteit (de motorrijtuigenbelasting en de tarieven voor het openbaar vervoer) alsook een relatief klein bedrag (500 miljoen) door de verkoop van staatsdeelnemingen. Ook werd de belastingaftrek op rentekosten en consumptief krediet verminderd en ging een btw-verlaging niet door. De vermindering van uitgaven werd bijeengesprokkeld door flink te korten op subsidies, in te zetten op een doelmatiger overheid (negenduizend arbeidsplaatsen), de defensiebegroting te moderniseren, de ontwikkelingssamenwerking van kapitaalmarktleningen te ontdoen, de opvang van asielzoekers beter te organiseren et cetera.

En als grootste taakstelling: een nog niet ingevulde stelpost voor de beperking van de kosten voor de sociale zekerheid (3,8 miljard gulden). Daarvoor werd eerst bij de Sociaal-Economische Raad advies ingeroepen.[89]

Lubbers en Kok presenteerden de Tussenbalans niet alleen als oplossing van een probleem, maar ook als een kans voor de toekomst. Vooral Wim Kok zag deze 'TuBa' als een mogelijkheid om in moeilijke tijden de steven te wenden en koers te zetten naar minder consumptie en meer investeringen. De overdrachtsuitgaven werden verminderd, maar de 'beleidsintensiveringen' voor sociale vernieuwing, bestrijding van de milieuvervuiling en versterking van de fysieke infrastructuur bleven in deze operatie immers rechtovereind. Er was niet met de 'kaasschaaf' op de hele begroting bezuinigd, maar met beleid.

Die boodschap kwam echter niet goed over. In de media werd de Tussenbalans met weinig enthousiasme ontvangen, bij rechts nog minder dan bij links.[90] In het parlement ging het op voorspelbare wijze niet veel anders. Te weinig en te laat, bovendien verkeerd gekozen, was kort samengevat het oordeel van VVD-fractievoorzitter Bolkestein. Die presenteerde de dag voor het Kamerdebat zelfs een 'alternatieve' Tussenbalans, met meer bezuinigingen en minder belastingen. D66-leider Van Mierlo was ook kritisch maar milder in zijn oordeel. Die vroeg zich af wat nu de staatsrechtelijke waarde van de Tussenbalans was: een vervanging van het regeerakkoord of niet meer dan een aanvulling erop? CDA-leider Brinkman gaf daarop het praktische antwoord. Hij steunde globaal het resultaat van de TuBa, maar wilde dat bij de begroting voor 1992 graag terugzien in harde keuzen. Alleen PvdA-voorman Wöltgens verleende Kok zonder veel reserve de steun van zijn fractie.[91]

Dat deden de kiezers echter niet. Op 6 maart vonden verkiezingen voor de Provinciale Staten plaats. Had de PvdA daarbij vier jaar ervoor, in 1987, nog een uitstekend resultaat behaald,[92] nu betekende de uitslag weer een duikvlucht naar beneden. De partij liep terug van 33 naar 20,6 procent van de stemmen. Nog iets slechter zelfs dan bij de ook al dramatische Statenverkiezingen van 1982, toen Den Uyl de grootste moeite had in het kabinet-Van Agt II het hoofd boven water houden.

In alle provincies leed de PvdA forse verliezen, alleen in Groningen en Drenthe bleef zij de grootste partij. In Kamerzetels geteld zou zij nu zeventien zetels kwijtraken, van 49 naar 32.[93] Teleurstelling en desinteresse waren de belangrijkste verklaringen: veel PvdA-kiezers waren deze keer thuisgebleven[94] of hadden hun stem aan D66 gegeven. Een radicalisering naar links was niet opgetreden (GroenLinks verloor zelfs) en naar rechts slechts in geringe mate: de VVD won enigszins en de Centrumdemocraten kropen van 0,3 naar 1,0 procent. Een tot 1994 durende trend was ingezet.[95]

De neergang zou met de WAO-crisis nog verhevigen.[96] Toen kreeg de PvdA het vooral aan de linkerzijde voor haar kiezen. Twee maanden eerder kwam de tegenwind vooral van een andere zijde. De voor 1 juli voorgenomen verhoging van de benzineaccijns met 18,3 cent en van de dieselaccijns met 7 cent werd door ochtendblad *De Telegraaf* al snel het 'kwartje van Kok' gedoopt.[97] BOVAG-RAI organiseerde zelfs een handtekeningenactie. In een later Kamerdebat haalde Kok het aldus beladen onderwerp weer wat naar zich toe: 'Het kwartje van Kok – niet gek voor iemand die voor een dubbeltje is geboren.'[98]

Een bedoeling erachter – afremming van de verkeersmobiliteit ten gunste van het milieu en het openbaar vervoer – werd geheel miskend: het zou hier slechts om een ordinaire greep in de portemonnee van de autorijder gaan. Ook de ANWB voegde zich bij dit koor, dat nog jarenlang bleef doorzingen en dat Kok veel electorale last heeft bezorgd. Maar dat had hij zichzelf ook wel een beetje op de hals gehaald toen hij in 1991 over een eventuele latere afschaffing met karakteristieke omhaal van woorden zei: 'Ik sluit het niet uit, maar ik zeg het ook niet toe.'[99]

Naar Europees geld

In 2002, enkele ogenblikken na het begin van het nieuwe jaar, haalde in Maastricht een glunderende Gerrit Zalm de eerste eurobiljetten uit een geldautomaat in de muur. Iets meer dan tien jaar eerder, in hetzelfde Maastricht, had zijn voorganger Wim Kok daarvoor de formele basis gelegd. In december 1991, toen Nederland voorzitter van de Europese Gemeenschap was, schreef Kok de Economische en Monetaire Unie (EMU) in het Europees Verdrag. Daarmee gaf hij een belangrijke impuls aan de Europese integratie. Natuurlijk had hij dit niet allemaal zelf bedacht. Het verhaal ging minstens twintig jaar terug en zonder de val van de Berlijnse Muur had het vermoedelijk nog langer geduurd.

Het eerste besluit tot de EMU viel in 1969 op de Europese Top in Den Haag. Frankrijk drong al langer aan op een zelfstandiger Europees monetair beleid, zowel om de dollarpolitiek van Amerika tegenwicht te bieden als om het economisch weer machtige Duitsland in te kapselen. De financiële beslissers in de Bondsrepubliek voelden daar helemaal niets voor: daarvoor moesten de economieën van de EG-landen veel dichter naar elkaar zijn toegegroeid. Een politieke overweging gaf echter de doorslag. De nieuwe bondskanselier Willy Brandt koesterde grootse plannen voor een nieuwe 'Ostpolitik', met taaie onderhandelingen met de Sovjet-Unie over praktische regelingen met de Oost-Duitse DDR in het vooruitzicht. Om hiervoor de ruimte te verkrijgen moest hij in het Westen – bij de NAVO en de EG – eerst vertrouwen en ruggensteun verwerven. In die context gunde

Brandt Frankrijk de zo gewenste Economische en Monetaire Unie.[100]

In de jaren erna legden de rapporten-Werner en -Tindemans de eerste conceptuele fundamenten voor het bouwwerk van zo'n EMU. Ook boden de onstuimige jaren zeventig – toen de Verenigde Staten zich onder invloed van de Vietnamoorlog en twee oliecrises aan hun monetair wereldleiderschap onttrokken – ruimte voor Europese oefeningen in samenwerking op dit gebied. Eerst vormden zij de 'slang': een afspraak om hun wisselkoersen binnen een beperkte bandbreedte te houden. Deze hield het echter niet lang vol. Verschillen in economische omstandigheden en financieel beleid maakten dat eerst Groot-Brittannië, toen Italië en uiteindelijk Frankrijk uit dit arrangement stapten. De Benelux-landen, Denemarken en de Bondsrepubliek hielden eraan vast, plus nog een aantal niet-lidstaten van de EG.[101] Met de Europese Gemeenschap had de slang dus niet veel meer te maken, en met de EMU, die er in tien jaar had moeten komen, misschien nog minder.

In 1978 gaven opnieuw politieke overwegingen aanleiding tot de oprichting van het Europees Monetair Stelsel (EMS). Verlies aan vertrouwen in de geloofwaardigheid van de Amerikaanse president Carter en de wens om de stagnerende Europese integratie een krachtige nieuwe impuls te geven, brachten de Franse president Valéry Giscard d'Estaing en de Duitse bondskanselier Helmut Schmidt ertoe zowel op monetair als op defensiegebied nauwere Europese samenwerking te zoeken. Hoewel de Fransman niet echt kreeg wat hij zocht (ofschoon de Duitser bereid bleek hem dit te geven), namelijk grotere tegemoetkomendheid tegenover landen met een chronisch tekort op hun betalingsbalans (de Duitse Bundesbank en ook De Nederlandsche Bank wilden hun onafhankelijkheid niet opgeven), kwam het EMS toch tot stand en bleef het tot in het begin van de jaren negentig functioneren. Belangrijkste reden hiervoor: in 1983 koos Frankrijk voor prijsstabiliteit als belangrijkste overweging voor zijn monetaire beleid. Met een '*franc fort*' dook de Franse inflatie naar beneden en ging deze op de 'harde' D-mark en gulden lijken. Toch bleef Frankrijk afhankelijk van Duits monetair beleid.

Onder leiding van de nieuwe Commissievoorzitter (en vorige Franse minister van Financiën) Jacques Delors begon de Europese integratie aan een geheel nieuwe fase.[102] Met de Europese Akte van 1985 werd het Verdrag versterkt, met verwijzingen naar de EMU en samenwerking bij het economisch en monetair beleid. En met een Witboek ging de EG werken aan een voltooiing van de Europese interne markt, inclusief vrijmaking van het kapitaalverkeer ('Europa 1992'). De veranderende situatie in de Sovjet-Unie deed Duitsland vervolgens weer verlangen naar een dynamischer, politiek wendbaarder Europese Gemeenschap. Kanselier Helmut Kohl sprak zich in 1985 uit voor een politieke unie, terwijl zijn minister van Buitenlandse Zaken Genscher in 1987 voor een monetaire unie pleitte. Intussen streefde de Franse politiek het instellen van een gemeenschappelijke monetaire instantie na, een Centrale Europese Bank. De Fransen wilden onder het juk van de Bundesbank uit.

De Europese Raad van juni 1988 in Hannover stelde de werkgroep-Delors in om 'te onderzoeken hoe een Economische en Monetaire Unie kon worden verwezenlijkt [...] en concrete stappen voor te stellen die tot deze unie zouden voeren'. Met de presidenten van de nationale centrale banken (ook Wim Duisenberg) aan boord kwam Delors tot een gezaghebbend, want unaniem rapport. Het sprak zich uit voor één Europese munt en stelde dat één markt en één munt beperkingen voor het beleid van de lidstaten met zich mee zouden brengen. Ook volgde Delors de Duitse en Nederlandse wens dat prijsstabiliteit de voornaamste doelstelling van de Europese Centrale Bank diende te worden en dat zij onafhankelijk van de politiek moest zijn. Om het hogere Europese doel te bereiken was Delors bereid Franse wensen terzijde te schuiven. De Europese Raad sloot zich hierbij aan.

En toen viel de Muur en opende zich het uitzicht op Duitse hereniging. Bondskanselier Helmut Kohl presenteerde hiervoor zijn 'tienpuntenplan' en, na enige aarzeling, sloot de Franse president François Mitterrand zich hierbij aan. Maar wel op voorwaarde van verdere Europese verankering van dit nieuwe Duitsland. De EMU was daarvoor het Franse wapen en dus moest het Europees Verdrag met spoed worden aangepast. Op 8 en 9 december, een maand na de val van de Muur, besloot de Europese Raad in Straatsburg dat voor het einde van 1990 een Intergouvernementele Conferentie (IGC) van start moest gaan, die de noodzakelijke verdragswijziging moest voorbereiden. En daarmee kwam Wim Kok volop in beeld. Daar zorgde Jacques Delors wel voor.

Tijdens een etentje à trois (TG Cees Maas was de derde deelnemer) in een Straatsburgs restaurant deelde Delors toen met Kok zijn omvattende visie op een versterkt Europa en hoe belangrijk economische en monetaire integratie daarvoor zou zijn. Delors, die Kok uit vakbondscontacten en diens parlementaire tijd goed kende,[103] zag het liefst dat een EMU-verdrag in de tweede helft van 1991 onder het Nederlands EG-voorzitterschap tot stand kwam.[104] Die belangrijke taak wilde hij graag zijn aan zijn vriend Wim toevertrouwen, want deze zou dan de voorzitter zijn van de IGC en van de EG-Raad van ministers van Financiën. Kok zou dus voor de Europese monetaire integratie een sleutelpositie gaan innemen en, als het ware, de vroedvrouw van de EMU en de euro worden. Voor zover deze overtuigde Europeaan van het belang hiervan nog overtuigd moest worden, werd hij het wel die avond in Straatsburg.[105] Hier ging Kok geheel om en voegde hij zich in het Europese huis dat Delors bezig was te bouwen.[106]

Dit betekende echter niet dat Kok geheel voorbijging aan de bezwaren die tegen de EMU leefden en zeker tegen een gemeenschappelijke munt werden ingebracht. Volgens een mening die sterk leefde bij De Nederlandsche Bank en zijn eigen ministerie van Financiën, maar ook door menig economisch deskundige werd gedeeld, waren de culturele en politiek-economische verschillen tussen de EG-lidstaten eenvoudigweg te groot om zoiets vergaands te kunnen bouwen. Om het project een kans op duurzaam succes te bieden zou moeten worden gewacht totdat de EG, door de werking van de interne markt en door ander gemeenschappelijk beleid, veel meer innerlijke eenheid zou vertonen. Daartoe zou de samenwerking stapsgewijs moeten worden geïntensiveerd, totdat uiteindelijk tot de invoering van een gemeenschappelijk monetair stelsel en een euro[107] kon worden besloten: de kroon op het werk. Met deze 'kroningstheorie', die ook door enkele ministers van het kabinet (Andriessen, De Vries) werd aangehangen, zou Nederland nog lang de zeggenschap over het eigen geld kunnen behouden.

Kok toonde zich niet ongevoelig voor deze denkwijze. Zijn natuurlijke behoedzaamheid vocht hier om de voorrang met zijn Europese overtuigingen. Het gevolg was dat hij op twee paarden tegelijk ging wedden. Aan de ene kant omarmde hij de Europese logica van een Economische en Monetaire Unie en droeg hij deze in de Kamer en op allerlei podia in het land uit.[108] Dit verbond hij doorgaans ook met een krachtig pleidooi voor een Europese (Politieke) Unie, waarin de EMU een plaats moest krijgen en waarover een tweede Intergouvernementele Conferentie gehouden ging worden. Ook daarover uitte hij zich doorgaans in krachtige, federalistische bewoordingen.[109] Daarmee hield Kok zich niet alleen aan de lijn van zijn kabinet en zijn partij, maar sloot hij ook nauw aan bij de visie van Helmut Kohl. Voor deze Duitse kanselier was de monetaire unie een zaak van oorlog en vrede en een politieke unie dan ook een voorwaarde voor de totstandkoming van de EMU.[110]

Tegelijk hield Kok in de praktijk enige afstand tot de Nederlandse bemoeienis met de Europese Politieke Unie en wist hij 'zijn' EMU dan ook te vrijwaren van de Haagse en Brusselse stormen waarin het Nederlands voorzitterschap daarmee terechtkwam. Op 30 september 1991 ('Zwarte Maandag') sneuvelde het Nederlandse voorstel voor een nieuw verdrag en leed het kabinet – vooral minister Van den Broek en staatssecretaris Dankert, maar eigenlijk ook premier Lubbers – een smadelijke nederlaag.[111] Kok wist van de bezwaren die bij zijn eigen staf en bij De Nederlandsche Bank (alsook bij hun Duitse collega's) tegen een te zeer gepolitiseerde EMU leefden. Hij gaf zijn ambtenaren – vooral Cees Maas en Bernard ter Haar – bij de eerste ambtelijke voorbereiding en Brusselse onderhandelingen dan ook de nodige ruimte 'om van de eigen overtuiging uit te gaan en hun politieke antennes te gebruiken'.[112] Hun opdracht was het de EMU in het Verdrag te krijgen en zo zag Kok zijn eigen opdracht ook.

Met die taakopvatting maakte hij het zichzelf overigens niet gemakkelijk. In juli 1991 – Kok zat al in de voorzittersstoel bij de IGC en in de EG-Raad van ministers van Financiën – nam het kabinet uiteindelijk een besluit over de aanpak van de problemen in de WAO en de Ziektewet. Of Kok nu de ernst van die problematiek in de nationale sociale zekerheid onderschatte of dat hij meende dat zijn EMU-verplichtingen wel even minder prioriteit konden krijgen, feit is dat hij maandenlang voor weinig anders tijd had dan het blussen van de WAO-brand in de partij en het land.[113] Daarnaast moest hij de begroting voor 1992 nog opstellen, presenteren en verdedigen en zat hij er toen fysiek en mentaal behoorlijk doorheen. Toch wist hij zijn ambtenaren op hoofdlijnen aanwijzingen voor de opstelling van het verdrag te geven en zelfs wist hij nog bij politiek gevoelige kwesties in te grijpen. In die zin was hij niet alleen 'hoofdaannemer' maar ook 'medearchitect' van de EMU.

De voorzichtigheid van ambtelijk Financiën inzake de opzet van de EMU kwam vooral op drie terreinen tot uiting. Natuurlijk hield men krachtig vast aan de conclusies van het rapport-Delors: de Europese Centrale Bank moest onafhankelijk worden en zou de bevordering van prijsstabiliteit als hoofddoel hebben. Ook koesterde men een voorkeur voor een kleine club: alleen financieel en economisch solide landen zouden in een eerste lichting tot de EMU kunnen toetreden. Stevige toelatingseisen ('convergentiecriteria') moesten voor die schifting zorgdragen. Andere lidstaten zouden zich aan die standaard moeten optrekken en zouden dan later kunnen toetreden: een EMU met (op zijn minst) 'twee snelheden'. De discussie over het tijdpad ('fasering') – het derde terrein – hing hier nauw mee samen: moest er een datum voor de start van de EMU komen en wanneer moest de Europese Centrale Bank worden gelanceerd? Over het algemeen waren Koks ambtenaren tot behoedzaamheid geneigd. Natuurlijk kweten zij zich van hun taak het EMU-verdrag voor te bereiden, maar bij kwesties als deelname en fasering liepen zij gewoon niet al te hard. Daarin vormden zij een gemeenschappelijk front met 'financieel' Duitsland.[114]

Kok steunde het streven naar een onafhankelijke ECB, zowel uit kansberekening als uit overtuiging. Allereerst was dit een harde eis van de Duitsers, waaraan zelfs Helmut Kohl (die Frankrijk in het algemeen wel wilde tegemoetkomen) niet kon ontkomen. Het model van de Bundesbank moest gekopieerd worden; de populariteit daarvan was inmiddels een onwrikbaar onderdeel van het Duitse grondwettelijk bewustzijn. Nadruk op prijsstabiliteit zou, zo meende Kok, deze onafhankelijke positie bovendien vergemakkelijken.[115] Maar in de andere kwesties wezen zijn kansberekening en eigen overtuiging in een andere richting. Geregeld contact met Delors versterkte hem daarin.

Zo viel Kok zijn ambtelijk hoofdonderhandelaar Maas[116] medio september af inzake de samenstelling van de groep deelnemende landen.[117] Niet dat Kok tegen stevige convergentiecriteria was, maar hij achtte het ondenkbaar dat Italië – een van de oprichterstaten van de Europese Gemeenschap – daardoor voorlopig buitengesloten zou worden (wat Maas' bedoeling was). Ondenkbaar uit kansberekening: de leiders van landen als Frankrijk en Duitsland zouden dit nooit aanvaarden. Ondenkbaar ook uit eigen overtuiging: de EMU moest Europa niet splijten, maar verenigen.[118]

De convergentiecriteria zouden niet als barrière voor toelating moeten fungeren, zo vond Kok, maar juist als aanmoediging om voor lidmaatschap te kwalificeren. Om die reden was hij ook niet tegen het formuleren van een precies tijdpad. Zonder duidelijke begindatum voor de invoering van de euro zou het proces gemakkelijk kunnen verzanden en zijn politieke momentum verliezen. Op Frans-Italiaans voorstel kwam de datum in het verdrag. De ECB en de monetaire unie zouden uiterlijk op 1 januari 1999 beginnen. Drie jaar later zouden Europa's burgers de euro in munten en biljetten in handen hebben.

Vanaf 28 oktober, toen hij met zijn ambtenaren een definitief ontwerp voor het EMU-verdrag vaststelde, waarvoor hij op 1 november de zegen kreeg van het kabinet, nam Kok de onderhandelingsteugels strakker in handen.[119] Hij deed dit in nauw overleg met Jacques Delors, Wim Duisenberg en alle hoofdrolspelers van de andere lidstaten.[120] Op weg naar Maastricht waren er nog een paar forse hobbels te nemen, niet in de laatste plaats het Britse gemarchandeer over de opzet van de EMU zonder uiteindelijk aan de monetaire unie te willen deelnemen.[121] Daarnaast poogde Frankrijk bij de zeggenschap in de Europese Centrale Bank nog af te dingen op de invloed van de kleine lidstaten. Ook moest hij nog forse weerstand van Duits Financiën overwinnen tegen een versoepeling van de besluitvormingsprocedure over het voldoen aan de convergentiecriteria.[122] In alle drie gevallen hield Kok zijn poot stijf. Ook zette hij zich krachtig in voor medezeggenschap van het Europees Parlement bij wetgeving over de EMU. Dit sleepte hij binnen.

Minder succes had Kok met het economische deel van de EMU. Op monetair gebied kwam er een unie, met één munt en één beleid, waarvan de toon zou worden aangegeven door de Europese Centrale bank (met als hoofdopdracht: prijsstabiliteit). Een werkelijk economische unie kwam er echter niet. Wel werden de convergentiecriteria per lidstaat in het verdrag opgenomen: een begrotingstekort van maximaal 3 procent van het bruto binnenlands product en een overheidsschuld van maximaal 60 procent van het bbp.

Wat de aanvaardbare inflatie voor de toetreders betreft gold een maximum van 1,5 procent hoger dan de inflatie van de drie qua prijsstabiliteit best presterende lidstaten. Het waren zowel criteria voor toelating als 'referentiewaarden' voor het individuele gedrag tijdens de rit. Enkele verzachtende formuleringen eromheen maakten deze waarden al wat minder stevig. Bovendien moest bij overtreding, op aanbeveling van de Commissie, door de Raad unaniem worden vastgesteld of de begroting van een lidstaat een 'buitensporig tekort' vertoonde, of daarvoor gerede economische excuses bestonden en welke sancties eventueel moesten worden toegepast.[123] Alles bij elkaar niet echt bedreigend voor mogelijke 'zondaars'.

Twintig jaar later, midden in wat toen de 'eurocrisis' werd genoemd, zei Wim Kok terugblikkend: 'Iedereen die zijn hersens gebruikte, voelde wel dat er iets wrong. Een entiteit die geen eenheid was, moest wel leiden tot onbalans.'[124] De lidstaten bleven op dit punt hechten aan hun nationale soevereiniteit; alleen meer politieke unie had hierdoorheen kunnen breken.[125] Aan dit besef heeft Kok toen geen gevolgen – een harder sanctieregime? – verbonden. Hij was blij dat hij op 10 december 1991, een uur eerder dan Lubbers met de EPU, een afgerond verdrag kon presenteren.

Of een monetaire unie het zonder solide economische onderbouw zou kunnen redden, moest de toekomst nog uitwijzen.[126] Wel meende Kok het zijne te hebben gedaan voor de onomkeerbaarheid van de EMU. Die was zijns inziens nodig voor het verankeren en completeren van de gemeenschappelijke Europese markt, die toen sterk in opbouw was ('Europa 92').[127] Maar dat het in Maastricht om meer dan de interne markt ging, bleek hem eens te meer op de receptie voorafgaand aan de Top. Helmut Kohl kwam daar op hem af en zei: 'Wim, het is nu of nooit. Dit mag niet mislukken. Als wij nu niet de moed hebben om te besluiten tot een onomkeerbare EMU, komt het er misschien nooit meer van.' François Mitterrand, die er instemmend knikkend bij had gestaan, voegde hieraan toe: 'De Europese munt moet onomkeerbaar zijn, iets waar onze opvolgers niet meer aan kunnen komen.' In Maastricht schreef Wim Kok ook in deze zin geschiedenis.

Solide en betrouwbaar?

De EMU kwam Kok ook op een andere manier goed uit. De 'EMU-norm' hielp hem in de jaren die nog kwamen het kabinet-Lubbers/Kok te houden aan de eigen doelstelling van beheerste openbare financiën. Dat zou nog moeite genoeg kosten, gezien de belastingtegenvallers waarmee een economie met afvlakkende groei het kabinet met grote regelmaat confronteerde. Aan een andere – 'structurele' of 'trendmatige' – manier van begroten, die de departementen wat meer rust binnen hun eigen financiële kader zou gunnen, wilde Kok toen nog niet. Daarvoor waren de staatsfinanciën nog onvoldoende in veilige haven en was de begrotingsdiscipline nog niet genoeg 'ingeburgerd'.[128]

Toch week Kok zelf ook wel eens af van zijn strenge lijn. In februari 1993 kondigde hij in de Kamer aan dat het kabinet 'een tandje minder' ging bezuinigen.[129] Aanleiding daarvoor was de conjunctuur: in dat jaar dreigde de economische groei bijna geheel tot stilstand te komen. Voor stimulerende bestedingen had Kok toen geen geld, dat was al in de terugdringing van het overheidstekort gaan zitten. Maar het bezuinigen afremmen, dat ging nog net.[130] Hij achtte het met verkiezingen in het vooruitzicht ook verstandig: het vertrouwen was wel erg aangetast.

Wat ook was aangetast was de sfeer in het eigen PvdA-smaldeel. Het BPO (bewindspersonenoverleg), elke donderdagavond op het ministerie van Financiën, al langer een weinig opbeurende bijeenkomst, werd er alleen maar deprimerender van. Na de Tussenbalans en het WAO-drama volgden nog zo'n twee jaren van verdere aanslagen op de departementale begrotingen. De PvdA-bewindslieden begonnen zich steeds meer als vertegenwoordigers van hun ministeries te gedragen, wat natuurlijk in de hand werd gewerkt door Koks opstelling als minister van Financiën. Hij slaagde er niet in als partijleider een gelijkgezind politiek team op te bouwen en te bezielen. Hij waagde de poging niet eens. Het werd in dit 'kostenverminderingskabinet' (Jan Pronks term) voor de partijgenoten steeds moeizamer toeven.[131] Ook Kok zelf leed onder de tegenslagen: fysiek door hoofdpijnen, verkoudheden en griepjes, mentaal door een steeds kribbiger humeur. Dit waren zware jaren voor Wim.[132]

Toch hield Kok stand en volbracht hij daarmee zijn politiek-financiële missie. Hij slaagde erin een solide en betrouwbaar bewaarder van 's lands schatkist te worden: in moeilijke omstandigheden daalde het financieringstekort met zo'n 2 procentpunt en begon vanaf 1993 de staatsschuld af te nemen. Ook wist hij, zo goed als dat ging, vast te houden aan de stimulering van overheidsinvesteringen, de bevordering van de werkgelegenheid en de stabilisering van evenwichtige inkomensverhoudingen.[133] Maar daarmee was deze kabinetsdeelname voor Kok nog geen succes. Daarvoor moest eerst van 1991 tot 1993 de WAO-crisis heelhuids worden doorstaan. Dit zou van Wim en zijn partij het uiterste vergen.

15
De lekkende paraplu van Vadertje Staat

PEINZEND OP HET BUITENGEWOON PVDA-CONGRES OVER DE WAO, NIJMEGEN 28 SEPTEMBER 1991.

'Het is onder de paraplu van Vader Staat wel erg vol geworden. Zo vol, dat mensen die echt geen nat pak verdienen eronder vandaan gedrukt dreigen te worden. Dan gaan de goeden onder de kwaden lijden.' Het waren beladen woorden, die Wim Kok uitsprak op het buitengewoon partijcongres in Nijmegen op 28 september 1991. Op het spel stond zijn inperking van de toegang tot de WAO en, daarmee verbonden, zijn voortgezet leiderschap van de Partij van de Arbeid. En tegelijk ook de deelname aan het kabinet-Lubbers/Kok en daarmee het bestaan van dat kabinet zelf. Op die dag voelde Kok zich definitief politicus geworden. Een dag ook van loutering.

Met een voor hem typerende beeldspraak drukte Kok precies uit wat hem in de WAO-kwestie dreef: wat was scheefgegroeid, moest worden rechtgezet. Want de goeden mochten niet onder de kwaden lijden. De verzorgingsstaat mocht niet verloederen. Het was een pijnlijke ingreep, maar hij achtte hem wel nodig. Hoogstnodig eigenlijk, juist omdat hijzelf er te lang mee had gewacht. Hij was zich bewust van zijn falen, hij bood daarvoor ook zijn excuses aan. Falen als voorman van de PvdA en falen als haar voorman in de regering. Falen als bestuurder en falen als wegbereider. Falen tegenover de arbeidsongeschikten en falen tegenover zijn achterban. Maar dit falen vormde voor hem geen aanleiding het erbij te laten zitten. Hij bleef zich verantwoordelijk voelen jegens zijn partij en haar kiezers. Die verantwoordelijkheid wilde hij nemen.[1] Een Kok loopt niet weg.

Hoewel? De golf van afkeuring en zelfs opruiing was Wim Kok eigenlijk te veel geweest. Overmand door vertwijfeling en zelfbeklag had hij een maand ervoor het bijltje erbij neer willen gooien.[2] De verontwaardiging was ook zo groot: in het parlement, in de partij, in de vakbeweging, in de media, op de markt, in de tram. Kok kon het in een moment van zwakte niet meer aan, die blikken vol verwijt en ongeloof. Rita kon het lijden van haar man niet aanzien en riep vertrouwde hulp in.

Zijn kameraden in het kabinet brachten hem mentaal weer op de been, spraken hem moed in en daagden zijn besef van verantwoordelijkheid uit. Hij kon toch niet zomaar weglopen? Daar was toch niemand mee geholpen, de partij niet en toch ook de WAO niet? Dat was het: Kok moest staan voor zijn zaak. Dat deed hij en zo gebeurde het. Met pijn en moeite.

Velen aan de kant

'De doelstelling is te komen tot een situatie waarin het beroep op de arbeidsongeschiktheidsregelingen in ieder geval niet meer toeneemt.'[3] Het klonk wat verholen en verdekt, maar deze uitspraak van premier Lubbers in de regeringsverklaring van het kabinet-Lubbers/Kok uit 1989 vormde de formele basis voor wat een kleine twee jaar later de WAO-crisis ging heten.[4] De toestroom naar de WAO moest een halt worden toegeroepen. Wat was er aan de hand? En waarom was dit een politiek probleem, vooral voor Wim Kok?

De verzekering tegen arbeidsongeschiktheid vormde een belangrijk onderdeel van de sociale zekerheid. Zij maakte ook deel uit van de 'sociale rechtsstaat', 'welvaartsstaat' of 'verzorgingsstaat', die vooral in de jaren vijftig en zestig tot stand was gekomen. Het ging hierbij om de Wet op de Arbeidsongeschiktheidsverzekering (WAC), die in 1967 was ingevoerd en die de Ongevallenwet en de Invaliditeitswet gezamenlijk had vervangen. Werknemers die geheel of gedeeltelijk arbeidsongeschikt werden, kregen, na een medische keuring, het recht op een uitkering van maximaal 80 procent van hun laatstverdiende loon, in beginsel voor de duur van hun handicap. Bij invoering van de WAO was de schatting dat het aantal uitkeringsgerechtigden jaarlijks ongeveer tweehonderdduizend personen zou tellen. Dat bleek een forse misrekening te zijn.

In de loop der tijd steeg het aantal hier ver boven uit. Eerst langzaam, toen steeds sneller. Verscheidene factoren droegen hieraan bij. Zo werd het arbeidsproces gecompliceerder, wat niet iedereen gemakkelijk kon bijbenen. Verder werden psychische aandoeningen gaandeweg ook als oorzaak van arbeidsongeschiktheid erkend. Met een aparte wet werd de verzekering opengesteld voor zelfstandigen en ook voor jongeren die niet eerder hadden gewerkt.[5] De oplopende werkloosheid van de jaren zeventig werkte allengs ook meer door. Afkeuringen geschiedden steeds meer aan de hand van wat de arbeidsongeschikte niet meer kon, steeds minder op basis van wat deze nog wel kon.[6] De aantallen schoten opeens naar de drie-, zelfs vierhonderdduizend.

Belangrijker nog: bedrijven lieten hun overtollige werknemers steeds meer in de WAO afvloeien, onder andere bij massaontslag. Dit leek iedereen een uitkomst te bieden: de ondernemers hoefden niet meer langs de rechter voor een lastige ontslagprocedure, de vakbonden konden voor hun leden en andere werknemers 'profijtelijke' sociale plannen met de werkgevers afspreken en de 'ontslagen' werknemer kreeg een hogere uitkering die, anders dan bij de WW, van onbeperkte duur was. Alleen moesten de verzekeringsartsen een beetje meewerken. Zo liep de WAO vol met 'verborgen werklozen', misschien wel voor 40 procent.[7] Het 'oneigenlijk' gebruik had zijn intrede gedaan: individueel bekeken heel begrijpelijk en zelfs aantrekkelijk, vanuit maatschappelijk perspectief moreel aanvechtbaar en financieel-economisch bezwaarlijk. Op microniveau sociaal, op macroniveau asociaal.[8]

Zeker na de tweede oliecrisis van 1979 nam dit op grote schaal toe. Arbeidsongeschiktheid werd een massaverschijnsel: gerekend in uitkeringsjaren zo'n zeshonderdduizend in 1980 en bijna achthonderdduizend in 1990. In personen uitgedrukt ging het in dat laatste jaar zelfs om 882.000 arbeidsongeschikten. Intussen had het eerste kabinet-Lubbers de hoogte van de WAO-uitkering tot 70 procent verlaagd, vooralsnog zonder zichtbare uitwerking. Het aantal 'uitstromers' kon het aantal 'instromers' gewoon niet bijbenen. De introductie in 1983 van de Arbeidsomstandighedenwet (ARBO-wet) en de invoering in 1986 van de Wet arbeid gehandicapte werknemers (WAGW) hielpen daar nog onvoldoende tegen. Louw de Graaf, staatssecretaris in het tweede kabinet-Lubbers, wilde nog verder in de WAO ingrijpen, maar door de breuk in het kabinet van CDA en VVD kwam het er niet van.[9]

'Nederland is ziek.' Zo kenschetste premier Lubbers op 3 september 1990 aan de Nijmeegse universiteit de situatie in ons land, waarin hij de schijnbaar niet te stoppen instroom in de WAO als een 'nieuwe sociale kwestie' bestempelde. Op 1 december in Utrecht herhaalde hij zijn onheilsverklaring nog eens, deze keer met meer toelichting. In oktober had Lubbers in de Kamer inmiddels aangekondigd dat hij zou aftreden als het aantal arbeidsongeschiktheden het miljoen zou overschrijden. Hiermee deed hij iets wat hij in 1984 ook al eens had gedaan. Toen verbond Lubbers zijn politieke toekomst aan het aantal werklozen in ons land: bij meer dan een miljoen zou hij geen premier meer zijn. Duidelijk was in elk geval dat het CDA de duimschroeven begon aan te draaien.[10]

Waarin school dan de oplossing? Heel eenvoudig: in werkgelegenheid. Met meer mensen aan het werk, met vergrote arbeidsparticipatie, zoals dit officieel heette, zou de druk op de sociale zekerheid toch zeker kunnen afnemen? Maar daar begon de schoen juist te wringen. In die maanden kondigde zich immers een verslechtering van de economie aan en dus een verminderde aanwas van werkgelegenheid. Ook toen het nog beter ging, in de jaren ervoor, had de instroom in de WAO de groei van het arbeidsaanbod overigens ruim overtroffen. Wat dan? Voorkomen én genezen was vervolgens het standaardantwoord. Op preventie en re-integratie stelde men al lang zijn hoop, vooral de vakbeweging en ook de PvdA. Langs allerlei wegen moest worden voorkomen dat mensen langdurig ziek en arbeidsongeschikt werden. En de bestaande WAO'ers moesten zo goed als het ging weer aan het werk geholpen worden.

Tussen droom en daad staan echter wetten in de weg en praktische bezwaren. De wet had natuurlijk het beste met de mensheid voor. Zo kon de WAO'er alleen naar 'passende arbeid' worden teruggevoerd, werk waarvoor deze was geschoold en opgeleid. In de mogelijkheid van om- of herscholing naar een ander beroep was niet voorzien. Die weg werd ook ernstig bemoeilijkt door de uitvoering van de WAO. Die was namelijk geheel in handen van werkgevers en vakbonden in zogeheten bedrijfsverenigingen die zich gaandeweg sterk hadden ontwikkeld tot 'uitkeringsfabrieken'. Hun wettelijke opdracht ook aan preventie en re-integratie te doen hadden zij voor het gemak praktisch geheel terzijde geschoven.[11] De afspraak die Lubbers/Kok begin oktober 1990 met sociale partners maakte voor het meer gericht voorkomen van arbeidsongeschiktheid, was dan ook voornamelijk gebaseerd op ijdele hoop. Het ging in elk geval niet snel genoeg.

En zo kwam het dat Nederland naar verhouding ongeveer twee keer zo veel arbeidsongeschikten telde als de vergelijkbare landen België en Duitsland. Dit werd steeds meer een probleem. Een sociaal probleem, omdat zovelen ongeschikt voor de arbeid aan de kant stonden en zij met een (soms magere) cheque waren afgeschreven. Ook een economisch probleem, omdat de groeiende premiedruk ondernemingen en werknemers op kosten joeg en daarmee koopkracht en winsten onder druk zette. Ten slotte ook een financieel probleem, omdat de instroom in de WAO de rijksoverheid als grootste werkgever van het land – en dus ook premiebetaler – rechtstreeks raakte. Tegelijk verzwaarde de instroom de taak van de overheid om de collectievelastendruk – waartoe ook de WAO-premies werden gerekend – binnen de perken te houden.[12] En toen kwam de Tussenbalans.

Wim Kok en de WAO

In de vroege ochtend van zondag 14 juli 1991 verschenen Ruud Lubbers en Wim Kok voor de vermoeide mediavertegenwoordigers, die al een lange avond op hen hadden gewacht. Zo moe als Lubbers en Kok konden zij echter niet zijn. Die waren al sinds die zaterdagochtend in de weer, terwijl zij sowieso al een zware, drukbezette week – met veel WAO erin – achter de rug hadden. Ze waren aan vakantie toe. De premier beschreef in korte bewoordingen het besluit dat het kabinet die vorige dag had genomen, waarna hij het woord aan de vicepremier gaf. Die lichtte het besluit uitvoerig toe, zei erbij dat het niet 'leuk', maar wel 'noodzakelijk' was en hij het ook 'evenwichtig en verdedigbaar' vond.[13] De verantwoordelijke bewindslieden van Sociale Zaken en Werkgelegenheid, Bert de Vries en Elske ter Veld, zaten bij deze persconferentie niet achter de tafel. Zij lieten de uitleg over aan de 'hogere' politiek.[14] Een drama was geboren.

Voor Wim Kok was arbeidsongeschiktheid geen onbekend thema. Het tegendeel was het geval. Het betrof een onderwerp dat voor een voormalig voorman van de vakbeweging niet alleen gesneden koek was, maar dat hem ook na aan het hart lag. Bestaanszekerheid (vrijwaring van gebrek) was voor hem het wezen van sociale vooruitgang, en de verzekering tegen onvermogen om te kunnen werken vormde, met de WW, de WAO, de AOW en de Bijstand, daarvan de harde kern. Zijn eigen vader had er ook baat bij gehad, toen deze op zijn zestigste jaar wegens stoflongen werd afgekeurd. Dat sociale vangnet moest uit alle macht in stand worden gehouden. Maar dan moest de ondermijning ervan natuurlijk krachtig bestreden worden.

Dat die ondermijning allang een feit was, was Kok niet onbekend. Hij had er tien jaar eerder, in 1981, uitvoerig bij stilgestaan in zijn rede voor het congres dat de fusie van NVV en NKV tot FNV beklonk.[15] Na de zegeningen van de verzorgingsstaat te hebben bezongen, signaleerde Kok drie bedreigingen voor de grondslagen ervan: de 'onvoorstelbaar toegenomen' werkloosheid, de propaganda voor het primitief kapitalisme (het 'Friedman-denken') en de effecten van het individuele egoïsme. Met dat laatste doelde Kok op het 'ikke-is-ikke-en-de-rest-kan-stikke' van fraude met en oneigenlijk gebruik van de sociale zekerheid.

Een paar citaten: 'We moeten oog hebben voor sluipende culturele processen, die gestaag het cement tussen de stenen van de sociale voorzieningen kunnen wegschuren. [...] Het is de bijl aan de wortel van de verzorgingsstaat. Want als we ons op alle mogelijke manieren onder onze verplichtingen uitwurmen, stort het hele stelsel in elkaar. [...] Daarom moeten we met man en macht de pijlers van ons sociale zekerheidsgebouw overeind houden. Daarin past ook een kritische doorlichting van de verzorgingsstaat. [...] Iedereen moet in redelijke mate zelf in staat zijn een bijdrage aan het handhaven van de verzorgingsstaat te leveren. De sleutelwoorden daarvoor zijn werkgelegenheid en verdeling van werk.'

Het inzicht had hij, maar ook de remedie? Het eigenhandig stutten van dit sociale bouwwerk ging Kok minder goed af. Hij schrok ervoor terug, uit persoonlijke remmingen, maar ook omdat het klimaat in zijn eigen kring (vakbeweging en partij) daarvoor nooit echt gunstig was. Pleidooien van Wim Meijer en van Van Kemenade, Ritzen en Wöltgens om de verzorgingsstaat kritisch door te lichten – dat was toch uitgerekend een taak van de Partij van de Arbeid, meenden zij – waren immers in onvruchtbare aarde gevallen.[16]

Ook Wim Kok zelf durfde het in 1988 niet aan in het rapport 'Bewogen beweging' het heikele thema aan te snijden. Daar was de partij misschien niet klaar voor. En Lubbers zou er maar mee aan de haal kunnen gaan. Hij vond dat het nodig was, maar hij kon de moed voor het uitdragen van die overtuiging niet opbrengen. Wat was eigenlijk het goede moment? Den Uyls misgreep in de Ziektewet in 1982 stond hem als schrikbeeld voor ogen.[17]

Ook in Lubbers/Kok deinsde hij ervoor terug hiervoor het initiatief naar de PvdA toe te halen. Sociale vernieuwing was uitstekend, maar dan in de moeilijke wijken, niet in de krakende verzorgingsstaat.[18] Kok liet het op de financiële nood van de staat aankomen.

Als Koks keuze voor de drieslag vicepremier-minister van Financiën-partijleider in dit kabinet ergens tot bijna ondragelijke spanningen bij hem leidde, dan was het wel bij de WAO-kwestie. Die stelde hem voor uiterst lastige keuzen en voerde tot drastische zwenkingen in zijn opstelling die soms niet te volgen waren, het minst nog voor zijn partijgenoten in kabinet en fractie.[19] Bij Koks rollen in dit drama speelden op het laatst ook nog die van oud-FNV-voorzitter en voorbeschikt PvdA-lijsttrekker. Kok achteraf: 'Sommige keuzes waren [...] zo pijnlijk dat ze niet van harte konden worden verdedigd. Dan kom je in de moeilijke situatie dat je niet rechttoe rechtaan in de publieke opinie of tegen je kiezers kunt zeggen: "Hier staan we voor, dit zijn onze keuzes."'[20] En als je dat wel doet, word je niet altijd begrepen. Dat hangt ook van de voorgeschiedenis af.[21]

De tangverlossing van een besluit

Het begon met de opstelling van de Tussenbalans, het programma van bezuinigingen en lastenverzwaringen waarmee Kok en Lubbers beoogden de overheidsfinanciën heelhuids door de moeilijke economische omstandigheden heen te loodsen.[22] In zijn 'Kurhausrede' van 31 oktober 1990, waarin hij uiteenzette waarom 1991 een moeilijk jaar zou worden, had Kok al aangegeven dat de problemen in de sociale zekerheid ook financiële gevolgen zouden hebben.[23] In zijn 'Kerstbrief' van 20 december, waarin hij aan de collega's in het kabinet oriëntaties voor de aanpak van de begrotingsproblematiek presenteerde, voerde de minister van Financiën het ingrijpen in de sociale zekerheid op als een mogelijke 'oplossing'.[24] Tegelijk hield Kok zich in zijn publieke uitingen aan het begin van het nieuwe jaar, in het bijzonder op het partijcongres van 1 en 2 februari 1991, verre van dit onderwerp. De partijleider hield zijn kruit droog.[25]

In de uiteindelijke versie van de Tussenbalans, die op 19 februari werd uitgebracht, leken de minister van Financiën en de partijleider het onderling op een akkoordje te hebben gegooid: taakstellend werd er voor 3,8 miljard gulden op de sociale zekerheid bezuinigd, maar nadere invulling van dit bedrag werd naar de zomer doorgeschoven. Er werden begin maart Provinciale Statenverkiezingen gehouden en dat pijnlijke invullen, indien al gewenst en nodig,[26] kon maar beter daaroverheen worden getild. Bovendien werd voor het verkrijgen van draagvlak bij (vooral) de vakbeweging raad gevraagd aan sociale partners: de Sociaal-Economische Raad werd ingeschakeld. De adviesaanvraag was echter zo algemeen en voorzichtig van aard, dat SER-voorzitter Quené bij het kabinet zelfs zijn beklag kwam doen. Hij moest het er toch maar mee doen.[27]

Wat volgde was een hectische periode van zo'n vier maanden met een wirwar van gebeurtenissen en verwikkelingen.[28] Van alle kanten werd alvast op de afloop vooruitgelopen. Daarin liet ook Wim Kok zich niet onbetuigd. Het offensief was echter in handen van het CDA. Dat ging allereerst om de zaak zelf: er moest eindelijk iets worden gedaan aan ziekteverzuim en arbeidsongeschiktheid. De aarzelende PvdA moest onder druk worden gehouden.

Achter de schermen speelde zich ook een intern gevecht af: was dit kabinet nog wel te redden of was het beter dat het op deze zaak zou afspringen? De CDA'ers die liever met het kabinet doorgingen, zoals Ruud Lubbers en Bert de Vries, voelden zich tegenover hun kritischer partijgenoten, zoals Elco Brinkman, genoodzaakt te laten zien dat ze niet terugschrokken voor een confrontatie met de PvdA. Vandaar hun spervuur van losse flodders, waarbij De Vries de kroon spande met zijn oproep in april om de WAO per 1 juli van dat jaar maar af te schaffen.[29]

Ook anderen in het politieke spectrum droegen hun steentje bij, vooral Van Mierlo en Bolkestein. De eerste beklaagde zich vooral over de stroperige manier van beslissen, terwijl de tweede vond dat de sociale zekerheid beter kon overgaan op een 'ministelsel'. Hierbij zou de overheid alleen minimumuitkeringen garanderen, terwijl wat daarbovenuit zou gaan met particuliere verzekeringen kon worden afgedekt.

Van dit minigedoe moest Kok niets hebben: onrechtvaardig en onwerkbaar. Maar dat maakte zijn uitspraken er niet begrijpelijker en consistenter op. Zo sloten Kok en ook Wöltgens bij verschillende openbare gelegenheden in de maand mei niet uit dat er gesneden zou worden in de WAO.[30] In juni daarentegen keerden zij zich krachtig tegen dit soort ingrepen: aan hoogte of duur van die uitkeringen zou wat de PvdA betreft niet mogen worden getornd.[31] Was Kok nu minister van Financiën of PvdA-voorman? De SER speelde hierin op de achtergrond een beslissende rol.

De SER-commissie die het advies over ziekteverzuim en arbeidsongeschiktheid moest voorbereiden werd geleid door een drietal 'kroonleden': Ad Kolnaar (voorzitter), Gerrit Zalm[32] en Dik Wolfson. Alle drie econoom, maar lid van respectievelijk CDA, VVD en PvdA, waren zij wellicht het beste in staat om in de sociaaleconomische 'polder' met een nieuwe aanpak draagvlak te creëren.[33] Deze 'trojka' (ook wel 'supertrio' genoemd) was er sterk op gericht de WAO overeind te houden en meende dat dit met verruimd 'volumebeleid' mogelijk was: verbeterde maatregelen om de instroom in de WAO af te remmen en de uitstroom te bevorderen.

Zou het begrip 'passende arbeid' niet kunnen worden opgerekt? Bijna iedereen kan toch nog wel iets nuttigs doen, en tegelijk eventueel worden gecompenseerd voor een te grote inkomensachteruitgang? Het nieuwe begrip moest 'gangbare arbeid' worden, meenden zij, ook rekenend op een cultuuromslag bij de keuringsartsen. Met deze aanpak, alsook ideeën om werknemers via het innemen van vakantiedagen meer verantwoordelijk te maken voor de terugdringing van het ziekteverzuim, hoopte de trojka vooral de vakbeweging mee te krijgen.

Een 'alliantie' tussen de vakbondsvleugel in de SER en de kroonleden zou een stevige basis leggen voor een unaniem advies, bij dit gevoelige onderwerp eigenlijk onmisbaar om een beslissing van het kabinet te kunnen beïnvloeden. Een geloofwaardig SER-akkoord over een verruimd volumebeleid zou het kabinet kunnen afhouden van een ingreep in de uitkeringen. Ongefundeerd was die hoop ook niet. De vakbonden leken hier eventueel voor te porren, zeker als er ook voor werkgevers plichten tot preventie en re-integratie tegenover zouden staan.[34] Kansloos was het idee ook niet: het plan van de trojka zou financieel ongeveer net zoveel opleveren als de 3,8 miljard die de Tussenbalans voor de sociale zekerheid had ingeboekt. De SER verschafte Wim Kok de nodige lucht.

Tot de 'handgranaatbrief'[35] van Elske ter Veld. Op 19 juni liet de staatssecretaris weten dat de toename van de arbeidsongeschiktheid zich veel sneller ontwikkelde dan oorspronkelijk geraamd.[36] Om aan het eind van de kabinetsperiode terug te zijn bij het aantal arbeidsgeschikten van het begin ervan (de doelstelling van stabilisatie) zou de instroom niet met zestigduizend uitkeringsjaren moeten worden teruggedrongen, maar met het dubbele: honderdtwintigduizend. Minister Kok verhoogde de financiële taakstelling onmiddellijk naar 4,4 miljard. Daarmee viel zijn volumeoptie echter in duigen.

Dit bedrag viel volgens de trojka niet meer op te vangen met alleen volumebeleid: er moest nu ook echt iets aan de hoogte van de uitkeringen worden gedaan – een wijziging van de 'polisvoorwaarden', zoals ook Ter Veld had gesuggereerd. Zo er al een akkoord met de vakbeweging mogelijk was geweest, vervloog die hoop nu snel. Na een dag uitstel moest FNV-voorzitter Johan Stekelenburg op 9 juli vaststellen dat zijn bonden het SER-compromis in meerderheid afwezen: sterker nog, ze wilden actie, het was 'oorlog'.[37]

Wim Koks hoop was hiermee de bodem ingeslagen: er kwam geen akkoord dat het kabinetsbesluit over de WAO maatschappelijk draagvlak had kunnen verlenen. Vooral het wegvallen van zijn eigen FNV was voor hem een bittere pil. Die moest volgens hem absoluut deel uitmaken van zo'n compromis.[38] Hij ging zelfs verder: door enige pressie uit te oefenen op de kroonleden Halberstadt en Duisenberg (beiden PvdA) bereikte hij dat de trojka er ook niet in slaagde met CNV en MHP (en de werkgevers erbij) toch een compromis te bereiken.

Hier opereerde Kok dus vooral als voormalig FNV-voorzitter, ook ten gunste van zijn nazaat Stekelenburg. Dat de SER er op vrijdag 12 juli toch in slaagde tot een meerderheidsadvies te komen, was vooral te danken aan een flexibele manoeuvre van de werkgevers.[39] CNV en MHP hadden het 'front' met de FNV inmiddels praktisch hersteld: die konden gezamenlijk actie gaan voeren.

Het SER-advies van werkgevers en alle kroonleden (ook Duisenberg c.s.) bestond uit de introductie van het begrip 'gangbare arbeid' en de andere zaken waarover met de bonden een voorlopig akkoord was bereikt. Toegevoegd was echter een ingreep in de hoogte van de uitkeringen: een systeem van 'opbouw' van rechten in de WAO, afhankelijk van de leeftijd waarop men arbeidsongeschikt werd. De hoogte van de uitkering voor (vooral) jongeren zou zo met stapjes van een half procent per jaar worden verminderd. Het SER-advies had echter vooralsnog geen effect op het kabinetsbesluit.

Daarover waren Kok en Ter Veld inmiddels met Lubbers en De Vries in de weer en ook met de andere leden van het PvdA-smaldeel. De partijgenoten in het kabinet vergaderden in die week drie keer met elkaar, met uit de fractie alleen Thijs Wöltgens erbij (die echter op de laatste avond ontbrak). De discussie waaierde, zonder al te veel leiding,[40] uit naar alle kanten, waarbij sommige bewindslieden veel aandrang toonden om de eigen begroting te beschermen.

Wat Kok wel duidelijk werd, was dat dit onderwerp geen van de PvdA-bewindslieden een kabinetscrisis waard was. Hemzelf uiteindelijk ook niet. Breken met het kabinet paste immers niet in zijn langetermijnstrategie en hij moest er niet aan denken zonder een besluit op verkiezingscampagne te moeten. Een 'slapjanus' die voor zijn verantwoordelijkheid was weggelopen zou daarin bitter weinig kans maken. Hij voelde zich ook gesterkt door een telefoontje op die avond van Johan Stekelenburg, die geen barrière leek op te werpen voor het pakket maatregelen dat Kok nu voorstond. Hij ervoer zijn woorden zelfs als 'groen licht'.[41]

Een besluit was kennelijk beter dan geen besluit. Zo kwam het dat het kabinet op zaterdag 13 juli een beslissing nam die zich niet beperkte tot volumemaatregelen. De hoogte van de uitkeringen werd schijnbaar met rust gelaten, maar de duur ervan werd voor velen sterk beperkt. Het SER-advies werd buitenlangs gepasseerd. Bestaande WAO'ers ouder dan vijftig jaar bleven buiten schot. Maar jongere arbeidsongeschikten en ook nieuwe 'gevallen' behielden, afhankelijk van hun leeftijd, slechts voor een gelimiteerde tijd recht op een WAO-uitkering (minimaal een jaar). Als zij niet meer aan het werk kwamen, zouden zij terugvallen op de AAW, die een inkomen op veel lager niveau betekende.[42] Wel werd voor de niet aan preventie van arbeidsongeschiktheid meewerkende werkgevers de 'malus' versterkt.

Wat ooit als een goedverzorgd vroegpensioen voor invaliden en andere arbeidsongeschikte gehandicapten bedoeld was, zou nu met enige omwegen een bijstandsuitkering worden. Los van de bestaande arbeidsongeschikte 50-plussers zou de WAO feitelijk worden afgeschaft en worden ingeruild voor een soort ministelsel, ook voor de 'echte' arbeidsongeschikten. Het plan was door van Elske ter Veld ten einde raad uit de kast getrokken,[43] door de murw gebeukte PvdA-ministers aanvaard[44] en ook door een verrast en verbaasd CDA-smaldeel omarmd.[45] Dat laatste bood Kok een maand later ruimte voor wat terugtrekkende bewegingen. Maar was dit voldoende om de opstekende storm tot bedaren te brengen?

Eenzaam, maar niet alleen

Wat bezielde Kok bij het nemen van dit besluit? Wat verklaarde zijn opstelling, ook zijn zwenkingen en rolverwisselingen? Het is niet eenvoudig daar precies de vinger op te leggen. Wel is duidelijk dat hij een einde wilde maken aan de scheefgroei in de WAO. De WAO was gemaakt voor echte arbeidsongeschiktheid, maar door haar uitnodigende werking had het aantal arbeidsongeschikten een 'catastrofale' omvang aangenomen. De goeden mochten niet onder de kwaden lijden.

Kok nam echter zelf nooit het initiatief. Hij schrok ervoor terug mensen de slechte boodschap te bezorgen: 'Hoe vertel ik het thuis?'[46] Als minister van Financiën moest hij uiteindelijk wel. Dat kleurde zijn optreden: de taakstelling voor de staatskas – terugdringing van het financieringstekort – moest worden gehaald. Het Korte Voorhout disciplineerde niet alleen het kabinet, maar ook zijn hoofdbewoner. Maar dan het wat en het hoe. Welk besluit moest precies worden genomen?

Daar begon het zwenken. Kok wist het niet precies. Moest er aan de hoogte of zelfs de duur van de uitkering worden getornd? En alleen bij nieuwe 'gevallen', of ook bij bestaande? Of kon het probleem met een betere 'beheersing' van de instroom en 'bevordering' van de uitstroom de wereld worden uit geholpen: volumebeleid? Hij hoopte het laatste. Vandaar dat hij in juni, rekenend met een SER-compromis hierover, stelling nam tegen forsere ingrepen. Aan de WAO zou niet worden getornd. Het zwenken werd zwalken.

De partijleider kreeg hier schijnbaar de overhand. Schijnbaar, want de begrote bezuiniging bleef wel de randvoorwaarde. Belangrijker nog was het voortbestaan van het kabinet. Het CDA mocht eventueel willen breken, maar de PvdA in geen geval. Daartussenin bleef het aftasten. En toen de FNV de in de SER besproken volumeaanpak plus jongerenkorting niet voor haar rekening wilde nemen, moest Kok zijn verantwoordelijkheid nemen. Schuilen ging niet langer.

De FNV afvallen door het uiteindelijke SER-advies te omarmen wilde hij niet, wel kon hij zijn (uit de FNV afkomstige) staatssecretaris Ter Veld in haar uiteindelijke voorstel volgen. Het was immers haar taak en opdracht zoiets te doen, wat Kok jegens kabinetscollega's steeds eerbiedigde. Hij was geen Lubbers die graag 'meedacht' en al doende de oplossing naar zich toe haalde. Hij respecteerde de verantwoordelijkheid van Elske ter Veld, die in de sociale zekerheid gezag had opgebouwd.

Tijdsdruk en stress hebben hem er vervolgens van weerhouden nog eens goed door te vragen of dit nu wel zo'n verstandig besluit was. Begreep hij de teneur ervan niet helemaal?[47] Moeilijk voor te stellen. Maar toen het kabinet eenmaal besloten had, gebeurde wat bij Kok vaak het geval was wanneer hij lang had geaarzeld: hij rechtte zijn rug en nam met het nodige aplomb de uitgezette koers voor zijn rekening. Hij was op de persconferentie ook lang aan het woord. Hier was een man die wist wat hij deed en dat het goed was wat hij deed.

Die kordate houding hield deze keer echter niet lang stand. Dat de media sceptisch en zelfs ongelovig reageerden, deerde Kok nog niet.[48] Dat hem van rechterzijde (VVD, VNO) lof werd toegezwaaid, vond hij niet plezierig, maar het hoorde erbij. Ernstiger was de onrust die in partij en maatschappij ontstond. Thijs Wöltgens meldde zich op maandag 15 juli vanuit Kerkrade met de mededeling dat wat hem betreft alle bestaande gevallen, dus ook zij die jonger dan vijftig jaar waren, niet door de korting geraakt mochten worden.[49]

Partijvoorzitter Sint was in het buitenland moeilijk bereikbaar, haar waarnemer Castricum stelde de zaak tot na haar vakantie uit. Maar de Jonge Socialisten en ook voorzitters van PvdA-gewesten juist niet; zij staken hun kritiek niet onder stoelen of banken. Een partijafdeling richtte een werkgroep 'PvdA weer sociaal' op. 'Partij-intellectuelen' begonnen zich in de media te roeren, veelal kritisch.[50] In een interview nam Kok het besluit nog ferm voor zijn rekening, ook al zag hij in dat 'kansloze gevallen' moesten worden ontzien.[51] De volgende dag stelde hij het besluit, in het kader van de voorbereiding van de begroting voor 1992, in de ministerraad echter opnieuw ter discussie.[52] Lubbers stemde daarmee in.

Na Koks vervroegde terugkeer van vakantie bleek de onrust niet te zijn gekalmeerd, integendeel. Op 7 augustus kwam de partijleiding bijeen in Amersfoort. De locatie was geheimgehouden, maar RTL bleek die toch op het spoor te zijn gekomen. Dan ook maar de NOS op de hoogte gebracht. Hier werd besloten tot het beleggen van een extra partijraad. Op 11 augustus besprak Kok de situatie met de top van partij en fractie. Deze had hij tot dan toe eigenlijk buiten beeld gehouden, een voorbeeld van zijn gebrekkige communicatie in deze kwestie.[53] Het werd een ongemakkelijk gesprek, waarin Kok moeite had zijn rol te kiezen: een gestrenge minister van Financiën of een empathische, meedenkende partijleider.[54] Het slot van het liedje was Koks publieke mededeling dat het kabinet de WAO-plannen opnieuw ging bekijken en waar nodig wijzigen.[55] En de PvdA zou een buitengewoon partijcongres beleggen.

Lubbers was het met hem eens, zo zei hij, vooral nu was gebleken dat aan de plannen maatschappelijk draagvlak ontbrak. Kok: 'Het WAO-probleem is geen PvdA-probleem, maar een verantwoordelijkheid van de coalitie.' In het overleg dat de toppen van CDA en PvdA de volgende dag met elkaar voerden werd dit bevestigd, maar ook dat de financiële taakstelling van 4,4 miljard en de stabilisatie van het aantal arbeidsongeschikten per 1989 overeind zouden blijven. Diezelfde dag presenteerde de vakbeweging haar actieplannen. Kritiek op Koks 'verraad' was niet van de lucht.[56]

Het kabinet ging weer aan de slag. In deze en de volgende week sprak de ministerraad uitvoerig over de ontstane situatie. Precies zoals Kok op 31 juli aan Lubbers had geschreven: '[...] om met elkaar de balans op te maken, [...] en om politiek de vraag onder ogen te zien welke wijzigingen in het pakket maatregelen mogelijk zijn.'[57] De sfeer was tamelijk tegemoetkomend. In CDA-kring was in het land nauwelijks rumoer over het WAO-besluit ontstaan, het christelijk vakverbond natuurlijk uitgezonderd.

De CDA-bewindslieden zagen het vooral als een PvdA- en een Kok-probleem, maar wilden de coalitie daar niet aan opofferen. De PvdA-bewindslieden waren misschien ook iets te 'constructief' geweest.[58] Fractievoorzitter Brinkman mocht de duimschroeven verder willen aandraaien, Lubbers en De Vries probeerden juist een brug te slaan. De randvoorwaarden van regeerakkoord en Tussenbalans moesten echter wel overeind blijven. Van crisis was niet echt sprake.

Intussen bereidde Kok zich in het diepste geheim daar wel op voor. Hoeveel ruimte had hij om de omtrekken van het WAO-besluit te verschuiven? Kon hij af van de 'duurbekorting', waarop het WAO-besluit had ingezet maar wat zo ongelukkig uitpakte nu de CDA-fractie daar zo aan hechtte? Kon het 'afslijpen van de scherpe kanten' op een blokkade in de Kamer stuiten? En moest dit dan tot het aftreden van de PvdA-bewindslieden leiden? Of juist van die van het CDA?[59] Achter de schermen waren de griffie van de Kamer en ook het ministerie van Binnenlandse Zaken al begonnen met het opstellen van scenario's voor een kabinetscrisis. Maar het kabinet kwam er met enige moeite uit. Op 24 augustus nam het een nieuw WAO-besluit.

Het was geen totaal nieuwe benadering, maar er veranderde wel het een en ander. Nieuwe WAO'ers jonger dan vijftig jaar zouden inderdaad na enige tijd afzakken naar de AAW, maar zouden dan een toeslag krijgen die werd gekoppeld aan hun arbeidsjaren. Nieuwe WAO'ers ouder dan vijftig jaar zouden buiten schot blijven, maar zouden wel geregeld herkeurd worden. Bestaande arbeidsongeschikten jonger dan vijftig jaar zouden in de WAO blijven, maar hun uitkering zou tijdelijk[60] 'bevroren' worden. Voor WAO'ers ouder dan vijftig jaar zou er niets veranderen.

De oplossing bood een ingewikkeld beeld, met wat minder duurbekorting en ook wat minder hoogtebekorting. De hoop was dat de instroom er toch door zou worden afgeremd en de uitstroom bevorderd. De WAO moest minder aantrekkelijk worden, maar of de 'echte' arbeidsongeschikten, de goeden die niet onder de kwaden mochten lijden, hier nu baat bij hadden, bleef onduidelijk.[61]

Bovendien moest er ontkoppeld worden. Daarover was door het kabinet op 13 juli, parallel aan het WAO-besluit, al uitvoerig gesproken en min of meer besloten. Brinkman drong er nu weer krachtig op aan. Dit stelde alles opnieuw in de waagschaal. Kok had inmiddels gewaarschuwd dat hij 'een ontkoppeling niet zou meemaken'. Probleem was dat bij het begin van Lubbers/Kok de wederinvoering van de koppeling aan een belangrijke voorwaarde was verbonden.[62]

Deze hield in dat de verhouding tussen inactieven en actieven in de beroepsbevolking niet uit de rails zou lopen. Dit was echter inmiddels het geval: tegenover 86 mensen met enige uitkering stonden toen nog maar honderd met betaald werk. Toch crisisdreiging dus.[63] Bert de Vries hielp Kok echter met de oplossing. De uitkeringen en ook de overheidssalarissen zouden met 3 procent stijgen. Nog niet voldoende voor een heuse koppeling, want het prijspeil was toen hoger. Maar met wat geschuif in de belastingen kon de koopkracht van de uitkeringsgerechtigden worden gered. De uitkomst was het belangrijkste voor Kok: evenwichtige inkomensverhoudingen. Maar toch: slechts een 'pseudokoppeling'.[64]

Wim Kok was daarmee in veler ogen opeens schuldig aan 'dubbel' verraad: de arbeidsongeschikten in de steek gelaten en de koppeling losgelaten.

Hij kreeg het er nu echt te kwaad mee. Weliswaar steunde de fractie hem deze keer[65] en kreeg hij ook het partijbestuur grotendeels achter zich. Maar in de Kamer snierde de nieuwe GroenLinks-leider Rosenmöller over 'de arbeiderszoon en oud-vakbondsman die zijn klasse had verraden' en in de media werd hij van diverse kanten bestookt.[66]

Johan Stekelenburg had hem nog gezegd dat hij voor het nieuwe WAO-besluit op de vakbeweging kon rekenen,[67] maar van die kant ontving hij ook geen steun meer, integendeel zelfs. Intussen liepen in de partij de emoties hoog op,[68] zegden leden met vele duizenden tegelijk hun lidmaatschap op[69] en keken de mensen hem in de winkel of op straat in zijn woonbuurt Amsterdam-West teleurgesteld en zelfs verwijtend aan. Wat moest Wim doen?

Het was deze maand niet voor het eerst dat hem de moed in de schoenen zonk,[70] maar nu voelde hij bijna lijfelijk dat 'zijn' mensen hem in de steek lieten. Omdat hij hun vertrouwen ten diepste had beschaamd. Dit ging niet meer om een bestuurlijke maatregel waar je zus of zo over kon denken. Nee, dit raakte hem in zijn politieke existentie, in waar hij vandaan kwam en waar hij het allemaal voor deed. Achter zijn nog steeds beheerste uiterlijk kolkten nu de emoties. Onder zijn schijnbare zelfvertrouwen vraten de zelftwijfel en het zelfbeklag grote gaten in zijn persoonlijk fundament. Wat had hij gedaan, en wat kon hij eraan doen? Hij was bijna radeloos. Was er een uitweg?

Op vrijdag 30 augustus 's morgensvroeg vond Rita haar man aan het tafeltje in de keuken, terneergedrukt, uit het lood geslagen, vechtend tegen zijn tranen. Hij wilde ermee ophouden, de handdoek in de ring gooien. Hij kon het niet langer. Had hij nog voldoende steun in de partij om door te gaan? Desastreuze cijfers over het vertrouwen in hem zeiden hem van niet. Hij twijfelde zelfs of hij wel naar Den Haag zou gaan. Hij had immers kabinetszitting. Rita adviseerde haar klein geworden grote man toch naar zijn werk gegaan. Ja, ja, dat moest ook eigenlijk wel. Met de klaarstaande dienstauto dan maar de snelweg op naar Den Haag.

Rita wist echter dat het hier niet bij kon blijven. Haar man had steun nodig. Zij vroeg dochter Carla snel te komen en samen belden zij vervolgens Jacques Wallage, die op weg was naar zijn ministerie in Zoetermeer. Of hij direct langs kon komen? Jacques hoorde daar van Rita en Carla hoe het met Wim gesteld was. Meteen achter Wim aan naar Den Haag gereisd, stelde Jacques hem daar slechts één vraag: 'Vind je de WAO-maatregelen nodig, zijn ze onvermijdelijk?' Toen Wim daarop ja zei, kantelde zijn stemming enigszins.[71]

Tijdens de lunchpauze van de ministerraad merkten de leden van het

PvdA-smaldeel – voor zover ze dat al niet tijdens de vergadering doorkregen – dat hun voorman er goed doorheen zat.[72] Hij wilde het bijltje erbij neergooien. Neer en uitgeteld. Zijn partijgenoten ontfermden zich over hem: Ter Beek, d'Ancona, Alders, Pronk. Medelijden. Sympathie. Vechtlust. Vooral Jan Pronk sprak hem moed in, praatte op hem in.[73] Wat hem zo dwarszat en of dit de goede weg was? Of zijn vertrek niet meteen het einde van dit kabinet zou inhouden? Kok weg, PvdA weg, kabinet weg.[74] Of hij nu dacht dat 'zijn' mensen zijn vertrek zouden begrijpen, toejuichen zelfs? Geloofde hij dan helemaal niet in zijn zaak? Was hij niet overtuigd van wat hij met de WAO wilde bereiken? Moest hij daar dan niet voor knokken?

Het was ook Jan Pronk die Kok het idee van een vertrouwensvotum aan de hand deed.[75] Zou het niet goed zijn bij de partij zijn zaak te bepleiten en daarvoor vertrouwen en steun te vragen? Kon daarvoor het al besproken buitengewoon congres niet worden aangegrepen? Die kans moest Wim niet laten lopen, toch? Het duurde enige tijd, maar hier sloeg Kok op aan. Dit was de aanpak die bij hem paste: vechten voor je zaak, eventueel strijdend ten onder gaan, maar niet van het veld aflopen voordat het laatste fluitsignaal had geklonken.

Al pratende herstelde Wim zichtbaar van zijn zware inzinking. Het vertrouwen in zichzelf keerde terug, hij kreeg er weer zin in, zag een uitweg. De onverzettelijke Kok kwam weer in hem boven. Die avond kon hij, ondersteund door Alders en Pronk, nog bijtanken op het partijbestuursweekend. Hij uitte zich geëmotioneerd over het besluit van Marjanne Sint die op dezelfde dag, beu van de kritiek uit partij en eigen bestuur op haar afwezigheid tijdens de vakantie, als voorzitter was afgetreden.[76] Het had niet veel gescheeld of de PvdA was die dag bijna geheel onthoofd.[77] De datum van het buitengewoon congres in Nijmegen werd bepaald op 28 september.

Boetedoening en loutering

September werd de maand van Koks 'mars' langs de afdelingen. Etten-Leur, Hoogeveen, Rotterdam: steeds rumoerig en vol verwijten, steeds boordevol pers en andere media, steeds veel overtuigingskracht maar ook veel onbegrip, soms zelfs fysieke agressie. Kok gooide zich volop in de strijd: de bestuurder verdween naar de achtergrond, de politiek voorvechter in hem kwam naar boven, hij kreeg weer iets van de man van de vakbeweging. Hij deed alles om het contact met 'zijn' mensen te herstellen, met hun zorgen, met hun dromen.

Maar hij praatte ze niet naar de mond. Voor het eerst besprak hij met zijn partij de problemen in de sociale zekerheid, hoe deze uit haar voegen was gebarsten, en hoe vooral de PvdA die moest aanpakken, zo goed mogelijk moest oplossen. Niet alleen Kok ging toen het land in. Ook de bewindslieden en leden van fractie en partijbestuur deden dit en spraken in volle zalen met boze, betrokken leden van hun partij.[78] Even geen bewindspersonen meer, maar sociaaldemocraten, partijgenoten. De PvdA leefde weer, met horten en stoten.

Er viel veel uit te leggen. Niet alleen over de genomen besluiten zelf, maar ook over een verleden van uitgebleven handelen. Dat het met de WAO uit de hand was gelopen, was niet alleen de schuld van 'de anderen'. Kok: 'Als het toenemend gebruik van de regelingen bij ziekte en arbeidsongeschiktheid [niet het noodzakelijke, maar wel het meer dan noodzakelijke gebruik] een gevaar gaat opleveren voor de houdbaarheid van ons stelsel van sociale zekerheid, dan is het ernstig te moeten constateren dat ook wij daar laat, te laat, van doordrongen zijn geraakt.'

Boetedoening dus, een knieval. Maar hij volgde meteen met: 'Dat kan geen reden zijn de zaak nu dan maar op z'n beloop te laten. Ik ben er liever maar zelf bij dan dat ik het recept voor de herinrichting van sociaal Nederland aan anderen zou willen overlaten.'[79] Maar daarmee was de gifbeker nog niet helemaal leeg. In Nijmegen en eerder elders in het land moest Kok nog meer door het stof: 'Velen hebben zich door onze besluiten van de afgelopen maanden overvallen gevoeld. Dat reken ik mij aan. Die besluiten stonden haaks op verwachtingen, die door uitspraken, ook van mijzelf, waren gewekt.'[80]

Dat de WAO gaandeweg als een mooie afvloeiingsregeling voor overtollige werknemers was gebruikt, was 'een verwijt aan vorige kabinetten, aan de manier waarop werkgevers, werknemers en uitkeringsorganisaties er in de jaren die achter ons liggen mee zijn omgegaan', maar ook 'aan onszelf.'[81] Dat het besluit van 13 juli zo'n schok had veroorzaakt, rekende Kok zichzelf ook aan: 'Dat was te wijten aan een gebrek aan communicatie, regie, strategie en management. Dat had anders gekund en had anders gemoeten.'[82]

Gebrek aan communicatie, regie, strategie en management, en nog wel in zo'n principiële zaak: er zijn politici voor geringere vergrijpen afgetreden. Maar niet Wim Kok. In de open brief die hij begin september naar alle leden had gestuurd, gaf hij zelfs onomwonden aan dat het hem niet alleen om de WAO ging. Nee, het ging om het vermogen van de partij om te regeren, om de ogen niet te sluiten voor de barre werkelijkheid.

Kok: 'De interne discussie over de voorstellen, de scherpte ervan en het vaak onomwonden uitgesproken wantrouwen roepen vragen op over de bereidheid van de PvdA voluit verantwoordelijkheid te willen blijven dragen voor deelname aan dit kabinet. [...] Daarom gaat dit congres evenzeer over de vraag of de partij voldoende gemotiveerd is om onder mijn leiding de kabinetsdeelname voort te zetten.'[83] Kok wilde meer dan vertrouwen inzake de WAO. Hij wilde van zijn partij een nieuw mandaat voor zijn missie om van de PvdA een natuurlijke regeringspartij te maken. Vanuit de verdediging counterde Wim naar de aanval.

Die spelopvatting vertoonde Kok ook in een televisiedebat met Johan Stekelenburg. De laatste, sinds 1988 FNV-voorzitter,[84] keek erg tegen Wim op en had in de WAO-kwestie steeds nauw contact met hem gehouden. Maar hij had, anders dan Kok had gehoopt en verwacht, zijn bonden niet achter het compromis in de SER gekregen. Nu voerde de FNV felle actie tegen Kok en het kabinet.

In deze discussie op 8 september in het zondagprogramma *Het Capitool* deed Stekelenburg zijn uiterste best Kok en zijn partij van Lubbers en het CDA los te weken. Het partijcongres moest een opening voor een verder aangepast besluit bieden, bijvoorbeeld gefaseerd: eerst de overeengekomen volumemaatregelen een kans geven en bij onvoldoende effect daarna opnieuw bespreken. Maar Kok gaf geen krimp. Met volle kracht verdedigde hij het verbeterde WAO-besluit – een pakket maatregelen 'dat op zijn initiatief tot stand was gekomen' – en maakte ondubbelzinnig duidelijk dat het in kabinet en Kamer door PvdA en CDA gezamenlijk werd gedragen. 'Dat is nu ook de inzet naar het congres,' aldus een op dreef zijnde Kok.[85] Een gesprek twee dagen later tussen kabinet en de vakcentrales FNV, CNV en MHP, waarvoor Kok tijdens het televisiedebat een onverwachte opening bood, leverde ook niet anders dan een herhaling van zetten op. Kok wilde doorpakken.[86]

Op zaterdag 28 september gaf Wim Kok in een bomvol gebouw De Vereeniging in Nijmegen het beste dat hij te bieden had. Van tevoren was al duidelijk dat veel afdelingen hem hun steun wilden geven, maar er waren ook aangekondigde tegenstemmers, terwijl menig afgevaardigde zijn of haar stem van het verloop van het congres liet afhangen.[87] Kok had zelf zijn toespraak geschreven, met inbreng van anderen, vooral Jan Pronk en Jacques Wallage. Deze was strak van opbouw, met krachtige redeneringen en emotionele oproepen. Zoals vaker, als het erom ging, kreeg Wim de zaal mee en wikkelde hij deze in zijn charisma. Toch plaatste hij het congres met zijn verzoek om vertrouwen voor een 'verduiveld moeilijke afweging' (zei Kok): het WAO-besluit was zeker niet pijnloos en zijn beeld van de toekomst bestond evenmin uit louter rozengeur en maneschijn. Kok beloofde zijn partij veel strijd.

Die strijd zou niet alleen met tegenstanders moeten worden gevoerd, maar ook met eigen voorstellingen en denkbeelden. De samenleving was immers sterk aan het veranderen, en daarop moest de PvdA haar program aanpassen. In een geïndividualiseerde wereld zou de verzorgingsstaat soberder moeten worden, met meer nadruk op eigen verantwoordelijkheid en minder schuilen onder de paraplu van de bureaucratische staat. Allen die konden werken hadden ook de plicht werk te zoeken, zodat zij die niet konden werken de zorg kregen waar zij recht op hadden.

De verzorgingsstaat moest veranderen in een werkzame maatschappij, overgaan naar een participatiesamenleving. 'Tussen de verbrokkeling in rechts geregeerde landen en de wat weggevallen betrokkenheid en eigen verantwoordelijkheid bij ons is een derde weg nodig: emancipatie in solidariteit,' waarmee hij doelde op ieders verantwoordelijkheid voor het eigen lot, zij het ingebed in solidariteit met hen die echt niet zonder steun konden. Met een paar forse penseelstreken schilderde Kok een maatschappijbeeld waaraan drie jaar later zijn 'paarse' kabinetten vorm gingen geven. Zover was het echter nog lang niet.

Het Nijmeegs partijcongres gaf Kok ruimschoots zijn zegen: de motie van vertrouwen werd met iets meer dan 80 procent aangenomen. Het was een ongedacht resultaat voor de man die een maand ervoor nog in zak en as zat. Niet dat hij nu in jubelstemming verkeerde, dat was sowieso niet Koks stijl. Bovendien was hij zich bewust van de schade die hij met deze WAO-kwestie had aangericht.

Zijn wens dat de nee-stemmers en de afzeggers de partij toch trouw zouden blijven, of spoedig weer in haar schoot zouden terugkeren, bleef voor een deel onverhoord: de politieke aderlating onder leden en kiezers zou de PvdA nog tijden parten spelen. En in sommige opzichten was het verlies onherstelbaar: bij een deel van de mensen voor wie de partij een schild tegen de ongewisheden van het leven vormde, zou de teleurstelling onoverkomelijk blijken te zijn. Dat vertrouwen had Kok niet teruggewonnen.[88] Hij had hen onvoorbereid overvallen en besefte dit maar al te goed.[89] Het was een dag van loutering. De volgende dag was hij jarig. Die gebeurtenis werd een week later in alle soberheid gevierd.[90]

Bami als nagerecht

Zo intensief als Kok zich in deze maanden met de WAO had beziggehouden, zo abrupt liet hij het onderwerp weer uit handen vallen. Dit was niet slechts omdat andere kwesties nu dringend zijn aandacht vroegen.[91] Het was ook omdat het Koks manier van werken was. Noodgedwongen had hij zich boven op de WAO gestort: hij had geworsteld en was weer bovengekomen. Nu hij de partij achter het kabinetsbeleid had gekregen, kon hij de afronding ervan weer gerust aan de verantwoordelijke bewindslieden De Vries en Ter Veld overlaten. Die zouden alles in passende wetten weten te gieten. Af en toe, wanneer de politieke gemoederen rond de WAO weer opvlamden, zou Kok zich er nog wel mee bemoeien. En hij volgde natuurlijk wel met grote aandacht het protest van de vakbeweging: op 5 oktober met 250.000 demonstranten, tot dan de grootste vakbondsmanifestatie sinds de oorlog.[92]

Aan het politieke proces veranderde het vakbondsprotest weinig tot niets. Maar de enorme mobilisatie van leden en sympathisanten gaf de bonden wel een forse steun in de rug bij de volgende fase van hun acties: het 'repareren' van het 'WAO-gat' in het arbeidsvoorwaardenoverleg, telkens wanneer in een bedrijf of bedrijfstak een cao afliep. Werkgevers bleken hier niet onwelwillend tegenover te staan, mits alles in de beschikbare 'loonruimte' paste natuurlijk.[93] De bonden, voor wie de WAO een prestigekwestie van groot gewicht was geworden, toonden zich graag bereid wat te betalen voor deze reparatie, terwijl de werkgevers wel iets overhadden voor het herstel van de sociale vrede.[94] De door het kabinet aangebrachte remmen op de instroom bleven intussen intact. De politieke rust was echter nog niet helemaal teruggekeerd.

Zo had Kok nog een akkefietje in eigen kring uit de weg te ruimen: de al dan niet zo bedoelde couppoging van een 'bende van vier': André van der Louw en vrienden.[95] Deze voormalige partijvoorzitter, burgemeester van Rotterdam en minister in het kabinet-Van Agt/Den Uyl, maar vooral voorman van Nieuw Links, een man met een indrukwekkende politieke 'erelijst' derhalve, was in de jaren tachtig op een politiek zijspoor beland. In een poging weer in het hart van de politiek van de PvdA te geraken, en ook om aan zijn kritiek op de ontwikkeling van de partij lucht te geven en haar weer op de weg omhoog te helpen, schreef hij een 'Open brief aan de PvdA nu en in de toekomst'. Zijn medeschrijvers waren Hans Kombrink, Maurice de Hond en Eduard Bomhoff.[96]

De brief van Van der Louw c.s. richtte zich op zowel inhoud als vorm. Het ging hun om een partij met een markant 'sociaal gezicht', die zich tegelijk assertief opstelde en niet vluchtte in bezweringsformules. Bij dat laatste ging het onder andere om het misbruik van sociale voorzieningen, het tegengaan van criminaliteit, zwartwerken en illegaal verblijf alsook een eerlijke omgang met de multiculturele samenleving. Wat de vorm betreft kwam het pleidooi vooral neer op versterking van de politieke leiding van de partij. Die had het geheel laten afweten bij gewichtige zaken als beleidsvorming, communicatie, presentatie en politiek management. Wat de partij nodig had was zelfreinigend vermogen om tot een 'totale vernieuwing' te komen.

Op korte termijn zou er daarom een interim-commissie van drie personen moeten worden benoemd, onder voorzitterschap van Van der Louw. Deze zou in drie maanden tijd met uitgewerkte voorstellen moeten komen voor het politiek handelen van de partij alsook voor een nieuwe partijstructuur. De voorstellen zouden in een referendum aan de leden worden voorgelegd, waarbij de instemming van meer dan 50 procent zou zorgen voor ongewijzigde aanvaarding.

Het was al met al een zeer vergaand voorstel, waarbij de bestaande partijstructuren geheel werden gepasseerd en de partijleiding de touwtjes uit handen zou geven.[97] Ofschoon Van der Louw in een groot kranteninterview al veel opening van zaken had gegeven,[98] besloten de briefschrijvers eerst een conceptversie aan Kok voor te leggen. Dit gebeurde op 13 september.[99] De partijvoorman bevond zich medio september, twee weken voor het Nijmeegs congres, in een zwaar gevecht om zijn politieke overleven.

Wim Kok moest niets van dit idee hebben. Hij vond het helemaal niet ondersteunend, niet in de aanloop naar het partijcongres noch voor de onmiddellijke tijd erna. Wat zou dit voor zijn rol als vicepremier en PvdA-voorman betekenen? Niet veel goeds, toch? Hij voelde zich er persoonlijk door aangevallen. En voor de partij als regeringspartij en als democratische gemeenschap vond hij de methode zowel ongeleid als bedenkelijk.

Binnenskamers noemde hij het initiatief een couppoging.[100] Een gesprek met Van der Louw, kort erna, leverde geen toenadering op. Wel liet deze het initiatief voorlopig rusten, in afwachting van het congres. Een tip vanuit de fractietop leverde vervolgens een groots opgemaakt artikel in *Elsevier* op over een coup van de 'Bende van vier'.[101] Op het Nijmeegs congres zei Kok in zijn dankwoord dat hij niet aan de kant ging 'voor welk noodcomité dan ook'. Luid applaus gaf hem de nodige steun: Van der Louw en vrienden gingen af.

Van der Louws vuur was echter nog niet gedoofd. Een beetje naïef probeerde hij zich schoon te wassen van de aantijging een coupppleger te zijn. Daar overtuigde hij Kok in elk geval niet mee: hoe had hij Van der Louws herhaalde oproepen voor een 'nieuwe leiding' en een nieuwe partij anders moeten verstaan? De publiciteit rond de 'open brief' had Kok echter wel geholpen in zijn gevecht om het vertrouwen van de partij terug te winnen. Daarom kon hij zonder veel aarzeling aanwezig zijn bij de openbare discussiebijeenkomst die Van der Louw, met De Hond en Jan Nagel, een maand later in De Rode Hoed in Amsterdam belegde.

Voor het oog van de media schudde Wim daar warm de hand van André. Het was een boeiend gebeuren, met veel prominente PvdA-sprekers, maar de discussie over de toekomst van de sociaaldemocratie kwam er niet echt op gang.[102] Een tweede bijeenkomst van De Rode Hoed-groep, in februari 1992, die 'Naar een nieuwe partij' heette, trok veel minder aandacht en bekijks. Van der Louws initiatief bloedde gaandeweg dood. Hij bleef wel partijlid.[103]

Koks bemoeienis met de partijvernieuwing kende haar hoogtepunt op het PvdA-congres in maart 1992, alweer in Nijmegen. Een rapport geschreven onder leiding van Jos van Kemenade, dat beoogde de organisatie en cultuur van de PvdA stevig op te schudden, leidde tot verhitte discussies, maar werd grotendeels overgenomen.[104] Een tweede rapport, 'Emancipatie in solidariteit' van de commissie-Wolfson, sloot aan bij de visie die Kok op het vorige Nijmeegse partijcongres had uiteengezet.[105] Volgens het rapport moest de nadruk komen te liggen op arbeidsparticipatie en ondersteunende sociale zekerheid. Dus weer veel volumebeleid, maar deze keer nadat hoogte en duur van de uitkeringen gedeeltelijk waren beperkt.[106]

De partij werd hiermee voluit bij de discussie over een houdbare verzorgingsstaat betrokken. Maar de belangrijkste vernieuwingsimpuls kwam met de verkiezing van Felix Rottenberg en Ruud Vreeman tot nieuw voorzittersduo. Die twee hielpen Wim Kok misschien wel het meest uit de brand.[107]

Met de WAO was Kok overigens nog lang niet klaar. Het partijcongres van september 1991 had de fractie opgedragen te bekijken of toch nog iets aan de 'onomkeerbare gevallen' kon worden gedaan. Dit leverde bij de wetgeving al de nodige problemen op. In zijn 1 meitoespraak in 1992 nam Frans Leijnse, vicevoorzitter van de fractie, afstand van het kabinetsbesluit door te stellen dat alle bestaande gevallen buiten schot zouden moeten blijven.[108] Kok en Ter Veld werden volledig verrast en toonden zich niet geamuseerd. In de fractie werd Leijnse van een 'coup' tegen Kok beschuldigd. Het gevolg was wel dat het wetgevingsproces nog meer werd verstoord; de twee regeringsfracties stonden immers op dit belangrijke punt tegenover elkaar: daadkracht tegenover coulance. Weer dreigde crisis, ook al had het CDA daar nu ook geen trek in.

Lubbers en De Vries deden eind 1992 een laatste bod: de bestaande gevallen zouden alle worden ontzien, waar tegenover stond dat alle nieuwe gevallen binnen een halfjaar op AAW-niveau zouden terugvallen, zij het met leeftijdgebonden toeslag. Het CDA ging akkoord, de PvdA wees het af. Lubbers suggereerde dat Brinkman dan maar contact met de VVD moest opnemen. Kok maakte duidelijk dat hij niet op crisis uit was, bood ook een nadere opening. De Vries zou daarop met nog een voorstel komen. CDA en VVD bereikten intussen op 23 januari 1993 een voor alle WAO-gevallen veel strenger akkoord.[109]

Die avond troffen Lubbers en Kok elkaar bij De Vries in diens huis in Bergschenhoek. Brinkman, Wöltgens en Ter Veld waren ook aanwezig. Er stond nasi op tafel. Ernaast legde De Vries zijn allerlaatste bod: alle bestaande WAO'ers werden ontzien, nieuwe gevallen kregen maximaal drie jaar loonderving, terwijl nieuwe arbeidsgeschikten onder de dertig jaar direct en zonder aanvulling op het AAW-niveau terecht zouden komen.

Brinkman en Wöltgens deden beiden nog lastig, de eerste omdat hij het meende, de tweede om zijn instemming te camoufleren. De portefeuilles van De Vries en Ter Veld lagen ook op tafel, zij het dat Elske tegenstribbelde.[110] Uiteindelijk onderschreven alle aanwezigen dit – door journalisten zo gedoopte – 'bami-akkoord'. Brinkman moest Bolkestein afzeggen. En Wim Kok kreeg een besluit dat veel weghad van het in juli 1991 versmade SER-advies; hij ontving wel weer eens de hulp van Bert de Vries. De boeken konden nu worden gesloten.[111]

Een beproeving met gevolgen

De aanpak van de WAO-kwestie vormde een zwarte bladzijde in Wim Koks politieke leven. Hij deed bijna alles verkeerd wat hij verkeerd kon doen. Jarenlang stak hij zijn kop in het zand om maar niets aan de aanzwellende crisis in de sociale zekerheid te hoeven doen. Als minister van Financiën kon hij uiteindelijk niet meer voor de cijfers weglopen. Met een financiële taakstelling stelde hij toen een daad.

Toch lieten zijn regie en communicatie het vervolgens afweten. Hij gaf nauwelijks leiding, maar hoopte op de hulp van anderen, vooral van de vakbeweging en de SER. Intussen gaf hij wisselende signalen af, ook in het openbaar, daarmee verwarring stichtend alsook zijn partij en kiezers valse hoop biedend. Uiteindelijk nam hij een strenger besluit dan verstandig was, waarvoor hij meer verantwoordelijkheid nam dan nodig was. Tot het eind liet hij de inhoudelijke aanpak van de WAO-problematiek vooral aan anderen over. Hij stond te vaak aan de zijlijn en te weinig in het veld. Wim Kok liet bijna iedereen in verbijstering achter.

Natuurlijk waren er verklaringen en verontschuldigingen. Het ging om 'zijn' mensen. Zijn tien jaar eerder gestorven vader had zelf in de WAO gezeten, afgekeurd voor zijn werk. Als voormalig vakbondsman vond Kok het uiterst lastig een probleem in de sociale zekerheid te benoemen. Zijn partij had sterk de neiging bij dit soort maatschappelijke misstanden weg te kijken, en had moeite de verantwoordelijkheid voor de problemen én de oplossingen naar zich toe te halen. Had Kok eerder opgetreden, dan zou de ingreep effectiever en minder hard zijn geweest en zouden de politieke gevolgen minder ingrijpend zijn geweest. Koks politiek leiderschap liet hier veel te wensen over.

Zijn keuze voor Elske ter Veld als staatssecretaris van Sociale Zaken was begrijpelijk en verwonderlijk tegelijk. Wat zij aan kennis over – en betrokkenheid bij – het onderwerp te bieden had, miste zij aan politieke finesse en emotionele stabiliteit. Kok was hiervan allang op de hoogte.[112] Hij was dan ook niet verbaasd toen zij in het voorjaar van 1993 rond de Nabestaandenwet en de bijstand voor jongeren met de PvdA-fractie in de problemen raakte: de onderlinge communicatie had het nulpunt bereikt. Op 4 juni trad Ter Veld af. Kok steunde haar uiteindelijk niet noemenswaardig.[113]

De parlementaire enquête uitvoeringsorganen sociale zekerheid (de 'commissie-Buurmeijer'), die vanaf september 1992 een jaar lang haar werk deed, bood Kok een nieuwe kans een weg te wijzen. De commissie stelde vast dat sociale partners in deze uitvoeringsorganen elkaar veelal de bal toespeelden, waardoor in de WAO talloze ontslagen, maar niet arbeidsongeschikte, werknemers waren 'geloosd'. De uitvoering was gericht op het verstrekken van uitkeringen, niet op het voorkomen van arbeidsongeschiktheid en het bevorderen van re-integratie.[114]

Voor Kok was dit alles niet nieuw, hij had er op het Nijmeegse partijcongres in september 1991 ook over gesproken. Niettemin liet hij in zijn verhoor door de commissie de kans lopen de vinger op deze wonde te leggen; hij probeerde de praktijk te verklaren, maar al doende vergoelijkte hij haar eerder. Hier was hij weer de voormalig FNV-voorzitter.[115] Tijdens het eerste kabinet-Kok zouden uit dit onthullende onderzoek wel conclusies worden getrokken: werkgevers en vakbonden werden buitengesloten van directe bemoeienis met de uitvoering van de sociale zekerheid. Maar of dat nu verstandig was?

De WAO-crisis droeg ook bij aan een structurele omslag in de electorale positie van de Partij van de Arbeid. Vanaf 1991 begon een duidelijk neerwaartse lijn in de steun die zij bij de kiezers wist te krijgen.[116] Natuurlijk is de lijn niet helemaal recht; er zitten schommelingen in. Maar het beeld is onmiskenbaar: de partij die zovelen tegen een ongunstig klimaat beschutting bood, had aan betrouwbaarheid verloren. Ook die paraplu was gaan lekken. Latere ontwikkelingen, ook na Kok, zouden daaraan verder bijdragen.

En toch. Toch overleefde Wim Kok het WAO-drama. Door de helpende hand van anderen, maar zeker ook op eigen kracht. Hij zei wel vaker dat hij ermee wilde kappen, het bijltje erbij neergooien: momenten van opstandige dramatiek. Maar deze keer was het anders, hij zat meters diep in de put.

Hij was het vertrouwen van 'zijn mensen' kwijtgeraakt. Kon hij dat terugwinnen? Met moeite richtte hij zich weer op, ging het gevecht aan en wist de steun van zijn partij te heroveren. Toch moest hij nog ruim twee jaar verder door een dal. De peilingen – slechts 'dagkoersen', volgens Kok, maar hij volgde ze bijna bezeten – bleven op meer dan een electorale halvering van de PvdA steken. Totdat.

Totdat een op zijn persoon afgestemde verkiezingscampagne een onderliggend vertrouwen in Wim Kok aanboorde.[117] Aan de WAO moest iets gebeuren, vond menige kiezer kennelijk. Dat had Wim Kok dan toch maar gedaan. Voor 'zijn' mensen moest hij de goeden van de kwaden redden. Ook daarvoor had hij zich sterk gemaakt. Vanaf 1993 liepen de instroom in de WAO en het ziekteverzuim terug. Als onverwachte regeringsleider mocht hij vervolgens de lekkende paraplu van Vadertje Staat verder gaan herstellen. Op een ruwe manier had hij geleerd dat je het strengst moet zijn op wat je het dierbaarst is. Deze harde levensles had van hem een politicus gemaakt. Politicus Kok.[118]

Familieman

Gelukkig had Wim zijn gezin. In die moeilijke jaren van Lubbers/Kok hield dit hem op de been. Hier vond hij rust, kon hij 'bijtanken', de wereld even op afstand zetten. Bij echtgenote Rita vond hij een luisterend oor en een welgericht advies. Zij vrolijkte hem op. Waar Wim ertoe neigde het glas halfleeg te zien, zag zij het minstens halfvol. Waar hij vol zorgen zat, zag Rita een uitkomst. Zij schonk hem vertrouwen. In de goede afloop der dingen. Ook in zichzelf. Wim Kok en zijn maat.

Eigenlijk betrof het een meervoud: Wim Kok en zijn maats. De kinderen waren hem immers heilig. Voor hen had hij alles over. Van jongs af aan waren zij zijn beste speelkameraden. Binnen en buiten. Sport en spel. Balspellen en bordspellen.[119] *Televisiekijken. En vissen, eindeloos vissen. Ze merkten nauwelijks dat zijn bestaan steeds drukker werd, zijn agenda steeds voller. Voor hen maakte hij tijd vrij. En anders zorgde Rita er wel voor dat hij dit deed. Als er tussen zeven en acht voor Wim werd gebeld, luidde haar antwoord steevast: 'Hij is er niet, want hij is aan het voetballen met André.' Of iets van die strekking.*

Vakanties vormden natuurlijke hoogtepunten, zeker wanneer Wim van zijn 'eersteweekshoofdpijn' was verlost. Eerst jarenlang kamperen in Garderen op de Veluwe, gaandeweg ook naar buitenlandse oorden, vaak in huisjes. Aanvankelijk nog met de Opel Ascona van het vakverbond, later met de eigen Ford Sierra. Doorgaans naar Engeland (regen) of Frankrijk (zon). Vader Kok achter het stuur, zijn vrouw en kinderen voorgaand in luidkeels gezang. De melodieuze liederen van George Brassens, als het even kon. Genieten van de Franse keuken ook, al heeft Wim daar nooit enige wijnkennis aan overgehouden.

Met André werd nadrukkelijk rekening gehouden. Deze gehandicapte maar blijmoedige en vrolijk stemmende zoon nam een centrale plaats in. Zijn wil was vaak wet. Hij vroeg en kreeg veel aandacht. Hij vroeg en kreeg ook veel zorg. Van Rita natuurlijk, maar zeker ook van Wim en van de andere twee kinderen. Carla en Marcel pasten als vanzelfsprekend in 'team-André'. Ze leerden allen voor André kijken, wisten steeds beter hoe zij hem voor impulsen en prikkels konden behoeden, hoe zij hem rust konden bezorgen. Vanaf het begin van de jaren zeventig verbleef André in een tehuis, eerst in Lochem en daarna in Doorn. Om de week kwam hij een lang weekeinde thuis. Dan konden Wim en Rita zich weer vermeien in spannende tv-programma's of de aanstekelijke zang van Kinderen voor Kinderen. *En dan natuurlijk de zondagmiddagen met Wim naar Artis. André wilde vooral naar de chimpansees. Die kenden hem na een tijdje ook, net als de verzorgers. Wim slaagde er ook steeds beter in met zijn zoon in het tehuis te telefoneren. Daarin werd hij een meester.*

Spelenderwijs voerde Wim zijn kinderen een beetje in zijn dagelijkse werkzaamheden in, maar nooit te veel. De een liep met hem mee in een demonstratie voor of tegen iets belangrijks. De ander vergezelde hem naar een opname van een radioprogramma, zoals VARA*'s* In de Rooie Haan *(met na afloop een elpee uit de verzameling van Felix Meurders!). Ook werden ze geconfronteerd met zijn groeiende bekendheid, reden voor trots, soms ook schaamte. Vaak was het positief, want Wim had doorgaans een goede pers. Waren er echter grote, emotionerende vakbondsacties gaande – de grote staking van 1977 bijvoorbeeld, of de ambtenarenprotesten in 1983 – dan kregen Wims kinderen daar wel eens wat van mee, inclusief boze telefoontjes thuis. Evenals later, in augustus 1991, met de heftige* WAO*-crisis en Rita's zorgen om haar aangeslagen man. De steun van dochter Carla was daarbij onmisbaar.*

De beste adviseur in opvoedingszaken was Wim niet. Zoon Marcel stortte zich als puber bijvoorbeeld in punkerkringen, waar geblowd werd. Wim maakte zich hier ongerust over, want ging dat wel goed? Rita beschermde echter hun jongste: 'Schenk hem nou je vertrouwen, die komt echt wel goed terecht. Bovendien, is jouw borreltje nu zo veel beter dan zijn stickie?' Ook had Wim er weinig vertrouwen in dat Marcel het op de middelbare school zou gaan halen. Kon hij niet beter eerst naar de mavo, zoiets had hij toch ook gedaan? Dan kon hij daarna wel verder zien. Rita stuurde Marcel echter kordaat naar de brugklas van het vwo, een opleiding die hij daarna fluitend voltooide. Om daarna ver weg, in Groningen, bedrijfskunde te gaan studeren.

Gelukkig maakte Wim zich minder zorgen om het liefdesleven van zijn kinderen. Moeiteloos, zonder enig waardeoordeel, paste hij zich bij hun partnerkeuze aan: Carla met Ronald in de jaren zeventig en Marcel met Chris aan het eind van de jaren tachtig. Die laatsten bezorgden hem zo'n tien jaar later ook de vreugde van het grootvaderschap. Bij hun huwelijk in Scheveningen in 1997 hield Wim een opmerkelijke speech, waarin hij zijn jongste zoon geroerd bedankte voor zijn vriendschap. Een bijzonder feest.

Het was wel een tamelijk gesloten familiekring, met weinig ooms, tantes, neven en nichten. Ook nauwelijks vrienden of goede kennissen. Vanaf het begin hadden Rita en Wim de buitenwereld zoveel mogelijk op afstand gehouden. André's handicap en Wims groeiende bekendheid versterkten die neiging alleen maar. Je wist maar nooit hoe bijvoorbeeld de media daarmee zouden omgaan. Natuurlijk bestond er contact met de wederzijdse ouders. En met Rita's oudere zus Kina en jongere broer Jan, die echter over de halve aarde zwierf.

Ook had Wim een goede band met zijn jongere broer Bas, die getrouwd was met Herma, actief in het Joods Maatschappelijk Werk. Zelf werkte hij eerst bij de ruilverkavelingsdienst van het Kadaster, op verscheidene plaatsen in het land. Later studeerde hij in de avonduren rechten om vervolgens directeur buitenland van het Kadaster te worden. Zij woonden toen al onder de rook van Rotterdam. Ook werd Bas in Delft buitengewoon hoogleraar in de geo-informatica. Bas was immers een zoon van ouders die er alles voor overhadden hun kinderen een beter leven te bezorgen dan zij zelf hadden kunnen hebben.

Met Wim deelde Bas de nieuwsgierigheid voor het buitenland en de gehechtheid aan de sociaaldemocratie (hij was Statenlid in Brabant). Al te veel zagen zij elkaar niet, daarvoor waren de levens van hen beiden te drukbezet. Rita en Herma onderhielden geregeld contact over de telefoon. Maar wanneer Wim, Bas, Herma en Rita elkaar troffen, op verjaardagen of bij andere gelegenheden, ging het zelden of nooit over het werk. Ze moesten immers zuinig omgaan met de beschikbare tijd. En tegenover de buitenwereld was voorzichtigheid sowieso het parool. In 1996 bracht de hele Kok-clan een uniek weekeinde door op het Catshuis. Eten, drinken, praten. Werk was een verboden gespreksonderwerp. Vooral spelletjes met elkaar doen. Wim Kok, familieman.

16
Een nieuwe wereldorde

NA AFLOOP VAN DE TOP VAN MAASTRICHT MET HANS VAN DEN BROEK EN JACQUES DELORS, 11 DECEMBER 1991.

Het einde van de geschiedenis? In de zomer van 1989 verscheen een geruchtmakend artikel van de Amerikaanse denker Francis Fukuyama: 'The End of History?'[1] In die periode was de wereld op veel plaatsen zwanger van nieuwe ontwikkelingen, maar vooral in de relatie tussen Oost en West. Het symbool van die gespannen verhouding, de Berlijnse Muur, moest nog vallen[2] – dit zou op 9 november gaan gebeuren –, maar voor wie het wilde zien, dienden voortekenen zich al aan. In Oost was het ijs gaan smelten. In Hongarije had de communistische partij al enige tijd de economische teugels laten vieren. Door een akkoord tussen het regime en de vakbond Solidarność stond in Polen een vrij gekozen regering op het punt het heft in handen te nemen. En onder aanvoering van Deng Xiaoping had rood China al sinds het einde van de jaren zeventig koers gezet naar een geleidelijke marktliberalisatie. Zonder overigens de almacht van de partij op te geven.

Het belangrijkste was echter het hervormingsprogramma van de leider van de Sovjet-Unie, Michail Gorbatsjov. Weliswaar ging het hem erom met perestrojka (herstructurering) en glasnost (openheid) het communisme nieuw leven in te blazen, maar al zijn vernieuwingen wezen juist in een andere richting: meer markt en meer democratie. Tegelijk bood hij de 'socialistische broederlanden' meer ruimte om een eigen ontwikkeling in te zetten.[3] Ook was hij – samen met de Amerikaanse president Ronald Reagan – begonnen de wapenwedloop een halt toe te roepen. Allemaal voorboden van het einde aan de Koude Oorlog.

Maar waarom het einde van de geschiedenis? Ging het hier niet gewoon om het voorbijgaan van een specifieke fase in de naoorlogse periode? Of, monumentaler misschien, om het einde van het zo overheersende Oost-Westconflict, van de botsing tussen democratisch kapitalisme en dictatoriaal communisme? Dat was het ook, maar Fukuyama zag hierin iets nog fundamentelers. Het ging hem om, wat hij noemde, het eindpunt van de menselijke ideologische evolutie. Na de ondergang van het communisme, en eerder van het fascisme, zou de westerse liberale democratie als uiteindelijke vorm van menselijk bestuur overblijven. Niet dat er niet nog allerlei andere politieke ideologieën, zoals religieus fundamentalisme en etnisch nationalisme, een tijd lang voorhanden zouden blijven. Deze zouden echter nooit aanspraak kunnen maken op universele geldigheid. Dit zou volgens hem leiden tot een onomstreden victorie van het economisch en politiek liberalisme. Die zou het einde van de geschiedenis inluiden. Politiek zou saai en technocratisch worden.

Op Fukuyama's idealistisch-filosofische zienswijze viel wel iets aan te merken – en dat gebeurde ook al meteen[4] –, maar zijn kijk op de wereld had wel een tijd lang voorspellende waarde.[5] Gedurende zeker twintig jaar na 1989 hadden liberale waarden een soort onbetwiste ideologische dominantie, zowel nationaal als in de internationale betrekkingen.[6] Ook de sociaaldemocratie werd erdoor beïnvloed.

Kok en de nieuwe wereldorde

In een enigszins onopgemerkte rede op 1 september 1989 heeft Wim Kok stilgestaan bij de revolutionaire ontwikkelingen in de wereld zoals hij die toen zag en voorzag.[7] Het was nauwelijks een week voor de Tweede Kamerverkiezingen[8] en in die context was het een nogal ongebruikelijke speech. Of hij 'The End of History?' had gelezen is twijfelachtig, maar dat doet er ook niet toe. Kok begaf zich niet op filosofisch vlak. Wel waagde hij het, niettegenstaande zijn behoedzame aard, in de toekomst te kijken en te speculeren over het einde van het communisme. Hij stond daar als politicus en PvdA-lijsttrekker, als zodanig deed hij ook zijn uitspraken. Maar daarmee kwam hij soms in de buurt van Fukuyama.

De aanleiding was een herdenking. Op de dag af vijftig jaar ervoor had de Duitse aanval op Polen plaats gehad: het begin van de Tweede Wereldoorlog. Er was bij deze rede in het Amsterdamse theater Bellevue dan ook een vertegenwoordiger van Solidarność aanwezig.[9] Voor Kok was dit aanleiding even stil te staan bij zijn bezoek aan het congres van die vrije vakbeweging in Gdańsk, acht jaar eerder, een dag voordat het Poolse leger de macht greep om het Poolse communisme te redden.[10] De mensen met wie hij daar had gesproken – Wałęsa, Geremek, Bujak, Mazowiecki – werden de volgende dag bij die staatsgreep gevangengenomen. De laatste stond nu, sinds een paar dagen, aan het hoofd van een grotendeels niet-communistische regering.[11] Weer speelde Polen een centrale rol in een oorlog: het einde van de Koude Oorlog. Dat die oorlog werkelijk voorbij was, zei Kok nog niet hardop. Dat kon ook moeilijk, nu alle materiële vormen daarvan nog rechtovereind stonden. Dit gold in het bijzonder voor de enorme nucleaire arsenalen waarmee beide blokken elkaar in gijzeling hielden en de grote troepenmachten die elkaar vooral in het hart van Duitsland in bedwang hielden. Maar Kok durfde toch te beweren dat de Koude Oorlog had afgedaan en dat bedoelde hij vooral in geestelijke zin.

In het communistische hartland, de Sovjet-Unie, was het geloof in het eigen systeem al zeer verzwakt. De leiders van het land sloten zich niet meer in hun eigen wereld op, maar zochten aansluiting bij, zelfs integratie in de niet-communistische wereld. Ze namen al doende ook westerse begrippen en paradigma's over. Ze konden ook moeilijk anders: door de eigen sociaaleconomische crisis moesten zij zich wel richten op, wat Kok noemde, 'een interdependent wereldsysteem'. Kok: 'Men is niet meer vrij om nogmaals te kiezen voor militaire suprematie en tegen hervorming van het falende [eigen] systeem.'[12] De Koude Oorlog was volgens Kok aan het aflopen,[13] maar dit sloot een eventuele terugval nog niet uit. Het ging niet vanzelf in de goede richting. Hij hintte al naar het 'nationaliteitenvraagstuk' in de Sovjet-Unie. Vandaar dat zijn betoog er verder vooral op gericht was de noodzaak van actieve westelijke bevordering van een gunstige oostelijke ontwikkeling te beklemtonen. Hiermee was immers ons eigen (West-Europees) belang ook gediend. Kok toonde zich hier de sociaaldemocratisch politicus.[14] Het ging hem hierbij niet alleen om de 'klassieke' problemen van militaire veiligheid, maar ook om 'nieuwe' vraagstukken van milieubehoud, schuldencrisis, migratie en wederzijdse afhankelijkheid in het algemeen. 'De postcommunistische maatschappij is wellicht op militair en ideologisch terrein een mindere uitdaging. Op alle andere terreinen zal ze een grotere uitdaging zijn.' Een politiek van 'de deling voorbij' was het tegendeel van een sinecure, zei Kok toen met vooruitziende blik.[15]

De rest van zijn spreektijd gebruikte Kok om dit laatste met allerlei voorbeelden te verhelderen. Hij legde veel nadruk op de totstandkoming van een nieuwe Europese politieke orde en op de rol daarbij van de Europese Gemeenschap. Hij vroeg al aandacht voor de tegenstrijdigheid dat de verdere integratie in de EG zou samenvallen met desintegratie in Oost-Europa. 'Zou een lid van het Warschaupakt ook lid van de EG kunnen worden, indien het een pluriform politiek en economisch systeem heeft?' zo vroeg hij zich al af.[16] Het Warschaupact overleefde deze omwenteling overigens maar korte tijd, wat de oostwaartse uitbreiding van de Europese integratie snel dichterbij zou brengen.

Wat moest volgens Kok echter op korte termijn gebeuren? Voor welk concreet beleid zou een regering met de Partij van de Arbeid zich hard maken? Het was tenslotte verkiezingstijd. Natuurlijk veel inspanning voor wederzijdse ontwapening en ontspanning: 'Na de jaren tachtig van de raketten, moet het mogelijk zijn te geraken in de jaren negentig van de akkoorden.'[17] Verder moest er, parallel aan de hervormingen in het Oosten, vanuit het Westen veel economische en ecologische samenwerking komen. Kok pleitte zelfs voor een EG-herstelplan, mede te financieren uit de defensiebezuinigingen. 'Na de afbouw van de dreiging komt de opbouw van de samenwerking.'[18]

En dan was er natuurlijk de politiek-morele plicht om voor democratisering en mensenrechten op te komen. Dat zei Kok 'niet in de laatste plaats' als sociaaldemocraat. Daartoe moesten Nederland en de EG steun verlenen en over een breed spectrum contacten opbouwen, niet alleen met regeringen, 'maar ook met bewegingen en organisaties'.[19] Ook zou deskundigheid aangaande sociale zekerheid moeten worden aangeboden, 'om te helpen enorme inkomensverschillen in reële koopkracht tussen arm en rijk te voorkomen'.[20] Voor de Europese sociaaldemocratie achtte Kok een belangrijke rol weggelegd. 'Van ons wordt veel verwacht, ook in Oost-Europa. Er wordt gesproken over het sociaal-democratische model.'[21]

Democratie en mensenrechten, daarmee kwam Kok Fukuyama weer tegen. Maar anders dan de laatste leek te suggereren, wist de eerste dat dit proces niet vanzelf zou gaan. Het moest voor hem bovendien leiden tot een sociale markteconomie, niet tot rauw kapitalisme. Maar daarover zou de Amerikaanse politiek filosoof het met Kok eens kunnen zijn. De sociaaldemocratie als beweging voor publieke regulering en sociale inbedding van het kapitalisme. Zou de 'nieuwe wereldorde' die ruimte bieden?

De deling voorbij

Kok stipte het in zijn rede al aan: het vooruitzicht van verdere integratie in West-Europa en tezelfdertijd groeiende desintegratie in Oost-Europa. Het zou nog veel harder gaan. Vanaf november 1989 volgden de 'fluwelen' revoluties oostelijk van Helmstedt[22] elkaar snel op. De voormalige 'satellieten' van de Sovjet-Unie namen de organisatie van een democratisch en nationaal leven in eigen hand.[23] De samenleving fundamenteel herordenen en de bewoners deel laten hebben aan deze ingrijpende aanpassing, zou echter een pijnlijk proces van jaren blijken te zijn.[24] Intussen gaf deze oostelijke ontwikkeling een enorme impuls aan de Europese integratie in het westen van het continent. Boven op het project van de interne markt ('Europa 1992') kwam er nu een onmiskenbare behoefte aan verdergaande politieke integratie. Hoe kon dit ooit leiden tot één Europa?

Het kabinet-Lubbers/Kok begon zijn werkzaamheden bijna op de dag af na de val van de Berlijnse Muur op 9 november 1989. Al snel werd ons land meegesleurd in een maalstroom van politieke omwentelingen en aanpassingen daaraan. De Koude Oorlog werd beëindigd, maar zou daarmee de vrede bewaard blijven? Bevorderde de implosie van het Sovjetrijk nu de stabiliteit in Europa, of juist niet of alleen onder speciale voorwaarden? Wat zou de plaats van een herenigd Duitsland in dit continent worden? En welke rol zou Europa kunnen of moeten spelen in een wereld die niet langer door de Oost-Westtegenstelling werd beheerst? Zonder dat Lubbers/Kok zich er echt op had voorbereid, moest het Nederland helpen zich op een nieuwe internationale orde voor te bereiden. Dit was niet steeds vrij van schokken.

Wim Kok was op verschillende manieren betrokken bij dit proces van aanpassing en herstructurering. Als politiek leider van de PvdA was hij actief in de Socialistische Internationale en in de Federatie van Socialistische Partijen in de Europese Gemeenschap. Hij speelde een belangrijke rol in het zich voegen van deze organisaties in de nieuwe omstandigheden, zodat zij op hun beurt daarin hun aandeel konden hebben.[25] Voor de minister van Financiën was de nieuwe internationale orde echter niet een eerste verantwoordelijkheid. In de buitenlandse politiek lag het initiatief bij CDA-minister van Buitenlandse Zaken Hans van den Broek, maar ook bij Ruud Lubbers, als premier en deelnemer aan de Europese Raad en andere topontmoetingen die in die jaren aan de orde van de dag waren. Bovendien was Nederland in de tweede helft van 1991 voorzitter van de Europese Gemeenschap. Daarnaast waren ook Relus ter Beek en Jan Pronk, de ministers van Defensie en voor Ontwikkelingssamenwerking, betrokken. Toch kreeg Kok als bewindsman en als vicepremier, maar ook als PvdA-voorman, met de nieuwe wereldorde te maken.

Zelf leidde Kok de onderhandelingen over de Economische en Monetaire Unie.[26] Deze waren versneld met het oog op het vooruitzicht van een Duitse hereniging. Een groter en machtiger geworden Bondsrepubliek in het hart van een onrustig continent werd in de andere EG-landen niet alom toegejuicht.[27] Het was vooral de Franse president Mitterrand die de sleutel vond voor een effectieve inkapseling van een herenigd Duitsland: via het geld. De Economische en Monetaire Unie moest er snel komen, inclusief een inruil van de D-mark tegen een gemeenschappelijke Europese munt. Helmut Kohl ging hier van harte mee akkoord.[28] Wim Kok mocht deze klus klaren, niet alleen ten behoeve van de integratie van de Europese markt, maar ook als hoeksteen van een politiek verstevigde Europese Unie. Het vormde zijn fundamentele bijdrage aan het Verdrag van Maastricht.[29]

In het parallelle project voor een Europese politieke unie speelde Kok geen leidende rol. Dat lag in de handen van Buitenlandse Zaken en uiteindelijk de minister-president, als voorzitter van de Intergouvernementele Conferentie daarover.[30] Wel onderschreef Kok in de ministerraad en in het openbaar de federalistische Nederlandse inzet voor dit verdrag.[31] Daarmee had hij ook geen enkele moeite, zij het dat het hem ook weer niet te snel moest gaan. Hij was overtuigd Europeaan en bevond zich daarmee in zijn eigen partij op vertrouwde bodem. Hij gaf dan ook eind augustus 1991 als bewindsman zijn steun aan het conceptvoorstel van het Nederlands voorzitterschap voor een Europese politieke unie.

Kok stond echter grotendeels buiten de diplomatieke strategie voor de realisatie ervan, die op 30 september 1991 ('Zwarte Maandag') schipbreuk leed.[32] Die maand had hij met de WAO ook wel wat anders aan zijn hoofd.[33] Hij wist wel te voorkomen dat de onderhandelingen over de EMU door die over de EPU 'besmet' raakten.[34] Toen de ministerraad in oktober een notitie over de verdere aanpak van de EPU-onderhandelingen besprak, ging Kok in hoofdlijnen akkoord, om vervolgens staatssecretaris Dankert wel een brief te schrijven met een aantal als minister van Financiën gekleurde aanvullingen en aanscherpingen.[35] Als vicepremier en partijpoliticus was hij dus 'communautair', als financieel bewindsman leunde hij meer naar 'subsidiariteit', naar wat meer Nederlandse autonomie dus. Zo was Wim Kok zijdelings betrokken bij het politieke deel van het Verdrag van Maastricht.

Kok was tegelijk internationalist genoeg om te voorkomen dat hij zich zou laten opsluiten in de West-Europese integratie. De Europese uitdaging betrof nu immers het hele continent. Hij was al een uitgesproken voorstander van toetreding door Oostenrijk en de noordse landen Zweden, Noorwegen en Finland. Op Noorwegen na kreeg dit in 1994 haar beslag.[36] In 1991 bepleitte hij sterke EG-betrokkenheid bij de transformatie van Midden- en Oost-Europa. Daarbij legde hij de nadruk op het belang van een sociale rechtsstaat als een 'absolute voorwaarde' voor een goedwerkende sociaaleconomische structuur. Hij zou Jacques Delors ook op dit punt blijven volgen.[37]

De EG kon de volle last van samenwerking met deze landen niet alleen op haar schouders nemen, daarvoor moest zij ook haar eigen huis nog op orde brengen met het Verdrag van Maastricht van eind 1991. Maar Kok vond toen al dat 'in het jaar 2000 Midden- en Oost-Europese landen deel moesten kunnen uitmaken van de Europese Gemeenschap'.[38] Deze toetreding zou feitelijk pas in 2004 verwezenlijkt worden. Maar de formulering van de criteria van Kopenhagen – democratie, mensenrechten, een functionerende en veerkrachtige markteconomie[39] – legde hiervoor in juni 1993 de grondslag. Kok, die zich als vicepremier sterk betrokken toonde, stond mede aan de wieg van dit 'grote', ongedeelde Europa. Hij zag dat als een opdracht tot solidariteit en als een belofte van vrede. Het zou hem ook later blijven trekken.[40]

De Verenigde Naties, waarborg voor de internationale rechtsorde

De Verenigde Naties vormden een belangrijk toneel voor de nieuwe wereld. Tot de omwenteling hadden Oost en West elkaar hier vaak in de haren gezeten, geblokkeerd zelfs. De VN vormden een van de belangrijkste podia waarop het Oost-Westconflict (vreedzaam) werd uitgevochten. Zelfs op terreinen waar de VN wel degelijk vooruitgang konden boeken, zoals handel, ontwikkeling, mensenrechten en cultuur, moest veel conflictstof worden toegedekt. Het beste ging het bij onderwerpen die als technische kwesties werden behandeld, daar was overeenstemming doorgaans wel mogelijk.

Waar het echter bijna steeds misging was het vraagstuk van vrede en veiligheid, het exclusieve terrein van de VN-Veiligheidsraad. Het betrof kwesties vol hoogst politieke brandstof. De wederzijdse veto's hadden de ambassadeurs van de Verenigde Staten en de Sovjet-Unie op dit terrein steeds om de oren gevlogen. Het einde van de Koude Oorlog markeerde hier een levensgroot verschil met de nieuwe tijd. Dat werd echt zichtbaar met de Golfoorlog. Op 2 augustus 1990 viel Irak het buurland Koeweit binnen en na een korte strijd lijfde zijn leider Saddam Hoessein het veroverde gebied als een Iraakse provincie in. Hij had echter buiten de nieuwe wereldorde gerekend.[41] Waar Saddam Hoesseins militaire avonturen eerder nog oogluikend werden toegestaan (en zelfs indirect gesteund[42]), werd hij dit keer verrast door de dooi in de Oost-Westrelatie. De VN-Veiligheidsraad veroordeelde Iraks militaire agressie terstond en eiste onmiddellijk en onvoorwaardelijk herstel van Koeweits soevereiniteit. Het conflict liep vijf maanden later uit op een 'vredeherstellende' militaire operatie en duurde tot eind februari 1991.

In de loop van dit conflict nam de Veiligheidsraad twaalf resoluties aan, van economische sancties tot en met de sanctionering van de militaire bevrijding van Koeweit. De Sovjet-Unie steunde ze allemaal, terwijl China elf keer voorstemde en zich één keer onthield. Een geheel nieuwe wereld inderdaad. Omdat Saddam Hoessein koppig volhield – en voor zijn 'Heilige Oorlog' in de Arabische wereld wel enige steun verwierf –, werd al snel militair potentieel tegen hem opgebouwd. Allereerst om verdere escalatie in de regio tegen te gaan en vervolgens om de opgebouwde druk vanuit de Veiligheidsraad geloofwaardig te maken. Voor driekwart ging het om Amerikaans personeel en materieel, vooral in Saoedi-Arabië gelegerd, maar alles vond plaats in de vorm van een zogenoemde internationale coalitie. Tientallen landen maakten daarvan deel uit.

Ook Nederland wilde graag bijdragen aan de handhaving van de internationale rechtsorde, een klassieke waarde immers in het buitenlands beleid van ons betrekkelijk kleine land.[43] Daarvoor bestond in het parlement en ook in de publieke opinie veel steun, ook al kon over het hoe en wat ervan nog wel eens verschil van mening bestaan. De Nederlandse beslissingen daarover werden diplomatiek begeleid vanuit Buitenlandse Zaken, terwijl zij in materiële zin werden voorbereid door Defensie. Door vakantieafwezigheid van de betroffen bewindslieden nam premier Lubbers het voortouw. De eerste militaire beslissing werd in het Torentje genomen, in aanwezigheid van vicepremier Kok en via telefoonverbinding met de ministers Ter Beek en Van den Broek. Aanvankelijk bestond de Nederlandse inbreng uit twee marineschepen om de handelsboycot te helpen bewaken, eerst alleen in de Straat van Hormuz, na begin oktober ook in de Perzische Golf. Vanaf sinterklaasavond kregen twee aflossende fregatten tot taak de Amerikaanse vloot in de Golf te helpen beschermen, terwijl een derde Nederlands marineschip in de bevoorrading daar een rol ging spelen. Medische teams van marine en landmacht werden in januari en februari 1991 ingezet, terwijl toen ook in Turkije en Israël luchtverdediging (Patriots) en in Turkije luchtdoelraketten (HAWK's) werden opgesteld. Saddam Hoessein bedreigde deze landen immers met Scud-raketten en ook daarvoor wilde Nederland de grens naar militaire inzet wel oversteken.

Grondtroepen (met dienstplichtigen[44]) heeft Ter Beek echter niet ingezet in het Golfconflict.[45] Dit vormde in de Nederlandse besluitvorming immers een struikelblok. Bij een deel van het kabinet, vooral rond minister Van den Broek gegroepeerd, bestond er veel steun voor de Amerikaanse opzet om de agressor, zo nodig, gewapenderhand tot de orde te roepen. En daar moest Nederland, indien enigszins mogelijk, aan bijdragen.[46] Een ander deel was meer tot gematigdheid geneigd, tot het allereerst uitoefenen van niet-militaire druk, ook ten behoeve van diplomatieke initiatieven, maar wel met de mogelijkheid van militair ingrijpen achter de hand. Eind november stelde de Veiligheidsraad met resolutie 678 Irak een ultimatum: vóór 15 januari moest het zich onvoorwaardelijk uit Koeweit terugtrekken, anders zouden de lidstaten gemachtigd zijn met geweld tegen Irak op te treden.

Wim Kok voelde zich het meest bij de tweede benadering thuis, wat globaal ook voor het PvdA-smaldeel in het kabinet als geheel gold.[47] Hij kende de VN vooral uit zijn vakbondstijd: natuurlijk van de Internationale Arbeidsorganisatie (ILO) in Genève, maar ook van het 'high level'-forum over de rol van multinationale ondernemingen waarbij hij een paar jaar betrokken was.[48] Hij had ontzag voor de wereldorganisatie, maar was zich bewust van haar kwetsbaarheden. De VN moest je omzichtig behandelen. Bovendien zag hij de inzet van militair geweld echt als een laatste middel. Natuurlijk behoorde Saddam Hoessein uit Koeweit te verdwijnen, maar als het enigszins kon moest dat vreedzaam gebeuren. Tegelijk wilde Kok niet dat Nederland van zijn verantwoordelijkheid in de VN wegliep: 'Als het menens wordt, gaan we niet keren en naar huis varen.'[49]

Kok was in de Internationale en de Federatie ook betrokken bij internationaal en Europees overleg in partijverband.[50] In de eerste organisatie zette hij zich in voor steun aan de aanpak van de Veiligheidsraad. In de andere bevorderde hij een Europese benadering, met steun voor Franse en Duitse diplomatieke initiatieven.[51] Uiteindelijk bleken deze alle tevergeefs: op 15 januari 1991 verliep het ultimatum, en moesten het kabinet en ook de PvdA vaststellen dat alle vreedzame middelen waren uitgeput.

Het kabinet stuurde op 8 januari een brief naar de Kamer waarin het zei resolutie 678 te volgen. Mocht blijken dat Irak zich niet volledig had teruggetrokken, dan zou Nederlandse militaire inzet – onder Amerikaans commando – noodzakelijk worden. De fractie volgde – niet zonder heftige, principiële discussie[52] – het kabinet en het partijbestuur steunde beide.[53] In het land en vooral in de PvdA was de discussie daarmee nog niet afgelopen. De emoties liepen hoog op: voor het eerst na Indonesië eventueel directe Nederlandse betrokkenheid bij oorlogvoering![54] Twee weken later, op het partijcongres van 1 en 2 februari, wist een overtuigende voorzitter Sint de partij echter mee te krijgen. Kok sloot zich hierbij aan: 'Ik ben trots op een partij die de betrokkenheid bij een militair conflict niet lichtvaardig neemt, die dat met zich meedraagt van dag tot dag. Trots ook op een partij die de verantwoordelijkheid voor het regeren niet schuwt.'[55] Op 17 januari was de aanval op Irak inmiddels ingezet, de eerste oorlog die 'live' op televisie was te volgen. Zes weken later gaf Saddam Hoessein Koeweit op.[56]

Werken aan vrede

De nieuwe wereldorde opende dus de mogelijkheid tot verbreding en verdieping van vredesoperaties. Steeds stonden de Verenigde Naties hierin centraal. Wanneer het om de afdwinging van vrede ging, kwamen hierbij gaandeweg echter ook militaire bondgenootschappen in beeld, vooral de NAVO. Voorheen ging het bij vredeshandhaving om situaties waarin strijdende partijen een wapenstilstand overeen waren gekomen en er vervolgens VN-blauwhelmen werden gelegerd om de kemphanen uit elkaar te houden. Soms werkte dat goed, maar lang niet altijd.

Nu het Oost-Westconflict niet meer in de weg zat, konden nieuwe, verdergaande vormen van vredesbevordering worden uitgeprobeerd. Dit was ook nodig, omdat het einde van de Koude Oorlog de baan vrij leek te maken voor de uitbarsting van nieuwe, 'hete' conflicten in verschillende delen van de wereld, soms tussen landen maar vaak binnen landen zelf. In elk geval leek het nu gemakkelijker om er van buitenaf iets aan te doen. Voor ons land leidde dit vooral op twee terreinen tot aanpassing en vernieuwing: bij Defensie en bij Ontwikkelingssamenwerking.

Voor een kabinet dat al snel krap bij kas zat was Defensie, met een forse begroting van ruim 14 miljard gulden, een aanlokkelijke bezuinigingspost. Na de val van de Muur en het ineenschrompelen van het Sovjetrijk in Oost-Europa diende zich de mogelijkheid van stevige besparingen aan. Waarom zouden we nog doorgaan met het versterken van onze militaire presentie op de Noord-Duitse laagvlakte, als er steeds minder te rekenen viel op een Russische aanval? Onderhandelingen over wapenbeheersing en zelfs -vermindering in Europa beloofden op dit vlak nog veel meer 'vredesdividend' op te leveren.[57]

De afspraak in het regeerakkoord dat de begroting voor Defensie de eerste twee jaar nog met 0,6 procent mocht groeien, verdween al in november 1989 in een bureaula. Wim Kok moest toen immers onverwachts zo'n 7 miljard bezuinigen en daar betaalde Ter Beek aan mee.[58] Die zag de bui al hangen. Een handje helpen bij het verlichten van de algemene 'financiële problematiek', dat wilde hij zeker.[59] Maar geen aderlating op aderlating, dan zou er al snel geen operationele krijgsmacht overblijven. Ter Beek wist tegelijk dat de omstandigheden in de wereld geheel nieuwe uitdagingen voor het veiligheidsbeleid inhielden, maar ook dat zijn defensieapparaat daarop nauwelijks was ingericht noch voorbereid. Bezuinigen mocht, zij het beheerst.[60] En het moest wel hand in hand gaan met herstructureren en opnieuw investeren. De nieuwe wereldorde vroeg om een nieuw soort krijgsmacht: kleiner, maar ook mobieler en flexibeler.[61] Ter Beek kreeg hiervoor Koks steun.

Met zijn 'Defensienota' en, bijna twee jaar later, 'Prioriteitennota' slaagde Ter Beek er gaandeweg in de Nederlandse krijgsmacht op een andere leest te schoeien.[62] Nederland was hier vroeg mee, eerder dan veel andere NAVO-landen. Defensie zou veranderen: anders van structuur, anders van uitrusting, anders van oefening, anders van kijk op de wereld. Het ging om inkrimping en professionalisering tegelijk. De opschorting van de dienstplicht per 1997[63] vormde een verdere stap in de omvorming van de Nederlandse defensie naar een beroepsmatig geschikt instrument voor bijdragen aan een 'Agenda voor Vrede'. Dit was de titel van het document waarmee de nieuwe secretaris-generaal van de Verenigde Naties, Boutros-Ghali, de basis legde voor een uitgebreide en intensieve VN-inzet bij het oplossen en voorkomen van conflicten, waar ook ter wereld.[64]

Nederland ging daar actief aan meedoen, met toenemende steun van parlement en publiek. Bestond er in 1990-1991 nog de nodige huiver voor deelname aan een gewapend conflict om Koeweit, ruim twee jaar later was er een bijna algemene roep om 'iets te gaan doen' tegen de gewelduitbarstingen in voormalig Joegoslavië. Weer twee jaar later volgde de grote ontnuchtering in Srebrenica.[65] Tijdens Lubbers/Kok nam de Nederlandse krijgsmacht deel aan tweeëntwintig humanitaire missies en vredesoperaties, sommige al langer bestaand, maar de meeste nieuw. In Azië, Afrika, Latijns-Amerika en Europa: Defensie had opeens de wereld als werkterrein. Vooral de inzet in Cambodja met een bataljon mariniers en bijdragen vanuit andere krijgsmachtdelen was omvangrijk en gecompliceerd. Al met al namen zo'n drieduizend Nederlandse militairen deel aan de anderhalf jaar durende UNTAC-operatie.[66] Het ging hierbij niet alleen om militaire taken, het betrof ook 'wederopbouw': toezicht op het burgerbestuur, voorbereiding van verkiezingen, zorg om vluchtelingen en ontheemden en inzet voor economisch herstel en ontwikkeling. Defensie kwam hier Ontwikkelingssamenwerking tegen: 'groeiende verwevenheid' noemde Ter Beek dit. Hij deed dit samen met Jan Pronk, ze bezochten het land zelfs gezamenlijk.[67]

Ook Pronk had zich snel rekenschap gegeven van de nieuwe wereldorde en de effecten ervan op zijn werkterrein. In de nota 'Een wereld van verschil' maakte hij de balans op van dertig jaar ontwikkeling in politieke onafhankelijkheid en tegelijk economische afhankelijkheid.[68] De rol van het Oost-Westconflict hierbij bracht hij in kaart, evenals de daardoor veelal opgetreden fragmentatie van de derde wereld. Het einde van de Koude Oorlog schetste hij voor de derde wereld als een risico en een kans tegelijk: een risico van verdere marginalisering en een kans op integratie in een interdependent geworden wereld. Hun 'hinderkracht' ('*nuisance value*'), zowel op economisch en politiek als ecologisch terrein, bood ontwikkelingslanden de mogelijkheid tot het verscherpen van tegenstellingen met de ontwikkelde wereld, maar tegelijk ook een platform voor samenwerking in de bestrijding van armoede en conflict.[69]

Dit stevige werkstuk (bijna vierhonderd bladzijden) gaf Pronk geen waarborg voor het voorkomen van aanslagen op zijn 'beschermde' begroting.[70] Wel slaagde hij erin hiermee aandacht te vragen voor de relevantie van ontwikkelingssamenwerking in veranderde omstandigheden, de effectiviteit ervan te vergroten en het belang van nieuwe impulsen te onderstrepen. Wim Kok stond niet altijd aan Jan Pronks kant, zeker niet als er weer financiële tegenvallers moesten worden verdeeld. Maar hij steunde hem wel in zijn streven de schijnwerper op armoede en ellende gericht te houden en bij zijn speurtocht naar creatieve oplossingen, niet het minst bij gewapende conflicten en in humanitaire noodsituaties.[71] Hij steunde hem ook in het partijpolitieke conflict over Indonesië.[72]

Indonesië was een gevoelige kwestie, niet alleen door eeuwen van Nederlands koloniaal bewind en exploitatie, maar ook door flagrante schendingen van mensenrechten in het onafhankelijke Indonesië sinds de jaren zestig. Al in zijn eerste termijn (1973-1977) had Pronk zich sterk gemaakt voor de zaak van politieke gevangenen in dat land, waarvan Nederland ook een vooraanstaand donor was.[73] Tijdens Lubbers/Kok volgden er nieuwe botsingen, waarbij ook minister Van den Broek, eerstverantwoordelijke voor het mensenrechtenbeleid, betrokken was.

De druppel die in Den Haag de emmer deed overlopen was een bloedige aanslag op een vreedzame demonstratie in Dili op Oost-Timor in november 1991: tientallen doden als gevolg van een militaire actie. Kamerbreed drong het parlement aan op nadere stappen: een internationaal onderzoek, Europees protest,[74] opschorting van de ontwikkelingshulp.[75] Op suggestie van Van den Broek schortte Pronk vervolgens de aanbieding van nieuwe bilaterale hulp aan Indonesië op, tot het begin van het jaar erop.[76] Ook in Jakarta begon toen de emmer verwaarlijk vol te lopen.[77] De Indonesische president Soeharto had al een Nationale Onderzoekscommissie ingesteld. Een maand later kwam die met haar rapport: verrassend hard, zeker voor Indonesische begrippen. Vooral de krijgsmacht kreeg ervanlangs: de trap werd van bovenaf schoongeveegd. Indonesië zette er met de uitvoering ook meteen de vaart in. De Nederlandse reactie (van Van den Broek en Pronk) kwam bijna een maand later en vertoonde een wisselend beeld: lof voor het rapport en de Indonesische actie daarop, maar tegelijk weer een aantal haken en ogen. De hulpopschorting was nog niet van de baan.

In Jakarta begon toen de tegenactie op gang te komen en op 26 maart, na nog verscheidene voorbeelden van miscommunicatie tussen de beide landen,[78] zegde Soeharto bruusk de ontwikkelingsrelatie met Nederland op. Commotie alom. Pronk belde direct met Kok. Die voorzag meteen: 'Bij het CDA geldt nu: beheers het probleem, beperk de schade en zoek een zondebok. Die zondebok ben jij.'[79] Indonesië was de CDA-fractie daarin al voorgegaan. Het land toonde zijn hinderkracht.

Pronks inzicht dat er in situaties van gewapend conflict van ontwikkeling niet of nauwelijks sprake kon zijn, maakte hem steeds ontvankelijker voor de bijdrage die Ontwikkelingssamenwerking aan conflictbeheersing kon leveren. Hij bracht dit in verscheidene delen van de wereld al in praktijk. Zijn groeiende samenwerking met Defensie in die jaren kwam onder meer tot uitdrukking in de gemeenschappelijke financiering en het gedeeld gebruik van een Hercules-transportvliegtuig, voor Pronk van belang voor snelle noodhulp. Maar niet altijd kon hij een rol spelen: in 1994 stond hij zo goed als machteloos tegenover de Rwandese genocide, die hij in de ministerraad wel aan de orde stelde.[80] In augustus droeg Nederland met militairen en andere middelen bij aan een grootscheepse humanitaire actie voor Rwandese vluchtelingen in Oost-Kongo.[81]

Ontkokerd ('ontschot') denken vormde ook het politiek-intellectueel fundament van Pronks vervolgnota van drie jaar later: 'Een wereld in geschil'.[82] Hierin legde hij de basis voor wat in 1995 in het eerste kabinet-Kok de herijking van het buitenlands beleid zou worden: de organisatie van geïntegreerd beleidsdenken in Nederlands internationale handelen.[83] Deze beleidsintegratie zou de positie van de minister van Buitenlandse Zaken versterken en tegelijk die voor Ontwikkelingssamenwerking een bredere rol toekennen.

Asiel, illegalen en de kat van Kosto

De nieuwe wereldorde versterkte iets wat al zo oud is als de weg naar Rome: migratie. Landverhuizing was er altijd geweest, soms vrijwillig en verwelkomd, maar soms ook afgedwongen of juist tegengewerkt. Het einde van de Koude Oorlog maakte een einde aan gestolde politieke verhoudingen, het vergemakkelijkte de internationale mobiliteit en maakte grenzen minder ondoordringbaar. Binnen de EG zou het Schengenverdrag[84] daar verder aan bijdragen. Economie, technologie en communicatie namen een hoge vlucht: het idee van de 'global village' werd geboren, de wereld werd in toenemende mate als één ervaren. De grote welvaartsverschillen bleven uiteraard bestaan. Tegelijk braken op allerlei plaatsen etnische conflicten uit: de wereld viel weer in dorpen uiteen. Vlucht en migratie vormden vaak een uitweg. Ook naar Nederland, waar de komst van vreemdelingen de verhoudingen soms op scherp zette.

In de naoorlogse jaren werd de Nederlandse bevolking langs verscheidene wegen 'van buitenaf' aangevuld. In de jaren vijftig vertrokken, naast 12.500 Molukse KNIL-militairen en hun gezinnen, ruim driehonderdduizend Indische Nederlanders vanuit hun 'moederland' naar hun 'vaderland'. Tegelijk verlieten zo'n 250.000 Nederlanders ons land om hun economisch heil in landen als Canada, Australië en Nieuw-Zeeland te gaan zoeken. Vanaf de jaren zestig kwam de arbeidsmigratie juist onze richting uit: 'gastarbeiders' uit Italië, Spanje, Joegoslavië en steeds meer uit Turkije en Marokko, vanaf 1980 in het kader van de gezinshereniging vaak gevolgd door hun vrouw en kinderen. De onafhankelijkheid van Suriname in 1975 bracht de overtocht van honderdduizenden 'rijksgenoten' op gang. Nederland werd kleurrijker, voller en minder homogeen.

Vluchtelingen vormden een bijzondere groep 'buitenlanders': zij die op politieke of levensbeschouwelijke gronden een beroep op ons land deden om beschermde toevlucht (asiel) te krijgen. Mede als gevolg van de Tweede Wereldoorlog was het recht op asiel als een mensenrecht aangemerkt en vonden asielzoekers bijzondere bescherming onder het Geneefse Verdrag betreffende de status van vluchtelingen (1951). Sinds een aantal jaren was het aantal asielzoekers al opgelopen, maar vanaf 1990 ging het jaarlijks om ruim twintigduizend personen (oplopend) om vier jaar later op zo'n vijftigduizend te 'pieken'. Lang niet allen kregen het gezochte asiel. De meerderheid werd niet als vluchteling erkend: niet iedere asielzoeker was een 'echte' vluchteling. Logisch gevolg: zij werden het land uitgezet, terug naar hun eigen land of, als dit niet veilig genoeg was, naar een ander land. Dit ging echter zeer moeizaam. Weer een logisch gevolg: een groeiend aantal afgewezenen onttrok zich aan uitzetting en dook onder in wat toen heette de illegaliteit: de oorsprong van het 'illegalendebat'.

Dit alles had gevolgen voor samenleving, politiek en beleid. De komst van mensen uit verschillende delen van de wereld riep uiteenlopende gevoelens op. Sommigen voelden zich uit compassie solidair met deze 'verworpenen der aarde', of door hun aanwezigheid cultureel verrijkt. Anderen voelden zich juist beklemd door buitenstaanders die met hen om schaarse voorzieningen (werk, woning en zorg) 'concurreerden' en hun ook een gevoel van culturele vervreemding, zelfs verdringing bezorgden. Combinaties van deze effecten deden zich ook voor: menigeen voelde in dit opzicht twee zielen in één borst.

In de politiek wonnen intussen de 'buitenlandervijandige' Centrumpartij en later de Centrumdemocraten[85] terrein, vooral in de grote steden. VVD en CDA hielden zich verre van dit sentiment, maar meenden wel dat 'restrictieve toelating' van vreemdelingen gewenst was.[86] Tegelijk botsten ter linkerzijde – vooral in de Partij van de Arbeid – de meningen soms hard op elkaar, tot in het kabinet aan toe. In het kabinet-Lubbers/Kok droeg de PvdA wel erg veel verantwoordelijkheid voor het vreemdelingenbeleid. Was zij hierop voorbereid?

Midden in dit gedruis stonden Aad Kosto, PvdA-staatssecretaris van Justitie, en Hedy d'Ancona, PvdA-minister van Welzijn, Volksgezondheid en Cultuur. De eerste was verantwoordelijk voor het vreemdelingenbeleid en daarmee voor beslissingen over asielverlening, de tweede voor de fysieke opvang van de zoekers naar asiel, wat steeds een geweldige logistieke uitdaging inhield.[87] Aan de zijlijn voelde ook Jan Pronk zich erg betrokken: veel asielzoekers kwamen immers uit ontwikkelingslanden zoals Sri Lanka en Somalië.[88] Al snel werd zijn begroting ook aangesproken: hij werd voor een deel van de opvang aangeslagen.[89] Door deze sterk oplopende kosten had Wim Kok, als minister van Financiën, vanzelfsprekend een belangrijke stem in dit kapittel. Ook moest hij kiezen.

In formele zin hield Kosto het gelijk aan zijn zijde. De wet sprak nu eenmaal duidelijke taal. Hetzelfde gold voor het regeerakkoord. Beide had hij uit te voeren, in voorkomende gevallen geholpen door rechterlijke uitspraken. Het ging om strenge rechtvaardigheid, zowel het laatste als het eerste. Allen die gerechtvaardigd een beroep op onze bescherming deden, ontvingen we gastvrij. Maar zonder gestrengheid zouden er verscheidene vormen van gedogen ontstaan, met allerlei vormen van onrechtvaardigheid als gevolg, zowel onder asielzoekers als onder hen die al rechtsgeldig in ons land verbleven.[90] Zoals Wim Kok het in september 1991 uitdrukte: 'Het onvermijdelijke sluitstuk van ons vreemdelingenbeleid is een actief verwijderingsbeleid van illegale vreemdelingen.'[91]

Maar het is ook de toon die de muziek bepaalt. In een partij die internationaal een warm hart wil uitstralen, kan het pijn doen als harde beslissingen niet gepaard gaan met een blijk van mededogen. Kosto, qua presentatie een wat strakke jurist, streek menig partijgenoot tegen de haren in, om te beginnen zijn medeverantwoordelijke bewindspersoon d'Ancona. Niet dat zij rechtstreeks tegen het kabinetsbeleid inging, maar zij schrok toch terug van de kilheid van de individuele afwijzingen. Het ging immers om mensen, niet om aantallen. Tussen beiden ontstond dan ook verwijdering, wederzijds.[92] Ook Wim Kok struikelde over het 'erg docerende' van Kosto, waardoor hij soms de 'goede toon' miste. In het kabinet leidde dat wel eens tot 'botsingen', waarbij Kok 'er lelijk tussen zat'. Maar op grond van zijn verantwoordelijkheid voor de financiële consequenties moest hij 'op de grote lijnen Kosto gelijk geven'.[93]

In de vroege ochtend van 13 november 1991 werd in Grootschermer het huis van Aad Kosto en zijn vrouw Anneke door een bom gedeeltelijk opgeblazen. Verantwoordelijk was de Revolutionaire Anti Racistische Actie (RARA), die Kosto's vreemdelingenbeleid als reden voor de aanslag opvoerde.[94] Slachtoffers vielen er niet. De kat van de Kosto's overleefde het ook. De foto van Kosto met de kat in zijn armen, ontredderd voor de puinhopen van zijn huis, ging de wereld over en maakte golven van sympathie los.[95] 's Middags kwamen Wim en Rita Kok de Kosto's steunen. Wat het kabinet betrof, bleef het daarbij. Het tuinfeestje dat Aad en Anneke organiseerden nadat zij hun huis hadden opgeknapt, trok meer belangstellenden.

Jan Pronk ging het intussen wel om aantallen: die vond dat het allemaal veel ruimhartiger moest. Hij meende (publiekelijk) dat er nog wel honderdduizend bij konden. Daarbij doelde hij niet slechts op politieke vluchtelingen, hij sloot hier ook economische migranten bij in. Nederland moest zichzelf tot 'immigratieland' verklaren.[96] Hiermee nam de minister voor Ontwikkelingssamenwerking wel afstand van het kabinetsbeleid, dat ook op beheersing van de instroom was gericht. Dit kwam hem in de ministerraad op een stevige schrobbering van premier Lubbers te staan. Vicepremier Kok hoorde deze politieke slagenwisseling stilzwijgend aan. Hij was het eens met de minister-president.

De stemming over Kosto's beleid werd er niet beter op toen hij zich lelijk versprak. Op een partijbijeenkomst op 2 november 1992 zei hij: 'We moeten alle mensen laten verdwijnen wier problemen we hier niet kunnen oplossen.' Verdwijnen in plaats van verwijderen of uitzetten! Er brak een hel over hem los: hij werd met Argentijnse generaals en andere hele of halve fascisten vergeleken. PvdA-afdelingen lieten zich niet onbetuigd. Verklaringen, zelfs excuses hielpen niet: ook in de media, vooral ter linkerzijde, moest Kosto het ontgelden.[97]

Tegelijk was er natuurlijk wel een politiek probleem: hoe stond de PvdA nu tegenover de illegalen en hun eventuele uitzetting of 'verwijdering'? Daarover organiseerde partijvoorzitter Rottenberg op 14 november in Den Haag een 'briefing'. Kosto en Rottenberg, maar ook d'Ancona, Pronk en Wöltgens, spraken in de Nieuwe Kerk voor en met een gehoor van honderden verontruste partijgenoten. Aan het beleid werd niet getornd, maar de toon moest wel veel minder schril.[98] Buiten hield een politiemacht met honden de wacht. En intussen streek de staatssecretaris jaarlijks bij honderden aanvragers 'om klemmende redenen van humanitaire aard' zijn hand over het hart.[99]

Wim Kok had weinig moeite in dit aspect van de nieuwe wereldorde zijn positie te bepalen. Niet alleen als minister van Financiën onderschreef hij Kosto's aanpak in het vreemdelingenbeleid van 'strenge rechtvaardigheid'. Als vicepremier en partijleider vond hij ook nog dit: inzake het vreemdelingenbeleid wilde hij de relatie met het CDA op orde houden en zeker geen kabinetscrisis provoceren.[100] Dat wil niet zeggen dat hij zo nu en dan geen dubbele gevoelens koesterde. Enerzijds voelde hij zich betrokken bij het lot van de migranten, anderzijds maakte hij zich zorgen over het draagvlak in eigen land. De vluchtelingen uit een gewapend conflict vond hij bijvoorbeeld zo mogelijk nog beklagenswaardiger dan 'gelukzoekers' uit een arm land. Die eersten hadden bij hem een streepje voor. Dit verklaart misschien ook zijn begrip, getoond in de verkiezingscampagne 1994, voor het aan de grens op huidskleur selecteren om de immigrantenstroom in te dammen. Hij kwam er min of meer mee weg.[101] Ook maakte Kok zich zorgen over het onbeheersbare karakter van de immigratie. Zo bepleitte hij in Maastricht op 5 maart 1994, in de aanloop naar de verkiezingscampagne, het instellen van 'quota' voor arbeidsmigranten. Hiermee begaf hij zich in de richting van Pronks benadering. Daarop aangesproken door staatssecretaris Kosto verklaarde Kok dat dit niet om nationale, maar om Europees af te spreken quota moest gaan. Want er moest toch iets gebeuren.[102]

Soms liet Kok duidelijker merken dat hij met het lot van vreemdelingen was begaan. In 1978 had hij zich, nog als FNV-voorzitter, sterk gemaakt voor 182 hongerstakende 'kerk-Marokkanen' met een vanaf de kansel van de Amsterdamse kerk De Duif krachtig uitgesproken: 'Jullie strijd is onze strijd. We laten jullie niet in de steek.'[103] Dat ging toen over 'illegale' gastarbeiders. In 1994, in de ministerraad, in nogal andere omstandigheden dus, schoot hij tegen Jo Ritzen uit zijn slof: 'Denkt de minister van Onderwijs dat mensen huis en haard verlaten voor hun lol? Zijn deze mensen geen arme donders?' Dit ging over Joegoslavische 'displaced persons'.[104]

De weg naar Srebrenica

Srebrenica zou in Koks politieke leven een zwarte bladzijde worden, qua intensiteit nog dieper zwart dan het WAO-drama. Dit boek zou immers nooit gesloten worden.[105] In april 2002 leidde het tot zijn aftreden als minister-president en dat van zijn tweede kabinet. Niet omdat Nederland schuldig zou zijn geweest aan de moord op achtduizend moslimmannen in dat 'veilige' gebied, de eerste genocide in Europa sinds de Tweede Wereldoorlog. Schuldig niet. Maar wel omdat ons land de medeverantwoordelijkheid op zich nam voor de gevolgen van de gebleken onveiligheid en nalatige bescherming van deze enclave. Met zo'n politiek betekenisvol gebaar maakte Kok dit zichtbaar.

In het Concertgebouw, bij de herdenkingsbijeenkomst voor de overleden Wim Kok op 27 oktober 2018, was aan weerszijden van het orgel op twee grote schermen een markante foto van hem geplaatst. Deze foto was genomen in Srebrenica. In juni 2002 was hij voor de tweede keer op bezoek op die plaats des onheils. In elk geval tijdens Koks leven bleef dit boek steeds geopend.

Wim Kok was op 11 juli 1995, de dag van de val van de enclave en enkele dagen voor de massamoord, al bijna een jaar premier. Toen was hij dus nauw betrokken bij de politieke en militaire verwikkelingen rond deze Nederlandse vredesmissie. Dat gold minder voor het besluit tot uitzending van Dutchbat naar Srebrenica, anderhalf jaar eerder. Die verantwoordelijkheid betrof in de eerste plaats de ministers van Defensie en van Buitenlandse Zaken. Maar als vicepremier van Lubbers/Kok deelde hij wel volop in de politieke verantwoordelijkheid ervoor. Hetzelfde gold voor Jan Pronk, in het kabinet van 2002 de andere laatst overgebleven deelnemer aan deze besluitvorming.

Srebrenica paste in de nieuwe wereldorde, zowel in de belofte als in de desillusie ervan. De belofte betrof de vurige hoop op een 'maakbare' wereld, een wereld die – na het einde van de Koude Oorlog – met vereende krachten op weg naar vrede en welvaart kon worden geholpen, naar het einde van de geschiedenis bij wijze van spreken.[106] De ontwikkeling van VN-vredesmissies, die landen het vreedzame, democratische pad op konden helpen, was van deze hoop de praktische vertaling.[107] De desillusie lag echter steeds op de loer. Vredesoperaties lieten zich niet in alle situaties zo gemakkelijk kneden, terwijl conflictzoekende groeperingen in sommige landen zich nog minder gemakkelijk tot vrede lieten verleiden. Dit was vooral het geval waar het einde van de Koude Oorlog een 'bevroren' conflict deed smelten en oude rivaliteiten weer de kop konden opsteken. Daar kwam geen einde aan de geschiedenis, maar juist een terugkeer daarvan.[108]

Joegoslavië was zo'n geval. Vanouds deel van een gebied waar Europeanen en Ottomanen op elkaar waren gebotst, waar imperiale ambities en nationale aspiraties met elkaar verstrengeld waren geraakt (of juist niet), waar culturele, godsdienstige en taalkundige identiteiten ongemakkelijk door elkaar heen liepen, en waar gewapende strijd nooit ver weg was. Eind juni 1914 sloeg in Sarajevo de nationalistische vlam in de imperiale pan, wat een maand later het begin van de Eerste Wereldoorlog inluidde.[109]

Erna gevormd tot het koninkrijk Joegoslavië en in reactie op een brute Duitse bezetting (en gewelddadige onderlinge conflicten) omgevormd tot een communistische federale republiek,[110] beleefde het land enkele betrekkelijk voorspoedige decennia. Na de dood van president Tito in 1980 nam de wedijver tussen de deelrepublieken toe en begonnen 'herboren' nationalismen tot toenemende spanningen tussen hen te leiden. Vooral Servië, de grootste deelstaat met ook de nationale hoofdstad Belgrado, onder de vurig nationalistische ex-communist Slobodan Milošević, toonde zich hierin een splijtzwam. Na de val van het communisme in Oost-Europa kwam het conflict openlijk naar buiten.[111]

Nederland was er vanaf het begin bij betrokken. Een maand voordat dit binnenlandse conflict uitbrak, was Wim Kok ter plaatse. Als minister van Financiën van het land dat in het IMF en de Wereldbank de 'kiesgroep' leidde waarvan Joegoslavië deel uitmaakte, bezocht hij op 26 en 27 mei 1991 Belgrado voor overleg. Hij bespeurde al snel de daar heersende machtslust en bezwoer zijn federale ambtgenoot en andere gesprekspartners – onder wie premier Marković – in het land de vrede en eenheid te bewaren. Tevergeefs.

Op 25 juni riep de noordelijke deelrepubliek Slovenië haar onafhankelijkheid uit. Het feitelijk onder Servische leiding staand federaal leger (JNA) probeerde deze opstand neer te slaan en het gebied te onderwerpen. Na een tiendaagse oorlog staakte het deze onderneming. Het Akkoord van

Brioni maakte er een eind aan. Belangrijkste bemiddelaar hierin was minister Hans van den Broek. Nederland was vanaf de eerste juli 1991 voorzitter van de Europese Gemeenschap. Van den Broek was dat hele jaar betrokken bij de EPS-trojka en de EG-bemoeienis met Joegoslavië.[112]

Op 25 juni verklaarde ook de op een na belangrijkste deelrepubliek Kroatië zichzelf onafhankelijk. In delen van Kroatië, vooral in de westelijke Krajina en in het oosten van Slavonië, woonden echter veel etnische Serviërs, die niet tot een 'vreemd' land wilden behoren. Ze stichtten hun eigen Servische republiekjes en kregen al snel een helpende harde hand van de JNA geboden. Met succes: de Kroatische regering verloor gedurende enkele jaren de greep op deze delen van het grondgebied.

In Bosnië-Herzegovina was de situatie nog ingewikkelder: de bevolking bestond uit islamitische Bosniërs, orthodoxe Bosnische Serviërs en katholieke Bosnische Kroaten. De Bosnische Serviërs en een deel van de Bosniërs wilden bij het 'romp-Joegoslavië' blijven behoren. De Kroatische Bosniërs en een meerderheid van de Bosniërs streefden echter naar afscheiding. Om beurten verklaarden groepen zich onafhankelijk, de Bosniërs het laatst.

In maart 1992 brak de oorlog in Bosnië-Hercegovina uit, waarbij de Bosnische Serviërs, gesteund door het 'moederland' Servië, de andere groepen sterk wisten terug te dringen. Sarajevo werd drie jaar lang door JNA en Bosnisch-Servische troepen belegerd, beschoten en vanaf omliggende bergen gebombardeerd. Dood en verwoesting op grote schaal waren het gevolg. Toch hield de stad vol.

De Bosnische oorlog kwam steeds meer in het teken van etnische zuiveringen te staan. Vooral de Serviërs maakten zich hieraan schuldig, met het concentratiekamp Omarska in Noord-Bosnië als meest schokkende voorbeeld. Radovan Karadžić, leider van de Republika Srpska, had in mei 1992 al een strategie van zuivering gepresenteerd: het gebied waar deze Bosnisch-Servische republiek de macht zou veroveren moest van niet-Servische bewoners worden ontdaan. Een 'Groot-Servische staat' moest ermee worden geschraagd.[113] Een donker Europees verleden was teruggekeerd.

Internationaal was de aandacht voor de kwestie-Joegoslavië intussen naar de Verenigde Naties verbreed. In politiek opzicht was de EG nog steeds actief, maar zonder veel succes. In opdracht van de secretaris-generaal van de VN was de Amerikaanse bemiddelaar Cyrus Vance[114] er eind 1991 in geslaagd een staakt-het-vuren uit te onderhandelen dat gaandeweg de steun van alle partijen kreeg. Het betrof vooral de situatie in Kroatië. Op basis daarvan stelde secretaris-generaal Boutros-Ghali een vredesmacht ter implementatie van het plan-Vance voor. De Veiligheidsraad nam op 21 februari

1992 op basis hiervan resolutie 743 aan, die voorzag in de stationering van de vredesmacht UNPROFOR in Kroatië als bijdrage aan de handhaving van het staakt-het-vuren.[115] Minister van den Broek vond dit echter niet voldoende: ook naar Bosnië-Herzegovina moest ter handhaving van resolutie 743 een preventieve vredesmacht worden gestuurd.

Het rapport van het NIOD, waaraan het eerste kabinet-Kok eind 1996 opdracht verleende om 'onderzoek te verrichten naar de gebeurtenissen voor, tijdens en na de val van Srebrenica', was vooral historiografisch: beschrijvend en analyserend van aard. Slechts op één plek trok het een politieke conclusie en dat betrof de beslissing in 1993 om Dutchbat naar Srebrenica uit te zenden. Het rapport stelde vast dat Nederland een luchtmobiel bataljon in feite zonder voorwaarden beschikbaar had gesteld om deze 'safe area' onder Nederlandse verantwoordelijkheid te nemen. 'Mede daardoor kon Dutchbat de bestemming Srebrenica krijgen, waartoe andere landen met kracht van argumenten niet bereid waren.'

Vervolgens noemde het rapport een achttal aspecten van deze beslissing waaraan het ernstig had geschort. 'Dutchbat werd [...] in de praktijk uitgezonden:

- op een missie met een zeer onhelder mandaat;
- naar een gebied omschreven als *Safe Area* zonder dat daar een duidelijke definitie van bestond;
- om vrede te handhaven, waar geen vrede was; integendeel: de strijdende partijen trachtten de VN-troepen juist in de gevechten te betrekken;
- zonder diepgaand informatie in te winnen bij de voorgangers in de enclave (Canadezen);
- zonder adequaat te zijn opgeleid voor deze specifieke taak onder deze specifieke omstandigheden;
- nagenoeg verstoken van militair/politieke *intelligence* om de intenties van de strijdende partijen te peilen;
- met onvoldoende gefundeerd vertrouwen in de bereidheid op hogere niveaus in de VN-leiding het luchtwapen in te zetten in geval van problemen;
- zonder duidelijke exitstrategie.'

Om dan met de wijsheid van de terugblik vast te stellen: 'Hier volstaat de conclusie, dat zo een wel zeer zware wissel werd getrokken op een toekomst waarin de verhoudingen in de regio zouden stabiliseren of zelfs verbeteren. [...] De brede kring van betrokkenen bij de vorming van dit beleid en in het bijzonder de protagonisten daarvan, hebben zo wel een grote verantwoordelijkheid op zich geladen, door de mogelijkheden van een uit de hand lopen van het gedrag van de strijdende partijen te veronachtzamen.'[116] Dit vraagt om een nadere blik op die Nederlandse besluitvorming en op de rol van Wim Kok daarin.

Om met dit laatste te beginnen: Kok speelde in deze kabinetsdiscussie een bescheiden rol. Hoofdrolspelers waren de minister van Buitenlandse Zaken, Peter Kooijmans,[117] en van Defensie, Relus ter Beek, alsook premier Lubbers. Zij waren verantwoordelijk voor de verschillende aspecten van de uitzending naar Srebrenica: de diplomatieke inbedding, de militaire invulling en de politieke besluitvorming. Als minister van Financiën moest Kok er slechts voor zorgen dat de extra kosten passend gedekt werden. Maar hij mengde zich als vicepremier wel in de discussie. Evenals minister Pronk.

Aanvankelijk ging het nog helemaal niet over Srebrenica. Eerst was er bij de Nederlandse publieke opinie en in de media groeiende ongerustheid over de ontwikkelingen in het hart van Joegoslavië. Ook in het parlement nam die snel toe, Kamerbreed praktisch. De Nederlandse regering drong mede hierdoor aan op internationale actie, zo mogelijk om het geweld te stoppen, maar in elk geval om de humanitaire nood te lenigen. Nederland zelf kon dan natuurlijk niet achterblijven. Al in 1992 droeg Nederland militair bij aan de bewaking van de gesloten wapenstilstand in Kroatië: driehonderd man verbindingstroepen en wat waarnemers voor UNPROFOR. Maar de echte uitdaging diende zich verder naar het zuiden aan.

In Bosnië-Herzegovina ontwikkelde zich al snel een venijnige vorm van burgeroorlog, met de Serviërs veelal in een aanvallende, veroverende rol, met de Bosniërs in het defensief en met de Kroaten in wisselende allianties. Het ging daarbij niet slechts om geregelde troepen, maar ook om milities van verschillende soort. In de winter van 1991-1992 was er een eerste golf van dood en verderf en tegen de zomer viel de praktijk van etnische zuivering en moord niet meer te ontkennen. Uitgemergelde gezichten achter het prikkeldraad van concentratiekampen wekten ook in Nederland algehele afschuw. Internationaal groeide de overtuiging dat voor herstel van de vrede een grote militaire presentie nodig was. Maar hoe, in zo'n groot en onherbergzaam land? En wie was daartoe bereid? De VN-Veiligheidsraad kwam bij gebrek aan beter met het idee van 'safe areas', veilige gebieden.

Minister Ter Beek kwam onder druk te staan van moeilijk met elkaar te verenigen wensen. In de Kamer[118] en ook binnen het kabinet groeide de aandrang tot het inzetten van grondtroepen, de wens tot een zichtbare Nederlandse rol. Maar waar, in welk verband, en met welke opdracht? Defensie beschikte nauwelijks over geschikte eenheden. De mariniers zaten al in Cambodja, terwijl de overige eenheden grotendeels uit dienstplichtigen bestonden; die kon Ter Beek niet onvrijwillig naar dit oorlogsgebied sturen. Bovendien bestond er bij de top van de krijgsmacht grote aarzeling over de mogelijkheid *peace keeping* en *peace enforcing* op een militair zinnige manier met elkaar te verbinden. Intussen was vooral de landmacht in 'de rui': de overgang van een staand leger naar een snel uit te zenden 'interventiemacht' was nog lang niet voltooid en vroeg veel van het aanpassingsvermogen van de defensieorganisatie. De nieuwe luchtmobiele brigade stond nog geheel in de kinderschoenen.[119]

Kon de krijgsmacht dan helemaal niets leveren? Er was toch inmiddels een vredesvoorstel, het Vance-Owen-plan, dat Bosnië-Herzegovina in enigszins overzichtelijke op etniciteit gebaseerde gebieden verdeelde, maar het land wel onder één federale regering bij elkaar wilde houden?[120] Eerder had Nederland al een fregat en twee maritieme patrouillevliegtuigen ter beschikking gesteld voor controle op het handelsembargo tegen Servië en het wapenembargo tegen heel voormalig Joegoslavië. Ook was vanaf november 1992 een Nederlands-Belgisch transportbataljon ingezet om het de VN-vluchtelingenorganisatie UNHCR mogelijk te maken veilig hulpgoederen in het land te bezorgen. Opeens maakte de Kamer zich nu zorgen over de veiligheid van deze lichtbewapende militairen. Dit was veel minder nodig bij het squadron F-16's dat begin 1993 op de Italiaanse basis Villafranca werd geplaatst als onderdeel van een NAVO-operatie ter handhaving van een door de VN afgekondigd vliegverbod boven Bosnië.

Nederland deed dus al meer dan menig ander land, maar toch was het niet genoeg. Vooral de Kamer bleef op steviger deelname aandringen. In de maanden maart tot en met mei 1993 volgden intensieve beraadslagingen in het kabinet over mogelijkheden voor verdere uitzending van Nederlandse militairen en over het waar, hoe en wanneer daarvan.[121] De internationale context was verwarrend: gesteggel binnen de VN, onenigheid tussen de VS en de landen van de EG, die onderling bovendien verdeeld waren en niet om eigen deelname stonden te springen. Intussen ging de Bosnische oorlog onverminderd door. Vooral de Bosnische Serviërs lieten weinig na om 'op de grond' de internationale bemoeienissen tegen te werken en te frustreren. In april meldde Jan Pronk dat Srebrenica gauw zou kunnen vallen en dat de moslimbewoners dan massaal gedood zouden worden. Hij pleitte in het algemeen voor bombardementen op Servische doelen om een doorbraak te forceren alsook voor het opheffen van het wapenembargo voor de Bosniërs. Premier Lubbers meende dat Servië zich wel zou bedenken alvorens een gewapend conflict met de VN aan te gaan.

Het kabinet werd in het voorjaar van 1993 heen en weer geslingerd tussen de wens zinvol aan vredesherstel in Joegoslavië bij te dragen en het onderkennen van de risico's die daarmee verbonden konden zijn. Die risico's bestonden niet alleen uit de gevaren waaraan onze manschappen zouden worden blootgesteld. Ter Beek wilde slechts politiek aanvaardbare risico's aangaan, wat inhield dat hij de politieke verantwoordelijkheid wilde nemen voor wat de top van de krijgsmacht als militair aanvaardbare risico's zag. Maar er waren natuurlijk ook andere soorten politieke of militaire risico's. Hoe kon worden voorkomen dat Nederlandse eenheden ongewild bij etnische zuiveringen zouden worden betrokken of, erger nog, bij pure uitroeiing? Het toestaan van Servisch transport van moslims uit een 'safe area' kon op het eerste neerkomen. Die toestemming weigeren zou tot medewerking aan het tweede kunnen bijdragen. Vooral Ien Dales, de minister van Binnenlandse Zaken, toonde hier een even sterke morele inleving als scherp vooruitziende blik.[122]

Veel discussie ging over de vraag in welke context Nederlandse gewapende eenheden eventueel zouden moeten optreden. Vooral Wim Kok weerde zich op dit punt. Hij vreesde een te zwakke constellatie, vooral als vanuit een pure VN-operatie werd uitgegaan. Waren de VN (UNHCR en UNPROFOR) wel opgewassen tegen de Joegoslavische toestanden? Was de beveiliging voor het Nederlandse transportbataljon wel voldoende? Werd daarover met de andere troepenleveranciers gesproken? Hij beklemtoonde het belang van westers overleg (NAVO, EG), mits het maar hout sneed. Eind april sprak hij in Washington met de Amerikaanse vicepresident Al Gore. Mocht het Vance-Owen-plan door de Bosnische groepen worden aanvaard, waaraan Kok twijfelde,[123] dan moest er een 'implementatiemacht' komen. Nederland, maar hopelijk ook de VS, zou hieraan deelnemen. Mocht het plan niet worden aanvaard, dan moesten er 'safe areas' komen voor bedreigde groepen, inclusief luchtaanvallen ter bescherming daarvan. Nederland zou bereid zijn aan deze luchtaanvallen deel te nemen, zowel om de 'veilige gebieden' zeker te stellen als om Servische aanvoerlijnen te verstoren. Kok had Gore gezegd te vrezen voor een nieuwe escalatie van het conflict in Bosnië en te hechten aan een breed multinationaal draagvlak. Ook premier Lubbers toonde zich een voorstander van krachtig militair optreden.

Intussen begonnen de ideeën voor een verdere Nederlandse militaire bijdrage vastere vorm te krijgen. Eerst voorzichtig, gaandeweg stoutmoediger. Voor deelname aan een implementatiemacht zou een infanteriebataljon met pantserbescherming nodig zijn, deelde Ter Beek mee. Maar ja, die dienstplichtigen. Hij had intussen in maart een bezoek aan Bosnië gebracht en was niet echt gerustgesteld teruggekomen. Wat sneller kon worden geleverd was een logistieke eenheid van vierhonderd militairen. Maar ja, niet echt gewapende troepen. Lubbers en Kooijmans boden eind juni deze mogelijkheid aan tijdens de Europese top. Nederland als gidsland, want het enthousiasme van de andere landen was nog niet groot. Voor de beveiliging van een 'safe area', waartoe de Veiligheidsraad op 4 juni had besloten,[124] was dit aanbod echter geheel ongeschikt en onvoldoende. Dan maar de luchtmobiele brigade?[125]

De Tweede Kamer had op 19 mei inmiddels de weg gewezen. Met een bijna unaniem aangenomen motie-Van Traa-Van Vlijmen werd minister Ter Beek met klem gevraagd de bataljons van de in oprichting zijnde luchtmobiele brigade met spoed op te leiden voor vredesoperaties zoals in Bosnië-Herzegovina. Er moest immers meer gebeuren. Ter Beek, steeds bereid goed naar de Kamer te luisteren, zei dat hij met de motie 'kon leven'.[126] Door verdere complicaties en vertragingen aan VN-zijde werd dit scenario ook iets gemakkelijker uit te voeren, maar moeilijk bleef het nog steeds. De VN kregen het voor de bescherming van de veilige gebieden gewenste troepenaantal van 34.000 niet bijeen en brachten dit terug naar 7600. Die moesten voorlopig dan maar aan '*deterrence by presence*' doen: afschrikken door hun aanwezigheid. Ter Beek zelf kon op 7 september secretaris-generaal Boutros-Ghali verblijden met het aanbod aan de VN van een luchtmobiel bataljon, uitgerust met pantserrupsvoertuigen en een eigen logistieke eenheid: bij elkaar 1100 man. Het kabinet was met het doen van dit aanbod akkoord gegaan.[127]

Ook Ter Beek, die lang geaarzeld en gewaarschuwd had, zag de kansen voor deze operatie nu zonniger in. Wat daaraan bijdroeg was de bereidheid van de NAVO tot het inzetten van luchteenheden ter beveiliging en bescherming van de veilige gebieden in Bosnië-Herzegovina. De secretaris-generaal van de VN moest daar dan wel toestemming voor geven. De vredesonderhandelingen onder leiding van David Owen en Jens Stoltenberg (de Noorse opvolger van Vance) liepen echter opnieuw vast, deze keer op een weigering van het Bosnische parlement. Wat in deze situatie de taak van het luchtmobiele bataljon moest worden, was Ter Beek en ook zijn militaire top onhelder. Anderzijds was het Ter Beek wel duidelijk dat hij niet meer terug kon: de VN rekenden erop, evenals de Tweede Kamer. Op 21 oktober vroeg Boutros-Ghali Nederland formeel om een bataljon voor de bescherming van veilige gebieden in Bosnië. Maar waar, wat en hoe?

In de tweede week van november bezocht Ter Beek Bosnië opnieuw, deze keer samen met de bevelhebber van de Koninklijke landmacht, Hans Couzy. Mede om diens laatste bedenkingen te ondervangen, besloot Ter Beek in zijn voorstel aan de ministerraad op te nemen dat het luchtmobiele bataljon slechts voor een beperkte periode aan UNPROFOR beschikbaar zou worden gesteld, bij voorkeur in een aaneengesloten gebied zou worden ingezet en dat de eenheid desnoods 'robuust' zou kunnen optreden. Op 11 november besliste het kabinet tot uitzending van het luchtmobiele bataljon naar Bosnië. Nog diezelfde dag ging de brief aan de Kamer uit met daarin de drie belangrijkste overwegingen: een maximale inspanning ten behoeve van de ontheemden, de hoop dat de schending van mensenrechten erdoor zou afnemen en de kans dat aan het ontstaan van een vredesregeling zou worden bijgedragen.[128] Nadere gegevens ontbraken nog.

Een missie naar Bosnië eind november van de plaatsvervangend bevelhebber van de landmacht, Ruurd Reitsma, bracht de nodige helderheid: het zou gaan om het 'veilige gebied' van Srebrenica en Žepa en het zou een 'eervolle, niet eenvoudige, maar wel uitvoerbare opdracht voor de Koninklijke landmacht [zijn], die binnen de eisen van de regering en de wensen van het parlement [past]'.[129] Ter Beek bracht Lubbers, Kok en Kooijmans telefonisch op de hoogte; zij gingen akkoord, evenals daarna de ministerraad als geheel. Per brief van 3 december werd aan de Kamer het gebied van inzet medegedeeld.[130] Op 19 januari 1994 volgde nog een dinergesprek in Den Haag met secretaris-generaal Boutros-Ghali. Deze gaf de aanwezige Lubbers, Kok, Kooijmans, Ter Beek en Pronk een weinig geruststellende verzekering aangaande het verlenen van luchtsteun.[131] Een persconferentie van Boutros-Ghali twee dagen later bood het kabinet meer vertrouwen: de SGVN zou de NAVO voor luchtsteun zeker het 'groene licht' geven, echter wel na raadpleging van de Veiligheidsraad. Ook al verschaften Boutros' verklaringen nog steeds geen garantie, toch zagen Ter Beek en Kooijmans deze in een brief aan de Kamer als een 'belangrijke extra waarborg' voor de veiligheid van de Nederlandse blauwhelmen.[132] Wat ter Beek betrof 'kon Dutchbat afreizen'.[133] Nadat de nodige Servische tegenwerking rond een verkenningsmissie in januari was overwonnen, vertrok aan het eind van de maand erop het eerste bataljon – 'Dutchbat I' – naar Srebrenica. De kosten van de uitzending zouden bij de Voorjaarsnota 1994 worden geregeld. Anderhalf jaar later zou Dutchbat III de geschiedenis ingaan en het politieke leven van Wim Kok beslissend tekenen. Generaal Mladić en zijn manschappen liepen de enclave onder de voet en pleegden vervolgens een massamoord. De internationale gemeenschap had het veilige gebied niet veiliggesteld. Had in verband hiermee een Nederlandse politiek van goede bedoelingen gefaald?

Deel II van deze biografie zal ingaan op de betekenis van Srebrenica in het leven van Wim Kok. Dit zal zowel de val van de enclave en de massamoord op moslimmannen medio juli 1995 betreffen alsook het uiteindelijk aftreden van het tweede kabinet-Kok in april 2002 naar aanleiding van het NIOD-rapport. In die context zal de besluitvorming over de uitzending van

Dutchbat in 1993-1994 nader worden belicht. Hier alvast de woorden van premier Kok in de Tweede Kamer op 16 april 2002, nadat hij het ontslag van zijn kabinet aan de koningin had aangeboden: 'Terugkijkend kan ik niet heen om de vaststelling dat veel van het latere onvermogen kan worden herleid tot onvolkomenheden in de beginfase, zoals het NIOD-rapport ook beschrijft. In 1993 is met een politiek van goede bedoelingen, die in parlement en samenleving destijds zeer breed werd gedragen, een constellatie gecreëerd die niet bleek te werken.'[134]

Een nieuwe wereldorde vervolgd

Het werd uit zijn interventies in de discussies over zowel illegalen als de uitzending naar Srebrenica wel duidelijk: zo Wim Kok al aan euforie over 'een nieuwe wereldorde' had 'geleden', dan was hij daarvan na enkele jaren al behoorlijk genezen.[135] Het einde van de geschiedenis was nog lang niet in zicht, het tegendeel was eerder het geval. Hij had een hard hoofd in de mogelijkheden voor de vredesmissie in Bosnië, hoewel hij deze uitzending toen en later volledig voor zijn rekening heeft genomen.[136]

Ook over de mogelijkheden van supranationale Europese integratie was hij ontnuchterd geraakt. Nadat in de Franse en Deense referenda het Verdrag van Maastricht bijna schipbreuk had geleden, meende hij in 1994 dat de Europese Unie de nationale staten niet kon overvleugelen. Integendeel, zij kon alleen maar bloeien als zij de lidstaten in staat zou stellen zich beter aan snel veranderende omstandigheden aan te passen om zo hun eigen politieke en culturele identiteit te kunnen blijven beleven en hun maatschappelijke functies te blijven vervullen. 'Dat is het wezen van het beginsel van subsidiariteit.'[137]

Natuurlijk was de nieuwe wereldorde niet verdwenen. Kok zou er in zijn verdere politieke leven nog veel mee te maken krijgen, soms aan kunnen bijdragen en ook wel baat bij hebben. Maar voor ongerechtvaardigd internationaal optimisme was geen plaats. Dat had hij eigenlijk altijd al gevonden. De ontwikkelingen hadden Kok 'grijzer en wijzer' gemaakt.

17
Annus mirabilis

WIM EN RITA KOK OP DE VERKIEZINGSAVOND IN HET AMSTERDAMSE PARADISO, 3 MEI 1994.

1994 werd voor Wim Kok het jaar van het onverwachte, zelfs het wonderbaarlijke.[1] Aan het einde van een hete zomer, op 22 augustus, zou hij op de zonovergoten trappen van paleis Huis ten Bosch staan, naast koningin Beatrix en aan het hoofd van het eerste kabinet-Kok. Het was een kabinet van zijn PvdA, in coalitie niet alleen met D66, maar ook met de VVD. Vooral dit laatste was het verrassende resultaat van een lang en stormachtig politiek seizoen. Hierin beleefde Kok zelf een ongedachte wederopstanding en ging het CDA bijkans aan interne troebelen ten onder. In die situatie besloot de Partij van de Arbeid te gaan regeren met de VVD, twee partijen die elkaar zo'n drie decennia lang van samenwerking hadden uitgesloten. De Volkspartij voor Vrijheid en Democratie was de ondernemerspartij, voor een oud-vakbondsman als het ware de 'klassevijand' en voor de PvdA vanouds de echte politieke tegenstander. Kort voordat het zover was zou Wim zich nog vertwijfeld afvragen: 'Regeren met de VVD? Hoe vertel ik het mijn moeder?'[2]

Bijzonder was ook de rol die Wim Kok in dit politieke schouwspel speelde. Hij werd premier van een kabinet dat hij zelf eigenlijk niet wilde. Een onbewust 'samenspel' tussen Hans van Mierlo en Elco Brinkman zorgde ervoor dat Kok bij het formeren van het kabinet van zijn voorkeur – centrumlinks – de pas werd afgesneden. Maar hij werd wel premier van een 'paars' kabinet door een eigen gedurfde actie eerder in de formatie: de doorgaans zo behoedzame Kok nam een grote gok en won. Wie niet waagt, die niet wint.

Kritiek en verdediging

Het was wel de minst verwachte uitkomst van vierenhalf jaar overleven in het derde kabinet-Lubbers. Had Wim Kok deze afloop verdiend? Had hij geluk gehad? Of allebei misschien?[3] Over Koks rol in de gebeurtenissen van 1994 kom ik aan het eind van dit hoofdstuk langs een omweg te spreken. Allereerst gaat het om zijn staat van dienst in het kabinet-Lubbers/Kok. Hoe hield hij zich in moeilijke omstandigheden staande? Slaagde hij erin een politieke missie te volbrengen? Wist hij zijn partij vanuit de oppositie in een regerende rol te loodsen? En was hij succesvol in zijn drievoudige rol als vicepremier, minister van Financiën en voorman van de PvdA? Wat deed hij goed? Wat minder? Waarom toch een jaar van wonderen?

Opmerkelijk aan het PvdA-verkiezingsprogramma 'Wat mensen bindt', dat het partijcongres in december 1993 vaststelde, was dat het aan zelfkritisch terugblikken deed. In een essayistisch beginhoofdstuk stelde het programma zich de vraag welke missie Kok en zijn ploeg in dat derde kabinet-Lubbers hadden volbracht, of dat inderdaad nuttig en nodig was geweest en, zo ja, hoe dan de dramatische neergang van de PvdA in de opiniepeilingen, in het ledental en in de intellectueel-journalistieke arena viel te verklaren.

Het programma noemde Lubbers/Kok het 'kabinet voor de strenge rechtvaardigheid'. Het kabinet (dat toen nog steeds regeerde) had de verloedering van de publieke sector ingedamd en bezworen: democratisch tot stand gekomen regels waren er immers om nageleefd te worden. Het had de '*permissive society*' een spiegel voorgehouden: 'Liberalisering van de moraal in immateriële aangelegenheden als abortus, echtscheiding, strafrecht en euthanasie is een groot cultureel goed, maar het doortrekken ervan naar de materiële-economische sfeer met de leus "alles moet kunnen" is pervers.'[4]

'Wat mensen bindt' ging verder door te stellen dat er voor dit 'samenhangende doch grimmige streven naar strenge rechtvaardigheid' veel steun bestond. Sterker nog: 'Er bestaat een opmerkelijke consensus over de stelling dat deze beleidsrichting globaal gezien de juiste is.' Globaal gezien de juiste? Het program nam deze consensus op drie niveaus waar: dat van de partij, dat van een internationale vergelijking en dat van de Nederlandse politiek. De eerste consensus bevond zich in de PvdA zelf. De partijvernieuwers van de tweede helft van de jaren tachtig waren eendrachtig in hun conclusie dat hervorming van de verzorgingsstaat geboden was. Niet meer de bestaande rechten met hand en tand verdedigen, maar de verzorgingstaken van de staat herijken. En: 'De eerste voorwaarde voor solidariteit via de hele gemeenschap is nu eenmaal de financiële soliditeit van de staat.' Voor de PvdA was het dragen van regeringsverantwoordelijkheid een voertuig voor een 'modernisering van het socialisme'.[5] De zoveelste.

Daarin stond de partij niet alleen. Linkse regeerders in andere westerse landen – Brundtland, Clinton, González, Mitterrand en anderen – waren immers bij dezelfde bestuurlijke filosofie uitgekomen. De tweede consensus voor strenge rechtvaardigheid was daarmee internationaal. Vrijwel al deze landen zagen, volgens 'Wat mensen bindt', intussen af van belastingverhogingen en 'vulgair' keynesianisme.[6] Vrijwel al deze leiders bekommerden zich nu om lagere schulden en de hardheid van hun munt om aldus de langdurige werkloosheid en het massale gebruik van de sociale zekerheid terug te dringen. Allen waren naarstig op zoek naar creatieve oplossingen voor de spanning tussen de noodzaak van hervorming van de staat en het belang van handhaving van de levenskwaliteit in hun samenlevingen. Het kabinet-Lubbers/Kok paste geheel in deze internationale trend van, zoals het programma het noemde, 'de politiek van de terugtocht, van nieuwe montage en "trial and error"'.[7]

Het derde niveau van consensus lag in eigen land. Om uiteenlopende redenen hadden christendemocraten en sociaaldemocraten elkaar gevonden in een nieuw evenwicht tussen bezuinigen aan de ene kant en maatschappelijke integratie aan de andere. Het 'solide financieel-economische beleid van Lubbers/Kok [kon] niet los worden gezien van dit compromis', dat ook niet echt werd ondergraven door de liberale oppositie in het parlement. De VVD vroeg weliswaar steeds om een gulden extra bezuiniging, terwijl D66 vooral netter wenste te bezuinigen, maar een echt alternatief voor de strenge rechtvaardigheid konden zij nimmer bieden. Deze impliciete partijpolitieke consensus over de uitgangspunten van het kabinetsbeleid bleef, volgens het verkiezingsprogramma, verborgen achter de deining die het in de samenleving had veroorzaakt. Want dat was het echte raadsel: hoe moest die 'dramatische neergang van de PvdA' worden verklaard?[8]

'Wat mensen bindt' gaf hier verschillende redenen voor. Allereerst bestaat er geen elegante manier van bezuinigen: linksom of rechtsom doet het burgers altijd pijn. Ten tweede kan het zoeken naar een nieuw evenwicht tussen publiek en privaat soms een doelmatiger financieel beheer opleveren, maar het gaat de burger toch altijd geld kosten. Ook als, ten derde, het bezuinigen volgens het boekje gaat – bij verkiezingen en regeerakkoord aangekondigd en beantwoordend aan procedurele en inhoudelijke eisen van rechtsstatelijkheid en rechtszekerheid –, dan nog bezorgt het de PvdA en haar kiezers schade. Anders dan bij andere partijen, die de staat niet als een waarborg zien tegen de vervreemding en de ongelijkheid die het kapitalisme veroorzaakt, ervaart de PvdA het bezuinigen als een 'amputatie', als 'snijden in eigen vlees'. Dat maakt links bezuinigen daarom steeds opnieuw tot een moeizame geschiedenis.

En dat is helemaal zo, als het bezuinigen níét volgens het boekje gaat, maar buiten het boekje om. Want dat was, volgens het programma, bij de WAO het geval. Hoe nodig de ingreep ook was om rechtszekerheid en rechtsgelijkheid te herstellen en de financiële ongelijkheid tussen werklozen en schijnarbeidsongeschikten (andere werklozen) te beëindigen, het proces was te zeer op de korte termijn gericht geweest. Een doordachte voorbereiding, een heldere besluitvorming, een fatsoenlijke communicatie: het had bij de WAO allemaal ontbroken, omdat het lastige besluit was uitgesteld en door de begrotingsnood was ingegeven. En dan was de nieuwe regeling ook nog niet stormbestendig: 'De hefboom van alle ellende, de irrationele uitvoeringsorganisatie, [was] maar ten dele uitgeschakeld,' aldus 'Wat mensen bindt'. Om verderop toch vast te stellen: 'De PvdA meent [...] dat zij door het regeren gelouterd is.'[9]

Voor een verkiezingsprogramma, dat in de regel zelden kritisch terugkijkt, maar juist optimistisch en doelgericht vooruitblikt, was deze tekst van *Wat mensen bindt* opmerkelijk openhartig. Maar het was ook nodig. Wim Kok en de PvdA konden de kiezers in 1994 niet zonder zo'n verantwoording onder ogen komen.[10] Voldeed deze tekst echter wel aan het gestelde doel? Eerlijk gezegd: niet helemaal. De geschiedenis werd hier rigoureus in een mal geduwd en daarmee ook schoon geschreven. Zo werden de PvdA-vernieuwers van *Schuivende panelen* evenals de oppositionele VVD wel erg gemakkelijk onder een vooral achteraf vastgestelde politieke consensus geschaard. Belangrijker is echter de vraag of Wim Kok hiermee een faire beoordeling kreeg. Of hij de bijzondere uitkomsten van het jaar 1994 had verdiend, of dat hij gewoon geluk heeft gehad. Het bleek allebei waar te zijn.

Onbetwist is dat Wim Kok zijn partij terug in het hart van de vaderlandse politiek heeft gebracht, het 'centre court'.[11] De PvdA verlangde, smachtte ernaar. Zozeer zelfs, dat zij er mentaal niet goed op was voorbereid. Wel was zij klaar voor het regeren onder het gunstige gesternte van economische voorspoed en een gevulde staatskas. Op tegenslagen was zij echter minder voorbereid, nog minder dan Kok zelf. Deze had er in elk geval op toegezien dat de PvdA in 1989 in financieel-economisch opzicht met een realistisch program de verkiezingen was ingegaan. Ook de PvdA wilde toen de staatsschuld en het financieringstekort terugdringen, en daar heeft Kok straf de hand aan gehouden. Ook hij had de economische neergang niet voorzien, en met een meer structureel begrotingsbeleid had hij zijn taak en die van zijn partij kunnen verlichten. Maar in een van zijn hoofddoelstellingen was hij geslaagd: de PvdA had zich een betrouwbare, 'natuurlijke' regeringspartij getoond – Koks missie. Zij was niet voor haar verantwoordelijkheid weggelopen.

Dit had de nodige pijn en moeite gekost. Met tegenslag regeren kan schuren – zeker bij de PvdA –, maar aan de regeerbaarheid van ons land heeft zij toen beslist bijgedragen. En de resultaten van het beleid konden ook waargenomen worden. Hoewel de partij dit regeeravontuur niet met een program van meeslepende hervormingsvoorstellen was begonnen, was niet alles bij het oude gebleven. Er was inderdaad bezuinigd, maar ook geïnvesteerd.[12] In de fysieke infrastructuur. In de decentrale sociale vernieuwing. In gegarandeerde arbeidsplaatsen voor jongeren. In een aangescherpte uitvoering van het milieubeleid. In een met basisvorming, een tweede kans voor volwassenen en meer kinderdagverblijven verrijkt onderwijs. In een toegankelijker inburgering voor migranten. In meer humane voorzieningen voor asielzoekers. In de fundering voor een algemene ziektekostenverzekering. In een eerste regeling voor legitieme levensbeëindiging. In een afgeremde privatisering van overheidstaken. In gestabiliseerde, evenwichtige inkomensverhoudingen. In een geheel herziene Gemeentewet. Kok en de PvdA hadden zich in dit kabinet bewezen en daarover bestond vooraf geen brede consensus.

En dan natuurlijk de aanpassing aan de internationale waterscheiding van 1989. De verdieping en verbreding van de Europese integratie, voor en na Maastricht. De opvang en behandeling van tienduizenden asielzoekers, jaar op jaar. De deelname aan vredesoperaties en daarmee de modernisering van de krijgsmacht en de verbreding van de ontwikkelingssamenwerking. De democratisering in Oost-Europa en Zuid-Afrika. De begroting in het spoor krijgen van Europese normen. Ook al was het kabinet nogal sterk op een nationale agenda gericht, het is er gaandeweg wel in geslaagd de Nederlandse bijdrage aan de nieuwe wereldorde gestalte te geven. Waar dit minder goed uitpakte – zoals bij de uitzending naar Srebrenica – zou de rekening pas later worden gepresenteerd.[13]

Niettemin, vlekkeloos was het allemaal niet. Aan Koks leiding had het nodige geschort. Niet zozeer wat betreft de samenhang in het kabinet, dat ging wel goed. Wim Koks as met Ruud Lubbers (en ook die met Bert de Vries) liep gesmeerd, de regeringssamenwerking was effectief. De PvdA stuurde, zelfs toen de nood hoog was, niet aan op een breuk in de coalitie. Maar aan de PvdA-inbreng ontbrak geregeld de nodige politieke samenhang. Het kostte Kok moeite het ministerschap van Financiën met het partijleiderschap – en omgekeerd – in overeenstemming te brengen. Het PvdA-smaldeel in het kabinet opereerde mede daardoor nogal verkokerd en zonder overkoepelende missie.[14] Fractie en partij vonden het niet eenvoudig het kabinet te steunen, ervoor te strijden en daarbij de eenheid te bewaren.[15]

Bij de WAO kwamen veel van deze draden bijeen. Koks leiderschap was hier lang zoek en werd pas gemobiliseerd om een overhaast besluit te stutten en de leider zelf te redden. Dit kostte veel vertrouwen, onder leden en kiezers.[16] Maar uiteindelijk heeft Kok toen toch aanvoerderschap getoond. Aan de WAO moest echt iets gebeuren. Met het WAO-besluit werd, moeizaam, dat wel, de broodnodige discussie over vorm en praktijk van een houdbare verzorgingsstaat geïnitieerd. Ook op de arbeidsmarkt moest die slag worden gewonnen. De PvdA zou daar leiding aan geven en kon dat doen in de persoon van Wim Kok. Zijn – ondanks alle kritiek en ongenoegen – onbetwiste leiderschap[17] vormde de basis voor een nieuw regeeravontuur. Als de kiezer het goed vond.

De Kamerverkiezingen van 3 mei 1994 moesten de doorslag geven. Het zag er lang naar uit dat Kok en zijn partij geen kans maakten. Zelf vreesde hij dat ook, maar naar buiten toe wekte hij een andere indruk. Daar was hij de volhoudende vechtjas, de man die goede hoop op een gunstige afloop hield. Eerder had hij al het beeld gebruikt van een marathon: de PvdA was aan een langeafstandsloop begonnen en hijzelf was haar eerste loper, de marathonman.[18] Het was een strategie voor de lange duur. Die wedstrijd zou in Koks visie niet tot het kabinet-Lubbers/Kok beperkt blijven. Integendeel, dat was slechts een deel ervan, en zeker niet het laatste. Er zouden nog meer wedlopen komen. De PvdA moest immers een natuurlijke regeringspartij worden, en dat ging niet in een handomdraai.

Eenmaal daartoe uitgedaagd, liet Kok zich nooit kennen. Hij kende dan geen twijfels, alleen maar overtuiging. Met krachtige stem zei hij in een interview in februari 1993 dat hij bij de volgende verkiezingen 'voor goud' zou gaan: 'We gaan allemaal voor goud.' Alsof hij niet net door de gong uit het WAO-drama was gered.[19] En begin juli gaf hij in een lang interview zijn kritische ondervragers weer het volle pond: 'Als een ezel aan zijn staart wordt getrokken, loopt hij van de weeromstuit de andere kant op. Zo tegendraads ben ik ook. [...] Ik geef de partij een goede kans.' Alsof hij niet net beschadigd tevoorschijn was gekomen uit het aftreden van Elske ter Veld en de miskleun met Roel in 't Veld.[20] Kok: 'Zullen we er een weddenschap op afsluiten? Zullen we een gokje wagen? Ik wil nog wel eens zien wie de verkiezingen wint.'[21]

Was dit tegen beter weten in? Was dit een pose? Van beide iets, zeker. Kok toonde echter niet alleen volharding, maar ook onmiskenbare leiderskwaliteiten. Hij had een missie, geloofde in een permanente campagne,[22] was sterk in de media, en was als verdediger moeilijk te passeren. Was daar ook een aanvaller van te maken? Een winnaar? Dit was de opgave die Felix Rottenberg zich stelde. Een aanpak die paste bij de koers van deze partijvoorzitter om de PvdA verder uit het slop te halen.[23] In de herfst van 1992 verzamelde Rottenberg een campagneteam om zich heen. Allereerst Ruud Vreeman, zijn medevoorzitter, en Dig Istha, de nieuwe persvoorlichter.[24] Dan Dick Benschop, sinds kort politiek directeur van de partij, alsook Arend Hilhorst, de rechterhand van Wim Kok. Kort erna kwamen daar nog organisatietalent Jan van Ingen Schenau en electoraal whizzkid Hans Anker bij.[25] Anker, gepromoveerd verkiezingsonderzoeker, opereerde min of meer onafhankelijk. Hij vervulde echter een belangrijke rol in het moderniseren van campagnemethoden, waarbij in Nederland nog ongebruikte

Amerikaanse technieken werden toegepast. Benschop en Hilhorst hadden bij de campagne van Bill Clinton poolshoogte genomen. Anker haalde voor een paar maanden Philip Gould binnen, een Britse verkiezingsonderzoeker uit de kring van Tony Blair, maar ook gekneed in Amerikaanse campagnes.[26]

Gould bevestigde het belang van zowel cijfermatig als kwalitatief onderzoek. Met dat laatste kon veel dieper in de gevoelens en beweegredenen van kiezers worden gegraven.[27] Naast wekelijkse telefonische enquêtes maakte de inzet van 'focusgroepen', elk bestaande uit acht personen die over een langere periode uitvoerig werden ondervraagd, zo'n verdieping mogelijk. Aldus konden allerlei aspecten van een campagne – van programma tot lijsttrekker, heden en verleden – nauwkeurig worden onderzocht. Een gesloten videocircuit stond 'meekijken' toe. Vooral de 'getuigenissen' van afgevallen, voormalige PvdA-stemmers waren voor Kok heel confronterend.[28]

Waar zou de kracht van de PvdA in deze campagne kunnen liggen? Daar werd in 1993 uitvoerig onderzoek naar gedaan. Een sterkte-zwakteanalyse maakte duidelijk dat een verdeelde, ruziënde partij sterk afbreuk deed aan de aantrekkingskracht van de PvdA. Het kardinale probleem was echter het sociale gezicht van de partij: met de strakke bezuinigingspolitiek had zij hier veel terrein verloren. En Wim Kok vormde de belichaming van de electorale twijfels over de PvdA. Hij bleek zwaar omstreden, meer nog dan verwacht.

Voormalige PvdA-stemmers werden niet zozeer door andere partijen aangetrokken ('pull') als wel door de staat van dienst van de partij zelf afgestoten ('push').[29] Dat laatste moest sterk worden afgeremd. Wat de partij nog enigszins kon redden was haar traditionele verbondenheid met de 'onderkant' van de samenleving. Alleen de PvdA kon aan rechts tegenwicht bieden, zo was immers het beeld. Om dit in de campagne te versterken werd met nadruk ingezet op ten eerste het herstellen van de geloofwaardigheid van de PvdA rond haar centrale missie: sociale rechtvaardigheid, en ten tweede op het rechtzetten en verbreden van het beeld van Wim Kok. Identiteit en persoon – Wim Kok en de sociale rechtvaardigheid: de opgelopen schade moest rechtstreeks worden aangepakt. Uitwijken ging niet, andere beslissende thema's waren er namelijk niet.[30] Zonder dit herstel zou Kok met het aansnijden van andere thema's ongeloofwaardig blijven.

Kok wilde het over de boeg van zijn financiële betrouwbaarheid gooien, maar het begrotingstekort ging de potentiële PvdA-kiezers niet aan het hart. Ook hier moest hij politicus worden. Niet alleen door over het juiste onderwerp te spreken, maar ook door het achterste van zijn tong te laten zien. Onderzoek wees uit dat de kiezers Wim Kok als competent en integer beschouwden en zich met hem wilden vereenzelvigen. Ze vertrouwden zijn motieven en zagen hem als betrouwbaarder dan andere lijsttrekkers. Maar voor die verbinding moest hij zichzelf meer blootgeven en inzicht in zijn drijfveren bieden. Open en empathisch. Verhalend, emotioneel zelfs. Kok wilde het kabinetsbeleid verdedigen, daarover verantwoording afleggen. Hij wilde staan voor zijn keuzen. Dat was belangrijk, maar dan moest hij tegelijk zijn bedoeling en opdracht zichtbaar maken. Zelfkritiek en toekomst. Voorwaarts, maar niet vergeten.

Wim Kok vormde voor de campagne dus een sterke troef maar ook een zwaktebod, een risicofactor. Met hem kon nog verder worden verloren, maar ook veel gewonnen. Dan moest hij wel de juiste thema's aansnijden en de achterkant van zijn gelijk laten zien. Hij moest in deze campagne met zijn volledige persoon, als het ware met zijn hele hebben en houden, centraal staan. Maar wilde hij dat ook? Was deze particuliere, gesloten persoon daartoe bereid? Hij moest enorm aan het idee wennen.

In het voorjaar van 1993 had Maurice de Hond dit al aan Kok gezegd en in de zomer toonden de focusgroepen het onmiskenbaar aan. In september drukten Felix en Dick het hem op het hart: 'Wim, zonder jou gaat het niet. Jij moet het doen.'[31] Een persoonlijkheidscultus? Wim wilde er niet aan. Rita nog minder. Het zorgvuldig bewaakte 'Fort Kok' dreigde opengebroken te worden. Waren verkiezingen dat waard? Was de partij dit waard? Lange gesprekken in huize Kok.

Intussen kwam het verkiezingsprogramma uit: *Wat mensen bindt.* Op een bijzondere manier gecomponeerd, zelfkritisch maar ook zelfbewust, met een vooruitblikkende, hervormende inhoud,[32] die paste bij een om de persoon van Kok gebouwde campagne. In de media viel het in elk geval beter dan het programma van het CDA. Dit leek zich nogal tegen Lubbers af te zetten: bij de presentatie ervan werd gesproken van een 'waterscheiding'.[33]

Het VVD-programma viel nog scherper uit: meer bezuinigingen en een ministelsel voor de sociale zekerheid.[34] Beide partijen wilden af van het minimumloon. Wim Kok reageerde verontwaardigd, wat weer een kans voor open doel bood om zijn sociaal profiel aan te scherpen. In het CDA begon het steeds meer te rommelen, vooral tussen Lubbers en Brinkman.[35] Over de CDA-plannen met de AOW (bevriezen of juist niet?) ontstond veel onduidelijkheid. Ouderen begonnen zich te roeren. En Hans van Mierlo leek zich af te vragen of het premierschap fysiek niet te zwaar zou zijn.[36]

Tegen de tijd dat de Partij van de Arbeid op 10 en 11 december 1993 in de Amsterdamse RAI haar verkiezingscongres hield, was Wim Kok er helemaal uit: hij aanvaardde dat de campagne op zijn persoon zou worden gericht. Het congres straalde (voor de verandering) elan en zelfvertrouwen uit. De partij had er weer zin in. Het ontwerpprogramma werd nauwelijks gewijzigd en met de 'opgeschoonde' kandidatenlijst kon men tamelijk goed leven.[37] De nu gecentraliseerde kandidaatstelling was door partijvoorzitter Rottenberg aangegrepen om de fractie te verlossen van, wat hij wel noemde, 'grijze muizen' en 'politieke ambtenaren'. Toonaangevende persoonlijkheden wilde hij rekruteren. Zo kwamen vakbondsbestuurder Karin Adelmund, econoom Rick van der Ploeg, stadsvernieuwer Adri Duivesteijn, sociaal deskundige Saskia Noorman-Den Uyl,[38] huisarts Rob Oudkerk en milieueconoom Ferd Crone op verkiesbare plaatsen. Ook duovoorzitter Ruud Vreeman stelde zich kandidaat. Jacques Wallage verving Thijs Wöltgens op de nummertweepositie.[39] Kok had Felix en Ruud in deze operatie gesteund. Hij deed nog de suggestie voor de vertrekkenden aan goede 'outplacement' te doen.[40]

Wim Kok sloot het congres af met een persoonlijk getoonzette speech.[41] Natuurlijk vol met goede redenen waarom de PvdA terug in de regering moest: Nederland had in de voorafgaande vier jaar een 'omslag' gemaakt, het land stond er nu sterker voor. Maar ook: de eropvolgende vier jaar zouden in het verlengde daarvan liggen, met nieuwe accenten en nieuwe mogelijkheden. De 'degelijkheid' van de PvdA zou deze mogelijk maken.

Kok draaide niet om de WAO heen: mensen voelden zich op het verkeerde been gezet en bekocht. 'Dat gevoel [was] terecht.' Kok had dat onderschat, gaf hij toe. Maar hij had ook onderschat hoe het gebruik van de WAO bij zovelen een ingeslepen gewoonte was geworden. Daar moesten we vanaf. Op naar de nadruk op wat mensen nog konden, niet op wat ze niet meer konden. De verzorgingsstaat zou op een nieuwe leest worden geschoeid.

Kok nam ook spanningen waar die Nederland immigratieland opriep. Af en toe bekroop hem het angstige gevoel dat we in Nederland op een vulkaan leefden. Met een vooruitziende blik: 'Dat het ook in eigen land af en toe lelijk rommelt en dat het daar misschien niet bij zal blijven.' Voor deze onvrede lokte een aloude ideologie: eigen volk eerst. 'Een simpele en daarom verlokkende stelling, die om een krachtig weerwoord vraagt: dat nooit weer.'

Die drie woorden, hoe krachtig ook, zouden echter niet genoeg zijn. Meer was nodig. 'We [moesten] weg uit de stilstand, waarin slechte sentimenten de overhand kregen.' Het was tijd voor een 'activerende overheid', vol van economische, ecologische en sociale ambitie. Maar ook: 'Wij moeten het gesprek durven aangaan [...] om te voorkomen dat die onvrede wordt vertaald in verkeerde morele en politieke keuzes.' Luisteren naar mensen, gegronde klachten serieus nemen, maatregelen treffen en vertrouwen herstellen, dat was Koks recept. En de nieuwkomers moesten de integratie serieus nemen.[42]

Kok zag voor de PvdA een 'progressieve ambitie': een sterke economie, een solidaire samenleving, een tolerante toekomst. Dit vroeg om morele keuzen, in eigen land, maar ook internationaal, zoals in voormalig Joegoslavië. In de RAI lichtte hij die toe. Aan het slot van zijn toespraak deed hij een klemmend, persoonlijk beroep op hen die de PvdA de rug hadden toegekeerd: 'Ik begrijp duvels goed wat er door u heen is gegaan. Ik wil daar niets aan afdoen. Maar u weet ook van mij dat ik sta voor mijn zaak, soms met onplezierige dingen, soms met de makke van een echt communicatieprobleem. Maar u weet waar u met de sociaal-democratie aan toe bent. [...] Wij vinden toch allebei, nu het erop aankomt, dat de Partij van de Arbeid een hoofdrol moet spelen in de Nederlandse politiek. [...] Een nieuwe ambitie, een nieuw bondgenootschap. [...] Dat begint vandaag, dat begint hier. Dat zijn u en ik samen: aan het werk.'[43]

Dit was Wim Kok ten voeten uit: geen excuus, wel inlevingsvermogen, de schildering van een wenkend perspectief en het aanbod van een nieuw bondgenootschap. Over de hoofden van het congres heen, deed hij een beroep op 'zijn' mensen. Hij liep over van vechtlust. De campagne kon van start gaan.

Kies Kok

Wim Kok moest in deze campagne van ver komen. In eigen kamp waren de aarzelingen over zijn persoon zeker niet overwonnen.[44] Tegelijk was er geen alternatief: Kok was voor de PvdA de spelbepaler. Hij overzag het politieke veld, met het nodige zelfvertrouwen kon hij helemaal de 'kop' gaan nemen.[45] Begin 1994 was dit echter nog lang niet het geval. Als toekomstig minister-president lag Hans van Mierlo toen duidelijk op hem voor en ook Elco Brinkman schonk men meer vertrouwen. De PvdA stond in de peilingen zelfs op de vierde plaats, waar zij ook de VVD nog voor zich moest dulden. Hoewel Wim zelf intussen 'de schaamte voorbij' was – zelfs vanuit Moskou, waar hij in januari een conferentie bijwoonde, belde hij dagelijks met Felix over de campagne[46] –, was het campagneteam er nog niet helemaal uit.[47]

Koks imago verdiende nadere onderbouwing en zijn boodschap moest glashelder worden. Daaraan werd nijver gebouwd en geschaafd. Thematisch kwam de toespitsing er al heel snel: het was sociale rechtvaardigheid voor en na wat de klok sloeg. Kok sprak daar geregeld, bijna voortdurend, over.[48] Echter niet alleen over een houdbare verzorgingsstaat zelf, maar vooral wat daarvoor onmisbaar was: werk voor iedereen die kon werken. Het latere uithangbord van het eerste kabinet-Kok – 'werk, werk, werk' –

trad in deze campagne al geregeld op de voorgrond. Wat hiermee samenhing: Kok liet er geen misverstand over bestaan dat hij het beleid van Lubbers/Kok verdedigde en hierover tegenover de kiezers verantwoording wilde afleggen. Voor de toekomst ging het echter om iets anders dan alleen 'meer van hetzelfde'. Op basis van gesaneerde (en nog verder te saneren) overheidsfinanciën kon Kok nu nadruk leggen op het scheppen van werk en verdere overheidsinvesteringen. Enig economisch herstel leek daarvoor kansen te bieden.[49]

Natuurlijk was het bezuinigen nog niet voorbij en was ook de sociale zekerheid nog niet in veilige haven, maar Kok stelde zich garant voor een socialer en economisch moderner Nederland. Dit was in de campagne daarom van belang, omdat onderzoek uitwees dat er onder linkse kiezers veel angst bestond voor een ruk naar rechts. Een CDA-VVD-regeercombinatie met deelname van D66 kon niet alleen bij potentiële PvdA-kiezers op bitter weinig steun rekenen, maar evenmin bij die van D66. Deze machtsvraag kon een achterop liggende partij echter alleen omzichtig stellen. Los van wat programmatische speldenprikken werden Van Mierlo en D66 met rust gelaten. CDA en VVD werden steviger aangepakt. Kok gaf echter de voorkeur aan een positieve en optimistisch getoonzette campagne, waarbij de machtsvraag slechts indirect aan de orde kwam. Hij vertrouwde liever op eigen kracht en, voor de rest, op goed geluk.[50]

Zijn eigen kracht werd versterkt door het groeiende gemak waarmee Wim Kok zich in zijn nieuwe rol bewoog. De verkiezingsposter mocht niet alleen zijn gezicht en de oproep 'Kies Kok' vertonen – de partij moest er van hem ook op –, maar daarnaast liet hij zich ook steeds beter portretteren als 'Kok privé'. Met het aanstaande vertrek van Lubbers had Nederland een nieuwe 'vaderfiguur' nodig.[51] Dit moest een benaderbare, zorgzame 'man voor heel Nederland' zijn, een soort eigentijdse Drees. Dit gaf Kok een kans. Brinkman en Van Mierlo paste, ondanks hun kwaliteiten, deze rol niet en de wat steile Bolkestein al helemaal niet. De als rechtschapen en betrouwbaar ervaren Kok in beginsel wel, maar dan moest hij zichzelf wel blootgeven. Dus niet meer de gestrenge minister van Financiën, maar juist de man van vlees en bloed uit een herkenbare omgeving. Nederland leerde een nieuwe Wim Kok kennen.

Een biografisch filmpje over Kok, over zijn geboortedorp Bergambacht en zijn politieke ambacht, uitgezonden in de zendtijd voor politieke partijen. Een special van het partijblad PRO met allerlei kiekjes en verhalen over zijn markante jeugd. Een optreden bij Sonja Barend, dat een inkijk in Kok als familieman bood. Een prettig gesprek met Andries Knevel bij de EO. Een nieuwsgierig bezoek aan de Huishoudbeurs in Utrecht. Portretten in *Libelle* en *Margriet*. Persoonlijk getinte interviews met lokale media bij de vele bezoeken aan provincies.[52]

Verder ging het. Inbelsessies voor alledaagse Nederlanders waarin Kok zich om hun besognes bekommerde. De toegang tot Kok werd niet beperkt tot de linkerzijde en de 'kwaliteitsmedia', maar juist ook opengezet voor *De Telegraaf*, *De Limburger* en *Het Nieuwsblad van het Noorden*.[53] Zelfs een persoonlijke brief van Kok aan alle Nederlanders – 'Brief aan mijn kiezers' –, verspreid in de huis-aan-huisbladen.[54] En op de VARA-televisie, bij een spectaculaire inzameling voor een democratisch Zuid-Afrika, Wim Kok als vanzelfsprekende vertrouweling tussen Ruud Gullit en Nelson Mandela.[55] Voor de persoonlijk pakkende leus 'Kies Kok' werd – tegen alle onderzoeksignalen in – echter pas op 2 maart gekozen.

Over geluk had Kok niet te klagen door de toenemende chaos bij het CDA. Hier hoefde hij niets voor te doen: hij stond erbij en keek ernaar. De al langer bestaande onderhuidse spanningen in de grootste partij van ons land staken in deze maanden schijnbaar onweerstaanbaar de kop op. Allerlei geschillen speelden hierin mee, maar de hoofdrol werd opgeëist door Ruud Lubbers en Elco Brinkman. De te vroeg aangekondigde, niet goed geregelde en daardoor uit de hand lopende opvolging nam steeds absurdere vormen aan. Daardoor voerde het CDA uiteindelijk niet meer een campagne die die naam verdiende.

Kort voor de verkiezingen zegde Lubbers zelfs min of meer zijn steun aan Brinkman op.[56] Het gevolg was niet alleen dat het CDA snel aan zelfvertrouwen verloor, maar ook dat Kok als de 'enig echte' kandidaat-premier steeds geloofwaardiger werd. In februari 1994 begon de steun voor de PvdA op te krabbelen, terwijl die voor het CDA verder afkalfde. Dit beeld werd door de uitslag van de verkiezing voor de gemeenteraden van 2 maart bevestigd. Beide partijen verloren fors, maar de onderlinge verhoudingen verschoven iets ten gunste van de PvdA.[57] Half april zagen de opiniepeilers: Kok was de populairste aspirant-premier.

De feitelijke verkiezingscampagne, die voor de PvdA op 26 maart begon, verliep in dit licht enigszins routineus, zij het met hard werken, en ook wel met schokken. De uitkomst was echter spectaculair. In een door Rottenberg strak geleide operatie, waarin het maken van fouten bij voorkeur aan anderen werd overgelaten,[58] groeide Kok naar de eindspurt toe. Begin april lagen de vier partijen nog dicht bij elkaar: alle rond de 30 zetels. Kok, toch al een sterke campagnevoerder, kwam steeds meer bovendrijven. Stad en land reisde hij af.[59] De man was het program, en omgekeerd.[60]

Een wanhoopsoffensief van Lubbers – 'Kok maakt een ruk naar links'[61] –

weerde hij vakkundig af. Pogingen van Bolkestein en Van Mierlo hem uit zijn politieke evenwicht te brengen hadden niet het gewenste effect. In de diverse debatten voor radio en televisie bleef hij stevig overeind. Hij wilde winnen. Hij wilde premier worden. Bij het afsluitende televisiedebat tussen vijf lijsttrekkers[62] kwam volgens de kijkers Wim Kok als 'winnaar' uit de bus. Dit werd de volgende dag door de verkiezingsuitslag bevestigd, ook al was hij uiteindelijk ternauwernood aan de 'nooduitgang' ontsnapt.[63]

De PvdA behaalde zevenendertig zetels (verloor er twaalf), het CDA vierendertig (verloor er twintig), de VVD eenendertig (won er negen) en D66 vierentwintig (won er twaalf).[64] Brinkman had zich tegenover de peilingen nog wat hersteld en Van Mierlo was verder weggezakt. En de PvdA? Die behaalde een veel beter resultaat dan in alle peilingen sinds 1991, maar toch. De op een na grootste verliezer was de grootste partij geworden. Kok en zijn partij waren gered – met de hakken over de sloot. Wim kon zijn ogen niet geloven.

Bij zijn korte wandeling van de Amsterdamse Stadschouwburg, waar hij de uitslagen had gevolgd, naar poptempel Paradiso, waar de PvdA een bruisende verkiezingsavond beleefde, werd hij nog bijna door een auto aangereden. 'Voorzichtig, meneer de minister-president,' schertste Jacques Wallage, die met hem opliep. Kok keek hem verstoord aan. 'Je bent gek,' bromde hij, aangeslagen door het grote verlies.[65] Een snelle aanpasser was Wim Kok nooit geweest. In de maanden die volgden zou hij nog meer aanslagen op zijn aanpassingsvermogen te verwerken krijgen.

Amsterdam-Den Haag-Amsterdam

Op 10 januari, nog geen vier maanden voor de verkiezingen, overleed onverwacht Ien Dales. De uitvaart van 'dit unieke mens, deze vrouw uit één stuk'[66] trok overweldigende belangstelling. Dat was vier dagen later. Op de dag van het overlijden zelf had Kok al gebeld met Ed van Thijn, die met vakantie naar de zon was. Hij zou voor de opvolging van Dales de aangewezen persoon zijn: 'Ed, ik zeg het maar kort en bondig, we hebben je nodig.'[67] Ed voelde zich vereerd en aangesproken; vijf dagen later stemde hij in. Drie dagen daarna werd hij beëdigd als de nieuwe minister van Binnenlandse Zaken. Afscheid van Amsterdam, bijna elf jaar na zijn aantreden als burgemeester van de hoofdstad. Zijn gang naar Den Haag werd breed toegejuicht: een bestuurlijk zwaargewicht. Vierenhalve maand later ging hij weer retour Amsterdam, een ervaring rijker, een illusie armer.

Over zijn beweegredenen het mooiste burgemeesterschap van ons land voor een onzeker Haags bestaan achter zich te laten, hield Van Thijn het kort. Het persoonlijk beroep van Wim Kok in een situatie van alles of niets, ook voor Wim zelf, ging hem 'door hart en ziel'.[68] Eerder had hij Ed al laten weten dat het voor hem echt erop of eronder was. Bij de zoveelste verkiezingsnederlaag zou hij ermee kappen, maar zover mocht het niet komen.[69] Ze filosofeerden ook een moment over de gevolgen op een wat langere termijn. Kok: 'Het is mijn uitdrukkelijke bedoeling dat het niet voor vier maanden is, maar garanties kan ik niet geven. De peilingen zijn nog steeds desastreus. Het is nu alle hens aan dek. Daarom hebben we je nodig, maar de afloop is hoogst onzeker.'[70] Waarom deed Ed dan deze ingrijpende stap? Het was een combinatie van loyaliteit aan zijn partij en haar leider met de zucht naar verandering, het uitzicht op een weer opgepakt ministerschap en wie weet nog meer.[71]

De loyaliteit aan de partij en haar leider zat bij Van Thijn inderdaad diep. Hoewel Kok nooit de plaats van Den Uyl had kunnen innemen, voelde Ed grote waardering voor hem; bovendien was Wim wel Joops keus.[72] Van Thijn had Kok steun verleend bij diens avonturen in het derde kabinet-Lubbers, bijvoorbeeld met zijn 'relatiehulp' binnen de CDA-PvdA-coalitie.[73] Ook had hij Kok rond de jaarwisseling in 1993 nog geadviseerd over de aanpak van de verkiezingen van mei 1994.[74] De waardering was wederzijds. Wim bewonderde Eds gaven van hoofd en hart: zijn politiek-bestuurlijke vermogens en zijn cultureel-intellectuele creativiteit. Wat hij problematisch vond, was Van Thijns emotionaliteit. Waar Kok zelf alle moeite deed zijn (soms heftige) emoties te beheersen, gingen die bij Van Thijn nogal eens met hem op de loop. Niettemin werd hij opvolger van Ien Dales.

Op zaterdag 22 januari – Van Thijn zat amper op het ministerie – stak een schandaal de kop op. Kranten berichtten over corruptie binnen de Amsterdamse politie. Op de achtergrond speelde een conflict over de toelaatbaarheid van ongebruikelijke opsporingsmethoden bij de jacht op drugscriminelen. Om 'grote vissen' te kunnen vangen werden via 'kleine vissen' partijen drugs op de (illegale) markt gebracht. Deze 'volledig gecontroleerde doorvoer' was echter nogal uit de hand gelopen. Dit had tot ernstig gespannen verhoudingen geleid binnen het Interregionaal Recherche Team, waaraan de politiekorpsen van Amsterdam, Utrecht en Haarlem deelnamen en waarover zij met elkaar in conflict waren geraakt.[75] De IRT-affaire was geboren en zou Nederland enkele jaren bezighouden.[76] Deze zou ook het einde van Van Thijns kortstondige terugkeer naar Den Haag inluiden. Ofschoon het om zijn vorige functie van burgemeester en korpsbeheerder ging en hij – zo bleek uit de latere parlementaire enquête – in deze kwestie weinig fout had gedaan, maakte zijn nieuwe ministersambt met politieverantwoordelijkheid dat hij er toch rechtstreeks bij werd betrokken. Samen met de minister van Justitie, die de eerstverantwoordelijke was voor het opsporingsbeleid.

De warwinkel van feiten en gebeurtenissen van de IRT-affaire is geen stof voor deze biografie, en is elders afdoende beschreven en geanalyseerd.[77] Hier volstaat de vaststelling dat Van Thijn gaandeweg gevangen raakte in de spanningen tussen zijn ministerschap en zijn burgemeesterschap enerzijds en de complicaties van de politieke situatie voor en na de verkiezingen van 3 mei anderzijds. Zijn ontslag als minister was op formele en inhoudelijke gronden wellicht onnodig geweest, maar om politieke redenen feitelijk niet te stoppen.[78]

Van Thijns lot was meer dan hem lief was verbonden met dat van Ernst Hirsch Ballin, de CDA-minister van Justitie, met wie hij aan het slot van de verkiezingscampagne een frontale botsing kreeg. Deze waarschuwde in een toespraak dat 'er nooit een sfeer [mag] groeien waarin ouders met een mongooltje als kind zich als het ware moeten excuseren dat ze het kind niet hebben laten wegmaken'. Daarmee suggereerde hij dat zonder het CDA in de regering zo'n situatie werkelijkheid kon worden. Dit bracht een verontwaardigde en gekrenkte Van Thijn tot de uitspraak dat hij het persoonlijk moeilijk zou vinden in de toekomst weer met Hirsch Ballin samen te werken. *Het Parool* kopte met: 'Van Thijn wil Hirsch Ballin niet in volgend kabinet'.[79]

Wim Kok steunde Van Thijn in de IRT-kwestie consequent, maar betreurde het dat deze zaak zo uit de hand liep. Hij koesterde een vertrouwensvolle verstandhouding met Hirsch Ballin en er was hem veel aan gelegen dat de twee bewindslieden er samen uit zouden komen. Hij dempte het conflict dan ook waar mogelijk, bijvoorbeeld toen Van Thijn in de ministerraad van 25 maart met opstappen dreigde als hij niet mocht verdedigen wat hij in Amsterdam had gedaan. 'Buiten verhouding' vond Kok dit dreigement, waarna Van Thijn toch zijn zin kreeg. Het laatste waar Kok immers behoefte aan had, was een kabinetscrisis kort voor de verkiezingen, en nog wel over de politie en een grote 'drugsruzie'. De kwestie liep na 3 mei ten slotte definitief uit de hand, niet alleen door de nog niet op orde zijnde organisatie binnen de nieuw samengestelde regeringsfracties,[80] maar ook omdat in het kabinet zelf de regie steeds minder goed functioneerde. Lubbers was die kwijt. Hirsch Ballin trad af, waarop de andere CDA-ministers erop aandrongen dat Van Thijn hem zou volgen. Aldus traden eind mei twee reeds demissionaire ministers af.[81]

'Ik laat je niet vallen,' zei Wim Kok. 'Geen sprake van,' had hij Van Thijn nog toegevoegd. In een verkiezingstoespraak de volgende dag bedankte Kok Van Thijn voor de grote bijdragen die hij als politicus en bestuurder aan ons land had geleverd en 'wat mij betreft zal kunnen blijven leveren'.[82] Toch kwam Ed van Thijn niet terug als bewindsman in het kabinet-Kok. 'Nog bedankt, Ed,' riep Kok in de avond van 17 augustus halverwege de trap naar beneden na het afsluitende bezoek aan Van Thijn. Het vormde een bitter einde, zo schetste Van Thijn in zijn boek *Retour Den Haag*.[83] Was dit nu zo gelopen omdat de VVD voor dat kabinet absoluut aan Binnenlandse Zaken vasthield, zoals Kok later Van Thijns biograaf uitlegde?[84]

Maar waarom waren Bolkestein en Kok dan wel bereid op Binnenlandse Zaken ruimte te maken voor PvdA'er Jos van Kemenade?[85] En waarom dan niet een andere portefeuille voor Van Thijn vrijgemaakt? Zo'n allroundbestuurder had toch ook andere ministeries aangekund? Kok had echter maar vier ministersposten te vergeven. Bovendien was hij beducht voor de risico's die Van Thijn voor zijn kabinet kon inhouden. Wat in elk geval zeker is: de kracht van Kok lag meer in het onderscheiden van wat politiek nodig en haalbaar was dan in het vasthouden aan persoonlijke loyaliteiten. Die bleven voor hem steeds functioneel en instrumenteel. Kok verbond zijn lot nooit aan dat van een ander.[86] Op naar de kabinetsformatie.

In paars?

De verkiezingsuitslag bood kans op een regering zonder christendemocraten.[87] Hans van Mierlo was op de avond van 3 mei eufoor: 'Het is gelukt! [...] Nederland is veranderd. Nu de politiek nog.'[88] Een 'paars' kabinet moest het volgens hem worden.[89] Een 'revolutie' was ervoor nodig, een beschaafde revolutie, dat wel.[90] Maar Kok en Bolkestein waren nog niet zo ver. Kok in het lijsttrekkersgesprek aan het einde van die lange dag: 'Ik ben van nature niet zo paars.' Voor de eerste was een centrumlinkse coalitie ook denkbaar, de tweede wilde eventueel wel over rechts gaan. Dat wilde Brinkman ook.[91] D66 was echter steeds onmisbaar. Dat wilde paars en niets dan paars, een soort politieke geloofsbelijdenis. Kok vreesde dat de formatie moeilijk zou worden.[92]

Centrumrechts – met CDA en VVD – vond Van Mierlo politiek ongeloofwaardig. Dat paste het progressieve D66 toch niet? Over links gaan – met PvdA en CDA – zou democratisch ongeloofwaardig zijn. Hij kon toch niet als bijwagen voor de twee grote verliezers gaan fungeren? Van Mierlo bepaalde in die dagen het spel en niemand die hem de voet dwars zette. Maar zonder Brinkman lukte het hem niet: die blokkeerde een opening naar centrumlinks. Informateur Tjeenk Willink adviseerde de koningin dan ook dat paars toen als eerste, maar ook enige, mogelijkheid werd onderzocht.[93] Wel met drie informateurs, uit elke partij één, een geforceerd evenwicht.[94]

Vijf weken later zou deze poging schipbreuk lijden. Bolkestein was de breker.

Voor de PvdA was D66 nog altijd een progressieve bondgenoot. In 1982 en 1989 was er wel frictie ontstaan en de Democraten neigden in de sociaal-economische politiek naar het liberalisme.[95] Wim Kok mocht Van Mierlo wel, vond hem vindingrijk, soms verrassend, maar ook elitair en wat zweverig.[96] Met Bolkestein had hij daarentegen echt moeite. Hij kreeg geen hoogte van hem, vond hem steil, stellig en weinig communicatief.[97] Naar Koks mening was hij wel onafhankelijk en soms grootmoedig, ridderlijk zelfs. Met diens partij voelde Kok echter nauwelijks affiniteit, van oudsher al niet en in een recenter verleden evenmin. Bolkestein en de zijnen hadden het kabinet-Lubbers/Kok fel op de huid gezeten, hemzelf als minister van Financiën praktisch alle krediet onthouden.

Christendemocraten hadden bij Kok een streepje voor. Niet omdat hij zo ingenomen was met de wijze waarop tijdens Lubbers/Kok de CDA-fractie onder leiding van Elco Brinkman 'oppositie' tegen het eigen kabinet had gevoerd. Het tegendeel was het geval, om over Ad Kalands CDA in de Eerste Kamer nog maar te zwijgen. Maar over het geheel genomen had hij in dit kabinet met Lubbers en de andere CDA-collega's vruchtbaar en prettig samengewerkt. Er waren voldoende gemeenschappelijke politieke doelstellingen geweest en ook wederzijdse collegialiteit.

En dan was er de geschiedenis die meetelde. De confessionele partijen, vooral KVP en ARP, hadden steeds een werknemersvleugel gekend en hadden aan de opbouw van de verzorgingsstaat bijgedragen. Klompé, Bogaers, Veldkamp, Boersma, Albeda, De Koning: ondanks verschillen van mening voelde Kok zich beleidsmatig verbonden met deze mensen. In Lubbers III ook weer met Bert de Vries. Wim Kok, de man die het socialistische NVV met het katholieke NKV in de FNV had samengebracht en daarin dierbare collega's had gevonden,[98] wilde daar niet zomaar een streep door halen. Kok stamde uit de tijd van de rooms-rode coalities en had daar geestelijk nog steeds geen afstand van genomen.[99]

Natuurlijk, Kok was een man van feiten. Dat PvdA en VVD met hun wederzijdse polarisatie het CDA tot de onvermijdelijke regeringspartij hadden gemaakt, was hem niet ontgaan. Helemaal gezond voor de Nederlandse politiek vond hij dat niet. Hij wist ook van de contacten tussen parlementariërs van zijn eigen partij met die van D66 en de VVD in het zogeheten 'Des Indes-beraad'.[100] Tijdens Lubbers/Kok was daar nog een apart PvdA-VVD-overleg bijgekomen ten huize van het liberale Kamerlid Hans Dijkstal in Wassenaar.[101]

Deze vertrouwelijke 'snuffelcontacten' (Koks woord) vond hij wel een goede zaak, daar konden misschien praktische politieke voordelen mee worden behaald. Maar in de noodzaak van een CDA-loze, paarse coalitie – het geloofsartikel van D66 –, geloofde Kok niet. Daarvoor stond het CDA hem te na en vond hij de afstand tot de VVD te groot.[102] Zijn eigen recept om de nadelen van de polarisatie te overwinnen? De PvdA moest gewoon sterker dan het CDA worden en aldus de rol van 'natuurlijke' regeringspartij overnemen zoals het Den Uyl in 1973 was gelukt, een kans die hij vier jaar later weer verspeelde.[103] Dit werd, nadat hij Joop had opgevolgd, Wims missie.

Tot zijn aangename verrassing diende die situatie zich na 3 mei opeens weer aan. De PvdA was het CDA voorgebleven, zij het nipt en met beide als grote verliezers. Daar was niet een-twee-drie een progressief-confessioneel kabinet van te bakken. Allereerst was er het bijna altijd bestaande alternatief van een centrumrechtse combinatie. Maar zonder D66 zou CDA en VVD dat niet gelukken, en Van Mierlo wilde daar niet aan. Die hield hardnekkig vast aan de optie van een paars kabinet. De verkiezingsuitslag had dat nu voor het eerst getalsmatig mogelijk gemaakt.

Bovendien was Brinkman geen klassiek CDA-politicus die steeds voor links en voor rechts zijn handen vrijhield. Tijdens Lubbers/Kok was hij al sterk richting VVD opgeschoven en daar had de uitslag op 3 mei hem niet van genezen. Hij wilde geen centrumlinks, wierp daarvoor weer allerlei blokkades op – extra bezuinigen op de sociale zekerheid[104] – en de ook naar rechts getrokken CDA-fractie volgde hem daarin. Koks missie was dus niet zomaar volbracht, ook omdat Van Mierlo niet zomaar over links wilde gaan. Die stond erop dat eerst de paarse coalitie serieus werd uitgeprobeerd. Kok adviseerde het staatshoofd de vorming van een kabinet met in elk geval PvdA en D66. Dat dit voorlopig een onderzoek naar een paars kabinet zou inhouden, begreep hij heel goed. Daarvoor wilde hij wel een inspanningsverplichting aangaan. Voor de rest beidde Kok zijn tijd.

Niet dat Kok in deze formatie dubbel spel speelde. Daar was hij de man niet naar, ook niet 'gewiekst' genoeg. Op de onderhandelingen over paars stelde hij zich dus serieus in. Zowel Herman Tjeenk Willink als Klaas de Vries, beiden als informateur, had zich daarvan bij voorbaat vergewist. Maar dat hij er nu meteen enthousiast voor was? Hij voelde – soms grote – aarzelingen, met name over het sociaaleconomisch beleid, vooral jegens Bolkestein en diens partij. Het duurde enkele weken voordat hij iets van zijn reserves liet varen. Omdat de drie informateurs ook niet meteen op elkaar ingespeeld waren, kostte het enige tijd voordat de gesprekken tot praktische conclusies leidden.[105] Geleidelijk raakte Kok minder verkrampt. Hij bleef echter op zijn hoede en hetzelfde gold voor Bolkestein. Tot dan kon alleen Van Mierlo zich over de ontstane situatie verheugen.

Probleem voor Kok en Bolkestein was ook dat hun fracties niet als één man achter dit paarse idee stonden. In de PvdA-fractie was een meerderheid wel enthousiast over een eventueel paars kabinet: het kon vernieuwend uitpakken en de stroperigheid van de relatie met het CDA terugdringen. Een aanzienlijke groep fractieleden twijfelde hier echter aan, of was zelfs een verklaard tegenstander. Vooral, maar niet alleen, de leden met een vakbondsachtergrond moesten weinig van een paars avontuur hebben.[106] Die vreesden verdere ingrepen in de sociale sector. Hun bezwaren bleven echter grotendeels binnenskamers. Sommigen werden wel betrokken bij de 'fractiegroepen' die de onderhandelingen thematisch ondersteunden.

Meer problemen met zijn fractie had Bolkestein. Ook omdat hij – evenals Kok – zijn fractie zeer summier op de hoogte hield,[107] maakte ongerustheid zich meester van veel van de leden. Omdat zij zich niet gehoord voelden, luchtten enkelen hun bange vermoedens tegenover *De Telegraaf*, die daar dankbaar over rapporteerde.[108] Gevoegd bij de doorgaans kritische columns van politiek commentator Kees Lunshof, maakten deze geluiden dit ochtendblad tot een 'tegenstander' van paars. Ook liet oud-leider Hans Wiegel in deze krant geregeld zijn kritische licht schijnen op de paarse gevaren voor de VVD-kiezer. Gevolg: Bolkestein begon zich scherper op te stellen.

Op 26 juni knapte de paarse zeepbel. Na weken van praten over bezuinigen en intensiveren gooide Bolkestein de handdoek in de ring. Hij was niet overtuigd van de soliditeit van de voorlopig gemaakte afspraken. Te veel bezuinigingen waren met, wat hij noemde, 'waterverf' op het papier geschetst: te veel onheldere categorieën met onzekere uitkomsten. Bovendien vond hij dat er op de sociale zekerheid moest worden gekort en niet op de 'klassieke' overheidstaken zoals onderwijs, politie en justitie, defensie en infrastructuur. Het geheel was hem te veel 'Lubbers IV, maar dan zonder Lubbers'. Daar tekende hij niet voor. Dat deed de vlam in de pan slaan. Kok woest, Van Mierlo ook.[109] Kok zei zich verraden te voelen. Een 'laatste avondmaal' in Hotel Des Indes zette dit gevoel kracht bij.[110]

Bolkesteins aankondiging kwam voor Kok als een donderslag bij heldere hemel. De doorrekening door het Centraal Planbureau van het derde 'paarse pakket' vertoonde immers een veel solider beeld dan eerdere versies.[111] Bovendien kwam Bolkestein pardoes terug op iets waar hij eerder al mee akkoord was gegaan: een 'halve' koppeling tussen contractlonen en uitkeringen (voor 50 procent dus). Nu moest hij daar opeens niets meer van hebben: weg met de koppeling. Het was alsof hij plotsklaps zijn vertrouwen in deze paarse operatie was kwijtgeraakt, en dan vooral in Wim Kok. Vandaar dat hij nu zijn werkelijke programma weer in volle glorie terug op tafel legde: inperking van de sociale zekerheid. Het ging hem vooral om de werknemersverzekeringen: naast de Ziektewet en de WAO, ook de WW.

Dat moest allemaal veel minder ruimhartig, met een sterk verminderde rol voor de overheid. Hij noemde het ministelsel niet met zo veel woorden, maar het zat wel achter deze bruuske actie. Zo dacht althans Wim Kok.

Tijdens het Kamerdebat op 29 juni[112] – een parlementaire primeur: formeel met de informateurs, in werkelijkheid echter met en tussen de drie onderhandelaars – haalde Kok zijn gram. Samen met Van Mierlo slaagde hij erin de politieke beeldvorming naar zich toe te trekken. Bolkestein was op het laatste moment als een 'duveltje uit een doosje' met nieuwe eisen, nieuwe wensen en nieuwe voorstellen gekomen. Het ergste daarvan, zei Kok: 'De mensen met een sociale uitkering zouden moeten gaan betalen voor het feit dat er niet verder op de rijksbegroting [kon] worden bezuinigd. [...] Een keuze en een methode die ik afwijs.' Van Mierlo noemde Bolkesteins handelwijze 'een overval'. De drie informateurs gaven het in hun verslag al aan: Bolkesteins actie was voor de breuk beslissend geweest.[113]

Bolkestein had voor zijn breuk zeker tactische overwegingen. Nu zou hij zijn prijs kunnen opschroeven en daarmee zijn fractie achter zich krijgen. Maar had hij ook reden in Kok teleurgesteld te zijn? Had Kok wel voldoende in dit paarse gesprek geïnvesteerd? Had hij niet met een aangetrokken handrem onderhandeld? Zeker, hij had ingestemd met een ruimer bezuinigingsbedrag dan eerder gedacht: 18 miljard. Maar daar had de economische ontwikkeling ook om gevraagd. Die som was in grote trekken al ingevuld, ook met besparingen op de sociale zekerheid. Wat nog openstond was de zogeheten doorloopproblematiek: de ruim 5 miljard die Lubbers/Kok nog ter invulling aan het volgende kabinet wilde doorgeven. Dat zou over de departementen worden verdeeld. Dit vond Bolkestein te vaag,[114] bovendien moest het uit de sociale sector komen. Daarom had hij aan de noodrem getrokken.

Bolkestein was gecharmeerd geweest van Koks nieuwe verzorgingsstaat zoals deze die in september 1991 op het WAO-congres in Nijmegen had geschetst: een soberder sociale zekerheid ingebed in een 'participatiemaatschappij'.[115] Het leek alsof Kok daar inmiddels van terugschrok. Dat was ten dele ook juist. Kok wilde hoogte en duur van de uitkeringen met rust laten. Waar het hem nu om ging was het bevorderen van werk voor iedereen die kon werken en een daarop gerichte, activerende uitvoering van de sociale zekerheid. Zij die niet konden werken, moesten van voldoende steun verzekerd blijven.[116] En dat vertrouwde Kok de VVD met haar nadruk op verlaagde uitkeringen en particuliere verzekeringen niet toe. Vandaar die aangetrokken handrem en die woede. Met de liberalen wilde hij liefst niet verder formeren. Wellicht kon de weg naar centrumlinks worden heropend. Dat had toch al zijn voorkeur.[117]

Paars of geen paars?

Op 6 juli 1994 benoemde de koningin Wim Kok tot informateur. Hij moest een regeringsprogramma op hoofdlijnen opstellen, met bijzondere aandacht voor het financieel en sociaaleconomisch beleid en de begroting voor 1995. Dit programma zou hij dan aan de fracties van PvdA, CDA, VVD en D66 moeten voorleggen om vervolgens te kunnen vaststellen welk meerderheidskabinet kon worden gevormd. Dit vormde de verrassende ontknoping van een geblokkeerde situatie, die door de opnieuw ingeroepen informateur Tjeenk Willink als een 'patstelling' was bestempeld.[118] Alle mogelijkheden leken immers onmogelijk te zijn. Kok wilde een kabinet van PvdA, CDA en D66 onderzocht zien. Van Mierlo wilde daarin wel meegaan, mits het naar vorm en inhoud 'om waarlijk nieuw beleid' zou gaan. Brinkman hield echter vast aan zijn 'democratisch gelegitimeerde' voorkeur voor een coalitie van CDA, VVD en D66, iets wat Bolkestein ook wel onderzocht wilde zien. Van Mierlo weigerde dit echter, omdat zo'n combinatie nog verder zou willen ingrijpen in de sociale zekerheid dan de mislukte paarse coalitie had willen doen. Wat nu? Waarom wilde het staatshoofd nu verder met Kok?

Tjeenk Willink had geconcludeerd dat benoeming van een VVD-informateur de beste optie was.[119] Deze zou zo'n program op hoofdlijnen moeten opstellen en aldus de mogelijkheden voor een kabinet onderzoeken. Dit zou formeel een meerderheidskabinet betreffen, in de eerste plaats om een CDA-VVD-D66-combinatie gaan, maar bij het mislukken van zo'n poging zou een paarse coalitie vanzelf weer in beeld komen (die Tjeenk Willink op grond van de verkiezingsuitslag het meest kansrijk en wenselijk achtte[120]). Waarom een informateur uit de kring van de VVD? Bolkestein had in de paarse informatiepoging de voet dwars gezet en daar moest dan ook de verantwoordelijkheid voor het vervolg worden gelegd, ook voor deblokkering van de paarse optie. Een opdracht in een sleutelpositie dus.[121]

Op 5 juli 's avonds stelde Tjeenk Willink de vier fractievoorzitters van zijn conclusies op de hoogte, de volgende ochtend zou hij ze openbaar maken. Koks reactie was 'ijzig'.[122] Daar zag hij helemaal niets in. Wilde deze PvdA-informateur het initiatief aan de VVD gunnen? Met een ongewisse uitkomst als grote kans? Centrumlinks zou buiten beeld geraken en de PvdA zou in een ondergeschikte rol terecht kunnen komen. Kok wilde juist zelf aan de bal blijven. Ten slotte was de PvdA nu de grootste partij. En het opstellen van zo'n ontwerp-regeerprogram zou voor de minister van Financiën toch een thuiswedstrijd inhouden? Maar wat de koningin te adviseren? Het was lastig de conclusie van een PvdA-informateur te negeren. Kok moest dus met iets bijzonders komen. Tom Poes, verzin een list.

In de ochtend van 6 juli adviseerde Kok het staatshoofd een onderzoek naar centrumlinks. De wijze waarop het CDA zich aan zo'n serieus onderzoek onttrok achtte de PvdA niet verantwoord. Hij bepleitte de aanwijzing van een informateur van PvdA-huize om dit onderzoek grondig uit te voeren. Mocht voor een combinatie PvdA-CDA-D66 onvoldoende steun bestaan, dan achtte hij het advies van Tjeenk Willink een mogelijkheid voor een 'uiterste poging' om tot een meerderheidskabinet te komen.[123] In het gesprek met de koningin hield Kok zijn kandidaat voor het nieuwe informateurschap nog in het midden.

Want daar had Tom Poes zich op geworpen. Koks politiek adviseur Arend Hilhorst was hier 's avonds en 's ochtends volop mee aan de slag. Zijn idee? Alleen de suggestie dat Kok bereid zou zijn een informatieopdracht aan te nemen, kon het verschil maken. Wel een gewaagd bod. Het was immers hoogst ongebruikelijk om in zo'n onzekere fase je eerste man naar voren te schuiven. Zoiets doe je gewoonlijk pas aan het eind, om de formatie mee af te ronden. Hiermee zou de PvdA op dat moment al haar laatste troef uitspelen en niets meer achter de hand hebben. Maar nood breekt wet. Kok was het ermee eens, de fractietop ook.[124] Hilhorst stelde de brief aan de koningin op, die in de haast niet door Kok maar door Wallage werd ondertekend. Na Koks terugkeer van paleis Noordeinde vroeg hij Hilhorst de directeur van het Kabinet der Koningin, Felix Rhodius, te bellen om hem te laten weten dat voor de PvdA-fractie Wim Kok haar kandidaat-informateur was. Rhodius' reactie: 'Dat zal de Majesteit interessant vinden.'[125]

Een nader telefoontje van Rhodius aan Jacques Wallage (immers de ondertekenaar van de brief) zorgde op het paleis voor nog meer duidelijkheid. Wallage suggereerde met het oog op de spoedeisende begroting een opdracht aan Kok, de demissionair minister van Financiën.[126] Toch rekende Kok nergens op. Tijdens zijn persconferentie die middag foeterde hij naar hartenlust op de CDA-fractie en de wijze waarop die zich steeds onttrok aan een onderzoek naar centrumlinks en daarmee aan haar staatkundige verantwoordelijkheid. Uit peilingen was die dag juist bekend geworden dat onder CDA-kiezers de steun voor centrumlinks groter was dan voor centrumrechts. Ook Van Mierlo bekritiseerde de onverantwoordelijke houding van Brinkman, waarmee hij zich (misschien ongewild) een pleitbezorger van centrumlinks toonde.

Toen volgde een onverwachte wending met knaleffect. Kok werd aan het einde van die middag op paleis Noordeinde ontboden. Als minister van Financiën kreeg hij de opdracht tot het schrijven van het regeerprogramma op hoofdlijnen, op basis waarvan hij als informateur de vier fracties moest polsen voor de vorming van een meerderheidskabinet. Een ware 'coup de théâtre'.[127] Media bestempelden deze opdracht meteen als 'de staatsgreep van paleis Noordeinde'. Kok, die beter wist,[128] was toch verrast door de uitkomst, die hem tegelijk deugd deed. De opdracht van de koningin vormde niet alleen een erkenning van de uitslag van de verkiezingen, met de PvdA als de grootste, maar ook van zijn consequente weigering om tijdens deze formatie andere partijen in de ban te doen. Bovendien voelde het als een eerbetoon aan zijn ministerschap van Financiën. De adviseurs van het staatshoofd – Scholten, Deetman, Tjeenk Willink – hadden langs dezelfde lijnen geredeneerd: draagvlak, competentie, haast.[129]

Ook premier Lubbers, door de koningin gebeld, adviseerde iets soortgelijks: een informatie-Kok móest slagen, niet alleen voor de mogelijkheid van een stabiel kabinet, maar ook omdat 1995 voor de begroting geen verloren jaar mocht worden.[130] Aldus geschiedde: Kok werd het. Het gesprek van koningin met Kok duurde nog lang wegens de ingewikkelde formulering van de opdracht. Op voorstel van Tjeenk Willink verleende de koningin de opdracht aan de minister van Financiën, niet aan de fractievoorzitter van de PvdA. Dat zou de politieke kwetsbaarheid van deze benoeming voor de koningin kunnen verkleinen. Hij voorvoelde tevens dat Kok en de PvdA hiermee een riskant avontuur zouden aangaan.[131] Zo zag Kok het ook: hij kon het initiatief verliezen, niet alleen door een blokkade van CDA en VVD. Ook de eigen fractie kon het hem lastig maken. Kok: 'Het risico van een mogelijk conflict met de PvdA-fractie weegt ruimschoots op tegen het belang dit land niet onbestuurbaar te laten worden.'[132] Een staatsman begon zich te ontpoppen.

De volgende dag begon Wim Kok aan zijn eenzame karwei. Zijn opdracht, zoals hij deze zelf 'huiselijk' omschreef: 'Maak een begroting op hoofdlijnen en zoek de partijcombinatie die daarbij past.'[133] Hij had zijn intrek ingenomen in de ministerskamer in het gebouw van de Eerste Kamer, een ruimte zonder airco, wat in die hete zomer een hele beproeving was.[134] Geheel eenzaam was Kok overigens niet. Naast secretaresse Betsy Dijk, hielden zijn 'formatiesecretarissen' Jan Willem Holtslag en Rob Visser, beiden raadadviseur van het ministerie van Algemene Zaken, hem gezelschap. De eerste bekommerde zich om financieel-economisch-sociaal, de tweede om al het overige. Zij hielpen hem ook met het schrijven.

Daarin waren zij niet de enigen. Kok zette meteen zijn departement aan het werk, overlaadde het met opdrachten. Hij haalde al snel Richard van Zwol, een 'Excel-wizzard' met veel kennis van de begrotingsopstelling, bij zich in de Eerste Kamer.[135] Naast de secretarissen en de staf van Financiën was er een belangrijk derde team: Arend Hilhorst, Koks politiek adviseur op het ministerie, had nog Dick Benschop en Ben Heinrichs om zich

Drie verkiezingsposters: 1986, 1989 en 1994. Pas met 'Kies Kok' ging die vlieger op.

Met een roos in de vuist op campagne in Rotterdam, begin mei 1986

Gewonnen en toch verloren. Met Den Uyl in het Kamerbankje, eind mei 1986

Joop den Uyl overleden. Wim Kok eert hem in de Nieuwe Kerk (31 december 1987)

Met Marjanne Sint, nieuw-
gekozen PvdA-voorzitter
(4 april 1987)

Buurman in de Tweede Kamer:
Hans van Mierlo, de bond-
genoot van D66

Wim Kok, fractievoorzitter. Naast hem Wim Meijer en Klaas de Vries. Achter hen:
Thijs Wöltgens, Hans Alders, Frits Castricum, Willem Vermeend en Jacques Wallage

Kok op campagne met Neil Kinnock op de Albert Cuypmarkt in Amsterdam (1989)

In het kabinet-Lubbers/Kok, met rechts Ruud Lubbers en links Bert de Vries (1990)

Cartoonist Tom Janssen ziet een in Lubbers III ingesnoerde Wim Kok (december 1989)

Met Willy Claes en Felipe González aan de wieg van de Partij van Europese Sociaaldemocraten (Den Haag, november 1992)

Rita Kok op wacht – geduld is een schone zaak voor de vrouw van de vicepremier

Klaar voor wat ging komen? Met FNV-voorzitter Johan Stekelenburg, juli 1989

Het WAO-drama – Kok krijgt toch het vertrouwen van zijn partij (Nijmegen, 1991)

De kerstkaart 1993 van de minister van Financiën, ontworpen door Rita Kok

Het PvdA-bewindspersonenoverleg, 27 januari 1994. Verder zonder Ien Dales (links)

Wim en Rita met Nelson Mandela en Ruud Gullit in actie voor een democratisch Zuid-Afrika, februari 1994

Oefenen voor het lijsttrekkersdebat, met Rottenberg en Wallage (mei 1994)

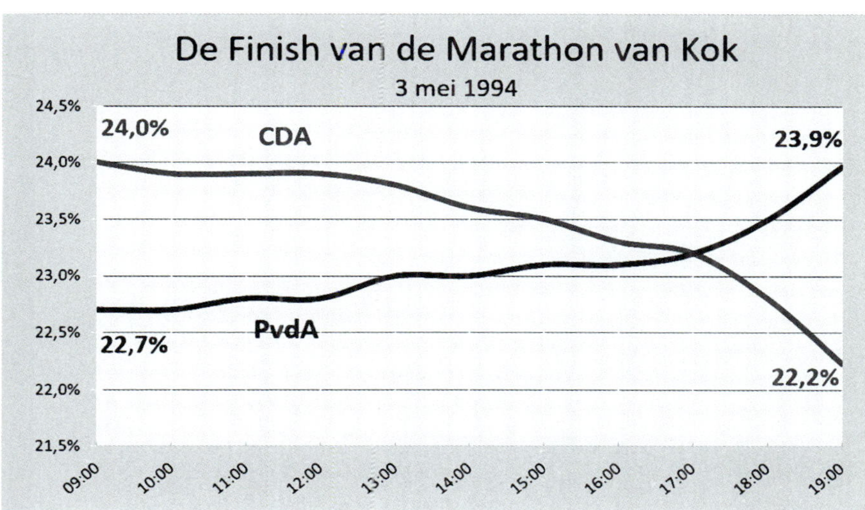

Het einde van een electorale lijdensweg: op verkiezingsdag wijzen de laatste exitpolls omhoog

Lubbers draagt onthutst zijn ambt over aan Kok, 22 augustus 1994

Een wonderbaarlijk jaar: met Beatrix en zijn 'paarse' kabinet op de paleistrappen

Kok kan lachen. Debat over de regeringsverklaring in de Kamer, 31 augustus 1994

heen verzameld; zij schreven en rekenden ook mee.[136] In zijn eenzaamheid werd Kok ook door de buitenwacht niet vergeten: vanaf de eerste dag schoot zijn populariteit omhoog. Hij werd nu het meest geschikt geacht als minister-president.[137]

Natuurlijk ontving Kok onmiddellijk de vier fractievoorzitters, één voor één, om hun 'opvattingen en aandachtspunten' nog eens te inventariseren. Wallage had de leiding van de PvdA-fractie overgenomen. Daarnaast kwamen verscheidene deskundigen op bezoek, waaronder SER-voorzitter Quené en DNB-president Duisenberg. Ook nam hij op 19 juli de ontwerpbegroting voor 1995 met de vier fractievoorzitters door, besprak met hen de knelpunten en noteerde hun opmerkingen. Al met al duurde het proces een week langer dan de 'minder dan twee' die Kok zich aanvankelijk had voorgenomen.

Intussen werd er 'gemasseerd'. Melkert werd door Bolkestein thuis in Amsterdam uitgenodigd om met hem de PvdA-relatie met het financieringstekort te bespreken. Een weekje later ontmoetten Wallage en Melkert in de tuin van hotel Hilton in Amsterdam Frits Bolkestein en Robin Linschoten. Weer ging het over het PvdA-imago van 'potverteerders'. Kon de VVD-leider zich bij dat karikaturale beeld nog steeds comfortabel voelen? De feiten wezen toch anders uit? Later zagen Van Mierlo en Bolkestein elkaar, ook om de lucht te klaren. Het CDA werd niet vergeten. Klaas de Vries zei Ernst Hirsch Ballin dat het CDA reële kansen had, mits Brinkman positief zou reageren op Koks voorstellen. Brinkman en Bolkestein konden het intussen niet eens worden over hun eventuele kandidaat-premier.[138]

Op maandag 25 juli was Koks 'proeve' gereed.[139] Wim had er zijn hele strategisch vermogen in gelegd. Allereerst defensief. Deze kans mocht hij niet laten lopen, niet verknoeien. Voor het land niet, voor de partij niet, voor zichzelf niet. Daarom werd de proeve een ernstig te nemen document, met precieze tekst en begrotingscijfers: een regeerakkoord in meer dan alleen grondverf. Voor 1998 bijna 18 miljard aan bezuinigingen, bijna 4 miljard aan intensiveringen (extra uitgaven). De economische vooruitzichten waren inmiddels verder opgeklaard. De aantrekkende conjunctuur en enkele financiële opstekers boden Kok wat ruimte[140] Ook offensief. De begroting ging uit van een behoedzaam scenario: dat bood meer kans op meevallers dan op tegenvallers.[141] Goed voor de openbare financiën en de lastenverlichting, dus ook voor de sociale zekerheid. De proeve maakte de politieke kleur van de opsteller zichtbaar – vooral in de nadruk op werkgelegenheid, die nog steeds veel aandacht vergde[142] –, maar niet alleen van hem. Het stuk bevatte ook openingen naar de andere partijen. Zij moesten aan boord kunnen komen. De VVD, maar vooral ook het CDA. Kok had zijn hoop op een centrumlinkse coalitie niet opgegeven. Dat viel hem echter niet mee. Brinkman maakte het hem lastig.

De partijen reageerden positief, maar probeerden tegelijk hun huid duur te verkopen. PvdA en D66 toonden zich het meest open voor nader gesprek, maar in beide fracties leefden nog wel aarzelingen. Van Mierlo richtte zich alweer geheel op paars. Bolkestein had zich prijzend over de 'realiteitszin' van de proeve uitgelaten, maar kreeg erna in de fractie met forse kritiek te maken, vooral op de (verondersteld) beperkte hardheid van de bezuinigingen. Zijn schriftelijk antwoord aan de formateur was ernaar. Het CDA reageerde als laatste. Formeel wilden de christendemocraten het gesprek over de proeve aangaan, maar de lijst met lastige wensen en kritisch commentaar was lang. Bovendien voegde Brinkman in een persconferentie toe dat voor hem de hoogte en duur van de uitkeringen 'niet heilig' waren.[143] Hiermee zette hij de zaak op scherp, ook binnen zijn eigen partij. Vooral het CDA-partijbestuur en de -bewindslieden drongen aan op een meer gematigde toonzetting.[144] De fractie, waar het anti-PvdA-sentiment sterk was en Brinkman steeds veel krediet had genoten, volgde hem nog. Dat veranderde toen het CDA geïsoleerd kwam te staan.

Bolkestein deed de openingszet. In zijn eerste gesprek met de informateur, op 27 juli, dempte hij de toon van zijn fractie over de sociale zekerheid. Wat de proeve daarover vermeldde achtte hij een 'belangrijke stap'. Hij wilde hiermee 'water bij de wijn doen' om tot een paarse coalitie te komen.[145] De CDA-fractie reageerde geschrokken en droeg Brinkman op zijn onbuigzame houding, die hij die dag tegenover Kok nog had volgehouden, te nuanceren. Partijmastodonten begonnen zich te roeren. Oud-premier Biesheuvel belde met de informateur in de Eerste Kamer. Kok kon hem niet echt geruststellen: 'De deur staat op een kier.'[146] Reden voor Biesheuvel een brief aan Brinkman te schrijven en een gesprek met hem te voeren. Onder deze druk gaf die nog niet mee.[147] In zijn tweede ontmoeting met de informateur, op 28 juli, toonde hij zich echter iets tegemoetkomender. In de uitkeringen kon nu ook 'stap voor stap' ingegrepen worden. Na afloop stuurde Brinkman nog een brief aan Kok, weer een slagje welwillender.[148]

Kok kreeg het er alleen maar moeilijker mee. Het ging zijn gezicht tekenen. Temeer omdat Bolkestein van speerpunt veranderde. Na een gesprek met Wallage aanvaardde hij een ruil die ook al in Koks proeve school: geen aantasting van hoogte en duur van de uitkeringen, maar meer marktwerking in de uitvoering.[149] In plaats van zich te richten op de sociale zekerheid keerde Bolkestein zich nu tegen Koks voorstellen voor een 'gelijkmatige inkomensontwikkeling'. Hij wilde van de voorgestelde halve koppeling af, op zijn minst voor het eerste jaar. Aan het einde van het gesprek concludeerde Kok dat Bolkestein hem daarmee voor grote problemen stelde. Of deze er nog 'een nacht over [kon] slapen?' Daarna nog een lang gesprek met Van Mierlo, tot na middernacht. Die hield nu onverzettelijk vast aan zijn 'jongensdroom': paars.

Wat nu? Het werd een van de zwaarste nachten in Koks leven: weinig slaap, veel gepieker, lang praten met Rita. Ook nog met Wallage gebeld. Bolkestein had hem bij het afscheid nog toegevoegd: 'Wim, beslis nou maar zoals je goeddunkt.'[150] Het was waar, de beslissing lag geheel in zijn hand. Maar wat achtte hij goed? Zijn hart ging uit naar centrumlinks. Maar hoe solide was het CDA nog, en hoe sociaal? En kon hij wel op Brinkman bouwen? Bovendien: hoe kreeg hij Van Mierlo zo ver om 'zijn' paars voor centrumlinks in te ruilen? Dan maar paars? Tja, die VVD, de klassieke tegenpartij. Maar die partij had wel gewonnen, was ook niet in verwarring. Bolkestein dan? Politiek niet minder rechts dan Brinkman, maar in zijn partij minder omstreden en iets toeschietelijker inzake de sociale zekerheid. Bovendien zou hij met paars Van Mierlo dolblij maken. Voldoende reden? Hoeveel ruimte had hij? Wikken en wegen.

De volgende ochtend belde hij nog met Brinkman en Bolkestein. Aan de een vroeg hij toelichting. Aan de ander of hij er nog over had nagedacht. Van geen van beiden kreeg Kok een bevredigend antwoord. Garanties waren er dus niet. Hij moest nu op zijn gevoel afgaan, op zijn politieke intuïtie. Het was als op 19 november 1982, het moment dat Wim Kok het onzekere avontuur van het Akkoord van Wassenaar aanging. Een sprong in het duister. Moest hij nu ook over zijn eigen schaduw heen springen? Wilde hij voor land en partij die verantwoordelijkheid nemen? Kon hij zo het best het algemeen belang dienen? Wat zou zijn vader hem aanraden? Toen hakte hij de knoop door. Al met al stelde hij meer vertrouwen in paars. Beter: in een kabinet van PvdA, VVD en D66, want Kok was niet 'in paars'.

Maandag 29 juli, tegen het einde van de ochtend, informeerde Kok het staatshoofd over zijn besluit. Daarna belde hij met Wallage, Van Mierlo en een verbaasde Bolkestein. In de middag bracht hij de koningin verslag uit en aan het eind van het onderhoud kreeg Wim Kok de opdracht een kabinet van PvdA, VVD en D66 te vormen. Meteen formateur, nogal ongebruikelijk, maar Koks proeve was al bijna een regeerakkoord en de drie partijen waren er in beginsel al mee akkoord gegaan. In de aansluitende persconferentie legde Kok de nadruk op zijn taxatie dat het voor PvdA en D66 gemakkelijker zou zijn afspraken te maken met de VVD dan met het CDA. Een historisch besluit pragmatisch verklaard.

De volgende twee dagen waren Wim en Rita met zomervakantie, in een hotel in Twente.

Werk, werk, werk en nog eens werk

Op 1 augustus was Kok weer aan de slag. Hij leidde de onderhandelingen tussen Wallage, Bolkestein en Van Mierlo. Op basis daarvan schaafde hij aan het regeerakkoord, dat op 11 augustus rondkwam. Er zaten compromissen in, maar ook uitruilen. Niet steeds gunstig voor de PvdA: op sociaaleconomisch terrein verkeerden de sociaaldemocraten tussen oude en jonge liberalen geregeld in de minderheid. Titel: *Keuzen voor de toekomst.* De volgende dag was het woord aan de fracties, waarvan vooral die van de VVD veel tijd nodig had. Enkele wijzigingen later werd het op 13 augustus goedgekeurd.[151] Daarna kon het spel met portefeuilles en poppetjes beginnen. De verdeling was: 5-5-4 (PvdA-VVD-D66) voor de ministersposten en 5-4-3 voor de staatssecretariaten. Zoals vaker ging het er rommelig aan toe, alsof de leiders dit moment niet hadden zien aankomen. Er werd tegelijk over portefeuilles en personen gesproken, ook bij elkaar.

Bolkestein wilde niet in het kabinet, zoals hij al tijdens de campagne had aangekondigd.[152] Dat had Kok graag anders gezien. Wel kwam hij na wat omzwervingen met een 'pro-paarse' VVD-bezetting: vicepremier Hans Dijkstal op Binnenlandse Zaken, Gerrit Zalm op Financiën, Annemarie Jorritsma op Verkeer en Waterstaat, Joris Voorhoeve op Defensie en Jozias van Aartsen op Landbouw, Natuurbeheer en Visserij. D66 had verrassingen in petto: geen fractieleden, maar Winnie Sorgdrager op Justitie, Hans Wijers op Economische Zaken en Els Borst op Volksgezondheid, Welzijn en Sport. Daarnaast vicepremier Hans van Mierlo op Buitenlandse Zaken.[153]

De PvdA mocht, naast de minister-president, de ministers leveren van Sociale Zaken en Werkgelegenheid (Ad Melkert), van Onderwijs, Cultuur en Wetenschappen (Jo Ritzen), van Volkshuisvesting, Ruimtelijke Ordening en Milieubeheer (Margreeth de Boer) en voor Ontwikkelingssamenwerking (Jan Pronk). Het aantal vrouwen werd opgekrikt onder de staatssecretarissen: Elizabeth Schmitz (Justitie, Vreemdelingenbeleid), Tonny van de Vondervoort (Binnenlandse Zaken), Anneke van Dok-van Weele (Economische Zaken, Handelsbevordering), Tineke Netelenbos (Onderwijs) naast Willem Vermeend (Financiën, Belastingen).[154] Los van Binnenlandse Zaken,[155] kostte vooral de bezetting van OCW Kok hoofdbrekens: drie afzeggingen. Voor de benoemingen van De Boer en Pronk had voorzitter Rottenberg zich sterk gemaakt.[156]

Het speciaal PvdA-congres op 20 augustus juichte Kok en de PvdA-ploeg enthousiast toe. Niet zo lang ervoor zat de partij nog diep in de put. Een gesmeerd verlopende campagne met een sterk optredende lijsttrekker, plus het geluk van een in het ongerede rakende CDA, verkleinden een dreigend grootscheeps verlies zienderogen. Het verlies was nog steeds groot, maar het was ook een 'verlieszege'. En de formatie had met enkele abrupte bewegingen tot een verrassend resultaat geleid: een paars kabinet met de PvdA en haar voorman aan het roer. Voor het eerst in twintig jaar weer een door de PvdA geleid kabinet. In dit alles had Wim Kok leiderschap getoond. De PvdA zou in het kabinet-Kok in sommige opzichten een minderheidspositie innemen. Maar ze had zich tegelijk een spilpositie verworven bij het voortzetten van Koks marathon. Dat besef was in de congreszaal voelbaar: een wonderbaarlijk jaar. Koks waagstuk had geloond.

Op maandag 22 augustus 1994 was het zover. Na een kort, door Kok geroutineerd voorgezeten, constituerend beraad, waar naast wat grensverleggingen tussen departementen[157] en de begrotingsdiscipline ook het rookregime in de ministerraad werd afgesproken (met mate), ging het op naar het paleis Huis ten Bosch. Op de beëdiging volgde daar de traditionele foto van het nieuwe kabinet met het staatshoofd. Beatrix gunde Kok een gulle glimlach. Ook Wim was in zijn schik. Na de portefeuilleoverdracht door Ruud Lubbers ging Wim Kok in het Torentje eerst geruime tijd op de vloer liggen. Fysieke gewenning aan de nieuwe situatie of bijkomen van de uitputtingsslag? De eerste ministerraad enkele dagen later liet een voor menigeen onbekende Kok zien: strak leidend, gemakkelijk pratend, goedgeluimd. Alsof hij eindelijk op zijn vanzelfsprekende plek was aanbeland. Een metamorfose.[158]

Het debat over de regeringsverklaring in de Tweede Kamer op 31 augustus toonde ook een 'goed in zijn vel zittende' minister-president. Natuurlijk was dit kabinet in historisch perspectief bijzonder, zei hij, want voor het eerst sinds 1918 zonder confessionele deelname. Maar voor het overige was het een gewoon parlementair meerderheidskabinet, aldus Kok.[159] Het was ook wel lang geleden dat sociaaldemocratische en liberale ministers in één kabinet zaten. 'Dat [was] even wennen.' Maar wat betreft inzet en instelling was het wel een kabinet dat er zoveel mogelijk voor iedereen zou zijn.[160]

Het was ook wennen voor de linkse oppositie. Rosenmöller van GroenLinks en Marijnissen van de SP vielen Kok aan op het rechtse, zelfs 'neoliberale' karakter van het regeerakkoord. Het zou niet de laatste keer zijn dat dit verwijt Kok zou treffen.[161] Zijn antwoord luidde dat al wat het kabinet met dynamisering van de economie wilde bereiken in het teken stond van sociale rechtvaardigheid en sociaal evenwicht. En dat het daarvoor nodig was dat zo veel mogelijk mensen op sociaal verantwoorde wijze aan betaald werk geholpen werden, juist ook de langdurig werklozen. De sleutel lag, volgens Wim Kok, bij 'werk, werk, werk en nog eens werk'.[162]

Tussenbalans

WIM KOK EN KONINGIN BEATRIX OP DE TRAPPEN VAN HUIS TEN BOSCH, 22 AUGUSTUS 1994.

Wim Kok minister-president. Een arbeiderszoon uit een polderdorp in het hoogste politieke ambt. Talent en volharding, aangelengd met geluk, hadden hem zover gebracht. Een droom uitgekomen? Om het te beseffen moest hij wel stevig in zijn arm knijpen en zich languit op de vloer van zijn nieuwe werkkamer in het Torentje uitstrekken. Om vervolgens achter zijn bureau plaats te nemen om het overdrachtsdossier door te nemen. Werk, werk, werk: het vormde ook Koks persoonlijke ethiek.

> Ik heb nooit in de jaren voor mijn politieke leven gedacht dat ik op deze plek zou kunnen komen te zitten. Ik heb tientallen jaren lang niet de gedachte gehad dat ik het zou willen. De dingen komen zoals ze zijn. Het is ook niet vanzelfsprekend geweest, tot op het laatste moment niet.

Aldus Wim Kok begin 1998, toen al drieënhalf jaar premier.[1] *Wahrheit oder Dichtung?* Kok ging steeds integer om met de herinnering aan zijn openbare leven. Hij gebruikte daarbij vaak zinnen die als het ware gegrift stonden in zijn geheugen. Evenals in de geschiedenisles op school, was hij echter beter in verhalen dan in jaartallen. Hij kon zich niet steeds alles goed herinneren, toch fantaseerde hij er nooit op los. Maar met de uitspraak hierboven scheerde hij wel langs de feiten. Kok had immers in september 1983 te kennen gegeven beschikbaar te zijn voor de opvolging van Joop den Uyl. Begin 1985 had hij, nog steeds FNV-voorzitter, dankbaar en ontroerd ingestemd met Den Uyls dringende verzoek hem op te volgen. Een geheime overgangsstrategie werd toen ingezet.[2] Daarmee was het premierschap voor hem tot de reële mogelijkheden gaan behoren. Ook eerder had hij wel eens met de gedachte gespeeld. Als succesvol leidsman van Nederlands grootste vakcentrale wist hij immers al langer kans te maken op Den Uyls opvolging. Hoewel hij er ook wel over aarzelde, trok het premierschap hem sterk aan. Naar de inhoud was politiek helemaal zijn vak en hij zat nu eenmaal graag in de voorzittersstoel. Toen hij Den Uyl inderdaad had opgevolgd, heeft hij er alles aan gedaan de PvdA weer in de regering te krijgen, om vervolgens bij de verkiezingen in 1994 'voor goud' te gaan. Had hij dat niet gehaald, dan was hij uit de politiek gestapt.

Wim Kok had er gaandeweg wel degelijk naar gestreefd minister-president te worden. Hij had ervoor gestreden en geleden. De uitkomst – een paars kabinet – kwam niet geheel overeen met wat hij zich had voorgesteld. Toch deed hij geen afstand van de 'hoofdprijs', niet voor het land, niet voor zijn partij, niet voor zichzelf. Hij zou er grote triomfen mee vieren, maar ook bittere pillen te slikken krijgen. Hij zou een opmerkelijk premier worden. Maar was Kok ook verdiend premier? Hoorde hij ook in die voorzittersstoel te zitten? Gelet op het speelveld, was dit zeker het geval. Van het viertal Bolkestein, Brinkman, Van Mierlo en Kok was hij uiteindelijk overtuigend de sterkste; geen van hen kon hem krachtig tegenspel bieden. Maar was hij ook de juiste persoon op het juiste moment op de juiste plaats? Kon Kok, gegeven zijn persoon, achtergrond en staat van dienst, zijn nieuwe ambt inhoud geven, kleur bieden? Het Nederland van 1994 was in elk geval uitdagend genoeg.[3]

Onze economie was sterk veranderd. Vanouds leunend op landbouw en handel, had Nederland na de oorlog een krachtige industrialisatie ondergaan. Gedrieën zorgden die sectoren tot 1970 voor groeiende welvaart en werkgelegenheid. Het Groninger aardgas had intussen de functie van de Limburgse steenkool overgenomen. Voor behoud van bestaanszekerheid voor hen die niet konden werken (of dat niet hoefden) was inmiddels een stevig sociaal vangnet gespannen. Crisis en globalisering zorgden er in de jaren zeventig echter voor dat dit economisch bouwwerk onder toenemende spanning kwam te staan: van buitenlandse concurrentie, van stijgende prijzen en lonen, van bedrijfssluitingen en oplopende werkloosheid, van groeiende tekorten bij de overheid.

Als vakbondsman had Wim Kok deze ontwikkeling van dichtbij waargenomen en bijna aan den lijve doorleefd. Hij had er ook lering uit getrokken: voor het scheppen van werkgelegenheid waren winstgevende ondernemingen onmisbaar, voor het behouden van arbeidsplaatsen moest werk boven inkomen gaan, en aan het bestrijden van werkloosheid kon het delen van werk door arbeidstijdverkorting bijdragen. Hierover sloot hij in 1982 in Wassenaar een richtinggevende overeenkomst met werkgeversvoorman Van Veen. En als opvolger van Den Uyl raakte hij doordrongen van de noodzaak van aanpassing van de sociale zekerheid: voor een vitaal sociaal vangnet, voor een deugdelijke organisatie daarvan, voor de plaats van arbeid in de economie, voor de individualisering van de samenleving, voor houdbare overheidsfinanciën. Zijn ingreep in de WAO was nogal onbeholpen en bruusk, niettemin droeg Kok daarmee belangrijk bij aan de herziening van de verzorgingsstaat.[4]

In 1994 kende ons land inmiddels een moderne, breed uitwaaierende diensteneconomie, die echter aan hevige geboortepijnen leed, sociaal zowel als regionaal. De werkloosheid was nog omvangrijk, terwijl regio's als Zuid-Limburg, Twente, Oost-Groningen en industriekernen in de Randstad en Brabant onder grote aanpassingsdruk stonden.[5] De verdere modernisering – ook Europees – van ondernemen, arbeidsmarkt en verzorgingsstaat: daarvoor moest premier Kok toch de aangewezen persoon zijn.

Verzuiling had in Nederland sociaal dempend gewerkt op de schokken die oorlog en naoorlogse wederopbouw met zich mee hadden gebracht. Deze maatschappelijke veelvoud in nationale eenheid, met omvattende confessionele verbanden en ook een sterke socialistische veste, had ons land een tamelijk stabiel (zij het saai) aangezicht gegeven. In de jaren zestig waren de eerste scheurtjes verschenen – vooral aan katholieke zijde –, waarna gaandeweg het gehele bouwwerk praktisch ineenstortte; wat overeind bleef staan kreeg vaak een andere inhoud. Deze 'ontzuiling' werd aanvankelijk vaak als een enorme bevrijding ervaren: van beklemmende gezagsverhoudingen naar vergrote eigen verantwoordelijkheid. Dit speelde zich af op zulke verscheiden terreinen als geloof en kerk, seksualiteit en moraal, samenleven en levensstijl, onderwijs en vorming, cultuur en media, overheid en politiek.

Wim Kok was een kind van de verzuiling; zijn jeugd en opvoeding hadden in het teken ervan gestaan, met de sobere beslotenheid van de Rode Familie als belangrijk kenmerk. Vanaf het moment dat zijn publieke leven begon, rond 1970, raakte Kok beïnvloed door de culturele revolutie van die tijd. Dit hield niet meteen in dat hij zich losmaakte van de eigen zuil, de sociaaldemocratie. Maar die begon zichzelf al los te maken. De PvdA liet in die tijd veel van haar oude organisatievormen vallen, terwijl Kok zelf – door zijn rol in het bijeenbrengen van socialistische en katholieke vakcentrales – het NVV onder de bevoogding van de partij weghaalde. Voor de vakbeweging was dit een gunstige ontwikkeling, maar van de maatschappelijke ontzuiling begonnen steeds meer ongunstige bijwerkingen op te vallen. In het bijzonder werkte de groei van een 'onderhandelingssamenleving' bemoeilijkend uit op het functioneren van ordediensten en overheidslichamen.

Zou de 'ontzuiler' Kok, die in zijn levensstijl, waarden en kijk op de wereld half verzuild was gebleven, niet kunnen bijdragen aan nieuwe evenwichten in en tussen maatschappij en overheid? Zou dit kunnen lukken met een paars kabinet, dat zelf ook als een vorm van ontzuiling kon worden beschouwd?

Binnenland en buitenland grepen steeds verder in elkaar. Het einde van de Koude Oorlog had veel losgemaakt, vrijheid geschapen, maar tegelijk ook nieuwe afhankelijkheden blootgelegd. De wereld lag open: economisch, politiek en cultureel, terwijl ook informatie steeds minder aan grenzen gebonden was. Het world wide web had begin jaren negentig het licht gezien, de internetrevolutie kondigde zich aan. Het verkeer van goederen en kapitaal, net als van personen, werd steeds vrijer. De aarde was bezig een markt te worden, met nieuwe kansen op spreiding van welvaart, maar ook nieuwe grenzen aan de groei. Marktwerking werd steeds meer een heersende zienswijze. Armoede, klimaatverandering en conflict leenden zich in de ontstane wereldorde voor internationale oplossingen, maar uitten zich ook gemakkelijker in massale migratie. Optimisme en pessimisme wisselden elkaar snel af. Nederland kreeg meer speelruimte, maar moest zich ook sterker binden aan een multilaterale orde. Vooral Europa vroeg om verdere verdieping en verbreding. Nederland zou in 1997 een belangrijk Europees voorzitterschap bekleden.

Wim Kok was een door de wol geverfd internationalist. Als voorzitter van NVV en FNV had hij zich voor intensieve grensoverschrijdende samenwerking sterk gemaakt. Als leider van de PvdA had hij dit voortgezet, vooral rond de val van de Muur. Als minister van Financiën had hij Europa versterkt met een Economische en Monetaire Unie, het fundament van de latere gemeenschappelijke munt, de euro. Oostwaartse uitbreiding van de EU had zijn warme belangstelling. Tegelijk had hij afstand genomen van zijn Europees federalisme: de lidstaten moesten nu niet meer in de EU opgaan, maar de EU moest hen juist sterker maken.

De nieuwe premier had dus veel in huis voor het versterken van Nederlands internationaal optreden. Hij wist van wanten en had een groot internationaal netwerk. Hij had ideeën, koesterde idealen en beschikte over veel pragmatisme: doen wat economisch moest en sociaal wenselijk was. Zou hij Nederland internationaal weten sterk te maken en tegelijk sociaal te houden?

De politiek verkeerde al langer in onrustig vaarwater.[6] Ook hier had de verzuiling aanvankelijk dempend gewerkt en de ontzuiling vervolgens een grote behoefte aan democratische expressie blootgelegd. Dit beperkte zich niet tot de politiek, maar strekte zich uit tot allerlei maatschappelijke domeinen, in het bijzonder het onderwijs. Polarisatie en politisering hielden de belofte van grotere zeggenschap in, terwijl staatsrechtelijke hervormingen moesten zorgen voor 'een stem die telt'. Veel hiervan vond echter een teleurstellend einde, door de afwezigheid van noodzakelijke meerderheden, ook omdat de verwachtingen te overspannen waren. Vooral de frustratie over de formatie van 1977 veroorzaakte een afnemend geloof in de parlementaire weg. Actiegroepen legden veel misstanden bloot, meenden ook vaak 'het volk' beter te vertegenwoordigen dan de gevestigde politieke orde, maar een democratisch-bestuurlijk alternatief konden zij niet bieden. Politieke partijen bleken toch onmisbaar te zijn voor het 'bevolken' van bestuursorganen en tegelijk voor het vertegenwoordigen en wegen van de 'stem des volks'. Maar het politieke bedrijf raakte geprofessionaliseerd en gebureaucratiseerd: politieke partijen verloren leden, terwijl de val van de Muur het politieke debat van zijn ideologische scherpte ontdeed. De politiek werd technocratischer. Intussen werd al jaren functieverlies van de overheid gesignaleerd, zowel door te veel van haar te vragen als haar te weinig ondersteuning te bieden. De crisis van de politiek nam toe.[7]

De Partij van de Arbeid bevond zich midden in deze ontwikkeling, als baken van hoop op democratisering maar ook als voorbeeld van overschatting van wat politiek vermag.[8] Ook hier gold 1977 als een keerpunt: doorgeschoten interne democratisering maakte een tweede kabinet-Den Uyl illusoir en een nieuw beginselprogramma stelde bijna geen grenzen aan overheidsbemoeienis. In de periode erna experimenteerde de PvdA nog met de ongemakkelijke combinatie van parlementaire partij en actiepartij, tussen regeren en mobiliseren. Eerst de regeerervaring in Lubbers/Kok, versterkt door de partijvernieuwing van die jaren, bracht de partij terug in rustiger democratische wateren.[9] Daarmee was echter het ongenoegen over de Nederlandse politiek niet verdwenen. De multiculturele samenleving zou de onvrede nog versterken.

Wim Kok, die zichzelf in de politiek als een relatieve buitenstaander zag, die moeite had zich te identificeren met het politiek-intellectuele debat en met de PvdA meer een verstandelijke dan een doorvoelde band had, meende dat veel van dit ongenoegen kon worden weggenomen als de politiek goed en doortastend bestuur zou opleveren. Politiek was er in zijn opvatting vooral om problemen op te lossen, of het nu om economie of bestuur, om infrastructuur of milieubeheer ging. Over problemen en oplossingen kon je politiek verschillend denken maar die verschillen vielen vaak te overbruggen, waardoor je er gezamenlijk 'de schouders onder kon zetten'. De vorming van het paarse kabinet was in zekere zin een voorbeeld van zo'n overbrugging, die zichzelf nu in de politiek-bestuurlijke praktijk moest gaan bewijzen. Zou Wim Kok als premier met deze hands-onmentaliteit niet alleen praktische problemen kunnen oplossen, maar tevens de problemen van de democratie – ook in de Europese context – uit de wereld helpen? Zou hij het land en zijn partij daarvoor weten te winnen?

Wim Kok bracht een vracht aan ervaring mee naar het Catshuis. Na ruim twintig jaar openbaar leven in vakbeweging en partij, in parlement en kabinet bevatten politiek en economie voor hem weinig geheimen meer. Zijn internationale activiteiten en verantwoordelijkheden hadden zijn inzicht in problemen en oplossingen alleen maar verscherpt. Vooral de WAO-crisis had hem ook tot een politicus gemaakt, een bestuurder met gevoel voor de menselijke kant van beleidsoplossingen, voor de noodzaak van een democratische dialoog en het belang van overtuigen. Communiceren in het openbaar kon Kok als weinig anderen; met een camera op zich gericht en een microfoon voor zijn mond legde hij moeilijke zaken helder uit, sprak hij kort en bondig en wist hij een gevoel van vertrouwen te wekken. In kleinere kring wilde het hem aan vaardigheid tot communiceren echter wel eens ontbreken, kon hij nurks en humeurig reageren en slaagde hij erin mensen van zich af te stoten. Ongeduld, achterdocht en zelfs onzekerheid speelden hem dan parten. Wim Kok moest zich nu meer dan ooit als teamleider bewijzen, als verbinder tussen mensen van allerlei pluimage, in zijn kabinet, in het parlement, in zijn partij en in het land. Niet alleen 'zijn' mensen zouden zich in hem moeten kunnen herkennen, maar 'alle' Nederlanders. De nieuwe premier moest dit kunnen opbrengen.

De praktijk zou het uitwijzen.

Noten

Inleiding

1 Een overzicht volgt in deel II van deze biografie.
2 Hans Daalder en Jelle Gaemers, *Willem Drees 1886-1988*, 4 delen, Amsterdam 2003-2014.
3 Anet Bleich, *Joop den Uyl 1919-1987. Dromer en doordouwer*, Amsterdam 2008.
4 Van Ruud Lubbers is een biografie in voorbereiding bij het Centrum voor Parlementaire Geschiedenis in Nijmegen. Lubbers heeft nog wel met behulp van Hannah Aukes schetsmatige *Persoonlijke herinneringen* nagelaten (Amsterdam 2018).
5 Kok gebruikte in 1997 zelf de term 'exhibitionistische zelfverrijking', wellicht een verspreking.
6 Marnix Krop, 'Kok boetseerde zijn nalatenschap niet', NRC *Handelsblad*, 22 oktober 2018. Over mijn kennismaking met Wim Kok uitgebreider in de Verantwoording.
7 Niet beschikkend over 'intiem' materiaal over mijn hoofdpersoon, zeker niet van na zijn jeugd, heb ik voor deze cursiefjes sterk gevaren op de mededelingen van Kok zelf, van zijn echtgenote en van gezins- en familieleden. Ik hoop er verder in te zijn geslaagd de publieke persoon Kok van een persoonlijk verhaal te voorzien. Eenvoudig maakte Kok het mij niet, maar gelukkig had ik toegang tot tamelijk veel nog levende getuigen die mij hierbij op weg konden helpen. Hans Renders en Gerrit Voerman (red.), *Privé in de politieke biografie*, Amsterdam 2007; en Jolande Withuis, *Leve het leven. Over vrijheid en de biografie*, Huizingalezing, Diemen 2018.
8 Jan Tromp, 'De ware Drees jr.', *de Volkskrant*, 6 augustus 1994.

1 De polder van herkomst

1 Drees was premier van Nederland van 1948 tot 1958, Den Uyl was dit van 1973 tot 1977. Wim Schermerhorn, premier van 1945 tot 1946, ofschoon vanaf de oprichting in februari 1946 lid van de PvdA, wordt doorgaans niet in dit rijtje van drie geplaatst. Herman Langeveld, *De man die in de put sprong. Willem Schermerhorn, 1894-1977*, Amsterdam 2014.
2 Willem Kok werd op die dag om 17.15 uur geboren, in het sterrenteken Weegschaal met Ram als ascendant. Op 29 september 1938 werd ook het Verdrag van München gesloten, waarbij Groot-Brittannië en Frankrijk tijdelijk vrede wisten te kopen van Adolf Hitler, zij het ten koste van Tsjecho-Slowakije. De huisarts van de familie Kok, die bij Wims geboorte hielp, was hierover zo enthousiast dat hij zijn moeder krachtig aanraadde hem ook Chamberlain te noemen, naar de Britse premier die aldus 'vrede voor onze tijd' meende te hebben bereikt. Het bleef echter bij Willem (Wim) zonder meer.
3 Vgl. J. Slingerland (red.), *Mensen in een waard vol wind en water. Geschiedenis van de waterhuishouding van de Krimpenerwaard*, Hilversum 2004.

4 B. Van Wijngaarden-Zalm, *Tussen Cockschip en Catshuis. 400 jaar de naam* KOK, Heemskerk 2002 (uitgave in eigen beheer). Eerst aan het eind van de 19de eeuw werden de voorvaderen van Wim Kok vooral arbeiders.

5 Willem Kok, zoon van Willem Kok en Cornelia Nieuwpoort, was geboren in Bergambacht in 1910 en Neeltje de Jager, dochter van Jan Pieter de Jager en Bastiaantje Blommers, in Lekkerkerk in 1913.

6 Het huisnummer is inmiddels gewijzigd.

7 Inmiddels opgegaan in de corporatie 'Qua Wonen', die deze huizen nog steeds beheert en verhuurt.

8 Dorpshistoricus Roel Botter maakte mij opmerkzaam op het bestaan van een 'volkslied' van Bergstoep, 'Onder de rook van Bergstoep' geheten, waarschijnlijk na de oorlog gedicht en op muziek gezet door Aart Bode. De laatste regels hadden Kok op het lijf geschreven kunnen zijn: 'Op toekomst gericht is onze blik/Wat zal Bergstoep dan zijn/Dat weet gij net zo goed als ik/Een stijging van de lijn'.

9 H.W.J. de Kool-Plaisier, 'Bergambacht', *De Krimpenerwaard in de 20ste eeuw. Herinneringen van bewoners 1900-2000*, Schoonhoven 2000, p. 30.

10 Hans Rigthart en Jan Ramakers, *Steigers weg! Bouw- en houtbonden van verdeeldheid naar eenheid 1945-1981*, Baarn 1982, p. 103.

11 Als Bastiaan Cornelis Kok geboren op 17 juni 1946.

12 In Ammerstol, ook wel 'Moskou aan de Lek' genoemd, beschikte de Communistische Partij van Nederland (CPN) in die tijd over een meerderheid in de gemeenteraad.

13 Wim Kok was echter geen lid van de Arbeiders Jeugd Centrale, de cultureel-socialistische jeugdbeweging, voor de oorlog opgericht door SDAP en NVV, een tijd lang na de oorlog voortgezet en doorgaans ook tot de 'Rode Familie' gerekend. André van der Louw, *Rood als je hart. 'n Geschiedenis van de* AJC, Amsterdam 1974; en Leo Hartvelt, Frits de Jong Edzn en Dries Kuperus, *De Arbeiders Jeugd Centrale,* AJC *1918-1940/1945-1959*, Amsterdam 1982.

14 Gesprek met zijn klas- of buurtgenoten Kees Broere, Piet Hoogendoorn, Jannie de Langen en Daan van der Velde in Bergambacht, 11 augustus 2017.

15 Het betroffen een tante en drie ooms van Wims vader, allen ongehuwd, die samenwoonden in het hart van Bergambacht. Hun achternaam luidde Nieuwpoort, ook de meisjesnaam van Wims opoe Kok.

16 Haar man was op 4 mei 1945 overleden, de dag voor de bevrijding.

17 De titel van een zich in de Krimpenerwaard afspelende streekroman, vol dramatiek rond liefde en godsdienst, van Jo van Dorp-Ypma (1938).

18 Evert Bosman, 'De dierbare plekken van Wim Kok', PRO, 2 maart 1994.

19 Jan Brokken, 'Het socialisme van een polderjongen', *Haagse Post*, 17 mei 1986. De vrijzinnige predikant was de vermaarde 'rode dominee' Han Hugenholtz, die gedurende vele jaren in Ammerstol heeft gestaan. Deze heeft op 24 november 1946 op voordracht van hun moeder ook de twee jongens Kok gedoopt, de baby Bas en de acht jaar oude Wim. De doop van een ouder kind, in de Hervormde Kerk nogal ongebruikelijk, kwam na de bevrijding wel vaker voor, uitvloeisel van de tijdens de oorlog bij de Nederlandse bevolking toegenomen kerkelijke betrokkenheid (e-mail van Herman Noordegraaf, 14 juli 2018).

20 In 1940 had Drees in Bergambacht de 1 mei-toespraak gehouden.

21 Een 'Herderlijk Schrijven' van de Nederlandse bisschoppen, op 30 mei 1954 uitgebracht, over de katholiek in het openbare leven. Kernpunt: een verbod voor katholieken om lid te zijn van de socialistische vakbeweging NVV en om regelmatig socialistische vergaderingen bij te wonen, socialistische pers te lezen of naar de VARA te luisteren. Het

lidmaatschap van de PvdA werd ontraden, maar de uiteindelijke beslissing daarover werd aan het eigen geweten overgelaten. Belangrijkste sanctie: het onthouden van sacramenten. Het Mandement zou in 1965 grotendeels worden ingetrokken.

22 Hongarije – West-Duitsland 2-3.

23 Op 7 juni 2017.

24 Enkele jaren na zijn premierschap heeft Kok nog het nieuwe veldencomplex van 'De Zwaluwen' geopend.

25 Gesprek met klas- en buurtgenoten, 11 augustus 2017. Kok zou uiteindelijk 1,96 meter lang worden.

26 Noot 3.

27 Mulo stond voor 'meer uitgebreid lager onderwijs'. Dit schooltype is in 1968 opgevolgd door de mavo, die thans grotendeels in het vmbo is opgegaan.

28 Hogereburgerschool, in 1968 opgevolgd door het atheneum, onderdeel van het vwo.

29 Later omgevormd en uitgebreid tot Erasmus Universiteit Rotterdam.

30 Jaap Roukema werd later Wims schoonvader.

31 Tot in het begin van de jaren zeventig was Kok nog bezig deze lening af te lossen.

32 Het zijn er tegenwoordig enkele duizenden. Nijenrode heet sinds 1982 Nyenrode.

33 Naast het verplichte Engels, Frans en Duits koos Wim voor Spaans.

34 Hanna Emmering, *Nijenrode. Pioniers in bedrijfskunde. Oprichting en ontwikkeling van de eerste business school in Nederland, 1946-1951*, Breukelen 2006.

35 Kok over zijn keuze voor Nijenrode: 'Ik heb altijd een romantische hang naar reizen gehad, vreemde werelddelen. De karikatuur die van Nyenrode bestaat, gaat in zijn geheel niet op. Nou ja, ik heb het best moeilijk gehad daar. Met het sfeertje. Maar het had ook zijn goede kanten,' *Remarkable 65 Nyenrode*, Breukelen 2011, p. 67.

36 Bert Voskuil, 'Wim Kok werd altijd als laatste gekozen', *De Nieuwe Revu*, 28 augustus 1996.

37 Hieraan werd bijgedragen door de eerste publieksactie van de radicaalfeministische actiegroep Dolle Mina: de 'bestorming' van kasteel Nijenrode op 23 januari 1970.

38 Er waren echter, naast Wim Kok, ook andere beursstudenten.

39 *Jaarverslag NOIB 1957-1958, het Collegie tot de Publicatiën*, p. 57. Overigens behoorde Wim op Nijenrode ook tot het zogenoemde 'Collegie van Despoten', een groepje studenten dat de leiding hielp de algemene studiediscipline erin te houden. Of dat zijn populariteit goed heeft gedaan?

40 Getuigenis van medestudent Philip Böhmer (noot 36).

41 E-mail van medestudent Leo Lakke aan Heleen van Hall, hoofd van Alumni and External Relations van Nyenrode Business University, mei 2017 (aan deze auteur ter beschikking gesteld).

42 Alain van der Horst en Annejet van Zijl, 'Triomf van de eenling', *HP/De Tijd*, 20 december 1997, p. 44.

43 E-mail van medestudent R.J. Weddepohl aan Heleen van Hall (noot 41). Ook noot 36.

44 Diverse e-mails van medestudenten aan Heleen van Hall (noot 41).

45 Pieter Klein en Redmar Kooistra, *Wim Kok. Het taaie gevecht van een polderjongen*, Amsterdam 1998, p. 38. Dat maakte hem echter niet een verblinde fan van Nijenrode. Toen minister van Onderwijs Jo Ritzen deze onderwijsinstelling wilde korten op 'van-twee-walletjes-eten-gedrag' (het maakte aanspraak op overheidsfinanciering, maar kende ook particuliere geldschieters), keek minister van Financiën Wim Kok hem een ogenblik strak aan, maar legde hem vervolgens geen strobreed in de weg (e-mail Jo Ritzen, 31 mei 2018).

46 Voor een meer psychologische benadering: Stephan Sanders, '"Ik kon echt al langer met mes en vork eten." Wim Kok op Nijenrode', *De Groene Amsterdammer*, 18 april 1990.

47 Toen Kok eind augustus 1994 minister-president werd, feliciteerde Nyenrode hem in een grote krantenadvertentie. Op 2 september 2003 ontving Wim Kok uit handen van Nyenrode-rector Karel van Miert (een voormalig Europees commissaris en eerder voorzitter van de Belgische Socialistische Partij) ook een eredoctoraat. Andere bekende eredoctoren van Nyenrode zijn Bill Gates en Nelson Mandela.

48 Registratielijst/Staat van dienst Willem Kok, Koninklijke Landmacht.

49 Met diens zoon Marius Jonkhart kreeg Wim Kok als minister van Financiën nog te maken. Die was toen voorzitter van de raad van bestuur van de Nationale Investeringsbank (telefoongesprek met Jonkhart, 25 februari 2019).

50 Kina Roukema woonde toen in de Hendrik de Bruynstraat in Amsterdam-Osdorp. Wim was bij haar en haar echtgenoot in de kost (hij at er mee).

51 'Deze jongeman heeft een goede indruk gemaakt, hij is rustig en blijft het antwoord niet schuldig' (verslag van de bestuursvergadering van de Algemene Nederlandse Bouwbedrijfsbond van 20 februari 1961).

52 Baanbrekend in dit opzicht: J. Presser, *Ondergang. De vervolging en verdelging van het Nederlandse Jodendom 1940-1945*, 's-Gravenhage 1965.

53 J.B. Charles, *Volg het spoor terug*, Amsterdam 1953; W.F. Hermans, *De donkere kamer van Damocles*, Amsterdam 1958; M. Minco, *Het bittere kruid*, Amsterdam 1957; H. Mulisch, *Het stenen bruidsbed*, Amsterdam 1959; S. Vestdijk, *Pastorale 1943*, Amsterdam 1948.

54 *Vrij Nederland* (bijlage), 10 december 1983.

55 Noot 36.

56 Hoofdstuk 2.

57 Annegreet van Bergen, *Gouden jaren. Hoe ons dagelijks leven in een halve eeuw onvoorstelbaar is veranderd*, Amsterdam 2015.

58 Thans Wethouder van den Bergplein 4.

59 Europese Gemeenschap voor Kolen en Staal.

60 Johan van Merriënboer, *Mansholt, een biografie*, Amsterdam 2006.

61 Zie het tweede deel van deze biografie.

62 Gesprek met Ben Bot, 19 december 2016. Op Financiën begonnen Koks medewerkers, wanneer hij in het buitenland was, de briefing op maandagochtend met het aan hem doorgeven van de uitslagen van de in dat weekeinde gespeelde wedstrijden.

63 Interview door Tjarda Harmsma, *Voorwaarts*, 1 september 1986.

64 Bij de toelating tot Nijenrode zou Kok al blijk hebben gegeven van zijn politieke ambitie: vakbond, Kamer, minister. Ingezonden brief in NRC *Handelsblad* op 1 mei 1993 van A.D. de Groot, die hem toen testte. Het is echter de vraag of dit niet een soort sollicitatievastberadenheid betrof. In elk geval bleek in 1960 uit zijn zoektocht naar een baan nog niets van deze ambitie. En zijn betrekking bij de Bouwbond vanaf 1961 was het resultaat van een enigszins gelukkige gang van zaken (hoofdstuk 2).

2 Leerschool Bouwbond

1 De vakcentrale NVV was in 1906 opgericht om voor verscheidene reeds bestaande en later nog op te richten bedrijfsbonden als koepel te fungeren. Het gold als de eerste 'moderne' vertegenwoordiger van de Nederlandse vakbeweging. Doordat in de jaren erna ook confessionele (protestantse en katholieke) vakcentrales werden opgericht,

kreeg het NVV gaandeweg een overheersend socialistische kleur, in de praktijk in elk geval meer dan het 'algemene' of 'neutrale' etiket dat het zichzelf bleef opplakken.

2 De PvdA had toen haar landelijk hoofdkwartier op Tesselschadestraat 31. Wim Kok zag in de jaren dat de ANB 'buur' van de partij was geregeld kopstukken als Burger, Vondeling, Den Uyl en Van der Stoel in dat roemruchte pand naar binnen gaan.

3 Cor Brandsma (1904-1982) was een uit Friesland afkomstige bouwvakarbeider. Van 1956 tot 1964 was hij voorzitter van de ANB. Ook was hij lid van de Tweede Kamer voor de PvdA (1962-1967).

4 Mozer was van 1948 tot 1958 internationaal secretaris van de PvdA om daarna kabinetschef van Europees commissaris Sicco Mansholt te worden; Wielek was als schrijver, journalist en bestuurder sociaal-cultureel actief; hij was in de jaren zeventig lid van de Eerste Kamer voor de PvdA; Bleich, van oorsprong een Poolse jood, was een prominent journalist, onder andere ook voorzitter van de Buitenlandse Persvereniging in Nederland; Von der Dunk was een bekend historicus en hoogleraar geschiedenis aan de Universiteit Utrecht. Over Mozer: Paul Weller, *Alfred Mozer. Duitser. Nederlander. Europeaan (1905-1979)*, Utrecht 2019.

5 Database *Joods Biografisch Woordenboek*: Umrath, Heinz 1905-1987.

6 Friso Wielenga, *Van vijand tot bondgenoot. Nederland en Duitsland na 1945*, Amsterdam 1999, p. 296.

7 De artikelen van Jeroen Sprenger over Umrath en zijn interviews met Umrath, verzameld onder de titel 'De kleine wereld van Heinz Umrath', *VHV*, www.vakbonds-historie.nl.

8 Zo verbaasde het Kok dat sommige leden van het bondsbestuur zich bij de bespreking van de financiën van de ANB eerder zorgen leken te maken over de koffiekosten dan over de stakingskas.

9 Trades Union Congress.

10 Het Internationaal Arbeidsbureau, ook de Internationale Arbeidsorganisatie geheten, in het Engels afgekort tot ILO, is een agentschap van de Verenigde Naties dat zich inzet voor verbetering van arbeidsomstandigheden en arbeidsverhoudingen. Elke lidstaat is hierin niet alleen door zijn regering, maar ook door werkgevers en werknemers vertegenwoordigd. Het is gevestigd in Genève.

11 Gesprek met Jaap van der Linden, 8 mei 2017. Ook Peter van der Aa, *Geen stuiver van de lommerd. De biografie van vakbondsman Jaap van der Linden*, Soest 2016.

12 De volgende twee subhoofdstukken zijn sterk geënt op vier publicaties: J.P. Windmuller, C. de Galan en A.F. van Zweeden, *Arbeidsverhoudingen in Nederland*, Amsterdam 1987; Hans Rigthart en Jan Ramakers, *Steigers weg! Bouw- en houtbonden van verdeeldheid naar eenheid 1945-1981*, Baarn 1982; Ernest Hueting, Frits de Jong Edzn en Rob Neij, *Naar groter eenheid. De geschiedenis van het Nederlands Verbond van Vakverenigingen 1906-1981*, Amsterdam 1983; en Ger Harmsen en Bob Reinalda, *Voor de bevrijding van arbeid. Beknopte geschiedenis van de Nederlandse vakbeweging*, Nijmegen 1975.

13 Hoofdstuk 13.

14 Dit betrof de vakcentrales NVV, KAB en CNV alsmede de daarin georganiseerde vakbonden. Door de overheid niet erkend was de EVC, de communistisch geleide Eenheids Vak Centrale. Deze wilde niet deelnemen aan het officiële systeem van arbeidsverhoudingen en loonpolitiek. Hetzelfde gold voor enkele 'categoriale' bonden, die zich beperkten tot het organiseren van bepaalde beroepsgroepen.

15 De Sociaal-Economische Raad werd ingesteld bij de Wet op de Publiekrechtelijke Bedrijfsorganisatie van 1950. De vakbeweging had/heeft (de SER bestaat nog steeds)

hierin zitting in gelijke aantallen met vertegenwoordigers van de werkgevers en met onafhankelijke, door de regering benoemde sociaaleconomische deskundigen ('kroonleden'), 45 personen in totaal.

16 Hoofdstuk 1.

17 De Algemene Ouderdomswet van 31 mei 1956 trad onmiddellijk in werking en verleende alle Nederlandse ingezetenen – werkenden en niet-werkenden – vanaf hun 65ste jaar een verplicht, collectief ouderdomspensioen. De AOW is een zogenoemde volksverzekering, waarvoor de premies door de belastingdienst worden geïnd en de uitkeringen door de Sociale Verzekeringsbank worden verzorgd. Gehuwden en samenwonenden ontvangen individueel een minder hoge uitkering dan alleenwonenden. De AOW, die door minister Ko Suurhoff werd geïntroduceerd, was de opvolger van de door minister Willem Drees in 1947 ingevoerde (uitdrukkelijk als tijdelijk bedoelde) Noodwet Ouderdomsvoorziening.

18 Ook Heinz Umrath mengde zich in deze discussie. Rigthart/Ramakers, p. 105.

19 Naast het NVV betrof het de Katholieke Arbeidersbeweging en het Christelijk Nationaal Vakverbond. De KAB vormde zichzelf in 1964 om tot Nederlands Katholiek Vakverbond (NKV).

20 Die interne coördinatie betrof in die tijd vele tientallen cao's per jaar.

21 Derk (Dirk) Roemers, *Biografisch Woordenboek van Nederland*, resources.huygens.knaw.nl. Tot 1964 had het NVV zijn hoofdkantoor in de P.C. Hooftstraat in Amsterdam. Daarna verhuisde het naar het nieuwgebouwde hoofdkwartier op Plein '40-'45 in Amsterdam-Geuzenveld. De Bouwbond verhuisde mee.

22 *Voorwaarts*, 1 september 1986.

23 Voluit: Jacob Roukema, geboren in 1910, en Fennechiena Martha Landman, geboren in 1911.

24 Haar zuster Kina heette voluit Hemkina, haar broer Jan voluit Jan Siardus. Geen van beiden is nog in leven.

25 Voluit Louise Piza, overleden in 1996. Jaap Roukema overleed in ~~april 1991~~ maart 1992. Zijn eerste vrouw en Rita's moeder, Fennie Landman, overleed in september 1995.

26 Uitgebreid lager onderwijs, een voorloper van de mavo.

27 De echtscheiding werd later uitgesproken op grond van bewezen overspel.

28 Zijn vader nam het minder zwaar op. Van zijn moeder (Wims opoe Kok) had hij de hint gekregen: 'Houdt hij van haar? Dan is het toch goed, niet?'

29 Deze omstandigheid droeg ertoe bij dat Wim nauwelijks ruchtbaarheid gaf aan zijn huwelijk met Rita. Op zijn werk was het aanvankelijk ook niet bekend (gesprek met Jaap van der Linden, 8 mei 2017).

30 Bij het Internationaal Instituut voor Sociale Geschiedenis (IISG) in Amsterdam berust een uitgebreid archief betreffende Heinz Umrath, inclusief deze activiteiten van na zijn pensionering.

31 Bram Buijs was van 1964 tot 1985 voorzitter van de ANB, vanaf 1971 de Bouw- en Houtbond NVV. Hij vormde, zeker in de tijd dat Wim Kok voorzitter van het NVV respectievelijk de FNV was (1973-1985) voor hem een nauwe collega en echte strijdmakker. Ook 'Bram Buijs', *VHV*, www.vakbondshistorie.nl.

32 Ze gingen samen ook geregeld biljarten in een café op de hoek van Overtoom en Stadhouderskade. Buijs later: 'Kok kan goed biljarten', *Elseviers Weekblad*, 14 september 1985.

33 Het centrumlinkse kabinet-Cals/Vondeling, dat van 14 april 1965 tot 14 oktober 1966 Nederland regeerde, vormde een kortstondig herstel van de rooms-rode samenwer-

king van de naoorlogse jaren. Het stond bij zijn aantreden bekend als een 'kabinet van sterke mannen' en toonde veel ambitie. Het sneuvelde echter voortijdig over een aangenomen motie van KVP-fractieleider Norbert Schmelzer ter correctie van het voorgestelde begrotingsbeleid, die door Cals en zijn kabinet tot motie van wantrouwen was verklaard.

34 Aan de opbouw van de verzorgingsstaat droeg dus niet alleen de Partij van de Arbeid bij, maar ook de confessionele partijen, in het bijzonder de Katholieke Volkspartij (KVP). Vooral de laatste wilde graag aan haar werknemersaanhang laten zien dat ook zij, zo nodig zonder de PvdA, sociaal kon regeren.

35 Jeroen Sprengers, 'Heinz Umrath – over de woningnood', *VHV*, www.vakbondshistorie.nl/dos.

36 Rigthart/Ramakers, p. 166. Kok betwijfelde overigens of de door het EIB voorspelde overcapaciteit zich door demografische ontwikkelingen wel zo gemakkelijk zou voordoen. Hij werd op dit punt echter door de ontwikkelingen in het begin van de jaren zeventig in het ongelijk gesteld: verzadigingsverschijnselen deden zich in de volkshuisvesting voor, juist door afname van de bevolkingsgroei.

37 'Dromen van een eigen bouwbedrijf. Meer dan 100 jaar sociaaldemocratisch bouwen', *VHV*, www.vakbondshistorie.nl. Andriessen en Albeda kwam Wim Kok ruim tien jaar later weer in Den Haag tegen: beiden hadden voor het CDA zitting in het kabinet-Van Agt I.

38 Ies Baart (1914-1967) was van 1959 tot 1965 voorzitter van de Algemene Nederlandse Metaalbedrijfsbond, waar hij werd opgevolgd door Maarten Zondervan. Van 1956 tot 1967 was hij ook lid van de Tweede Kamer voor de PvdA. Van 1966 tot zijn overlijden was hij burgemeester van Zaandam. Sake van der Ploeg (1920-1985) was van 1962 tot 1973 voorzitter van de Algemene Nederlandse Agrarische Bedrijfsbond. Van 1963 tot 1971 was hij ook lid van de Eerste Kamer respectievelijk Tweede Kamer voor de PvdA. Van 1974 tot 1978 was hij burgemeester van Oude Pekela.

39 André Kloos (1922-1989) was van 1965 tot 1971 voorzitter van het NVV. Daarna was hij tot 1980 voorzitter van de VARA, de socialistische omroepvereniging. Van 1963 tot 1982 was hij voor de PvdA lid van de Eerste Kamer.

3 Maatschappijkritisch op weg

1 Hoofdstuk 2.

2 In 1968 ontstond er bijvoorbeeld een rebellie onder studenten in Warschau, die vooruitliep op de oprichting van Solidarność twaalf jaar later. Veel verder ging toen echter de zogeheten Praagse lente, een brede beweging voor een 'socialisme met een menselijk gezicht' die uiteindelijk op 21 augustus 1968 in een interventie door de legers van de Sovjet-Unie en andere Warschaupact-staten in geweld werd gesmoord.

3 Het beeld is van Henk Hofland, Amsterdams journalist en publicist, overigens net als Wim Kok ook aan Nijenrode afgestudeerd.

4 Voor een beeld van die tijd: James C. Kennedy, *Nieuw Babylon in aanbouw*, Amsterdam 1995. Ook John Jansen van Galen, *De gouden jaren van het linkse levensgevoel. Het verhaal van Vrij Nederland*, Amsterdam 2016.

5 Gelet op de omvang van Wims oren, was Rita hier wel een voorstander van.

6 Lubbers was bij het aantreden van het kabinet-Den Uyl 34 jaar en Pronk 33 jaar.

7 Gesprek met R. Vreeman op 24 mei 2017. Ook Hueting e.a., *Naar groter eenheid*, VI. 9.3 en 9.4.

8 Kok droeg in 1970 ook bij aan een themanummer van *Socialisme en Democratie* over

volkshuisvesting: W. Kok, 'Financiering en subsidiëring van woningen', *S&D*, januari 1970, p. 17-26.

9 Frans Andriessen, later KVP-fractievoorzitter, minister van Financiën alsook Europees commissaris, was toen directeur van het Nederlands Christelijk Instituut voor Volkshuisvesting; Willem Aantjes, naderhand fractievoorzitter van de ARP en het CDA, was toen algemeen secretaris van de Nederlandse Christelijke Aannemers- en Bouwpatroonsbond.

10 Kok was op enig moment ook lid van ESC-subcommissie voor consumentenbescherming die zich boog over de kwaliteit van ijs. Op een vraag van zijn kinderen wat hij die dag ging doen, antwoordde hij: 'Ik ga naar Brussel ijsjes proeven.' Het was een wel heel aansprekende manier om voor zijn kinderen Europa levend te maken, maar het gaf tegelijk aan dat hij zich in Europees verband niet steeds bezighield met onderwerpen die hoog op de vakbondsagenda stonden.

11 In deze jaren hield het NVV en daarna de FNV stevig vast aan het ideaal van een federaal Europa. Zo stelde de FNV-Grondslag van 1981 nog: 'De Europese Gemeenschap moet uitgroeien tot een democratische, voor alle Europese Staten openstaande federatie.' (p. 16)

12 Voor de SER en ook de Stichting van de Arbeid, zie hoofdstuk 2.

13 Bijvoorbeeld Pieter Webeling, 'De SER mag de samenleving een spiegel voorhouden. Interview met Wim Kok', in: Teun Jaspers, Bas van Bavel en Jan Peet (red.), *SER 1950-2010. Zestig jaar denkwerk voor draagvlak*, Amsterdam 2010, p. 123-127.

14 Van Thijn, *Kroonprinsenleed. Machtswisselingen in de politiek*, Amsterdam/Antwerpen 2008, p. 72. Kloos werd rond 1970 meermalen getipt als een mogelijk lijsttrekker voor de PvdA als alternatief voor Joop den Uyl, niet alleen vanuit zijn eigen vakbondsachterban.

15 A.H. Kloos, *Het achterste van de tong. Oordeel en vooroordeel van een man uit de vakbeweging*, Bussum 1969.

16 Voor een pakkende journalistieke beschrijving: Frans Nypels en Kees Tamboer, *Wim Kok. 15 jaar vakbeweging*, Amsterdam 1985, hoofdstuk 2.

17 Overigens was in de PvdA de roep om een geleide loonpolitiek nog lang niet verstomd. J. van den Doel, C. de Galan en J. Tinbergen, 'Pleidooi voor een geleide loonpolitiek', *Economisch-Statistische Berichten*, 1976, p. 264 vv en 828 vv.

18 Hueting e.a., *Naar groter eenheid*, VI.2, 'De reorganisatie van het NVV'. Overigens vertoont de huidige FNV een aantal van de kenmerken van een ongedeelde vakbond; tegelijk is zij echter nog steeds ook een vakcentrale die verscheidene bedrijfsbonden in zich verenigt.

19 Nypels/Tamboer, p. 26.

20 Een nog bestaande bekende (ook grensoverschrijdende) coöperatie is de supermarktketen Coop.

21 Geke van der Wal, *Rob van Gennep, de uitgever van links Nederland*, Amsterdam 2016.

22 Telefonisch en e-mailcontact met Jaap van der Doef, 18 september 2017 en de dagen erna. Gesprek met Frans Leijnse, 19 april 2018. Ook Hueting e.a., *Naar groter eenheid*, VI 4.1.

23 Met een knipoog naar 'Baas in eigen buik', de actie die Dolle Mina lanceerde in maart 1970.

24 Pier van Gorkum had eerder een brochure getiteld *Nieuw Links in de vakbeweging* geschreven; de suggestie lag ook daarom voor de hand.

25 Hoofdstuk 4, eerste alinea.

26 Hoofdstuk 5.
27 Hoofdstuk 5.
28 Dit kabinet bestond uit KVP, VVD, ARP en CHU, regeerde van 1967 tot 1971 en stond onder leiding van Piet de Jong, KVP'er en voormalig onderzeebootcommandant. Jan Willem Brouwer en Johan van Merriënboer, *Van Buitengaats naar Binnenhof. P.J.S. de Jong, een biografie*, Amsterdam 2001.
29 In een rede voor de Algemene Bedrijfsgroepen Centrale, september 1969.
30 In de vroege zomer van 1971 bracht het VARA-programma *Achter het nieuws* een politieke confrontatie tussen Joop den Uyl en minister Witteveen in beeld. Beiden werden door 'getuigen' bijgestaan. Voor Den Uyl was dit, naast Cees de Galan (oud-directeur van de Wiardi Beckman Stichting) en VARA-ombudsman Marcel van Dam, de jonge NVV-bestuurder Kok. Deze was hiervoor door Den Uyl pas de dag tevoren gevraagd. In een vlaag van overmoed had hij ingestemd en ook geen toestemming aan zijn Verbondsvoorzitter Ter Heide gevraagd. Die reageerde korzelig, maar Kok kreeg voor zijn optreden veel waardering van de bondsvoorzitters in de Verbondsraad.
31 Gevolg van een tijdens de zwangerschap opgelopen rodehondinfectie.
32 Zij werden uiteindelijk op de goede weg geholpen door de Amsterdamse orthopedagoog en neuropsycholoog prof. dr F. Grewel, de vader van Annemarie Grewel, PvdA-politica en non-conformistisch wetenschapper, presentator en actievoerder.
33 'We zijn beiden niet zo voor joepiejee-achtig gedruis. De voorkeur van first lady Rita Kok voor de schaduw', Rita Kok geïnterviewd door Hugo Camps, *Elsevier*, 6 mei 1995, p. 36.
34 De 'eerste golf' begon aan het einde van de negentiende eeuw en richtte zich op strijd voor het vrouwenrecht op deelname aan hoger onderwijs en openbaar bestuur (kiesrecht). De 'tweede golf' kwam in de tweede helft van de jaren zestig op gang, richtte zich in eerste instantie vooral op het recht van vrouwen op betaalde arbeid en deelname aan het maatschappelijk leven en breidde zich vervolgens uit tot een krachtige, brede beweging met vele thema's rond het zelfbeschikkingsrecht van vrouwen.
35 Noot 33, p. 32.
36 Gesprek met Broer Akkerboom, 23 mei 2017. Ook Hanni Leenen, 'Wim Kok: We hebben jullie nodig, vrouwen, kom op', interview, VIVA, 26 januari 1979.
37 Jutta Chorus, 'Rita Kok-Roukema (1939). Sobere secondante', in P. Rehwinkel e.a. *Getrouwd met de premier. De first lady's van Nederland in veertien portretten*, Zutphen 2004, p. 200.
38 Kees Lunshof, *Van polderen en polariseren. Dertig jaar Nederlandse politiek*, Amsterdam 2004.
39 Hoofdstuk 2.
40 'Werkgevers en werknemers kunnen nooit om elkaar heen. Ze moeten vroeg of laat een deal sluiten', Wim Kok geïnterviewd door Pieter Webeling, in Jaspers e.a. (red.) *SER 1950-2010*, p. 123.
41 Zie eerder in dit hoofdstuk.
42 Kloos, *Het achterste van de tong*: 'De vakbeweging en de politieke partijen', p. 137-151.
43 Gesprek met Arie Groenevelt, 9 mei 2017. Ook Arie Groenevelt, *De lotgevallen van een crisiskind*, Beilen 2015, p. 203-229.
44 Dit kabinet bestond uit KVP, VVD, ARP, CHU en DS'70 (de laatste een afsplitsing aan rechterzijde van de PvdA), regeerde van 1971 tot 1973 en werd geleid door Barend Biesheuvel, toen de leider van de ARP. Wilfred Scholten, *Mooie Barend. Biografie van B.W. Biesheuvel 1920-2001*, Amsterdam, 2012.

45 De beschrijving van dit conflict leunt ook op Nypels/Tamboer, hoofdstuk 1. Verder Hueting e.a., VI 3.3.

46 Nypels/Tamboer, p. 13.

47 Gesprek met Arie Groenevelt, 9 mei 2017.

48 Bram Peper, 'Ter Heide versus Groenevelt', *Hollands Maandblad*, 11/1972, p. 1-10.

49 Overigens stond Kok hierin niet alleen. In de ochtend na de avond ervoor verschaften waarnemend voorzitter De Boon en algemeen secretaris Damming op het CNV-kantoor tekst en uitleg over de in het NVV ontstane crisis aan de leiding van zowel NKV als CNV. Onder de indruk van de gebeurtenissen zeiden de twee topbestuurders van het NVV voor een scheuring te vrezen. Zij vroegen de confessionele vakcentrales om steun; ze voorzagen eventueel een hergroepering in de vakbeweging met het NKV, het CNV en het overblijvende deel van het NVV als nieuwe vakcentrale. Dit in de vakbondsgeschiedenis onderbelichte paniekmoment is door het bijleggen van het conflict binnen het NVV snel vervlogen. Muus Groot, *Mijn eerste 65 jaar*, Tonden 2007, p. 37. Toelichtende e-mail van Groot van 12 juni 2018.

50 Vooral de hoofdstukken 4 en 7.

51 Prof. drs H. ter Heide, *Overleg en strijd. Ontwikkelingen in de Nederlandse loonpolitiek*, Leiden 1976, p. 23.

52 De Boon zou in 1975 met pensioen gaan. Vgl. 'Adri de Boon', *VHV*, www.vakbonds-historie.nl.

53 'Ik ben voor een agressief, maar realistisch vakbondsbeleid', interview met Wim Kok, *Het Vrije Volk*, 8 maart 1973.

54 Ook Arie Groenevelt steunde het van harte: Kok beschikte over de goede opleiding en ervaring en hij huilde niet met de wolven mee (gesprek 9 mei 2017).

4 Naar grotere eenheid

1 Bibeb, 'De voorzitter van het NVV, Wim Kok', *Vrij Nederland*, 20 september 1975.

2 Voor een algemeen overzicht: Hueting e.a., *Naar groter eenheid*, deel VI. Voor toespitsing op de industriebonden, G. Harmsen, J. Perry, F. Van Gelder, *Mensenwerk. Industriële vakbonden op weg naar eenheid*, Baarn 1980.

3 De federatie van NVV en NKV telde op 1 januari 1976 1.055.400 leden, 61,2 procent van de toen in vakorganisaties georganiseerde Nederlandse werknemers; cijfers bij Tinie Akkermans en Henk Kool, *Redelijk bewogen. De koers van de FNV 76-99*, Amsterdam 1999, p. 286.

4 Het betrof de metaal-cao, waarbij het front van de industriebonden brak; de Industriebond NVV ging zijn eigen (radicale) weg, dreigde zelfs met een staking, terwijl de Industriebond NKV een apart akkoord met de metaalwerkgevers zocht. In het bijzonder een 'onderonsje' tussen Piet Brussel, voorzitter van de Industriebond NKV, en werkgeversonderhandelaar Prins heeft bij Arie Groenevelt toen kwaad bloed gezet.

5 Gesprek met Arie Groenevelt, 9 mei 2017.

6 Zie vooral W. Spit, *Een visie ter visie, ontwerp voor een visieprogramma van het Nederlands Katholiek Vakverbond*, Utrecht 1975.

7 Ook Nypels/Tamboer, hoofdstuk 3.

8 F. Parra, *Oil Politics. A modern History of Petroleum*, Londen 2004. Ook Anet Bleich, *De stille diplomaat. Max van der Stoel 1924-2011*, Amsterdam 2018, hoofdstuk 10.

9 D. Meadows e.a., *The Limits to growth: a global challenge*, Club van Rome, 1972. Den Uyl hield zijn televisietoespraak op 1 december 1973.

10 Ook België kende een vorm van automatische prijscompensatie: 'den index'.

11 De aankondiging hiervan is te vinden in de Miljoenennota 1976, uitgebracht in september 1975. De uitwerking ervan – de éénprocentsnota – verscheen een halfjaar later. Mede om de weerzin tegen matiging van de collectieve uitgaven in linkse kring, ook bij de vakbeweging, het hoofd te bieden, publiceerden twee vooraanstaande ambtenaren van Duisenbergs ministerie van Financiën in het maandblad van de Wiardi Beckman Stichting een artikel waarin zij de 1 procent als een 'linkse norm' verdedigden: D.J. Wolfson en B. le Blanc, 'Een linkse norm', *Socialisme en Democratie*, februari 1976. Ook hoofdstuk 5.

12 De Bouw- en Houtbond NVV verhuisde in 1973 naar een nieuw pand in Woerden, dat met de katholieke collega's werd gedeeld. Hun Federatie Bouw- en Houtbonden kwam in de herfst van 1975 tot stand. De federatie van de Industriebonden van NVV en NKV moest wachten tot 1979. Twee jaar later trok deze uit het kantoorgebouw aan het Plein '40-'45 en vond zij als inmiddels gefuseerde Industriebond FNV onderdak in een nieuw gebouwd blauwgekleurd hoofdkantoor aan de Slotermeerlaan, naast dat van de FNV zelf.

13 Het protestantse Christelijk Nationaal Vakverbond (CNV) werd in mei 1909 opgericht, het R.K. Vakbureau in juli van hetzelfde jaar. Het laatste werd in 1925 opgenomen in het toen opgerichte Rooms-Katholiek Werkliedenverbond (RKWV).

14 Kok herinnerde zich in dit verband Frans van der Gun (NKV) en Gerrit Gerritse (CNV).

15 Citaten bij Hueting e.a., p. 369-370.

16 Gesprek met Arie Groenevelt, 9 mei 2017.

17 Zie eerder in dit hoofdstuk.

18 Gesprek met Arie Groenevelt, 9 mei 2017.

19 Het kabinet-Den Uyl dat enkele maanden na deze staking aantrad en zich sterk zou maken voor 'spreiding van kennis, macht en inkomen' was op dit punt schatplichtig aan de Industriebond NVV. Die had deze spreidingsgedachte al in 1972 ontwikkeld, sterk ingegeven door zijn chef-econoom Piet Vos. Joop den Uyl heeft zich hiervoor erkentelijk getoond in een beroemde rede voor het congres van de Industriebond in 1975. (Den Uyl nam in deze rede tegelijk enige afstand van het 'revolutionaire' radicalisme van Groenevelt en de zijnen en bekende juist te behoren tot 'het zondige ras der reformisten'.)

20 Groenevelt, *De lotgevallen van een crisiskind*, p. 203-205. Overigens waren er ook bij het NKV bonden die over inhoud en toon van 'Fijn is Anders' ernstig verontrust waren. Moesten zij door een federatie met het NVV zelf ook socialist worden? Groenevelt zal dit vermoedelijk hebben beaamd.

21 Hoofdstuk 3.

22 Nypels/Tamboer, hoofdstuk 2.

23 Leo Mesman, 'Frans van Bakel over de identiteit van de vakbeweging', *VHV*, www.vakbondshistorie.nl.

24 Muus Groot, 'In Memoriam Toon Riemen (1927-2015). De kunst van het gelijk krijgen', *VHV*, www.vakbondshistorie.nl. Ook Rob Riemen, 'Gesprek met Toon Riemen', *De universiteit van het leven*, Tilburg 2013, p. 189-196.

25 Dit De Bruijninstituut was de 'hogeschool' voor aankomende bestuurders van de katholieke vakbeweging. Het was vernoemd naar Adrianus Cornelis de Bruijn, voorzitter van de RKWV en de KAB, naderhand ook KVP-politicus en in het tweede kabinet-Drees minister voor Publiekrechtelijke Bedrijfsorganisatie (1952-1956).

26 Wim Kok, toespraak bij de uitvaart van Wim Spit, op cd, verkregen door de bemiddeling van Leo Mesman.

27 Wim Kok voor VPRO-radio, 31 juli 2013: 'Zonder Wim Spit was er geen FNV geweest. Er waren stalen zenuwen nodig om onze samenwerking door te zetten', geciteerd in *de Volkskrant*, 1 augustus 2013 (artikel Nanda Troost).

28 'Als toen niet Jan Lanser – voorzitter – en Arie Hordijk – algemeen secretaris – van het CNV de gespreks- en onderhandelingspartners in het federatieoverleg waren geweest, maar mensen als Harm van der Meulen en Leo Ester, dan was naar mijn stellige indruk de kans veel groter geweest dat het tot een zware federatie, mogelijk later fusie, van de drie vakcentrales was gekomen.' Cees Commandeur, *Ik herinner mij de toekomst. Signalen van een ex-vakbondsbestuurder*, Baarn 1986, p. 48.

29 Zie eerder in dit hoofdstuk.

30 Zoals verhaald door Muus Groot, 'In Memoriam Wim Spit (1924-2013). Van historische betekenis voor de FNV', *VHV*, www.vakbondshistorie.nl. Groot was perschef en hoofd voorlichting van het NKV en zat in die hoedanigheid bij alle belangrijke besprekingen van zijn voorzitter Wim Spit. Tot in 1981 vervulde hij dezelfde functie bij de FNV. Ook gesprek met Muus Groot, 8 februari 2018.

5 Van federatie tot fusie

1 Gesprek met Jaap van der Linden, 8 mei 2017.

2 De fusie van de ambtenarenbonden Abva en Kabo volgde pas in 1982.

3 Koks opvolger Hans Pont (FNV-voorzitter van 1985 tot 1988) maakte het nodige werk van 'de veranderende samenleving en de plaats van de vakbeweging daarin', wat leidde tot het vernieuwingsproject FNV 2000. Diens opvolger Johan Stekelenburg (1988-1997) nam veel van de uitvoering van de reorganisatie ter hand.

4 Voor een overzicht van de bestuurders van de FNV in Koks jaren zie Akkermans (e.a.), *Redelijk bewogen*, bijlage D, p. 304.

5 Ibidem: het FNV-bestuur telde in 1982 nog twaalf leden en zou na Koks vertrek in 1985 nog negen leden en enkele jaren later niet meer dan zes leden tellen.

6 Van 1976 tot 1999 liep het aantal lidbonden, vooral door fusies, terug van vijfentwintig tot veertien.

7 In de SER bezette de FNV nu twaalf van de vijftien vakbondsstoelen. Meer over Van Veen en Koks relatie met hem verderop in dit hoofdstuk alsook in hoofdstuk 7.

8 De bijbelgordel, die ruwweg van Overijssel naar Zeeland door ons land slingert.

9 Er kwam op het hoofdkantoor ook iets meer 'sjeu': niet alleen werd er nu aan de overkant van de straat bij de 'Chinees' gegeten, maar zo nu en dan werd het allemaal ook wat 'bourgondischer'.

10 Zie voor het eerste deel van deze zin vooral hoofdstuk 4 en voor het tweede deel verderop in dit hoofdstuk.

11 Formeel was Kok wel hervormd (voor de militaire dienst stond hij bijvoorbeeld als 'prot' geregistreerd), maar feitelijk was hij toen al 'niets', zoals 'ongelovig' in het Nederland van die dagen heette.

12 Gesprek met Leo Mesman, 24 mei 2017.

13 Die zegen kwam aanvankelijk slechts moeizaam los: de leiding van Nederlands katholieke kerkprovincie hikte sterk aan tegen een federatie van NKV met NVV en al helemaal tegen de mogelijkheid van een fusie tussen die twee. Kok hoefde de ring overigens niet te kussen.

14 Kok overlegde hierover veel met Harrie de Lange, destijds voorzitter van de sectie Sociale Vragen van de Raad van Kerken. Arie Groenevelt, actief humanist, drong er

sterk op aan dat ook het Humanistisch Verbond hierbij zou worden betrokken. Het CNV koesterde hiertegen grote bezwaren, die eerst door interventie van prof. H. Berkhof, voorzitter van de Raad van Kerken, konden worden overwonnen. E-mail d.d. 14 maart 2019 van Jan van Veen, toenmalig secretaris van genoemde sectie Sociale Vragen.

15 Zie Herman Noordegraaf en Leo Mesman, 'Kerken, Humanistisch Verbond en Vakbeweging. Een balans van twintig jaar gezamenlijke ontmoeting, bezinning en activering', *Zeggenschap. Tijdschrift voor vakbewegingsactiviteiten*, maart/april 2000. Zeer positief over het secretariaat Levensbeschouwing en Vakbeweging ('daardoor heb ik in de FNV veel meer identiteit ervaren dan in het vroegere NKV') toonde zich Cees Commandeur in zijn *Ik herinner mij de toekomst*, p. 165.

16 Voor Wim Spits omgang met de vraag hoe de FNV levensbeschouwelijk kon worden ingekleurd, zie Joan Smithuis, 'Wim Spit en de toekomst van het NKV', interview in *De Tijd*, 26 augustus 1977.

17 'Open brief van de Federatie Nederlandse Vakbeweging bij gelegenheid van de ontmoeting van paus Johannes Paulus II met maatschappelijke organisaties op 12 mei 1985 in het Jaarbeurs Congrescentrum te Utrecht', Amsterdam, 8 mei 1985, als bijlage opgenomen in Leo Mesman, Herman Noordegraaf en Jan Schrauwen, *Bezield. De inspiratiebronnen van de FNV*, Amsterdam 2003.

18 Vooral Fons Arnolds, directeur van het Wetenschappelijk Bureau van het NKV, had hierin een bezielend aandeel.

19 Hoofdstuk 4.

20 W. Spit, *Een visie ter visie, ontwerp voor een visieprogramma van het Nederlands Katholiek Vakverbond*, Utrecht 1975.

21 NVV, *Vakbeweging & Maatschappij*, Amsterdam, januari 1977, in november 1977 vastgesteld; NKV, *Visie NKV*, Utrecht, april 1977, in juni 1977 vastgesteld.

22 Groenevelt bracht in 1977 nog een operationeel vervolg op 'Fijn is Anders' uit, *Breien met een rode draad* geheten. Daarin werd de socialistische grondslag van zijn Industriebond NVV nog eens ondubbelzinnig vastgelegd. Tegelijk vervulde dit document een rol in de algemene grondslagendiscussie van de FNV alsook in het proces van federatievorming met de Industriebond NKV. Deze federatie kwam uiteindelijk in mei 1979 – met de nodige moeite – als Industriebond FNV tot stand.

23 Wim Kok, 'Toespraak ter toelichting op FNV-grondslag', Fusiecongres FNV, Amsterdam 29 september 1981, opgenomen in *Grondslag FNV*, Amsterdam 1987.

24 In Italië waren de drie vakcentrales CGIL, CISL en UIL al in 1972 een federatie overeengekomen, maar deze bleef grotendeels in goede bedoelingen steken. De drie centrales bleven ook los van elkaar – en soms tegen elkaar – opereren. Op bedrijfstakniveau, bijvoorbeeld bij de metaalarbeiders, boekte de federatievorming soms meer succes. Overigens onderhield Wim Kok met de Italiaanse vakcentrales geregeld contact, vooral met voorzitter Luciano Lama van de 'eurocommunistische' CGIL kon hij het goed vinden (hoofdstuk 6).

25 Zie noot 1 van dit hoofdstuk.

26 Gesprek met Tom Etty en Johan van Rens, toen medewerkers internationaal van de FNV, 30 oktober 2017.

27 Voor een gemengde, half kritische waardering van Kok als FNV-voorzitter, Commandeur, *Ik herinner mij de toekomst*, p. 71-72.

28 Pas na zijn ziekte in de tweede helft van 1984 (hoofdstuk 9) reed hij niet meer zelf, maar werd hij gereden.

29 Broer Akkerboom, e-mail 25 juni 2017. Eddy Broekema, gesprek 5 maart 2018.

Overigens concentreerde Kok zich op de 'harde' kant van de arbeidsverhoudingen, zoals de loonvorming en de sociale zekerheid. Wim Spit bekommerde zich meer om de 'immateriële' kant, zoals medezeggenschap en arbeidsomstandigheden.

30 Gesprekken met Arie Groenevelt (9 mei 2017), Cees Schelling (22 juni 2017) en Henk Muller en Michel Negenman (2 november 2017).

31 Door toenmalig hoofd Voorlichting Henne Pauli.

32 Gesprek met Cees Schelling, 22 juni 2017.

33 Deze liefdevol bedoelde omschrijving is van Wim Kok, gebezigd in het interview met Leonard Ornstein (*De Wim Kok Tapes*, IISG-2).

34 Hiermee beoogde Duisenberg de jaarlijkse toename van de collectieve sector in relatie tot het nationaal inkomen te beperken tot één procent reële groei, nog steeds een forse toename dus, zeker in tijden van geringe economische groei. Hij had overigens de grootste moeite het gehele kabinet-Den Uyl hierachter te krijgen. Ook hoofdstuk 4.

35 Zie hierover verderop in dit hoofdstuk.

36 Maarten van Bottenburg, *'Aan den arbeid!' In de wandelgangen van de Stichting van de Arbeid 1945-1995*, Amsterdam 1995, p. 177-181. Ook Leon de Wolff, *Haagse Post*, 5 maart 1983.

37 Op 12 september 1973 trad Van Veen in dienst van het Verbond van Nederlandse Ondernemingen (VNO).

38 Van Veen was staatssecretaris van Binnenlandse Zaken in het kabinet-De Jong (1967-1971) en minister van Onderwijs en Wetenschappen in het eropvolgende kabinet-Biesheuvel (1971-1973).

39 Van Bottenburg, interview met Van Veen, *'Aan den arbeid!'*, p. 172.

40 Onder andere Nypels/Tamboer, p. 43.

41 Hierin speelde ook een soort 'tegennota' van Dick van der Laan, medewerker van de Industriebond, een rol. Nypels/Tamboer hoofdstuk 6 'De verloren slag'.

42 Hierdoor raakte ook de nota van Piet Vos, hoofdeconoom van de Industriebond, in het gedrang. Op verzoek van Groenevelt en zijn bestuur had Vos een anticrisisbeleid voor de langere termijn ontworpen: *Vijf jaar voor kwaliteit* (1976). De daarin vervatte notie dat de prijscompensatie moest worden ingezet voor werk en werknemersinvloed botste natuurlijk vierkant met het 'handen af van de prijscompensatie', dat de Industriebond inmiddels had omarmd. De tijd van Vos zou nog komen (hoofdstuk 7).

43 Van Bottenburg, *'Aan den arbeid!'*, p. 187.

44 Henne Pauli (samensteller), *De FNV gaat niet opzij. Hoe de vakbeweging de grote staking van '77 won*, Amsterdam 1977.

45 J.M. den Uyl, 'De smalle marge van democratische politiek', *Socialisme en Democratie*, augustus 1970, p. 299-320. Ook J.M. den Uyl, *Inzicht en uitzicht. Opstellen over economie en politiek*, Amsterdam 1978, p. 145.

46 Peter Bootsma en Willem Breedveld, *De verbeelding aan de macht. Het kabinet-Den Uyl 1973-1977*, Den Haag 1999.

47 B.H. van den Braak en J.Th.J. van den Berg, *Zeventig jaar zoeken naar het compromis. Parlementaire geschiedenis van Nederland Deel II 1946-2016*, Amsterdam 2017, vooral de hoofdstukken 8 tot en met 12, p. 404-490.

48 Eerder in dit hoofdstuk.

49 Gesprek met Ed van Thijn, 25 november 2016.

50 Overigens werden in gesprekken van latere jaren juist Kok en de zijnen als arrogant ervaren. De PvdA-fractie, Den Uyl incluis, voelde zich hier nogal ongemakkelijk onder. Gesprek met Flip Buurmeijer, 21 juni 2018.

51 Een vroege signalering door Leon de Wolff, 'Het nieuwe realisme van de Industriebond FNV', *Haagse Post*, 5 november 1977, p. 24-32.
52 Van Bottenburg, *'Aan den arbeid!'*, p. 188-192.
53 Hoofdstuk 7.
54 Hoofdstuk 8.
55 'Toespraak van FNV-voorzitter Wim Kok op het FNV-fusiecongres te Amsterdam op 29 september 1981 ter toelichting op FNV-grondslag', *FNV-Grondslag*, Amsterdam 1987, p. 29.

6 De vleugels uitgeslagen

1 Gesprek met Tom Etty en Johan van Rens, 30 oktober 2017. Zij bevestigden overigens de ook vanuit andere bronnen verkregen informatie dat Kok het buitenlandse werk graag deed: hij vond het zichtbaar aangenaam, dat straalde hij uit, zijn gezicht stond vrolijker. Zou hiermee toch iets van een jongensdroom zijn uitgekomen (hoofdstuk 1)?
2 Voor een nog altijd scherpe analyse van het dubbele karakter van de 'ontspanning' tussen Oost en West: André Fontaine, *Un seul lit pour deux rêves. Histoire de la 'détente' 1962-1981*, Parijs 1981.
3 Daartoe behoorde in 1975 natuurlijk ook Suriname, een voorbeeld echter van dekolonisatie waarvoor de kolonisator warmer en harder liep dan een aanzienlijk deel van de gekoloniseerden (gevolg: omvangrijke emigratie naar het 'moederland').
4 Het ergste voorbeeld: Cambodja. Het communistische regime van de Rode Khmer, dat van 1975 tot 1979 in dit land heerste, pleegde als het ware een volkerenmoord op het eigen volk. In vier jaren van schrikbewind werd omstreeks een kwart (de schattingen lopen uiteen) van de ruim acht miljoen Cambodjanen vermoord of uitgehongerd. Aan deze 'killing fields' kwam in 1979 een einde, toen het communistische Vietnam Cambodja binnenviel en de Rode Khmer verdreef. Ook in het China van Mao zijn tijdens de Grote Sprong Voorwaarts (eind jaren vijftig) en de Culturele Revolutie (jaren zestig en zeventig) onder de eigen bevolking tientallen miljoenen dodelijke slachtoffers gevallen.
5 In de Amerikaanse buitenlandse politiek verschoof in de tweede helft van de jaren zeventig het accent van 'realpolitik' en 'machtsevenwicht' naar een wat idealistischer getoonzette nadruk op democratie en mensenrechten als beleidsdoelstellingen. Voor het eerste had vooral minister Henry Kissinger zich sterk gemaakt, voor het tweede president Jimmy Carter. Voor de Nederlandse betrokkenheid hierbij: vooral Bleich, *De stille diplomaat*. Vooral hoofdstuk 11.
6 Over het algemeen hing de opkomst van vakbonden nauw samen met de industrialisatie van West-Europa in de negentiende eeuw. Voor de relatie met de socialistische arbeidersbeweging: Julius Braunthal, *Geschichte der Internationale*, Berlijn-Bonn 1974, vooral Band 1. Ook Werner Olle (red.), *Einführung in die internationale Gewerkschaftspolitik*, Berlijn 1978, Band 1.
7 'Hoofdlijnen van de ontwikkelingen in de relaties tussen IVVV en WVA en de pogingen tot eenheid te geraken', interne FNV-nota, april 1980 (persoonlijk archief-Van Rens).
8 ACV staat voor Algemeen Christelijk Vakverbond, de grootste Belgische vakcentrale, zowel in Vlaanderen als in Wallonië. De Confédération française démocratique du travail (CFDT), is de ontzuilde voortzetting van wat tot 1964 in Frankrijk de christelijke vakcentrale was (CFTC). Thans is dit gematigde vakverbond groter dan de radicalere

CGT (Conféderation génerale du travail), waarin communisten en links-socialisten traditioneel de overhand hebben.

9 Van huis uit hield Wim Kok altijd een zekere afstand tot aanhangers van de communistische partij ('ze hoorden niet bij ons, waren niet ons volk'). Als vakbondsman waardeerde hij echter de inzet van individuele communisten bij acties, maar wantrouwde hij lange tijd hun democratische papieren, zeker wanneer ze zich achter de Sovjet-Unie bleven scharen of zich systematisch tegen de leiding van de vakcentrale keerden. Het NVV liet op 11 november 1971 zijn afwijzende houding tegenover communisten in het algemeen varen; uitsluiting was echter nog steeds mogelijk van hen die doeleinden nastreefden die 'strijdig waren met de beginselen van een vrije, democratische vakbeweging'. Tegelijk besloot toen het Verbondsbestuur dat officiële contacten met vakorganisaties in Oost-Europa 'in principe niet uit de weg gegaan' moesten worden. Aanvankelijk gaven NVV en FNV hieraan slechts mondjesmaat uitvoering. Vanaf 1980 ontwikkelde Wim Kok gaandeweg een vertrouwensvolle relatie met Sándor Gáspár, voorzitter van de officiële (communistische) Hongaarse vakcentrale en ook van het WVV, het communistische Wereld Vakverbond. Johan van Rens, 'Conclusies besprekingen Oosteuropese vakcentrales', februari 1985, interne nota (archief-FNV, IISG).

10 CGIL = Confederazione generale italiana del lavoro. In 1975 stemden onder andere de Duitse DGB en de Franse FO (Force Ouvrière) overigens tegen deze toelating.

11 Heinz-Oskar Vetter, *Notizen. Anmerkungen zur internationalen Politik*, Keulen 1983, p. 60-61.

12 Informatie van Tom Etty (e-mail 8 december 2017).

13 CCOO in 1990, Intersindical in 1995 en CGT in 1999. In 2006 kwam de hele vakbondsfamilie onder één internationaal dak: het Internationaal Vakverbond (IVV), in het Engels de International Trade Union Confederation (ITUC).

14 Wim Kok, 'Wat verwacht de vakbeweging van de Europese Gemeenschap', *Studiemap voor de WBS-konferentie op 14 januari 1978*, p. 50-54. Veel uitgebreider: 'Nota inzake de Europese Gemeenschap' (t.b.v. de bijzondere FNV-bijeenkomst op 6 april 1977), FNV-archief, IISG.

15 Hij werd in 1973 al wel lid van het Comité d'action pour l'Europe, geleid door de Nederlander Max Kohnstamm. Hij bleef dit tot het einde van zijn voorzitterschap van de FNV. Ook als leider van de PvdA bleef hij hiermee contact onderhouden.

16 In Koks FNV-tijd was waren dit vooral federatiebestuurder Jan van Greunsven en beleidsmedewerker Johan van Rens (zie ook diens 'Europese integratie gaat altijd langzaam en je wilt altijd meer', *VHV*, www.vakbondshistorie.nl).

17 In 1983 sprak hij ook de nogal eurosceptische General Council van de Britse vakbondsfederatie TUC toe over het belang van Europese integratie.

18 Informatie van Paul Friese, toenmalig medewerker van de Wiardi Beckman Stichting, die aan de conferentie deelnam (e-mail 3 juni 2017).

19 Wim Spit was toen al lid van het bestuur van het EVV. Hoofdbestuur en Federatieraad van de FNV steunden Kok in zijn kandidatuur.

20 Dit soort beslissingen raakte soms nauw verwikkeld met kwesties van binnenlandse politiek in het betroffen land. Zo stelde de Turkse militaire coup van september 1980 Kok voor een lastige keuze tussen Türk-Is, de vakcentrale die nogal tegen het leger aan leunde en die lid van het IVVV was, en DISK, de meer linkse vakcentrale die de staatsgreep afwees en van de weeromstuit in de 'communistische' hoek werd geplaatst. E-mail van Tom Etty, 7 december 2017.

21 Toen in 1990 in Chili de dictatuur buiten werking was gesteld, bleek dat bijna de helft

van de bewindslieden in de nieuwe democratische regering Nederlands sprak. Die hadden (een deel van) hun ballingschap in ons land doorgebracht (informatie Jan Pronk).

22 Wim Kok, 'Maar wij waren tegen de junta', interview in Roeland Muskens, *Collega's wereldwijd. 1975-2015. Veertig jaar internationale vakbondssolidariteit*, Utrecht 2015, p. 49.

23 Vetter, *Notizen*, hoofdstuk 8 ('Am Beispiel Tunesien: Internationale Solidarität'), p. 154.

24 Het cadeau dat Kok bij zijn afscheid van de FNV op 11 september 1985 kreeg, heeft hij besteed aan de antiapartheidsstrijd in Zuid-Afrika.

25 Kok hield nauwe contacten met de South African Congress of Trade Unions (SACTU) echter af; die was lid van het communistische Wereld Vakverbond.

26 *De FNV en Afrika. Verslag van een FNV-werkbezoek aan vakorganisaties in Afrika 30 januari-28 februari 1982*, Amsterdam 1982.

27 Minister van der Stoel van Buitenlandse Zaken stelde al in 1973 een driemaandelijks overleg van zijn ministerie met de vakbeweging in. Kok leidde daarbij steeds de vakbondsdelegatie. Dit werd in elk geval tot Koks vertrek als FNV-voorzitter in 1985 volgehouden, ook door bewindslieden met een andere politieke kleur dan Van der Stoel.

28 In dat jaar werd het Nederlands voetbalelftal Europees kampioen, nadat het in de halve finale West-Duitsland met 2-1 had verslagen. Overigens had Oranje in 1956 in Düsseldorf de Duitsers al eens verslagen.

29 Sportclub Enschede fuseerde in 1965 met de Enschedese Boys, samen vormden zij FC Twente.

30 Elinkwijk is een voetbalclub in Utrecht-Noord. In 1970 ontstond uit een fusie tussen Elinkwijk en de andere Utrechtse clubs in het betaald voetbal, DOS en Velox, het huidige FC Utrecht.

31 FNV-medewerker Broer Akkerboom herinnert zich Kok, in Athene op reis voor het EVV, op maandagochtend Griekse kranten doorvlooiend op zoek naar nieuws over Ajax (e-mail 25 juni 2017).

32 Het betrof onder andere een vergadering van het bestuur van de Stichting 'Dr J.M. den Uyl-lezing', waarvan Kok lang voorzitter was. Mondelinge informatie van Paul Kalma, toen ook lid van dat bestuur.

33 Informatie van Johan van Rens, e-mail 3 februari 2018.

34 Jan Edward Craanen, *Ooit hadden we een vaderland. Het verdriet van Argentinië*, Amsterdam 2017.

35 Bleich, *De stille diplomaat*, p. 406-407.

36 Idem, p. 405.

37 Informatie van Tom Etty (e-mail 1 november 2017) en Johan van Rens (e-mail 15 november 2017).

38 Iwan van Düren en Marcel Rözer, *Voetbal in een vuile oorlog. WK Argentinië 1978*, Amsterdam 2008.

39 Het Nederlandse doelpunt werd gemaakt door Dick Nanninga, de enige speler van het Nederlands elftal die voorafgaand aan het toernooi gevoelig bleek voor de oproep tot boycot van deze WK.

40 Verder deel II van deze biografie.

41 Mient Jan Faber e.a., *Zes jaar IKV-campagne*, Amersfoort 1983.

42 Zie Commandeur, *Ik herinner mij de toekomst*, hoofdstuk 13.

43 Kok zelf had zich, ook met behulp van zijn medewerker Johan van Rens, intensief met de redactie van deze discussienota bemoeid. Doordat zijn secretaresse Tonnie de Rijk

toen goed bevriend was met de in vredespolitiek opzicht veel 'eenzijdiger' Cees Commandeur, leverde dit nogal eens logistieke communicatieproblemen op.

44 Commandeur, p. 92.

45 Hij ventileerde deze mening ook wel in interviews in Nederlandse media, bijvoorbeeld in *Vrij Nederland* (Klein/Kooistra, p. 79). Bovendien beijverde hij zich als voorzitter van de resolutiecommissie met succes voor een ook in dit opzicht evenwichtige uitkomst van de Europese vakbondsconferentie (met deelname van de Oost-Europese vakcentrales!) in Genève van november 1981 (informatie Van Rens).

46 Kok confronteerde medewerkers van zijn internationale beleidsgroep wel eens met de vraag: 'Pronk of Van der Stoel?' Bij het antwoord 'Van der Stoel' kon je rekenen op instemmend gebrom. Informatie van Tom Etty, 30 oktober 2017.

47 De FNV-nota liet overigens wel ruimte voor de mogelijkheid van eenzijdige stappen, teneinde de impasse in de onderhandelingen over wapenvermindering te doorbreken, maar deze moesten wel dienstbaar zijn aan uiteindelijke tweezijdige en volledige ontwapening (*FNV-beleidsuitgangspunten inzake vrede en ontwapening*, Amsterdam 1982, p. 4).

48 'Waar ligt de grens? Parlementaire democratie en burgerlijke ongehoorzaamheid', Lesbrief FNV-secretariaat Levensbeschouwing en Vakbeweging, Amsterdam 1984.

49 Lubbers, *Persoonlijke herinneringen*, hoofdstukken 42 en 43.

50 B.J. van Eenennaam, *48 kruisraketten. Hoogspanning in de lage landen*, 's-Gravenhage 1988, hoofdstuk 11.

51 In feite bracht de FNV op 25 augustus al een eerste solidariteitsverklaring uit, maar die was nog tamelijk terughoudend geformuleerd. Christie Miedema, *Vrede of Vrijheid? Dilemma's, dialoog en misverstanden tussen Nederlandse en West-Duitse linkse organisaties en de Poolse oppositie in de jaren tachtig*, Amsterdam 2015, p. 419.

52 In 1983 en 1988 werden deze contacten door de FNV-top geëvalueerd. Los van de in het EVV afgesproken plicht om telkens de situatie in Polen aan de orde te stellen, zette de FNV dit beleid van contacten met de leiding van de Oost-Europese staatsvakbonden (maar niet met de Poolse) voort, zij het wel in de hoop deze tot grotere onafhankelijkheid ten opzichte van de eigen regeringen te kunnen overreden. Contact van de FNV met Solidarność ontstond pas weer in 1988 (Miedema, p. 451). Kok zelf vond deze 'ontspanning bovenlangs' belangrijk, zonder zich overigens veel illusies te maken over de uitwerking ervan. Ook was hij zich van het gevaar bewust dat hij en de FNV voor verkeerde propaganda konden worden misbruikt.

53 Tussen 2006 tot 2009 had de auteur van deze biografie het genoegen twee keer persoonlijk met Lech Wałęsa te mogen spreken. Beide keren stak die uitvoerig de loftrompet over de solidaire FNV en in het bijzonder haar voorzitter Wim Kok, die hem als laatste Europees vakbondsleider vóór zijn arrestatie en eenzame opsluiting had opgezocht.

54 Bij deze 'staatsgreep binnen het communisme' vielen enkele tientallen doden.

55 Voor Koks eigen relaas zie het interview met hem in Muskens, *Collega's wereldwijd*, p. 49. Overigens werd op het station van Warschau, voor de treinreis naar Gdańsk, zijn portemonnee 'uit m'n kontzak' gestolen. 'Dat was jammer, want daarin zat ook mijn eigen bijdrage aan Solidarność.' Volgens de hem vergezellende Johan van Rens ging het hierbij om 'een vrij groot bedrag in dollars' (e-mail 14 juni 2018).

56 Andere waren CEBEMO, ICCO en vanaf 1977 ook HIVOS.

57 Circa 10 procent van de Nederlandse ontwikkelingsinspanning werd via de medefinancieringsorganisaties besteed.

58 Prins Claus, in zijn hoedanigheid van adviseur ontwikkelingssamenwerking, was hier

een warm voorstander van. Als Duits diplomaat was hij in Afrika bij dergelijke steun aan lokale vakbonden betrokken geweest.

59 *Feiten en meningen. De* FNV *en de ontwikkelingssamenwerking*, Amsterdam 1984.

60 J. Tinbergen, J.M. den Uyl, J.P. Pronk, W. Kok, *A New World Employment Plan. A Proposal*, Den Haag 29 oktober 1981.

61 Zeker als FNV-voorzitter hield Kok duidelijk afstand tot de partijpolitiek teneinde voor de gehele achterban een herkenbaar teamleider te kunnen zijn. Dit niettegenstaande zijn lidmaatschap van de PvdA, waarvan hij zeker geen geheim maakte. Ook hier dus een evenwichtsoefening waarin Kok kon uitblinken. Overigens werd hij door Jan Tinbergen, door hem zeer bewonderd, voor deelname aan het uitbrengen van dit Plan benaderd.

62 De Brandt-commissie, *North-South: a Programme for Survival*, Londen 1980.

63 Organisatie voor Economische Samenwerking en Ontwikkeling, *Interfutures. Facing the Future. Mastering the Probable and Managing the Unpredictable*, Parijs 1979.

64 Wim Kok, *De nieuwe internationale economische orde –* NIEO*, internationale solidariteit en nationaal beleid*, Evert Vermeer Stichting, 14 februari 1981; Wim Kok, 'Volledige werkgelegenheid: uitdaging voor de jaren tachtig', *Socialisme en Democratie*, juli/augustus 1983, p. 3-7; Wim Kok, 'Ontwikkelingssamenwerking en werkgelegenheid', *Internationale Spectator*, maart 1984, p. 129-138.

65 Arie Groenevelt in het bijzonder reageerde nogal kritisch. Voor behoud van bedreigde industriële werkgelegenheid in Nederland heeft Kok zich overigens metterdaad ingezet, zoals bij Ford Amsterdam en voor de in Rotterdam te bouwen onderzeeboten voor Taiwan.

7 De lange weg naar Wassenaar

1 Het akkoord kwam tot stand in de Stichting van de Arbeid en heette officieel 'Centrale aanbevelingen inzake aspecten van een werkgelegenheidsbeleid'. De journalisten Frans Nypels en Kees Tamboer hebben als eersten de benaming 'Akkoord van Wassenaar' gemunt (Nypels/Tamboer, *Wim Kok. 15 jaar vakbeweging*).

2 Hoofdstuk 4.

3 Hoofdstuk 4, noot 9.

4 Eind 1982 was maar liefst 10 procent van Nederlandse beroepsbevolking werkloos; onder jongeren was de werkloosheid zelfs anderhalf keer zo hoog als onder oudere werknemers. De Nederlandse economie leed onder deze recessie sterker dan die in ons omringende landen, zoals de Bondsrepubliek.

5 Het waren echter, met uitzondering van de prijscompensatie, niet zozeer veroveringen van de vakbeweging als wel op politiek niveau ingevoerde vernieuwingen.

6 Door het Groninger aardgas was Nederland eigenlijk ook een 'olieland'. De gasbaten werden echter vooral voor consumptieve doeleinden ingezet. Hierdoor steeg de gulden tussen 1973 en 1977 met 16 procent in waarde, wat het bedrijfsleven in groeiende problemen bracht. *The Economist* noemde dit verschijnsel 'The Dutch disease'.

7 Hoofdstuk 2.

8 Leonard Ornstein, *De Wim Kok tapes*, IISG 2.

9 Hoofdstuk 5.

10 Gesprek met Lodewijk de Waal, 9 december 2016.

11 De wilde staking werd geleid door Flip Schulte en Paul Rosenmöller.

12 Gesprek met Cees Schelling, 22 juni 2017.

13 Hoofdstuk 3.
14 Hoofdstuk 5.
15 Hoofdstuk 5.
16 Ook Van Bottenburg, *'Aan den Arbeid!'*, p. 180.
17 Wim Kok, 'De man van Wassenaar. Chris van Veen 1922-2009', *Jaarboek Parlementaire Geschiedenis 2010*, p. 141-144. Chris van Veen, interview in Akkermans/Kool, *Redelijk Bewogen*, p. 68-71. Bevestigende informatie van Van Veens zoon Gert, 2016.
18 Het kan natuurlijk ook resulteren in een soort samenspannen tegen de samenleving, zoals het WAO-drama zou laten zien. Hoofdstuk 15, in het bijzonder betreffende de enquête-Buurmeijer.
19 Van Bottenburg, *'Aan den arbeid!'*, p. 182-187.
20 Van Veen in noot 17. Zie ook hoofdstuk 5.
21 Hoofdstuk 3.
22 Zij het dat hij wel werd gesteund door CDA-fractievoorzitter Lubbers, zijn stadgenoot, met wie hij geregeld op zondagmiddagen overlegde. Gesprek met Ruud Lubbers, 25 oktober 2016.
23 Gesprek met Dries van Agt, 7 februari 2018.
24 Wil Albeda in 'Ministersherinneringen', *SER-bulletin 11, SERmagazine*, november 2002.
25 Wel opvallend dat Wim Spit, die in CDA-kring over betere contacten beschikte, ook van niets wist.
26 Koks afsluitende conclusie: 'We zijn erin geslaagd honderdduizenden mensen op de been te brengen, te inspireren,' (in de laatste editie van de speciale *FNV-actiekrant*) was met die bittere vaststelling niet in strijd: meer resultaat kon hij immers niet tonen. De FNV 'pikte het niet' (haar actieleus), maar moest het wel pikken.
27 Nypels/Tamboer, p, 104-105.
28 WRR, *Plaats en toekomst van de Nederlandse industrie*, rapport nr. 18, 1980.
29 Henk Vredeling, oud-medewerker van de agrarische NVV-vakbond, lid van de Tweede Kamer voor de PvdA (1956-1973), lid van Europees Parlement (1958-1973), minister van Defensie in het kabinet-Den Uyl (1973-1976), Europees commissaris voor Sociale Zaken en Werkgelegenheid (1977-1981).
30 Het rapport van de commissie-Wagner, getiteld 'Een nieuw industrieel elan', kwam uit in juni 1981. De FNV-leiding, hoewel niet Kok zelf, nam er met het oog op de veronderstelde 'amerikanisering' onmiddellijk afstand van. Niettemin had het rapport (en ook het vervolgadvies) grote doorwerking in de vakbeweging. En Wim Kok had ook grote waardering voor Piet Vos, die volgens hem sinds 1971 aan de basis van al het denkwerk en het nieuwe beleid van de Industriebond had gestaan, maar die wel eens te ver voor de troepen had uit gelopen (ook Nypels/Tamboer, p. 108). Deze spanning tussen zijn eigen bestuurdersverantwoordelijkheid en het ook noodzakelijke vooruitdenken door anderen zou zich in Koks publieke leven wel vaker voordoen.
31 Gesprek met Dries van Agt, 7 februari 2018. Johan van Merriënboer, Peter Bootsma en Peter van Griensven, *Tour de force. Van Agt biografie*, Amsterdam 2008, ook voor andere citaten van Kok.
32 Een coalitie van alleen CDA en PvdA was getalsmatig ook mogelijk geweest, maar lag om politiek-psychologische redenen niet voor de hand.
33 Informatie van toenmalig PvdA-bestuurder Bram Peper, gesprek op 25 oktober 2016.
34 Van Baalen/Van Kessel, *Kabinetsformaties 1977-2012*, hoofdstuk 2. Ook J.P. van Rijswijk, *Repeterende breuken. De machtsstrijd tussen PvdA en CDA*, Amsterdam 1992, hoofdstuk VII 'Mission Impossible. Mei tot september 1981'.

35 Van Baalen/Van Kessel, p. 90.
36 Van Baalen/Van Kessel, p. 91. Hij had eveneens Jaap Burger geraadpleegd, die ook positief adviseerde.
37 Ed van Thijn citeert Kok als volgt: 'Bij ons heerst een diep verlangen om verschoond te blijven van een kabinet dat ons vijandig is. Dus moet de PvdA meedoen. Wij hebben er geen enkele behoefte aan om aan de persoon van Van Agt enige betekenis toe te kennen. Dus niet breken op hem, is ons advies.' E. van Thijn, *Kroonprinsenleed*, p. 87. Van Thijn voegt daaraan toe: 'Voor het eerst woog Koks advies zwaarder dan dat van zijn vertrouwelingen in de fractie.' Hij ziet in dit moment het einde van de door hem gepropageerde polarisatiepolitiek, bedoeld om de geloofwaardigheid van de politiek te bevorderen.
38 Van Baalen/Van Kessel, p. 110. Gesprek met Victor Halberstadt, 19 december 2016.
39 J.M. den Uyl, *Tegen de stroom in*, Amsterdam 1981.
40 Interview *Vrij Nederland*, herfst 1981.
41 Een dergelijk conflict tussen sociaaldemocratische regeerders en geestverwante vakbewegingen deed zich in die crisisjaren ook elders voor. Vergelijk de 'winter of discontent' van 1979 in Groot-Brittannië tussen premier Jim Callaghan en vooral de TUC-bonden in de publieke sector, alsook de oplopende spanningen tussen bondskanselier Helmut Schmidt en de Duitse vakcentrale DGB in 1982. Beide conflicten droegen sterk bij aan de val van deze regeringen van de Labour Party respectievelijk de SPD.
42 Van den Braak/Van den Berg, *Zeventig jaar zoeken naar het compromis*, p. 464. PvdA-Kamerlid en woordvoerder sociale zekerheid Flip Buurmeijer had Den Uyl en Dales in elk geval ten sterkste afgeraden om de gewenste bezuiniging te zoeken in een korting op de bijstandsuitkeringen (gesprek op 21 juni 2018).
43 Kok was al wel in gesprek met Den Uyl over diens bezuinigingsopdracht. Over een correctie op het ziektegeld wilde hij onder voorwaarden wel meedenken. Dat een ingreep in lopende cao's voor de FNV onaanvaardbaar was, had Kok de partijgenoot-minister echter al weken eerder – in het overleg tussen kabinet en Stichting van de Arbeid – medegedeeld. Voor een misleidende versie: Gerard Driehuis en Dirk Kuin, 'Ziekengeld: struikelde Wim Kok over zijn geheim akkoord met Joop den Uyl?', *De Tijd*, 14 mei 1981, p. 21-24.
44 Klein/Kooistra, *Het taaie gevecht van een polderjongen*, p. 86.
45 Den Uyl en Dales hadden voor hun Ziektewetplan advies aan de SER gevraagd. De kroonleden hiervan stelden voor de loondoorbetalingen van het ziektegeld buiten schot te laten, maar wel sociale partners het ziekteverzuim te laten tegengaan door vijf wachtdagen in te stellen en ook premies te heffen op de loondoorbetalingen. Den Uyl en Dales wilden dit voorstel overnemen. Het overweldigende vakbondsverzet en tegelijk de groeiende weerzin in het CDA tegen deze coalitie zorgden ervoor dat er van dit alternatief niets terechtkwam. Van den Braak/Van den Berg, p. 464.
46 Hoofdstuk 10
47 Van Agt trok zich medio oktober 1982 terug uit de politiek; CDA-fractievoorzitter Lubbers nam het stokje van hem over. Wim Kok liet weten 'geen zakdoek nodig te hebben om Van Agts vertrek te verwerken' (Merriënboer e.a., *Tour de force*, p. 459).
48 Uit CBS-cijfers bleek dat de jeugdwerkloosheid naar een naoorlogs record van 16 à 17 procent groeide. Ook Rutger Schuitemaker, *Vroegrijp voor de ww. Jeugdwerkloosheid, inzicht en uitweg*, WBS-cahier, Deventer 1981.
49 Jos van Kemenade, Kamerlid voor de wederom grootste partij, de PvdA, kreeg nog de kans een regeercombinatie PvdA-CDA-D'66 te vormen. Deze kabinetsinformatie liep voornamelijk stuk op de kwestie van de kruisraketten. Zie Van Baalen/Van Kessel, p. 140.

Ook J.A. van Kemenade, *Wakken in het kroos. Opmerkelijke ervaringen uit dertig jaar publieke dienst*, Den Haag 2003, p. 170; en gesprek met Jos van Kemenade op 11 januari 2018.

50 Gesprek met Ruud Lubbers, 25 oktober 2016.

51 FNV, *Maak werk* (nota), augustus 1982.

52 Voor een globaal correct verslag van de totstandkoming van het Akkoord van Wassenaar: Nypels/Tamboer, hoofdstuk 12. Belangrijke aanvullingen, vanuit het zicht van de werkgevers, biedt Jan Willem van den Braak (gedeeltelijk ooggetuige en zelfs medespeler), *Keerpunt '82. Enkele herinneringen aan het VNO en de crisistijd 1977-1982*, Assen 2002, hoofdstuk 11. Ook het interview met Chris van Veen in Akkermans/Kool, *Redelijk bewogen*, p. 71. En Karel Berkhout, 'Terug naar Wassenaar. Twintig jaar na historisch akkoord over loonmatiging', *NRC Handelsblad*, 2 november 2002.

53 Wim Kok werd vergezeld door zijn vicevoorzitter Herman Bode en begeleid door stafmedeweker Broer Akkerboom en voorlichter Henne Pauli.

54 Toen bewoonde Van Veen een huis aan de Pieter Twentlaan.

55 In het FNV-archief zijn overigens geen verslagen aanwezig van deze telefonische vergaderingen. Toenmalig FNV-bestuurder Henk Muller heeft deze auteur inzage verschaft in zijn eigen (bondige) aantekeningen.

56 Jan Willem van den Braak, 'Een historisch weekje', *Zeggenschap over arbeidsverhoudingen*. 4-2017, p. 39. Ook gesprek met Jan Willem van den Braak, 21 juni 2017.

57 Binnen 24 uur kwam Kok dus zelfs twee keer bij Van Veen thuis. Maar dit was serieus werk, niet voor de gezelligheid.

58 De Industriebond FNV had overigens eerder dat jaar al haar bereidheid gesignaleerd de prijscompensatie voor bestrijding van de werkloosheid in te zetten.

59 Schelling was bij het overleg over 'Wassenaar' overigens buiten beeld; hij liet zich vertegenwoordigen door zijn vicevoorzitter Greetje Lubbi.

60 Zij zouden zo echter ook niet kunnen onderhandelen over herverdeling van arbeid. Gesprek met Cees Schelling, 22 juni 2017.

61 Dit overleg van Kok en Van Veen met Lubbers en De Koning had plaats in het gebouw van het ministerie van Sociale Zaken en Werkgelegenheid in de Haagse Zeestraat.

62 Op maandagmiddag had Kok van de Federatieraad het groene licht gekregen, inclusief dat van de Voedingsbond. Voor het bespreken van wat amendementen ging op die dinsdag nog een gezamenlijke werkgroep onder leiding van Frans Drabbe aan het werk. De werkgeverszijde wist hier te voorkomen dat het woord 'rendementsherstel' uit de tekst verdween, en het begrip 'ATV' (arbeidstijdverkorting) er nog in kwam ('arbeidsduurverkorting' bood hun meer flexibiliteit). Wim Kok, die even poolshoogte kwam nemen om zich te laten bijpraten (Van den Braak: 'Dat vond ik wel heel bijzonder,' in 'Een historisch weekje', noot 55, p. 41), kon zodoende nog een poging van de Voedingsbond verijdelen om de kostenneutraliteit van het herverdelen van bestaande werkgelegenheid uit de tekst te lichten (gesprek Broer Akkerboom, 23 juni 2017).

63 Op zaterdag 20 november berichtte *de Volkskrant* over het akkoord. In dat weekeinde kwamen in de industrie acties op gang om het af te wijzen. Ook de cao-onderhandelaars van werkgeversorganisaties kwamen die zondagavond bijeen om hun kritiek te luchten; Van Veen kreeg daar de volgende dag nog mee te stellen. Overigens had *Elseviers Weekblad* al eerder 'onraad' geroken: Piet Goosen, 'Naar een nieuwe sociale idylle. Klimaatsverbetering door beter overleg', EW, 13 november 1982.

64 Akkermans/Kool, *Redelijk bewogen*, p. 107.

65 Van Bottenburg, *'Aan den arbeid!'*, hoofdstuk 7.

66 Akkermans/Kool, *Redelijk bewogen*, p. 86.

67 Daaraan dacht Kok tijdens het onderhandelen over het Akkoord van Wassenaar echter geen moment: 'Voor mij telde geen enkel sentiment. Niet voor de SER, niet voor de Stichting van de Arbeid. Het enige dat telde was: wij moeten als vakbeweging overleven.' (Teun Jaspers e.a., *SER 1950-2010*, p. 125).
68 Hoofdstuk 6, laatste alinea.

8 'Samen lappen'

1 Deze prijzend bedoelde kwalificatie van Kok wordt toegeschreven aan Cees Schelling. Koks toenmalige voorlichter Henne Pauli gebruikte hem later ook: Klein/Kooistra, *Het taaie gevecht van een polderjongen*, p. 94.
2 Gesprek met Ruud Lubbers, 25 oktober 2016. Dit bleef in 1981 geheel buiten elke discussie, anders dan Lubbers' idee van toen om samen met Ed van Thijn het kabinet te gaan leiden en aldus Van Agt en Den Uyl (en daarmee hun partijen) uit hun dodelijke omklemming te verlossen. Arendo Joustra en Erik van Venetië, *Ruud Lubbers. Manager in de politiek*, Amsterdam 1993, p. 194.
3 Het tekort op de overheidsbegroting bewoog zich naar toen 9 procent van het bbp. De staatsschuld was toen opgelopen tot 60 procent van het bbp.
4 'The Dutch disease' werd dit wel genoemd (hoofdstuk 7).
5 Hans Pont formuleerde dit als een belangrijk punt van kritiek op het Akkoord van Wassenaar in een overigens zeer positieve waardering van zijn voorganger als FNV-voorzitter, Wim Kok. E-mail 28 maart 2017 (twee maanden voor Ponts overlijden).
6 De Nederlandse Spoorwegen waren in die tijd een staatsbedrijf; het spoorwegpersoneel viel toen onder het trendbeleid.
7 J.M. den Uyl, Tweede Kamerdebat over de regeringsverklaring, 23 november 1982.
8 'Ruud Shock. The crunch and the cruise', *Time Magazine*, 23 januari 1984.
9 Dit zijn vakbonden die, buiten een vakcentrale om, leden van een specifieke beroepsgroep organiseren, bijvoorbeeld de NCF voor ambtenaren van de Belastingdienst.
10 Gesprek met Broer Akkerboom, 23 juni 2017.
11 Hoofdstuk 7.
12 Arie Groenevelt, *De lotgevallen van een crisiskind*, Beilen 2015.
13 Jakob Draijer, *VHV*, www.vakbondshistorie.nl.
14 Herman Verbeek, *Cees Schelling van de Voedingsbond*, Groningen 1984.
15 Bram Buijs, *VHV*, www. vakbondshistorie.nl.
16 Karin Adelmund, resources.huygens.knaw.nl/vrouwenlexicon.
17 Hoofdstukken 4 en 5.
18 Henny Lansink, Herman Noordegraaf en Eef van Vilsteren, *Herman Bode, vakbondsman. Herinneringen*, Baarn 1991.
19 Piet Damming, *VHV*, www.vakbondshistorie.nl.
20 Frans Drabbe, *VHV*, www.vakbondshistorie.nl.
21 Jaap van de Scheur, *VHV*, www.vakbondshistorie.nl.
22 Simpelsite – Van Kooten & De Bie homepage, www.kootenbie.nl: Typetjes.
23 J.M. den Uyl en B. de Vries, Tweede Kamerdebat over de regeringsverklaring, 23 november 1982.
24 Een beschrijving van de ambtenarenstaking, de aanloop en de afloop ervan biedt het boek van Pieter Broertjes en Arendo Joustra, *Ambtenaren in actie. Reportage van een hete herfst*, Amsterdam 1984.
25 Dit program kende overigens ook een 'nullijn' voor werknemers en uitkerings-

gerechtigden; niettemin zou in dit scenario het tekort op de overheidsbegroting blijven oplopen. Gesprek met Broer Akkerboom, 23 juni 2017.

26 Ook door het sterk dalend ledental van de Industriebond FNV. Akkermans/Kool, *Redelijk bewogen*, p. 287.

27 Dit gebeurde op 15 november.

28 Een uitdrukking die Kok toen wel vaker bezigde om zijn verontwaardiging over overheidsacties of werkgeversstandpunten tot uitdrukking te brengen.

29 Gesprek met Broer Akkerboom, 23 juni 2017.

30 Gesprek met Henne Pauli, 5 maart 2018.

31 Oppositieleider Den Uyl stelde voor de vicevoorzitter van de Raad van State, Willem Scholten, in dit conflict te laten bemiddelen.

32 De overgang in 1988 van Koks opvolger als FNV-voorzitter naar het ministerie van Binnenlandse Zaken speelde hierbij een belangrijke rol. Als directeur-generaal Arbeidsverhoudingen kon Hans Pont beslissend bijdragen aan de modernisering van de verhoudingen tussen de overheid als werkgever en het overheidspersoneel.

9 Redelijk bewogen

1 Het voormalige Evert Kupersoord van het NVV, thans onderdeel van een grote hotelketen.

2 Toespraak Kok 11 september 1985, archief-Van Rens.

3 Archief-Mesman.

4 SER, Raadsvergadering 23/08/85, p. 32.

5 Gesprek met Lodewijk de Waal, 9 december 2016.

6 Pijnlijk was de reactie in PvdA-kring, waar 'Wassenaar' als een geschenk aan Lubbers werd gezien, en dus als verraad aan de PvdA. Ook Den Uyl toonde zich bij het bericht hierover geschokt (gesprek met Flip Buurmeijer, 21 juni 2018). Kok en Drabbe stonden tegelijk versteld van zo veel onbegrip bij geestverwanten voor de nijpende nood van de vakbeweging (e-mail Broer Akkerboom, 25 juni 2017).

7 Kok verzette zich hier tegen wat hij noemde 'de welbewuste opzet van het kabinet-Lubbers om werkenden en uitkeringsgerechtigden tegen elkaar uit te spelen'.

8 Dit leidde in 1987 tot het rapport 'FNV 2000', dat zich inderdaad sterker op de belangenbehartiging van individuele werknemers richtte. Dezen moesten onder andere veel meer in de commerciële dienstverlening worden gezocht, waartoe de FNV ook haar positieve zichtbaarheid sterk moest vergroten. Akkermans/Kool, *Redelijk bewogen*, p. 115-116. Inderdaad trok het ledental van de FNV weer aan, om in de jaren negentig zelfs boven de 1,1 miljoen uit te komen. Herstel van economie en werkgelegenheid had hier echter ook veel mee te maken.

9 Spit had in zijn FNV-tijd al missies voor Novib uitgevoerd, onder andere naar El Salvador. In zijn nieuwe hoedanigheid zou hij zich vooral bezighouden met ontwikkelingswerk in Azië. Herman Bode volgde hem op als vicevoorzitter van de FNV (congres 30 september 1981).

10 In het FNV-archief is hierover dus praktisch niets te vinden. Hier is onder andere gebruikgemaakt van de privéaantekeningen van toenmalig FNV-bestuurder Henk Muller. Cees Commandeur schrijft er ook over in *Ik herinner mij de toekomst*, p. 72-75. Overigens beschrijven Nypels/Tamboer (*Wim Kok. 15 jaar vakbeweging*, p. 131) een eerdere fase van '*king making*' in de FNV, namelijk in de herfst van 1982, nadat Kok door de PvdA-top was gepolst over een overstap naar de politiek (zie hierover hoofdstuk 10).

Die geruchten speelden zich echter voor Kok zelf buiten zijn gezichtsveld af; die had toen andere zorgen aan zijn hoofd (hoofdstuk 7).

11 Vanaf de oprichting van de FNV in 1976 was het aantal bestuurders dus al teruggelopen van achttien naar twaalf leden: vertrokken leden waren niet of nauwelijks vervangen.

12 Overigens had Kok op 3 september, een goede week eerder dus, aan Den Uyl en PvdA-voorzitter Van den Berg zijn beschikbaarheid voor het lijsttrekkerschap voor de verkiezingen van 1986 gesignaleerd (hoofdstuk 10).

13 'Hans Pont, bedachtzame strateeg op de achtergrond. Brede steun voor kandidaat voorzitter FNV', *Het Vrije Volk*, 14 maart 1984.

14 Jurist en onderwijsdeskundige Herman Hugenholtz zou sowieso aftreden. Cees Commandeur kondigde zijn aftreden enkele maanden later aan: zijn gezondheid liet het afweten (Commandeur, *Ik herinner mij de toekomst*, p. 76). Bodes aftreden stond voor 1985 al op de rol. Frans Drabbe trad in datzelfde jaar vervroegd af, ook om gezondheidsredenen.

15 Het Sint Lucas Andreas Ziekenhuis in Amsterdam Nieuw-West is in 2015 bestuurlijk opgegaan in het Onze Lieve Vrouwe Gasthuis en heet sedertdien OLVG West.

16 Als hieronder ook deel I van Lou de Jongs geschiedschrijving van Nederland in de Tweede Wereldoorlog kan worden gerangschikt.

17 Bode en andere collega-bestuurders werden overigens wel 'verrast' door de volle agenda die voorzitter Kok achterliet: bijna elke avond wel een vakbondsvergadering ergens in het land. Die hebben ze onderling maar verdeeld (gesprek Broer Akkerboom, 23 juni 2017).

18 Uit de aantekeningen van Henk Muller komt naar voren dat Kok op 19 november alweer aan een vergadering van het Federatiebestuur deelnam.

19 'Het was een eenzame machteloze ervaring. Wim Kok terug van weggeweest', *Het Vrije Volk*, 5 januari 1985.

20 Die mededeling had ook beslissende waarde voor zijn besluit Den Uyl te willen opvolgen (hoofdstuk 10).

21 Zie verder hoofdstuk 10. De uitdrukking 'enige echte maatje' gebruikte Kok voor zijn vrouw Rita in een interview met Tjarda Harmsma in *Voorwaarts*, 1 september 1986.

22 Die rol als maatschappelijke 'Hoffnungsträger' deelde de vakbeweging met de Partij van de Arbeid en de andere progressieve partijen.

23 Zelfs niet van de PvdA alleen. Ook de confessionele partijen, en vooral de KVP, droegen daaraan bij.

24 Onder andere door de Politieke Partij Radikalen en de Voedingsbond FNV. Gesprek met Cees Schelling op 22 juni 2017.

25 Hoofdstuk 15.

26 Dit is ook de titel van een gedenkboek over 25 jaar FNV: Akkermans/Kool, *Redelijk bewogen*.

27 Eén daarvan was zijn angst om te falen en, daarmee samenhangend, zijn gedrevenheid in het voorkomen van het maken van fouten. Zijn FNV-dienstauto, een groene Opel Kadett, had als kenteken KF-..-BN, dat in huize Kok werd gelezen als Kok Faalt Bijna Nooit.

28 Wat geliefdheid bij de leden betreft bleef hij vermoedelijk alleen achter bij Johan Stekelenburg, FNV-voorzitter van 1988 tot 1997. Vgl. Jeroen Terlingen, *Allemansvriend. Het levensverhaal van Johan Stekelenburg*, Amsterdam 2005.

29 Hoofdstuk 10.

30 'De Centrale' was de met NVV en FNV verbonden verzekeringsmaatschappij, later overgegaan in Reaal en weer later in SNS. Na de nationalisatie van SNS op 1 februari

2013 is Reaal Verzekeringen via Vivat verkocht aan de Chinese Anbang Insurance Group. Na overname door de NN Group in 2019 is de naam Reaal van de Nederlandse markt verdwenen.

31 Hier doceerde hij gedurende een semester in het Engels over Europese arbeidsverhoudingen.

32 Wim Kok, *De sociale aspecten van de invoering van nieuwe technologieën en voorstellen om de sociale dialoog te verdiepen*, Amsterdam 1986. Ook in het Engels, Frans en Duits.

33 Hoofdstuk 10.

34 'Kok of the Walk', *Time Magazine*, 27 november 1978, p. 28. Enkele maanden eerder berichtte een ander Amerikaans nieuwsmedium al uitgebreid over Kok: Jonathan Kandell, 'A Labor Chieftain, Dutch Style', *The New York Times*, 2 juli 1978.

10 In en uit de voetstappen van Den Uyl

1 Op die dag kwam ook een soort onafhankelijk jubileumboek uit: *Een partij in de tijd. Veertig jaar Partij van de Arbeid* (Amsterdam 1986), geschreven door Anet Bleich.

2 Het zou sinds 1967 de zevende (en laatste) keer worden dat Den Uyl de lijst van de PvdA aanvoerde.

3 *Gesproken en besloten*, verslag van het buitengewoon congres ter vaststelling van het verkiezingsprogramma 1986-1990, 'De toekomst is van iedereen', ten behoeve van de Tweede Kamerverkiezingen, gehouden op 13, 14 en 15 februari 1986 in het RAI-congrescentrum te Amsterdam (PvdA-archief IISG, p. 8). Overigens vormde deze verkiezing van Den Uyl als lijsttrekker aanleiding voor Maurice de Hond te bedanken als lid van de PvdA. Den Uyl was voor de PvdA electoraal volledig uitgewerkt, meende hij (gesprek met Maurice de Hond, 16 januari 2018).

4 De lijsttrekker van de partij wordt natuurlijk wel, op voorstel van het partijbestuur, door het partijcongres aangewezen. In beginsel wordt deze ook de fractievoorzitter in de Tweede Kamer. Regeert de partij, dan is niet bij voorbaat uitgemaakt of de politiek leider deel uitmaakt van het kabinet dan wel in de Tweede Kamer blijft. Mocht hij/zij de minister-president zijn, dan ligt het doorgaans voor de hand dat die ook de partij leidt, maar dat is geen wet van Meden en Perzen. De PVV van Geert Wilders is overigens een partij zonder leden, maar wel met een partijleider.

5 Anders dan bijvoorbeeld in Duitsland is in Nederland de politiek leider niet tegelijk ook de voorzitter van de partij. Die laatste hoedanigheid maakt bij onze oosterburen de politiek leider ook de onbetwiste partijleider. Er zijn echter ook daar momenten dat de twee functies niet vanzelfsprekend samenvallen: Gerhard Schröder legde in zijn tweede termijn zijn voorzitterschap van de SPD neer. In 2018 deed Angela Merkel (CDU) hetzelfde.

6 Van den Berg heeft de PvdA gedurende zeven jaar, met steun van partijraad en partijcongres, onder andere met 'strijdpunten' programmatisch naar links getrokken. Waar hij Den Uyl op zijn weg vond, sloot hij met hem zogeheten 'partijbestuurscompromissen', waarvan dat over de kernwapens het bekendste is.

7 Bart Tromp, *Het sociaaldemocratisch programma. De beginselprogramma's van SDB, SDAP en PvdA 1878-1977*, Amsterdam 2002.

8 Frans Becker e.a. (red.), *Van Troelstra tot Den Uyl. Het vijftiende jaarboek voor het democratisch socialisme*, waarin in het bijzonder de biografische schetsen van Troelstra, Drees en Den Uyl, Amsterdam 1994. Ook Bart Tromp, 'Troelstra, Drees, Den Uyl' (interview 1985), *Het socialisme als loden bal. Bart Tromp over de sociaaldemocratie*,

Amsterdam 2012, p. 158. Ook J.W. Albarda was eveneens een onweersproken leider van de SDAP, maar deze werd nooit vereerd als de hier genoemde drie. Peter Jan Knegtmans, 'Johan Willem Albarda: democratisch socialist', *Het vijftiende jaarboek*, p. 59-100.

9 Lo Casteleijn en Marnix Krop, 'Rechtlijnig en tegendraads: Max van der Stoel, Nieuw Links en de buitenlandse politiek van de Partij van de Arbeid', *Het vijftiende jaarboek voor het democratisch socialisme*, p. 278-280.

10 Ed van Thijn, *Dagboek van een onderhandelaar 25 mei-11 november 1977*, Amsterdam 1977.

11 Van Thijn, *Kroonprinsenleed*.

12 Partijsecretaris Wim van Velzen verklaarde op 17 maart 1986 in de vergadering van het partijbestuur dat 'Den Uyls opvolging door Kok door congres, partij en media was overgenomen' (notulen PB in PvdA-archief, IISG, p. 3). Hieraan lag zeker geen ordentelijk besluit ten grondslag, van congres noch partij, en wat betreft de media al helemaal niet. De opvolging van Den Uyl zou in hoge mate een zaak van Den Uyl zelf zijn, met partijvoorzitter Max van den Berg als belangrijke speler op de achtergrond. Gesprek met Wim van Velzen, 20 maart 2018.

13 Margriet Brandsma en Pieter Klein, *Jan Pronk. Rebel met een missie*, Utrecht 1996, p. 95. Gesprek met Ed van Thijn, 25 november 2016.

14 Nieuw Links was formeel al in 1970 ten grave gedragen, maar als politieke vriendenkring (de 'Steenwijkgroep') was deze groepering nog steeds actief met het vergaren en organiseren van posities van macht en invloed in de PvdA. Zo had men zich aan het einde van de jaren zeventig verenigd op de volgende speerpunten: Ien van den Heuvel zou de PvdA-fractie in het Europees Parlement gaan leiden, Wim Meijer moest partijvoorzitter worden en André van der Louw was voorbestemd Den Uyl op te volgen. Het eerste lukte, de laatste twee niet. Meijer zou in 1981 echter wel fractievoorzitter worden.

15 Zo zag Den Uyl het zelf ook. Aantekeningen van Lo Casteleijn over zijn gesprekken met Den Uyl, wiens persoonlijk medewerker en vertrouweling hij van 1977 tot eind 1981 was; persoonlijk archief-Casteleijn, 8 februari 1979.

16 Van Thijn, *Kroonprinsenleed*, p. 76. Ook Bruno de Haas en Cees van Lotringen, *Wim Duisenberg. Van Friese volksjongen tot mr. Euro*, Amsterdam 2003, hoofdstuk 4 ('De kroonprins').

17 Gesprek met Ed van Thijn, 25 november 2016.

18 Zo was Kok aanwezig bij het partijcongres van 1969, waar Nieuw Links tot de partijtop doordrong, alsook het congres van 1972 waarin het – ook voor Kok wel aantrekkelijke – idee van de Progressieve Volkspartij (op te richten samen met D'66 en de PPR) schipbreuk leed. Ook deed hij wel eens mee aan partijbijeenkomsten op zijn eigen beleidsterreinen, zoals sociale economie, volkshuisvesting, Europa en ontwikkelingssamenwerking. Als voorzitter van NVV en FNV, als officieel waarnemer dus, woonde hij sowieso partijcongressen bij.

19 Vgl. *Een stem die telt*, rapport Wiardi Beckman Stichting, Amsterdam 1967.

20 Philip van Praag jr., *Strategie en illusie. Elf jaar intern debat in de PvdA*, Amsterdam 1990. Overigens een vaker voorkomend euvel: zo voorzag PvdA-voorman Job Cohen bij de kabinetsformatie in 2010 niet dat Mark Ruttes VVD nog een uitweg had voor een kabinet van VVD en CDA met gedoogsteun van Wilders' PVV.

21 J.M. den Uyl, 'De smalle marge van democratische politiek', *Socialisme en Democratie*, september 1970, p. 299-320. Ook in Joop den Uyl, *Inzicht en Uitzicht. Opstellen over economie en politiek*, Amsterdam 1978, p. 145-166.

22 Bart Tromp, 'Den Uyl als partijleider', *De loden bal van het socialisme*, Amsterdam 2012, p. 256-267.

23 Sinds de grote verkiezingsnederlaag van 2017 bestaat die tegenstelling in elk geval niet meer fysiek: het hoofdkantoor van de PvdA is nu, ook door gebrek aan middelen, in Den Haag gevestigd.

24 Hoofdstuk 3. Den Uyls andere getuigen waren Marcel van Dam en Cees de Galan.

25 Wim Kok, 'Joop den Uyl en de vakbeweging (enkele notities)', Lo Casteleijn e.a. (red.), *Tekens in de tijd. 65 jaar Joop den Uyl*, Amsterdam 1985, p. 258-261.

26 Bandopname telefoongesprek, persoonlijk archief-Pauli.

27 Van Baalen/Van Kessel (red.), *Kabinetsformaties 1977-2012*, p. 32 (puttend uit het formatiedagboek van Frans Andriessen, waarin deze verwijst naar informatie die CDA-Kamerlid en oud-NKV'er Piet van Zeil 'uit de top van het FNV heeft vernomen').

28 In de aantekeningen van Den Uyl (archief IISG) is over deze kwestie niets te vinden.

29 Aantekeningen Casteleijn, 26 juni 1979 en 30 oktober 1980.

30 De PvdA viel terug van 53 naar 44 zetels. Het CDA verloor er één: van 49 naar 48. Grote winnaar was D'66 onder zijn nieuwe aanvoerder Jan Terlouw: van 8 naar 17 zetels.

31 D'66 toonde zich immers niet bereid CDA en VVD aan een meerderheid te helpen.

32 Hoofdstuk 7. In zijn *Kroonprinsenleed* beoordeelt Ed van Thijn de fractievergadering van 2 juli 1981 die in meerderheid het veto over Van Agt als premier inslikte (en waarbij Kok Den Uyl telefonisch krachtig in die richting had geduwd) als het moment van het einde van de polarisatie. 'Hiermee kwamen al die jaren van polarisatie, bedoeld om de geloofwaardigheid van de politiek te bevorderen, in één klap op dood spoor.' (p. 87) Ook gesprek met Ed van Thijn, 25 november 2016.

33 Aantekeningen Casteleijn van 13 juli 1981, die een gesprek van de partijtop ten huize van Van Thijn op 4 juli over de personele invulling van het nog te vormen kabinet beschrijft. Den Uyl: 'Kok wil niet in het kabinet.' Hieraan was een gesprek van Den Uyl met Kok voorafgegaan, waarin hij voor het eerst zei hem als zijn opvolger te beschouwen, maar ook in die context wilde Kok zijn post bij de FNV niet verlaten.

34 Hoofdstuk 5.

35 Ook hoofdstuk 7.

36 De PvdA viel toen, landelijk gezien, terug van 28 naar 21 procent van de uitgebrachte stemmen.

37 Max van den Berg, interview in *Elseviers Weekblad*, 8 mei 1982.

38 Het ministerie van Volkshuisvesting en Ruimtelijke Ordening, waaraan Van Dam tijdens Van Agt II leiding had gegeven. Het kabinet was op 19 mei nog demissionair, nadat de PvdA-ministers op 12 mei uit het kabinet waren getreden.

39 *Kroonprinsenleed*, p. 91-94. Ook Bleich, *Joop den Uyl*, p. 431-433.

40 Gesprek met Ed van Thijn, 25 november 2016.

41 Cultuur, Recreatie en Maatschappelijk Werk.

42 Van Kemenade, *Wakken in het kroos*, p. 87. Van Kemenade vond dat Kok over goede sociaaleconomische ervaring beschikte en meende dat hij het PvdA-electoraat het meest zou aanspreken. Ook gesprek met Jos van Kemenade, 11 januari 2018.

43 Margriet van Lith, *Wim Meijer tegen de stroom in*, Amsterdam 2016, p. 249. Ook Bleich, *Joop den Uyl*, p. 432-433. Overigens zeiden alle aanwezigen zich bij voorbaat in Den Uyls keuze te zullen schikken: een zachte staatsgreep dus.

44 Gesprek met Max van den Berg, 16 november 2017. Ook in de bijeenkomst van het fractiebureau erna kreeg de nog steeds ontstelde Den Uyl steun van een meerderheid. Gesprek Arie van der Hek, 27 maart 2018. Die (door de kabinetsval vervroegde)

verkiezingen zouden overigens op 8 september 1982 worden gehouden.
45 *Feitelijk* omdat Den Uyl op dat moment geen Kamerlid was. Daarvoor moest hij wachten op de verkiezingen in september 1982.
46 Naar een uitspraak van Jos van Kemenade: Bleich, *Joop den Uyl*, p. 434.
47 Een goede journalistieke, zij het niet volledige, weergave ervan bij Leon de Wolff, 'Dossier Den Uyl', *Haagse Post*, 4 september 1982, p. 49-52.
48 Zo hield diens oude Nieuw Links-strijdmakker Jan Nagel dat vuurtje bij de VARA brandend.
49 Nypels/Tamboer, p. 133. Citaat Kok bij Daan Dijksman e.a., 'Het leiderschap van Wim Kok', *Haagse Post*, 24 september 1983.
50 De toen invloedrijke voorzitters van de zestien PvdA-gewesten (regionale verbanden).
51 Toen de schrijver van deze biografie in de zomer van 1977 bij de Wiardi Beckman Stichting, het wetenschappelijk bureau van de PvdA, kwam te werken bleek hem al spoedig dat ook zijn toenmalige directeur Wouter Gortzak van deze speculaties over Kok op de hoogte was.
52 Het begrip 'kroonprins' begon in die tijd (1981-1982) courant te worden, eerst in de pers, toen in de partij.
53 Hoofdstukken 5 en 9.
54 Hoofdstuk 7. Kok werd van Haagse 'sentimenten' ook goed op de hoogte gehouden door zijn voorlichters Muus Groot respectievelijk Henne Pauli.
55 Citaten bij Bleich, *Joop den Uyl*, p. 433.
56 Die toezegging had Den Uyl het partijbestuur inmiddels gedaan: mocht hij niet tot het volgende kabinet toetreden, dan zou hij halverwege de volgende parlementstermijn zijn fractievoorzitterschap neerleggen ten gunste van zijn plaatsvervanger. Bij de perspresentatie op 8 juni 1982 formuleerde Den Uyl het zo: 'Dat ik mij de vrijheid wil voorbehouden om eventueel tussentijds terug te treden als fractievoorzitter.'
57 Van Kemenade, *Wakken in het kroos*, p. 88-89.
58 Een eerder telefoontje van PvdA-vicevoorzitter Stan Poppe aan Kok met de suggestie van een lijstduwerschap voor hem deed Kok (na oplegging van de hoorn) in grote woede uitbarsten: 'Alsof ze bij de partij helemaal niets van mijn positie als FNV-voorzitter willen snappen!' Informatie van Max van Weezel, die toen bij Kok in zijn kamer aanwezig was voor het houden van een interview.
59 *De Vakbondskrant*, 10 juni 1982. Daarin ook het verslag van Den Uyls persconferentie van 8 juni.
60 Hoofdstuk 9.
61 Joop van Tijn en Max van Weezel, 'Wim Kok: "Ik kan me bijna niet verplaatsen in het idee dat ik die overstap zou maken"', *Vrij Nederland*, 5 juni 1982: 'Als Den Uyl het niet meer doet en een andere kandidaat zou niet lekker liggen in de partij, hoef *ik* niet zo nodig de man te zijn die minder moeilijk ligt. [...] Maar of daar Jantje vindt dat hij niet met Pietje kan werken en of Pietje vindt dat hij iets niet met Jantje kan doen, daar heb ik niet mee te maken.'
62 De PvdA behaalde 47 zetels, terwijl het CDA van 48 zetels terugviel op 45. Er was echter een ruime meerderheid voor een centrumrechtse coalitie door de forse winst die de VVD boekte: van 26 naar 36 zetels. De PvdA kreeg via informateur Van Kemenade nog wel een kans een kabinet te vormen, maar zowel geschillen over het sociaaleconomisch beleid als de kruisrakettenkwestie bleken in het overleg met het CDA onoverkomelijke hinderpalen te vormen. Nadat Dries van Agt zich tijdens de formatie uit de politiek had teruggetrokken, kwam de weg vrij voor het kabinet-Lubbers van CDA en VVD.

63 Hoofdstuk 7.

64 Gesprek Flip Buurmeijer, 21 juni 2018. Overigens reageerde Den Uyl in het Kamerdebat over de regeringsverklaring van het nieuwe kabinet op 23 november 1982 toeschietelijker (hoofdstuk 7).

65 Broer Akkerboom, e-mail 25 juni 2017.

66 In april 1983 meldde zich nog een andere gegadigde voor de opvolging: voormalig staatssecretaris en de politiek voorman van de Amsterdamse PvdA Jan Schaefer: die wilde wel partijleider worden, 'als hem dat werd gevraagd'. Dit leidde tot niets. Tweeënhalf jaar later, in december 1985, drukte Schaefer zich nog directer uit: 'Ik wil Den Uyl opvolgen.' Toen was dat spel echter al gespeeld. Louis Hoeks, *'In geouwehoer kun je niet wonen.' Het leven van Jan Schaefer*, p. 273-275 en 297.

67 Deze geschiedenis, niet alleen vanuit zijn eigen perspectief beschouwd, heeft Van Kemenade nauwgezet geboekstaafd in zijn *Wakken in het kroos*, hoofdstuk 7 ('De opvolging van Den Uyl'), p. 85-140. Ook gesprek met Jos van Kemenade, 11 januari 2018. Beknopter: Bleich, *Joop den Uyl*, p. 435-441.

68 Den Uyl in zijn aantekeningen op 15 juni 1983. 'Kok: het kan me niet schelen: Jos of ik' (archief IISG). Daarmee zette Kok ogenschijnlijk de deur open.

69 Op 3 juli rapporteerde Van Kemenade aan Den Uyl over zijn gesprek met Kok (Aantekeningen Den Uyl, IISG).

70 Bleich, *Joop den Uyl*, p. 436-437. Hij had toen de voormalig leider van de Britse Labourpartij, Callaghan, weer eens ontmoet en was geschrokken hoe 'verouderd en ingezakt' die eruitzag (informatie Joop van den Berg).

71 Hoofdstuk 8.

72 Op 30 november 1983 vernam Van Kemenade dit nieuws van Den Uyl (*Wakken in het kroos*, p. 107; hier ook overige citaten Kok).

73 Ook in Koks contacten met Max van den Berg kwamen zijn wisselende stemmingen naar voren. Op 22 december 1983 liet hij hem weten: 'Pas nadat ik bij de FNV weg ben, kan ik oordelen. Ik sta onder grote druk.' En in februari 1984: 'Ik zeg niet dat ik het doe. Maar ook niet dat ik het onder geen beding niet doe. Ik reageer wel een slag anders dan op 3 september, maar ik kan nu niet zelfstandig dingen regelen.' Van den Berg concludeerde daaruit: 'We moeten de dingen niet overhaasten. Het gaat nu goed met de partij. Laat Den Uyl de kar nog een à twee jaar trekken. We koppelen het moment van vertrek van Den Uyl aan de aanwijzing van een lijsttrekker.' (Aantekeningen Den Uyl, februari 1984; archief IISG).

74 Los van Max van den Berg en vicevoorzitter Stan Poppe waren daarbij aanwezig: secretaris Wim van Velzen, internationaal secretaris Maarten van Traa, penningmeester Willem Vermeend en de leden Ien Dales en Felix Rottenberg. Vanuit de fractie woonden Joop den Uyl en Wim Meijer het overleg bij.

75 Van Kemenade verliet per 1 september 1984 de Kamer om voorzitter van het College van Bestuur van de Universiteit van Amsterdam te worden. Later zou hij nog burgemeester van Eindhoven en commissaris van de Koningin in Noord-Holland worden. Hij zou de politicus Kok nog geregeld tegenkomen.

76 Hij had Den Uyl nog wel een soort sollicitatiebrief voor het partijleiderschap gestuurd. Tevergeefs. (Informatie Dick Benschop).

77 Hoofdstuk 9.

78 Dit was in het programma *In de Rooie Haan*. In *Haagse Post* van die week zei Kok ook niet uit te sluiten ooit iets in de politiek te willen doen, maar 'een eerste lijn in de politiek, dat ambieer ik niet'.

79 'Harm Buiter (1922-2011), verzetsman, vakbondsbestuurder, burgemeester', VHV, www.vakbondshistorie.nl.

80 De PvdA was in Groningen toen oppermachtig: steeds een derde of meer van de raadszetels.

81 'Wie wordt de burgemeester?', *Nieuwsblad van het Noorden*, 23 juni 1984.

82 Hoofdstuk 9.

83 Gesprek met Jos van Kemenade, 11 januari 2018.

84 Van Lith, *Wim Meijer*, p. 265.

85 De voorzichtige Kok vroeg nog wel aan Vonhoff of hij nu zeker kon zijn van de benoeming. Vonhoff: 'Wie zich daar nu nog tegen verzet, gooi ik hoogstpersoonlijk van de Martinitoren af.' Toen Kok bij zijn voorlichter Pauli liet vallen dat hij voor Groningen had gekozen, feliciteerde deze hem met het nemen van de beslissing. Kok viel de nuance direct op: 'Je feliciteert mij alleen met het feit dat ik een beslissing heb genomen, niet met de baan zelf.' Pauli was eerder die maand door Den Uyl benaderd voor een afspraak. 'Hij wist dat een voorlichter invloed heeft op zijn baas. Of ik hem wilde helpen Wim voor zijn opvolging te laten kiezen? Dat heb ik gedaan.' Gesprek met Henne Pauli, 5 maart 2018. Pauli gaf hierin niet de doorslag.

86 Hij was daar van 1970 tot 1978 wethouder geweest.

87 Het gesprek vond plaats in Den Uyls woning in Amsterdam-Buitenveldert. Max van den Berg was er ook bij.

88 Telefoongesprek met Max van den Berg, 13 mei 2019.

89 In een brief van 2 januari 1985 schreef Den Uyl aan Wim Meijer: 'Wim Kok was tot november 1983 voor mij een reële optie. Hij haakte toen af, op een moment dat velen in de leiding van de partij zeer gereserveerd tegenover hem stonden. Dat hij nu, naar het zich laat aanzien, bereid is in de leiding van de partij en de fraktie te gaan funktioneren mag een wonder heten. [...] Morgen is het gesprek met Wim Kok.' Persoonlijk archief-Meijer.

90 Ireen van Ditshuyzen, *Met Kok*, documentaire (2006). Ook gesprek met Rita Kok, 11 december 2018.

91 Telefoongesprek op 14 september 2018 met Tonny van de Vondervoort, toenmalig voorzitter van de PvdA-fractie in de Groninger gemeenteraad, die hierbij aanwezig was. Zij leidde ook de delegatie uit de PvdA-fractie die in de zomer een oriënterend gesprek met Kok voerde en die eind december van hem vernam dat hij het burgemeesterschap van Groningen inderdaad ambieerde.

92 Henk Brons en Peter van Eijkelenburg, 'Het was een machteloze ervaring. Wim Kok is terug van weggeweest', interview *Het Vrije Volk*, 5 januari 1985. Kok zei daarin over zijn toekomstige politieke positie: 'Niet achter de eerste lessenaar.'

93 Waarbij Kok in het FNV-hoofdkantoor Hans Pont als zijn opvolger als FNV-voorzitter voorstelde.

94 Willem Breedveld. 'Kok, een al te bescheiden mens', *Trouw*, 12 juni 1985. Ook Peter van Eijkelenburg: 'Kok: "Niet alleen gelukkig als ik minister word"', interview *Het Vrije Volk*, 12 juni 1985.

95 Van den Berg ging twee dagen later nog wel bij Kok langs. Hij wilde voor de zekerheid vaststellen of deze alles goed had verwerkt en of de afspraken nog stonden. Dat deden ze. Telefoongesprek met Max van den Berg, 13 mei 2019.

96 Bart Tromp, 'De successie-belasting in de PvdA', *Het Parool*, 19 mei 1985. Ook Paul Ruigrok, *De kroonprinsenstrijd binnen de Partij van de Arbeid*, Amsterdam 2001.

97 Mondelinge informatie van Lo Casteleijn, persoonlijk medewerker en vertrouweling

van Den Uyl. Overigens kon Kok ook niet altijd goed hoogte krijgen van Den Uyl.

98 Gesprek met Max van den Berg, 16 november 2017. Overigens hield Kok nog lang afstand tot het politieke bedrijf: 'Het is niet mijn wereld. [...] De hele stijl, de cultuur van werken in de politiek is wezenlijk anders dan de manier waarop wij dat doen in de vakbeweging.' Een enigszins vreemde uitspraak voor iemand die al besloten had de overstap naar de politiek te maken. Misschien toch begrijpelijk: hij was toen nog FNV-voorzitter. Wim Kok (interview), John Jansen van Galen en Bert Vuijsje, *Joop den Uyl. Politiek als hartstocht*, Weesp 1985.

99 De kandidaatstelling geschiedde toen nog per kiesdistrict. Den Uyl stond overal op één, maar Kok stond alleen in Amsterdam gegarandeerd op nummer twee. Elders was hij vaak lijstduwer.

100 Dit was de uitkomst van enkele gesprekken van Kok met Den Uyl eind december en begin januari over de nadere invulling van de opvolging.

101 Een drietal impressies van Kok in deze campagne: Kees van der Malen, 'Zakelijk als Lubbers, bewogen als Den Uyl', *NRC Handelsblad*, 26 april 1986; Tom-Jan Meeus, 'De campagne van Wim Kok', *De Tijd*, 9 mei 1986; Bibeb, 'Wim Kok: "Ik wil best op een waterfiets, maar ik vind het erg dat het op het journaal komt"', *Vrij Nederland*, 14 juni 1986.

102 Een kernachtige omschrijving die aan Den Uyls vrouw Liesbeth is toegeschreven.

103 Deze gedachte had Den Uyl ook al geventileerd in januari 1986, toen hij – voor het eerst – publiekelijk bevestigde dat Kok zijn opvolger zou worden. 'Den Uyl bevestigt opvolging door Kok', *NRC Handelsblad*, 23 januari 1986.

11 Terug naar het 'centre court'

1 De uitslag van september 1989: de PvdA ging terug van 52 naar 49 zetels, het CDA behield zijn 54.

2 Wim Kok, slottoespraak verkiezingscongres van de PvdA, 8 juli 1989, PvdA-archief, IISG; verkorte weergave in *Voorwaarts*, 15 juli 1986. Een vroege aankondiging: Wim Kok (interview), 'We zullen alles moeten doen een nieuw beeld van *Regierungsfähigkeit* te vestigen', *PvdA-ledenkrant*, 1 september 1986.

3 Hoofdstuk 10, laatste alinea.

4 De PvdA kwam voort uit een fusie tussen Sociaal-Democratische Arbeiders Partij (SDAP), Vrijzinnig-Democratische Bond (VDB) en Christelijk-Democratische Unie (CDU). Ook trad een aantal prominente leden van de protestantse Christelijk-Historische Unie (CHU) en de katholieke Christofoorgroep toe.

5 J. Perry, P.J. Knegtmans, D.F.J. Boscher, F. Becker en P. Kalma, *Honderd jaar sociaal-democratie in Nederland 1894-1994*, Amsterdam 1994. Ook Donald Sassoon, *One Hundred Years of Socialism. The West European Left in the Twentieth Century*, Londen 2014 (eerste uitgave 1996). Overigens werd de SDAP in 1939 met twee ministers in het kabinet-De Geer opgenomen (Albarda en Van den Tempel) en bleef zij ook vertegenwoordigd in het 'oorlogskabinet'-Gerbrandy dat tijdens de Duitse bezetting in Londen zat.

6 Ook gesprek met Tineke Netelenbos, 17 april 2018. Zij was in de jaren zeventig voorzitter van het PvdA-gewest Noord-Holland-Zuid.

7 Hoofdstuk 1.

8 Hoofdstuk 1.

9 Hoofdstuk 2.

10 Hoofdstuk 2.

11 Hoofdstuk 3. Ook Hans van den Doel, *Het biefstuksocialisme en de economie*, Amsterdam 1978.
12 Naast de manifesten *Tien over rood. Uitdaging van Nieuw Links aan de PvdA* (1966) en *De macht van de rooie ruggen* (1967), vooral het cultuurpolitieke geschrift *De meeste mensen willen meer* (1967).
13 *Beginselprogramma van de Partij van de Arbeid*, Amsterdam 1977. Het etatisme (van Frans *état* = staat: de opvatting dat de overheid de samenleving moet sturen in de door haar gewenste richting) komt in dit programma onder andere naar voren in de eis tot nationalisatie van banken en sleutelindustrieën en de geringe aandacht die het besteedt aan de hervormende arbeid van maatschappelijke organisaties als vakbonden (het begrip 'sociale zekerheid' komt in het programma zelfs niet voor). Voor een vroege kritiek uit eigen partijkring: Paul Kalma, *De illusie van de 'democratische staat'*, Deventer 1982. Het laatste (eropvolgende) beginselprogramma van de PvdA, van 2005, kenmerkt zich door een evenwichtiger kijk op politiek en economie, samenleving en individu.
14 Wim Kok, 'Den Uyl en de vakbeweging' (interview), John Jansen van Galen en Bert Vuijsje, *Joop den Uyl: politiek als hartstocht*, Amsterdam 1985, p. 282-298.
15 Kok, 'Joop den Uyl en de vakbeweging, enkele notities', Casteleijn e.a. (red.), *Tekens in de tijd*, p. 258-261. Zie voor het Akkoord van Wassenaar hoofdstuk 7.
16 Gesprek met Arie van der Hek, 27 maart 2018. Overigens wilde Kok voor het lenigen van die dagelijkse noden wel gericht verder vooruitkijken. Zie zijn redacteurschap (met Hedy d'Ancona, Marcel van Dam en Frans Leijnse) van het PvdA-rapport *Werk delen. De noodzaak van een verdere verdeling van arbeid*, april 1986. Ook Gerard Klaassen, 'Werkloosheid heeft een onttakelende invloed op de democratie en de samenleving' (interview met Kok), *Tijd en Taak. Onafhankelijk blad voor religie en socialisme*, 30 april 1983.
17 Karakteristiek waren in dit verband de twee interviews die Bibeb Kok afnam. Het eerste dateerde van eind september 1975, waarin hij zichzelf als een radicaal maatschappijhervormer presenteerde. Het tweede was van medio juni 1986, waarin Kok zich als een veel verzoenender 'reformist' liet kennen. Door de interviewster met dit verschil geconfronteerd, zei Kok: 'Ik neem er niets van terug. Het is geen andere Wim Kok, maar je zit nu tegenover Wim Kok uit de jaren tachtig.'
18 Een samenvattend overzicht bij Wolfgang Merkel, 'After the Golden Age: A Decline of Social Democratic Policies in Western Europe in the 1980s?', *Working Paper 20*, Heidelberg 1989. Een vroeg signaal kwam van Ralf Dahrendorf, 'Na de sociaal-democratie', *Socialisme en Democratie*, juli/augustus 1981. Een vroeg tegengeluid bood Gøsta Esping-Andersen, *Politics Against Markets: the Social Democratic Road to Power*, Princeton 1985, die perspectief zag in het smeden van een band tussen arbeiders en middenklasse.
19 Hoofdstuk 10. Zoals hij in 1973 ook veel baat had gehad van het halve jaar inwerken in de luwte van Adri de Boon, voordat hij toen in september pas echt het voorzitterschap van het NVV op zich nam (hoofdstuk 4).
20 Hoofdstuk 10.
21 Arend Hilhorst zou tot 2001 ook Koks politiek assistent/adviseur op Financiën en Algemene Zaken worden. Een later weekbladartikel zou hem enigszins uit de anonimiteit halen: Arendo Joustra, 'Wim Kok en zijn maat. De onbekende adviseurs van de vicepremier', *Elsevier*, 14 maart 1992.
22 Hoofdstuk 4.
23 Gesprekken met Wim Meijer, 27 november 2016 en 23 maart 2018. Citaat in Margriet van Lith, *Wim Meijer tegen de stroom in*, Amsterdam 2016, p. 273. Bram Stemerdink dateert Meijers uitspraak op 3 februari 1987, *Tussen dromen, daden en twijfels. Dagboek-*

aantekeningen over de sociaal-democratie in Nederland en daarbuiten 1986-1993, Amsterdam 1993, p. 34.

24 Dit betrof bredere politieke onderwerpen. Doorgaans besprak de fractie vooral de agenda van de Kamer.

25 Na Meijers vertrek naar Drenthe eind 1988 nam tweede fractievoorzitter Aad Kosto de leiding van de fractievergaderingen op zich. Kok was al wel begonnen de vergaderingen van het fractiebureau voor te zitten.

26 Voor eerdere pleidooien in die richting: Paul Kalma en Marnix Krop, 'Verzorgingsstaat en klassencompromis', *Socialisme en Democratie*, juni 1982 alsook hun 'Herverdeling van arbeid en klassencompromis', Jan Bank e.a. (red.) *Het vierde jaarboek voor het democratisch socialisme*, Amsterdam 1983, p. 64-112. Overigens moest de politicus in spe Kok er aanvankelijk nog aan wennen niet automatisch op de polarisatietoer te gaan: 'Lubbers is een wolf in schaapskleren' (interview), *de Volkskrant*, 11 januari 1986.

27 Er moest natuurlijk wel iets te regeren zijn, zo had partijicoon Jaap Burger ooit voorgesteld. Maar het antwoord op de vraag of dat inderdaad zo was, mocht de PvdA niet aan anderen overlaten, zo meende Kok.

28 In de aanloop naar de verkiezingen van 1994 is nog even naar alternatieve partijleiders omgekeken (hoofdstuk 17).

29 Debat over de regeringsverklaring, Tweede Kamer 30 juli 1986 (TK 86-5326).

30 Kok moest toen wel meteen de les leren dat de andere fractieleden niet zijn 'medewerkers' waren, die hij met opdrachten kon opzadelen, maar parlementariërs met (bijna) net zo veel recht en gezag als hijzelf. De fractievoorzitter was niet meer dan 'een eerste onder zijn gelijken'. Gesprek met Klaas de Vries, 19 februari 2018. Kok vond het overigens vreemd dat de fractievoorzitter eigenlijk heel weinig macht had.

31 Meer over dit begrip bij Paul Kalma en Marnix Krop, 'De PvdA als "natuurlijke regeringspartij"', *Socialisme en Democratie*, mei 1983.

32 Gesprek met Ruud Lubbers, 25 oktober 2016.

33 Gesprek met Flip Buurmeijer, 21 juni 2018. Deze koffiekamer schonk overigens ook alcoholhoudende dranken. Kok liet zich wel eens zien in de Schrijfkamer, naast het oude ledenrestaurant op Binnenhof 1a. Zeker wanneer de televisie er een voetbalwedstrijd vertoonde, liet hij zich daar doorgaans niet onbetuigd.

34 Gesprek met Henne Pauli, 5 maart 2018.

35 Er gaapte overigens een opvallende kloof tussen de 'externe' en de 'interne' Kok. Naar buiten toe was hij scherp, uitstekend gedocumenteerd en absoluut heel 'politiek'. Naar binnen toe verzuchtte de nieuwe fractievoorzitter geregeld: 'Ik ben geen politicus, dit is mijn vak niet,' en woorden van die strekking. Toen hij Politicus van het Jaar werd, was zijn interne reactie: 'Ik ben helemaal geen politicus, ook niet van het jaar' (e-mail Jacques Wallage, 24 mei 2018).

36 Afscheidsbrief van Joop den Uyl dd. 5 november 1987, *Vrij Nederland*, 21 november 1987.

37 Frans Becker en Paul Kalma, 'Om de kwaliteit van de politiek', *Argus. Speciaal katern Joop den Uyl ('Man met een hart')*, 12 december 2017.

38 Paul Kalma en Marnix Krop, 'Het program als fetisj. Twintig jaar oppositiecultuur in de Partij van de Arbeid', *Socialisme en Democratie*, september 1986.

39 Overigens zou binnen een halfjaar nog een voorganger van Kok komen te overlijden. Op 14 mei 1988 overleed in Den Haag, bijna 102 jaar oud, Willem Drees.

40 Den Uyl bleef na 21 juli 1986 lid van de Tweede Kamer, als 'backbencher' achter in de PvdA-bankjes. Hij had overigens nog wel toegang tot het fractiebureau, waarvan hij doorgaans bescheiden gebruikmaakte.

41 Informatie van Lo Casteleijn respectievelijk Flip Buurmeijer.

42 Wim Kok, 'Joop den Uyl is een man van het volk', *De Toekomst/Voorwaarts (speciale uitgave: herdenkingsnummer Joop den Uyl)*, Amsterdam 1988. Ook Marja Wagenaar, 'Wim Kok' (interview), *Herinneringen aan Joop den Uyl. Artikelen en interviews*, Amsterdam 1988.

43 Archief-PvdA, IISG.

44 Gesprek met Arend Hilhorst, 11 januari 2018.

45 Jan Pronk (voorzitter) e.a., *Schuivende panelen. Continuïteit en vernieuwing in de sociaaldemocratie*, Amsterdam 1987; Wim Kok (voorzitter) e.a., *Bewogen beweging. Sociaaldemocratie als program en methode*, Amsterdam 1988; Bert Middel (voorzitter) e.a., *Politiek à la carte in plaats van politiek als dagschotel*, Amsterdam 1987.

46 Bert Middel, *'Die meneer is van ons...'. Langs de macht en onmacht van de sociaaldemocratie*, Groningen 2019, p. 111-115.

47 Felix Rottenberg, die van 1992 tot 1997 – toen partijvoorzitter, samen met Ruud Vreeman – in de PvdA de kussens in dit opzicht opschudde. De commissie-Van Kemenade had in 1991 met haar rapport *Een partij om te kiezen* het werk van *Politiek à la carte* voortgezet. De partijcongressen van 1992 namen de conclusies over.

48 Joop van den Berg, 'De langzame ontworteling van de Nederlandse sociaaldemocratie', in: Frans Becker en Gerrit Voerman (red.), *Zeventig jaar Partij van de Arbeid*, Amsterdam 2016, p. 59.

49 Van Lith, *Wim Meijer*, p. 279-281.

50 Brief van Wim Meijer aan Wim Kok, 31 mei 1988 (persoonlijk archief-Meijer).

51 Jacques Wallage, *Het land achter de heuvels. Politiek als ambacht, 1968-2018*, Amsterdam 2018, p. 131. Overigens besteedde *Schuivende panelen* wel aandacht aan de verzorgingsstaat en de sociale zekerheid, maar dit bleef bij een nogal theoretische vergelijking van verschillende organisatiemodellen (in hoofdstuk 3).

52 Hoofdstuk 10.

53 Eenzelfde pragmatisme sprak uit het rapport van Paul Kalma, de toenmalige adjunct-directeur van de Wiardi Beckman Stichting, *Het socialisme op sterk water; veertien stellingen*, Deventer 1988.

54 Zie eerder dit hoofdstuk.

55 Ook als gevolg van het rapport hierover dat Kok in 1986 voor de voorzitter van de Europese Commissie, Jacques Delors, had opgesteld (hoofdstuk 9).

56 Vergelijk Den Uyls rol bij de totstandkoming van de rapporten *De weg naar vrijheid* (1951) en *Om de kwaliteit van het bestaan* (1963), bijvoorbeeld bij J. Perry e.a., *Honderd jaar sociaal-democratie in Nederland 1894-1994*, p. 180 resp. 214-215. Voor een tegengeluid Jan Joost Lindner: 'Den Uyl heeft – vaak onbewust en ongewild – de PvdA inhoudelijk geremd. Zijn inhoudelijke kracht werd in een nieuwe fase de zwakte van de partij [...]. Een opener, meer flexibel leiderschap kan in de PvdA heel wat losmaken en zo veel brave verveling verjagen', in: 'De ontjoping van de PvdA', *de Volkskrant*, 22 februari 1986.

57 Zie ook zijn artikelen uit die jaren in Jan Pronk, *De kritische grens. Beschouwingen over tweespalt en orde*, Amsterdam 1994.

58 Jan Tromp, 'Er is geen sprake van vriezen of dooien, van vlees noch vis' (interview met Wim Kok over *Schuivende panelen*), *de Volkskrant*, 21 november 1987, p. 17.

59 Gesprek met Marjanne Sint, 4 november 2016 (Sint was indertijd partijvoorzitter en nam deel aan de voorbereiding van zowel *Schuivende panelen* als *Bewogen beweging*). Commissielid Paul Scheffer drukte het in *Elsevier* wel heel rechtstreeks uit: 'Elke

opmerking die iets onderkende van de urgentie van de problemen waar de PvdA voor staat werd door Kok gladgestreken en weggeredeneerd.'

60 Stemerdink (*Tussen dromen, daden en twijfels*, p. 74) maakt melding van een 'Buitenlanddag' van de PvdA op 6 februari 1988, waar de fractienota over defensiebeleid werd besproken en waarvoor ook buitenstaanders als oud-minister Norbert Schmelzer (CDA) en voormalig Europees topambtenaar Mom Wellenstein (liberaal) als spreker waren uitgenodigd. Wim Kok rondde de discussie op kennelijk zo'n overtuigende manier af, dat Schmelzer deze (ook aanwezige) biograaf toevertrouwde de PvdA onder Kok weer als geheel '*regierungsfähig*' te beschouwen. Het veiligheidsbeleid vormde daarvoor eerder immers een struikelblok.

61 Gesprekken met Ruud Lubbers en Joris Voorhoeve, 25 oktober 2016 respectievelijk 3 november 2016. Ook Jan de Koning, 'Schuivende panelen: het begin van een discussie', *Christen Democratische Verkenningen*, februari 1988.

62 Ad Melkert, 'Partij van de Arbeid: heroriëntatie halverwege', *Socialisme en Democratie*, mei 1990. Ook Jan Pronk (interview) in Peter Rehwinkel en Jan Nekkers, *Regerenderwijs. De PvdA in het kabinet-Lubbers/Kok*, Amsterdam 1994, p. 114-115.

63 Hoofdstukken 13, 14 en 15.

64 De PvdA behaalde nu, landelijk gezien, 33 procent van de stemmen, de helft meer dan de 21,9 procent van vijf jaar ervoor (en praktisch evenveel als bij de Tweede Kamerverkiezingen in mei 1986). Het CDA wist zich redelijk goed te handhaven, maar samen met de VVD verloor het kabinet-Lubbers II (virtueel) zijn meerderheid in de Tweede Kamer. Kok sprak daarom over een 'gele kaart' voor het kabinet. Ook in de Eerste Kamer verbeterde de PvdA zich aanzienlijk, van 17 naar 26 zetels. Hier behield het kabinet met één zetel zijn meerderheid.

65 Stemerdink, *Tussen dromen, daden en twijfels*, passim. Hij vond ook dat Kok zich nogal met 'jaknikkers' omringde en te veel op zijn 'speechwriters' leunde. Gesprek met Bram Stemerdink, 8 maart 2018.

66 Wat natuurlijk ook andere gronden had: vaak de behoefte in het leven een nieuwe uitdaging aan te gaan. De Vries miste overigens als voorzitter van de parlementaire enquête over bouwsubsidies (1986-1988) een groot deel van Koks eerste jaren in de Kamer. Later ontwikkelde hij zich tot een van Koks vertrouwenspersonen.

67 Gesprekken met Tineke Netelenbos (17 april 2018), Wim van Velzen (20 maart 2018) en Willem van de Zandschulp (21 juni 2018). Zelf kwam Kok voor zijn gevoel in de partijraad veel somberheid ('Wanneer gaat de zon nou eens schijnen?') en overdreven veel aandacht voor de beeldvorming rond de PvdA tegen. Hij miste er aandacht voor politieke inhoud, maar die verschafte hij misschien zelf ook niet in voldoende mate.

68 Nieuwkomers in de fractie waren toen onder anderen Wim van Gelder, Servaes Huys, John Lilipaly, Ad Melkert, Willy Swildens en Josephine Verspaget.

69 Hein Roethof, *Dwars over het Binnenhof. Herinneringen van een liberale socialist*, Utrecht 1990, p. 253-279; Louis Hoeks, *In geouwehoer kun je niet wonen*, hoofdstuk 21; en Willem van Bennekom, *De jaren van Maarten van Traa*, Amsterdam 2016, p. 344-347. Ook gesprekken met Ad Melkert, 28 november 2018 en 6 juni 2018.

70 Zie het tweede deel van deze biografie.

71 Pronk werd in april 1987 tot eerste vicevoorzitter van de PvdA gekozen. Hij was eerder ook al benoemd tot voorzitter van de commissie die het rapport *Schuivende panelen* zou voorbereiden.

72 Pronk was in juli 1986, onmiddellijk na zijn terugkeer in de Kamer, in het fractiebureau

gekozen. Hij speelde ook een belangrijke rol bij de opstelling van het verkiezingsprogramma 1989.
73 Van Lith, *Wim Meijer*, p. 273. Dit boek spreekt hier overigens abusievelijk van fregatten voor Indonesië.
74 Stemerdink, *Tussen dromen, daden en twijfels*, p. 31-33.
75 Paul van Ingen, 'Angst en hebzucht', *Haagse Post*, 2 juli 1987.
76 Anne Vondeling, *Schijn des kwaads: Bespiegelingen over gedragsregels voor politici*, Den Haag 1978.
77 Aan deze conclusie werd van verschillende zijden wel getwijfeld. Bijvoorbeeld Th.H. Joekes, 'Er blijven vraagtekens in aandelenaffaire Van den Bergh', *NRC Handelsblad*, 22 juli 1987.
78 Verklaring Kok, *NRC Handelsblad*, 17 juli.
79 Aantekeningen Wim Meijer 28 augustus 1987, persoonlijk archief-Meijer.
80 Brief Van den Bergh aan de voorzitter van de PvdA-fractie, 3 september 1987, archief PvdA-fractie, IISG. Volgens Van den Bergh zou Kok een beroep op hem nebben gedaan 'zijn situatie te overzien, omdat hijzelf onder kritiek kwam vanwege zijn behandeling van de zaak' (e-mail Harry van den Bergh, 24 januari 2019). Dit is niet onmogelijk, maar de auteur van deze biografie heeft deze bewering niet meer bij Wim Kok zelf kunnen verifiëren.
81 Stemerdink, *Tussen dromen, daden en twijfels*, p. 46-51. Gesprek met Bram Stemerdink, 8 maart 2018. Gesprek met Ad Melkert, 6 juni 2018. E-mail van Wim Meijer, 7 november 2018: 'Wim was er niet op uit Harry te beschadigen, maar hij voelde ook geen behoefte het nadrukkelijk voor hem op te nemen. Harry moest het hier maar mee doen.'
82 Kok toen over zijn rol in deze affaire: 'Alles wat ik in deze zaak heb gedaan is door de fractie gesteund. Ik heb als fractieleider niets om me voor te schamen,' *FNV-magazine*, 19 september 1987.
83 Gesprek met Aad Kosto, 30 april 2019. Ook Van den Braak/Van den Berg, *Zeventig jaar zoeken naar het compromis*, p. 536-537.
84 Voor een beeld van Kok uit zijn onwennige fase: Arendo Joustra en Erik van Venetië, 'Ik loop niet met een pistool op zak' (interview Wim Kok), *de Volkskrant*, 7 maart 1987.
85 Formeel waren deze benoemingen de uitkomst van verkiezingen binnen de fractie, maar Koks 'zacht' sturende hand speelde bij het resultaat een doorslaggevende rol. Zo gaf hij voor het woordvoerderschap Financiën de voorkeur aan Melkert boven de sterke andere kandidaten Jan Pronk en Frans Leijnse.
86 Kok vond Wöltgens briljant: hij kon ingewikkelde kwesties achter op een bierviltje berekenen, maar naar Koks smaak voer hij wel erg blind op de veronderstelde financieel-economische 'inverdieneffecten' van extra overheidsbestedingen; daarin zou Melkert terughoudender blijken te zijn.
87 Gesprek met Hans Alders, 17 april 2018. Kok gaf ook aan Alders de voorkeur als leider van de verkiezingscampagne in 1989; de voorlichter van het partijbestuur vond hij daarvoor minder geschikt.
88 Van den Braak/Van den Berg, *Zeventig jaar zoeken naar het compromis*, p. 523-529. Overigens werd het de PvdA ook niet gemakkelijk gemaakt frontaal oppositie te voeren. In de opgaande conjunctuur van de tweede helft van de jaren tachtig koos het kabinet-Lubbers II voor lastenverlichting voor bedrijven en burgers. Ook neigden de CDA-fractie en tot op zekere hoogte ook premier Lubbers ertoe met verdere bezuinigingen niet te hard van stapel te lopen. Toch liep het financieringstekort in deze economisch gunstige

jaren nog steeds terug, zij het minder fors dan het regeerakkoord had voorzien. De PvdA kon dus niet eenvoudigweg meer overheidsstimulering vragen en evenmin het lakse financiële kabinetsbeleid aan de schandpaal nagelen.

89 Gesprekken met Ruud Lubbers en Joris Voorhoeve, op 25 oktober respectievelijk 3 november 2016.

90 Weergave van deze kabinetscrisis bij Van den Braak/Van den Berg, *Zeventig jaar zoeken naar het compromis*, p. 537-538, alsook Van Baalen/Van Kessel (red.), *Kabinetsformaties 1977-2012*, p. 191-194. Gesprekken met Lubbers (25 oktober 2016) en Voorhoeve (3 november 2016).

91 Kritiek hierop leverde onder anderen Stemerdink in zijn dagboekaantekeningen (*Tussen dromen, daden en twijfels*, p. 138-139): '[...] de oppositieleider, misschien de toekomstig premier, behoort de [...] leiding te nemen in het debat. Daar kwam niets van terecht.' Het verlies voor de PvdA bij de Europese verkiezingen in juni werd mede verklaard uit haar afzijdigheid bij deze kabinetsval: J.Th.J. van den Berg, 'Een formatie winnen', *Socialisme en Democratie*, oktober 1989.

92 Eerder in dit hoofdstuk.

93 Een campagne 'op kousenvoeten', echter vanuit PvdA-perspectief 'onvermijdelijk', aldus Van den Berg, 'Een formatie winnen'.

94 Formeel was dit in 1986 ook al het geval, maar feitelijk hanteerde de PvdA toen nog wel degelijk onoverkomelijke 'strijdpunten', in het bijzonder met betrekking tot de kernwapens. Haar openstelling voor regeren met CDA en VVD had toen derhalve iets gratuits, ook tegenover de kiezer, behalve als zij de verkiezingen afgetekend zou hebben gewonnen.

95 Koks harde aanvaring met Lubbers in 1983 (hoofdstuk 8) vormde daarvoor kennelijk geen belemmering.

96 Gesprek met Ruud Lubbers, 25 oktober 2016.

97 Gesprek met Bram Peper, 25 oktober 2016. Ook Henk van Osch, *Bram Peper. Man van contrasten*, Amsterdam 2010, p.188.

98 Gesprek met Bert de Vries, 8 maart 2018. De derde reisgenoot was overigens Loek Hermans, de latere VVD-minister van Onderwijs in het tweede kabinet-Kok.

99 Lubbers, *Persoonlijke herinneringen*, p. 191.

100 Gesprek met Ruud Lubbers, 25 oktober 2016.

101 De PvdA verloor enigszins aan dichtbijgelegen partijen: D66 (plus drie zetels) en het uit PPR, PSP, CPN en EVP nieuwgevormde GroenLinks (zes zetels, waar in de vorige Kamer PPR en PSP samen over drie zetels beschikten). Anders dan in 1986 betaalde het voeren van oppositie zich dit jaar niet uit in verkiezingswinst, maar dat deed het in 1981 ook niet (zelfs negen zetels verlies). Bovendien ontbraken deze keer sterk mobiliserende thema's als de kruisraketten. Ook Philip van Praag, 'Van kiezers en campagnes. De electorale ontwikkeling van de PvdA', in: Becker en Voerman, *Zeventig jaar Partij van de Arbeid*, p. 127-160.

102 Rekenkundig was ook een coalitie van PvdA met VVD en D66 mogelijk, maar daarvoor waren de geesten nog niet rijp.

103 Van Baalen/Van Kessel (red.), *Kabinetsformaties 1977-2012*, p. 206-217; veel beknopter: Van den Braak/Van den Berg, *Zeventig jaar zoeken naar het compromis*, p. 541-542.

104 Tijdens Lubbers II dronken ze geregeld een kop koffie met elkaar in het Haagse café De Posthoorn of een glaasje korenwijn in het Torentje. Kok, die karakterologisch en sociaal-cultureel veel minder dicht bij Van Mierlo stond, maar in de Kamer wel zijn buurman was, hoorde dan wel weer waarover ze gesproken hadden.

105 Gesprek met Bert de Vries, 8 maart 2018.

106 Ook Lubbers betreurde dit vertrek, al zag hij het meer als een PvdA-probleem. Alleen CDA-fractievoorzitter De Vries juichte het in feite toe. Gesprekken met Ruud Lubbers en Bert de Vries, op 25 oktober 2016 respectievelijk 8 maart 2018. Een nadere uitleg van PvdA-zijde bevat het interview met Thijs Wöltgens in Rehwinkel/Nekkers, *Regerenderwijs*, p. 17-18.

107 Koks aanbod aan Van Mierlo: een eerste keus uit de ministersposten en twee forse staatssecretariaten. Afgewezen. Een lang telefoongesprek tussen Kok en Van Mierlo ruimde het gevoel van miskenning bij de tweede niet echt uit de weg.

108 Waarin overigens nog wel wat onopgeloste kwesties naar studiecommissies e.d. werden doorverwezen.

109 Evenwichtig was ook het oordeel van Frans Leijnse, naderhand vicevoorzitter van de PvdA-fractie (gesprek 19 april 2018).

110 Deze koppeling was in 1983 door het eerste kabinet-Lubbers geschrapt. Ambtenaren en uitkeringsgerechtigden werden toen op stevige afstand gezet (hoofdstuk 8). De wederinvoering van trendbeleid en koppeling was een hartenwens van de PvdA, maar het voorwaardelijke karakter ervan – de loonontwikkeling en de verhouding tussen actieven en niet-actieven mochten niet tegenzitten – kwam ook uit haar koker (verkiezingsprogram). Dit zou in 1992 leiden tot invoering van de Wet Koppeling met Afwijkingsmogelijkheid (WKA).

111 Gesprek met Jan Marinus Wiersma, toen internationaal secretaris en partijbestuurslid (9 december 2016).

112 Adjunct-directeur Paul Kalma had in zijn WBS-publicatie uit 1988, *Het socialisme op sterk water*, zelfs tegen dit soort maatschappijhervormende pretenties en ambities gepleit.

113 Wim Kok, 'Een sociaal-democratisch pleidooi', rede op 6 juni in Nijmegen gehouden, iets bekort afgedrukt in *de Volkskrant*, 7 juni 1989. Maar hierin ook zijn uitspraak: 'De keuze voor praktische hervormingsgezindheid zal ik principieel blijven uitdragen.'

114 Gesprek met Hans Alders (die Kok in deze selectie bijstond), 17 april 2018.

115 Gesprekken met Jos van Kemenade en Klaas de Vries, 11 januari 2018 respectievelijk 19 februari 2018.

116 Kok vroeg Alders voor Binnenlandse Zaken, Pronk voor VROM en Herfkens voor OS, totdat uiteindelijk Dales vanuit Japan terugbelde. Herfkens viel daarmee af, wat een jaar later werd 'gecompenseerd' met haar benoeming tot het Nederlands bewindvoerderschap van de Wereldbank.

117 Overigens was alleen Jo Ritzen een echte buitenstaander. Dales, Simons, d'Ancona en Dankert vervulden aan de partij gelieerde functies: de eerste als burgemeester van Nijmegen, de tweede als wethouder van Rotterdam en de laatsten als Europarlementariërs.

118 De ministers: Hans Alders – VROM, Hedy d'Ancona – WVC, Relus ter Beek – Defensie, Ien Dales – Binnenlandse Zaken, Wim Kok – Financiën, Jan Pronk – Ontwikkelingssamenwerking en Jo Ritzen – O&W. De staatssecretarissen: Piet Dankert – Europese Zaken, Aad Kosto – Justitie/Vreemdelingenzaken, Hans Simons – Volksgezondheid, Elske ter Veld – Sociale Zaken en Jacques Wallage – Onderwijs. Het CDA kreeg overigens zes staatssecretariaten toegewezen.

119 Kok gaf daarom op Defensie niet de voorkeur aan de defensiespecialist Bram Stemerdink maar aan de buitenlands-politiek 'allrounder' Relus ter Beek (Wim Kok, inleiding bij de Relus ter Beeklezing in Coevorden op 26 februari 2018: Ter Beek was 'een man waar je op kon bouwen.' Persoonlijk archief-Kok). Kok heeft eind 1993

Stemerdink in verband met zijn niet-benoeming in het kabinet 'rancune' verweten. Daaraan zou deze indertijd in een interview in *De Tijd* lucht hebben gegeven. Per brief van 24 januari 1994 aan Kok heeft Stemerdink zich fel tegen deze kwalificatie verzet (persoonlijk archief-Hilhorst).

120 Hans Kombrink trad hiermee naar buiten (*de Volkskrant*, 1 november 1989). Ook Jan Pronk was hiervan een voorstander (gesprek met Jan Pronk, 12 januari 2019). Dit geluid klonk eveneens door in de media: Mark Kranenburg, 'Lubbers voor het kabinet, Kok voor het parlement', NRC *Handelsblad*, 24 oktober 1989.

121 Telefoongesprek met Jan Schinkelshoek, destijds onder meer campagneleider van Ruud Lubbers, op 31 mei 2018. Hij meende overigens dat Kok op 28 augustus 1989, dus nog voor de verkiezingen, aan Lubbers al had gezegd dat hijzelf in een coalitie CDA-PvdA voor Financiën en het vicepremierschap zou kiezen. Dit had hij toen van Lubbers gehoord (ook bij Van Balen en Van Kessel, *Kabinetsformaties*, p. 212). Volgens Kok later had hij dit, zo hij het al had gezegd, slechts in verkennende zin geopperd. Zijn voornemen zou zich pas aan het slot van het formatieproces – in oktober – definitief hebben gevormd. Dit beeld past wel meer bij Koks ordentelijke behoedzaamheid: 'Alles op zijn tijd.' Vermoedelijk trok Lubbers te snel deze conclusie. Hij handelde er echter wel meteen naar: Onno Ruding en Bert de Vries kregen van hem in september te horen dat Financiën niet tot hun mogelijkheden behoorde.

122 Koningin Beatrix liet (in)formateur Lubbers tijdens de formatie weten 'dat er iemand was die hem nogal wantrouwde' (gesprek met Ruud Lubbers, 25 oktober 2016).

12 In de schaduw van de Muur

1 Tony Judt, *Postwar. A History of Europe since 1945*, Londen 2005, p. 585-633.

2 Hoofdstukken 2 en 3.

3 Kloos stierf op zevenenzestig jarige leeftijd. De week erop woonden Wim en Rita in Kortenhoef zijn uitvaart bij.

4 Dit betroffen vooral activiteiten in het kader van de Socialistische Internationale (SI), waarvan Den Uyl nog vicepresident was, en de Federatie van Socialistische Partijen in de Europese Gemeenschap, waarvan hij sinds 1980 zelfs voorzitter was. Dit laatste bleef hij tot mei 1987. Den Uyls noodlottige ziekte openbaarde zich tijdens een SI-conferentie in Dakar (Senegal) in oktober 1987.

5 Hoofdstuk 6.

6 In zijn contacten met Oost-Europese landen was hij ook steeds kieskeurig. Een traditionele voorkeur koesterde hij voor Hongarije, al in zijn FNV-tijd. Als PvdA-voorman bracht hij in 1987 een bezoek aan de Hongaarse 'reformcommunistische' partij.

7 Marnix Krop, *Aan vrijheid gebonden. Sociaal-democratie, mensenrechten en buitenlands beleid*, Deventer 1987.

8 De Palme-commissie, *Common Security: A Programme for Disarmament*, Londen 1982. De Zweedse minister-president Olof Palme werd op 28 februari 1986 in Stockholm op straat vermoord, onder nog altijd onopgehelderde omstandigheden. Wim Kok, die toen net zijn entree in de Nederlandse politiek maakte, voelde zich sterk met Palme verbonden, niet het minst door diens verzet tegen de apartheid in Zuid-Afrika.

9 Rinke van den Brink, 'Overeenstemming over defensie', *Voorwaarts* 15 juli 1989, p. 14-17.

10 Kok sprak in juli 1989 de Amerikaanse president George Bush, op bezoek in Nederland, hier ook op aan. Tevergeefs. (Hoofdstuk 16) NRC *Handelsblad*-commentator J.L. Heldring legde Kok wel eens langs zijn streng-logische internationaal-politieke meet-

lat, bijvoorbeeld in zijn rubriek 'Dezer Dagen' van 21 juli 1989 na zijn gesprek met Bush. Met zijn 'voorzichtig afgewogen benadering' van Gorbatsjovs perestrojka verdiende Bush toch ook de steun van de PvdA, zo vroeg Heldring zich af. Anders moest Kok het 'fijne verschil tussen hem en Bush toch eens precies uitleggen'. In feite kwam Kok aan Heldrings verzoek tegemoet in een rede van zes weken later: *Oost- en West-Europa na het einde van de Koude Oorlog*, Amsterdam 1 september 1989 (zie hoofdstuk 16). Heldring ging daar niet meer op in. Over het algemeen 'behandelde' Heldring Kok echter tamelijk mild (informatie van Hugo Arlman, biograaf van J.L. Heldring).

11 Marnix Krop, 'Een vreemde eend in de bijt. De Socialistische Internationale in de wereldpolitiek', Jan Bank e.a. (red.), *Het derde jaarboek voor het democratisch socialisme*, Amsterdam 1982, p. 12-47.

12 Voorbeelden: de Nationale Democratische Partij van de toenmalige Egyptische alleenheerser Hosni Moebarak en de RDC van de Tunesische autocraat Ben Ali. Dit was op voordracht van de Israëlische Arbeidspartij gebeurd, met het oog op een mogelijke SI-rol in het Arabisch-Israëlisch conflict.

13 Twee jaar erna zou Kok vicepresident van de SI worden, een eretitel die overigens veel leiders van lid-partijen van de SI te beurt viel. Dit zou hij tot 2002 blijven.

14 Zie verderop in dit hoofdstuk.

15 Willem van Bennekom, *De jaren van Maarten van Traa*, Amsterdam 2016, hoofdstuk 3. Zie p. 344-347 voor een schets van de verhouding tussen Kok en Van Traa; Kok vond hem een beweeglijke politieke impressionist, 'iemand vol ingenieuze combinaties, maar ook vol twijfels'.

16 Maarten van Traa trad in mei 1986 toe tot de Tweede Kamer. Hij zou in oktober 1997 bij een auto-ongeval bij Amsterdam dodelijk verongelukken. Jan Marinus Wiersma werd in 1994 lid van het Europees Parlement, wat hij tot 2009 zou blijven. Gesprek met Wiersma, 9 december 2016.

17 Hoofdstuk 6.

18 Herfst 1988 nam Kok in Bremen deel aan overleg met havensteden over een kolenboycot van Zuid-Afrika.

19 Ook de socialistische fractie in het Europees Parlement was bij de organisatie betrokken. Een verslag van Jan Marinus Wiersma en Dick Benschop in *Voorwaarts*, 15 maart 1989, p. 20-21: 'Verkiezingen Europa gebruiken om druk te ontwikkelen'. Kok herinnerde zich overigens van deze conferentie ook dat de kelder van het huis waarin hij was ondergebracht vol zat met militairen, voor zijn veiligheid naar hij hoopte.

20 Wim Kok, 'Mandela is free, but sanctions must stay', *Socialist Affairs, the Journal of the Socialist International*, 1/1990, p. 14-15.

21 CDA-minister Van den Broek, die veel formalistischer was dan premier Lubbers en bovendien nooit veel met de antiapartheidsstrijd en het ANC had opgehad, vond dat de contacten met president De Klerk en in elk geval zijn eigen protocollaire strepen de voorrang moesten krijgen. Onder druk van de PvdA had Van den Broek echter al een staatsbezoek van De Klerk moeten weigeren, terwijl zijn uitnodiging aan Mandela voor een bezoek aan Nederland door deze niet met de hoogste prioriteit werd behandeld: hij zou pas in oktober 1990 komen. Daar fietste Kok met zijn spontane initiatief nu bruusk doorheen.

22 Een bitse briefwisseling Lubbers-Kok op 30 januari 1992 vormt hiervan een stille getuige. Lubbers wierp Kok 'hypocrisie' van de PvdA-fractie voor. Kok weerlegde Lubbers' aanklacht punt voor punt en verweet hem bij de voorbereiding van het bezoek aan de wensen van het ANC te zijn voorbijgegaan: 'Als ik maar ook in de verste verte had

moeten of kunnen vermoeden dat de voorbereidingen van het al in de agenda's vastgelegde bezoek zó gebrekkig en eenzijdig waren geweest, dan had ik hier op de opvatting van het ANC gewacht alvorens jou mijn oordeel te geven. Als je wilt dat ik jouw zienswijze op dit punt onderschrijf, dan vraag je van mij het onmogelijke.' Brieven in particulier archief-Kok.

23 Madiba was Mandela's naam in het Xhosa, de taal van de stam waartoe hij behoorde.

24 Kenmerkend is dat Mandela's memoires het bezoek aan Nederland wel vermelden en dat aan de Bondsrepubliek niet: *Long walk to freedom. The autobiography of Nelson Mandela*, Londen 1994, p. 697.

25 In 1993 bracht Kok met premier Lubbers en de toen nieuwe minister van Buitenlandse Zaken, Peter Kooijmans, een officieel bezoek aan Zuid-Afrika, inclusief een uitgebreide ontmoeting met Mandela. Dat Kok hieraan als minister van Financiën (maar eigenlijk als PvdA-partijleider) deelnam was zeer ongebruikelijk, teken van de vermelde 'sjieke' opstelling van Lubbers. Eerder, in februari 1992, was er ook een hartelijk, ontspannen weerzien van Kok met Mandela tijdens de bekende conferentie van Davos (informatie Arend Hilhorst). Later zou Kok Mandela nog menigmaal ontmoeten, soms formeel, soms informeel (ook deel II van deze biografie).

26 Hoofdstuk 6.

27 In de woorden van de doorgaans kritische *Volkskrant* op 13 juni 1990.

28 Tijdens de verkiezingscampagne van 1989 kwamen enkele van deze partijvrienden over om Kok een steun in de rug te bieden: Auken, Carlsson, Kinnock, Tobback en Vogel.

29 Wat het eerste betreft gingen Koks gedachten uit naar de programmatische ontwikkeling van de SI-partijen, en wat het tweede betreft dienden zich zwaartepunten aan als democratie en mensenrechten, vrede en veiligheid, Oost-Europa, Midden-Oosten, de Noord-Zuidverhouding alsook ecologisch duurzame ontwikkeling.

30 Pierre Mauroy, als burgemeester van Lille en in het begin van de jaren tachtig minister-president van Frankrijk alsook voorzitter van de Parti Socialiste een vooraanstaand Frans socialist, had Willy Brandt als president van de Socialistische Internationale opgevolgd. Hij zou dit tot 1999 blijven. Brandt was tot begin 1992 voorzitter van de SI gebleven (vanaf 1976). Hij overleed op 8 oktober van dat jaar. Wim Kok woonde in Bonn zijn begrafenis bij.

31 Hij kwam er ook speciaal voor over naar Den Haag om dit plan met Kok te bespreken.

32 Zoals steeds was internationaal secretaris Jan Marinus Wiersma hierin Koks adviseur en kwartiermaker. Als minister-president kreeg Kok ook andere fora voor het ontmoeten van buitenlandse leiders: de Europese Raad, NAVO- en OVSE-toppen alsook allerlei vormen van bilaterale ontmoetingen.

33 Hoofdstuk 1.

34 Hoofdstuk 2.

35 Hoofdstuk 2.

36 Zij woonden daar in de Gooierstraat, niet ver van het voetbalstadion. Wim ging met Jan Sans wel eens naar een wedstrijd van de plaatselijke profclub Go Ahead (Eagles).

37 Gesprek met Jaap van der Linden, 8 mei 2017.

38 Ook Rita's zuster Kina had een huis in diezelfde buurt betrokken. Broer Jan, die van de drie kinderen het meest op vader Jaap leek, zwierf intussen over de wereld: Canada, Afrika, soms ook Nederland. Hij adopteerde al doende kinderen uit geheel verschillende windstreken.

39 Wim was toen voorzitter van de PvdA-fractie in de Tweede Kamer.

40 Zo kwam (en komt) zoon André nog steeds om het weekeinde logeren.

41 In 1992 werd de Europese Gemeenschap (EG) omgedoopt tot Europese Unie (EU).
42 De Gemeenschap werd in 1957 opgericht door België, Bondsrepubliek Duitsland, Frankrijk, Italië, Luxemburg en Nederland. In 1973 voegden Denemarken, Ierland en het Verenigd Koninkrijk zich bij de zes 'oprichterstaten'. Griekenland volgde in 1981 en Spanje en Portugal sloten zich in 1986 aan.
43 Dit onderdeel werd vooral door de Britse premier Margaret Thatcher sterk gesteund.
44 Een klinkende aanbeveling voor een pro-Europese opstelling bevat bijvoorbeeld het rapport *Schuivende panelen* (p. 180): 'Thans is echter de tijd aangebroken om, zonder veel voorwaarden vooraf, met de meeste kracht te streven naar een verdere versterking en integratie van Europa, juist mede in het Nederlands belang.'
45 Hoofdstukken 6 en 9. Koks eerste buitenlandse optreden als PvdA-voorman was overigens op 25 augustus 1986 op een partijcongres van de Duitse zusterpartij SPD. Hij hield daar een toespraak over 'Das wirtschaftliche, das technologische, das geistige Europa. Über die Zukunft Europas und der Europäischen Gemeinschaft' (PvdA-archief, IISG).
46 Simon Hix, *A History of the PES (Party of European Socialists)*, PES Research Series No. 1, Brussel 1995. Vanuit de PvdA werd deze partijensamenwerking overigens vanouds steeds in het licht gezien van een gewenste federalisering van de Europese integratie. Niet alle andere zusterpartijen (Labour!) volgden haar daarin.
47 Deze verkiezing en regeringsvorming in Polen waren niet geheel vrij, omdat in de senaat een groot aantal zetels en in de regering enkele cruciale ministersposten aan communisten bleven voorbehouden.
48 De val van het dictatoriale communisme hield voor het democratisch-socialisme niet alleen kansen maar ook risico's in. Waar in deze situatie het door en door democratisch karakter van de sociaaldemocratie haar politieke papieren in het oostelijk deel van het continent versterkte, dreigde de mogelijke ideologische gelijkstelling met die 'socialistische broederbeweging' (van het communisme) haar in de westerse wereld zeer kwetsbaar te maken. In feite deden beide effecten zich na de val van de Muur voor. In Koks regeerervaring komen we beide ook tegen.
49 In mei 1991 bepleitte Wim Kok, evenals Willy Brandt, op een conferentie van partijstichtingen in Bonn de (latere) toetreding van Midden- en Oost-Europese landen tot de Europese Gemeenschap/Unie, Jan Marinus Wiersma, *An Inheritance of Willy Brandt. Twenty-five years of social-democratic democracy support*, Amsterdam 2018, p. 10.
50 Voorzitter Delors werd er door drie leden van de Commissie vergezeld: een Belg, een Brit en een Griek. Daarnaast was de secretaris-generaal van de Commissie aanwezig alsook de kabinetschef van Delors.
51 De eerste vrije verkiezingen in de DDR werden gehouden op 18 maart 1990. Op 3 oktober volgde de formele vereniging van de twee Duitslanden.
52 Het besluit om het Congres in Berlijn te houden was genomen door een Partijleiders Conferentie die op 14 november 1989, dus vijf dagen na de val, was gehouden en die vaststelde dat de 'gemeenschappelijke toekomst van Europa er een van de hoofdonderwerpen van discussie zou vormen'.
53 Hix, *A History of the PES*, p. 18.
54 Onder andere met dat doel voor ogen had de PvdA in 1989 de Alfred Mozer Stichting opgericht.
55 Marnix Krop, *Hart van Europa. Hoe Duitsland ons uit de crisis voert en tegen welke prijs*, Amsterdam 2014.
56 Voor Nederland waren de onderhandelaars op politiek niveau vooral staatssecretaris van Europese Zaken Piet Dankert (PvdA), minister van Buitenlandse Zaken Hans van

den Broek (CDA) en, op het hoogste plan, minister-president Lubbers. Maar de gehele ministerraad besliste natuurlijk mee over zo'n belangrijke zaak. Wim Kok vertegenwoordigde Nederland in de conferentie over de EMU.

57 Hoofdstuk 14.

58 Wim Kok zorgde er overigens wel voor dat hij als voorzitter van de IGC over de Economische en Monetaire Unie (tweede helft 1991) niet door zijn eigen buitenlandse partijgenoten hinderlijk voor de voeten werd gelopen. Hij stemde dat proces goed met hen af.

59 Hix, *A History of the PES*, p. 20-21.

60 Art. 138a van het toen gesloten Verdrag betreffende de Europese Unie.

61 Een pleidooi hiervoor bevatten ook de rapporten *Schuivende panelen* (p. 180) en *Bewogen beweging* (p. 97). De PES was de eerste partijformatie op Europees niveau. Zij heet overigens niet in elk deelnemend land hetzelfde: in Nederland staat PES voor 'Partij van Europese Sociaaldemocraten'. Thijs Wöltgens, voorzitter van de PvdA-fractie in de Tweede Kamer, had aan het voorwerk voor deze oprichting belangrijk bijgedragen.

62 In 1993 dreigde Kok weg te blijven bij een PES-top in Kopenhagen als die onverschillig bleef tegenover de politiek-financiële corruptie van de Italiaanse Socialistische Partij en haar leider Bettino Craxi. Later (in juli 1995) wist hij een PES-top in Cannes, inclusief de stem van de Franse zusterpartij, zover te krijgen tegen een Franse kernproef protest aan te tekenen. In het algemeen drong Kok er in SI en Federatie, soms met succes, op aan dat de aangesloten partijen zich integer gedroegen en zich aan hun politieke beginselen en standpunten hielden (Jan Marinus Wiersma, e-mail 30 januari 2019).

63 Informatie over Koks opgewekte humeur buiten de landsgrenzen van Hilhorst, Benschop en Wiersma.

13 Regeren tegen de wind in

1 Historisch tot op dat moment. Later zouden er nog grotere opdoffers volgen: in 2002 en, vooral, 2017.

2 De gemeenteraadsverkiezingen van maart 1994 lieten een heel fors verlies voor de PvdA zien vergeleken met die van maart 1990 (die ook al in de min waren geëindigd).

3 De PvdA behaalde 37 zetels (-12), het CDA 34 zetels (-20), de VVD 31 zetels (+8) en D66 24 (+12).

4 'Ik ga voor goud,' een toen erg gewaagde uitspraak van Kok uit februari 1993. Klein/Kooistra, *Het taaie gevecht van een polderjongen*, p. 155. Ook hoofdstuk 17.

5 Individuele bewindslieden werkten nog wel degelijk aan eigen missies, sommige vanaf het begin voorgenomen, andere het gevolg van nieuwe gebeurtenissen. We zullen er nog enkele tegenkomen.

6 Had het Centraal Planbureau tijdens de formatie van dit kabinet de zaken te zonnig voorgesteld (Gerrit Zalm zegt er niets over in zijn autobiografie *De romantische boekhouder*, Amsterdam 2009)? Of had Onno Ruding, Koks voorganger op Financiën, zijn boedel wat slordig overgedragen? Ruud Lubbers: 'Er was gerommeld met de cijfers, er zaten stevige lijken in de kast.' Geciteerd door Bert Steinmetz, *Ruud Lubbers. Peetvader van het poldermodel*, Amsterdam 2000, p. 180. Echter ook hoofdstuk 14, noot 23.

7 Hoofdstuk 14 over de Tussenbalans en hoofdstuk 15 over de WAO-crisis.

8 Wim Kok, 'Een sociaal-democratisch pleidooi', rede gehouden in Nijmegen op 6 juni 1989. Als 'Het conservatisme van jaren tachtig voorbij' bekort weergegeven in *de Volkskrant* van 7 juni 1989.

9 Ook Van den Braak/Van den Berg, *Zeventig jaar zoeken naar het compromis*, p. 503-504.

10 Dit zou in menig betrokken land tot een '*crony capitalism*' en vervolgens een '*illiberal democracy*' voeren. Philipp Her, *Die neue Ordnung auf dem alten Kontinent. Eine Geschichte des neoliberalen Europa*, Berlijn 2016. De EU, met haar sociale markteconomie als waarde en norm, toonde zich hierin overigens nog het meest terughoudend (Her, hoofdstuk 5).

11 Sleutelwoorden hierbij waren liberalisering, privatisering en deregulering; Roel Kuiper, *De terugkeer van het algemeen belang. Privatiseringsverdriet en de toekomst van Nederland*, Amsterdam 2014.

12 Ook bij het PvdA-smaldeel in het kabinet bestond er enige waardering voor het nut van marktwerking, zelfs in de publieke sector. Jo Ritzen bijvoorbeeld, minister van Onderwijs en Wetenschappen, beschouwde zichzelf een 'linkse aanbodeconoom' (e-mail Jo Ritzen, 23 mei 2018). Ook het 'plan-Simons' (verderop in dit hoofdstuk) opende de weg naar een soort 'ingebedde' marktwerking in de zorg. Kok zelf liep niet warm voor expansief begrotingsbeleid, want dat zou maar nadelig uitpakken voor het overheidstekort en de rente op de staatsschuld, waarvan hij (met het PvdA-verkiezingsprogramma) juist meende dat die omlaag moesten.

13 Kaland gaf ook een eigen interpretatie aan de politieke rol van de Eerste Kamer, die hij als veel prominenter zag dan voorheen gebruikelijk was. Dit zorgde voor enkele heftige botsingen met het kabinet-Lubbers/Kok. Bijvoorbeeld R.K. Visser, *In dienst van het algemeen belang. Ministeriële verantwoordelijkheid en parlementair vertrouwen*, Amsterdam 2008, p. 70-71.

14 Wel was door het kabinet-Lubbers II de in Nederland gangbare definitie van werkloosheid aan Europese normen aangepast, waardoor deze opeens aanzienlijk was gedaald, het aantal werkzoekenden echter niet.

15 Kok, *De sociale aspecten van de invoering van nieuwe technologieën en voorstellen om de sociale dialoog te verdiepen* (ook hoofdstuk 9).

16 *PvdA en nieuwe technologie*, Amsterdam 1987. Vergelijk ook de partijcommissie van Jo Ritzen e.a., *Werk maken. Technologische en sociale vernieuwing van de economische structuur*, Amsterdam 1986.

17 Ook Paul Kalma, 'Sociale vernieuwing en het geheugen van de politiek', *Socialisme en Democratie*, april 1990, p. 115-118. Sociale vernieuwing kwam als zodanig in het PvdA-verkiezingsprogramma *Kiezen voor kwaliteit* niet voor.

18 De initiatieven in de Opzoomerstraat in deze stad spraken zeer tot de verbeelding. Kok werd door burgemeester Peper maar ook Kamerlid Buurmeijer hierover ingelicht. In 1989 verschenen twee Rotterdamse rapporten over deze problematiek: *Nieuw Rotterdam* van de commissie-Albeda (geschreven door haar rapporteur Pim Fortuyn) alsook – op verzoek van wethouder Hans Simons – *Sociale vernieuwing* van de commissie-Idenburg. Wat sociale vernieuwing precies behelsde, bleef in deze rapporten nogal vaag. Wel droegen ze bij aan de algemene economische en stedenbouwkundige revitalisering van de stad: Godfried Engbersen, 'Rotterdam is geen benauwde veste', *NRC Handelsblad*, 27 mei 2004. Voor het thema sociale vernieuwing was ook veel inspiratie te vinden in het WBS-rapport *Gemeente als proeftuin* (Deventer 1985).

19 Gesprek met Ruud Lubbers, 25 oktober 2016. Bram Peper, 'Is Lubbers wel een Rotterdammer?', Robert Ammerlaan (red.), *Afscheid van Ruud Lubbers*, Baarn 1994, p. 239-243.

20 R.H. Cuperus en T. Lindeman (eindredactie), '*De boel bij elkaar houden – dat is het dus*'. *Visies op sociale vernieuwing*, Amsterdam 1990. Opvallend genoeg speelde Ien Dales op deze conferentie geen rol. De formulering van deze zin is schatplichtig aan de titel van

het boek van Herman Tjeenk Willink, *Groter denken, kleiner doen. Een oproep*, Amsterdam 2018.

21 Dit gold niet voor de afdeling die het minderhedenbeleid (dat ook al 'probleemcumulatiegebieden' had geïdentificeerd) uitvoerde, maar die werd bij de sociale vernieuwing niet betrokken.

22 Wallage, staatssecretaris van Onderwijs, bood Dales de helpende hand bij opzet en redactie van de nota. Jacques Wallage, *Het land achter de heuvels. Politiek als ambacht, 1968-2018*, Amsterdam 2018, p. 198.

23 1,6 miljard gulden als doeluitkering.

24 Hoeks, *Het leven van Jan Schaefer*, hoofdstuk 22.

25 Van den Braak/Van den Berg, *Zeventig jaar zoeken naar het compromis*, p. 544.

26 Dit leidde onder de vroegere PvdA-kiezers overigens niet tot een afslag naar links: het verlies bleek vooral te zijn gaan zitten in niet-stemmen en een sterke overloop naar D66.

27 Deze vernieuwingsimpuls is overigens niet voor niets geweest: het grotestedenbeleid van het kabinet-Kok II en, meer nog, de aanpak van de problemen in grootstedelijke wijken (de 'Vogelaarwijken') van het kabinet-Balkenende/Bos zijn onmiskenbaar schatplichtig aan de sociale vernieuwing van Lubbers/Kok. De 'Fortuynrevolutie' van 2002 kon er echter niet mee worden voorkomen.

28 Gesprek met Jan Pronk, 12 januari 2019. Telefoongesprek met Bert de Vries, 5 januari 2019. Telefoongesprek met Hans Simons, 9 januari 2019. Voorbeelden van Koks inmenging in het debat over sociale vernieuwing: een symposium over sociale vernieuwing in het Amsterdamse stadhuis in mei 1991 en de rede voor het PvdA-congres in maart 1992.

29 Van Kemenade, *Wakken in het kroos*, hoofdstukken 2 en 4.

30 Zijn ministerschap in het ongelukkige kabinet-Van Agt II duurde te kort om verdere voortgang te boeken.

31 Hij had daarvoor wetenschappelijk advies ingeroepen: Wetenschappelijke Raad voor het Regeringsbeleid, *Basisvorming in het onderwijs*, rapport nr. 27, Den Haag 1986.

32 Wallage werd als staatssecretaris, samen met minister Jo Ritzen, op Onderwijs en Wetenschappen benoemd. Hun onderlinge taakverdeling maakte hem verantwoordelijk voor het basis- en middelbaar onderwijs. Zijn autobiografie *Het land achter de heuvels* (vooral p. 159-166) biedt goed inzicht in de beleidsmatige en politiek-bestuurlijke aspecten van de basisvorming in het kabinet-Lubbers/Kok. Ook Jacques Wallage (interview), Rehwinkel/Nekkers, *Regerenderwijs*, p. 223-238. Telefoongesprek met Jacques Wallage, 17 januari 2019.

33 E-mail van Jo Ritzen, 31 mei 2018. Gesprek met Tineke Netelenbos, 17 april 2018. Gesprek met Jan Pronk, 12 januari 2019. Als FNV-voorzitter had Kok zich geregeld krachtig voor de idee van een middenschool uitgesproken; zie ook de FNV-grondslag (1981), p. 12. Over de basisvorming sprak hij ook wel in speeches.

34 Wallage, *Het land achter de heuvels*, p. 174.

35 Christa Grünwald, 'Verandering in het zorgstelsel: het Plan-Simons en de gevolgen', *Socialisme en Democratie*, maart 1991, p. 101-108.

36 Hans Simons (interview), Rehwinkel/Nekkers, *Regerenderwijs*, Amsterdam 1994, p. 59-70.

37 Gesprek met Jan Pronk, 12 januari 2019. Wat overigens niet wil zeggen dat alle bewindslieden zich een enthousiast voorstander toonden; vooral in het CDA-smaldeel openbaarden zich twijfels, onder andere over de financiële gevolgen, aanvankelijk nog zonder effect. Telefoongesprek met Hans Simons, 9 januari 2019.

38 Algemene Wet Bijzondere Ziektekosten.

39 In oktober 1991 werd Simons in een openbaar debat nogal 'te kijk gezet' door VNO-voorzitter Rinnooy Kan. Rehwinkel/Nekkers, *Regerenderwijs*, p. 63.

40 Van den Braak/Van den Berg, *Zeventig jaar zoeken naar het compromis*, p. 551-554.

41 Hoofdstukken 14 en 15.

42 Wetten in 2005 voorgesteld door Hans Hoogervorst, VVD-minister van Volksgezondheid, Welzijn en Sport in het kabinet-Balkenende II. D66-minister Borst had aan het eind van het kabinet-Kok II al gepleit voor invoering van een brede basisverzekering en voortgang van de bestuurlijke vernieuwing. Topambtenaar Martin van Rijn werkte geruime tijd onder de radar aan een stille voorbereiding van deze grote stelselwijziging.

43 In zijn rede voor het partijcongres van maart 1992 zwaaide Kok Simons nog lof toe. Ook in een interview in *de Volkskrant* van 18 januari 1992.

44 Simons ging zich gaandeweg op andere zaken in zijn portefeuille concentreren, onder andere de medische ethiek. Zo ontwierp hij, samen met CDA-minister van Justitie Ernst Hirsch Ballin, een eerste wettelijke regeling voor euthanasie (1993). Begin 1994 keerde hij terug naar Rotterdam om lijsttrekker en wethouder te worden.

45 Hoofdstuk 15.

46 Van Lith, *Wim Meijer*, Amsterdam 2016, hoofdstuk 9.

47 De sfeer in het Bewindspersonenoverleg (BPO) van het PvdA-smaldeel in dit kabinet was daarentegen zelden goed te noemen, maar tijdens Van Agt II was die zo mogelijk nog slechter. Thijs Wöltgens noemde het zelfs een 'nachtmerrie'; Rehwinkel/Nekkers, *Regerenderwijs*, p. 20.

48 Gesprek met Bert de Vries, 8 maart. Ook Steinmetz, *Ruud Lubbers, peetvader van het poldermodel*, hoofdstukken 8 en 9.

49 *Elsevier*, 23 december 1989.

50 We zagen het eerder in dit hoofdstuk bij de gemeenschappelijke 'hervormingsambities' betreffende sociale vernieuwing, basisvorming en volksgezondheid.

51 Pieter Gerrit Kroeger en Jaap Stam, *De rogge staat er dun bij. Macht en verval van het CDA 1974-1998*, Amsterdam 1998, hoofdstukken 5 en 6; over Brinkmans achtergrond: p. 219-225. Ook Elco Brinkman, *Bouwen en bewaren. Memoires*, Amsterdam 2019, vooral hoofdstuk 12.

52 De tegenvallende uitslag van de gemeenteraadsverkiezingen in maart 1990 vormde in dit opzicht nog niet echt een wake-up-call, eerder een aanmoediging op de ingeslagen weg voort te gaan, maar ook 'de vervreemding van het electoraat' te lijf te gaan; Marjanne Sint (interview), *De Toekomst*, 1 april 1990.

53 Jan Pronk (interview), Rehwinkel/Nekkers, *Regerenderwijs*, p. 115: 'Er knapte wel wat, het elan verflauwde.'

54 Hoofdstukken 14 en 15.

55 Bij de start van het kabinet ging dit echter nogal mis: veel PvdA-kiezers leden inkomensverlies door de onder het kabinet-Lubbers II overeengekomen en op 1 januari 1990 ingevoerde 'belastinghervorming-Oort'. De kabinetsformatie had op dit punt onvoldoende kunnen rechtzetten.

56 Kroeger/Stam, *De rogge staat er dun bij*, hoofdstuk 6. Ook gesprek met Ruud Lubbers, 25 oktober 2016. Elco Brinkman, *Bouwen en bewaren*, p. 276. Oud-reclameman Ruud Koster hielp bij het beleggen van deze bijeenkomsten.

57 Gesprekken met Felix Rottenberg (2 november 2016), Ernst Hirsch Ballin (10 januari 2017), Hans Alders (17 april 2018) en Jan Pronk (12 januari 2019). E-mail van Jo Ritzen (31 mei 2018) en een telefoongesprek met Yvonne van Rooy, 19 september 2019.

58 Jacques Wallage, 'De voorzitter', in: Ammerlaan (red.), *Afscheid van Ruud Lubbers*, p. 325-329.
59 Gesprek met Ruud Lubbers, 25 oktober 2016. Telefoongesprek met Yvonne van Rooy, 19 september 2019.
60 Wim Kok (interview), Rehwinkel/Nekkers, *Regerenderwijs*, p 251: 'Langzamerhand zijn de littekens weer verdwenen.' Ook Kroeger/Stam, *De rogge staat er dun bij*, p. 279.
61 Gesprek met Bert de Vries, 8 maart 2018.
62 Gesprekken met Ernst Hirsch Ballin, 10 januari 2016, en Hans Alders, 17 april 2018. E-mail Jo Ritzen, 31 mei 2018. Vanuit de voorzitter gezien mocht er aan de linkerhelft van de tafel worden gerookt, aan de rechterzijde niet (informatie Hedy d'Ancona).
63 Gesprekken met Ernst Hirsch Ballin, 10 januari 2017, en Bert de Vries, 8 maart 2018.
64 E-mail van Arend Hilhorst, 25 maart 2018.
65 Relus ter Beek (interview), Rehwinkel/Nekkers, p. 110. Gesprek met Jan Pronk, 12 januari 2019.
66 Thijs Wöltgens (interview), Rehwinkel/Nekkers, p. 21: 'Ik geloof niet dat die vergaderingen (met de fractie) de gelukkigste in zijn leven waren.'
67 Hoofdstuk 15.
68 Thijs Wöltgens, *Lof van de politiek*, Amsterdam 1992.
69 Thijs Wöltgens (interview), Rehwinkel/Nekkers, *Regerenderwijs*, p. 25-26. Wim Kok (interview), idem, p. 260. Kok ergerde zich overigens wel aan de periodieke 'onvindbaarheid' van Wöltgens. Verder dit hoofdstuk.
70 Gesprek met Arend Hilhorst, 11 januari 2018.
71 Max van den Berg, partijvoorzitter van april 1979 tot september 1986, had Kok vooral in diens hoedanigheid van koppelaar tussen hem en Joop den Uyl meegemaakt (hoofdstuk 10). Met Marjanne Sint, partijvoorzitter van april 1987 tot eind augustus 1991, had Kok veel uitgebreider contact. Zij trad af in verband met de WAO-crisis (hoofdstuk 15). Na Rottenberg heeft Kok nog gewerkt met de voorzitters Karin Adelmund (1997-1999), Marijke van Hees (1999-2000) en Ruud Koole (2001-2002). Overigens bleef Koole aan tot 2007.
72 Hoofdstuk 15.
73 Rottenberg was als achttienjarige voorzitter van de FJG (de voorgangster van de Jonge Socialisten) al vanaf 1976 lid van het partijbestuur. Later werd hij dit op eigen titel, maar toen in 1986 het tweede kabinet-Den Uyl weer niet tot stand kwam, trad hij af, teleurgesteld in de, wat hij noemde, 'nogal gesloten geraakte partijcultuur'.
74 Vreeman was toen voorzitter van de Vervoersbond FNV. Hij had Wim Kok al in het begin van de jaren zeventig (bij het NVV-jongerensecretariaat) als bestuurder van de vakcentrale leren kennen. Gesprek met Ruud Vreeman, 24 mei 2017.
75 Felix Rottenberg (interview), Rehwinkel/Nekkers, *Regerenderwijs*, p. 159-160. Partijsecretaris Allard Beck en Koks politiek assistent Arend Hilhorst waren hierbij aanwezig. Ook Felix Rottenberger (interview), Martin Mevius e.a. (red.), *Hier: de Partij van de Arbeid! Vijftig jaar geschiedenis in interviews*, Amsterdam 1996, p. 203-205.
76 Vreeman formeel als vicevoorzitter, maar dankzij een aanpassing van de reglementen wel bezoldigd.
77 Thijs Niemantsverdriet, *De vechtpartij. De PvdA van Kok tot Samsom*, Amsterdam 2014, hoofdstuk 3.
78 Gesprek met Felix Rottenberg, 21 mei 2019. Gesprek met Ruud Vreeman, 24 mei 2017. Ook Ruud Vreeman (interview), Mevius e.a. (red.), *Hier: de Partij van de Arbeid!*, p. 206-213.

79 Dit zou in 1996 gebeuren.
80 'Partijideoloog' Bart Tromp wierp zich op als een vooraanstaand criticaster van Rottenberg, bijvoorbeeld in 'De vloek van Michels – afscheid van de partijdemocratie', *Socialisme en Democratie*, februari 1995; ook afgedrukt in Tromp, *De loden bal van het socialisme*, p. 175-179.
81 *De Telegraaf*, 17 september 1993. Rottenberg sloot daarin niet uit dat Wöltgens na de verkiezingen van 1994 niet als fractievoorzitter zou terugkeren, een vooraankondiging van de 'schoonmaak' die hij in de Kamerfractie zou houden (hoofdstuk 17).
82 Felix Rottenberg in Rehwinkel/Nekkers, *Regerenderwijs*, p. 162.
83 Wim Kok in Rehwinkel/Nekkers, p. 260.
84 Felix Rottenberg (interview), Rehwinkel/Nekkers, p. 166: 'Kok en ik zullen intensief blijven samenwerken. Ik verlang van hem dat hij recht doet aan het veranderingsproces van de PvdA. [...] Ik zal dus op een "staccato" manier met hem omgaan. Het enige dat ik niet accepteer is een slecht humeur en regentesk gedrag. Mensen zijn doodsbang voor Wim Kok. Hij is de rector van het jongensgymnasium.'
85 Wim Kok (interview), Rehwinkel/Nekkers, p. 259.
86 Zo stelde Rottenberg een 'stuurgroep' in, die elke donderdag einde middag bijeenkwam om aan de top de klokken gelijk te zetten. Deelnemers: Kok, Wöltgens, Rottenberg, Vreeman, Pronk, Alders, vaak ook Melkert, plus wat ambtelijke ondersteuners, zoals Benschop en Hilhorst. Gaandeweg werd de interne communicatie wat beter.
87 Jos de Beus, '"Rottenbergrede". Ofwel de rommelige redding van de Partij van de Arbeid', Dick Pels en Henk te Velde (red.), *Politieke stijl. Over presentatie en optreden in de politiek*, Amsterdam 2000, p. 175-205.
88 Een eerste aankondiging van Alders' plannen hiermee in *de Volkskrant*, 17 februari 1990. Een terugblik bij Hans Alders (interview) in Rehwinkel/Nekkers, *Regerenderwijs*, p. 94-95.
89 Gesprek met Ruud Lubbers, 25 oktober 2016. Gesprek met Hans Alders, 17 april 2018. Hans Alders (interview), Rehwinkel/Nekkers, *Regerenderwijs*, p. 85-96. Ook de minister voor ontwikkelingssamenwerking, Jan Pronk, droeg aan dit laatste veel bij, terwijl premier Lubbers zich er een krachtig voorstander van toonde.
90 Jan Pronk (interview), *Regerenderwijs*, p. 114. Gesprek met Jan Pronk, 12 januari 2019.
91 Ook Leonard Ornstein en Max van Weezel, *De verloren erfenis. Het slinkend vertrouwen in de sociaal-democratie*, Amsterdam 1992.
92 Kroeger/Stam, *De rogge staat er dun bij*, vooral hoofdstuk 7.
93 Hoofdstuk 14.
94 Hoofdstuk 15 respectievelijk 17.
95 Wim Kok (interview), Rehwinkel/Nekkers, *Regerenderwijs*, p. 244.
96 Kroeger/Stam, *De rogge staat er dun bij*, hoofdstuk 8. Lubbers liet in de maand voor de verkiezingen niet alleen weten dat hij Kok een net zo bekwame opvolger van zichzelf vond als Brinkman, maar ook dat hij in het stemhokje niet aan de lijstaanvoerder (Brinkman) maar aan nummer drie (Hirsch Ballin) de voorkeur zou geven. Vooral die laatste kennisgeving veroorzaakte in het CDA evenveel ontsteltenis als bij de kiezer verwarring (Van den Brink/Van den Berg, *Zeventig jaar zoeken naar het compromis*, p. 568).
97 Hoofdstuk 17.

14 Schatkistbewaarder aan het Korte Voorhout

1 Medio jaren zeventig werd het gebouw van het ministerie van Financiën in modernis-

tische stijl opgeleverd, waarna het in 2007-2008 een ingrijpende renovatie onderging, dat het meer transparant en uitnodigend maakte.

2 Hoofdstuk 11.

3 Hoofdstuk 10.

4 Na hem kwamen nog Wouter Bos (2007-2010) en Jeroen Dijsselbloem (2012-2017).

5 Deze en volgende informatie over de PvdA-ministers van Financiën is te vinden bij Paul de Hen, *Op Financiën. Alle naoorlogse ministers van Financiën*, Amsterdam 2012. Lieftinck was overigens afkomstig uit de Christelijk-Historische Unie. In februari 1946 stapte hij als doorbraaksocialist over naar de PvdA. A. Bakker en M.M.P. van Lent, *Pieter Lieftinck, 1902-1989. Een leven in vogelvlucht*, Utrecht/Antwerpen 1989.

6 Sebastiaan Hol en Harm Mobach, 'Hendrik J. Hofstra. Socialistische belastingpolitiek tussen zuinig beheer en maatschappijhervorming', Becker e.a., *Het vijftiende jaarboek voor het democratisch socialisme*, p. 228-246.

7 Anne Vondeling (1916-1979), Fries van geboorte, was eerder lid van de Vrijzinnig-Democratische Bond. In 1946 maakte hij de overstap naar de PvdA, net als Piet Lieftinck een doorbraaksocialist dus. Meine Henk Klijnsma. *Om de democratie. De geschiedenis van de Vrijzinnig-Democratische Bond, 1901-1946*, Amsterdam 2007.

8 Vondelings positie in het kabinet was gelijk aan die van Wim Kok. Hij was toen ook politiek leider van de PvdA.

9 Jonne Harmsma, *Jelle zal wel zien. Jelle Zijlstra, een eigenzinnig leven tussen politiek en economie*, Amsterdam 2018, p. 172-181.

10 Zijlstra schreef later: 'Men kan naar mijn mening Vondeling zeker niet van een onsolide beleid beschuldigen,' Jelle Zijlstra, *Per slot van rekening. Memoires*, Amsterdam 1992, p. 163.

11 Den Uyl dankte deze karikatuur van 'potverteerder' aan toenmalig VVD-leider Hans Wiegel.

12 De groei van de overheidsuitgaven (inclusief sociale premies) moest volgens Duisenbergs 'norm' beperkt blijven tot 1 procentpunt reële groei van het nationaal inkomen. De 'collectievelastendruk' (als begrip toen geïntroduceerd) zou hiermee nog steeds toenemen. Hoofdstukken 4 en 15.

13 Bruno de Haas en Cees van Lotringen, *Wim Duisenberg. Van Friese volksjongen tot mr. Euro*, Amsterdam 2003, hoofdstuk 4, vooral p. 112-117.

14 Belangrijkste reden was echter dat dit kabinet, en ook de andere twee kabinetten-Van Agt (1981-1982 en 1982), de staatsfinanciën onvoldoende op orde kregen. José Toirkens, 'Kok beste beheerder van overheidsfinanciën', NRC *Handelsblad*, 10 september 1991.

15 Hoofdstukken 4 en 11. Ook het tweede deel van deze biografie. Op Financiën werd deze 'dubbele roepnaam' in ere hersteld; gesprek met Bernard ter Haar, 11 februari 2019.

16 PvdA-archief, IISG. Een samenvatting in *Socialisme en Democratie*, oktober 1984.

17 Daarover kreeg hij in de fractie zowel steun als weerwerk van Hans Kombrink, die onder andere in het kabinet-Van Agt II (1981-1982) staatssecretaris van Financiën was geweest. Ook hoofdstuk 11.

18 Gesprekken met Victor Halberstadt, 19 december 2016, Broer Akkerboom, 23 juni 2017, en Eddy Broekema, 5 maart 2018.

19 Voor dit onderscheid in economisch denken: Roel Kuiper, *De terugkeer van het algemeen belang. Privatiseringsverdriet en de toekomst van Nederland*, Amsterdam 2014.

20 Zoals Wim Kok zijn DG Rijksbegroting Van Maanen tijdens begrotingsonderhandelingen eens vermanend voorhield. Gesprek met Geert van Maanen, 23 mei 2018.

21 Het regeerakkoord ging voor de kabinetsperiode uit van een rentepeil van gemiddeld

6 procent. Dit bleek veel te laag geschat. Eind 1990 beliep de rente die de staat voor zijn leningen moest betalen al bijna 9 procent.

22 Wet op de Investeringsrekening van 1978, een nog door het kabinet-Den Uyl ontworpen instrument voor het stimuleren van ondernemingsinvesteringen. Het was een 'openeinderegeling' zonder vooraf bepaalde limiet. Later bleek de WIR ook nog sterk fraudegevoelig.

23 Telefoongesprek met Onno Ruding, 18 juli 2019, alsook zijn e-mail van 2 oktober 2019. Ruding hield dit nieuws echter niet voor zich. Op 2 november meldde hij het in een brief aan formateur Lubbers. Kok informeerde hij pas bij de overdracht van het ministerschap op 7 november. Zie het op dit punt niet ondubbelzinnige antwoord van Lubbers en Kok van 23 november 1989 op Kamervraag nr. 147 van de leden Voorhoeve en De Grave. Zo bekeken had Kok in deze kwestie vooral Lubbers iets te verwijten; deze had hem als eerste moeten informeren. Onno Ruding gedroeg zich tegenover zijn opvolger overigens soms nogal ongebruikelijk. Zo uitte hij meteen openlijk kritiek op het feit dat Kok zijn ministerschap van Financiën met het leiderschap van zijn partij wilde combineren. Later liet hij zich wel eens negatief uit over het door Kok gevoerde beleid. Voorbeeld: H.O.C.R. Ruding in J.M.M.J. Clerx e.a. (red.), *De macht van de ministers van Financiën. En hoe collega-ministers de schatkist ledigen*, Nijmegen 1993, p. 60-63. Wel hebben Ruding en Kok na en los van elkaar veel gedaan voor de sanering van de overheidsfinanciën en voor een moderner beheer ervan. J.K.T. Postma, *Honderd jaar Miljoenennota*, Den Haag 2006, hoofdstuk 10. Kok werd positiever beoordeeld door Toirkens, 'Kok beste beheerder van overheidsfinanciën' (noot 14).

24 De aanwezigheid van dit gevoel is bevestigd door zijn toenmalige thesaurier-generaal Cees Maas. Maas wist zijn nieuwe minister wel meteen te verleiden tot een etentje bij hotel Des Indes op de dag na de beëdiging van het kabinet. Onderwerp van gesprek: het belang van terugdringing van het financieringstekort in het geheel van het financieel-economisch beleid, ook Europees. Gesprek met Cees Maas op 18 februari 2019.

25 Gesprek met Richard van Zwol, 17 juni 2019.

26 Voorbeelden: Marcel van Gastel en Rob Kuipers, later ook Richard van Zwol. Informatie Florisson.

27 Hoofdstuk 11. Hilhorst werd op 1 januari 1990 op het ministerie aangesteld (informatie Arend Hilhorst).

28 Wellicht geleend van Hans Wiegel, die deze noviteit in 1977 op het ministerie van Binnenlandse Zaken invoerde.

29 Dit betrof de secretaris-generaal, de thesaurier-generaal, de directeur-generaal Rijksbegroting, de directeur-generaal Fiscale Zaken en de directeur-generaal Belastingdienst alsmede hun plaatsvervangers plus de directeur Financieel-Economische zaken. Naast Hilhorst was hierbij ook aanwezig het hoofd voorlichting, Koks woordvoerder Ronald Florisson.

30 Koks relatie met zijn staatssecretaris was gemengd van aard. In zijn persoon waardeerde hij diens integriteit, maar in zijn functioneren vond hij hem weinig uitgesproken. Hij nam soms het initiatief van hem over. In 1992 heeft Lubbers overwogen Van Amelsvoort op te offeren aan een bredere herschikking van het CDA-smaldeel in het kabinet, maar dit bleef in bedoelingen steken. Correspondentie Van Velzen-Lubbers; een kopie in persoonlijk archief-Kok.

31 Deze SG bekommerde zich ook om Koks persoonlijk welzijn. Toen hij vaststelde dat zijn minister wel erg vermoeid was geraakt, 'verbood' hij hem zijn zomervakantie in een tent en op kampeerplaatsen door te brengen. In plaats daarvan bood hij het

echtpaar Kok gastvrijheid in het vakantiehuis van zijn familie in het Zwitserse Zuoz (informatie Rita Kok). In de herfst van 1990 benam de kort ervoor gescheiden Michiels van Kessenich zich op tweeënvijftigjarige leeftijd het leven; door Koks chauffeur Van den Akker werd hij dood aangetroffen in zijn woning.

32 Verderop in dit hoofdstuk.

33 Met Arend Hilhorst had hij wel een vertrouwensrelatie. Zijn belangrijkste vertrouwenspersoon, Rita, woonde thuis. Soms zei Kok in een gesprek met een van zijn topambtenaren dat 'hij het er met Rita ook over had gehad', zonder echter iets van haar beïnvloeding te laten blijken. Telefoongesprek met Jan Postma, 23 april 2019.

34 Wim Kok, 'Steun en toeverlaat', *DNB Magazine 2, speciale bijlage* (bij het afscheid van Henk Brouwer als directeur van De Nederlandsche Bank), mei 2011. Brouwer was, voor zijn baan bij Philips, directeur-generaal op het ministerie van Sociale Zaken en Werkgelegenheid. Gesprek met Henk Brouwer, 23 mei 2018.

35 Kok benoemde bij Financiën wel meer gekwalificeerde partijgenoten op hoge posten.

36 Deze betiteling gebruikte hij letterlijk voor zijn DG Rijksbegroting Van Maanen (informatie Van Maanen).

37 Gesprekken met Geert van Maanen, 23 mei 2018, en Cees Maas, 18 februari 2019.

38 Dick Sluimers, oorspronkelijk ambtenaar op Financiën, vervulde nadien hoge functies op Sociale Zaken en Werkgelegenheid alsook Welzijn, Volksgezondheid en Cultuur. Staatssecretaris Hans Simons beval hem aan. Koks vraag 'Is hij te vertrouwen?' kon Simons beamen (informatie Sluimers). Naast plaatsvervangend TG was Sluimers directeur Algemene en Financieel-Economische Politiek (AFEP).

39 Hier volgt een samenvatting van tamelijk gelijkgerichte opmerkingen hierover van Koks ambtenaren van Financiën met wie gesprekken zijn gevoerd: Brouwer, Florisson, Ter Haar, Van Maanen, Maas, Postma en Sluimers.

40 Gesprek met Bernard ter Haar, 11 februari 2019. Thesaurier-generaal Maas vond Kok echter niet besluiteloos. Hij deed er gewoon wat langer over om zich een bepaalde oplossing geheel eigen te maken. 'Maar dan stond hij er ook voor en liet hij niet meer los.' Gesprek met Cees Maas, 18 februari 2019.

41 Hoofdstuk 11.

42 Gesprek met Dick Sluimers, 27 februari 2019.

43 Telefoongesprek met Ronald Florisson, 4 april 2019.

44 Zo benoemde hij na het vertrek van thesaurier-generaal Cees Maas niet diens opvolger Henk Brouwer tot overheidscommissaris bij de bank ING, maar DG Rijksbegroting Van Maanen. Dit kwam hem als meer integer en daardoor politiek minder kwetsbaar voor.

45 Hoofdstuk 15.

46 Milly is in 1999 overleden. Margot werkt nog altijd op Financiën, als secretaresse van de minister.

47 De tweede chauffeur heette Ton van Wessing.

48 Gesprek met Margot Tijssen, 27 februari 2019. Omgekeerd groeide bij Koks team ook het gemak tegenover hem. Toen hij op 3 mei 1994 met een 'verlieszege' de verkiezingen goed had afgesloten, hingen zij zijn werkkamer vol rode balonnen. Wim werkte er onverstoorbaar in door.

49 E-mail van Jo Ritzen, 31 mei 2018. Gesprekken met Hans Alders op 17 april 2018 en Hedy d'Ancona op 6 februari 2019.

50 Gesprek met Richard van Zwol, 17 juni 2019.

51 Sinds het einde van de jaren zestig was het budget voor ontwikkelingssamenwerking op een vast percentage van het nationaal inkomen (1 procent of 0,9 procent) op de

rijksbegroting gefixeerd: zij was 'onaantastbaar'. Dit gold zelfs voor de eerste twee kabinetten-Lubbers. In Lubbers/Kok zakte de 'zuivere' ontwikkelingshulp onder de 0,9 procent.

52 Op deze 'vervuiling' van zijn begroting werd Pronk in de Kamer kritisch aangesproken. Dit leidde hem ertoe zich als 'een burgemeester in oorlogstijd' te verdedigen. Peter Rehwinkel en Jan Nekkers, *Regerenderwijs. De PvdA en het kabinet-Lubbers*, Amsterdam 1994, p. 124. Kok verzette zich tegen dit beeld: idem, p. 246.

53 Hans Buddingh en José Toirkens, 'Kok doet het anders dan Ruding', NRC *Handelsblad*, 24 april 1990.

54 Jan Pronk (interview), 'Lubbers/Kok was een kosten-verminderingskabinet – daar slijt je wel van', Rehwinkel/Nekkers, *Regerenderwijs*, Amsterdam 1994, p. 113-127. De begrotingsdiscipline was aanvaard in de constituerende ministerraadsvergadering op 7 november 1989.

55 Informatie Geert van Maanen, 17 maart 2019.

56 De hier gepresenteerde inzichten zijn onder meer gebaseerd op Roel Kuiper, *De terugkeer van het algemeen belang. Privatiseringsverdriet en de toekomst van Nederland*, Amsterdam 2014. Hij hanteert ook het hier overgenomen onderscheid tussen de 'Amsterdamse' en 'Rotterdamse' scholen. Strikt genomen is dit niet geheel correct, zeker rond 1990 niet: ook in Rotterdam doceerden toen 'keynesianen', terwijl in Amsterdam niet alle hoogleraren keynesiaan waren.

57 Een deel van de verzorgingsstaat werd weliswaar met werknemersverzekeringen gefinancierd (bijvoorbeeld de WW en de WAO), maar een groeiend beroep op deze voorzieningen had via de nettolonen van werknemers en de winsten van ondernemingen natuurlijk wel een negatieve uitwerking op de overheidsfinanciën. De calculerende burger: de burger die zich niet meer inzet voor de collectieve zaak, maar bij alles wat hij doet nauwkeurig uitrekent wat het hem oplevert. Tijdens Lubbers/Kok werd de term gepopulariseerd door CDA-minister van Justitie Ernst Hirsch Ballin.

58 Hoofdstuk 7, in het bijzonder over het rapport van de commissie-Wagner over 'Een nieuw industrieel elan' (1981). Ook de parlementaire enquête-Van Dijk (1984) over de overvloedige overheidssteun aan het niettemin failliet gegane Rotterdamse scheepsbouwbedrijf Rijn-Schelde-Verolme (RSV) speelde in deze discussie een rol.

59 Hiertoe behoorden ook economen van de Katholieke Universiteit Brabant in Tilburg.

60 Leidend in deze denkrichting was Milton Friedman, in 1976 winnaar van de Nobelprijs voor de Economie.

61 Geprivatiseerd werden in die jaren onder andere het Rijksinkoopbureau, de Staatsdrukkerij, het Rijksloodswezen en het Staatsvissershavenbedrijf en, curieus genoeg, een dienst met een bij uitstek publieke functie als het IJkwezen. Ook trok de staat zich terug uit een aantal ondernemingen: DSM, DAF en Hoogovens.

62 De PTT was het 'Staatsbedrijf der Posterijen, Telegrafie en Telefonie'. In 1986 waren van de PTT al de Rijkspostspaarbank en de Postcheque- en Girodienst afgesplitst en geprivatiseerd onder de naam Postbank. Na de verzelfstandiging in 1989 ging de PTT door onder de naam 'Koninklijke PTT Nederland NV' (KPN). Na de privatisering in 1994 volgden nog verdere fusies, overnames, afsplitsingen en naamsveranderingen.

63 Wim Kok, 'Een sociaal-democratisch pleidooi', speech gehouden aan de Katholieke Universiteit Nijmegen op 6 juni 1989. Grotendeels afgedrukt door *de Volkskrant*, 7 juni 1989. Ook hoofdstuk 11.

64 Hoofdstuk 9.

65 Een vroege stem uit eigen kring: Kalma, *De illusie van de 'democratische staat'*.

66 TK 1989-1990, 21632, nr. 1. Deze notitie stelde het eerder geldende beleid betreffende privatisering in zoverre bij dat nu niet meer gold: 'afstoten, tenzij', maar een neutrale positie werd ingenomen: elke overheidstaak onderzoeken en dan vaststellen: behouden of verzelfstandigen dan wel privatiseren. Volgens Cees Maas, de toen verantwoordelijke thesaurier-generaal, kwam dit feitelijk neer op een omkering: 'niet afstoten, tenzij'. Gesprek met Cees Maas, 18 februari 2019.

67 Wim Kok, 'Verzelfstandiging van overheidsdiensten', rede van de minister van Financiën, uitgesproken door secretaris-generaal J.K.T. Postma, *Geschriften van de Vereniging voor Bestuurskunde*, Den Haag 1993, p. 25-33. Citaat op p. 28. Het is opvallend hoe weinig Kok in deze rede uitsluitend als minister van Financiën sprak en hoezeer hij zich op het terrein van de minister van Binnenlandse Zaken (de organisatie van de overheid) begaf.

68 Deze vorm van verzelfstandigde overheidsactiviteiten bleef, anders dan de toen al in zwang geraakte Zelfstandige Bestuursorganen (ZBO's), onder volledige ministeriële verantwoordelijkheid functioneren: *Verder bouwen aan beheer. Heroverwegingsrapport*, 1991.

69 Telecommunicatiebeleid van de EU, www.Europa-nu.nl.

70 Uit vele voorbeelden: Ewald Engelen, 'Koks erfenis', *De Groene Amsterdammer*, 25 oktober 2018, p. 9.

71 Tweede Kamer, Verslag van een mondeling overleg op 18 oktober 1990 met de minister van Financiën over zijn notitie inzake 'Verzelfstandiging en privatisering' (Kamerstuk 21632, nr. 1), p. 6.

72 Deze ging op 1 januari 1990 in. Kok en zijn fractie hadden zich onder meer wegens de onevenwichtige uitwerking op de inkomens tegen dit plan gekant.

73 Interne notitie PvdA-fractie 17 september 1989 (archief-IISG). Ook gesprek met Ad Melkert, 6 juni 2018.

74 Op premier Lubbers na. Zie eerder in dit hoofdstuk.

75 Hubert Smeets, 'Metamorfose van Kok', *NRC Handelsblad*, 20 november 1989.

76 TK 1989-1990, 21378, *Startbrief 1990-1994*.

77 TK 1989-1990, 21382, ordernummer 1, Brief van de minister van Financiën, *Najaarsnota*.

78 Het moest met stappen van een half procent per jaar in 1994 op 3,25 procent uitkomen. Ook José Toirkens, 'Een partijleider op Financiën let niet alleen op schatkist', *NRC Handelsblad*, 12 maart 1990.

79 Kees Caljé, 'Optimistisch Planbureau tevreden met begrotingsbeleid van Kok', *NRC Handelsblad*, 17 september 1991.

80 Wim Kok (rede) op het symposium van de Nationale Investeringsbank over 'Solvabiliteit van het bedrijfsleven: een zorg voor de overheid', 31 oktober 1990 in Scheveningen (archief-Kok, Financiën).

81 In die tijd hebben Lubbers en Kok DNB-president Duisenberg wel eens aangemoedigd de rente te verlagen. Die hield echter onverdroten vast aan de koppeling met de D-mark. Alleen als de gulden sterker stond dan de D-mark, kon de DNB het officiële tarief tot onder dat van Duitsland verlagen zonder dat zij het 'hardeguldenbeleid' losliet. Dit is tijdens Lubbers/Kok na 1991 tweemaal gebeurd.

82 Het draaien aan knoppen was overigens wel iets waaraan de 'hand- en vingergevoelige' Wim Kok als minister van Financiën in die jaren veel behoefte zou tonen, vooral om de steeds nieuwe tegenvallers te lijf te kunnen gaan. Die 'knoppen' waren echter vaak niet zomaar voorhanden. Gesprek met Henk Brouwer, 23 mei 2018.

83 Hoofdstuk 16.

84 Ministerraadsnotulen, 9 januari 1990. Ook in de speciale zittingen van 9 tot 12 februari ging het over weinig anders dan de Tussenbalans.

85 Wim Kok, Toespraak op het tweejaarlijks congres van de Partij van de Arbeid, Amsterdam, 2 februari 1991 (archief IISG). Wim Kok, 'De financieel-economische situatie van Nederland in internationaal perspectief', Prins Bernhardlezing, Breukelen 1991 (archief-Kok, Financiën).

86 Anders dan in de 'Kurhausrede' van 31 oktober 1989 (zie hierboven), waarin Kok hierover zei: 'En dan is mijn tolerantie voor degenen die niet willen meewerken, of het een van de sociale partners of de uitvoeringsinstanties, of gemeenten of de werklozen zelf betreft [...] tot bij het nulpunt gedaald.' (p. 5)

87 Hoofdstuk 15.

88 TK 21998, *Tussenbalans 1991, Brief van de minister-president, de minister van Algemene Zaken en de minister van Financiën*, 19 februari 1991.

89 *Tussenbalans*, bijlage 6.

90 Algemeen klonk er kritiek op het stroperige proces. *De Volkskrant*, *Het Parool* en *Het Vrije Volk* toonden nog wel enig begrip voor de positie van het kabinet en de aangekondigde maatregelen. NRC *Handelsblad* beperkte zich tot zuinig commentaar. *De Telegraaf* en ook regionale dagbladen hekelden de belastingmaatregelen.

91 TK, de behandeling van de Tussenbalans op 27-28 februari en 1 maart 1991.

92 Hoofdstuk 11.

93 Met 27 zetels (CDA) en 16 zetels (PvdA) beschikte de coalitie nog over een meerderheid in de Eerste Kamer.

94 De opkomst bij deze Statenverkiezingen was ook lager dan ooit tevoren: 52,3 procent.

95 Wim Kok (interview): 'PvdA doet voortaan alles anders', NRC *Handelsblad*, 17 mei 1991. Dit was een eerste poging van Kok uit deze verkiezingsopdoffer lessen te trekken; ook aandacht voor de problemen in de WAO.

96 Hoofdstuk 15.

97 Bijvoorbeeld *De Telegraaf*, 3 mei en 8 mei 1991.

98 Kok speelde ook al met dit beeld in de partijraadsbijeenkomst medio juni 1991: 'Het "kwartje voor Kok" dus en dan nog als een dubbeltje geboren ook.' (archief-Kok, Financiën).

99 Toenmalig hoofddirecteur van de ANWB Paul Nouwen heeft Wim Kok naderhand mondeling ingewijd in deze gezamenlijke ANWB-*Telegraaf*-framingcampagne. Later hebben eerst CDA-leider Balkenende en erna PVV-leider Wilders gehamerd op de tijdelijkheid van de maatregel: 'Geef het kwartje terug, meneer Kok.' Het was geen tijdelijke maatregel. Het idee was afkomstig van CDA-minister Maij-Weggen en werd met verve verdedigd door CDA-staatssecretaris Van Amelsvoort. Maar het 'kwartje' bleef Kok nog lang achtervolgen.

100 Voor dit historisch overzicht (en ook andere inzichten) is vooral geleund op André Szász, *De euro. Politieke achtergronden van de wording van een munt*, Amsterdam 2001. Een bredere benadering bij Mathieu Segers, *De reis naar het continent. Nederland en de Europese integratie, 1950 tot heden*, Amsterdam 2013.

101 Zweden en Noorwegen. Toen Zwitserland tot de slang wilde toetreden, blokkeerde Frankrijk dit op communautaire gronden.

102 Delors trad op 1 januari 1985 aan als voorzitter van de Europese Commissie. De EG was inmiddels uitgebreid met Denemarken, Ierland en het Verenigd Koninkrijk (1973) en Griekenland (1979), terwijl Spanje en Portugal in 1986 toetraden. De 'Twaalf' zouden in 1994 verder worden versterkt met Finland, Oostenrijk en Zweden.

103 Hoofdstukken 6, 9 en 12.

104 Voor Luxemburg (EG-voorzitter in de eerste helft van 1991) zou de finale afronding te vroeg komen en zou de nieuwe lidstaat Portugal (voorzitter in de eerste helft van 1992) niet te onervaren zijn voor zo'n grote opgave?

105 Gesprek met Cees Maas, 18 februari 2019. Delors, die Kok in zijn memoires wel een aantal keren noemt, vermeldt dit gesprek in Straatsburg niet. Jacques Delors (met Jean-Louis Arnaud), *Mémoires*, Parijs 2004.

106 Charles Grant, *Inside the house that Jacques built*, Londen 1994.

107 De Europese munt heette toen nog ECU (European Currency Unit). De benaming euro dateert van 1995.

108 Voorbeelden in het archief-Kok op Financiën, zoals de Prins Bernhardlezing op Nijenrode (18 februari 1991).

109 Bijvoorbeeld in voornoemde Prins Bernhardlezing: 'Nederland is voorstander van het federale model, waarin bijvoorbeeld een Europese Commissie nieuwe stijl kan uitgroeien tot een Europese regering. Geen Europa van naties, maar een Europa van eenheid.' (p. 15)

110 Wim Duisenberg zat op dezelfde lijn als Kok. De Haas/Van Lotringen, *Wim Duisenberg*, p. 176-185.

111 Bob van den Bos, *Mirakel en Debacle. De Nederlandse besluitvorming over de Politieke Unie in het Verdrag van Maastricht*, proefschrift, Leiden 2008.

112 Van den Bos, p. 294 (noot 59).

113 Hoofdstuk 15.

114 Gesprekken met Cees Maas (18 februari 2019) en Bernard ter Haar (12 februari 2018). Zij liepen hiermee wel het gevaar te veel te opereren als lidstaat Nederland en te weinig als EG-voorzitter. Frankrijk en sommige mediterrane lidstaten wilden op deze punten harder van stapel lopen.

115 Niet alleen vond hij dat de nadruk op prijsstabiliteit het meest uitzicht op economische groei en bevordering van de werkgelegenheid bood, ook vormde dit de beste garantie voor de onafhankelijkheid van de ECB. Politici worden door kiezers immers aangesproken en afgerekend op groei en werkgelegenheid. Dat zouden ze niet aan de ECB willen overlaten: een vrijbrief voor politieke inmenging in de geldpolitiek dus. Zolang Europa nog niet over een democratisch gelegitimeerde/gecontroleerde politieke leiding (regering) beschikte, zou ook een lichte aanwijzingsbevoegdheid (zoals bijvoorbeeld Nederland die kende) ongepast zijn.

116 Maas leidde toen, als voorzitter van het Monetair Comité van de EG, de ambtelijke onderhandelingen.

117 Kok op 12 september 1991 in een telefoongesprek met Pronk: 'Maas heeft misbruik gemaakt van het feit dat ik druk bezig was met de WAO, met binnenlandse politiek en met begrotingszaken.' E-mail Jan Pronk, 15 april 2019. Kok is hier vermoedelijk op geattendeerd door een telefoontje van Jacques Delors. Maar een internationaal persagentschap berichtte er ook al over. Het door Maas uitonderhandelde voorstel ging uit van intergouvernementele besluitvorming over deelname aan de euro. Delors wilde dit juist binnen de competentie van de Commissie brengen. In het uiteindelijke verdrag is deze beslissing wel degelijk aan de lidstaten voorbehouden, maar Kok was in september al graag meteen op de hoogte geweest. Maas had weliswaar hiervoor Koks aandacht gevraagd, zij het alleen mondeling. Dit is bij de gepreoccupeerde Kok niet goed aangekomen, maar op 'misbruik' van de WAO-kwestie was Maas geenszins uit (telefoongesprek met Cees Maas, 22 april 2019). In de vergadering met zijn EG-collega's

heeft Kok Maas ook niet hard laten vallen, anders dan Roel Janssen in NRC *Handelsblad* van 23 september 1991 berichtte. Bernard ter Haar: 'Volgens Kok in de Ecofin was de optie van Maas inderdaad een mogelijkheid.' (gesprek met Ter Haar, 12 februari 2019)

118 Ook Delors, *Mémoires*, p. 346.

119 Gesprek met Ronald van Beuge, 29 januari 2018. Van den Bos, *Mirakel en debacle*, p. 251-254. Ook Koks toespraak tot het Europees Parlement, 23 oktober 1991.

120 J. Dyson en K. Featherstone, *The Road to Maastricht. Negotiating Economic and Monetary Union*, Oxford 1999, p. 759-764.

121 Handgeschreven brief van Kok aan Lubbers (archief-Kok, Financiën, 1 december 1991).

122 Staatssecretaris Horst Köhler (de latere Duitse bondspresident) kreeg telefonisch instructie vanuit Bonn om op het allerlaatste moment hierover dwars te gaan liggen. Kok toonde zich standvastig. E-mail Alexander Italianer, 22 september 2019.

123 Artikel 104 van het Verdrag.

124 *De Volkskrant*, 3 december 2011. Ook Wim Kok, 'Als de euro instort, loopt Europa onherstelbare schade op' (interview), Roel Janssen, *De euro. Twintig jaar na het Verdrag van Maastricht*, Amsterdam 2012, p. 71-104.

125 Maar die gedachte was al op 'Zwarte Maandag' (30 september 1991) gesneuveld.

126 René Cuperus, Annelies Pilon en Jan Marinus Wiersma (red.), *De politiek van de euro. Biografie van een kwetsbare munt*, Amsterdam 2013. Ook Krop, *Hart van Europa*, vooral de hoofdstukken 5 en 8.

127 Zou de interne markt wel voor voldoende economische convergentie zorgen, zoals Delors dacht? Of was daarvoor veel meer vrij verkeer van arbeid nodig? Maas erkende later dat hij (evenals Kok) dit bij het sluiten van het verdrag onvoldoende heeft beseft. Janssen, *De euro*, p. 121.

128 PvdA-fractievoorzitter Thijs Wöltgens probeerde Kok hiertoe in het Kamerdebat over de Tussenbalans van 27 februari 1991 al te verleiden. Tevergeefs. Kok ging er pas mee akkoord toen zijn opvolger Gerrit Zalm dit trendmatig begrotingsbeleid aan het begin van het eerste kabinet-Kok (22 augustus 1994) invoerde. Maar toen lag het begrotingstekort al rond de EMU-norm van maximaal 3 procent.

129 Koks karakteristieke uitleg: 'Met een tandje minder krijg je betere resultaten: een minder diepe recessie, minder werkloosheid, minder langdurige werklozen.' Hiermee haalde hij zelfs de *Dikke Van Dale*.

130 Rolf Schöndorff, 'Kok naast het tijdpad', NRC *Handelsblad*, 18 februari 1993.

131 Rehwinkel/Nekkers, *Regerenderwijs*, passim.

132 Kok zelf hield zich in het interview met Rehwinkel en Nekkers goed staande. Maar toen was hij ook al premier.

133 Kees Caminada, Kees Goudswaard en Jim Been, 'De ontwikkeling van inkomensongelijkheid en inkomensherverdeling in Nederland 1990-2014', https://openaccess.leidenuniv.nl/handle/1887/46107, februari 2017.

15 De lekkende paraplu van Vadertje Staat

1 Wim Kok (interview), Rehwinkel/Nekkers, *Regerenderwijs*, p. 253-257.

2 Zie verderop in dit hoofdstuk.

3 TK, 27 november 1989, *Regeringsverklaring* p. 14-308.

4 PvdA-fractievoorzitter Thijs Wöltgens had het in 1994 (in Rehwinkel/Nekkers, *Regerenderwijs*, p. 16) over 'één simpel zinnetje in het regeerakkoord [...] dat we wat

makkelijk over het hoofd hebben gezien'. Dat was een te eenvoudig excuus. Het regeerakkoord sprak over 'de verontrustende ontwikkeling van groei en omvang van het aantal (gedeeltelijk) arbeidsongeschikten. Aan deze ontwikkeling zal weerwerk geboden moeten worden.' Even verder luidde de tekst: 'Op deze wijze moet het mogelijk zijn zo snel mogelijk tot een situatie te komen waarin het beroep op arbeidsongeschiktheidsregelingen in ieder geval niet meer groeit. Dit vraagstuk zal hoe dan ook tezamen met de sociale partners aangepakt moeten worden.' (TK, 1989-1990, 21132, p. 24). De regeringsverklaring was wel nog iets stelliger in de formulering van deze beleidskeus: 'De doelstelling is te komen tot [...]'. Wöltgens had in dit interview anderszins geheel gelijk: 'Van die zin hebben we veel last gehad.'

5 De Algemene Arbeidsongeschiktheidswet (AAW), in 1976 ingevoerd door het kabinet-Den Uyl.

6 Ook waren sedert sinds 1973 de nog overblijvende kansen op de arbeidsmarkt vanaf 15 procent arbeidsongeschiktheid zwaar gaan tellen: het verdisconteringsbeginsel. D. Oude Nijhuis, 'Een monsterverbond. Werkgeversorganisaties en het gebruik van de Wet op de arbeidsongeschiktheid om overtollige werknemers te laten afvloeien', *Tijdschrift voor sociale en economische geschiedenis*, 7 (2010), p. 110-137.

7 Er zijn ook hogere en lagere schattingen. Er bestaan kennelijk geen echt betrouwbare cijfers.

8 Peter ter Horst en Wim Köhler, 'Een Hollands complot. Hoe een gezond land 860.000 arbeidsongeschikten kreeg', NRC *Handelsblad*, 1 december 1990. Vgl. het openbare verhoor van prof. dr. D.J. Wolfson door de Enquêtecommissie Uitvoeringsorganen Sociale Verzekeringen op 17 mei 1993 (TK, 1992-1993, 22730, nr. 9). Ook D.J. Wolfson, 'De sociaal-economische context waarin de SVr functioneert', J.Th.J van den Berg, A.Ph.C.M. Jaspers en M.G. Rood (red.), *De SVr 40 jaar: einde van een tijdperk, een nieuw begin?*, Zoetermeer 1992, p. 9-28 (SVr = Sociale Verzekeringsraad). Gesprek met Dik Wolfson, 11 januari 2018, en e-mail op 26 maart 2019.

9 Rehwinkel/Nekkers, *Regerenderwijs*, p. 139.

10 Een kort overzicht van 'drie jaar doormodderen' met de WAO: Van den Brink/Van den Berg, *Zeventig jaar zoeken naar het compromis*, p. 554-559. Voor het CDA-perspectief: Kroeger/Stam, *De rogge staat er dun bij*, hoofdstuk 6. Daarnaast Bert de Vries, *Overmoed en onbehagen. Het hervormingskabinet-Balkenende*, Amsterdam 2005, p. 183-187. Ook gesprek met Bert de Vries, 8 maart 2018.

11 Romke van der Veen, *De sociale grenzen van beleid. Een onderzoek naar de uitvoering en effecten van het stelsel van sociale zekerheid*, Leiden 1990. Dit boek handelt, naast de WAO, ook over de WW en de Bijstandswet.

12 De WAO was een werknemersverzekering waarvoor de premies door werknemers en werkgevers werden betaald. Sinds het kabinet-Den Uyl (de 'eenprocentsnota' van Wim Duisenberg; zie ook hoofdstukken 4, 5 en 14) werden de premies voor de sociale verzekeringen (dus ook de WAO) tot de collectievelastendruk, en daarmee tot zorg van de overheid, gerekend. Aldus bepaalde de overheid ook het regime van de sociale zekerheid en kon ze daarvoor onder andere financiële middelen, waaronder belastingen maar bijvoorbeeld ook de rijksbijdrage aan het WAO-fonds, inzetten. Telefoongesprek met Rob Kuipers, 2 april 2019. Ook gesprek met Henk Muller, 3 april 2019.

13 Theo Nijenhuis (e.a.), 'Goed en evenwichtig pakket – zegt Kok', *de Volkskrant*, 15 juli 1991.

14 Ter Veld kon het fysiek en mentaal ook niet aan. Daarop besloot De Vries ook maar niet aan te schuiven. Ter Velds relaas over de WAO-besluiten van 13 juli en 23 augustus als-

ook over de ontkoppeling in *Trouw* (interview), 'Bert zei dat het wel goed zou komen', 28 augustus 1991.

15 Wim Kok, toespraak op 29 september 1981, *Grondslag* FNV, p. 24-26. Ook hoofdstuk 5.

16 Wim Meijer onder andere bij het debat over de regeringsverklaring van het kabinet-Van Agt/Den Uyl in de Tweede Kamer op 16 november 1981 alsook bij de voorbereiding van het rapport *Bewogen beweging* in 1987-1988. Margriet van Lith, *Wim Meijer tegen de stroom in*, p. 225-227 resp. 279-280. Jos van Kemenade, Jo Ritzen en Thijs Wöltgens, *Om een werkbare toekomst*, Amsterdam 1984. Ook hoofdstuk 11.

17 Hoofdstuk 7.

18 Een duidelijke waarschuwing om de sociale vernieuwing niet te beperkt op te vatten, maar juist naar de ernstige problemen in de WAO uit te breiden, kreeg Kok van Kees Schuyt: 'Het suddert voort, zolang er wat te halen valt', *de Volkskrant*, 6 oktober 1990.

19 Max van Weezel, 'Het WAO-drama in zeventien trieste bedrijven. Dossier over een reusachtig politiek bedrijfsongeval', *Vrij Nederland*, 13 juli 1996, waarin citaat van Elske ter Veld, staatssecretaris Sociale Zaken in Lubbers/Kok: 'Ik kreeg opdrachten van mijn partijleider die niet mochten van de minister van Financiën en andersom. Ik werd daar helemaal gek van. Ik begon Wim Kok langzamerhand te beschouwen als mijn eigen Dr. Jekyll en Hyde.'

20 Wim Kok (interview), Rehwinkel/Nekkers, *Regerenderwijs*, p. 246.

21 Jacques Wallage: '"Nederland is ziek," riep Lubbers, maar de PvdA had geen medicijn bij de hand', *Het land achter de heuvels*, p. 131, ook p. 181-184.

22 Hoofdstuk 14.

23 Wim Kok (rede) op het symposium van de Nationale Investeringsbank over 'Solvabiliteit van het bedrijfsleven: een zorg voor de overheid', 31 oktober 1990 in Scheveningen (archief-Kok, Financiën). In een uitvoerig gesprek in het televisieprogramma *Het Capitool* op 14 oktober 1990, waarin Kok vooral sprak over de PvdA-strategie voor de lange termijn, stipte hij ook al de WAO-problematiek aan.

24 Hoofdstuk 14, noot 84.

25 Ook de notulen ministerraad 9-12 januari 1991, p. 54.

26 Kok was in deze fase weer tegen een ingreep in de uitkeringen. Volumebeleid moest het worden.

27 Kok heeft daar kennelijk lering uit getrokken. In een gedenkbundel over de SER zegt hij over ongerichte adviesaanvragen: '[...] Als je als kabinet begint met een open vraagstelling, zo van: eigenlijk weten we zelf ook niet precies wat we willen weten..., wees dan niet verbaasd als dezelfde verwarring bij de leden van de SER optreedt – en de advisering te vaag of te traag is.' Wim Kok (interview) in: Teun Jaspers e.a. (red.), *SER 1950-2010*, p. 127. De SER heeft door de jaren heen overigens een belangrijke rol gespeeld bij de vormgeving van ons stelsel van sociale zekerheid en bij de bevordering van aanpassingen daarin: Jaspers/Pennings, 'Sociale zekerheid en zorg – de SER als moderator', in: *SER 1950-2010*, p. 133-161.

28 Voor een goed journalistiek overzicht: Van Weezel, 'Het WAO-drama in zeventien trieste bedrijven, *Vrij Nederland*, 13 juli 1996.

29 E.H. Karel, *Een hete herfst. De acties van FNV, CNV, MHP tegen de WAO- en Ziektewetplannen van het kabinet-Lubbers/Kok in 1991*, Amsterdam 1992, p. 30.

30 Kok bijvoorbeeld op de 1 meibijeenkomst van de PvdA in Almere.

31 Onder andere bij de belangrijke bijeenkomst van de PvdA-partijraad op 14 juni. Verdere voorbeelden bij Karel, *Een hete herfst*, p, 29-30. Ook Van Weezel, *Het WAO-drama*.

32 Zalm bekleedde als directeur van het Centraal Planbureau een 'kwaliteitszetel' in de

SER. Hij beschreef zijn ervaringen met dit WAO-advies in Zalm, *De romantische boekhouder*, p. 77-81. Gesprek met Gerrit Zalm, 24 oktober 2016. Ook gesprek met Dik Wolfson, 11 januari 2018.

33 Prominente andere leden van de commissie waren Jan Willem van den Braak (VNO), Marijke Clerx (FNV), Ferd Crone (FNV), Aart Jan de Geus (CNV) en Henk Muller (FNV).

34 De vakbeweging had de groeiende arbeidsongeschiktheid inmiddels als probleem van beleid en actie onderkend, bijvoorbeeld in het 'WAO-aanvalsplan voor het cao-overleg' van september 1990 en het 'WAGW-stappenplan' van april 1991, beide van de FNV. E-mail Henk Muller, 26 april 2019. Of de opmerking van FNV-voorzitter Stekelenburg tijdens het SER-overleg tegen kroonlid Dik Wolfson ('We gaan nu ook echt keuren, Dik.') ook tot deze beleidsintensiveringen moest worden gerekend, is niet bekend. Gesprek met Dik Wolfson, 11 januari 2018.

35 De term is van D66-leider Hans van Mierlo.

36 Zij deed dit op gezag van de Sociale Verzekeringsraad. De Kamer moest zij hiervan op de hoogte stellen.

37 Tom-Jan Meeus, 'Bedreven, redelijk en populair. FNV-voorzitter Johan Stekelenburg blijft altijd aardig', *NRC Handelsblad*, 15 juli 1991. Stekelenburg legde hierin uit waarom hij in die vergadering van de Federatieraad van 8 juli niet de machtsvraag had uitgespeeld: 'Het is een democratische vereniging.'

38 Stekelenburg overkwam nu hetzelfde als wat Kok in 1979 meemaakte: onvoldoende steun van zijn Federatieraad voor een belangrijke sociale doorbraak. Zie voor dit 'bijna-akkoord' hoofdstuk 7.

39 Gesprek met Alexander Rinnooij Kan, 2 april 2019. Ook Jan-Willem van den Braak, *Dagboek van een poldercrisis. Met een terugblik op twintig polderjaren*, Assen 2006, p. 161-162.

40 Een schets van de chaotische situatie die week, ook in het PvdA-bewindspersonen-overleg: Frank van Empel, '"Johan, het is gelukt." Het WAO-drama: schimmige deals en verraad in Den Haag', *Elsevier*, 23 januari 1993.

41 Telefoongesprek met Jan Pronk, 1 mei 2019. Pronk was aanwezig toen Kok met Stekelenburg sprak, maar kon alleen Kok horen spreken. Stekelenburgs reactie viel Kok niet tegen. Het is echter de vraag of de FNV-voorzitter van zijn Federatieraad wel enige ruimte had gekregen om Kok dit positieve signaal te geven. In elk geval reageerde de FNV furieus op het kabinetsbesluit van 13 juli. Op 16 juli besloot de Federatieraad tot felle acties om de WAO- en Ziektewetmaatregelen van tafel te krijgen. E-mail Henk Muller, 29 april 2019.

42 TK, 1990-1991, 22187, Brief van de minister van Sociale Zaken en Werkgelegenheid, 16 juli 1991. De AAW-uitkering was van bijstandsniveau. Een AAW'er hoefde echter niet 'zijn huis op te eten', zoals in de bijstand.

43 Die in april haar minister Bert de Vries nog had toegevoegd: 'Wie de WAO wil afschaffen, moet eerst mij afschaffen.' Voor haar relaas: Rehwinkel/Nekker, *Regerenderwijs*, p. 139-140. Voor Ter Velds plan: Van Weezel, *Het WAO-drama*, p. 40-41.

44 Ze schaarden zich allen wel achter hun politieke voorman. Jan Pronk (interview), Rehwinkel/Nekkers, *Regerenderwijs*, p. 119. Gesprek met Jan Pronk, 12 januari 2019. Gesprek met Hedy d'Ancona, 6 februari, 2019.

45 Gesprek met Ruud Lubbers, 25 oktober 2016. Gesprek met Bert de Vries, 8 maart 2018.

46 Wim Kok (interview), Rehwinkel/Nekkers, *Regerenderwijs*, p. 254.

47 Elske ter Veld (interview), 'Kok dacht achteraf dat er iets heel anders was gekozen', Akkermans/Kool, *Redelijk bewogen*, p. 152. Dit is overigens moeilijk voorstelbaar: Kok wist ook in de sociale zekerheid van de hoed en de rand. Een electorale overweging kan

hebben meegespeeld: een duurbekorting trof de mensen die toch al op het minimumniveau zaten het minste; dat waren veelal PvdA-stemmers.

48 De kranten van 15 en 16 juli 1991.

49 De VVD-fractie sloot zich uit tactische overwegingen onmiddellijk bij Wöltgens aan: handen af van de bestaande gevallen. *Trouw*, 17 juli 1991.

50 Voorbeelden: Paul Kalma, 'Argumenten met vakantie', *de Volkskrant*, 3 augustus 1991; Kees Schuyt (interview), *De Groene Amsterdammer*, 6 september 1991.

51 Wim Kok (interview), *de Volkskrant*, 17 juli 1991. Iets soortgelijks zei Kok in *De Telegraaf* van die dag.

52 Van den Braak/Van den Berg, *Zeventig jaar zoeken naar het compromis*, p. 555.

53 De fractie, vooral vicevoorzitter Frans Leijnse en woordvoerder Bert Middel, had tot dan de lijn aangehangen dat de instroom in de WAO wel een probleem vormde, maar dat volumemaatregelen afdoende zouden blijken te zijn. Fractienota's van 20 februari, 19 maart en 8 mei 1991 (archief-PvdA, IISG).

54 Gesprek met Frans Leijnse, 19 april 2018. Het gesprek vond plaats op Financiën. Deelnemers: Kok, Ter Veld, Sint, Castricum, Wöltgens, Leijnse alsook Hilhorst en de fractiemedewerkers Benschop en Heinrichs.

55 Voorzitter Sint deelde tevens publiekelijk mee dat de PvdA uit de coalitie zou stappen als er geen alternatief voor het WAO-besluit kwam. Kok hield zich wijselijk op de vlakte: dit betrof immers zijn eigen besluit. Dreigen met crisis liet hij bovendien liever aan het CDA over.

56 De FNV probeerde wel het kabinet als geheel verantwoordelijk te houden, niet slechts Wim Kok en zijn partij.

57 Brief Kok aan Lubbers, 31 juli 1991 (archief-Kok, Financiën).

58 Premier Lubbers in de ministerraad: 'Een extra dimensie bij de besluitvorming is de wens geweest van enkele bewindspersonen om zo constructief mogelijk te zijn, waarbij wellicht te grote stappen zijn gezet.' Notulen ministerraad, 15 augustus 1991, p. 20.

59 Notities van Arend Hilhorst aan Wim Kok, d.d. 11, 19 en 26 augustus (archief-Kok, Financiën).

60 Totdat het aantal arbeidsongeschikten tot het niveau van 1989 zou zijn gedaald.

61 TK, 1990-1991, 22 187, Brief van de minister en de staatssecretaris van Sociale Zaken en Werkgelegenheid, 27 augustus 1991.

62 De Wet Koppeling met Afwijkingsmogelijkheid (1992). Die was toen dus nog niet in werking getreden, maar werd door het kabinet al wel gehanteerd. Het voorstel voor de WKA stamde uit het PvdA-verkiezingsprogram.

63 De discussie over de koppeling rond 24 augustus bracht Kok tegenover zijn vertrouweling Arend Hilhorst briesend tot de wanhoopskreet: 'Had ik het kabinet dan moeten laten vallen?' (Hilhorst, e-mail 25 april 2019)

64 Karel, *Een hete herfst*, p. 49. De media van na het weekeinde van 24-25 augustus waren milder dan na 13-14 juli. Maar ze noteerden wel dat de vakbeweging nog steeds op ramkoers lag en dat in de PvdA de gemoederen nauwelijks waren gekalmeerd.

65 Op de leden Moor, De Visser en Schoof na. De eerste twee hadden zich al tegen het eerste WAO-besluit gekeerd. Ze traden nu uit de fractie en gaven hun zetel op. Later zouden zij ook de PvdA verlaten.

66 Kok persoonlijk werd vooral zijn weifel- en wankelmoedigheid aangerekend. Voorbeeld: Kees Lunshof, 'Ministers gek van aarzelende Wim Kok', *De Telegraaf*, 27 augustus 1991.

67 Van den Braak/Van den Berg, *Zeventig jaar zoeken naar het compromis*, p. 555.

68 Het PvdA-gewest Overijssel zegde op 29 augustus het vertrouwen in Kok op.

69 De PvdA verloor in dat jaar netto bijna 13.000 leden, van circa 92.000 naar iets meer dan 79.000 (Documentatiecentrum Nederlandse Politieke Partijen, Rijksuniversiteit Groningen).

70 Op zaterdag 24 augustus 1991, in het heetst van de kabinetsdiscussie over de (ont)koppeling, was hij ook een inzinking nabij. Kok was deze maand erg onzeker van zichzelf, vroeg aan vertrouwelingen (onder wie Bram Peper en Ed van Thijn, maar ook Thijs Wöltgens) of zij vonden dat hij wel verder kon. Die bevestiging kreeg hij, later ook van zijn PvdA-collega's in het kabinet. Maar hij hield de hele maand een slag om de arm. Er hoefde maar iets te gebeuren en hij zou aftreden, met een kabinetscrisis als gevolg (e-mail Hilhorst, 21 april 2019).

71 Wallage, *Het land achter de heuvels*, p. 175-176. Wallages relaas komt niet geheel overeen met dat van Rita Kok. Waar de twee botsten, heb ik dat van Koks echtgenote gevolgd.

72 Gesprekken met Jacques Wallage, 23 november 2016, Jan Pronk, 12 januari 2019, en Hedy d'Ancona, 6 februari 2019. E-mail Jo Ritzen, 31 mei 2018.

73 Pronks loyaliteit was opmerkelijk. De avond ervoor (in het BPO) had hij Kok nog toegevoegd: 'Ik steun niet je lijn – te veel nadruk op financieringstekort en lastendruk –, maar politiek steun ik je volledig. Jij bent onze enige leider.' Kok had daarop geantwoord: 'Ik heb niet zo'n behoefte aan zo'n steun. Ik geloof zelf in het beleid.' (Telefoongesprek met Jan Pronk, 1 mei 2019)

74 Kok speelde nog even met de gedachte zijn functies te splitsen en bijvoorbeeld alleen als minister van Financiën door te gaan. Dit werd hem door zijn partijgenoten in het kabinet resoluut uit het hoofd gepraat. Relus ter Beek (interview), Rehwinkel/Nekkers, *Regerenderwijs*, p. 107.

75 Gesprek met Jan Pronk, 12 januari 2019. Ook Aad Kosto deed hem die suggestie (informatie Kosto).

76 Sint was een maand gaan fietsen in Italië, samen met haar man. Deze was er qua gezondheid niet goed aan toe, reden waarom zij hem had beloofd er tijdens de vakantie geheel voor hem te zijn: geen telefoontjes met Amsterdam of Haag dus. Zij had ook niet deelgenomen aan de besluitvorming over de WAO in juli. Ze had toch een waarnemer, vicevoorzitter Frits Castricum? Zij trad af omdat ze, na de kritiek uit de eigen rijen op haar afwezigheid, voelde dat ze te veel beschadiging had opgelopen om nog steun te kunnen verlenen aan fractie en kabinet. Gesprek met Marjanne Sint, 4 november 2016. Ook haar interview met Rehwinkel/Nekkers, *Regerenderwijs*, p. 78-79. In overdrachtelijke zin bracht de PvdA met de val van Sint een 'dameoffer', waardoor 'koning' Kok het gevecht op het schaakbord kon voortzetten (*Leeuwarder Courant*, 2 september 1991, p. 1).

77 Net als in september 1993 naar aanleiding van het conflict tussen Rottenberg en Wöltgens (hoofdstuk 13), maar dan ernstiger.

78 Ook de andere PvdA-bewindslieden hadden hun lot aan dat van Wim Kok verbonden. Zij zouden opstappen als Kok het buitengewoon congres niet overleefde.

79 Wim Kok, *Toespraak tot het PvdA-congres in Nijmegen*, 28 september 1991, p. 2. (archief-PvdA; IISG)

80 Idem, p. 4

81 Idem, p. 5.

82 Wim Kok, toespraak in Rotterdam, 23 september 1991, p. 7 (spreekpunten; archief-Kok, Financiën).

83 Wim Kok, *Open brief aan de leden van de Partij van de Arbeid*, 4 september 1991.

84 Hoofdstuk 9. Stekelenburg werd toen de opvolger van Hans Pont, die in 1985 Wim Kok was opgevolgd.

85 Kok en Stekelenburg voelden zich in dit debat tussen bondgenoten allebei even ongemakkelijk. Terlingen, *Allemansvriend*, p. 100. Voor een min of meer afstandelijke (en ook selectieve) evaluatie door Stekelenburg van de vakbondsbemoeienis met de WAO-besluitvorming in 1991: J. Stekelenburg, 'Lobbyen tegen de WAO-voorstellen van Lubbers III', M.P.C.M. van Schendelen en B.M.J. Pauw (red.), *Lobbyen in Nederland. Progressie en praktijk*, 's-Gravenhage 1998, p. 197-213.

86 Karel, *Een hete herfst*, p. 69. E-mail Henk Muller, 26 april 2019.

87 De auteur van deze biografie vertegenwoordigde op dit congres de PvdA-afdeling Wassenaar. Vooraf had hij een kritisch-positieve stemverklaring afgegeven: 'Talent gevraagd', *Intermediair*, 27 september 1991.

88 Maurice de Hond, 'De cruciale periode 1990-1994', *Peil.nl*, 28 oktober 2018.

89 Wim Kok (interview), Rehwinkel/Nekkers, *Regerenderwijs*, p. 254.

90 Toen was zoon André weer een weekeinde thuis. Kok werd op die 29ste september 53 jaar.

91 In september had Kok nog de laatste hand moeten leggen aan de begroting voor 1992 en had hij het EMU-project politiek moeten bijsturen (hoofdstuk 14). In oktober zouden deze (en andere) onderwerpen nog meer zijn agenda gaan vullen.

92 Karel, *Een hete herfst*, hoofdstuk 4.

93 De werkgeversorganisaties waren minder enthousiast over deze inschikkelijkheid van hun leden: het doorkruiste hun positie in het WAO-debat. Gesprek met Alexander Rinnooy Kan, 2 april 2019.

94 Deze 'reparatie' werd bij pensioenfondsen, afzonderlijke stichtingen of verzekeraars ondergebracht. De kosten werden door werkgevers en werknemers gezamenlijk of alleen door werknemers gedragen. In 1993 bleek dat deze reparatie in een behoorlijk aantal cao-onderhandelingen was gelukt. Een miljoen werknemers, 30 à 40 procent van de werknemers in de marktsector, hadden hiervan profijt. E-mail Henk Muller, 26 april 2019.

95 Chris Hietland, *De kroonprins van Nieuw Links. Biografie van André van der Louw (1933-2005)*, Amsterdam 2019, hoofdstuk 11, vooral p. 319-333.

96 Kombrink, oud-Nieuw Linkser en oud-Kamerlid, was toen directeur-generaal Financiën en Economie op het ministerie van Defensie. De Hond was (en is) een baanbrekend opinieonderzoeker en (soms ook) actievoerder. Bomhoff was toen hoogleraar monetaire economie in Rotterdam; in 2002 was hij (voor de Lijst Pim Fortuyn) vicepremier en minister van Volksgezondheid, Welzijn en Sport in het eerste kabinet-Balkenende.

97 Noot 95, p. 322.

98 NRC *Handelsblad*, 7 september 1991.

99 De briefbezorger was Van der Louws Rotterdamse vriend staatssecretaris Hans Simons, die Kok de brief tijdens de ministerraadsvergadering overhandigde. Simons behoorde niet tot zijn groep, maar heeft nog enige tijd last gehad van Koks wantrouwige verdenking in die richting. Telefoongesprek met Hans Simons, 9 januari 2019. Iets dergelijks gold ook Koks topambtenaar Sluimers, die hem door Simons was aangeraden (hoofdstuk 14), en in wie hij nu een tijd lang het vertrouwen verloor. Gesprek met Dick Sluimers, 27 februari 2019.

100 Gesprek met Jan Pronk, 12 januari 2019. Pronk ook in Rehwinkel/Nekkers, p. 117.

101 Frank van Empel en Jan Hoedeman, 'Coup in de PvdA', *Elsevier*, 28 september 1991.

Jan Pronk had eerder die week in een televisie-interview al van een couppoging gerept (e-mail Jan Pronk, 26 april 2019).

102 Die taak had Kok echter al in Nijmegen op zich genomen: 'Ik zal dan vol overtuiging leiding blijven geven, niet alleen aan de bewindsliedenploeg, maar ook aan de noodzakelijke vernieuwing van ons program en onze beweging. Met iedereen die daarbij wil helpen.' (Toespraak Wim Kok, PvdA-congres, 28 september 1991, p. 12). In De Rode Hoed spraken onder anderen Bram Stemerdink, Ad Melkert, Jan van Zijl en Ruud Vreeman.

103 André van der Louw, *De Rode Hoed en andere verhalen*, Schoorl 1992, biedt een levendig maar sterk gekleurd beeld van Van der Louws initiatief voor politieke vernieuwing. Voor een recensie: Marnix Krop, *Het Parool*, 2 mei 1992. Op het partijcongres in maart 1992 deed Kok overigens een uitnodigend gebaar met zijn woorden: 'Niemand aan de kant dus, ook in onze eigen partij, André van der Louw niet, niemand aan de kant.' Ze hadden in mei een 'plezierig' gesprek met elkaar. Van der Louw ging ook in op het verzoek van Felix Rottenberg om het nieuwe voorzittersduo van advies te dienen, onder andere over de relatie met D66. Hietland, *De kroonprins van Nieuw Links*, p. 331-332. Stukken over dit advies in persoonlijk archief-Benschop.

104 Commissie-Van Kemenade, *Een partij om te kiezen*, Amsterdam 1991.

105 Typerend overigens voor de afstandelijke Kok dat hij zich vooraf enigszins van 'Wolfson' distantieerde: Wim Kok (interview), *de Volkskrant*, 18 januari 1992.

106 Commissie-Wolfson, *Niemand aan de kant*, Amsterdam 1992. Kok zelf had ook enkele keren, op verzoek van Wolfson, informeel aan de beraadslagingen bijgedragen. Dat Dik Wolfson, als lid van de Wetenschappelijke Raad voor het Regeringsbeleid aan zo'n partijpolitieke activiteit deelnam, sprak niet vanzelf. Hij voelde zich hierin aangemoedigd door Lubbers (onder wie de WRR viel): 'Mijn coalitiepartner en Wim in het bijzonder krijgen de volle laag en dat is niet fair, want het CDA draagt medeverantwoordelijkheid: ik dek je voluit en je bewijst me een grote dienst als je een oplossing helpt te zoeken.' (E-mail Dik Wolfson, 29 maart 2019).

107 Hoofdstuk 13.

108 Gesprek met Frans Leijnse, 19 april 2018. Ook zijn 'Inbreng interpellatie-Linschoten over WAO-wijzigingen', PvdA-Tweede Kamerfractie, 5 mei 1992. Leijnse deed dit op instigatie van Thijs Wöltgens, die ervan uitging dat het recente conflict tussen Kok en Lubbers over het inkomensbeleid (hoofdstuk 13) tot een val van het kabinet zou leiden. Anders gezegd, Wöltgens wilde voor die eventualiteit de PvdA alvast een scherper politiek profiel bezorgen en de kwestie van de 'bestaande gevallen' uit de weg geruimd hebben. Ook Thijs Wöltgens (interview), Rehwinkel/Nekkers, *Regerenderwijs*, p. 23.

109 Overigens stond de VVD-fractie formeel aan de zijde van Leijnse c.s. Vanaf de zomer van 1991 had haar woordvoerder Robin Linschoten op vooral tactische gronden bepleit dat alle bestaande WAO'ers buiten schot dienden te blijven. Daarmee hoopte hij vooral in de coalitie te stoken.

110 Ter Veld had moeite afstand te nemen van de lijn die zij vanaf 13 juli 1991 had verdedigd.

111 Zie Van den Braak/Van den Berg, p. 557; Wöltgens (interview), Rehwinkel/Nekkers, *Regerenderwijs*, p. 23-25, Kroeger/Stam, *De rogge staat er dun bij*, p. 283-288. De boeken werden pas in juli 1993 echt gesloten, toen de Eerste Kamer instemde met het nieuwe voorstel (TK, 1992-1993, 22 824, nrs. 11 en 12, 25 januari 1993). Daar was nog een principiële discussie tussen PvdA-woordvoerder Van de Zandschulp en staatssecretaris Wallage aan voorafgegaan: het betrof de particuliere bijverzekering voor de vele te herkeuren WAO'ers. Een akkoord met de verzekeringsmaatschappijen bracht de oplossing.

Gesprek met Willem van de Zandschulp, 21 juni 2018; en Wallage, *Het land achter de heuvels*, p. 183-186.

112 Op 4 juli 1981, toen de PvdA-top sprak over de persoonlijke invulling van het nog te vormen kabinet-Van Agt/Den Uyl, informeerde Den Uyl de aanwezigen over zijn contact met Wim Kok. Kok zelf wilde toen niet in het kabinet (ook hoofdstuk 10). Verder opmerkelijk: 'Kok heeft bij Den Uyl gepleit tegen Ter Veld, omdat die ondanks kwaliteiten een spoor van ruzies achter zich laat.' Lo Casteleijn, *Aantekeningen*, 13 juli 1981. Kok had Ter Veld gedurende vele jaren op het FNV-hoofdkantoor meegemaakt. Ook Elske ter Veld (interview), Rehwinkel/Nekkers, *Regerenderwijs*, p. 129-140.

113 Elske ter Veld (interview), ibidem. Wim Kok (interview), Rehwinkel/Nekkers, *Regerenderwijs*, p. 257-258. Gesprek met Jeltje van Nieuwenhoven, 21 november 2016. Jacques Wallage volgde Ter Veld op als staatssecretaris. Op onderwijs werd zijn plaats ingenomen door Roel in 't Veld, een 'kwaliteitsimpuls' volgens Kok. Nauwelijks een week later moest deze hoogleraar echter aftreden in verband met zijn ruime nevenverdiensten (Rehwinkel/Nekkers, *Regerenderwijs*, p. 173-184). Job Cohen volgde hem weer op. Beide gevallen beschreven door Anne Bos, *Verloren vertrouwen. Afgetreden ministers en staatssecretarissen 1967-2002*, Amsterdam 2018, p. 275-289 (Ter Veld) en p. 385-397 (In 't Veld).

114 Enquête naar het functioneren van de organen belast met de uitvoering van de socialezekerheidswetten, nr. 8, Rapport van de commissie, TK, 1992-1993, 22 730, nrs. 7-8.

115 In elk geval legde hij er sterk de nadruk op dat de WAO misschien wel voor afvloeiingsregelingen was gebruikt, maar dat dit geen onwettig misbruik was geweest. Verhoor van de heer W. Kok door de Enquêtecommissie Uitvoeringsorganen Sociale Zekerheid op 11 juni 1993 (TK, 1992-1993, 22 730, nr. 9).

116 De Hond, 'De cruciale periode 1990-1994'. Ook Philip van Tijn, 'Van kiezers en campagnes. De electorale ontwikkeling van de PvdA', Becker/Voerman (red.), *Zeventig jaar Partij van de Arbeid*, p. 99-125.

117 Hoofdstuk 17. Overigens heeft de uiteindelijke WAO-regeling aan de verkiezingsuitslag in 1994 kunnen bijdragen. Alle bestaande WAO'ers bleven daarin immers buiten schot. Zij konden gaan stemmen; nieuwe WAO'ers waren nog niet zo talrijk en konden als zodanig nog weinig invloed hebben op de stembusuitslag.

118 Wim Kok (interview): 'Voor 1991 was ik amper politicus, na 1991 ben ik als politicus gegroeid.' De Rooy/Te Velde, *Met Kok over veranderend Nederland*, p. 61.

119 Wim maakte soms zelf een bordspel, zoals een ganzenbord van de Tour de France.

16 Een nieuwe wereldorde

1 Francis Fukuyama, 'The End of History?', *The National Interest*, zomer 1989, p. 1-18. Drie jaar later publiceerde Fukuyama een sterk uitgebreide versie van zijn stellingen in boekvorm: idem, *The End of History and the Last Man*, New York 1992 (ook in Nederlandse vertaling).

2 Vallen deed de Berlijnse Muur niet, althans niet meteen. Hij werd eerst geopend.

3 Voorbeelden van Gorbatsjovs daarop gerichte uitspraken bij Judt, *Postwar*, p. 632.

4 Onder andere in hetzelfde nummer van *The National Interest* als waarin Fukuyama's essay verscheen.

5 Later heeft Fukuyama zijn visie wat bijgesteld, onder andere in zijn recente boek *Identity. Contemporary Identity Politics and the Struggle for Recognition*, New York 2018.

6 Een belangrijk kantelmoment was de financiële (of krediet-)crisis van 2008.

7 Wim Kok (rede), 'Oost- en West-Europa na het einde van de Koude Oorlog', Amsterdam 1 september 1989 (archief-PvdA, IISG). Het PvdA-kamerlid Maarten van Traa had hiervoor een eerste opzet geschreven.

8 Hoofdstuk 11.

9 Jan Lityński.

10 Kok reed langs tegemoetkomend rollend militair materieel van Gdańsk terug naar Warschau. Hoofdstuk 6.

11 De regering-Mazowiecki bestond geheel uit vertegenwoordigers van Solidarność, op twee leden na: de ministers van Defensie en van Binnenlandse Zaken behoorden, evenals president Jaruzelski, nog tot de communistische partij. Deze voortgezette communistische greep op het machtsapparaat en de ordetroepen diende ervoor om de Sovjet-Unie niet onnodig te alarmeren. Polen bleef toen ook nog in het Warschaupact.

12 Kok in rede, p. 5.

13 Letterlijk zei Kok zelfs: 'De Koude Oorlog is afgelopen,' (p. 5) maar uit de context blijkt dat hij dit toen vooral in ideologische zin bedoelde.

14 Kok werd medio juli 1989 door de Amerikaanse ambassadeur in Den Haag uitgenodigd voor een '*breakfast meeting*' met president George Bush. Deze kwam terug van een bezoek aan Moskou en Parijs en maakte een tussenstop in Nederland om in de Leidse Pieterskerk een toespraak te houden over de Oost-Westbetrekkingen. Bush wilde van de leider van de PvdA, naar verwachting spoedig deelnemer aan de Nederlandse regering, vernemen wat diens opvattingen over de buitenlandse politiek waren. Onderwerp van gesprek: hoe moest het Westen met de Sovjet-Unie en Oost-Europa omgaan? Konden de betrekkingen wel worden genormaliseerd, was de Sovjet-Unie daarvoor al ver genoeg? Kok, die als enige van de PvdA-delegatie sprak, was hierover beslist: het Westen moest uit eigen belang alle mogelijkheden aangrijpen om de verhouding met de Sovjet-Unie te verbeteren en actief op de ontwikkelingen in Oost-Europa in te spelen. Bush toonde zich hierover terughoudender dan in zijn Leidse speech. Bush werd vergezeld door James Baker, Brent Scowcroft en John Sununu en Kok door Relus ter Beek, Jan Pronk, Hans Alders en Arend Hilhorst (informatie Hilhorst, e-mail 23 mei 2019). Ook hoofdstuk 12.

15 Kok in rede, p. 6.

16 Idem, p. 6.

17 Idem, p. 7.

18 Idem, p. 8.

19 Idem. p. 9.

20 Idem, p. 8.

21 Idem, p. 9.

22 Het plaatsje in de Harz waar tussen West- en Oost-Duitsland het IJzeren Gordijn was neergelaten, vanuit Nederland een belangrijke doorgang naar Berlijn. Voor een beschrijving van de verschillende 'fluwelen revoluties': Judt, *Postwar*, hoofdstuk XX.

23 H. Daalder, 'A world safe for democracy? Moeilijkheden en mogelijkheden voor democratisering in het voormalig Oostblok', M. Krop (e.a., red.), *Oost-Europa en de sociaal-democratie. Het dertiende jaarboek voor het democratisch socialisme*, Amsterdam 1992, p. 24-45. Ook Alfred Mozer Stichting, *Volk, natie en democratie: een politieke plaatsbepaling tegenover herlevend nationalisme in Centraal- en Oost-Europa vanuit sociaal-democratisch oogpunt*, Amsterdam, februari 1992.

24 Alfred Mozer Stichting, *Oost-Europa in economisch perspectief*, Amsterdam, december 1990.

25 Hoofdstuk 12. Ook Alan J. Day en Berend Jan van den Boomen, 'De sociaal-democratie in Oost-Europa: partijen, bewegingen stromingen', Krop (e.a., red.), *Het dertiende jaarboek*, p. 116-132.

26 Hoofdstuk 14.

27 Premier Lubbers reed op dit gladde ijs aanvankelijk een nogal scheve schaats door bedenkingen tegen de Duitse eenwording te opperen. Hij week daarmee af van het beleid van minister Van den Broek. Kok zelf liet zijn positieve licht op de Duitse 'kwestie' schijnen in een speech voor de Friedrich Ebert Stiftung in Bonn op 3 mei 1990: *De Nederlandse kijk op de ontwikkeling in Duitsland*, archief-PvdA, IISG. Ook Alfred Mozer Stichting (commissie-Van der Stoel), *Een verenigd Duitsland en de toekomst van Europa*, Amsterdam mei 1990.

28 David Marsh, *The Euro. The Battle for the New Global Currency*, Londen 2009, hoofdstuk 4.

29 Hoofdstuk 14.

30 Segers, *Reis naar het continent*, p. 245-250 ('Het kunstwerk van Piet'). Gesprek met Hedy d'Ancona, 6 februari 2019. Breder geanalyseerd door Luuk van Middelaar, *De passage naar Europa. Geschiedenis van een begin*, Groningen 2009, p. 255-283.

31 Notulen ministerraad, 20 september 1991. Ook e-mail Jan Pronk, 15 april 2019. In het openbaar bijvoorbeeld in de Prins Bernhardlezing op Nijenrode op 18 februari 1991.

32 Piet Dankert (interview), Rehwinkel, Nekkers, *Regerenderwijs*, p. 143-154. Van den Bos, *Mirakel en debacle*, proefschrift, Leiden 2008, p. 251-254.

33 Hoofdstuk 15. Het Nijmeegse partijcongres was op 28 september, twee dagen voor Zwarte Maandag.

34 Van den Bos, *Mirakel en debacle*, p. 252.

35 Idem, p. 253.

36 In 1994 wees in een referendum een meerderheid van de Noorse kiezers toetreding tot de EU af. Noorwegen is sedertdien wel op andere wijzen met de EU verbonden, onder andere in de interne markt en via Schengen.

37 Europese Commissie, *Naar de 21e eeuw: wegen en uitdagingen. Witboek inzake groei, concurrentievermogen en werkgelegenheid*, juli 1993.

38 Speech Kok op een internationale conferentie in Bonn op 16 mei 1991 over 'Building a new Europe. Strategies for cooperation with Central and Eastern Europe. The responsibility of the West' (archief-Kok, Financiën). Bekorte weergave in NRC *Handelsblad*, 23 mei 1991: 'Oost-Europa is welkom in de EG'. Andere organisaties waarnaar Kok in zijn speech verwees waren de Conferentie voor Veiligheid in Europa (CVSE), het Internationaal Monetair Fonds (IMF) en de European Bank for Reconstruction and Development (ERBD), waarvan hij in april 1991 de oprichtende vergadering had voorgezeten. Opmerkelijk was wel dat Kok voor de NAVO geen rol in deze landen (laat staan de Sovjet-Unie) zag: 'De NAVO kan het best een pas op de plaats maken, haar strategie en strijdkrachten aanpassen aan de nieuwe omstandigheden en haar omvang beschouwen als een historisch gegeven.'

39 Deze criteria werden door de Europese Raad in juni 1993 vastgesteld. Later werd er nog een vierde criterium aan toegevoegd: het opnamevermogen van de EU zelf. Het door Kok beklemtoonde sociale karakter van de in te voeren markteconomie was in deze criteria niet terug te vinden. De EU verliet dat spoor echter niet, onder andere door veel bij te dragen aan het 'rechtstatelijk', en daarmee ook sociale, karakter van de transformatie in deze (toekomstige) nieuwe EU-lidstaten. Philipp Ther, *Die neue Ordnung auf dem alten Kontinent. Eine Geschichte des neoliberalen Europa*, Berlijn 2016, p. 175.

40 Deel II van deze biografie.
41 Het begrip 'nieuwe wereldorde' wordt algemeen toegeschreven aan de toenmalige Amerikaanse president George Bush (senior), die het in de context van deze Golfoorlog muntte.
42 Het betrof vooral zijn oorlog tegen het sjiitisch-revolutionaire Iran. Deze had Saddam Hoessein in september 1980 ontketend en had tot augustus 1988, zonder duidelijke winnaar, geduurd. De Sovjet-Unie steunde Irak toen vooral in politiek opzicht, terwijl het vanuit het Westen nogal wat wapentuig geleverd kreeg.
43 Joris J.C. Voorhoeve, *Peace, Profits and Principles. A Study of Dutch Foreign Policy*, Leiden 1985, hoofdstuk IX. Ook art. 90 van de Grondwet: 'De regering bevordert de ontwikkeling van de internationale rechtsorde.'
44 Die konden alleen op basis van vrijwilligheid buiten het NAVO-verdragsgebied worden uitgezonden.
45 Duco Hellema, *Nederland in de wereld. De buitenlandse politiek van Nederland*, Houten-Antwerpen 2016, p. 356. Veel uitvoeriger Relus ter Beek, *Manoeuvreren. Herinneringen aan Plein 4*, Amsterdam 1996, hoofdstuk 2.
46 Als gevolg hiervan werd in september/oktober met een Nederlands squadron F-16's 'geleurd'. Tevergeefs. Overigens was, bij gebrek aan militaire middelen van de VN zelf, de Amerikaanse militaire betrokkenheid praktisch gesproken onmisbaar voor dit herstel van de internationale rechtsorde.
47 Notulen ministerraad van augustus 1991 tot maart 1992.
48 Kok was een van de 'Expert Advisors' van de 'Commission on Transnational Companies', in de jaren zeventig door de ECOSOC van de Verenigde Naties opgericht. De VN hadden indertijd de ambitie om voor multinationale ondernemingen en hun uitwerking op ontwikkeling en internationale betrekkingen een gedragscode op te stellen. Een van de aandachtsgebieden was toen de relatie met het apartheidsregime in Zuid-Afrika. De vergaderingen vonden doorgaans in New York plaats. Tegen het einde van zijn FNV-voorzitterschap behoorde Kok enkele jaren (1982-1985) tot deze deskundige raadgevers. E-mails van Tom Etty, 27-29 april 2019.
49 Citaat bij Ter Beek, *Manoeuvreren*, p. 50. Op 26 januari 1991 stelde Kok in *de Volkskrant* de vraag: 'Je buiten het militaire conflict houden zou moreel hoogwaardiger zijn dan de verantwoordelijkheid dragen voor militair ingrijpen?' Hij had op dat moment dit morele dilemma voor de politicus in zichzelf al opgelost.
50 Zie uitvoeriger over deze organisaties: hoofdstuk 12.
51 Zo deed Willy Brandt, voorzitter van zowel de SPD als de SI, kort voor kerst 1990 nog een poging om Saddam Hoessein tot terugtrekking te vermurwen.
52 Waarin onder anderen Maarten van Traa zich krachtig tegen weerde. Voorzitter Wöltgens en woordvoerder Melkert moesten alle zeilen bijzetten om achter voorman Kok de gelederen min of meer gesloten te houden. Uiteindelijk stemden twee fractieleden, Verspaget en Stemerdink, tegen. Stemerdink, *Tussen dromen, daden en twijfels*, p. 197.
53 TK 1990-1991, 21 664, Brief van de ministers van Buitenlandse Zaken en Defensie., 8 januari 1991. Nota van Marjanne Sint en Jan Marinus Wiersma aan het Partijbestuur, nr. 057, januari 1991 (archief-PvdA, IISG).
54 De Eerste Kamer debatteerde en stemde er nog over op de dag dat het ultimatum aan Irak verliep. Bijna de helft van de PvdA-fractie keerde zich toen tegen het kabinetsbeleid. Ter Beek, *Manoeuvreren*, p. 51-52.
55 Speeches van Sint en Kok op het PvdA-congres in Amsterdam van 1 en 2 februari 1991. Uitslag stemming over de PB-resolutie: 90 procent voor (archief-PvdA, IISG).

56 Van begin februari tot begin maart moest minister Ter Beek zich door hartklachten tijdelijk laten vervangen door minister Pronk. Deze had zich in januari publiekelijk geen voorstander verklaard van de gewapende actie van de internationale coalitie. Wim Kok aarzelde daarom Pronk voor Ter Beek te laten invallen. Pronk verklaarde echter dat Kok erop kon vertrouwen dat hij kabinetsbeleid loyaal zou uitvoeren. Als minister van Defensie ad interim nam hij onder andere de beslissing van het sturen van antiraketsystemen naar Israël. Hij loodste ook de Prioriteitennota langs de Defensie-top en door de ministerraad. Hij handelde daarbij 'in de geest' van Ter Beek, die hem daarvoor 'eeuwig dankbaar' zou blijven (*Manoeuvreren*, p. 76).

57 In november 1990 werd in Parijs door zestien NAVO-landen en zes lidstaten van het Warschaupact het Verdrag inzake Conventionele Strijdkrachten in Europa (CSE) ondertekend. Het stelde nauwkeurige plafonds aan rollend en vliegend militair materieel waarover beide zijden mochten beschikken. Het overtollige restant moest binnen drie jaar worden vernietigd.

58 Hoofdstuk 13 en 14.

59 Daar stond zijn CDA-collega van Buitenlandse Zaken Hans van den Broek veel afwijzender tegenover. Die wantrouwde de ontwikkelingen in Oost-Europa. Hij wilde ook met het Nederlandse defensiepotentieel juist buitenlandse politiek bedrijven – de Nederlandse rol beklemtonen –, zoals in de Golfcrisis.

60 Zo beheerst ging het echter niet. Uiteindelijk is door het kabinet-Lubbers/Kok de Defensiebegroting met zo'n 20 procent gekort. Ter Beek, *Manoeuvreren*, hoofdstuk 3.

61 Ter Beek, *Manoeuvreren*, vooral hoofdstuk 6.

62 TK 1990-1991, 21 991, nr. 2, 'Defensienota', 7 maart 1991. TK 1992-1993, 22 975, nr. 1, 'Prioriteitennota': 'Een andere wereld, een andere defensie', 12 januari 1993. Ook R. ter Beek, 'Het gelijk van de Prioriteitennota', *Socialisme en Democratie*, april 1993, p. 146-149. Dit stuk lokte kritiek, soms zelfs fundamentele bezwaren uit van Jan Geert Siccama, Bart Tromp en Bram Stemerdink (achtereenvolgens in dit nummer van *S&D*, p. 150-155). Ter Beeks repliek in *S&D*, april 1993, p. 156-157. De PvdA-fractie steunde Ter Beeks aanpak.

63 Nederland kent nog wel de dienstplicht. Sinds 1 augustus 1996 roept Defensie echter geen dienstplichtigen meer op.

64 Boutros Boutros-Ghali, *An Agenda for Peace. Preventive diplomacy, peacemaking and peace-keeping*, rapport van de secretaris-generaal aan de Veiligheidsraad, 17 juni 1992. De Egyptenaar Boutros-Ghali was van januari 1992 tot december 1997 in functie. Zijn opvolger was de Ghanees Kofi Annan. Boutros-Ghali formuleerde in die jaren ook een *Agenda for Development*, *An agenda for Democracy* alsook een *Agenda 2000*. Bij de vormgeving en uitvoering hiervan speelde Nederland een vooraanstaande rol. Hetzelfde gold voor de VN-conferentie inzake Milieu en Ontwikkeling in Rio de Janeiro (UNCED 1992) en het vervolg daarop. Ook hoofdstuk 13.

65 Voor Srebrenica (de val en nasleep): deel II van deze biografie. Voor het 'voorspel': verderop in dit hoofdstuk.

66 De United Nations Transitional Authority in Cambodia (1992-1993), ingesteld om Cambodja de overgang te helpen maken van vredesakkoorden na een gruwelijk bewind naar een democratisch gelegitimeerde, vreedzame ontwikkeling.

67 Ter Beek, *Manoeuvreren*, p. 99-117. De 'groeiende verwevenheid' bij Ter Beek in *Socialisme en Democratie*, april 1993, p. 147.

68 TK 1990-1991, 21 813, nr. 2, *Een wereld van verschil. Nieuwe kaders voor ontwikkelingssamenwerking in de jaren negentig*, 20 september 1990. De auteur van deze biografie was bij het opstellen hiervan als ambtenaar betrokken.

69 Ibidem, 2.5.2 ('Hinderkracht van ontwikkelingslanden'), p. 69-70.

70 Hoofdstuk 14.

71 Wim Kok, speech op de Afrikaconferentie van de Evert Vermeer Stichting, 16 mei 1992 (archief-PvdA, IISG).

72 Een nog bredere steun voor Pronk: Wim Kok (interview), 'Ik ben geen slippedrager van rechts. Wim Kok vecht terug', *Elsevier*, 16 mei 1992, vooral p.16.

73 Peer Baneke, *Nederland en de Indonesische gevangenen. Een studie naar de effectiviteit van Nederlandse bemoeienis met mensenrechten*, Amsterdam 1983.

74 Nederland was in de tweede helft van 1991 voorzitter van de Raad van Ministers van de Europese Gemeenschap.

75 Nederland was al sinds 1967 voorzitter van de IGGI, de Intergouvernementele Groep voor Indonesië, waarin de donoren hun hulp aan Indonesië coördineerden. Pronk bekleedde vanaf 1989 weer dat voorzitterschap.

76 Jan Pronk (interview), Rehwinkel/Nekkers, *Regerenderwijs*, p. 120-121.

77 Een uitvoerige beschrijving van deze geschiedenis bij Gerard Kramer, *Schaakmat in Jakarta. Soeharto's revanche op de Haagse politiek*, Amsterdam 2012, vooral hoofdstuk 2.

78 Wat ook niet hielp was Pronks aankondiging dat hij in april 1992 als IGGI-voorzitter een bezoek aan het roerige Atjeh wilde brengen. Hoewel dit hem bij een vorig bezoek door zijn Indonesische evenknie Prawiro was gesuggereerd, kreeg hij hierop verder geen Indonesische reactie. Na 26 maart hoefde dit ook niet meer: Nederland verloor met het Indonesisch besluit eveneens het IGGI-voorzitterschap.

79 In de Kamer trok vooral CDA-woordvoerder voor buitenlands beleid De Hoop Scheffer tegen hem van leer. Hij noemde hem een 'bungelende minister'. De CDA-fractie zegde echter niet het vertrouwen in Pronk op, 'totdat het tegendeel mocht blijken'. Rehwinkel/Nekkers, p. 120.

80 Notulen ministerraad van 1, 5 en 29 juli 1993. In die laatste vergadering stelde minister Kooijmans dat een eventueel verzoek van de SGVN om een Nederlandse bijdrage serieus zou moeten worden overwogen. Volgens premier Lubbers zouden materieel en mensen wel beschikbaar zijn. De VN-Veiligheidsraad liet het in deze noodsituatie echter ernstig afweten: Roméo Dallaire, *Shake Hands with the Devil. The Failure of Humanity in Rwanda*, Londen 2004. Ook Jan Pronk, *Strijd rond de grote meren. Onderhandelen over vrede en recht in het hart van Afrika*, Volendam 2018.

81 Ter Beek, *Manoeuvreren*, p. 133-134.

82 TK 1993-1994, 23 408, nr. 2, *Een wereld in geschil. De grenzen van de ontwikkelingssamenwerking verkend*, 21 september 1993. Bij het opstellen hiervan was de auteur van deze biografie als ambtenaar betrokken. Bespreking onder andere in *Internationale Spectator*, februari 1994, door Godfried van Benthem van den Bergh.

83 TK 1995-1996, 24 337, nr. 2, *Herijking van het buitenlands beleid*, 11 september 1995. Ook hierbij was de auteur van deze biografie als ambtenaar betrokken.

84 'Schengen' betreft de afspraak van Europese landen om de controle aan hun gemeenschappelijke grenzen af te schaffen. Het eerste verdrag hierover werd in 1985 door de Benelux-landen, Frankrijk en de Bondsrepubliek Duitsland gesloten. Het trad in 1995 in werking. Gaandeweg is Schengen onderdeel geworden van de Europese verdragen en hebben zich er in totaal 27 landen bij aangesloten. Belangrijke uitzonderingen: het Verenigd Koninkrijk en Ierland.

85 De Centrumpartij was een staatsnationalistische partij die in 1980 was opgericht. Zij was van 1982 tot 1986 in de Tweede Kamer met één zetel vertegenwoordigd. Haar leider was Hans Janmaat en haar programma heette 'Eigen volk eerst'. In 1986 behaalde

de partij geen zetels meer. In dat jaar werd zij ook failliet verklaard en zette zij haar bestaan voort als CP'86. Ook onder die naam wist zij geen zetels meer te behalen. In de jaren negentig werd de steeds extremer wordende partij verscheurd door interne twisten en conflicten met Justitie. In 1997 werd de gehele partij veroordeeld als criminele organisatie die zich stelselmatig schuldig maakte aan het aanzetten tot vreemdelingenhaat. In 1998 werd zij door de rechtbank ontbonden en verboden. De politieke partij Centrumdemocraten splitste zich in 1984 van de Centrumpartij af. Ook zij was extreem nationalistisch en keerde zich tegen de aanwezigheid van niet-westerse allochtonen. Hans Janmaat en Wil Schuurman waren haar leidende figuren. Tijdens het kabinet-Lubbers III (1989-1994) was zij met één zetel in de Tweede Kamer vertegenwoordigd en tijdens het eerste kabinet-Kok (1994-1998) met drie. Dit laatste weerspiegelde ook de maatschappelijke onrust over de 'illegalen'. Vóór de verkiezingen waren voor de CD de peilingen nog hoger geweest.

86 Voor deze en volgende passages is een en ander geput uit Willem van Bennekom, *De jaren van Maarten van Traa*, Amsterdam 2015, p. 415-443.

87 Nogal eens liep de planning van de opvangfaciliteiten achter bij de feitelijke toestroom. In 1993 lagen op enig moment asielzoekers zelfs in natte maisvelden te slapen.

88 Pronk voelde zich op dit terrein inhoudelijk geïnspireerd door de notie van een 'mondiale verzorgingsstaat'. Abram de Swaan, 'De verzorging in het teken van het kapitaal. Over verzorgingsstaten in mondiaal perspectief', Den Uyllezing 1989. *In het spoor van Den Uyl. Den Uyl-lezingen 1988-2008*, Amsterdam 2009, p. 38-64. Ook Pronk, *De kritische grens*, p. 195-206.

89 Hoofdstuk 14.

90 Gesprek met Aad Kosto, 30 april 2019. Daarbij ging het niet slechts om vluchtelingen die al een verblijfsvergunning hadden gekregen, maar ook om andere 'buitenlanders' die hier rechtsgeldig verbleven. Ook Kosto's rede in De Rode Hoed in Amsterdam op 28 september, bekort afgedrukt in NRC *Handelsblad* ('Wie op vreemdeling scheldt niet per se racist'), 6 oktober 1992.

91 Wim Kok, Opening studiedag over 'de internationale sociaal-democratie' van het PvdA-gewest Utrecht, 7 september 1991 (archief-Kok, Financiën).

92 Hedy d'Ancona (interview), Rehwinkel/Nekkers, *Regerenderwijs*, p. 189: 'Wanneer je restrictief bij de toelating van vreemdelingen moet zijn, dien je wel uit te stralen dat dat niet vanzelfsprekend is. [...] Van dat sentiment ben ik doortrokken en Aad heeft dat naar mijn mening te weinig uitgestraald.' Ook Leonoor Meijer, *Hedy. Feministe, politica, actievoerster*, Amsterdam 2012, p. 158-168. Gesprek met Hedy d'Ancona, 6 februari 2019. Gesprek met Aad Kosto, 30 april 2019.

93 Citaten Kok bij Van Bennekom, *De jaren van Maarten van Traa*, p. 423.

94 Rond hetzelfde tijdstip ontplofte een tweede bom in het ministerie van Binnenlandse Zaken, waarvoor RARA ook de verantwoordelijkheid opeiste. Wie achter deze terroristische aanslagen zaten, kon nooit overtuigend worden vastgesteld. Niemand is voor deze daden veroordeeld.

95 Aad Kosto (interview), 'Mijn kat is er nog beroemd door geworden', *Historisch Nieuwsblad*, 1/2001.

96 Pronk deed deze uitspraak tijdens de bijeenkomst in Den Haag op 14 november (hieronder). Hij bedoelde dit niet alleen feitelijk, maar ook normatief: Nederland moest een weloverwogen en gereguleerd immigratiebeleid voeren, waarbij asielzoekers en arbeidsmigranten van elkaar zouden kunnen worden gescheiden. Hij zei er wel bij dit

als een bijdrage aan het debat over het verkiezingsprogramma van 1994 te beschouwen. Intussen zou hij zich aan staand kabinetsbeleid gebonden weten.

97 Bijvoorbeeld Arnold Koper, 'Illegalenkoorts heeft PvdA-top aangestoken', *de Volkskrant*, 7 november 1992. Het nieuwe programma *Argos* van VPRO-radio had op 15 oktober 1992 zijn tweede uitzending al geheel aan het vreemdelingenbeleid gewijd. Diverse sprekers konden hierin tegen Kosto van leer trekken, zonder dat hem een weerwoord werd gegund.

98 Openingswoorden van Rottenberg in persoonlijk archief-Benschop. Media: *de Volkskrant, Trouw* en *NRC Handelsblad*, 16 november 1992. Een evenwichtige benadering eerder bij Thijs Wöltgens, fractienotitie 'Illegale vreemdelingen', 11 november 1991 (archief-PvdA, IISG). Voor een poging het illegalendebat ook op arbeidsmarkt en verzorgingsstaat te betrekken: Jacques Wallage, 'Over illegalen', *Socialisme en Democratie*, november 1992, p. 547-549.

99 Gesprek met Hedy d'Ancona, 6 februari 2019. Gesprek met Aad Kosto, 30 april 2019. Daarbij hoorden ook de illegale vreemdelingen die de vliegtuigramp in de Bijlmer op 4 oktober 1992 overleefden. Op voordracht van de gemeente Amsterdam gebruikte Kosto zijn 'discretionaire bevoegdheid' en bezorgde hun een verblijfsvergunning. De nasleep van de Bijlmerramp had voorzitter Rottenberg ertoe gebracht op 30 oktober voor de VPRO-radio in het algemeen te pleiten voor een krachtige aanpak van het 'illegalenprobleem'.

100 Van Bennekom, *De jaren van Maarten van Traa*, p. 440-442. Het betrof hier het afschaffen van het hoger beroep in de nieuwe Vreemdelingenwet van Ernst Hirsch Ballin en Aad Kosto.

101 *Rotterdams Dagblad*, 28 maart 1994. Staatssecretaris Aad Kosto achtte het controleren op huidskleur onaanvaardbaar: 'principieel niet toegestaan'. Kok: 'Ik geef mijn eigen mening. Door de omvang van het probleem moeten we een nieuwe werkwijze vinden. Nederland is het laagste putje in Europa waar veel asielzoekers naar toe zakken.' Correspondentie in persoonlijk archief-Hilhorst.

102 Speech, correspondentie en beantwoording Kamervraag in persoonlijk archief-Hilhorst.

103 Jelle van Buuren, 'Het kerkasiel komt thuis in De Duif', *Gebladerte Archief*, doorbraak.eu, 25 oktober 1997.

104 E-mail van Jo Ritzen, 23 mei 2018.

105 Minister-president Kok in de Tweede Kamer na aanbieding aan de koningin van het ontslag van zijn kabinet: 'Het zijn zwarte bladzijden in een boek dat in zekere zin nooit dichtgaat.' TK 68, 16 april 2002, 68-4540.

106 Zie Francis Fukuyama aan het begin van dit hoofdstuk.

107 UNTAC in Cambodja was hiervan een sprekend voorbeeld.

108 Marnix Krop, 'Human Rights at the End of History', P.J. van Krieken en Ch.O. Pannenborg (reds.), *Liber Akkerman. In- and Outlaws in War*, Apeldoorn/Antwerpen 1992, p. 205-212.

109 Christopher Clark, *The Sleepwalkers: How Europe Went to War in 1914*, Londen 2013, vooral de hoofdstukken 1, 2 en 7. Ook Koen Koch, *Een kleine geschiedenis van de Grote Oorlog 1914-1918*, Amsterdam 2010, hoofdstuk 2.

110 Vanaf 1963 was de benaming Socialistische Federale Republiek Joegoslavië. Staatshoofd voor het leven was Josip Broz Tito. Het land was communistisch georiënteerd, maar al spoedig minder op leninistische staatsmacht en meer op arbeiderszelfbestuur gebaseerd. In 1948 had het met de Sovjet-Unie gebroken en voer het – internationaal

gezien – een 'ongebonden' koers, ook als een van de oprichters en leiders van de Beweging van Niet-Gebonden Landen.

111 Er bestaat veel literatuur over Joegoslavië. Van de geschiedenis biedt het NIOD-rapport een goed overzicht: Nederlands Instituut voor Oorlogsdocumentatie, *Srebrenica, een 'veilig' gebied. Reconstructie, achtergronden, gevolgen en analyses van de val van een Safe Area*, Amsterdam 2002, p. 33-171.

112 De Europese Politieke Samenwerking vormde het verband waarin toen de twaalf leden van de Europese Gemeenschap hun buitenlands beleid op elkaar afstemden. De trojka bestond uit drie lidstaten: de zittende, de vorige en de aanstaande voorzitter van de Algemene Raad van Ministers (= van Buitenlandse Zaken).

113 Overigens was de Kroatische president Franjo Tuđman ook niet vrij van expansionistische neigingen ten koste van Bosnië. Bosnische Kroaten en zelfs Bosniërs maakten zich tevens schuldig aan etnische misdrijven, maar niet op dezelfde schaal als de Serviërs.

114 Advocaat in New York; van 1977 tot 1980 minister van Buitenlandse Zaken onder president Jimmy Carter.

115 United Nations Protection Force.

116 NIOD, *Srebrenica, een 'veilig' gebied*, p. 3136.

117 Kooijmans (CDA), hoogleraar volkenrecht en staatssecretaris voor ontwapening in het kabinet-Den Uyl (1973-1977), was per 1 januari 1993 aangetreden als minister van Buitenlandse Zaken. Zijn voorganger Hans van den Broek was in Brussel lid van de Europese Commissie geworden, belast met de externe betrekkingen en het gemeenschappelijk buitenlands en veiligheidsbeleid van de EU.

118 Van de coalitiefracties waren Jaap de Hoop Scheffer en Maarten van Traa de woordvoerders.

119 Ter Beek, *Manoeuvreren*, hoofdstuk 7.

120 Voor Vance zie hierboven. David Owen was een Brits politicus, voormalig minister van Buitenlandse Zaken, die in 1992, samen met Vance, voorzitter werd van de VN-Conferentie voor het voormalige Joegoslavië. Hun vredesplan kwam uit in januari 1993, maar was meteen omstreden: het zou de Bosnische Serviërs te veel bevoordelen en daarmee etnische zuivering legitimeren. Het plan werd in het najaar door de Bosniërs als oneerlijk en onwerkbaar afgewezen.

121 Notulen ministerraad, 12 maart, 26 maart, 2 april, 16-17 april en 3 mei 1993.

122 Notulen ministerraad, 2 april 1993. Dales merkte op dat in historisch perspectief zou worden beoordeeld hoe de hulpverlenende landen zich in dit dilemma hadden laten dwingen en hoe zij zich vervolgens hadden opgesteld.

123 De Bosnische Serviërs hadden het in april feitelijk van de hand gewezen; ze wilden een deel van de door hen veroverde gebieden niet prijsgeven.

124 Resolutie 836.

125 Uitgebreid over 'de Luchtmobiele Brigade in de aanbieding: augustus-november 1993': NIOD, *Srebrenica, een 'veilig' gebied*, p. 1041-1086. Ook Ter Beek, *Manoeuvreren*, hoofdstuk 7.

126 Over de rol van het parlement inzake Srebrenica: Van den Braak/Van den Berg, *Zeventig jaar zoeken naar het compromis*, p. 562-64. Uitvoeriger, in het bijzonder over de prominente bijdrage hieraan van het PvdA-kamerlid Van Traa, Van Bennekom, *De jaren van Maarten van Traa*, p. 443-476. Over Ter Beeks gevoeligheid voor de stem van de Kamer: mondelinge informatie van Lo Casteleijn, indertijd werkzaam bij de Directie Algemene Beleidszaken van het ministerie van Defensie.

127 Notulen ministerraad, 3 september 1993.

128 TK 1993-1994, 22 181 nr. 64, Brief van de ministers van Buitenlandse Zaken en van Defensie, 15 november 1993. Op 16 november gaf de Kamer – in een vergadering van de Vaste Commissies voor Buitenlandse Zaken en voor Defensie – het groene licht. Alleen de PvdA-fractie tekende een voorbehoud aan: zij wilde nog nader overleg zodra locatie en precieze taakomschrijving bekend waren. Van Traa was ongerust van een bezoek aan Bosnië teruggekeerd. Woordvoerder Gerrit Valk werd door zijn Kamergenoten weggehoond; hij trok het verzoek in (Van Bennekom, *De jaren van Maarten van Traa*, p. 462-464).

129 Ter Beek, *Manoeuvreren*, p. 203. Reitsma was echter niet in Srebrenica geweest, hij had zijn hotel in Zagreb niet verlaten. In 'De strijd van Kok', *Andere Tijden* (NPO2), 7 september 2015, reageerde Kok daar enigszins ontsteld op en vroeg zich af of de besluitvorming over de uitzending van Dutchbat wel zorgvuldig was geweest.

130 TK 1993-1994, 22181 nr. 66, 'Brief van de minister van Defensie', 3 december 1993. Het is overigens opmerkelijk dat het interview met Ter Beek in Rehwinkel/Nekkers, *Regerenderwijs*, geheel aan de Nederlandse militaire betrokkenheid bij de situatie in Joegoslavië voorbijging.

131 Met name Lubbers, Kok en Kooijmans vonden Boutros' uitspraken 'vaag en onbevredigend'. De verkenning door het NIOD, *De val van Srebrenica. Luchtsteun en voorkennis in nieuw perspectief*, Amsterdam 2016, p. 63-71, traceert onder het hoofdje 'De belofte van Boutros-Ghali' de uitwerking van diens uitlatingen over luchtsteun. De ook aanwezige minister Pronk noteerde dat zijn collega van BZ Kooijmans zich na afloop van dit diner op 19 januari 1994 'onthutst' toonde. E-mail Jan Pronk, 20 juni 2019.

132 NIOD, *Luchtsteun en voorkennis in nieuw perspectief*, p. 69-70.

133 Ter Beek, *Manoeuvreren*, p. 204.

134 TK, 16 april 2002, 68-4540.

135 Kok had in 1991 de nieuwe wereldorde wel 'nodig en nastrevenswaard' genoemd. Dit was echter in de context van een betoog voor grotere Europese verantwoordelijkheid bij het bevorderen van vrede en veiligheid. Wim Kok, 'Oost-Europa is welkom in de EG', *NRC Handelsblad*, 23 mei 1991.

136 Wim Kok voor de Parlementaire Enquêtecommissie Srebrenica (de commissie-Bakker), *Missie zonder vrede*, 's-Gravenhage 2003, p. 97-98.

137 Wim Kok, 'De plaats van Nederland in Europa', Robbert Ammerlaan, *Afscheid van Ruud Lubbers*, Baarn 1994, p. 146-156; citaat op p. 147. Dit artikel was gebaseerd op Koks speech over 'Nederland als gemeenschap in Europa', gehouden in Utrecht op 27 april 1994 (archief-Kok, Financiën).

17 Annus mirabilis

1 Annus mirabilis: Latijn voor 'het jaar van de wonderen' of 'wonderbaarlijk jaar'.

2 Gesprek met Jeltje van Nieuwenhoven, 21 november 2016. Ook haar deelname aan de podcast *Betrouwbare bronnen* van Jaap Jansen van 29 oktober 2018, naar aanleiding van het overlijden van Wim Kok.

3 Zie het begin van hoofdstuk 13.

4 Partij van de Arbeid, verkiezingsprogramma 1994 (getiteld *Wat mensen bindt*), citaten op p. 32. Het programma was voorbereid door een commissie onder voorzitterschap van Thijs Wöltgens, met Ferd Crone, Marcel van Dam, Edit Hallensleben, Paul Kalma en Jos de Beus als leden. De laatste fungeerde ook als rapporteur en schrijver, daarin geholpen door Ben Heinrichs (secretaris). Drie 'rekenaars' hielden een scherp oog op

het financieel-economisch beleidskader: Ad Melkert, Dik Wolfson en Arie van der Zwan.

5 *Wat mensen bindt*, p. 33.

6 Vulgair in de zin van het verhogen van de overheidsuitgaven, het laten oplopen van het begrotingstekort en het bestrijden van prijsinflatie door de eigen munt te devalueren (p. 33).

7 *Wat mensen bindt*, p. 34.

8 *Wat mensen bindt*, p. 35.

9 *Wat mensen bindt*, p. 38-39.

10 Kok kon goed leven met deze aanpak van *Wat mensen bindt*. Hij vond dat het kwaliteit had en evenwichtig was. Bovendien: Rottenberg hechtte eraan en Wöltgens was het ermee eens. Het financiële kader van een verkiezingsprogramma vond hij echter veel belangrijker. Tevens lette hij er steeds op dat het geen beloften bevatte waarvan hij later spijt kon krijgen (informatie Hilhorst).

11 Hoofdstuk 11. Het geluk was wel enigszins aan zijn zijde: de coalitie van CDA en VVD viel in 1989 onverhoeds uiteen. Maar Lubbers en de top van het CDA wilden het, vooral dankzij Kok, toen graag met de PvdA proberen.

12 Dit werd als sterk punt gezien in de wetenschappelijk onderbouwde beoordeling van J. van Sinderen en P.M. Waasdorp, 'Het aanbodbeleid van drie kabinetten-Lubbers', *ESB*, 21 september 1994, p. 848-852. Het kabinet-Lubbers/Kok zou volgens deze auteurs nog beter hebben gepresteerd als het meer had geïnvesteerd in de versterking van de economische structuur. Dat had ook de werkgelegenheid kunnen helpen.

13 Dit werd wel een heel dure rekening. Zie deel II van deze biografie.

14 Peter Rehwinkel en Jan Nekkers, *Regerenderwijs, De PvdA in het kabinet-Lubbers/Kok*, Amsterdam 1994, p. 263-289.

15 Bert Middel, *'Die meneer is van ons...'. Langs de macht en onmacht van de sociaaldemocratie*, Groningen 2019, p. 152-158.

16 Thijs Niemantsverdriet, *De vechtpartij. De PvdA van Kok tot Samsom*, Amsterdam 2014, p. 43-44.

17 Afgezien van de halfslachtige poging van André van der Louw (hoofdstuk 15) is Koks partijleiderschap tijdens Lubbers III niet uitgedaagd en hebben zich toen geen 'kroonprinsen' opgeworpen.

18 Dit beeld gebruikte Kok bijvoorbeeld na de dramatisch verloren Statenverkiezingen van maart 1991.

19 Het 'bami-akkoord' was van eind januari 1993 (hoofdstuk 15). Overigens was deze 'boswandeling' in het KRO-actualiteitenprogramma *Brandpunt* voor Kok zelf ook een 'onwaarschijnlijk' moment van groot belang. Interviewer Jan Driessen wist kennelijk een nog niet volledig gedoofd optimisme bij Kok aan te wakkeren. Daarvoor moest op Koks verzoek de boswandeling overigens wel worden herhaald. De eerste rondgang was door Koks humeurigheid nogal rampzalig verlopen. Een broodje en een kop koffie deden bij hem echter wonderen. Telefoongesprek met Jan Driessen, 8 juli 2019.

20 Hoofdstuk 15. Kok over die partijcrisis toen: 'Alsof het water van alle kanten over ons heen klotst.' Gesprek met Felix Rottenberg, 21 mei 2019.

21 Wim Kok (interview), Leonard Ornstein en Max van Weezel, 'Wim Kok blijft pal achter zichzelf staan', *Vrij Nederland*, 3 juli 1993.

22 Dick Benschop, als vooraanstaand medewerker van de fractie, hamerde geregeld op het belang van een scherp oog op de volgende verkiezingen bij het bedrijven van PvdA-politiek. 'Notities aan partij- en fractieleiding', bijvoorbeeld van 8 maart en 9 december 1991 en 7 januari 1992 (persoonlijk archief-Benschop).

23 Hoofdstuk 13. Gesprek met Felix Rottenberg, 21 mei 2019, en met Dig Istha, 27 maart 2019.
24 Istha was voordien hoofd voorlichting op Buitenlandse Zaken en woordvoerder van minister Van den Broek.
25 Het team werd gecompleteerd door Liesbeth Jansen en Jacques Monasch (vooral voor de gemeenteraadsverkiezingen van maart 1994) en internationaal secretaris Jan Marinus Wiersma (onder andere met het oog op de Europese verkiezingen van juni 1994).
26 Formeel liep dit via de PES (Party of European Socialists, hoofdstuk 12), die Gould voor de EP-verkiezingen 1994 had ingehuurd. Het PvdA-campagneteam maakte ruimschoots gebruik van zijn diensten.
27 Hans Anker, 'Over electoraal onderzoek', *Socialisme en Democratie*, januari 1994. Dit nummer was bijna geheel gewijd aan de electorale positie van de PvdA.
28 Gesprek met Hans Anker, Dick Benschop en Arend Hilhorst, 23 februari 2019.
29 Dick Benschop, 'Kok en de PvdA-campagne. De electorale strategie van de PvdA', *Socialisme en Democratie*, oktober 1994, p. 474-477. Uitvoeriger nog: Jan van Ingen Schenau en Dick Benschop, 'De catenaccio-campagne van de PvdA', K. Brants en Ph. van Praag jr. (red.), *Verkoop van de politiek. De verkiezingscampagne van 1994*, Amsterdam 1995, hoofdstuk 4. Uit deze bronnen is over de campagne het een en ander geput.
30 Hans Anker, *Conclusies en aanbevelingen naar aanleiding van Intomart-focusgroepen*, juni 1993, digitaal archief-Anker.
31 Gesprek met Rottenberg, 21 mei 2019. Gesprek met Anker, Benschop en Hilhorst, 23 februari 2019.
32 Die hervormingen lagen op het terrein van ecologische vernieuwing, sociaal burgerschap en democratisering van politiek en maatschappij. Voor de sociale zekerheid bepleitte het program veeleer een terughoudende aanpak. De nadruk lag daar op het scheppen van werk en het hervormen van de uitvoeringsorganisaties. Bezuinigingen zouden moeten worden omgezet in lastenverlaging, vooral voor de lagere inkomens. Verder geen verlaging van het minimumloon of vergroting van de inkomensverschillen.
33 Kroeger/Stam, *De rogge staat er dun bij*, Amsterdam 1998, p. 300-301.
34 J. Hippe, P. Lucardie en G. Voerman, 'Kroniek 1994. Overzicht van de partijpolitieke gebeurtenissen van het jaar 1994', G. Voerman (red.), *Jaarboek 1994 Documentatiecentrum Nederlandse Politieke Partijen*, Groningen 1995, p. 83-91.
35 Kroeger/Stam, *De rogge staat er dun bij*, p. 289-313. Ook Brinkman, *Bouwen en bewaren. Memoires*, hoofdstukken 13 en 14, passim. En Lubbers, *Persoonlijke herinneringen*, p. 194-196.
36 Gesprek met Felix Rottenberg, 21 mei 2019. Van Mierlo was toen Koks grootste concurrent.
37 Het voorstel om Hedy d'Ancona een 'dubbelmandaat' te laten geven, zowel voor de Tweede Kamer als voor het Europees Parlement, sneuvelde echter. Het congres keerde zich hier principieel tegen. D'Ancona werd nu lijsttrekker voor de verkiezing van het EP op 9 juni. Karin Adelmund schoof door naar plaats 3 op de TK-lijst.
38 Saskia Noorman-Den Uyl was directeur van de Sociale Dienst in Leiden en dochter van Joop den Uyl.
39 Thijs Wöltgens vertrok eind augustus 1994 uit de Kamer om burgemeester van 'zijn' Kerkrade te worden.
40 Met het voorziene zetelverlies zou er sowieso afscheid van fractieleden genomen moeten worden. Ook een bekend parlementariër als Eric Jurgens, niet bepaald een 'grijze muis', kwam aanvankelijk op een onverkiesbare plaats terecht. Op suggestie van Wim Kok

hield Rottenberg de outplacementgesprekken in Utrecht, in het hoofdkantoor van de verzekeringsmaatschappij Reaal, de opvolger van De Centrale (informatie Rottenberg).

41 Wim Kok (toespraak), Congres van de Partij van de Arbeid, Amsterdam, 11 december 1993. Archief-PvdA, IISG. Het campagneteam had daar tot vijf uur 's nachts aan gewerkt. Er ontstond nog hooglopende ruzie tussen Dick Benschop en Dig Istha over het 'hoe' in de speech. Dig liep boos weg. Informatie Hans Anker.

42 Onder (potentiële) PvdA-kiezers deden antibuitenlandergevoelens zich toen zeker voor, maar die leken in vergelijking met andere politieke partijen (nog) niet een bijzonder probleem te vormen. Hans Anker en Erik Oppenhuis, 'Vreemdelingenhaat en de PvdA-aanhang', *Socialisme en Democratie*, januari 1994, p. 53-56. Bij de gemeenteraadsverkiezingen op 2 maart 1994 zouden de Centrumdemocraten hun zeteltal in de raadhuizen verzevenvoudigen, van 11 naar 78.

43 Koks congrestoespraak.

44 'Hoewel we het allemaal graag anders zouden zien is een zeer groot deel van de kiezers van mening dat Kok "het" niet heeft en Van Mierlo wel.' Interne notitie aan het campagneteam van Hans Anker d.d. eind december 1993, geciteerd in Benschop, 'Kok en de PvdA-campagne', *SenD*, 10/1994, p. 474.

45 Alternatieven zijn toen wel eens geopperd (Nordholt, Wallage), maar meteen verworpen. 'Een alternatief voor Kok was niet voorhanden. Met hem moest het gebeuren.' Gesprek met Felix Rottenberg, 21 mei 2019.

46 Idem.

47 Wim Kok maakte nu deel uit van het campagneteam, maakte de vergaderingen ervan steeds meer mee. Het team vergaderde zelfs op Financiën, dicht bij de kamer van de minister. De campagne werd zo echt persoonlijk.

48 Toespraken van Wim Kok in januari, februari, maart en april 1994 (archief-Kok, Financiën). Andere thema's betroffen milieu en economie, democratisch burgerschap alsook openbare veiligheid, mede in relatie met sociale vernieuwing.

49 De Macro-Economische Verkenning 1994 (uitgebracht in 1993) en het Centraal Economisch Plan 1994 (van maart 1994), beide van het Centraal Planbureau, boden uitzicht op bescheiden economisch herstel.

50 Wim Kok: 'Ik vertrouw op eigen kracht. Maar uw steun is belangrijk, onmisbaar.' Toespraak bij de opening van de campagne voor de Tweede Kamerverkiezingen op 26 maart 1994 in Zutphen (archief-PvdA, IISG).

51 Gesprek met Istha, 27 maart 2019. Deze had het over een 'nieuwe papa'. Ook gesprek met Anker, Benschop en Hilhorst, 23 februari 2019.

52 Vanzelfsprekend werd in de campagne geen provincie overgeslagen.

53 Op 15 april 1994 schreef Kok een groot stuk in *De Telegraaf*: 'Wat dit land nodig heeft'.

54 Deze noviteit vormde in de campagne een klap op de vuurpijl en kwam medio april.

55 Dit betrof een door het Komitee Zuidelijk Afrika opgezette actie ten behoeve van de eerste vrije verkiezingen in Zuid-Afrika, die eind april zouden worden gehouden. Mandela was voor deze televisieshow op 17 februari 1994 speciaal overgevlogen. Ruud Gullit en hij waren groot fan van elkaar en Wim Kok was het van beiden. PvdA-voorlichter Dig Istha moest het voor de uitzending nog wel hoog spelen om het gewenste campagne-effect voor Kok te redden. De VARA wilde Kok namelijk gewoon in de zaal plaatsen. Kort voor de uitzending moest Istha presentator Paul Witteman nog dreigen met het wegblijven van zowel Kok als Mandela, tenzij Kok tussen Mandela en Gullit aan tafel zou worden gezet. Witteman koos eieren voor zijn geld: Kok was de hele uitzending volop in beeld, als rijpe staatsman en tegelijk warmbloedige gewone Nederlander (informatie

Istha). De kijkcijfers rechtvaardigden Istha's ongeautoriseerde soloactie dubbel en dwars. Tien dagen later bracht Kok met Lubbers (en Kooijmans) een officieel bezoek aan Zuid-Afrika. Een groeiende vriendschap van Kok met Mandela was het gevolg (zie ook hoofdstuk 12 en deel II van deze biografie).

56 Kroeger-Stam, *De rogge staat er dun bij*, hoofdstuk 8. Marcel Metze, *De stranding. Het CDA van hoogtepunt naar catastrofe*, Nijmegen 1995, hoofdstukken 10 en 11. Brinkman, *Bouwen en bewaren*, hoofdstuk 14. Ruud Lubbers: 'Maar ik was mijnerzijds toch zeer deloyaal tegen Elco Brinkman. Kennelijk was ik over de rooie. Een keuze waarvan ik later denk: fout, fout, fout, Ruud.' Lubbers, *Persoonlijke herinneringen*, p. 194.

57 Dit effect was door de sterke opkomst van lokale partijen/lijsten overigens niet goed vast te stellen. Hans Anker en Tom van Dijk, 'De gemeenteraadsverkiezingen van 1994', *Socialisme en Democratie*, april 1994, p. 197-203. Volgens opiniepeiler Maurice de Hond pakte de opeenvolging van gemeenteraads- en Kamerverkiezingen voor de PvdA goed uit. Na de afrekening op 2 maart had de partij op 3 mei een betere kans dan als ontevreden kiezers toen nog niet hun hart hadden kunnen luchten. Gesprek met Maurice de Hond, 16 januari 2018. Ook Benschop, 'Kok en de PvdA-campagne', *S&D*, 10/1994, p. 477.

58 Van Ingen Schenau/Benschop (noot 29): 'Zorg voor de defensie, voordat je aan doelpunten maken gaat denken.'

59 Kok bezocht tijdens deze campagne 29 steden.

60 Er waren ook de gebruikelijke steunbetuigingen, deze keer onder andere van kleinkunstenaar Herman van Veen en van ruim twintig jongere 'Economen voor Kok'. Naast Kok waren ook andere PvdA-kopstukken met het campagne voeren in de weer. Ed van Thijn, *Retour Den Haag. Dagboek van een minister*, Amsterdam 1994, bijvoorbeeld op 27 en 28 april en op 1 en 2 mei. Ook gesprek met Jacques Wallage, 21 mei 2019. Voor bewindslieden en parlementariërs was er een doordacht campagneprogramma en voor de partijafdelingen een professioneel opgezet campagnehandboek.

61 Emile Bode, *Paars! Dagboeknotities op de vierkante kilometer*, Den Haag 1994, p. 46-50.

62 Naast Bolkestein, Brinkman, Kok en Van Mierlo trad hier ook Ina Brouwer van Groen Links op.

63 Tot twee uur voor het sluiten van de stembussen lag het CDA in exitpeilingen nog op de PvdA voor.

64 Overige resultaten: het Algemene Ouderenverbond (AOV) zes (+6), GroenLinks vijf (-1), de Centrumdemocraten drie (+2), de RPF drie (+ 2), de SGP twee (-1), de SP twee (+2) en de Unie 55+ één (+1).

65 Gesprek met Jacques Wallage, 23 november 2016. Ook Wallage, *Het land achter de heuvels*, p. 203. In zijn 'overwinningstoespraak' in Paradiso wist Kok zich te hernemen en aan zijn gehoor de juiste combinatie van bescheidenheid en zelfbewustzijn over te brengen. Twaalf zetels verlies en toch een toekomst en een opdracht, daar kwam het op neer.

66 Wim Kok, toespraak bij de uitvaartplechtigheid van Ien Dales, 14 januari 1994 (archief-Kok, Financiën). Koks relatie met Dales was overigens niet optimaal. Zij was hem te eigenzinnig: sloot in 1991 een 'te' dure ambtenaren-cao af, verzette zich in een laat stadium tegen het kabinetsbesluit over de WAO waaraan Kok zijn politieke toekomst had verbonden (waardoor zij zich gechanteerd voelde) en verliet steeds tot Koks ergernis voortijdig het PvdA-bewindsliedenoverleg. Van haar kant vond ze Kok te humeurig, had hem liever gelijkmatiger gezien. In april 1993 liet zij in NRC *Handelsblad* doorschemeren als minister door te willen gaan, waar Kok na haar dood zei dat ze na één termijn had willen stoppen (informatie van Sylvester Hoogmoed, biograaf van Ien

Dales). Overigens is niet vast te stellen of Kok nog met Dales, zoals met alle PvdA-bewindslieden, over haar toekomstplannen had gesproken. Wel werden die gesprekken rond de jaarwisseling 1993-1994 in grote electorale onzekerheid gevoerd: het zag er immers nog helemaal niet goed uit met de regeerkansen voor de PvdA; Kok kon niemand iets toezeggen (e-mail van Arend Hilhorst, 24 juli 2019). Van Hilhorst ook de anekdote over hoe Kok tegen Dales aankeek: 'Ien is niet iemand van de grote lijn. Nee, Ien is iemand van de hééééle grote lijn.'

67 Ed van Thijn, *Retour Den Haag. Dagboek van een minister*, Amsterdam 1994, p. 9.

68 Gesprek met Ed van Thijn, 25 november 2016.

69 Van Thijn, *Retour Den* Haag, p. 9.

70 Idem, p. 15.

71 Van Thijn was in het kabinet-Van Agt/Den Uyl (1981-1982) ook al minister van Binnenlandse Zaken geweest. Van Thijns biograaf Van Bennekom traceert ook geen verdere motieven voor Van Thijns opmerkelijke overstap. Willem van Bennekom, *Ed van Thijn. Leven als opdracht*, Amsterdam 2018, hoofdstukken 24 en 25. Kort na zijn aantreden schoot het populariteitscijfer van Van Thijn omhoog, benaderde zelfs dat van Kok.

72 Gesprek met Ed van Thijn, 25 november 2016.

73 Hoofdstuk 13.

74 Van Bennekom, *Ed van Thijn*, p. 235. Kort voor de verkiezingen heeft Van Thijn voor Kok (op diens verzoek) wat 'formatievarianten' voorbereid. Paars was er een van. Van Bennekom, p. 237.

75 Amsterdam was voor het stopzetten van deze operatie.

76 Parlementaire enquêtecommissie opsporingsmethoden (Commissie-Van Traa), *Inzake Opsporing*, Den Haag 1 februari 1996.

77 Van Bennekom, *Ed van Thijn*, hoofdstukken 24 en 25. Ook Willem van Bennekom, *De jaren van Maarten van Traa*, Amsterdam 2015, hoofdstuk 8.

78 Bos, *Verloren vertrouwen*, deel II, hoofdstuk 7, 'Aftreden in het kwadraat. De IRT-affaire: Ernst Hirsch Ballin en Ed van Thijn (1994)'.

79 Bode, *Paars!*, p. 56. Ed van Thijn (interview), Rehwinkel/Nekkers, *Regerenderwijs*, p. 217. Het PvdA-campagneteam had Van Thijn aangemoedigd tegen Hirsch Ballin stelling te nemen (informatie Istha).

80 Een aantal leden van de CDA-fractie was te laat voor de stemming, terwijl drie leden van de PvdA-fractie niet meestemden. Twee van hen deden mee aan het televisiespel *Sterrenslag*; de derde, Van Traa, de latere voorzitter van de parlementaire enquêtecommissie, was om onbekende redenen afwezig. Hierdoor zagen Hirsch Ballin en Van Thijn een politiek 'handenbindende' motie-Dijkstal met 61-59 stemmen worden aangenomen.

81 Ze werden opgevolgd door de staatssecretarissen Aad Kosto (PvdA) op Justitie respectievelijk Dieuwke de Graaff-Nauta (CDA) op Binnenlandse Zaken.

82 Wim Kok (toespraak), opening campagne Europese verkiezingen, 28 mei 1994 (archief-Kok, Financiën).

83 Van Thijn, *Retour Den Haag*, p. 287.

84 Van Bennekom, *Ed van Thijn*, p. 236.

85 Van Kemenade trok zich op het laatste moment terug: gezondheidsredenen. Wallage, *Het land achter de heuvels*, p. 217-218. Ook Van Kemenade, *Wakken in het kroos*, p. 187-189. En Van Baalen/Van Kessel (red.), *Kabinetsformaties 1977-2012*, p. 260.

86 E-mail van Arend Hilhorst, 5 juli 2019. Kok later: 'Mijn optreden tegenover Ed van Thijn was onder de maat. Ik had mijn bezoek aan hem die avond niet zo moeten afsluiten.'

(Van Bennekom, *Ed van Thijn*, p. 228) Kenmerkend voor Kok: deze spijtbetuiging gold niet de samenstelling van zijn kabinet, maar alleen zijn bezoek aan Van Thijn op 17 augustus 1994.

87 L. van Poelgeest, *Kabinetsformaties 1982-2002. Een staatkundig overzicht*, Amsterdam 2011, hoofdstuk 4 ('Kabinetsformatie 1994, Paarse pirouettes').

88 Klaartje Peters, *Een doodgewoon kabinet. Acht jaar paars 1994-2002*, Amsterdam 2015, p. 48.

89 Paars is de kleur die je krijgt als je rood (PvdA) en blauw (VVD) met elkaar vermengt. Doe je er ook nog groen (D66) bij, dan krijg je purper. 'Purperen coalitie' was enige tijd een begrip, maar het klonk niet zo goed.

90 Thomas Blom en Misha Wessel, 'Het is revolutie maken' (over het formatiedagboek van Hans van Mierlo), *Vrij Nederland*, september 2015 (jubileumnummer), p. 154-157 (geparafraseerd citaat op p. 155).

91 Uitspraken in het lijsttrekkersdebat op NOS-televisie aan het einde van de verkiezingsavond.

92 Dick Benschop, toespraak op de herdenkingsbijeenkomst voor Wim Kok, Amsterdam 27 oktober 2018.

93 TK 1993-1994, 23 715 nr. 2, Kabinetsformatie 1994, *Brief van de informateur*, 13 mei 1994.

94 De drie informateurs: Gijs van Aardenne (VVD), Jan Vis (D66) en Klaas de Vries (PvdA). Zij stonden vooraf nogal verschillend tegenover het idee van een paarse coalitie, maar opereerden wel steeds meer als een team.

95 Hoofdstuk 13.

96 Van Mierlo koesterde een voorliefde voor het spreken in dilemma's en paradoxen. Soms ingenieus en verhelderend, maar vaak te wijdlopig en weinig praktisch, zeker voor een pragmatisch denker en doener als Kok.

97 In de aanloop naar de verkiezingen van mei 1994 hadden Kok en Bolkestein elkaar twee keer ontmoet, steeds in Amsterdam. Zowel burgemeester Ed van Thijn als diens VVD-wethouder van Financiën Frank de Grave stelde diens woning beschikbaar voor deze 'ontmoeting der titanen' (Van Mierlo was er ook een keer bij). Met minimaal resultaat: ze waren niet nader tot elkaar gekomen. Peters, *Een doodgewoon kabinet*, p. 39-42.

98 Hoofdstukken 4 en 5.

99 Hoofdstukken 1 en 2.

100 Peters, *Een doodgewoon kabinet*, p. 23-26. In 1984 was een bundel uitgekomen waarin mogelijkheden en onmogelijkheden van een PvdA-VVD-coalitie werden onderzocht. Hieraan droegen van PvdA-zijde Wim Meijer, Bram Stemerdink, Thijs Wöltgens, Joop van den Berg en Louis Emmerij bij. Joop den Uyl werd over het onderwerp geïnterviewd. P.F. Maas, F.L.M. Lafort en J.M.M.J. Clerx (red.), *Illusie of monsterverbond. Mogelijkheden en grenzen van een PvdA-VVD coalitie*, Dieren/Amsterdam 1984.

101 Peters, p. 34-38. Kok zelf was ook wel eens de confrontatie met het liberalisme aangegaan. Op 24 juni 1989 had hij op uitnodiging van Jort Kelder, lid van het hoofdbestuur van de JOVD, gesproken op een congres van deze jongerenorganisatie van de VVD over 'Liberalisme en socialisme'. Daarin noemde hij de sociaaldemocratie schatplichtig aan het liberalisme voor de opkomst van de rechtsstaat (p. 5). (Archief-Kok, Financiën)

102 In september 1992 organiseerde de auteur van deze biografie, als voorzitter van de PvdA-afdeling Wassenaar, een forumdiscussie over het idee van een paarse coalitie. Aanleiding vormde het paarse 'akkoord' dat de jongerenorganisaties van PvdA, VVD en D66 eerder met elkaar hadden gesloten. Sprekers waren Jacob Kohnstamm (D66),

Robin Linschoten (VVD) en Felix Rottenberg (PvdA). De eerste twee lieten zich genuanceerd maar positief over dit paarse idee uit, maar Felix ging er met een gestrekt been in en noemde paars 'psychotherapie voor de Nederlandse politiek'. Wat de toehoorders niet wisten was dat Rottenberg die middag ternauwernood aan een banvloek van Kok en Wöltgens was ontkomen. Eigenlijk mocht hij niet naar Wassenaar gaan, want 'zo ga je toch niet met coalitiepartner CDA om'. Rottenberg ging toch, want dat was hij aan zijn onafhankelijke status verplicht, maar de zaal heeft hem die avond op weinig positiefs over paars kunnen betrappen. Later, in de aanloop naar de verkiezingen, hield hij zijn voorkeur voor paars minder verborgen. Ook 'Debat over de redenen van paars', *Vrij Nederland*, 27 augustus 1994.

103 In 1973 bestond het CDA nog niet, maar de drie confessionele partijen KVP, ARP en CHU probeerden al wel samen op te trekken. In de formatie van dat jaar lukte het Jaap Burger de confessionele partijen toch uit elkaar te spelen, waardoor Den Uyls kabinet een progressief kabinet werd met een gedogende 'witte' rand. Die ongelukkige ervaring heeft de confessionele partijen versneld de weg laten afleggen naar christendemocratische eenwording. Het CDA werd in 1980 opgericht. De verkiezingen van 1977 gingen de confessionele partijen al in met een 'eenheidslijst' van het CDA. Daarna vormden ze in de Kamer ook een gezamenlijke CDA-fractie.

104 Brinkman voerde daarnaast steeds een formeel bezwaar aan tegen de bespreking van een centrumlinkse coalitie van PvdA, CDA en D66: de verkiezingsuitslag vroeg om een betrokkenheid van in elk geval de winnaars VVD en D66. Hij gokte op het mislukken van de formatie van paars. In de dan overblijvende combinatie van CDA, VVD en D66 zou het CDA de grootste partij zijn en Brinkman de eerste kandidaat-premier.

105 De media spraken gekscherend over de snelheid van drie slakken die afremden in een bocht.

106 FNV-voorzitter Stekelenburg toonde zich ook voorstander van een coalitie van PvdA met CDA en D66. Zijn vicevoorzitter en latere opvolger De Waal voelde daarentegen meer voor een paars kabinet (gesprek met Lodewijk de Waal, 9 december 2016).

107 Kok en Bolkestein waren op 4 mei, de dag na de verkiezingen, door hun fracties weer tot voorzitter gekozen.

108 Bode, *Paars!*, vooral de dagboeknotities in juni 1994, p. 87-115.

109 Peters, *Een doodgewoon kabinet*, p. 58-64; Van Baalen/Van Kessel, *Kabinetsformaties 1977-2012*, p. 236-241. Persoonlijke impressies bij Frits Bolkestein, *Cassandra tegen wil en dank. Memoires*, Amsterdam 2013, p. 184-185; Blom/Wessel, Het formatiedagboek van Van Mierlo, *Vrij Nederland*, september 2015, p. 156.

110 Dat diner van informateurs en onderhandelaars op 26 juni was al eerder afgesproken: 'voor de goede sfeer'.

111 CPB-directeur Zalm bleef er zelf kritisch over en liet dit de VVD-fractie ook weten: Zalm, *De romantische boekhouder*, p. 88. Ook Leonard Ornstein en Max van Weezel, *Frits Bolkestein. Portret van een liberale vrijbuiter*, Amsterdam 1999, p. 179-180.

112 *Handelingen* TK, 1993-1994, 5645-5668.

113 TK 1993-1994, 23715 nr. 4, *Brief van de informateurs*, 27 juni 1994, p. 5.

114 Zo'n 'doorloop' op de begroting was niets bijzonders, zelfs heel gebruikelijk in het zicht van de formatie van een nieuw kabinet. Minister Kok was daarmee geenszins gediskwalificeerd (informatie Richard van Zwol).

115 Gesprek met Frits Bolkestein, 2 december 2016.

116 Deze lijn van de commissie-Wolfson (hoofdstuk 15) liep ook door in het PvdA-verkiezingsprogramma.

117 Jacques Wallage, die op zondag 26 juni een dagje met zijn vrouw en ook Rita Kok had gezeild, trof Wim die avond thuis aan. Op sandalen dat wel, maar verder zat niets hem lekker. Het voorstel van Bolkestein om het mes te zetten in de WW en de WAO, had de deur dichtgedaan. 'Klaar, einde oefening. Nooit meer met de VVD.' Wallage probeerde Kok er toch op voor te bereiden dat het gesprek met de VVD hervat zou moeten worden. Met hangende pootjes terug naar het CDA, 'waar Brinkman gegarandeerd de messen al sleep voor een verdergaande ingreep in de sociale zekerheid', daar zag Wallage niets in. *Het land achter de heuvels*, p. 208.

118 TK 1993-1994, 23 715 nr. 7, Kabinetsformatie 1994, *Brief van de informateur*, 6 juli 1994, p.4.

119 Tjeenk Willink, persconferentie 6 juli 1994. Zijn formulering op papier was voorzichtiger: 'Tenzij uit de adviezen van de fractievoorzitters van PvdA, CDA, VVD en D66 vandaag duidelijk anders blijkt, acht ik het niet geheel uitgesloten dat met de benoeming van een vooraanstaand persoon uit de kring van de VVD tot informateur een meerderheidskabinet realiteit kan worden.' TK 1993-1994, 23 715, *Brief van de informateur van 6 juli 1994 met zijn eindverslag*.

120 Gesprek met Herman Tjeenk Willink, 12 juni 2019.

121 Idem. Ook persconferentie Tjeenk Willink, 6 juli 1994.

122 Herman Tjeenk Willink, telefoongesprek op 18 juli 2019. Ook Van Baalen/Van Kessel, p. 246.

123 Brief J. Wallage aan Hare Majesteit de Koningin, 6 juli 1994.

124 Wallage, Wöltgens en Castricum (in Hilhorsts herinnering).

125 Gesprek met Hans Anker, Dick Benschop en Arend Hilhorst, 23 februari 2019. E-mail Hilhorst, 6 juli 2019.

126 Van Baalen/Van Kessel, *Kabinetsformaties*, p. 247-248. Gesprek met Jacques Wallage, 21 mei 2019.

127 Zo bleek ook uit de reacties van de media die avond en de volgende dag.

128 De vier fractievoorzitters hadden immers in hun adviezen aan de koningin van 6 juli het slotadvies van de informateur niet gedeeld. Het staatshoofd moest dus haar keuze bepalen, in afwijking van het advies van de informateur. Visser, *In dienst van het algemeen belang*, p. 249.

129 Van Baalen/Van Kessel, p. 248. Deze adviseurs waren Willem Scholten, vicepresident van de Raad van State, en Wim Deetman, voorzitter van de Tweede Kamer. Zij prefereerden voor het CDA een meer 'centristische' koers dan waarvan Brinkman toen uitging, naar centrumlinks dus. Tjeenk Willink, als voorzitter van de Eerste Kamer de derde adviseur, deed ook aan deze beraadslaging mee, maar was door zijn advies als informateur iets minder vrij in zijn advisering. Gesprek met Herman Tjeenk Willink, 12 juni 2019.

130 Gesprek met Ruud Lubbers, 25 oktober 2016. Kok en Lubbers zagen elkaar tijdens deze formatie nog zeer regelmatig, vooral met het oog op de voorbereiding van de begroting 1995. Weliswaar was minister Andriessen formeel Koks vervanger, maar Lubbers trok deze taak grotendeels naar zich toe, terwijl Kok er – ook in verband met de formatie – nauw bij betrokken wilde zijn. Informatie Richard van Zwol.

131 Gesprek met Herman Tjeenk Willink, 12 juni 2109. Ook telefoongesprek op 18 juli 2019.

132 Kok tijdens de persconferentie na aanvaarding van de informatieopdracht. Van Baalen/Van Kessel, p. 249. Naderhand heeft Van den Berg het mechanisme hiervan omschreven: door aanvaarding van de informatieopdracht accepteerde Kok dat zijn PvdA

in een zwakkere onderhandelingspositie zou geraken: 'Het bracht de VVD zodoende in een ijzersterke onderhandelingspositie, wat aan het regeerakkoord is te merken; de PvdA heeft veel moeten accepteren', J.Th.J. van den Berg, 'Een hete zomer op het Binnenhof. De formatie van het kabinet-Kok in zeven paradoxen', *Socialisme en Democratie*, oktober 1994, p. 460.

133 De Rooy/Te Velde, p. 68.

134 Hij liet dus een grote staande ventilator aanrukken en verhuisde nu en dan ook naar een minder warme en minder donkere fractiekamer.

135 Gesprek met Richard van Zwol, 17 juni 2019. Van Zwol was toen plaatsvervangend hoofd beleidsvoorbereiding van de Inspectie Rijksfinanciën (IRF) van het ministerie van Financiën. Over hem ook Tom Jan Meeus, 'Een Haagse stille kracht over zijn 25 jaar als adviseur van de macht', *NRC Handelsblad*, 27 augustus 2017.

136 Kok vroeg eerst nog netjes of hij bepaalde stukken wel met Hilhorst mocht delen. Gesprek met Jan Willem Holtslag, 12 juni 2019. Via Heinrichs lazen in de fractie Wallage en Melkert ook mee, maar slechts op hoofdlijnen. Kok hield als informateur de fractie op afstand. Gesprek met Ad Melkert, 17 juni 2019. *Telegraaf*-journalisten Emile Bode en Kees Lunshof ontdekten op 21 juli het drietal 'PvdA-yuppies' die op een terras op het Plein in vrolijke stemming een stapel paperassen zaten door te nemen: de proeve in concept! Bode, *Paars!*, p. 132-133.

137 *InterView*, 7 juli 1994. En Rita zorgde er telefonisch voor dat hem dagelijks een gezonde lunch werd bezorgd: Vifit-yoghurt, twee belegde broodjes en fruit (informatie Holtslag).

138 Gesprek met Ad Melkert, 17 juni 2019. Van Baalen/Van Kessel, *Kabinetsformaties*, p. 251. Metze, *De stranding*, p. 246 (beiden ambieerden deze functie).

139 TK 1993-1994, 23715 nr. 8, Kabinetsformatie 1994, *Brief van de informateur*, 25 juli 1994.

140 Centraal Planbureau, *Halfjaarlijkse rapportage*, 's-Gravenhage juni 1994.

141 Centraal Planbureau, *Centraal Economisch Plan 1993 (waarin opgenomen een verkenning tot en met 1998)*, 's-Gravenhage maart 1993.

142 Ibidem.

143 Voor de reacties op de 'proeve': Van Baalen/Van Kessel, *Kabinetsformaties*, p. 253-254.

144 Begin juli had het rapport-Gardeniers, over de verkiezingsnederlaag van het CDA, veel nadruk gelegd op het verlies aan 'sociaal gezicht' van de fractie. Deze kritiek miste in de loop van die maand haar uitwerking niet. Kroeger/Stam, *De rogge staat er dun bij*, p. 333-334. Metze, *De stranding*, p. 241-243.

145 Ornstein/Van Weezel, *Frits Bolkestein*, p. 175.

146 Gesprek met Jan Willem Holtslag, 12 juni 2019.

147 Brinkman, *Bouwen en bewaren*, p. 325.

148 Peters, *Een doodgewoon kabinet*, p. 72. Metze, *De stranding*, p. 245. Van Baalen/Van Kessel, *Kabinetsformaties*, p. 254-255.

149 Gesprek met Jacques Wallage, 12 juni 2019. Bolkestein geeft dit anders weer (*Cassandra*, p. 186).

150 Bolkestein, *Cassandra*, p. 186.

151 TK 1993-1994, 23715 nr. 11, Kabinetsformatie 1994, *Brief van de formateur*, 15 augustus 1994. In de PvdA-fractie maakte Ruud Vreeman een voorbehoud bij de afspraken over de privatisering van Ziektewet en WAO en de premiedifferentiatie, die hij zag als stappen naar verminderde solidariteit in de sociale zekerheid. Ruud Vreeman, *Zonder rood geen paars. Kanttekeningen van een sociaal-democraat*, Amsterdam 1995, p. 174-175.

152 Tenzij de VVD de grootste partij zou worden.
153 Het verbaasde Kok dat Van Mierlo niet voor Binnenlandse Zaken koos: onmisbaar immers voor het verzilveren van de 'kroonjuwelen' van zijn partij in de vormgeving van het openbaar bestuur? Bolkestein maakte voor zijn partij aanspraak op Financiën, gecombineerd met het vicepremierschap. De eerste vier kandidaten bedankten echter voor de eer, waardoor hij bij Gerrit Zalm uitkwam, van wie hij niet eens wist dat hij VVD-lid was. Die was als CPB-directeur echter wel zeer goed ingevoerd in het financiële en sociaaleconomische deel van het regeerakkoord. Voor het vicepremierschap was hij echter niet goed genoeg, dat ging naar Hans Dijkstal. Gesprek met Gerrit Zalm, 24 oktober 2016.
154 De staatssecretarissen voor de VVD waren: Michiel Patijn (Buitenlandse Zaken), Jan Gmelich Meijling (Defensie), Robin Linschoten (Sociale Zaken en Werkgelegenheid) en Erica Terpstra (Volksgezondheid, Welzijn en Sport). Voor D66: Jacob Kohnstamm (Binnenlandse Zaken), Aad Nuis (Onderwijs, Cultuur en Wetenschappen) en Dick Tommel (Volkshuisvesting, Ruimtelijke Ordening en Milieubeheer).
155 Eerder dit hoofdstuk.
156 Sociale Zaken en Werkgelegenheid was de door Kok als eerste gewenste portefeuille. Hij verraste Melkert, die op een staatssecretariaat had gerekend, met het aangeboden ministerschap. Gesprek met Ad Melkert, 17 juni 2019. Jo Ritzen, toch een 'veteraan' uit Lubbers/Kok, was vierde keus (Cohen, Leune en Wallage bedankten om uiteenlopende redenen). Kok wilde Pronk als 'links geweten' graag in zijn kabinet, maar dan wel op een 'verantwoordelijker' ministerie. Deze hield echter hardnekkig vast aan Ontwikkelingssamenwerking. De Boer was nieuw voor Kok. Gesprek met Felix Rottenberg, 21 mei 2019.
157 Cultuur werd overgeheveld naar Onderwijs, dat nu Onderwijs, Cultuur en Wetenschap werd. Het oude WVC, dat Cultuur zag vertrekken, werd nu Volksgezondheid, Welzijn en Sport.
158 Gesprek met Ad Melkert, 17 juni 2019.
159 Dit zei Kok ook om voor het CDA de druiven niet onnodig zuur te laten smaken.
160 Al dan niet geparafraseerde citaten uit het Kamerdebat over de regeringsverklaring, 31 augustus en 1 september 1994 (Handelingen TK, 5805-5903).
161 De 'linkse' oppositie tegen het paarse regeerakkoord bevond zich deels ook binnen de PvdA zelf. Zie Paul Kalma, 'Het primaat van Financiën', *Socialisme en Democratie*, september 1994; Bart Tromp, 'Democratisch tekort', *SenD*, oktober 1994; Frans Leijnse, 'De CDA-isering van de PvdA. Een kritiek op het regeerakkoord', *SenD*, oktober 1994. Deel II van deze biografie zal nader ingaan op de houding van Wim Kok tegenover het neoliberalisme. Daarbij zal onder andere de verhouding tussen het regeerakkoord, het feitelijk gevoerde beleid alsook de internationale contacten in het kader van 'De Derde Weg' tegen het licht worden gehouden.
162 Kamerdebat regeringsverklaring (noot 160).

Tussenbalans

1 Klein/Kooistra, *Het taaie gevecht van een polderjongen*, p. 216.
2 Hoofdstuk 10.
3 Voor het navolgende heb ik mij onder andere laten inspireren door Piet de Rooij en Henk te Velde met hun essays in: *Met Kok over veranderend Nederland*.
4 Hoofdstuk 15.

5 Wim Kok was begin jaren tachtig onder de indruk van de rapporten van de commissie-Wagner. Hoofdstuk 7.
6 J.Th.J. van den Berg en H.A.A. Molleman, *Crisis in de Nederlandse politiek*, Alphen aan den Rijn 1974.
7 Bart Tromp, *Het einde van de politiek?*, Schoonhoven 1990.
8 Kalma, *De illusie van de 'democratische staat'*.
9 Hoofdstukken 11 en 13.

Afkortingen

AAW	Algemene Arbeidsongeschiktheidswet
ABC	Algemene Bedrijfsgroepen Centrale
ABOP	Algemene Bond van Onderwijzend Personeel
ABVA	Algemene Bond van Ambtenaren
ABVV	Algemeen Belgisch Vakverbond
ABW	Algemene Bijstandswet
ACV	Algemeen Christelijk Vakverbond (België)
AFEP	Algemene en Financieel-Economische Politiek (ministerie van Financiën)
AFL-CIO	American Federation of Labor and Congress of Industrial Organizations
AIQ	Arbeidsinkomensquote
AJC	Arbeiders Jeugd Centrale
ANB	Algemene Nederlandse Bouwbedrijfsbond
ANC	African National Congress
ANWB	Algemene Nederlandsche Wielrijders-Bond
AOV	Algemeen Ouderen Verbond
AOW	Algemene Ouderdomswet
APC	Automatische prijscompensatie
APO	Arbeidsplaatsenovereenkomst
ARBO	Arbeidsomstandighedenwet
ARP	Anti-Revolutionaire Partij
ADV/ATV	Arbeidsduurverkorting/Arbeidstijdverkorting
AVRO	Algemene Vereniging Radio Omroep
AWBZ	Algemene Wet Bijzondere Ziektekosten
BBA	Buitengewoon Besluit Arbeidsverhoudingen
BOVAG	Bond van Automobielhandelaren en Garagehouders
BPO	Bewindspersonenoverleg
BZ	Ministerie van Buitenlandse Zaken
CAO	Collectieve Arbeidsovereenkomst
CCOO	Comisiones Obreras (Spanje)
CD	Centrumdemocraten
CDA	Christen-Democratisch Appèl
CDU	Christelijk-Democratische Unie (NL)
CDU	Christlich Demokratische Union (Duits)
CEBEMO	Centrale voor Bemiddeling bij Medefinanciering van Ontwikkelingsprogramma's
CEC	Centraal Economische Commissie
CFTC	Confédération française des travailleurs chrétiens (Frankrijk)
CFTD	Confédération française démocratique du travail (Frankrijk)
CGIL	Confederazione Generale Italiana del Lavoro (Italië)
CGT	Conféderation génerale du travail (Frankrijk)

CHU	Christelijk-Historische Unie
CIA	Central Intelligence Agency (VS)
CISL	Confederazione Italiana Sindacati Lavoratori (Italië)
CNV	Christelijk Nationaal Vakverbond
CP'86	Centrumpartij '86
CPB	Centraal Planbureau
CPN	Communistische Partij van Nederland
CRM	Ministerie van Cultuur, Recreatie en Maatschappelijk Werk
CSE	Verdrag inzake Conventionele Strijdkrachten in Europa
CVSE	Conferentie over Veiligheid en Samenwerking in Europa
D'66/D66	Democraten '66
DAF	Van Doorne's Automobielfabriek N.V.
DB	Dagelijks bestuur
DDR	Duitse Democratische Republiek
DG	Directeur-generaal
DGB	Deutscher Gewerkschaftsbund (Bondsrepubliek Duitsland)
DISK	Dienst in de Industriële Samenleving vanwege de Kerken
DNB	De Nederlandsche Bank
DOS	Door Oefening Sterk
DS'70	Democratisch Socialisten '70
DSM	Dutch State Mines
ECB	Europese Centrale Bank
ECOSOC	Economische en Sociale Raad (Verenigde Naties)
ECU	European Currency Unit
EG	Europese Gemeenschap
EGKS	Europese Gemeenschap voor Kolen en Staal
EIB	Economisch Instituut voor de Bouwnijverheid
EMS	Europees Monetair Stelsel
EMU	Economische en Monetaire Unie
ENKA	Nederlandse Kunstzijdefabriek
EO	Evangelische Omroep
EP	Europees Parlement
EPS	Europese Politieke Samenwerking
EPU	Europese Politieke Unie
EBRD	European Bank for Reconstruction and Development
ESC	Economisch en Sociaal Comité
EU	Europese Unie
EVC	Eenheids Vakcentrale
EVP	Evangelische Volkspartij
EVV	Europees Verbond van Vakverenigingen
FIFA	Fédération Internationale de Football Association
FJG	Federatie van Jongerengroepen (in de PvdA)
FNV	Federatie Nederlandse Vakbeweging
FO	Force Ouvrière (Frankrijk)
Havo	Hoger algemeen voortgezet onderwijs
Hbs	Hogereburgerschool
HIVOS	Humanistisch Instituut voor Ontwikkelingssamenwerking
ICCO	Interkerkelijke Coördinatie Commissie Ontwikkelingssamenwerking

IGC	Intergouvernementele Conferentie
IGGI	Intergouvernementele Groep voor Indonesië
IISG	Internationaal Instituut voor Sociale Geschiedenis
ILO	International Labour Organization
IMF	Internationaal Monetair Fonds
INF	Intermediate-Range Nuclear Forces Treaty
IRF	Inspectie Rijksfinanciën
IRT	Interregionaal Rechercheteam
ITUC	International Trade Union Confederation
IVV	Internationaal Verbond van Vakverenigingen
IVVV	Internationaal Verbond van Vrije Vakverenigingen
JNA	Jugoslovenska narodna armija (Joegoslavisch volksleger)
KAB	Katholieke Arbeidersbeweging
KABO	Katholieke Bond van Overheidspersoneel
KKN	Komitee Kruisraketten Nee
KNIL	Koninklijk Nederlands-Indisch Leger
KPN	Koninklijke PTT Nederland N.V.
KRO	Katholieke Radio Omroep
KVP	Katholieke Volkspartij
Mavo	Middelbaar algemeen voortgezet onderwijs
MHP	Raad voor Middelbaar en Hoger Personeel
Mulo	Meer uitgebreid lager onderwijs
NAVO	Noord-Atlantische Verdragsorganisatie
NCF	Nederlandse Categoriale vakvereniging Financiën
NCW	Nederlands Christelijk Werkgeversverbond
NIOD	Nederlands Instituut voor Oorlogsdocumentatie
NKV	Nederlands Katholiek Vakverbond
NOIB	Nederlands Opleidings Instituut voor het Buitenland (Nijenrode)
Novib	Nederlandse Organisatie voor Internationale Bijstand
NPB	Nederlandse Politiebond
NSB	Nationaal-Socialistische Beweging
NVJ	Nederlandse Vereniging van Journalisten
NVV	Nederlands Verbond van Vakverenigingen
O&W	Ministerie van Onderwijs en Wetenschappen
OCW	Ministerie van Onderwijs, Cultuur en Wetenschappen
OESO	Organisatie voor Economische Samenwerking en Ontwikkeling
OLVG	Onze Lieve Vrouwe Gasthuis
OPEC	Organization of Petroleum-Exporting Countries
OS	Ontwikkelingssamenwerking (ministerie van Buitenlandse Zaken)
OVSE	Organisatie voor Veiligheid en Samenwerking in Europa
PB	Partijbestuur
PBO	Publiekrechtelijke Bedrijfsorganisatie
PES	Partij van Europese Sociaaldemocraten/Party of European Socialists
PPR	Politieke Partij Radikalen
PSP	Pacifistisch Socialistische Partij
PTT	Staatsbedrijf der Posterijen, Telegrafie en Telefonie
PvdA	Partij van de Arbeid
PVV	Partij voor de Vrijheid

RAI	Rijwiel en Automobiel Industrie
RARA	Revolutionaire Anti-Racistische Actie
RKWV	Rooms-Katholiek Werkliedenverbond
RPF	Reformatorische Politieke Federatie
RSV	Rijn-Schelde-Verolme
RTL	Radio Télévision Luxembourg
SenD/S&D	Socialisme en Democratie/Socialisme & Democratie
SACTU	South African Congress of Trade Unions
SDAP	Sociaal-Democratische Arbeiderspartij
SER	Sociaal-Economische Raad
SG	Secretaris-generaal
SGP	Staatkundig Gereformeerde Partij
SGVN	Secretaris-generaal van de Verenigde Naties
SI	Socialistische Internationale
SP	Socialistische Partij
SPD	Sozialdemokratische Partei Deutschlands
SPÖ	Sozialdemokratische Partei Österreichs
STAR	Stichting van de Arbeid
SVR	Sociale Verzekeringsraad
SWAPO	South West Africa People's Organisation
TG	Thesaurier-generaal
TK	Tweede Kamer
TUC	Trades Union Congress (Verenigd Koninkrijk)
TuBa	Tussenbalans
Türk-Is	Türkiye Işçi Sendikalari Konfederasyonu
UIL	Unione Italiana del Lavoro (Italië)
Ulo	Uitgebreid lager onderwijs
UNCED	United Nations Conference on Environment and Development
UNCTAD	United Nations Conference on Trade and Development
UNHCR	United Nations High Commissioner for Refugees
Unie B(L)HP	Unie van Beambten, (Leidinggevend) en Hoger Personeel
UNPROFOR	United Nations Protection Force (in voormalig Joegoslavië)
UNTAC	United Nations Transitional Authority (in Cambodia)
VARA	Vereniging van Arbeiders Radio Amateurs
VAD	Vermogensaanwasdeling
VDB	Vrijzinnig-Democratische Bond
VHV	Vrienden van de Historie van de Vakbeweging
Vmbo	Voorbereidend middelbaar beroepsonderwijs
VN	Verenigde Naties
VNO	Verbond van Nederlandse Ondernemingen
VOC	Verenigde Oost-Indische Compagnie
VoRo	Ministerie van Volkshuisvesting en Ruimtelijke Ordening
VPRO	Vrijzinnig Protestantse Radio Omroep
VROM	Ministerie van Volkshuisvesting, Ruimtelijke Ordening en Milieubeheer
VS	Verenigde Staten van Amerika
VU	Vrije Universiteit Amsterdam
VUT	Vervroegde uittreding
VVD	Volkspartij voor Vrijheid en Democratie

VWO	Voorbereidend Wetenschappelijk Onderwijs
VWS	Ministerie van Volksgezondheid, Welzijn en Sport
WAGW	Wet Arbeid Gehandicapte Werknemers
WAO	Wet op de arbeidsongeschiktheidsverzekering
WBS	Wiardi Beckman Stichting
WKA	Wet koppeling met afwijkingsmogelijkheid
WIR	Wet op de investeringsrekening
WMV	Werkgroep voor een Maatschappijkritische Vakbeweging
WOR	Wet op ondernemingsraden
WRR	Wetenschappelijke Raad voor het Regeringsbeleid
WVA	Wereldverbond van Arbeid
WVC	Ministerie van Welzijn, Volksgezondheid en Cultuur
WW	Werkloosheidswet
ZW	Ziektewet

Verantwoording

Iedereen kende Wim Kok. Als leider van een groot vakverbond maakte hij al deel uit van het leven van miljoenen Nederlanders. De media besteedden veel aandacht aan hem, niet alleen wanneer hij acties leidde. Ook Kees van Kooten en Wim de Bie maakten op hem een treffende persiflage.[1] Kok was toen al publiek bezit.

Mijn persoonlijke kennismaking gaat terug tot 1980, toen ik – als medewerker van de Wiardi Beckman Stichting, het wetenschappelijk bureau van de PvdA – hem op het FNV-kantoor opzocht. Ik begeleidde Wouter Gortzak, mijn toenmalige directeur, en wij kwamen om met hem ons program van werkzaamheden te bespreken. Had Kok nog wensen voor aandachtspunten? Het viel me op dat hij ons conceptprogram goed had gelezen. Hij had ook een paar belangwekkende aanvullingen, al weet ik niet meer welke. Ik zal wel gebiologeerd zijn geweest door die lange man met zijn uitgesproken stem en zijn grote handen in die kleine kamer aan die nog kleinere vergadertafel. Na een goed halfuur was het voorbij.

Vele jaren en enkele onbetekenende ontmoetingen later, sprak ik met hem in het Torentje. Het was het voorjaar van 1997. Het kabinet organiseerde op het Binnenhof de internationale herdenking van vijftig jaar Marshallplan. De Clintons zouden komen en ook Helmut Kohl. Onder toeziend oog van koningin Beatrix zou premier Kok de openingsspeech uitspreken en ik mocht die schrijven. Ik was toen medewerker op Buitenlandse Zaken. Kok had mijn concept gelezen. Hij bromde: ‘Hmm. Tja, het is wel goed, maar is het niet te kort?’ Mijn antwoord: ‘U hebt tien minuten, met deze tekst zit u er al wat overheen. Wat mist u erin?’ Kok: ‘Misschien iets meer over hulp aan Oost-Europa, vind je niet? Ik vind hem zo kort.’ Ik: ‘Zou kunnen, maar meer tekst maakt hem niet noodzakelijkerwijs beter.’ Hij: ‘Nee? Waarom niet?’ Ik: ‘Kent u de rede van George Marshall waarmee hij het Marshallplan aankondigde?’ ‘Nee, eerlijk gezegd niet,’ zei de premier. ‘Anderhalve bladzijde,’ zei ik. ‘Is dat zo? Dat verbaast mij,’ zei Kok. Ik toen: ‘Maar u kent natuurlijk wel het Akkoord van Wassenaar? Nauwelijks meer dan een pagina.’ Een glimlach gleed over Wim Koks gezicht. ‘Touché,’ zei hij. ‘In de roos.

Wat belangrijk is, hoeft helemaal niet lang te zijn.' Met vereende krachten vulden we de speech toen aan en kortten hem vervolgens weer in. Uitgesproken klonk hij als een klok.

Dit was de eerste keer dat ik direct met Kok sprak. Hij was toen precies zoals ik hem later nader heb leren kennen: serieus en veeleisend, maar ook met een wonderbaarlijk vermogen tot zelfrelativering. Wim Kok kon om zichzelf lachen. Veel zijn we elkaar erna niet tegengekomen. Ik herinner me bezoeken van hem aan Parijs en Berlijn. Ook heb ik hem wat geholpen toen hij na zijn aftreden een paar klussen in Europa deed. Meestal betrof het een hernieuwde kennismaking in het voorbijgaan. Maar kennelijk voldoende voor hem om mij na mijn pensionering te vragen voor de Raad van Toezicht van de Anne Frank Stichting. Daar heb ik Wim Kok drie jaar lang, om de drie maanden, mogen meemaken. Hier was hij weer de serieuze, veeleisende voorzitter. Van momenten van relativering merkte ik toen minder. Anne Franks erfenis bood daarvoor misschien ook niet zo veel gelegenheid.

Het was in de tijd dat ik het plan opvatte Wim Koks biografie te schrijven: een belangrijk, politiek nog steeds relevant leven waarover nog weinig diepgaand was geschreven.[2] Aan dat idee moest hij wel wennen. Hij was niet ongevoelig voor zijn plaats in de geschiedenis, maar meewerken aan het boetseren van zijn nalatenschap? Dat stond tamelijk ver van hem. Bovendien wilde hij zijn gezin, en vooral zijn gehandicapte zoon, beschermen tegen nodeloos binnendringen. Natuurlijk had Kok eerder in de openbaarheid over zijn gezin verteld. Over Rita als zijn 'enige echte maatje' bijvoorbeeld, en over zijn kinderen, van wie hij zielsveel hield. Vanzelfsprekend bedong ik dat ik bij het schrijven van de biografie de volledig vrije hand zou hebben. Toen het echter tot mij doordrong hoezeer Kok zijn oudste zoon wilde beschermen tegen ongewenst ongerief, zei ik tegen hem: 'Waar ik over André schrijf, schrijf jij met mij mee.' Dat was het moment waarop Wim zei: 'Laten we het scheepje maar afduwen.'

Van september 2016 tot juni 2018 heb ik in Koks tuinkantoor zestien diepgaande gesprekken met hem gevoerd. Alles ging methodisch. We bespraken steeds een onderwerp. Vooraf stelde ik hem schriftelijk vragen die zijn geheugen konden opfrissen. Van ons gesprek maakte ik een woordelijk verslag. Erna beantwoordde hij mijn vragen nog eens schriftelijk. Zo behandelden we in de eerste vier sessies de grote lijnen van zijn leven. Om daarna de diepte in te gaan: zijn afkomst en jeugd, zijn lange loopbaan in de vakbeweging, zijn ontmoeting met Rita Roukema en de vorming van het gezin Kok. Een gezamenlijk tochtje naar zijn geboortedorp Bergambacht maakte het allemaal wat invoelbaar en we hadden ons ook andere excursies en thema's voorgenomen. Sinds begin 2018 bespraken we zijn opvolging van Den Uyl, zijn overstap naar de politiek van de sociaaldemocratie en zijn deelname aan het derde kabinet-Lubbers. Alles steeds ook met aandacht voor internationale aspecten. Het slot van die regeerperiode, zijn 'paarse' jaren als premier alsook het leven erna, stonden op het nog volle programma. Ons laatste gesprek voerden we op 18 juni 2018. Over zijn ministerschap van Financiën spraken we toen. De WAO-crisis hadden we nog nauwelijks aangeraakt.

Ook sprak ik twee keer met Wim en Rita samen, in augustus en december 2017. Dat waren heuglijke gebeurtenissen. Aan de ene kant hadden zij veel van elkaar: nuchter, sober, weinig poespas. Wellicht waren zij in hun lange samenleven wat op elkaar gaan lijken. Tegelijk sprong mij een duidelijk verschil in het oog: Rita was monterder, positiever, iets flamboyanter ook. Zij kon hartelijk over gebeurtenissen vertellen, waarbij zij zich meer door associaties dan door strakke schema's liet leiden. Wim luisterde aandachtig naar haar, maar na enige tijd bemerkte ik enige onrust bij hem, onder andere vast te stellen aan zijn neiging om zijn grote handen met de vingertoppen tegen elkaar aan te tikken. Zodra hij dan de kans kreeg, nam hij het gesprek over, zeggende: 'Ja, Marnix, dit is heel belangrijk wat Rita nu vertelt. Laat ik het voor jou nog eens samenvatten.' Vervolgens sprake hij veel gestructureerder, maar in tijd ongeveer even lang als zijn vrouw. Aan het eind stelde ik vast dat Wims versie van het verhaal toch niet helemaal hetzelfde was als dat van Rita. Boeiend.

Sinds Koks overlijden op 20 oktober 2018 werk ik zonder hem verder aan zijn biografie. Overeenkomstig de met Wim vooraf gemaakte afspraken heeft Rita een deel van zijn rol nu overgenomen. Zij leest het eindmanuscript, wijst op feitelijke onjuistheden en levert zo nodig commentaar. Dat heeft zij voor dit deel I alvast gedaan. Met haar voer ik gesprekken over aspecten van Wims werkzame leven waarin zij een bijzonder inzicht had, alsook over hun persoonlijk leven en dat van hun gezin en familie. Ik heb haar inmiddels vijf keer gesproken, waarvan drie keer samen met hun zoon Marcel, die ik daarnaast een keer apart heb ontmoet. Ook heeft Herma Kok, de vrouw van Wims eerder overleden broer Bas, mij over familiezaken willen bijlichten. Van het zeer beperkt aanwezige familiearchief heb ik enkele stukken kunnen inzien en een paar foto's mogen gebruiken.

Getuigen, meelezers, helpers

Wie zo jong als Wim Kok carrière maakte in de vakbeweging, laat voor zijn biograaf weinig levende bronnen na. Van zijn toenmalige collega's, zowel in het bestuur van NVV en FNV alsook onder de voorzitters van de aangesloten bonden, waren de meesten al voor zijn dood overleden. Met Arie Groenevelt, Cees Schelling alsook Jaap van der Linden heb ik nog kunnen spreken, de laatste slechts vier dagen voor zijn plotse heengaan. Gelukkig heb ik uitgebreider gebruik kunnen maken van de herinneringen aan Kok als FNV-voorzitter van zijn medebestuurders Henk Muller en Michel Negenman, van zijn voorlichters Muus Groot en Henne Pauli en van zijn medewerkers Johan van Rens, Tom Etty, Leo Mesman, Broer Akkerboom en Eddy Broekema. Muller heeft mij ook zijn persoonlijke aantekeningen over bijzondere gebeurtenissen laten lezen, terwijl Mesman mij een mooie geluidsopname van de uitvaart van Wim Spit stuurde en Pauli en Van Rens mij delen van hun persoonlijke archieven ter beschikking stelden. Koks opvolger Hans Pont heeft mij niet lang voor zijn overlijden per e-mail nog over zijn ervaringen met Kok geïnformeerd. De opvolger van de opvolger van Pont, Lodewijk de Waal, heb ik in goede gezondheid kunnen spreken. Slechts één 'overlever' van Kok uit zijn FNV-tijd wilde niet meewerken aan deze biografie.

Uit Koks politieke leven, dat begon toen hij 47 jaar oud was, zijn veel meer 'reisgenoten' nog in leven. De bereidwilligheid onder hen om aan Koks biografie mee te werken bleek groot. Met een aanzienlijk aantal van hen heb ik contact gehad; voor deel II zal in de komende jaren met een vermoedelijk nog groter aantal contact worden gezocht. Bijzonder behulpzaam in deze fase waren Max van den Berg, Ferd Crone, Ronald Florisson, Dig Istha, Jos van Kemenade, Wim Meijer, Jan Pronk, Felix Rottenberg, Herman Tjeenk Willink, Klaas de Vries, Jacques Wallage, Jan Marinus Wiersma en Dik Wolfson. Enkelen van hen hebben mij ook inzage verleend in hun persoonlijke archieven. Dit geldt in het bijzonder Koks nauwe medewerkers Arend Hilhorst, Dick Benschop en Hans Anker. Samen met Hilhorsts opvolger Kees Boef vormen zij het 'Bourg-beraad' dat sinds 2003 tweemaal per jaar met Kok bijeenkwam voor indringende gesprekken over persoon, politiek en passies. In februari 2019 mocht ik een weekend lang hun gast zijn in Zuidwest-Frankrijk om in hun 'intieme' ervaringen met Kok te kunnen delen. Alle drie hebben mij ook waardevol archiefmateriaal te leen gegeven. Saskia Noorman-den Uyl verschafte mij toegang tot de aantekeningen van haar vader bij het IISG, waardoor ik nog beter zicht kreeg op Wim Koks opvolging van Joop den Uyl. Met het werk aan deel II voor de boeg kan ik alleen maar hopen dat de toegang tot ervaringen en materialen verder zal toenemen.

In augustus 2017 heb ik dankzij de bemiddeling van dorpshistorici Roel Botter en Booij ter Haar kunnen spreken met vier van Koks klas- en buurtgenoten uit zijn geboorteplaats Bergambacht: Kees Broere, Piet Hoogendoorn, Jannie de Langen en Daan van der Velde. Botter heeft ook een versie van hoofdstuk 1 van feitelijk commentaar voorzien.

Vanaf het begin heb ik de hulp ingeroepen van professionele meelezers, ogenparen die met een combinatie van deskundigheid en afstand de auteur konden behoeden voor vormen van beroepsblindheid. Allen hebben gereageerd op een uitgebreide onderzoeksopzet die ik begin 2017 had opgesteld. Sommigen hebben ook hun mening gegeven over stukken van de tekst in wording, soms alle stukken, soms delen ervan. Steeds erg nuttig voor deze biograaf. Joop van den Berg, Paul Kalma, Ad Melkert, Johan van Rens en Jeroen Sprenger hebben alle hoofdstukken van hun commentaar voorzien. Dick Benschop, Arend Hilhorst, Menno Hurenkamp, Riet van der Linden en Jan Pronk ieder delen ervan. Broer Akkerboom, Hans Anker, Lo Casteleijn, Dig Istha, Jos van Kemenade, Geert van Maanen, Cees Maas, Henk Muller, Jan Postma, Rob Visser en Jacques Wallage hebben allen op één of meer specifieke hoofdstukken gereageerd. Lot van Schaik heeft het gehele manuscript op logica, stijl en leesbaarheid nagelopen. Allen hebben mij steeds weer aan het denken gezet. Verantwoordelijk voor de biografie is natuurlijk alleen de auteur.

Wie mij ook aan het denken zetten waren mijn vijf stagiairs, masterstudenten in verschillende universitaire studies. Dankzij de bemiddeling van de Wiardi Beckman Stichting kon ik gedurende het project beroep op hen doen, telkens zo'n halfjaar. Zij hielpen bij het doen van onderzoek, in het bijzonder op het Internationaal Instituut voor Sociale Geschiedenis in Amsterdam (archieven van NVV, FNV en PvdA) en het ministerie van Financiën in Den Haag (archief-Kok). Daarnaast verleenden zij steun bij het in kaart brengen van specifieke gebeurtenissen of thema's alsook bij het voorbereiden en verwerken van gesprekken met getuigen. Ten slotte lazen zij concept-hoofdstukken en gaven daarop hun jeugdig commentaar, zeer behulpzaam bij het actueel houden van ideeën, begrippen en woordgebruik. Het ging achtereenvolgens om Esmée van Meer, Sam Mulder, Edgar Hoedemaker, Nils Gundlach en Pieter Broersen. Zonder hun gewaardeerde inspanningen was deel I van Koks biografie er nu nog niet geweest.

Zijn leven, mijn boek

Deze biografie betreft het leven van Wim Kok, niet strikt chronologisch geordend, eerder gegroepeerd rond grote gebeurtenissen en bepalende thema's. Het is echter niet helemaal weergegeven zoals Kok dit zelf zag en zich herinnerde. Van onze gesprekken en zijn verhalen heb ik veel opgestoken en heb ik ook menige herinnering in de tekst kunnen verwerken. Zelden heb ik hem echter zonder meer op zijn woord geloofd. Voor of na onze gesprekken heb ik steeds andere bronnen geraadpleegd om er zeker van te kunnen zijn dat zijn mededelingen of interpretaties steun bij anderen vonden. Soms betrof dit algemene literatuur of officiële documenten. Soms ging het om op specifieke gebeurtenissen en onderwerpen toegespitste literatuur of documentatie. Belangrijk waren ook Koks uitingen over bepaalde onderwerpen, zoals die in zijn speeches, artikelen of interviews uit de gegeven periode waren terug te vinden. Vaak boden gesprekken met 'reisgenoten' en 'tijdgetuigen' aanknopingspunten voor bevestiging of juist bijsturing van Koks herinnering.

Koks geheugen was tamelijk scherp waar het om de grote lijnen ging, maar veel minder nauwkeurig waar het de – vaak belangrijke – details betrof. De lezer vindt in deze biografie daarom wel het verhaal van Wim Koks leven, maar niet steeds zoals hij het zich voorstelde. Wel waar het om zijn (soms roerige) gevoelswereld ging, maar niet per se wat hij in een bepaalde situatie wel of niet deed. Wel hoe hij deze onderging, maar niet noodzakelijkerwijs hoe hij deze interpreteerde. Kok wordt in de tekst dan ook zelden zonder bron geciteerd, terwijl het perspectief van zijn mede- of tegenspelers zoveel mogelijk in het beeld wordt betrokken. Daarnaast is veel context geschetst, zowel in de hoofdtekst als soms ook in voetnoten. Na hoofdstuk 14 verdwijnt zijn stem sowieso langzaam uit de vertelling. Dit is het verhaal van Wim Koks wereld: over behoedzaamheid en waagstuk, over worsteling en succes, over idee en macht. Zoals verstaan en verteld door zijn biograaf.[3] Het was zijn leven, maar het is mijn boek.[4]

1 Simpelsite, Van Kooten & De Bie homepage, www.kootenbie.nl, seizoen 1979-1980, nr. 8, 2 maart 1980.

2 Enigszins in de buurt komen: een journalistieke levensbeschrijving van Pieter Klein en Redmar Kooistra, *Wim Kok. Het taaie gevecht van een polderjongen*, Amsterdam 1998; en een beschouwend geschreven portret van Piet de Rooy en Henk te Velde, *Met Kok over veranderend Nederland*, Amsterdam 2005.

3 Deze biograaf heeft zich ook door andere biografen laten inspireren. In het bijzonder betreft dit de Amerikaan Robert A. Caro, auteur van de biografie van de voormalige president Lyndon B. Johnson, een nog niet geheel afgerond meesterwerk. James Santel, 'Robert Caro, The Art of Biography No 5', *The Paris Review*, Issue 216, Spring 2016, p. 1-17; Claudia Dreifus, 'Studies in Power: An Interview with Robert Caro', *The New York Review of Books*, 19 januari 2018, p. 1-6.

4 Aleid Truijens, lezing over fictie en non-fictie naar aanleiding van haar werk aan de biografie van romanschrijfster Hella Haasse, Opening Academisch Jaar 2016-2017 Radboud Universiteit Nijmegen, p. 15.

Illustratieverantwoording

Openingsfoto's

Inleiding
Sjaak Ramakers

Hoofdstuk 1
Archief familie Kok

Hoofdstuk 2
Internationaal Instituut voor Sociale Geschiedenis, Amsterdam/ Joh. de Haas

Hoofdstuk 3
Joh. de Haas

Hoofdstuk 4
Internationaal Instituut voor Sociale Geschiedenis, Amsterdam/ Fotocollectie Anefo

Hoofdstuk 5
Nationaal Archief/Fotocollectie Anefo/ Hans van Dijk

Hoofdstuk 6
Archief Henne Pauli

Hoofdstuk 7
Nationaal Archief/Collectie Spaarnestad/ Dijkstra/John Steenhuis

Hoofdstuk 8
Bert Verhoeff

Hoofdstuk 9
Bert Verhoeff

Hoofdstuk 10
Nationaal Archief/Collectie Spaarnestad/ ANP/Dick Coersen/Frans van der Linde

Hoofdstuk 11
Bert Verhoeff

Hoofdstuk 12
Bert Verhoeff

Hoofdstuk 13
Bert Verhoeff

Hoofdstuk 14
Bert Verhoeff

Hoofdstuk 15
Internationaal Instituut voor Sociale Geschiedenis, Amsterdam/ Fotocollectie PvdA

Hoofdstuk 16
Nationaal Archief/Collectie Spaarnestad/ ANP/Raymond Rutting

Hoofdstuk 17
Bert Verhoeff

Tussenbalans
ANP foto/Ruud Hoff

Halverwege
Bert Verhoeff

Katern 1

Pagina 1
Archief familie Kok

Pagina 2
Van boven naar onder:
Archief familie Kok
Archief Roel Botter

Pagina 3
Archief familie Kok

Pagina 4
Archief familie Kok

Pagina 5
Archief familie Kok

Pagina 6
Archief familie Kok

Pagina 7
Van boven naar onder:
Sjaak Ramakers
Archief Uitkrant Amsterdam
Archief familie Kok

Pagina 8
Foto's Bert Nienhuis

Katern 2

Pagina 1
Uit: Henne Pauli (samensteller), *De FNV gaat niet opzij. Hoe de vakbeweging de grote staking van '77 won*, Amsterdam 1977.

Pagina 2
Van linksboven met de klok mee:
Archief familie Kok
Sjaak Ramakers
Sjaak Ramakers

Pagina 3
Van linksboven met de klok mee:
Internationaal Instituut voor Sociale Geschiedenis, Amsterdam/ Joh. de Haas
Archief familie Kok
KIPPA

Pagina 4
Van boven met de klok mee:
Nationaal Archief/Fotocollectie Anefo/ Rob Bogaerts
Han Singels
Uit: Henne Pauli (samensteller), *De FNV gaat niet opzij. Hoe de vakbeweging de grote staking van '77 won*, Amsterdam 1977.

Pagina 5
Van boven naar onder:
Han Singels
Internationaal Instituut voor Sociale Geschiedenis, Amsterdam/Fotocollectie Anefo
Nationaal Archief/Collectie Spaarnestad/ Anefo/Fotograaf onbekend

Pagina 6
Bert Verhoeff

Pagina 7
Van boven met de klok mee:
Han Singels
Nationaal Archief/Fotocollectie Anefo/ Rob C. Croes
Nationaal Archief/Fotocollectie Anefo/ Hans van Dijk

Pagina 8
Van boven naar onder:
Bert Verhoeff
Han Singels
Nationaal Archief/Collectie Spaarnestad/ Anefo

Katern 3

Pagina 1
Van boven naar onder:
Internationaal Instituut voor Sociale Geschiedenis, Amsterdam/Fotocollectie PvdA
Internationaal Instituut voor Sociale Geschiedenis, Amsterdam/Jan Stegeman

Internationaal Instituut voor Sociale Geschiedenis, Amsterdam/Fotocollectie PvdA

Pagina 2
Van boven naar onder:
Internationaal Instituut voor Sociale Geschiedenis, Amsterdam/Ton Sonneveldt
Nationaal Archief/Fotocollectie Anefo/Rob C. Croes
Bert Verhoeff

Pagina 3
Van boven naar onder:
Bert Verhoeff
Nationaal Archief/Fotocollectie Anefo/Rob Bogaerts
Bert Verhoeff

Pagina 4
Van boven naar onder:
Bert Verhoeff
Internationaal Instituut voor Sociale Geschiedenis, Amsterdam/Fred Steenman

Pagina 5
Van linksboven met de klok mee:
Tom Janssen
Archief Jan Marinus Wiersma
Bert Verhoeff

Pagina 6
Van Linksboven met de klok mee:
Internationaal Instituut voor Sociale Geschiedenis, Amsterdam/Fotocollectie PvdA
ANP foto/Marcel Antonisse
Archief familie Kok
Bert Verhoeff

Pagina 7
Van boven naar onder:
Archief familie Kok
Bert Verhoeff
Archief Maurice de Hond

Pagina 8
Van boven naar onder:
Bert Verhoeff
Nationaal Archief/Collectie Spaarnestad/ANP/Fotograaf onbekend
ANP foto/Ruud Hoff

Bronnen

A. Mensen

Velen zijn mij in de afgelopen drie jaar behulpzaam geweest bij het traceren van (vooral) het eerste deel van Wim Koks leven. Vaak gebeurde dit in de vorm van persoonlijk(e) gesprekken, soms meer dan eens, maar ook van telefonisch contact of e-mailwisselingen en in verscheidene gevallen van alle drie. Enkelen stelden ook persoonlijke archiefmateriaal, boeken, artikelen, foto's en dergelijke nuttige zaken ter beschikking. Koks goodwill bleek groot te zijn. Daarvan mocht ik profiteren.

Met dank aan: Dries van Agt, Hans Alders, Broer Akkerboom, Hedy d'Ancona, Hans Anker, Hugo Arlman, Paul de Beer, Willem van Bennekom, Dick Benschop, Joop van den Berg, Max van den Berg, Harry van den Bergh, Ronald van Beuge, Anet Bleich, Kees Boef, Frits Bolkestein, Klara Boonstra, Pieter Bootsma, Wouter Bos, Ben Bot, Roel Botter, Hans Borstlap, Jan Willem van den Braak, Eddy Broekema, Kees Broere, Henk Brouwer, Jan Willem Brouwer, Eef Brouwers, Flip Buurmeijer, Lo Casteleijn, Ferd Crone, René Cuperus, Jeroen Dijsselbloem, Jaap van der Doef, Jan Driessen, Tom Etty, Ronald Florisson, Paul Friese, Arie Groenevelt, Muus Groot, Bernard ter Haar, Booij ter Haar, Victor Halberstadt, Heleen van Hall, Leo Hartveld, Arie van der Hek, Bob Hiensch, Marian Hijmans, Arend Hilhorst, Ernst Hirsch Ballin, Maurice de Hond, Jan Willem Holtslag, Piet Hoogendoorn, Sylvester Hoogmoed, Menno Hurenkamp, Jan van Ingen Schenau, Alexander Italianer, Dig Istha, Hans Jager, Henk Jagersma, Marius Jonkhart, Hanco Jürgens, Paul Kalma, Jos van Kemenade, Herma Kok, Marcel Kok, Ruud Koole, Aad Kosto, Rob Kuipers, Sarah de Lange, Jannie de Langen, Frans Leijnse, Jaap van der Linden, Ruud Lubbers, Geert van Maanen, Cees Maas, Wim Meijer, Ad Melkert, Johan van Merriënboer, Leo Mesman, Henk Muller, Michel Negenman, Tineke Netelenbos, Jeltje van Nieuwenhoven, Ton Nijhuis, Herman Noordegraaf, Leonard Ornstein, Kees van Paridon, Henne Pauli, Bram Peper, Jaap van der Ploeg, Jan Postma, Jan Pronk, Johan van Rens, Felix Rhodius, Alexander Rinnooy Kan, Jo Ritzen, Piet de Rooy, Yvonne van Rooy, Felix Rottenberg, Onno Ruding, Cees Schelling, Jan Schinkelshoek, Paul Schnabel, Robert Serry, Hans Simons, Marjanne Sint, Sheila Sitalsing, Dick Sluimers, Hans Spekman, Jeroen Sprenger, Bram Stemerdink, Kees Tamboer, Ed van Thijn, Margot Tijssen, Herman Tjeenk Willink, Gert van Veen, Jan van Veen, Henk te Velde, Daan van der Velde, Wim van Velzen, Rob Visser, Tonny van de Vondervoort, Joris Voorhoeve, Ruud Vreeman, Bert de Vries, Klaas de Vries, Lodewijk de Waal, Jacques Wallage, Max van Weezel, Jan Marinus Wiersma, Hans Wijers, Dik Wolfson, Syp Wynia, Gerrit Zalm, Willem van de Zandschulp, Richard van Zwol, Rein Zunderdorp.

De uitwisseling van biografenervaringen met de collega's Hugo Arlman, Willem van Bennekom, Anet Bleich, Sylvester Hoogmoed, Marcia Luyten, Johan van Merriënboer en Hubert Smeets was vaak even genoeglijk als nuttig. De door Marian Janssen belegde biografenlunches aan de Radboud Universiteit in Nijmegen leverden geregeld verrijkende inzichten op.

Bijzondere dank ben ik verschuldigd voor de begeleiding van het daar verrichte onderzoek aan Henk Wals, algemeen directeur van het Internationaal Instituut voor Sociale Geschiedenis, alsook zijn rechterhand Jack Hofman en de behulpzame medewerkers van de studiezaal. Bij het ministerie van Financiën is voor het mogelijk maken van het raadplegen van het daar nog aanwezige archief-Kok veel dank verschuldigd aan secretaris-generaal Manon Leijten en haar enthousiaste medewerkers Rita Veerman, Martin Voermans en Willem Klop.

B. Archieven

Direct geraadpleegd:

Internationaal Instituut voor Sociale Geschiedenis (IISG), Amsterdam (archieven van NVV, FNV en PvdA; ook de Aantekeningen van Joop den Uyl);
Katholiek Documentatiecentrum, Radboud Universiteit Nijmegen (archieven van NKV en Wim Spit);
Ministerie van Financiën (archief-Kok; tevens de Notulen van de ministerraad 1989-1993).

Digitaal geraadpleegd:

Biografisch Woordenboek van Nederland;
Delpher (www.delpher.nl);
Documentatiecentrum Nederlandse Politieke Partijen, Rijksuniversiteit Groningen (www.rug.nl/dnpp);
Handelingen van de Tweede Kamer, waaronder ook Nota's, Notities en Brieven van het kabinet aan de Kamer (www.statengeneraaldigitaal.nl en www.parlement.com);
Joods Biografisch Woordenboek;
Vrienden van de Historie van de Vakbeweging (VHV) (www.vakbondshistorie.nl).

Specifieke documenten ingezien van:

Business University Nyenrode;
Gemeente Krimpenerwaard;
Ministerie van Defensie.

Persoonlijke archieven van:

Hans Anker, Dick Benschop, Arend Hilhorst, Dig Istha, Wim Meijer, Leo Mesman, Henne Pauli, Johan van Rens en Jan Marinus Wiersma.

Persoonlijke aantekeningen van:

Lo Casteleijn, Wim Meijer, Henk Muller, Jan Pronk en Joop den Uyl.

C. Kranten en tijdschriften

Argus, *Christen Democratische Verkenningen*, DNB *Magazine*, *Economisch Statistische Berichten*, *Elsevier* (*Magazine* en *Weekblad*), FNV-actiekrant 1980, FNV-*magazine*, *Geschriften van de Vereniging voor Bestuurskunde*, *De Groene Amsterdammer*, *Haagse Post*, *Historisch Nieuwsblad*, *Hollands Maandblad*, HP/*De Tijd*, *Intermediair*, *Internationale Spectator*, *Leeuwarder Courant*, *De Limburger*, *The National Interest*, *The New York Review of Books*, *The New York Times*, *Nieuwe Revu*, *Nieuwsblad van het Noorden*, NRC *Handelsblad*,

The Paris Review, *Het Parool*, PRO, *PvdA ledenkrant*, *PvdA-Vlugschrift*, *Rotterdams Dagblad*, *SERmagazine*, *Socialisme en Democratie*, *De Telegraaf*, *De Tijd*, *Tijd en Taak*, *Tijdschrift voor sociale en economische geschiedenis*, *Time Magazine*, *De Toekomst*, *Trouw*, *De Vakbondskrant*, VIVA, *de Volkskrant*, *Voorwaarts*, *Vrij Nederland*, *Het Vrije Volk*, *Zeggenschap*.

D. Beeld en geluid

Koos Zwart, *Dit is het begin*, gesprek met Wim Kok, voorzitter NVV, VARA, 21 juli 1973.
Arend Jan Heerma van Voss, *Marathoninterview Wim Kok*, VPRO-radio, 3 januari 2003.
Ireen van Ditshuyzen, *Met Kok*, documentaire, 2006.
Leonard Ornstein, *De Wim Kok Tapes*, acht interviews met Wim Kok over zijn vakbondstijd (website IISG).
VARA-tv, *De show van je leven*, 7 februari 1998; *Klasgenoten*, 10 augustus 1985.
VPRO/Andere Tijden, *De kroonprinsenstrijd binnen de PvdA*, 2 augustus 2001.

E. Publicaties Wim Kok
(tot het begin van zijn premierschap):

Kok, W., 'Financiering en subsidiëring van woningen', *Socialisme en Democratie*, januari 1970, p. 17-26.
Wim Kok, 'Wat verwacht de vakbeweging van de Europese Gemeenschap', *Studiemap voor de WBS-konferentie op 14 januari 1978*, p. 50-54.
Wim Kok, 'Europa wird, was wir daraus machen', *Gewerkschaftliche Monatshefte*, mei 1979, p. 266-272.
Kok, W. (met J. Tinbergen, J.M. den Uyl en J.P. Pronk), *A New World Employment Plan. A Proposal*. Den Haag 29 oktober 1981.
Wim Kok, 'Volledige werkgelegenheid: uitdaging voor de jaren tachtig', *Socialisme en Democratie*, juli/augustus 1983, p. 3-7.
Wim Kok, 'Ontwikkelingssamenwerking en werkgelegenheid', *Internationale Spectator*, maart 1984, p. 129-138.
Wim Kok, 'Joop den Uyl en de vakbeweging (enkele notities)', Lo Casteleijn e.a. (red.), *Tekens in de tijd. 65 jaar Joop den Uyl*. Amsterdam 1985, p. 258-261.
Wim Kok, *De sociale aspecten van de invoering van nieuwe technologieën en voorstellen om de sociale dialoog te verdiepen*. Rapport voor de voorzitter van de Europese Commissie, Amsterdam 1986.
Wim Kok e.a., *Werk delen. De noodzaak van een verdere verdeling van arbeid*. Rapport PvdA, Amsterdam april 1986.
Wim Kok, 'Joop den Uyl is een man van het volk', *De Toekomst/Voorwaarts* (speciale uitgave: herdenkingsnummer Joop den Uyl), Amsterdam 1988.
Wim Kok (voorzitter), *Bewogen beweging. Sociaal-democratie als program en methode*. Rapport PvdA, Amsterdam juni 1988.
Wim Kok, 'Mandela is free, but sanctions must stay', *Socialist Affairs, the Journal of the Socialist International*, 1/1990, p. 14-15.
Wim Kok, 'De plaats van Nederland in Europa', Robbert Ammerlaan (red.), *Afscheid van Ruud Lubbers*, Baarn 1994, p. 146-156.
Wim Kok, 'In memoriam Karin Adelmund', *Jaarboek Parlementaire Geschiedenis 2006*, p. 148.
Wim Kok, 'De man van Wassenaar. Chris van Veen 1922-2009', *Jaarboek Parlementaire Geschiedenis 2010*. p. 141-144.

Wim Kok, 'Steun en toeverlaat', DNB *Magazine 2, speciale bijlage* (bij het afscheid van Henk Brouwer als directeur van De Nederlandsche Bank), mei 2011.

F. Toespraken Wim Kok
(tot aan het begin van zijn premierschap):

Wim Kok heeft zowel bij NVV en FNV als in zijn politieke jaren van 1986 tot 1994 vele honderden speeches uitgesproken: lange en korte, algemeen-brede en meer specifieke. Tot die laatste categorie behoren zeker de vele toespraken die hij als minister van Financiën heeft gehouden en die (nog) te vinden zijn in het archief-Kok van dat ministerie. Een aantal daarvan is in de voetnoten in dit boek terug te vinden. Hier volsta ik met het noemen van slechts een tweetal. Deze zijn aangevuld met andere die meer algemeen-politiek van aard en van groter gewicht waren en die in deze biografie veelal prominent naar voren komen. Zij zijn te vinden bij het IISG:

Wim Kok, Toespraak tot het federatiecongres NVV-NKV, 18 december 1975.
Wim Kok, Toespraak tot het congres van het Europees Verbond van Vakverenigingen, München 18 mei 1979.
Wim Kok, 'De nieuwe internationale economische orde – NIEO, internationale solidariteit en nationaal beleid', Evert Vermeer Stichting, 14 februari 1981.
Wim Kok, Toespraak over 'De Grondslag van de FNV', gehouden op het fusiecongres NVV-NKV-FNV op 30 september 1981.
Wim Kok, Toespraak tot het congres van het Europees Verbond van Vakverenigingen, Den Haag 19 april 1982.
Wim Kok, 'Een sociaal-democratisch pleidooi', Nijmegen 6 juni 1989.
Wim Kok, 'Oost- en West-Europa na het einde van de Koude Oorlog', Amsterdam 1 september 1990.
Wim Kok, 'De Nederlandse kijk op de ontwikkeling in Duitsland', Bonn, 3 mei 1990.
Wim Kok, 'De financieel-economische situatie van Nederland in internationaal perspectief', Prins Bernhardlezing (Nyenrode), Breukelen, 18 februari 1991.
Wim Kok, 'Building a new Europe. Strategies for cooperation with Central and Eastern Europe. The responsibility of the West', Bonn, 16 mei 1991.
Wim Kok, Toespraak tot het buitengewoon PvdA-congres (over de WAO), Nijmegen, 28 september 1991.
Wim Kok, Toespraak tot het Europees Parlement (over de EMU), Straatsburg, 23 oktober 1991.
Wim Kok, 'Verzelfstandiging van overheidsdiensten', Den Haag, april 1992.
Wim Kok, Toespraak tot het verkiezingscongres van de Partij van de Arbeid, Amsterdam 11 december 1993.

G. Literatuur

Aa, Peter van der, *Geen stuiver van de lommerd: De biografie van vakbondsman Jaap van der Linden*. Soest 2016.
Achterhuis, Hans, *De utopie van de vrije markt*. Rotterdam, 2010.
Akkermans, Tinie en Henk Kool, *Redelijk bewogen. De koers van de* FNV *1976-1999. Van maatschappijkritiek naar zaakwaarneming*. Amsterdam 1999.
Alfred Mozer Stichting, *Een verenigd Duitsland en de toekomst van Europa*. Amsterdam 1990.

Alfred Mozer Stichting, *Oost-Europa in economisch perspectief*. Amsterdam 1990.
Alfred Mozer Stichting, *Volk, natie en democratie: een politieke plaatsbepaling tegenover herlevend nationalisme in Centraal- en Oost-Europa vanuit sociaal-democratisch oogpunt*. Amsterdam 1992.
Ammerlaan, Robert (red.), *Afscheid van Ruud Lubbers*. Baarn 1994.
Andersson, Lars, Lukas Burgering en Heidi Wulfsen, *Ik zal handhaven. Beatrix, koningin in een veranderd land*. Amsterdam 2103.
Anema, Taco en Bert Verhoeff (met inleidingen van Henk van Os en Max van Weezel), *De Rode Loper. De Partij van de Arbeid honderd jaar later*. Amsterdam 1994.

Baalen, Carla van en Alexander van Kessel (red.), *Kabinetsformaties 1977-2012*. Amsterdam 2016.
Bakker, A. en M.M.P. van Lent, *Pieter Lieftinck, 1902-1989. Een leven in vogelvlucht*. Utrecht/Antwerpen 1989.
Baneke, Peer, *Nederland en de Indonesische gevangenen. Een studie naar de effectiviteit van Nederlandse bemoeienis met mensenrechten*. Amsterdam 1983.
Bank, Jan e.a. (red.), *Het derde jaarboek voor het democratisch socialisme*. Amsterdam 1982.
Bank, Jan e.a. (red.), *Het vierde jaarboek voor het democratisch socialisme*. Amsterdam 1983.
Becker, Frans e.a. (red.), *Van Troelstra tot Den Uyl. Het vijftiende jaarboek voor het democratisch socialisme*. Amsterdam 1994.
Becker, Frans en Gerrit Voerman (red.), *Zeventig jaar Partij van de Arbeid*. Amsterdam 2016.
Beek, Relus ter, *Manoeuvreren. Herinneringen aan Plein 4*. Amsterdam 1996.
Bennekom, Willem van, *De jaren van Maarten van Traa*. Amsterdam 2016.
Bennekom, Willem van, *Ed van Thijn. Leven als opdracht*. Amsterdam 2018.
Berg, J.Th.J. van den en H.A.A. Molleman, *Crisis in de Nederlandse politiek*, Alphen aan den Rijn 1974.
Berg, J.Th.J. van den, A.Ph.C.M. Jaspers, M.G. Rood (red.), *De SVr 40 jaar: einde van een tijdperk, een nieuw begin?* Zoetermeer 1992.
Bergen, Annegreet van, *Gouden jaren. Hoe ons dagelijks leven in een halve eeuw onvoorstelbaar is veranderd*. Amsterdam 2015.
Bleich, Anet, *Een partij in de tijd. Veertig jaar Partij van de Arbeid*. Amsterdam 1986.
Bleich, Anet, *Joop den Uyl 1919-1987. Dromer en doordouwer*. Amsterdam 2008.
Bleich, Anet, *De stille diplomaat. Max van der Stoel 1924-2011*. Amsterdam 2018.
Bode, Emile, *Paars! Dagboeknotities op de vierkante kilometer*. Den Haag 1994.
Bolkestein, Frits, *Het heft in handen*. Amsterdam 1995.
Bolkestein, Frits, *Cassandra tegen wil en dank. Memoires*. Amsterdam 2013.
Bootsma, Peter en Willem Breedveld, *De Verbeelding aan de macht. Het kabinet-Den Uyl 1973-1977*. Den Haag 1999.
Bos, Anne, *Verloren vertrouwen. Afgetreden ministers en staatssecretarissen 1967-2002*. Amsterdam 2018.
Bos, Bob van den, *Mirakel en Debacle. De Nederlandse besluitvorming over de Politieke Unie in het Verdrag van Maastricht*. Leiden 2008.
Bottenburg, Maarten van, *'Aan den arbeid!' In de wandelgangen van de Stichting van de Arbeid 1945-1995*. Amsterdam 1995.
Boutros-Ghali, Boutros, *An Agenda for Peace. Preventive diplomacy, peacemaking and peace-keeping*. Rapport van de secretaris-generaal aan de Veiligheidsraad. 17 juni 1992.

Braak, B.H. van den en J.Th.J. van den Berg, *Zeventig jaar zoeken naar het compromis. Parlementaire geschiedenis van Nederland Deel II 1946-2016*. Amsterdam 2017.
Braak, Jan Willem van den, *Keerpunt '82. Enkele herinneringen aan het VNO en de crisistijd 1977-1982*. Assen 2002.
Braak, Jan-Willem van den, *Dagboek van een poldercrisis. Met een terugblik op twintig polderjaren*. Assen 2006.
Brandsma, Margriet en Pieter Klein, *Jan Pronk. Rebel met een missie*. Utrecht 1996.
Brandt Commission, *North-South: a Programme for Survival*. Londen 1980.
Brants, K. en Ph. Van Praag jr. (red.), *Verkoop van de politiek. De verkiezingscampagne van 1994*. Amsterdam 1995.
Braunthal, Julius, *Geschichte der Internationale*. Berlijn-Bonn 1974.
Brinkman, Elco, *Bouwen en bewaren. Memoires*. Amsterdam 2019.
Broertjes, Pieter en Arendo Joustra, *Ambtenaren in actie. Reportage van een hete herfst*. Amsterdam 1984.
Brouwer, Jan Willem en Johan van Merriënboer, *Van Buitengaats naar Binnenhof. P.J.S. de Jong, een biografie*. Amsterdam 2001.

Caminada, Kees, Kees Goudswaard en Jim Been, 'De ontwikkeling van inkomensongelijkheid en inkomensherverdeling in Nederland 1990-2014', Leiden 2017, https://openaccess.leidenuniv.nl/handle/1887/46107.
Casteleijn, Lo e.a. (red.), *Tekens in de tijd. 65 jaar Joop den Uyl*. Amsterdam 1985.
Catz, Folkert en Ike Overdiep, *Adelmund, Karin Yvonne Irene Jansen (1949-2005)*. resources.huygens.knaw.nl/vrouwenlexicon.
CPB, *Centraal Economisch Plan 1993 (waarin opgenomen een verkenning tot en met 1998)*. 's-Gravenhage maart 1993.
CPB, *Macro-Economische Verkenning 1994*. 's-Gravenhage september 1993.
CPB, *Halfjaarlijkse rapportage*. 's-Gravenhage juni 1994.
Clark, Cristopher, *The Sleepwalkers. How Europe Went to War in 1914*. Londen 2013.
Clerx, J.M.M.J. e.a. (red.), *De macht van de ministers van Financiën. En hoe collega-ministers de schatkist ledigen*. Nijmegen 1993.
Commandeur, Cees, *Ik herinner mij de toekomst. Signalen van een ex-vakbondsbestuurder*. Baarn 1986.
Craanen, Jan Edward, *Ooit hadden we een vaderland. Het verdriet van Argentinië*. Amsterdam 2017.
Cuperus, R.H. en T. Lindeman (eindredactie), *'De boel bij elkaar houden – dat is het dus'. Visies op sociale vernieuwing*. Amsterdam 1990.
Cuperus, René, Annelies Pilon en Jan Marinus Wiersma (red.), *De politiek van de euro. Biografie van een kwetsbare munt*. Amsterdam 2013.

Daalder, Hans en Jelle Gaemers, *Willem Drees 1886-1988*, 4 delen. Amsterdam 2003-2014.
Dallaire, Roméo, *Shake Hands with the Devil. The Failure of Humanity in Rwanda*. Londen 2004.
Delors, Jacques en Jean-Louis Arnaud, *Mémoires*. Parijs 2004.
Doel, Hans van den, *Het biefstuksocialisme en de economie*. Amsterdam 1978.
Dorp-Ypma, Jo van, *Boven de polder de hemel*. Baarn 1938.
Düren, Iwan van en Marcel Rözer, *Voetbal in een vuile oorlog. WK Argentinië 1978*. Amsterdam 2008.
Dyson, J. en K. Featherstone, *The Road to Maastricht. Negotiating Economic and Monetary Union*. Oxford 1999.

Eenennaam, B.J. van, *48 kruisraketten. Hoogspanning in de lage landen*. 's-Gravenhage 1988.
Emmering, Hanna, *Nijenrode, Pioniers in bedrijfskunde. Oprichting en ontwikkeling van de eerste business school in Nederland, 1946-1951*. Breukelen 2006.
Esping-Andersen, Gøsta, *Politics Against Markets. The Social Democratic Road to Power*. Princeton 1985.
Europa Nu. Telecommunicatiebeleid van de EU. www.europa-nu.nl.
Europese Commissie, *Naar de 21e eeuw. Wegen en uitdagingen. Witboek inzake groei, concurrentievermogen en werkgelegenheid*. Brussel, juli 1993.

Faber, Mient Jan e.a., *Zes jaar IKV campagne*. Amersfoort 1983.
FNV, Nota inzake de Europese Gemeenschap. Amsterdam 6 april 1978.
FNV, *De FNV en Afrika. Verslag van een FNV-werkbezoek aan vakorganisaties in Afrika 30 januari-28 februari 1982*. Amsterdam 1982.
FNV, *FNV-beleidsuitgangspunten inzake vrede en ontwapening*. Amsterdam 1982.
FNV, *Maak werk* (nota). Amsterdam augustus 1982.
FNV, *Urgentieprogramma*. Amsterdam juli 1983.
FNV, *Feiten en meningen. De FNV en de ontwikkelingssamenwerking*. Amsterdam 1984.
FNV, *Waar ligt de grens? Parlementaire democratie en burgerlijke ongehoorzaamheid*, Lesbrief FNV-secretariaat Levensbeschouwing en Vakbeweging. Amsterdam 1984.
FNV, *FNV 2000*. Amsterdam 1987.
FNV, Grondslag 1981. Amsterdam 1987.
Fontaine, André, *Un seul lit pour deux rêves. Histoire de la 'détente' 1962-1981*. Parijs 1981.
Fukuyama, Francis, *The End of History and the Last Man*. New York 1992.
Fukuyama, Francis, *Identity. Contemporary Identity Politics and the Struggle for Recognition*. New York 2018.

Grant, Charles, *Inside the House That Jacques Built*. Londen 1994.
Groenevelt, Arie, *De lotgevallen van een crisiskind*. Beilen 2015.
Groot, Muus, *Mijn eerste 65 jaar*. Tonden 2007.
Gualtherie van Weezel, Annemarie, *De smaak van de macht. Gesprekken met oud-premiers*. Amsterdam 2011.

Haas, Bruno de en Cees van Lotringen, *Wim Duisenberg. Van Friese volksjongen tot mr. Euro*. Amsterdam 2003.
Harmsen, G., J. Perry, F. van Gelder, *Mensenwerk. Industriële vakbonden op weg naar eenheid*. Baarn 1980.
Harmsen, Ger en Bob Reinalda, *Voor de bevrijding van arbeid. Beknopte geschiedenis van de Nederlandse vakbeweging*. Nijmegen 1975.
Harmsma, Jonne, *Jelle zal wel zien. Jelle Zijlstra, een eigenzinnig leven tussen politiek en economie*. Amsterdam 2018.
Hartveld, Leo, Frits de Jong Edzn en Dries Kuperus, *De Arbeiders Jeugd Centrale – AJC 1918-1940/1945-1959*, Amsterdam 1982.
Hellema, Duco, *Nederland in de wereld. De buitenlandse politiek van Nederland*. Houten-Antwerpen 2016.
Heide, prof. drs H. ter, *Overleg en strijd. Ontwikkelingen in de Nederlandse loonpolitiek*. Leiden 1976.

Hen, Paul de, *Op Financiën. Alle naoorlogse ministers van Financiën*. Amsterdam 2012.
Hietland, Chris, *De kroonprins van Nieuw Links. Biografie van André van der Louw (1933-2005)*. Amsterdam 2019.
Hietland, Chris en Gerrit Voerman, *10 over Rood 50 jaar later*. Amsterdam 2016.
Hix, Simon, *A History of the PES (Party of European Socialists)*. PES Research Series No. 1, Brussel 1995.
Hoeks, Louis, *'In geouwehoer kun je niet wonen.' Het leven van Jan Schaefer*. Amsterdam 2017.
Holsteyn, J.J.M. van en B. Niemöller (red.), *De Nederlandse kiezer 1994*. Leiden 1995.
Hoogmoed, Sylvester, *We zien wel! Het wonderlijke leven van Ramses Shaffy*. Amsterdam 2012.
Horsten, Helm e.a., *Remarkable Nyenrode: 1946-2011. Remarkable 65*. Breukelen 2011.
Hueting, Ernest, Frits de Jong Edzn en Rob Neij, *Naar groter eenheid. De geschiedenis van het Nederlands Verbond van Vakverenigingen 1906-1981*. Amsterdam 1983.

Industriebond NVV, *Fijn is anders* (nota). Amsterdam 1974.
Industriebond FNV, *Breien met een rode draad* (nota). Amsterdam 1976.
Industriebond FNV, *Vijf jaar voor kwaliteit* (nota). Amsterdam 1976.
Industriebond FNV, *Doormodderen of durven* (nota). Amsterdam 1980.

Jansen van Galen, John en Bert Vuijsje, *Joop den Uyl. Politiek als hartstocht*. Weesp 1985.
Jansen van Galen, John, *De gouden jaren van het linkse levensgevoel. Het verhaal van Vrij Nederland*. Amsterdam 2016.
Janssen, Roel, *De euro. Twintig jaar na het Verdrag van Maastricht*. Amsterdam 2012.
Jaspers, Teun, Bas van Bavel en Jan Peet (red.), *SER 1950-2010. Zestig jaar denkwerk voor draagvlak. Advies voor economie en samenleving*. Amsterdam 2010.
Joustra, Arendo en Erik van Venetië, *Ruud Lubbers. Manager in de politiek*. Amsterdam 1993.
Judt, Tony, *Postwar. A History of Europe since 1945*. Londen 2005.

Kalma, Paul, *De illusie van de 'democratische staat'* (WBS-rapport). Deventer 1982.
Kalma, Paul, *Het socialisme op sterk water; veertien stellingen* (WBS-rapport). Deventer 1988.
Karel, E.H., *Een hete herfst. De acties van FNV, CNV MHP tegen de WAO- en Ziektewetplannen van het kabinet-Lubbers/Kok in 1991*. Amsterdam 1992.
Kemenade, Jos van, Jo Ritzen en Thijs Wöltgens, *Om een werkbare toekomst* (rapport). Amsterdam 1984.
Kemenade, J. A. van, *Wakken in het kroos. Opmerkelijke ervaringen uit dertig jaar publieke dienst*. Den Haag 2003.
Kennedy, James C., *Nieuw Babylon in aanbouw*. Amsterdam 1995.
Klein, Pieter en Redmar Kooistra, *Wim Kok. Het taaie gevecht van een polderjongen*. Amsterdam 1998.
Klijnsma, Meine Henk, *Om de democratie. De geschiedenis van de Vrijzinnig-Democratische Bond, 1901-1946*. Amsterdam 2007.
Kloos, A.H., *Het achterste van de tong. Oordeel en vooroordeel van een man uit de vakbeweging*. Bussum 1969.
Koch, Koen, *Een kleine geschiedenis van de Grote Oorlog 1914-1918*. Amsterdam 2010.
De Kool-Plaisier, H.W.J., *De Krimpenerwaard in de 20ste eeuw. Herinneringen van bewoners 1900-2000*. Schoonhoven 2000.

Kramer, Gerard, *Schaakmat in Jakarta. Soeharto's revanche op de Haagse politiek*. Amsterdam 2012.
Kroeger, Pieter Gerrit en Jaap Stam, *De rogge staat er dun bij. Macht en verval van het CDA 1974-1998*. Amsterdam 1998.
Krop, Marnix, *Aan vrijheid gebonden. Sociaal-democratie, mensenrechten en buitenlands beleid* (WBS-rapport). Deventer 1987.
Krop, Marnix (e.a., red.), *Oost-Europa en de sociaal-democratie. Het dertiende jaarboek voor het democratisch socialisme*. Amsterdam 1992.
Krop, Marnix (e.a., red.), *De toekomst van de vakbeweging. Het veertiende jaarboek voor het democratisch socialisme*. Amsterdam 1993.
Krop, Marnix, *Hart van Europa. Hoe Duitsland ons uit de crisis voert en tegen welke prijs*. Amsterdam 2014.
Kuiper, Roel, *De terugkeer van het algemeen belang. Privatiseringsverdriet en de toekomst van Nederland*. Amsterdam 2014.

Langeveld, Herman, *De man die in de put sprong. Willem Schermerhorn, 1894-1977*. Amsterdam 2014.
Lansink, Henny, Herman Noordegraaf en Eef van Vilsteren, *Herman Bode, vakbondsman. Herinneringen*. Baarn 1991.
Lith, Margriet van, *Wim Meijer tegen de stroom in*. Amsterdam 2016.
Louw, André van der, *Rood als je hart: 'n Geschiedenis van de AJC*. Amsterdam 1974.
Louw, André van der, *De Rode Hoed en andere verhalen*. Schoorl 1992.
Lubbers, Ruud, *Persoonlijke herinneringen*. Amsterdam 2018.
Lunshof, Kees, *Van polderen en polariseren. Dertig jaar Nederlandse politiek*. Amsterdam 2004.

Maas, P.F., F.L.M. Lafort en J.M.M.J. Clerx (red.), *Illusie of monsterverbond. Mogelijkheden en grenzen van een PvdA-VVD coalitie*. Dieren/Amsterdam 1984.
Mandela, Nelson, *Long Walk to Freedom. The Autobiography of Nelson Mandela*. Londen 1994.
Marsh, David, *The Euro. The Battle for the New Global Currency*. Londen 2009.
Meijer, Leonoor, *Hedy. Feministe, politica, actievoerster*. Amsterdam 2012.
Merkel, Wolfgang, 'After the Golden Age: a Decline of Social Democratic Policies in Western Europe in the 1980s?', *Working Paper* 20. Heidelberg 1989.
Merriënboer, Johan van, *Mansholt. Een biografie*. Amsterdam 2006.
Merriënboer, Johan van, Peter Bootsma en Peter van Griensven, *Van Agt. Biografie. Tour de force*. Amsterdam 2008.
Mesman, Leo, Herman Noordegraaf en Jan Schrauwen, *Bezield. De inspiratiebronnen van de FNV*. Amsterdam 2003.
Metze, Marcel, *De stranding. Het CDA van hoogtepunt naar catastrofe*. Nijmegen 1995.
Mevius, Martin e.a. (red.), *Hier: de Partij van de Arbeid! Vijftig jaar geschiedenis in interviews*. Amsterdam 1996.
Middel, Bert, *Politiek handwerk*. Amsterdam 2003.
Middel, Bert, *'Die meneer is van ons…' Langs de macht en onmacht van de sociaaldemocratie*. Groningen 2019.
Middelaar, Luuk van, *De passage naar Europa. Geschiedenis van een begin*. Groningen 2009.
Miedema, Christie, *Vrede of Vrijheid? Dilemma's, dialoog en misverstanden tussen Nederlandse en West-Duitse linkse organisaties en de Poolse oppositie in de jaren tachtig*. Amsterdam 2015.

Muskens, Roeland, *Aan de goede kant. Biografie van de Nederlandse anti-apartheidsbeweging 1960-1990*. Soesterberg 2014.
Muskens, Roeland, *Collega's wereldwijd: 1975-2015. Veertig jaar internationale vakbondssolidariteit*. Utrecht 2015.

Niemantsverdriet, Thijs, *De vechtpartij. De PvdA van Kok tot Samsom*. Amsterdam 2014.
NIOD, Nederlands Instituut voor Oorlogsdocumentatie, *Srebrenica, een 'veilig' gebied. Reconstructie, achtergronden, gevolgen en analyses van de val van een Safe Area*. Amsterdam 2002.
NIOD (verkenning), *De val van Srebrenica. Luchtsteun en voorkennis in nieuw perspectief*. Amsterdam 2016.
NKV, *Visie NKV*, Utrecht april 1977.
NOIB (Nijenrode), jaarverslag 1957-1958, Breukelen 1958.
NVV, *NVV, Vakbeweging & Maatschappij*, Amsterdam januari 1977.
Nypels, Frans en Kees Tamboer, *Wim Kok. 15 jaar vakbeweging*. Amsterdam 1985.

Olle, Werner (red.), *Einführung in die internationale Gewerkschaftspolitik*. Berlijn 1978.
Organisatie voor Economische Samenwerking en Ontwikkeling, *Interfutures. Facing the Future: Mastering the Probable and Managing the Unpredictable*. Parijs 1979
Ornstein, Leonard en Max van Weezel, *De verloren erfenis. Het slinkend vertrouwen in de sociaal-democratie*. Amsterdam 1992.
Ornstein, Leonard en Max van Weezel, *Frits Bolkestein. Portret van een liberale vrijbuiter*. Amsterdam 1999.
Osch, Henk van, *Bram Peper. Man van contrasten*. Amsterdam 2010.

Palme Commission, *Common Security. A Programme for Disarmament*, Londen 1982.
Parlementaire enquêtecommissie opsporingsmethoden (Commissie-Van Traa), *Inzake Opsporing*. Den Haag 1 februari 1996.
Parra, F., *Oil Politics. A modern History of Petroleum*. Londen 2004.
Partij van de Arbeid (Nieuw Links), *Tien over rood. Uitdaging van Nieuw Links aan de PvdA* (1966).
Partij van de Arbeid (Nieuw Links), *De macht van de rooie ruggen* (1967).
Partij van de Arbeid (Nieuw Links), *De meeste mensen willen meer* (1967).
Partij van de Arbeid, *Beginselprogramma van de Partij van de Arbeid*. Amsterdam 1977.
Partij van de Arbeid, Commissie-d'Ancona/Van Dam/Kok/Leijnse, *Werk delen*. 1986.
Partij van de Arbeid, Commissie-Ritzen, *Werk maken. Technologische en sociale vernieuwing van de economische structuur*. Amsterdam 1986.
Partij van de Arbeid, Bert Middel (voorzitter) e.a., *Politiek à la carte in plaats van politiek als dagschotel*. Amsterdam 1987.
Partij van de Arbeid. *PvdA en nieuwe technologie*. Amsterdam 1987.
Partij van de Arbeid, Jan Pronk (voorzitter) e.a., *Schuivende panelen. Continuïteit en vernieuwing in de sociaal-democratie*. Amsterdam 1987.
Partij van de Arbeid, Wim Kok (voorzitter) e.a., *Bewogen beweging. Sociaal-democratie als program en methode*. Amsterdam 1988.
Partij van de Arbeid, Verkiezingsprogramma 1989 (*Kiezen voor kwaliteit*).
Partij van de Arbeid. Commissie-Van Kemenade, *Een partij om te kiezen*. Amsterdam 1991.
Partij van de Arbeid. Commissie-Wolfson, *Niemand aan de kant*. Amsterdam 1992.
Partij van de Arbeid, Verkiezingsprogramma 1994 (*Wat mensen bindt*).

Pauli, Henne (samenstelling), *De FNV gaat niet opzij. Hoe de vakbeweging de grote staking van '77 won*. Amsterdam 1977.
Pels, Dick en Henk te Velde (red.), *Politieke stijl. Over presentatie en optreden in de politiek*. Amsterdam 2000.
Perry, J., P.J. Knegtmans, D.F.J. Boscher, F. Becker en P. Kalma, *Honderd jaar sociaaldemocratie in Nederland 1894-1994*. Amsterdam 1994.
Peters, Klaartje, *Een doodgewoon kabinet. Acht jaar paars 1994-2002*. Amsterdam 2015.
Poelgeest, L. van, *Kabinetsformaties 1982-2002. Een staatkundig overzicht*. Amsterdam 2011.
Postma, J.K.T., *Honderd jaar Miljoenennota*. Den Haag 2006.
Praag, Philip van jr., *Strategie en illusie. Elf jaar intern debat in de PvdA*. Amsterdam 1990.
Pronk, Jan, *De kritische grens: Beschouwingen over tweespalt en orde*. Amsterdam 1994.
Pronk, Jan, *Strijd rond de grote meren. Onderhandelen over vrede en recht in het hart van Afrika*. Volendam 2018.

Rehwinkel, P. (red.), *Getrouwd met de premier. De first lady's van Nederland in veertien portretten*. Zutphen 2004.
Rehwinkel, Peter en Jan Nekkers, *Regerenderwijs. De PvdA in het kabinet-Lubbers/Kok*. Amsterdam 1994.
Renders, Hans en Gerrit Voerman (red.), *Privé in de politieke biografie*. Amsterdam 2007.
Riemen, Rob, *De universiteit van het leven*. Tilburg 2013.
Rigthart, Hans en Jan Ramakers, *Steigers weg! Bouw- en houtbonden van verdeeldheid naar eenheid 1945-1981*. Baarn 1982.
Rijswijk, J.P. van, *Repeterende breuken. De machtsstrijd tussen PvdA en CDA*. Amsterdam 1992.
Jo Ritzen, *De minister. Een handboek*. Amsterdam 1998.
Roemers, Derk (Dirk), *Biografisch Woordenboek van Nederland*. resources.huygens.knaw.nl.
Hein Roethof, *Dwars over het Binnenhof. Herinneringen van een liberale socialist*. Utrecht 1990.
Rooy, Piet de en Henk te Velde, *Met Kok over een veranderend Nederland*. Amsterdam 2005.
Ruigrok, Paul, *De kroonprinsenstrijd binnen de Partij van de Arbeid*. Amsterdam 2001.

Sassoon, Donald, *One Hundred Years of Socialism. The West European Left in the Twentieth Century*. Londen 2014 (eerste uitgave 1996).
Scholten, Wilfred, *Mooie Barend. Biografie van B.W. Biesheuvel 1920-2001*. Amsterdam 2012.
Schuitemaker, Rutger, *Vroegrijp voor de WW. Jeugdwerkloosheid, inzicht en uitweg* (WBS-rapport). Deventer 1981.
Segers, Mathieu, *De reis naar het continent. Nederland en de Europese integratie, 1950 tot heden*. Amsterdam 2013.
Slingerland, J. (red.), *Mensen in een waard vol wind en water. Geschiedenis van de waterhuishouding van de Krimpenerwaard*. Hilversum 2004.
Spit, Wim, *Een visie ter visie, ontwerp voor een visieprogramma van het Nederlands Katholiek Vakverbond*. Utrecht 1975.
Steinmetz, Bert, *Ruud Lubbers: Peetvader van het poldermodel*. Amsterdam 2000.
Stemerdink, Bram, *Tussen dromen, daden en twijfels. Dagboekaantekeningen over de sociaaldemocratie in Nederland en daarbuiten 1986-1993*. Amsterdam 1993.

Stichting Dr. J.M. den Uyllezing, *In het spoor van Den Uyl. Den Uyl-lezingen 1988-2008*. Amsterdam 2009.
Szász, André, *De euro. Politieke achtergronden van de wording van een munt*. Amsterdam 2001.

Tamminga, Menno, *De vuist van de vakbond. Een recente geschiedenis*. Amsterdam 2017.
Ther, Philipp, *Die neue Ordnung auf dem alten Kontinent. Eine Geschichte des neoliberalen Europa*. Berlijn 2016.
Terlingen, Jeroen, *Allemansvriend. Het levensverhaal van Johan Stekelenburg*. Grave 2005.
Thijn, Ed van, *Dagboek van een onderhandelaar 25 mei-11 november 1977*. Amsterdam 1977.
Thijn, Ed van. *Kroonprinsenleed. Machtswisselingen in de politiek*. Amsterdam/Antwerpen 2008.
Thijn, Ed van, *Retour Den Haag. Dagboek van een minister*. Amsterdam 1994.
Tinbergen, J., J.M. den Uyl, J.P. Pronk, W. Kok, *A New World Employment Plan. A Proposal*. Den Haag 29 oktober 1981.
Tjeenk Willink, Herman, *Groter denken, kleiner doen. Een oproep*. Amsterdam 2018.
Tromp, Bart, *Het einde van de politiek?* Schoonhoven 1990.
Tromp, Bart, *Het sociaaldemocratisch programma. De beginselprogramma's van SDB, SDAP en PvdA 1878-1977*. Amsterdam 2002.
Tromp, Bart, *De loden bal van het socialisme*. Amsterdam 2012.
Tromp, Jan en Paul Witteman, *Voor de duvel niet bang. Mr. Dries van Agt van weerzin tot wellust*. Bussum 1980.
Tromp, Jan en Bert Verhoeff, *De lange mars van Wim Kok*. Amsterdam 2002.

Uyl, J.M. den, *Tegen de stroom in*. Amsterdam 1981.
Uyl, J.M. den, *Inzicht en uitzicht. Opstellen over economie en politiek*. Amsterdam 1978.
Uyl, J.M. den, *De toekomst onder ogen. Beschouwingen over socialisme, economie en economische politiek*. Amsterdam 1986.

Veen, Romke van der, *De sociale grenzen van beleid. Een onderzoek naar de uitvoering en effecten van het stelsel van sociale zekerheid*. Leiden 1990.
Verbeek, Herman, *Cees Schelling van de Voedingsbond*. Groningen 1984.
Verkuil, Dik, *De gedrevene. Joop den Uyl, 1919-1987*, Amsterdam 2019.
Vetter, Heinz-Oskar, *Notizen. Anmerkungen zur internationalen Politik*. Keulen 1983.
Visser, R.K., *In dienst van het algemeen belang. Ministeriële verantwoordelijkheid en parlementair vertrouwen*. Amsterdam 2008.
Voerman, G. (red.), *Jaarboek 1994 Documentatiecentrum Nederlandse Politieke Partijen*. Groningen 1995.
Vondeling, Anne, *Schijn des kwaads. Bespiegelingen over gedragsregels voor politici*. Den Haag 1978.
Voorhoeve, Joris J.C., *Peace, Profits and Principles. A Study of Dutch Foreign Policy*. Leiden 1985.
Voorhoeve, Joris, *Veilige gebieden. Falen en slagen bij het beschermen van burgers in oorlogstijd*. Amsterdam 2015.
Vreeman, Ruud, *Zonder rood geen paars. Kanttekeningen van een sociaal-democraat*. Amsterdam 1995.
Vries, Bert de, *Overmoed en onbehagen: Het hervormingskabinet-Balkenende*. Amsterdam 2005.

Vries, Jouke de, *Paars en de managementstaat. Het eerste Kabinet-Kok (1994-1998)*. Leuven/Apeldoorn 2002.

Commissie-Wagner, *Een nieuw industrieel elan* (rapport). Den Haag juni 1980.
Wal, Geke van der, *Rob van Gennep, de uitgever van links Nederland*. Amsterdam 2016.
Wallage, Jacques, *Het land achter de heuvels. Politiek als ambacht, 1968-2018*. Amsterdam 2018.
Weezel, Max van en Michiel Zonneveld, *De onttovering van Paars. Een geschiedenis van de kabinetten-Kok*. Amsterdam 2002.
Weller, Paull, *Alfred Mozer: Duitser. Nederlander. Europeaan (1905-1979)*. Utrecht 2019.
Wiardi Beckman Stichting, *Een stem die telt* (WBS-rapport), Amsterdam 1967.
Wiardi Beckman Stichting, *Gemeente als proeftuin* (WBS-rapport). Deventer 1985.
Wielenga, Friso, *Van vijand tot bondgenoot. Nederland en Duitsland na 1945*. Amsterdam 1999.
Wiersma, Jan Marinus, *An Inheritance of Willy Brandt. Twenty-five Years of Social-democratic Democracy Support*. Amsterdam 2018.
Wijngaarden-Zalm, B. van, *Tussen Cockschip en Catshuis. 400 jaar de naam KOK*. Heemskerk 2002 (uitgave in eigen beheer).
Windmuller, J.P., C. de Galan en A.F. van Zweeden, *Arbeidsverhoudingen in Nederland*. Amsterdam 1987.
Withuis, Jolande, *Leve het leven. Over vrijheid en de biografie*, Huizingalezing. Diemen 2018.
Wöltgens, Thijs, *Lof van de politiek*. Amsterdam 1992.
WRR, *Plaats en toekomst van de Nederlandse industrie*, rapport nr. 18. Den Haag 1980.
WRR, *Basisvorming in het onderwijs*, rapport nr. 27. Den Haag 1986.
WRR, *Een werkend perspectief. Arbeidsparticipatie in de jaren '90*, rapport nr. 38. Den Haag 1990.

Zalm, Gerrit, *De romantische boekhouder*. Amsterdam 2009.
Zijlstra, Jelle, *Per slot van rekening. Memoires*. Amsterdam 1992.
Zwan, Arie van der, *Van Drees tot Bos. Zestig jaar succes en mislukking. Geschiedenis van de PvdA*. Amsterdam 2008.

Register

Halverwege

WERK, WERK, WERK EN NOG EENS WERK: WIM KOK IN HET TORENTJE (1994).

1994: we zijn halverwege het publieke leven van Wim Kok. Halverwege een Hollandse loopbaan. Hoewel, lopen?

Koks publieke carrière had meer iets van een hink-stap-sprong. Een verblijf in de vakbeweging, waarin hij steeds sneller boven kwam drijven, werd afgesloten met een periode van onafgebroken leiderschap. Deze lange ervaring werd afgewisseld door een moeizame overstap naar de politiek en een ongemakkelijk fractievoorzitterschap in de Tweede Kamer. Voortijdig afgebroken door de val van het tweede kabinet-Lubbers, zag Wim zichzelf terug als minister van Financiën en vicepremier van Lubbers-Kok. Deze regeerervaring had zijn ups en downs, maar vooral dat laatste, waardoor een herhaling hoogst onwaarschijnlijk was. Totdat een wonderbaarlijk jaar en zijn eigen onverzettelijkheid ermee eindigden dat niet de nooduitgang maar de ereloge Koks bestemming bleek te zijn. Zijn verblijf in de politieke arena werd voor nog onbepaalde tijd verlengd, als minister-president. De overlever had het overleefd.

Het vervolg is in grote lijnen bekend. Koks paarse avontuur duurde acht jaar. De eerste termijn werd steeds meer een succes. De economie werkte mee, de werkloosheid liep terug. Tussen staat en markt werden nieuwe wegen gevonden. Koks Den-Uyllezing bezorgde hem eerst nog lof, evenals zijn voorzitterschap van de EU. Bij de verkiezingen van 1998 boekte Kok zijn beste resultaat ooit. Er kwam een tweede paars kabinet, dat nog steeds de wind mee had. De werkloosheid verdween als sneeuw voor de zon en de 'nieuwe' economie leek niet stuk te kunnen. Totdat in paars de sleet zichtbaar begon te worden. Tekorten in het onderwijs en de zorg vroegen om meer dan geld en de multiculturele samenleving kwam onder spanning te staan. Kok bleef populair, ook door zijn rol bij Het Huwelijk, maar 9/11 hakte erin. Opeens waren probleembenoemers veel meer in trek dan probleemoplossers. Koks opvolger Ad Melkert bleek geen partij te zijn voor de populistische dandy Pim Fortuyn. Srebrenica vroeg zeven jaar na de val om een verantwoording: Kok en zijn kabinet traden af. Fortuyn werd vermoord. De PvdA werd gehalveerd. Koks erfenis lag in duigen.

Dit alles en nog meer – zoals Koks opmerkelijke leven erna – vormen het materiaal voor deel II van deze biografie. Daarop wordt hier niet vooruitgelopen. Nu is het, bij wijze van tussenstand, meer het moment voor het stellen van een paar vragen. Vragen die wortelen in het eerste deel van zijn publieke leven, maar die ook een voorbode kunnen vormen van wat er in het tweede deel zal gaan spelen. Wat bepaalde zijn politieke temperament, zijn politieke uithoudingsvermogen en zijn relatie met politieke verantwoordelijkheid? Wat bepaalde Wim Kok nu in zijn publieke leven?

'Tussen radicalen aan de ene kant en gematigden aan de andere houd ik het midden.' Deze aan Kok toegeschreven uitspraak dateert vermoedelijk uit de tweede helft van zijn vakbondsjaren. Een radicaal was Kok nooit, ook al bezigde hij wel eens radicale taal, vooral bij acties. Een maatschappijhervormer voelde hij zich wel, niet om instellingen omver te werpen maar om deze van binnenuit te veranderen of nieuwe te creëren. Hoewel hij van karakter soms wat bokkig kon zijn, had Kok nooit iets rebels. Waar wilde je terechtkomen? En hoe kon je dat bereiken, liefst stap voor stap overwogen? Zo tikte Koks klok. Zelfs de enigszins bruuske beweging waarmee Kok het Akkoord van Wassenaar initieerde, had ook iets overwogens. Een paar jaar eerder was een 'Bijna-akkoord' eraan voorafgegaan. Het model zat al in zijn hoofd. Dit zou in 1993 terugkeren als 'Nieuwe koers', een omvattend akkoord tussen sociale partners, gemodelleerd naar 'Wassenaar'. Allemaal uitingen van het Nederlandse poldermodel, dat met Kok een nieuw leven had gekregen. In paars ging hij regeren met oude en jonge liberalen die weinig ophadden met het stroperige gepolder, dat wajangspel van werkgevers en bonden. Die wilden liever het 'primaat van de politiek' herstellen, zelfs opnieuw vestigen. In paars zou hierover een conflict ontstaan, ideologisch maar met allerlei praktische consequenties. Waarheen zou Wim Koks politieke temperament hem hierin voeren? Welke kant zou hij kiezen: radicaal of gematigd? Of zou hij het midden houden?

'We zullen doorgaan. Met de stootkracht. Van de milde kracht. Om door te gaan.' Deze eerste regels van een bekend lied van Ramses Shaffy vormden een leidraad in Koks vakbondstijd.* Het dateert uit het midden van de jaren '70, behoort tot Shaffy's grootste successen en vormde voor actievoerende vakbonden een geliefd strijdlied. Doorgaan, doorzetten, waren ook karakteristieken van Koks loopbaan. Menigmaal wist hij met zijn uithoudingsvermogen grote obstakels te overwinnen of te omzeilen. In de eerste plaats gold dit de vorming van de FNV eind 1975, waarin Wim Kok (samen met Wim Spit) diepe kloven tussen 'roomsen' en 'rooien' en tussen 'vooruitstrevenden' en 'behoudenden' wist te overbruggen. Latere voorbeelden van zijn doorzettingsvermogen zijn de manier waarop hij, ondanks alles, in 1991 de WAO-crisis het hoofd bood en zijn uiteindelijke uitverkiezing tot premier in het wonderbaarlijke jaar 1994. Koks paarse jaren zouden weer

* In VARA's *De show van je leven*, in februari 1998 gepresenteerd door Astrid Joosten en gewijd aan Wim Kok, kwam Ramses Shaffy speciaal voor de hoofdpersoon zijn lied 'Doorgaan' zingen. Sylvester Hoogmoed, *We zien wel. Het wonderlijke leven van Ramses Shaffy*, Amsterdam 2012, p. 320.

het nodige aan stootkracht vragen. Van het drama rond Srebrenica tot het Europees voorzitterschap enkele jaren later. En van het samenbinden van zijn tweede kabinet tot aan het stutten van de monarchie rond Het Huwelijk in 2002. In het bijzonder ook het laatste jaar van zijn premierschap vroeg op dit punt veel van Kok. Hoe heeft hij aan de zware omstandigheden van toen het hoofd kunnen bieden? En hebben zijn eigen beslissingen daaraan bijgedragen of er juist afbreuk aan gedaan? Hoe kon hij doorgaan?

Met verantwoordelijkheid had Wim Kok een bijzondere relatie. Hij nam opdrachten steeds zo serieus dat hijzelf soms nauwelijks meer te herkennen was. De PvdA-fractievoorzitter was een ander dan de FNV-voorzitter. De minister van Financiën in Lubbers-Kok identificeerde zich sterk met zijn nieuwe rol. De premier van het paarse kabinet leek weer een ander te zijn dan de vicepremier van het vorige. Wat oppervlakkig beschouwd 'kameleontisch' gedrag kon zijn en voor een psychologisch oog misschien het onzekere perfectionisme van een sociale stijger, wees in elk geval op een bijna totale overgave aan wat de situatie van Kok vroeg. Dit was wat de verantwoordelijkheid van hem eiste, zo meende hij, en dat bracht gedaanteveranderingen met zich mee. Dit doet de vraag rijzen hoe Kok tijdens zijn premierschap met zijn verantwoordelijkheden omging. Tegenover zijn kabinet, het parlement, zijn partij, alle Nederlanders, ook internationaal. Leverde dat lastige keuzen op, of ging hem dit gemakkelijk af? Zijn aftreden in april 2002 doet vermoeden dat dit laatste niet steeds het geval was. Andere kwestie: waarom heeft hij ervoor gekozen zijn vertrek uit de politiek al in augustus 2001 aan te kondigen? Voelde hij die verantwoordelijkheid tegenover de kiezer? Tegenover zijn partij? Tegenover zijn opvolger? Nog iets anders? Derde voorbeeld: zijn commissariaten waren omstreden, vooral dat bij ING. Toch hield hij vast aan zijn keuze, liet hij zich door de financiële crisis van 2008 daar niet van afbrengen. Een Kok loopt niet weg.

Temperament, volharding, verantwoordelijkheid: drie manieren van kijken naar Wim Kok. Ze vormen een verbinding tussen het eerste en het tweede deel van zijn publieke leven dat in deze biografie centraal staat.

Wassenaar, oktober 2019